여러분의 합격을 응원하는
해커스공무원의 특별 혜택

JN355843

FREE 공무원 건축계획 특강

해커스공무원(gosi.Hackers.com) 접속 후 로그인 ▶ 상단의 [무료강좌] 클릭하여 이용

해커스공무원 온라인 단과강의 20% 할인쿠폰

6A537FC4AEF4LTK2

해커스공무원(gosi.Hackers.com) 접속 후 로그인 ▶ 상단의 [나의 강의실] 클릭 ▶
좌측의 [쿠폰등록] 클릭 ▶ 위 쿠폰번호 입력 후 이용

* 등록 후 7일간 사용 가능(ID당 1회에 한해 등록 가능)

합격예측 온라인 모의고사 응시권 + 해설강의 수강권

876255685A5E43GB

해커스공무원(gosi.Hackers.com) 접속 후 로그인 ▶ 상단의 [나의 강의실] 클릭 ▶
좌측의 [쿠폰등록] 클릭 ▶ 위 쿠폰번호 입력 후 이용

* ID당 1회에 한해 등록 가능

쿠폰 이용 관련 문의 **1588-4055**

단기 합격을 위한 해커스공무원 커리큘럼

입문
탄탄한 기본기와 핵심 개념 완성!

누구나 이해하기 쉬운 개념 설명과 풍부한 예시로 부담없이 쌩기초 다지기

TIP 베이스가 있다면 **기본 단계**부터!

▼

기본+심화
필수 개념 학습으로 이론 완성!

반드시 알아야 할 기본 개념과 문제풀이 전략을 학습하고
심화 개념 학습으로 고득점을 위한 응용력 다지기

▼

기출+예상 문제풀이
문제풀이로 집중 학습하고 실력 업그레이드!

기출문제의 유형과 출제 의도를 이해하고 최신 출제 경향을 반영한
예상문제를 풀어보며 본인의 취약영역을 파악 및 보완하기

▼

동형문제풀이
동형모의고사로 실전력 강화!

실제 시험과 같은 형태의 실전모의고사를 풀어보며 실전감각 극대화

▼

최종 마무리
시험 직전 실전 시뮬레이션!

각 과목별 시험에 출제되는 내용들을 최종 점검하며 실전 완성

* 커리큘럼 및 세부 일정은 상이할 수 있으며,
자세한 사항은 해커스공무원 사이트에서 확인하세요.

**단계별 교재 확인 및
수강신청은 여기서!**

gosi.Hackers.com

해커스공무원 건축계획 기본서

이석훈

약력

서울대학교 대학원 석사 졸업
건축시공기술사, 건축기계설비기술사, 공조냉동기계기술사,
건축물에너지평가사,
국제기술사, APEC Engineer

현 | 주경야독 건축부분 교수
현 | 종로기술사학원 건축부분 교수
현 | 한국기술사회 정회원, 대한설비공학회 정회원
전 | 해커스공무원 건축계획, 건축구조 강의
전 | 아모르이그잼 건축직 전임교수

저서

해커스공무원 건축계획 기본서
해커스공무원 이석훈 건축계획 단원별 기출문제집
해커스공무원 이석훈 건축구조 기본서
해커스공무원 이석훈 건축구조 단원별 기출문제집
핵심 건축기사(계획, 설비), 성안당
도미노(Do! mino) 실내건축기능사 필기, 예문사
NO.1 도시계획기사, 예문사

최승윤

약력

연세대학교 공학대학원 건축공학 전공
건축시공기술사, 건설안전기술사, 산업안전지도사(건설안전),
은하이엔씨 주식회사 대표이사,
서울동부지방법원 외 법원감정인(건축분야)

현 | 해커스공무원 건축계획 강의
현 | 성안당 이러닝 건축기사 강의
전 | 에듀윌 건축직 공무원 건축계획 강의
전 | 경희대학교 건축공학과 겸임교수
전 | 한양사이버대학교 건축기사 특강

저서

해커스공무원 건축계획 기본서

공무원 시험 합격을 위한 필수 기본서!

공무원 공부, 어떻게 시작해야 할까?

우리에게 있어 건축은 무엇을 의미하는가? 저자가 처음 건축을 접했을 때 누군가는 이렇게 답을 해주었습니다. "건축은 삶을 담는 그릇이다." 이 답보다 더 나은 답을 아직 찾지 못한 것 같습니다. 건축 안에는 우리의 삶이 자연스럽게 녹아 있습니다. 그 삶을 조금 더 즐겁고, 편리하게 그리고 윤택하게 하기 위해 건축계획이 필요한 것입니다. 건축계획은 건축직 관련 과목들 중 가장 밀접하게 우리의 삶 속에 들어와 있으며, 전공을 하지 않은 사람들도 한번쯤은 들어봤음직한 단어들로 구성된 과목입니다. 그래서 건축계획은 자연스러운 이해가 매우 중요합니다. 건축인 혹은 그렇지 않은 사람들도 내가 살고 있는 주거시설, 내가 일하고 있는 사무실, 내가 공부하고 있는 학교를 모델로 자연스러운 이해를 하는 것이 공부를 수월하게 도와줄 것입니다.

건축계획은 건축사와 일부 법규 내용에 대해 암기할 것이 있지만, 그 외에는 더 즐겁고, 편리한 건축물을 만들기 위해서 어떻게 해야 하는가를 지속적으로 이해해 가면서 학습하시면 됩니다. 그 이해를 본 교재는 도와줄 것이며, 고득점 합격에 한 발짝 더 가깝게 만들어줄 것입니다.

『해커스공무원 건축계획 기본서』의 특징은 다음과 같습니다.

첫째, 기출문제 분석을 통해 시험에 출제될 확률이 높은 이론을 우선 수록하였고, 출제 비중이 낮은 사항에 대해서는 비중을 낮추어 효율적으로 학습이 가능하도록 하였습니다.
둘째, 우리 생활과 밀접한 요소인 건축계획적 단어들을 알기 쉽게 기술하였습니다.
셋째, 핵심이론과 맞물리는 기출문제를 예제문제로 수록하여 핵심이론의 이해와 문제 유형의 파악을 쉽게 할 수 있도록 하였습니다.

더불어, 공무원 시험 전문 사이트 **해커스공무원(gosi.Hackers.com)**에서 교재 학습 중 궁금한 점을 나누고 다양한 무료 학습 자료를 함께 이용하여 학습 효과를 극대화할 수 있습니다.

『해커스공무원 건축계획 기본서』가 공무원 합격을 꿈꾸는 모든 수험생 여러분에게 훌륭한 길잡이가 되기를 바랍니다.

이석훈, 최승윤

목차

PART 1 건축계획 및 건축사

CHAPTER 1 건축계획 일반
1. 건축계획 일반 — 10
2. 건축의 형태구성원리 — 29

CHAPTER 2 주거 건축계획
1. 단독주택 — 38
2. 공동주택 — 57
3. 단지계획 — 72

CHAPTER 3 상업 건축계획
1. 사무소 — 87
2. 은행 — 106
3. 상점 — 112
4. 백화점 — 121

CHAPTER 4 교육·공공문화 건축계획
1. 학교 — 133
2. 도서관 — 152
3. 극장·영화관 — 160
4. 미술관 — 173

CHAPTER 5 숙박·의료시설 건축계획
1. 호텔 — 181
2. 병원 — 189

CHAPTER 6 기타 건축물계획
1. 공장·창고 — 200
2. 장애인·노인·임산부 등의 편의시설계획 — 209

CHAPTER 7 건축사
1. 서양건축사 — 226
2. 한국건축사 — 254

PART 2 건축환경 및 설비

CHAPTER 1 위생설비

1	급수설비	270
2	급탕설비	283
3	배수 및 통기설비	292
4	오물 정화설비	304
5	소방시설	307

CHAPTER 2 공기조화설비

1	공기조화방식	321
2	공기조화 부하계산	335
3	공기조화기	339
4	신재생 및 기타 설비	352

CHAPTER 3 건축환경계획

1	열환경	358
2	빛환경 · 공기환경 · 음환경	367

PART 3 건축 관련 법규

CHAPTER 1 건축법

1	총칙	382
2	건축물의 건축	409
3	건축물의 유지 · 관리	415
4	건축물의 구조 및 재료	416
5	건축설비	440

CHAPTER 2 주차장법 449

CHAPTER 3 국토의 계획 및 이용에 관한 법률 460

CHAPTER 4 노인복지법 등 기타 법령 469

이 책의 구성

『해커스공무원 건축계획 기본서』는 수험생 여러분들이 보다 효율적으로 정확하게 건축계획 과목을 학습할 수 있도록 상세한 내용과 다양한 학습장치를 수록·구성하였습니다. 아래 내용을 참고하여 본인의 학습 과정에 맞게 체계적으로 학습 전략을 세워 효과적으로 학습하시기 바랍니다.

 이론의 세부적인 내용을 정확하게 이해하기

건축계획의 핵심 내용을 체계적으로 구성한 이론

1. 효과적인 건축계획 학습을 위한 체계적 이론 구성
기본서를 회독하는 과정에서 기본 개념부터 심화 이론까지 자연스럽게 이해할 수 있도록 건축계획의 핵심 내용만을 체계적으로 구성하였습니다. 이를 통해 건축계획 과목의 방대한 내용 중 시험에 나오는 이론만을 효과적으로 학습할 수 있습니다.

2. 최신 출제 경향 반영
최신 공무원 시험의 출제 경향을 철저히 분석하여 자주 출제되거나 출제가 예상되는 내용들을 엄선하여 수록하였습니다.

 출제경향에 맞춰 학습방향 설정하기

단원의 출제경향을 알 수 있는 학습 POINT

각 단원 도입부마다 해당 단원의 출제경향을 파악할 수 있는 '학습 POINT'를 수록하였습니다. 본격적인 학습 전, 이를 적극적으로 활용하여 더 중점을 두어 학습할 부분을 미리 파악하고 효율적인 학습계획을 수립할 수 있습니다.

3 학습 장치를 통해 이론 완성하기

한 단계 실력 향상을 위한 다양한 학습장치

1. 참고
본문 내용 중 더 알아두면 좋은 개념이나 이론을 '참고'로 정리하여 수록하였습니다. 이를 통해 이론을 더 쉽게 이해할 수 있고 심화된 내용까지 학습할 수 있습니다.

2. 예제
본문에 이론과 관련된 문제들을 함께 수록하였습니다. 이를 통해 학습한 내용을 문제에 바로 접목시켜볼 수 있으며, 출제 경향을 파악하여 자연스럽게 문제 적응력을 높일 수 있습니다.

3. 핵심 OX
이론의 핵심 내용을 OX문제로 구성하여 보조단에 수록하였습니다. 이를 통해 중요한 키워드를 다시 한번 확인하고 학습한 내용을 점검할 수 있습니다.

4 이론 이해를 돕는 다양한 자료 활용하기

효율적인 학습을 위한 다양한 자료 수록

건축직을 처음 준비하는 수험생들도 쉽게 이해하고, 다양한 자료들을 활용하여 효과적으로 학습할 수 있도록 책을 구성하였습니다. 생소할 수 있는 건축 관련 이론들을 쉽게 이해할 수 있도록 사진, 그림, 표 등 다양한 자료들을 관련 이론과 함께 수록하였습니다. 이를 통해 이론 학습의 완성도를 높이고 깊이 있는 학습을 할 수 있습니다.

해커스공무원 학원·인강
gosi.Hackers.com

해커스공무원 건축계획 기본서

PART 1
건축계획 및 건축사

CHAPTER 1 건축계획 일반
CHAPTER 2 주거 건축계획
CHAPTER 3 상업 건축계획
CHAPTER 4 교육-공공문화 건축계획
CHAPTER 5 숙박-의료시설 건축계획
CHAPTER 6 기타 건축물계획
CHAPTER 7 건축사

CHAPTER 1 건축계획 일반

> **학습 POINT**
> 본 건축계획 일반 단원은 모듈, POE(거주 후 평가) 등 건축계획 과정의 일반사항이 출제되고 있으며, 최근에는 BIM 등 건축계획의 효용성을 증진하는 용어들이 빈도를 높여가고 있다. 7급과 9급에서 1~2문제 정도가 출제되고 있으며, 암기보다는 이해 위주의 학습이 요구되는 단원이다.

1 건축계획 일반

1 디자인 프로세스

1. 건축의 3대 요소

기능	건축의 용도, 설비, 동선 등 사용상의 편리
구조	건물에 적당한 튼튼한 구조
미	건물의 미적 표현

2. 디자인 프로세스

기획 → 조건파악 → 기본계획 → 기본설계 → 실시설계 → 시공

(1) 기획
① 일반적으로 건축주(공사 발주자)가 직접 행하는 것으로 건설 목적, 건설 의도, 방향 설정, 운영 방법, 예산, 경영 방법, 설계에 대한 요구사항, 계약사항 등 건설의 전 과정을 예견하는 작업이다.
② 프로젝트의 경제적 타당성 등이 검토되고, 건축주의 의도가 가장 직접적으로 반영되어야 하는 단계이다.

(2) 조건파악
① 크게 자연적 조건과 사회적 조건으로 나누게 된다.
② 이 단계에서는 지형 등 지리적·자연적 조건과 입지(교통, 학교, 편의시설 등)와 관련된 사회적 조건을 파악하게 된다. 또한 법규 상황 체크를 통해 용적률, 건폐율 등 규제사항을 확인한다.

건축프로젝트 단계
FS(Feasibility Study, 타당성검토)
→ SD(Schematic Design, 기획설계)
→ DD(Design Development, 기본설계)
→ CD(Construction Documentation, 실시설계)
→ CS(Construction Supervision, 시공단계)
→ POE(Post Occupancy Evaluation, 거주 후 평가)

③ 대지분석 시 고려사항

㉠ 가급적 정량적으로 조사하여 구체적인 정보를 확보한다.

㉡ 기본적 자료에서 시작하여 상세한 자료로 조사분석을 진행한다.

㉢ 설계에 영향을 미치는 요소를 중심으로 합리적인 범위 내에서 자료를 조사분석한다.

㉣ 대지의 긍정적 요소는 물론 제한 요소도 조사분석한다.

(3) 기본계획

① 단계

계획의 목표 및 원칙 설정 단계	건축의 목적에 따라 계획의 원칙을 정하는 단계
계획 원칙의 분석 단계	계획 원칙을 특성에 따라 분석하는 단계 • 가치: 기능·경제·사회·문화·시대적 가치 • 사용자 상황: 사용자의 교육 정도, 연령, 성별, 소득, 주거밀도 등 • 미: 주관적·객관적 미 • 대지 조건: 자연적·인위적 조건 • 법규 및 각론적 데이터 • 경제성: 시장성, 공간 규모, 공간의 활용성, 시공성, 유지관리
계획의 완성 단계	• 분석·검토한 결과를 종합하는 단계 • 설계에 이용될 계획 기준과 스페이스 프로그래밍(space program)과 같은 자료를 작성

예제

1. 다음의 건축설계단계를 순서에 맞게 나열한 것은? 2011년 지방직 9급

- CD: Construction Documentation
- CS: Construction Supervision
- DD: Design Development
- FS: Feasibility Study
- POE: Post Occupancy Evaluation
- SD: Schematic Design

① POE - SD - FS - DD - CD - CS
② FS - SD - DD - CS - CD - POE
③ FS - SD - DD - CD - CS - POE
④ FS - DD - SD - CD - CS - POE

답 ③

2. 다음 제시된 건축의 과정을 순서대로 바르게 나열한 것은? 2023년 지방직 9급

(가) 계획설계(기본계획)	(나) 실시설계
(다) 거주 후 평가	(라) 기본설계(중간설계)
(마) 시공 및 감리	(바) 기획

① (바) → (가) → (라) → (나) → (마) → (다)
② (바) → (가) → (라) → (다) → (나) → (마)
③ (바) → (라) → (가) → (나) → (마) → (다)
④ (바) → (라) → (가) → (다) → (나) → (마)

답 ①

② 스페이스 프로그램(Space Program)
  ㉠ 건축계획 초기단계에 건축물의 용도와 건축주에 따라 필요한 실의 종류, 기능, 규모, 특성 등을 분석하고 정리하는 것을 말한다.
  ㉡ 프로그래밍은 계획단계에서 진행하는 것으로서 관련 분석 사항을 토대로 개략적인 건축형태를 구상하는 단계이다.
  ㉢ 건축프로그래밍은 건축설계에 앞서 프로젝트와 관련된 다양한 문제점들을 찾는 작업이다.
  ㉣ 프로그래밍은 건축설계의 전(前) 단계로 설계작업에 필요한 정보를 분석·정리하고 평가하여 체계화시키는 작업이다.
  ㉤ 건축프로그래밍에서 정보수집의 방법에는 선험연구, 인터뷰, 설문, 관찰, 실험 등이 있다.
  ㉥ 프로그래밍은 목표설정 → 정보수집 → 정보분석 및 평가 → 정보의 체계화 → 보고서 작성의 순서로 진행된다.
  ㉦ 프로그래밍의 과정은 프로젝트 범위에 대한 정확한 정의와 성공적인 해결방안을 위한 기준을 설계자에게 제공하는 것이다.
  ㉧ 프로그래밍 과정에 참여하는 사람에는 일반적으로 건축주, 프로그래머, 건축가 등이 포함된다.
  ㉨ 현대에 와서 대규모 복합적 건물의 건립이 늘어나면서 직업적인 전문 프로그래머의 필요성이 증대되고 있다.
  ㉩ 현대에 와서 디지털미디어와 컴퓨터의 활용은 프로그래밍 과정에 큰 영향을 미치게 되었다.

핵심 OX
01 스페이스 프로그래밍은 설계단계에서 진행하는 것이다. (○, ×)
02 건축프로그래밍은 건축설계에 앞서 프로젝트와 관련된 다양한 문제점들을 찾는 작업이며 문제점들을 해결하는 과정은 아니다. (○, ×)

01 × 스페이스 프로그래밍은 설계 전(前) 단계에서 진행하는 것이다.
02 ○

예제

1. 건축계획 초기단계에 건축물의 용도와 건축주에 따라 필요한 실의 종류, 기능, 규모, 특성 등을 분석하고 정리하는 것을 일컫는 용어는? 2011년 지방직 9급
   ① 기능 프로그램(function program)
   ② 스케일 프로그램(scale program)
   ③ 클라이언트 프로그램(client program)
   ④ 스페이스 프로그램(space program)

   답 ④

2. 건축디자인 프로세스에서 프로그래밍에 대한 설명으로 옳지 않은 것은? 2019년 지방직 9급
   ① 프로그래밍은 건축설계의 전(前) 단계로 설계작업에 필요한 정보를 분석·정리하고 평가하여 체계화시키는 작업이다.
   ② 프로그래밍은 목표설정, 정보수집, 정보분석 및 평가, 정보의 체계화, 보고서 작성의 순서로 진행된다.
   ③ 프로그래밍의 과정은 프로젝트 범위에 대한 정확한 정의와 성공적인 해결방안을 위한 기준을 설계자에게 제공하는 것이다.
   ④ 프로그래밍은 추출된 문제점들을 해결(problem solving)하는 종합적인 결정과정이다.

   답 ④

③ 조사분석
　㉠ 순서: 문제제기 → 조사설계 → 대상(표본)선정 → 자료수집 및 분석 → 보고서 작성
　㉡ 조사방법

문헌 조사	• 다른 계획 조사방법에 비해 비용과 시간을 최소로 줄일 수 있어 많이 사용되고 있음 • 문헌을 통한 정보 수집에는 한계가 있음
면담법	• 건축주 및 사용자를 통한 회답의 신뢰도에 대한 확인이 가능하며 보충 설명하여 질문의 요지를 끌어낼 수 있음 • 많은 경비와 시간이 소요되므로 응답자의 세심한 선별이 필요함
설문지법	응답자의 문장 이해력이나 표현 능력에 결과가 좌우됨
의미 분별 (S.D)	척도법 언어에 의한 척도를 이용하여 심리 실험을 하고 그 분석을 통하여 어떤 공간의 체험 결과로 발생한 심적 반응을 측정하는 데 사용됨
이미지 맵	공간의 현황 파악 또는 계획을 위하여 그 공간의 상징적인 이미지를 주는 건축물, 구조물, 자연 경관 등의 위치와 특성에 대한 현황 또는 계획 내용을 지도에 개념적으로 표시한 것

핵심 OX

설문지법은 응답자의 문장 이해력이나 표현 능력에 좌우된다는 결점이 있어 응답자에 따라 조사결과가 달라질 수 있다. (O, X)

O

(4) 설계 과정

① 계획 기준의 해석
  ㉠ 계획 과정에서 개략적이고, 언어로 제시된 계획 기준을 시각적으로 도식화하는 단계이다.
  ㉡ 기능분석, 대지분석, 프로그램분석을 진행한다.

② 설계 기준의 설정
  ㉠ 디자인 방향
  ㉡ 구체적인 표현 기법
  ㉢ 공간 기능 분석
  ㉣ 시각화되지 않은 제반 기준

③ 기본설계와 실시설계

기본설계	• 계획 시 분석 자료를 바탕으로 한 기본 구상으로서, 해석도, 분석도를 작도 • 설계자의 잠재적 판단을 포함한 이미지와 개념도를 작도
실시설계	• 시공 및 제작을 위한 도면 • 도면에 표현되지 않은 부분의 경우 시방서를 작성하여 보완

④ **건축물의 설계도서 작성기준에 따른 설계업무 구분**: '건축설계업무'라 함은 건축주의 요구를 받아 수행하는 건축물의 계획(설계목표, 디자인 개념의 설정), 연관 분야의 다각적 검토(인·허가 관련 사항 포함), 계약 및 공사에 필요한 도서의 작성 등의 업무를 말하며, '계획설계', '중간설계', '실시설계'로 구분된다.

계획설계	• 건축사가 건축주로부터 제공된 자료와 기획업무 내용을 참작하여 건축물의 규모, 예산, 기능, 질, 미관 및 경관적 측면에서 설계목표를 정하고 그에 대한 가능한 계획을 제시하는 단계 • 디자인 개념의 설정 및 연관 분야(구조, 기계, 전기, 토목, 조경 등, 이하 같음)의 기본시스템이 검토된 계획안을 건축주에게 제안하여 승인을 받는 단계
중간설계	• 계획설계 내용을 구체화하여 발전된 안을 정하고, 실시설계 단계에서의 변경 가능성을 최소화하기 위해 다각적인 검토가 이루어지는 단계 • 연관 분야의 시스템 확정에 따른 각종 자재, 장비의 규모, 용량이 구체화된 설계도서를 작성하여 건축주로부터 승인을 받음
실시설계	• 중간설계를 바탕으로 하여 입찰, 계약 및 공사에 필요한 설계도서를 작성하는 단계 • 공사의 범위, 양, 질, 치수, 위치, 재질, 질감, 색상 등을 결정하여 설계도서를 작성 • 시공 중 조정에 대해서는 사후설계관리업무 단계에서 수행방법 등을 명시

핵심 OX

건축물의 설계도서 작성기준에 따른 설계업무는 계획설계, 기본설계, 실시설계로 구분된다. (O, X)

✕ 건축물의 설계도서 작성기준에 따른 설계업무는 계획설계, 중간설계, 실시설계로 구분할 수 있다.

예제

1. 건축물의 설계도서 작성기준에 따른 설계업무에 대한 설명으로 옳지 않은 것은?

2014년 지방직 9급

① '기획업무'는 건축물의 규모검토, 현장조사, 설계지침 등 건축설계 발주에 필요하여 건축주가 사전에 요구하는 설계업무이다.
② '계획설계'는 건축사가 건축주로부터 제공된 자료와 기획업무의 내용을 참작하여 공사의 범위, 양, 질, 치수, 위치, 질감, 색상 등을 결정하여 설계도서를 작성하는 단계이다.
③ '중간설계'는 연관분야의 시스템 확정에 따른 각종 자재, 장비의 규모, 용량이 구체화된 설계도서를 작성하여 건축주로부터 승인을 받는 단계이다.
④ '실시설계'는 입찰, 계약 및 공사에 필요한 설계도서를 작성하는 단계이다.

답 ②

2. 건물이 지어지는 과정에서 '기획단계'를 설명한 내용으로 가장 옳지 않은 것은?

2019년 서울시 9급(1회)

① 구체화 정도에 따라 계획설계, 기본설계, 실시설계로 나눈다.
② 본질적으로 건축주의 업무이기도 하나 건축사에게 의뢰되기도 한다.
③ 사용자의 요구사항, 제약점 등 조건을 반영한다.
④ 타당성 검토와 프로그래밍을 수반한다.

답 ①

3. 건축의 과정에 대한 설명으로 옳은 것은?

2022년 지방직 9급

① 기초조사 – 실시설계 – 기본계획 – 기본설계의 순으로 진행된다.
② 기본계획은 구체적인 형태의 기본을 결정하는 단계로 기본설계도서를 작성한다.
③ 기초조사는 설계도면에 표시할 수 없는 각종 건축, 기계, 전기, 기타 사항 등을 글이나 도표로 작성하는 과정이다.
④ 실시설계는 공사에 필요한 사항을 상세도면 등으로 명시하는 작업단계이다.

답 ④

(5) 건축도서 관련 사항 – 설계도서 해석의 우선순위

설계도서·법령해석·감리자의 지시 등이 서로 일치하지 아니하는 경우에 있어 계약으로 그 적용의 우선순위를 정하지 아니한 때에는 다음의 순서를 원칙으로 한다.

① 공사시방서
② 설계도면
③ 전문시방서
④ 표준시방서
⑤ 산출내역서
⑥ 승인된 상세시공도면
⑦ 관계법령의 유권해석
⑧ 감리자의 지시사항

3. 거주 후 평가(POE, Post Occupancy Evaluation)

(1) 개념 및 목적
① **개념**: 실내환경, 온열환경, 빛환경, 공기환경, 음환경 등을 준공 후 평가하는 방식으로 거주자가 주거 시 영향 받을 수 있는 요소를 종합적으로 판단하는 평가방식이다.

② **목적**
  ㉠ 유사 건축물의 건축계획에 직접적인 지침이 된다.
  ㉡ 앞으로의 건축계획 및 평가에 필요한 정보를 제공한다.
  ㉢ 향후 건물을 유지·보수, 리모델링할 때 지침으로 활용할 수 있다.

(2) 평가 과정의 요소(4요소)

환경 장치	사용자가 행동하는 배경으로서, 거주 후 평가의 직접적인 대상이 되는 물리적인 환경을 뜻함
사용자	거주자가 실제로 건축 공간에서 무엇을 하는가를 이해해야 하며, 평가 과정에서 가장 중요한 요점은 사용자 그룹을 정의하는 것
주변 환경	그 지역의 기후, 공기 오염도, 교통, 하수도, 문화 시설 등 환경 장치가 영향을 미치는 주변의 맥락을 의미
디자인 활동	건축주, 사용자, 재정가, 전문위원, 공무원 등 복합적인 환경 디자인 작업에 참여하는 사람들이 그들의 가치, 태도 및 선호도 등을 디자인 과정에 반영하는 것을 의미

> **예제**
>
> **1.** 건축계획을 위한 조사방법 중 다음에 해당하는 것은? 2014년 지방직 9급
>
> - 인터뷰, 설문조사, 관찰 등의 기법을 이용하여 사용 중인 건축물에 대해 이용자의 반응을 연구한다.
> - 당초 설계한 본래의 계획 의도, 기능 등을 조사하고 평가한다.
> - 향후 유사한 건축물을 계획함에 있어 지침으로 활용할 수 있는 기초 데이터 역할을 한다.
>
> ① 거주 후 평가
> ② 요인분석법
> ③ 이미지맵
> ④ 의미분별법
>
> 답 ①

> **2. 거주 후 평가(POE)에 대한 설명으로 옳지 않은 것은?** 2019년 지방직 9급
> ① 거주 후 평가(POE)를 통해 얻어진 각종 현실적 정보는 새로운 프로젝트에 활용되는 순환성이 있다.
> ② 거주 후 평가(POE)는 설계 – 시공 – 평가 등으로 이루어진 건축행위 주기에서 매우 중요한 과정으로 볼 수 있다.
> ③ 거주 후 평가과정시 환경장치(setting), 사용자(user), 주변 환경(proximate environmental context), 디자인 활동(design activity)을 고려해야 한다.
> ④ 거주 후 평가(POE)는 행태적(behavioral) 항목에 국한하여 진행된다.
>
> 답 ④

(3) 거주 전 평가(AOE, PreOccupancy Evaluation)

거주 후 평가(POE)와 대비되는 개념으로서, 입주자가 거주하기 전에 주거에 대한 건축·환경적 평가를 하는 것을 말한다.

2 모듈(Module)

1. 정의

(1) 구성체의 크기를 정하기 위한 치수의 조직이다.
(2) 모든 치수(규격)에서 수직 및 수평 간의 관계가 정배수가 되도록 한 것이다.
(3) 모든 모듈(Module)은 인간 척도에 맞추어 채택된다.

2. 종류

(1) 기본 모듈

기준 척도를 10cm로 하고 이것을 1M으로 표시하여 모든 치수의 기준으로 한다.

(2) 복합 모듈

기본 모듈인 1M의 배수가 되는 모듈이다.

20cm	2M, 건물의 높이 방향의 기준
30cm	3M, 건물의 수평 방향의 길이의 기준

3. 적용 방법

(1) 모든 치수는 1M(10cm)의 배수가 되도록 한다.
(2) 건물의 높이는 2M(20cm)의 배수가 되도록 한다.
(3) 건물 평면상의 길이는 3M(30cm)의 배수가 되도록 한다.
(4) 모든 모듈상의 치수는 공칭 치수(줄눈과 줄눈 중심 길이)를 말한다. 따라서 제품 치수는 공칭 치수에서 줄눈 두께를 빼야 한다.*

*제품의 치수＝공칭 치수－줄눈 치수

(5) 창호의 치수는 문틀과 벽 사이의 줄눈 중심선 간의 치수가 모듈 치수와 일치해야 한다.
(6) 조립식 건물은 각 조립 부재의 줄눈 중심 간 거리가 모듈 치수와 일치해야 한다.
(7) 고층 라멘 건물은 층 높이 및 기둥 중심 거리가 모듈에 일치할 뿐 아니라, 장막벽 등의 재료를 모듈 제품으로 사용할 수 있어야 한다.
(8) 건축의 규모, 종류, 기능을 고려하여 모듈을 정한다.

> **예제**
>
> 치수와 모듈에 대한 설명으로 옳지 않은 것은?   2021년 지방직 9급
> ① 모듈치수는 공칭치수를 의미한다.
> ② 고층 라멘 건물은 조립부재 줄눈 중심 간 거리가 모듈치수에 일치해야 한다.
> ③ 제품치수는 공칭치수에서 줄눈 두께를 뺀 거리이다.
> ④ 창호치수는 문틀과 벽 사이의 줄눈 중심 간 거리가 모듈치수에 일치하도록 한다.
>
> 답 ②

4. 척도 조정(MC, Modular Coordination)

(1) 일반사항
① 모듈로서 건축 부품 또는 건축물과 건축 각 부분의 치수 조정을 해나가는 것을 의미한다.
② 척도 조정과 건물의 내구성 향상 간에는 관계가 없다.
③ 모듈을 사용하여 계획을 할 경우, 건축물의 형태가 단순해져서 개성이 없어지고 단조로워진다.

(2) 장점
① 설계 작업이 단순하고 간편해진다.
② 대량생산이 용이(생산 단가가 낮아지고 품질이 향상됨)하다.
③ 건축재료의 수송이나 취급이 편리하다.
④ 현장 작업이 단순해지고 공기가 단축된다.
⑤ 국제적인 MC 사용 시 건축 구성재의 국제 교역이 용이하다.

(3) 단점
① 건축물 형태에 있어서 창조성 및 인간성을 상실할 우려가 있다.
② 동일한 형태가 집단을 이루는 경향이 있으므로 건물의 배치와 외관이 단순해질 수 있기 때문에 배색에 신중을 기해야 한다.

핵심 OX

01 모듈이란 그리스에서 열수(order)의 지름을 1M이라 했을 때 높이, 간격, 실 폭, 길이 등 다른 부분들을 비례적으로 지칭하는 기본단위이다. (○, ×)
02 건축공간의 치수는 인체치수에 대한 여유치수를 배제하고 계획하는 것이 좋다. (○, ×)
03 모듈사용에 있어서 나라마다 고유한 모듈을 사용하여야 국가경쟁력을 높일 수 있다. (○, ×)
04 모듈러 코디네이션 적용 시 개구부 치수를 동일하게 형성할 수 있어 건물의 내구성을 높일 수 있다. (○, ×)

01 ○
02 × 건축공간의 치수는 인체치수에 대한 여유치수를 고려하여 계획하여야 한다.
03 × 각 나라마다 고유한 모듈을 적용할 경우 각 나라별 교역 등에 문제가 발생할 수 있어, ISO 규격에 의해 공통적인 규격을 적용하여야 한다.
04 × 모듈러 코디네이션과 내구성 간에는 상관관계가 없다.

예제

1. 척도 조정(Modular Coordination)의 장점에 대한 설명으로 옳지 않은 것은?
2012년 국가직 9급

① 다양한 형태의 창의적인 디자인에 유리하다.
② 부재의 대량생산으로 경제성이 증가된다.
③ 시공이 간편해져 공기가 단축된다.
④ 설계 작업의 단순화가 이루어진다.

답 ①

2. 모듈에 의한 치수계획에 대한 설명으로 가장 옳은 것은?
2019년 서울시 9급

① 프랭크 로이드 라이트(Frank Lloyd Wright)의 모듈러는 인체의 치수를 기본으로 해서 황금비를 적용하여 고안된 것이다.
② 현재 국제표준기구(ISO)에서 MC(Modular Coordination)에 의거하여 사용하고 있는 기본 모듈은 미터법 사용 국가에서는 10mm로 의견이 일치하고 있다.
③ MC(Modular Coordination)의 이점으로는 설계 작업이 단순 간편하고, 구성재의 대량생산이 용이해지며, 현장 작업에서 시공의 균질성을 확보할 수 있다는 점 등이 있다.
④ MC(Modular Coordination)는 합리적인 건축 공간 구성 시 여러 치수들을 계열화, 규격화하여 조정해서 사용할 필요에 의해 고려되는 것으로 건축 공간의 형태에 창조성을 높이는 데 크게 기여한다.

답 ③

5. 공업화 건축(건축의 양산화, Prefabrication)

건축의 각 부분을 공장제품으로 대량생산하여 현장에서 조립함으로써 공기를 단축시켜 짧은 기간 동안에 건축물을 대량생산하는 것이 목적이다.

예제

다음 글에서 설명하는 건축가는?
2016년 지방직 9급 고졸경채

- 인체치수의 황금분할을 바탕으로 모듈러라고 하는 척도를 설계에 적용하였다.
- 필로티, 자유 평면, 자유 입면, 연속 창, 옥상 정원으로 정리된 현대 건축의 5원칙을 발표하였다.
- 롱샹교회, 마르세유 집합주거 등의 작품이 있다.

① 알바 알토(Alvar Aalto)
② 르 코르뷔지에(Le Corbusier)
③ 미스 반 데어 로에(Mies van der Rohe)
④ 프랭크 로이드 라이트(Frank Lloyd Wright)

답 ②

르 코르뷔지에

1. 모듈(Module)을 인체 척도(human scale)에 관련시킨 건축가이다.
2. 정수비, 황금비, 피보나치 수 등을 종합해서 만든 아름다운 비례 척도를 인체의 치수에서 유도하여 '모듈러'라고 부르고, 이것을 공간구성에 이용하였다.
3. 르 코르뷔지에의 모듈러(Modular)

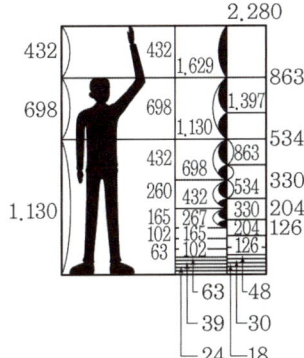

① 르 코르뷔지에는 ∅ 수열에 기본을 둔 디자인 척도를 고안하여 이것을 모듈이라 명명하였다.
② 183cm(6feet)의 배꼽 높이 113cm를 기준으로 하여 이것을 2배하고(한 손을 위로 높이 든 위치), 여기에 5를 곱하거나 5로 나눔으로써 일련의 수법 계열이 구성된다.
③ 그의 모듈이 겨냥한 것은 건축 생산의 근대화를 도모하여 건축 디자인에 합리적 심미성을 부여하는 데 있다.

3 건축 일반 용어

1. LCC(Life Cycle Cost)

(1) 건축물의 기획 및 설계단계에서 건축물 완공단계뿐만 아니라 유지관리 및 철거까지의 건축물의 전 생애에 소요되는 총비용을 말한다.

(2) 이러한 LCC가 최소화되려면 기획 및 설계단계에서부터 철저한 VE*(Value Engineering)가 이루어져야 한다.

* VE(Value Engineering)이란 가치공학으로 해석될 수 있으며, 최소의 비용으로 최대의 품질(성능)을 발현하는 것을 목표로 한다. 이 때의 비용은 LCC적 관점에서 해석되어야 한다.

> **예제**
>
> 건축용어에 관한 일반적인 설명으로 가장 옳지 않은 것은? 2010년 국가직 9급
>
> ① 척도 조정(Modular Coordination; MC)은 건축물의 재료나 부품에서부터 설계·시공에 이르기까지 건축생산 전반에 걸쳐 치수의 유기적인 연계성을 만들어내는 것이다.
> ② LCC(Life Cycle Cost)란 건축물의 기획 및 설계단계에서 건축물 완공단계까지 건축물의 제작에 소요되는 총비용을 말한다.
> ③ POE(Post Occupancy Evaluation)는 건축물이 완공되어 거주 후 사용자들의 반응을 진단 및 연구하는 과정을 말한다.
> ④ 인텔리전트 빌딩시스템(intelligent building system)이란 인간공학(ergonomics)에 바탕을 둔 건물자동화(building automation), 사무자동화(office automation), 정보통신(telecommunication) 기능 등이 적용된 것을 말한다.
>
> 답 ②

2. 골조·내장(Skeleton-Infill) 분리공급 방식

(1) 구조체와 내장의 시공 주체가 다르므로 하자 발생 시 책임소재가 불명확해진다.

(2) 하브라켄(N. J. Habraken) 등이 참여한 단체인 SAR(Society of Architecture Research)의 지지체(support)와 개별내장(detachable unit) 분리공급 방식의 제안을 기반으로 하고 있다.

(3) 공공성이 강한 구조체와 개별성이 강한 내장을 분리하여 공급하는 방식이다.

(4) 공동주택에서 수요자의 개별적 요구에 대응하여 개별 주호의 가변성을 확보하기 위한 방법이다.

3. BIM(Building Information Modeling)

(1) 개념
건물 정보 모델링(Building Information Modeling)은 설계사항을 3D로 표현하고 각종 자재들의 속성을 반영하여 시각화 용이 및 공정, 적산 등 다양한 공사 과정에 활용되고 있는 기법이다.

(2) 특징
① 다양한 설계분야와 조기 협업이 가능하다.
② 생성된 3D 모델은 2D 설계도로 추출될 수 있다.
③ 공사비 견적에 필요한 물량과 공간정보를 추출할 수 있다.
④ 3D로 표현하여 2D 도면들의 불일치로 인해 발생되는 설계오류를 방지할 수 있다.
⑤ 설계사항을 3D로 표현하고 각종 자재들의 속성을 반영함으로써 설계의도의 시각화가 용이하다.
⑥ 설계도서 간의 상호 관련성이 높아진다.
⑦ 설계 및 시공상 문제들에 대한 빠른 대응이 가능하다.
⑧ 에너지 효율과 지속 가능성을 사전 평가하고 향상시킬 수 있다.

(3) 건축 프로젝트의 단계별 BIM 적용방법

설계단계	• 시뮬레이션 시 정보의 활용 • 기본적인 3차원 형상 제작 • 마감 및 구조 등 건축정보 입력
시공단계	정보를 추려내 시공도 작성
관리단계	개보수 공사 시 이용

(4) BIM의 발전에 따른 활용확대사항

BIM 3D	BIM 기본 속성 → 설계 및 시공
BIM 4D	BIM 3D + 공정관리
BIM 5D	BIM 4D + 원가관리
BIM 6D	BIM 5D + 안전 / 에너지 / 환경관리
BIM 7D	BIM 6D + 유지관리 / 부동산자산관리

> **예제**
>
> **1. 건물 정보 모델링(Building Information Modeling)에 대한 설명으로 옳지 않은 것은?** 2017년 국가직 9급
> ① 설계 의도를 시각화하기 어렵다.
> ② 설계자들과 시공자들 간의 협업이 강화된다.
> ③ 설계도서 간의 상호 관련성이 높아진다.
> ④ 설계 및 시공상 문제들에 대한 빠른 대응이 가능하다.
>
> 답 ①

핵심 OX

01 각 작업단위에서 필요한 자재 정보를 연동하여 공정계획 및 관리 효율을 향상시킬 수 있는 것은 BIM기술을 도입하여 설계단계에서 얻을 수 있는 장점이다. (O, ×)

02 발주자에게 건물 모델 및 정보를 건물 운영 관리 시스템에 사용될 수 있도록 넘겨주는 것은 준공 후 유지 / 관리 단계에서의 BIM 활용사항이다. (O, ×)

03 BIM을 이용할 경우 복잡한 곡면형태를 가진 비정형 건축에 대한 물량 산출이 가능하다. (O, ×)

01 × 각 작업단위에서 필요한 자재 정보를 연동하여 공정계획 및 관리 효율을 향상시킬 수 있는 것은 설계단계가 아닌 시공단계 중 공정관리에서 얻을 수 있는 장점이다.
02 O
03 O

> **2. BIM(Building Information Modeling)에 대한 설명으로 옳지 않은 것은?**
>
> 2022년 국가직 9급
>
> ① 신속한 의사결정을 가능하게 하여 중복작업 및 공사 지연을 감소시킬 수 있다.
> ② 복잡한 곡면형태를 가진 비정형 건축의 경우 물량산출이 불가능하다.
> ③ 시공 시 필요한 상세 정보를 공장에서 제작할 수 있는 데이터로 변환해 제공할 수 있다.
> ④ 시공 시 부재 간의 충돌을 사전에 확인하고 시공품질을 향상시킬 수 있다.
>
> 답 ②

4. 정보화 빌딩(Intelligent Building)

(1) 개념

인텔리전트 빌딩시스템(intelligent building system)이란 인간공학(ergonomics)에 바탕을 둔 건물자동화(building automation), 사무자동화(office automation), 정보통신(telecommunication) 기능 등이 적용된 것을 말한다.

(2) 특징

① 정보통신에 의해 업무 효율이 극대화된다.
② 사무 공간의 쾌적성이 향상된다.
③ 실내 환경 관리가 자동화된다.

5. 친환경 & 지속가능건축

(1) 지속가능한 건축물계획에서 추구하는 목적

① 냉난방 효율 향상을 통하여 에너지 소비를 최소화한다.
② 친환경 건축자재를 활용한 건강한 거주환경계획을 수립한다.
③ 내구성 있는 건축자재의 사용과 재활용계획 수립을 수립한다.
④ 자연의 순환체계와 재생 가능한 자원을 효율적으로 활용한다.
⑤ 건축물의 시공과 유지 관리에 필요한 에너지와 자원의 수요를 최소화한다.
⑥ 물과 공기의 오염, 외부로 방출되는 열, 폐기물, 폐수의 양과 농도, 토양 포장 등을 최소화한다.
⑦ 자연에서 서식하는 다양한 종의 동식물들이 인간과 공존할 수 있는 환경을 지향한다.

예제

친환경 건축의 목적에 관한 설명으로 옳지 않은 것은? *2013년 지방직 9급*

① 자연의 순환체계와 재생 가능한 자원을 효율적으로 활용한다.
② 물과 공기의 오염, 외부로 방출되는 열, 폐기물, 폐수의 양과 농도, 토양 포장 등을 최소화한다.
③ 자연에서 서식하는 다양한 종의 동식물들이 인간과 공존할 수 있는 환경을 지향한다.
④ 건축물의 시공과 유지 관리에 필요한 에너지와 자원의 수요를 최대화한다.

답 ④

(2) 친환경주택 건설기술요소(에너지절약형 친환경주택의 건설기준 제4조)

저에너지 건물 조성기술	고단열·고기능 외피구조, 기밀설계, 일조확보, 친환경자재 사용 등을 통해 건물의 에너지 및 환경부하를 절감하는 기술
고효율 설비기술	고효율 열원설비, 최적 제어설비, 고효율 환기설비 등을 이용하여 건물에서 사용하는 에너지량을 절감하는 기술
신·재생에너지 이용기술	태양열, 태양광, 지열, 풍력, 바이오매스 등의 신·재생에너지를 이용하여 건물에서 필요한 에너지를 생산·이용하는 기술
외부환경 조성기술	자연지반의 보존, 생태면적율의 확보, 미기후의 활용, 빗물의 순환 등 건물 외부의 생태적 순환기능의 확보를 통해 건물의 에너지부하를 절감하는 기술
에너지절감 정보기술	건물에너지 정보화 기술, LED 조명, 자동제어장치 및 지능형 전력망 연계기술 등을 이용하여 건물의 에너지를 절감하는 기술

예제

에너지절약형 친환경주택을 건설하는 경우에 이용하는 기술에 해당하지 않는 것은? *2014년 지방직 9급*

① 신·재생에너지를 생산하는 BIM 기반 설계기술
② 고효율 열원설비, 제어설비 및 고효율 환기설비 등 에너지 고효율 설비기술
③ 자연지반의 보존, 생태면적율의 확보 및 빗물의 순환 등 생태적 순환기능 확보를 위한 외부환경 조성기술
④ 고단열·고기능 외피구조, 기밀설계, 일조확보 및 친환경자재 사용 등 저에너지 건물 조성기술

답 ①

핵심 OX

01 정보화 빌딩이 될 경우 정보통신기술과 건축기술, 에너지기술이 건축물에 통합됨에 따라 렌터블비(rentable ratio)는 감소하게 된다. (○, ×)

02 지속가능한 건축물에서 추구해야 하는 목적으로서 컴퓨터 기술을 통한 건축물의 완전한 자동계획은 중요한 요소로서 작용한다. (○, ×)

03 친환경 건축의 목적달성을 위해 건축물의 시공과 유지관리에 필요한 에너지와 자원의 수요를 최소화 한다. (○, ×)

01 ○ 정보화 빌딩이 될 경우 정보통신기술과 건축기술, 에너지기술이 건축물에 통합되어야 하므로 컨트롤 및 센싱설비의 설치면적 증대에 따라 렌터블비(rentable ratio)는 감소될 수 있다.

02 × 지속가능한 건축물의 계획의 목적은 건축물의 에너지절감과 건축자재의 재사용, 그리고 공기질을 위한 친환경 건축자재, 주골조 부재의 내구성 향상을 통한 장수명화 등을 통해 친환경적이고 인간중심적인 건축계획을 구현하고자 하는 것이다. 컴퓨터기술을 통한 건축물의 완전한 자동화계획은 인텔리전트빌딩에 대한 사항으로서 친환경적이고 인간중심적인 사항과는 거리가 있다.

03 ○

4 거주자 행동특성 및 범죄예방

1. 개인공간(Personal space)에서 대인 간의 거리[애드워드 홀(Edward T. Hall)]

애드워드 홀(Edward T. Hall)은 인간관계의 거리를 다음의 4가지 유형으로 분류하였다.

친밀한 거리 (Intimacy Distance)	약 45cm 이내에서 편안함과 보호받는 느낌을 가질 수 있으며 의사전달이 가장 쉽게 이루어질 수 있음
개인적 거리 (Personal Distance)	• 약 45~120cm 정도로 손을 뻗었을 때 상대방의 얼굴표정이나 시선의 움직임을 어느 정도 파악할 수 있음 • 추상적이고 불명확한 경계를 가지며 침해되면 마음 속에 저항이 생기고 스트레스를 유발함
사회적 거리 (Social Distance)	약 120~360cm 정도로 시각적인 접촉보다는 목소리의 높낮이나 크기에 의해 의사전달이 이루어짐
공적 거리 (Public Distance)	약 360~750cm 정도로 목소리는 커지고 신체의 자세한 부분을 볼 수 없으므로 비언어적인 의사전달방법이 단순해짐

2. 프라이버시의 4가지 유형

독거 (Solitude)	단절의 개념이 가장 강한 형태로 다른 사람들과의 시각적 접촉이나 관찰로부터 완전히 자유롭고 혼자인 상태
익명 (Anonymity)	공적인 장소(공원, 거리 등)에서 다른 사람들과 함께 있더라도 다른 사람들의 시선이나 주위를 의식하지 않고 혼자라는 느낌을 갖는 상태
유보 (Reserve)	원하지 않는 접촉을 심리적으로 무시해버리는 형태로 다른 사람들과 대화를 나누거나 함께 있으면서도 다른 생각에 혼자 빠져드는 상태
친밀 (Intimacy)	소집단(가족, 친구 등)별로 외부세계로부터 분리되는 자유로운 상태

예제

프라이버시의 네 가지 유형에 대한 설명으로 옳은 것은? 2014년 국가직 9급

① 독거(Solitude)는 단절의 개념이 가장 강한 형태로 다른 사람들과의 시각적 접촉이나 관찰로부터 완전히 자유롭고 혼자인 상태이다.
② 익명(Anonymity)은 소집단(가족, 친구 등)별로 외부세계로부터 분리되는 자유로운 상태이다.
③ 유보(Reserve)는 공적인 장소(공원, 거리 등)에서 다른 사람들과 함께 있더라도 다른 사람들의 시선이나 주위를 의식하지 않고 혼자라는 느낌을 갖는 상태이다.
④ 친밀(Intimacy)은 원하지 않는 접촉을 심리적으로 무시해버리는 형태로 다른 사람들과 대화를 나누거나 함께 있으면서도 다른 생각에 혼자 빠져드는 상태이다.

답 ①

개인적 공간(personal space)

1. 개인 상호 간의 접촉을 조절하고 바람직한 수준의 프라이버시를 이루는 보이지 않는 심리적 영역이다.
2. 개인적 공간은 개인이 사용하는 공간으로서 외부에 대하여 친밀도와 공적, 사적관계에 따라 유연하게 변화하는 공간이다.
3. 개인의 신체를 둘러싸고 있는 기포와 같은 형태이다.
4. 홀(Edward T. Hall)은 대인 간의 거리를 친밀한 거리(intimate distance), 개인적 거리(personal distance), 사회적 거리(social distance), 공적 거리(public distance)로 구분하였다.

인간의 사회적 공간행동에 대한 환경심리적 특성

1. 일반적으로 환경심리적 인자는 프라이버시, 개인공간, 영역성, 밀집성 등이 있다.
2. 밀집성은 심리적인 상태에서의 과밀한 정도를, 밀도는 물리적인 상태에서의 과밀한 정도를 나타낸다.
3. 한 사람의 공간인지와 규모는 인지지도(image map)를 통해 파악된다.
4. 다목적 공간으로 활용되는 공간의 유형은 적응성(adaptable) 있는 공간과 유연성(flexible) 있는 공간으로 구분되어질 수 있다.

3. 유니버설 디자인(Universal Design)의 7원칙

공평한 사용(Equitable Use), 사용상의 융통성(Flexibility in Use), 간단하고 직관적인 사용(Simple and Intuitive in Use), 정보이용의 용이(Perceptible Information), 오류(실수)에 대한 포용력(Tolerance for Error), 신체적 부담(물리적 노력)의 최소화(Low Physical Effort), 접근과 사용이 용이한 크기와 공간(Size and Space for Approach and Use)

> **유니버설 디자인**
> 성별, 연령, 국적 및 장애의 유무와 관계없이 모든 사람이 안전하고 편리하게 이용할 수 있는 제품, 건축, 환경을 설계하는 개념이다.

예제

1. 유니버설 디자인(Universal Design)의 7원칙이 아닌 것은? 2014년 국가직 9급

① 사용상의 융통성(Flexibility in Use)
② 혼합이며 주관적 이용(Mixed and Subjective Use)
③ 오류에 대한 포용력(Tolerance for Error)
④ 접근과 사용을 위한 크기와 공간(Size and Space for Approach and Use)

답 ②

2. 유니버설 디자인의 7대 원칙에 해당하지 않는 것은? 2022년 서울시 9급(1회)

① 공평한 사용(Equitable Use)
② 사용상의 융통성(Flexibility in Use)
③ 오류에 대한 포용력(Tolerance for Error)
④ 안전한 사용(Safe Use)

답 ④

4. 프럭시믹스(proxemics)

(1) 개념

① 개인적·문화적 공간의 요구와 인간과 공간과의 상호작용에 대한 연구이다.
② 비언어적 의사소통에서 전달자와 수용자 사이의 물리적 거리가 표현과 소통의 중요한 요소라고 가정하고 이를 연구하는 분야이다.

(2) 프럭시믹스(proxemics)의 공간 구분

구분	설명
고정공간 (fixed-feature space)	개인 또는 집단의 활동을 조직하는 데 가장 기본적인 방법의 하나로, 물질적 표현과 숨겨진 내면의 의도를 포함함
반고정공간 (semifixed-feature space)	환경 안에서 움직일 수 있는 사물에 의해 구성되며, 사람들이 다른 사람과의 결속을 강화하거나 또는 둔화시킬 수 있고 서로의 관계를 조절할 수 있는 공간
비공식적인 공간 (informal space)	공간의 경험, 타인과의 만남에서 유지되는 거리를 말하며 외부에 대한 인식으로서 문화의 본질적인 부분을 형성

> **예제**
>
> 프럭시믹스(proxemics)에 대한 설명으로 옳지 않은 것은?   2015년 국가직 9급
> ① 프럭시믹스란 개인적·문화적 공간의 요구와 인간과 공간과의 상호작용에 대한 연구이다.
> ② 고정공간(fixed-feature space)은 개인 또는 집단의 활동을 조직하는 데 가장 기본적인 방법의 하나로, 물질적 표현과 숨겨진 내면의 의도를 포함하고 있다.
> ③ 반고정공간(semifixed-feature space)은 환경 안에서 움직일 수 있는 사물에 의해 구성되며, 사람들이 다른 사람과의 결속을 강화하거나 또는 둔화시킬 수 있고 서로의 관계를 조절할 수 있는 공간이다.
> ④ 비고정공간(informal space)에는 열차대합실과 같이 사람을 분리시키는 경향이 있는 사회원심적 공간과 프랑스식 보도 카페의 테이블과 같이 사람들이 서로 접근하기 쉬운 사회구심적 공간이 있다.
>
> 답 ④

5. 환경설계를 통한 범죄예방(CPTED)

범죄가 발생할 수 있는 물리적 환경요소를 제거·개조함으로써 범죄를 예방하고자 하는 이론이다.

(1) 기본성격
① CPTED는 1960년대 제인 제이콥스의 이론으로부터 시작되었다.
② 거주민의 시각적 감시를 매우 중요시한다.
③ 거주민의 통행의 수월성보다, 범죄의 예방을 위한 동선을 계획하는 것이다.
④ 건물뿐만 아니라 도시설계에서도 적용될 수 있는 범죄예방 방법이다.
⑤ 가로에 면한 창문을 통해 범죄예방을 극대화하는 방법이다.

(2) 가로의 감시자[거리의 눈, Eyes of the street, 제인 제이콥스(J. Jacobs)]
① 가로에 다양한 용도시설과 공간을 사람들이 이용하면서 자연스럽게 주변을 감시하여 잠재적 범죄자의 행위를 심리적으로 위축시켜 범죄를 예방할 수 있다.
② 인위적 용도 구분을 근간으로 하는 근대 도시계획은 범죄를 야기할 수 있다.
③ 도시 가로가 안전하게 되려면 공적 공간과 사적 공간 사이에 경계가 분명해야 한다.
④ 거리를 바라보는 눈이 익숙한 사람들의 것이어야 한다.
⑤ 보도를 이용하는 사람이 항상 존재해야 한다.

> **예제**
>
> 제인 제이콥스(J. Jacobs)가 제안한 가로의 감시자(거리의 눈 - Eyes of the street)의 개념에 대한 설명으로 옳은 것은?　　　　2014년 서울시 9급
>
> ① 가로에 다양한 용도시설과 공간을 사람들이 이용하면서 자연스럽게 주변을 감시하여 잠재적 범죄자의 행위를 심리적으로 위축시켜 범죄를 예방할 수 있다.
> ② 인위적 용도 구분을 근간으로 하는 근대 도시계획은 범죄를 야기하지 않는다.
> ③ 도시 가로가 안전하게 되려면 공적 공간과 사적 공간 사이에 경계가 모호해야 한다.
> ④ 거리를 바라보는 눈이 낯선 사람들의 것이어야 한다.
> ⑤ 보도를 이용하는 사람이 특정 시간대에만 존재해야 한다.
>
> 답 ①

6. 환경디자인을 통한 범죄예방이론

(1) 기본성격

① 잠재적 범죄가 발생할 수 있는 환경요소들의 다각적인 상황을 변화시키거나 개조시킴으로써 범죄를 예방할 수 있다는 이론이다.

② 1972년 뉴먼(O. Newman)의 이론이 배경이 된 것으로, 다양한 연구가 진행되고 있다.

③ 뉴먼은 범죄로부터 안전한 환경의 창조를 위하여 개별적 혹은 결합해 작용하는 디자인 요소로 영역성, 자연스러운 감시, 이미지, 환경의 4개 요소를 제시하였다.

④ 범죄예방의 모델은 범죄억제모델, 사회복귀모델, 환경공학적 범죄통제모델 등이 있다.

(2) 공동주택의 안전한 환경창조를 위한 4요소[오스카 뉴먼(O. Newman)]

영역성 (Territoriality)	• 사적 영역과 공적 영역의 분리를 명확하게 인식하게끔 하는 디자인 • 주민들이 사적 영역을 철저히 관리하면서도 잠재적 범죄자들의 침입을 심리적으로 막는 디자인
자연스러운 감시 (Natural surveillance)	범죄가 자주 발생하는 시설과 공간을 잘 보이는 곳에 설치하고, 잠재적 범죄자가 숨을 수 없도록 디자인하는 것
이미지 (Image)	거주공간의 안전한 이미지 형성
안전지역 (환경, Safe zone)	거주공간을 위험지역으로부터 분리

영역성과 익명성

영역성	자신의 영역과 자신이 속한 집단의 영역의 한계를 정하고 타인의 영역과 구분을 짓는 성향
익명성	어떤 행위를 한 사람이 누구인지 드러나지 않는 특성

> **예제**
>
> 다음 설명에 해당하는 사회심리적 요인은?   2022년 지방직 9급
>
> - 어떤 물건 또는 장소를 개인화하고 상징화함으로써 자신과 다른 사람을 구분하는 심리적 경계이다.
> - 개인이나 집단이 어떤 장소를 소유하거나 지배하기 위한 환경장치이다.
> - 침해당하면 소유한 사람들은 방어적인 반응을 보인다.
> - 오스카 뉴먼(Oscar Newman)은 이 개념을 이용해 방어적 공간(defensible space)을 주장했다.
>
> ① 영역성   ② 과밀
> ③ 프라이버시   ④ 개인공간
>
> 답 ①

(3) 오스카 뉴먼(O. Newman)의 방어적 공간(Defensible Space)
① 거주지역의 방어를 목적으로 시행한 단지계획 사항이다.
② 범죄자의 익명성을 상실시키고, 감시를 증가시키며 도주로를 최소화하려는 계획을 하였다.
③ 익명성의 상실과 감시의 증가는 범죄자에 대한 사회적 압박 및 고립의 수단으로 이해될 수 있어 방어적 공간(Defensible Space)은 개인적 특성보다는 사회적 특성을 이용한 계획적 요소라고 볼 수 있다.

범죄예방(CPTED)의 지향방향(5가지 실천전략)

자연감시	주변을 잘 볼 수 있고 은폐장소를 최소화시킨 설계
접근통제	외부인과 부적절한 사람의 출입을 통제하는 설계
영역성 강화	공간의 책임의식과 준법의식을 강화시키는 설계
활동의 활성화	자연감시와 연계된 다양한 활동을 유도하는 설계
유지관리	지속적으로 안전한 환경유지를 위한 계획

> **예제**
>
> 1. 오스카 뉴먼(O. Newman)이 제시한 공동주택의 안전한 환경창조를 위해 개별적으로 또는 결합해서 작용하는 4개의 요소가 아닌 것은?   2018년 지방직 9급
>   ① 영역성(Territoriality)
>   ② 자연스러운 감시(Natural surveillance)
>   ③ 이미지(Image)
>   ④ 통제수단(Restriction method)
>
>   답 ④
>
> 2. 건축물의 범죄예방 설계 가이드라인상 설계기준에 대한 설명으로 옳지 않은 것은?   2021년 지방직 9급
>   ① 공동주택의 지하주차장에는 자연채광과 시야 확보가 용이하도록 썬큰, 천창 등의 설치를 권장한다.
>   ② 단독주택의 출입문은 도로 또는 통행로에서 직접 볼 수 있도록 계획한다.
>   ③ 높은 조도의 조명보다 낮은 조도의 조명을 많이 설치하여 과도한 눈부심을 줄인다.
>   ④ 공적인 장소와 사적인 장소 간의 융합을 통해 공간의 소통을 강화하여 영역성을 확보한다.
>
>   답 ④

3. 범죄예방 환경설계(CPTED)에 대한 설명으로 옳지 않은 것은? 2022년 국가직 9급

① 범죄예방을 위한 전략으로 영역성 강화, 자연적 접근, 활동성 증대, 유지관리의 4개의 전략을 제시하고 있다.
② 공적 공간과 사적 공간의 경계 부분은 바닥에 단을 두거나 바닥의 재료 또는 색채를 다르게 하여 공간 구분을 명확하게 인지할 수 있도록 한다.
③ 오스카 뉴먼(O. Newman)이 제시한 '방어공간(Defensible Space)'이론은 범죄예방 환경설계의 발전에 기여하였다.
④ 범죄예방 환경설계는 잠재적 범죄가 발생할 수 있는 환경요소의 다각적인 상황을 변화시키거나 개조함으로써 범죄를 예방하는 설계기법을 의미한다.

답 ①

2 건축의 형태구성원리

1 디자인 요소

1. 점, 선

(1) 점
① 위치를 지정하는 역할이다.
② 가장 작은 면으로 인식할 수 있다.
③ 공간에 한 점을 위치시키면 집중 효과가 있다.
④ 점이 연속되면 선의 느낌을 준다.
⑤ 가까운 거리에 있는 점은 선으로 지각되어 도형으로 느끼게 한다.
⑥ 근접된 많은 점의 경우에는 선이나 면으로 지각된다.

(2) 선
① 특징
  ㉠ 점의 확장이며 모든 조형의 기초이다.
  ㉡ 대상의 윤곽이나 덩어리를 나타낼 수 있다.
  ㉢ 선의 강약, 굵기, 길이, 속도, 방향 등으로 원근감 표현이 가능하다.
② 종류

직선	정직, 명료, 단순 → 정적 표현
수직선	존엄성, 긴장감, 고결, 희망, 상승, 위험 표현
수평선	정지되고, 고요, 안정된 느낌
사선	반항 → 동적 표현, 운동성, 약동감, 불안정
곡선	부드럽고 율동적이며 여성적 느낌

2. 면, 형태

(1) 면
① 조형적으로 면은 형과 같은 의미이다.
② 2차적인 평면과 3차적인 입체 내부의 깊이 표현이 가능하다.
③ 면의 양감으로 공간의 깊이를 표현할 수 있다.
④ 절단에 의해 새로운 면을 얻을 수 있다.
⑤ 경사면은 동적, 불안정한 느낌을 표현한다.
⑥ 평면, 수직면 등도 각각 가지고 있는 특징을 표현한다.

(2) 형태
① 특징: 입체적, 공간적 구조의 특성을 갖는 범위의 형을 말한다.
② 종류

이념적 형태 (상징적 형태)	• 인간의 지각(시각 및 촉각 등)으로는 직접 느낄 수 없음 • 개념적으로만 제시될 수 있는 형태
현실적 형태	• 자연형태: 자연현상의 변화 • 인위형태: 사람의 의사에 따라 형성
유기적 형태	• 면의 형태적 특징 중 자연적으로 생긴 형태 • 자유곡면 형태를 지님

③ 착시현상
  ㉠ 사물의 객관적인 성질과 눈으로 본 성질 사이에 차이가 있는 경우
  ㉡ 역리도형(모순도형, 불가능도형) 착시

3. 균형과 비례(Proportion)

(1) 균형
① 성격
  ㉠ 시각적 무게의 평형, 부분과 부분 및 전체와 부분 사이에서 균형의 힘에 의한 쾌적한 느낌이 있다.
  ㉡ 수평선이 수직선보다 시각적 중량감이 크다.
  ㉢ 불규칙적인 형태가 기하학적인 것보다 시각적 중량감이 크다.
  ㉣ 색의 중량감은 명도(밝기) 및 채도(진하기)에 따라 작용한다.
② 종류

대칭적 균형	좌우 균형이 맞을 때 느껴지는 현상
비대칭적 균형	좌우 불균형을 이룰 때 느껴지는 현상
방사형 균형	중심점 또는 핵을 갖고 이를 중심으로 방사의 방향으로 확장된 동적인 표현

핵심 OX

01 균형을 얻는 가장 손쉬운 방법은 대칭을 통한 것으로 시각구성에서 대칭기법은 비대칭기법보다 균형의 상태를 만드는 것이 구성적으로 더 역동적인 경우가 많다. (O, X)

02 비례(Proportion)는 비슷한 두 개의 물체에 대한 양적 비교를 통한 비율의 동등성을 추구하고자 하는 것이다. (O, X)

01 X 균형을 얻는 가장 손쉬운 방법은 대칭을 통한 것이다. 시각구성에서 비대칭기법은 대칭기법보다 구성적으로 더 역동적인 경우가 많다.
02 O

(2) 비례

① 성격
  ㉠ 개체와 개체 또는 전체와 부분의 크기를 가늠한다.
  ㉡ 부분과 부분 또는 부분과 전체의 수량적 관계를 조형적으로 공식화한다.

② 종류

스케일	척도라고 하며, 상대적인 크기를 말함
휴먼스케일	• 인간의 신체를 기준으로 파악·측정하는 척도의 기준 • 실내 건축에서는 중요한 고려 요소임
황금비례	• 1 : 1.618의 비율로서, 고대 그리스인들이 발명해낸 기하학적 분할법 • 파르테논 신전에 적용
모듈러	• 르 코르뷔지에의 건축적 비례 • 인간의 신체를 기준으로 나타냄
모듈러 코디네이션	• 모듈을 건축 생산 전반에 적용 • 건축 재료를 규격화 및 표준화 • 공사 편리 및 공사기간이 단축 • 건축물의 획일화, 창조성 결여 등의 문제점 발생
피보나치 수열	앞의 두 수의 합이 바로 뒤의 수가 되는 수의 배열 예 1, 2, 3, 5, 8, 13, 21 …

예제

건축의 형태 구성 원리 중 다음에 해당하는 것은?   2014년 국가직 9급

• 건축에서 선, 면, 공간 상호 간의 양적인 관계이다.
• 건축물의 부분과 부분, 부분과 전체 간의 시각적 연관성을 이루게 된다.
• 시각적 구성요소들 사이에서 질서감을 창출할 수 있다.

① 축(Axis)　　　　　　② 위계(Hierarchy)
③ 기준(Base)　　　　　④ 비례(Proportion)

답 ④

4. 리듬(Rhythm), 대비와 대칭

(1) 리듬

① 성격
  ㉠ 부분과 요소 사이에 강한 힘과 약한 힘이 규칙적으로 연속·반복된다.
  ㉡ 운동감 등이 발생하여 활기 있는 분위기가 연출된다.
  ㉢ 반복, 점층, 억양, 변이, 방사 등으로 표현된다.

핵심 OX
리듬에는 반복(repetition), 점증(gradation), 억양(accentuation) 등이 있다.　(O, ×)

O

② 종류

반복(repetition)	• 디자인 요소와 색채, 질감, 형태 문양의 반복 • 건축물의 기둥, 입면의 창문, 가구의 다리 등
점증(gradation)	방향과 크기의 점진적인 변화
억양(accentuation)	형태 및 질감, 색상 등의 강함과 약함의 반복
변이	형태를 변화시켜 가면서 배치
방사	외부로 퍼져 나가는 리듬감

(2) 대비의 성격
① 다른 성격의 요소를 병치해서 서로가 가진 특성을 강조하여 전체로서 강력한 인상을 주는 원리이다.
② 둘 이상의 서로 다른 사물의 면적이나 형상, 색채 등이 다른 것보다 명료하여 시각적 주목을 받게 하는 지배성의 원리가 적용된다.
③ 시각적으로 뚜렷한 부분과 그와 관련되는 부분을 통해 환경을 인지한다고 간주하는 게슈탈트 심리학과 관계가 있다.

(3) 대칭의 성격
① 양 지점으로부터 같은 거리인 점에서 평형이 이루어진다는 것을 의미한다.
② 두 부분의 중앙을 지나는 가상의 선을 축으로 양쪽 면을 접어 일치되는 상태이다.

예제

1. 다음에서 설명하는 디자인의 원리는? 2021년 지방직 9급

- 양 지점으로부터 같은 거리인 점에서 평형이 이루어진다는 것을 의미
- 두 부분의 중앙을 지나는 가상의 선을 축으로 양쪽 면을 접어 일치되는 상태

① 강조　　　　② 점이
③ 대칭　　　　④ 대비

답 ③

2. 건축조형원리에 대한 설명으로 옳지 않은 것은? 2022년 국가직 9급
① '축'은 공간 내 두 점으로 성립되고, 형태와 공간을 배열하는 데 중심이 되는 선을 말한다.
② '리듬'은 서로 다른 형태 또는 공간이 반복패턴을 이루지 않고, 모티프의 특성을 활용하는 것을 말한다.
③ '대칭'은 하나의 선(축) 또는 점을 중심으로 동일한 형태와 공간이 나누어지는 것을 말한다.
④ '비례'는 부분과 부분 또는 부분과 전체와의 수량적 관계를 말한다.

답 ②

건축(조형)에서의 모티프(motif)
건축물에서의 모티프는 건축(조형) 구성물의 형태/구성/배치를 의미한다.

5. 강조, 조화와 통일

(1) 강조의 성격
① 구성의 악센트, 의도적인 변화, 변칙, 불규칙성
② 시각적인 초점이나 흥미나 관심의 중심이 되는 것이다.

(2) 조화
① 성격
  ㉠ 성질이 다른 둘 이상의 요소(면, 선, 형태 등)를 상호 관계하여 미를 발생시키는 것이다.
  ㉡ 유사한 것 간의 조화 및 대비되는 것 간의 조화가 있다.
  ㉢ 미적 대상을 구성하는 부분과 부분 사이에 질적으로나 양적으로 모순되는 일이 없이 질서가 잡혀 있는 것을 의미한다.

② 종류

유사조화	• 성격이 같은 요소들 간의 조화 • 서로 동일하지 않아도 닮은 모습으로 연합
대비조화	• 서로 다른 요소들로 결합 • 서로가 다른 것을 강조

(3) 통일
① 성격
  ㉠ 변화와 함께 모든 조형에 대한 의미의 근원이며, 디자인 대상 전체에 미적 질서를 주는 기본 원리로서, 건축물 전체에 비슷한 요소를 반복적으로 적용하게 된다.
  ㉡ 디자인 대상의 전체에 미적 질서를 주는 기본원리이다.
  ㉢ 모든 형식의 출발점이다.
  ㉣ 건축물 전체에 비슷한 요소를 반복적으로 적용한다.
  ㉤ 안정된 느낌을 준다.
  ㉥ 너무 지나치면 단조로울 수 있다.

② 종류

정적 통일	• 동일한 디자인 요소가 적용 • 균일한 대상물이 연속으로 배치
동적 통일	• 변화 및 생동감이 있음 • 다목적 공간에 이용
양식 통일	• 관련된 기능의 유사성을 이용 • 기능 목적 공간계획에 이용

핵심 OX

01 둘 이상의 서로 다른 사물의 면적이나 형상 색채 등이 다른 것 보다 명료하여 시각적 주목을 받게하는 지배성의 원리는 대비 작용을 말한다. (○, ×)

02 통일성이 지나치게 강조되면 단조로워지기 쉬우므로 적절한 변화성이 주어져야 하며 이러한 변화성은 무질서한 변화가 아니라 통일성의 테두리 속에서 조화롭게 이루어져야 한다. (○, ×)

01 ○
02 ○

> **예제**
>
> 다음 설명에 해당하는 건축 형태의 구성원리는?   2017년 국가직 9급
>
> | 미적 대상을 구성하는 부분과 부분 사이에 질적으로나 양적으로 모순되는 일이 없이 질서가 잡혀 있는 것 |
>
> ① 질감   ② 조화
> ③ 리듬   ④ 비례
>
> 답 ②

6. 게슈탈트(Gestalt) 이론

(1) 일반사항
① 인간은 어떤 사물을 시각적으로 인지할 때 그 관점이 우세한 것과 열세한 것으로 나누어 지각하려는 본능을 가진다.
② 우세한 부분을 도형(figure)이라 하고 열세하게 보이는 부분을 배경(ground)이라고 한다.
③ 인간이 보고싶어 하는 부분은 도형이 되는 것이고, 그 외의 것은 배경으로 인식한다.

(2) 인간의 시각적 인식 법칙

구분	내용
근접의 원리	• 멀리 떨어져 있는 두 물체보다는 서로 근접해 있는 물체들을 밀접하게 연관시키는 것 • 개개의 근접되어 있는 것끼리 하나의 의미 있는 형태를 이루고 있는 것으로 지각 • 한 종류의 형태가 동일한 간격으로 반복될 경우 그룹화되어 평면처럼 지각 • 상하 좌우의 간격이 다를 경우 수평, 수직으로 지각
유사의 원리	• 비슷한 형태, 크기, 색, 질감들끼리 연관되어 보이는 현상 • 유사한 형태, 색채, 질감 등 비슷한 성질의 요소를 가진 것끼리는 떨어져 있어도 무리지어(grouping) 인식되는 것 • 단순한 것, 유사한 것은 쉽게 인식
연속의 원리 (공동운명의 법칙)	• 공동운명의 법칙이라고 함 • 유사 배열로 구성된 형태가 방향성을 가지고 연속으로 보이는 하나의 그룹으로 지각(유사한 배열을 하나의 묶음으로 인식) • 뇌는 가능한 한 부드러운 연속을 추구
폐쇄의 원리	• 폐쇄된 형태로 형성되어 다른 형태로 보이는 현상 • 불완전한 형(形), 그룹이 기존의 지식을 토대로 완전한 형(形)이나 그룹으로 지각되는 것

공통성의 원리	• 대상들이 같은 방향으로 움직일 때 그것을 하나의 단위로 인식 • 배열이나 성질이 같은 것끼리 집단화되어 보이는 성질
단순화의 원리	관찰자가 익숙한 형태로 단순화하여 지각하는 현상
도형과 배경의 법칙	도형과 배경은 동시에 도형으로 지각이 불가능함

예제

1. 게슈탈트(gestalt) 이론에 따른 지각법칙에 대한 설명으로 옳은 것은?
2023년 국가직 9급

① 연속성(good continuation) – 형이나 그룹이 방향성을 잃고 단절되어 지각되는 경향
② 폐쇄성(closure) – 불완전한 형이나 그룹이 완전한 형이나 그룹으로 완성되어 지각되는 경향
③ 근접성(proximity) – 형이나 그룹이 가까이 있을수록 분리된 것으로 지각되는 경향
④ 유사성(similarity) – 유사한 모양의 형이나 그룹을 하나의 부류로 지각하지 못하는 경향

답 ②

2. 게슈탈트(Gestalt) 이론에 대한 설명으로 옳지 않은 것은? 2017년 지방직 9급

① 폐쇄성은 시각의 요소들이 어떤 것을 형성하는 것을 허용하는 것으로 폐쇄된 원형이 묶여지는 성질이다.
② 유사성은 접근성보다 지각의 그루핑(grouping)에 있어 약하게 나타난다.
③ 연속성은 유사한 배열이 하나의 묶음으로 되는 것이며 공동운명의 법칙이라고도 한다.
④ 시각적 부분 요소들이 이루고 있는 세력의 관계에서 떠오르는 부분을 형상(figure)이라 하고, 후퇴한 부분을 배경(ground)이라 한다.

답 ②

2 색채계획

1. 건축물의 색채계획 시 유의사항

(1) 일반사항
① 건물의 형태, 재료, 용도 등에 따라 배색계획을 수립한다.
② 주변 환경과 조화될 수 있는 건물 색채계획을 한다.
③ 건축색채는 저명도, 저채도, 난색계를 기본으로 한다.
④ 다수에게 저항 없이 받아들여지는 배색의 건물 색채계획이 바람직하다.
⑤ 건물 실내 색채계획에서 고명도는 조명효율을 높일 수 있으나, 현휘 발생 현상에 대해 유의하여야 한다.
⑥ 강조하고 싶은 요소가 있으면 그 요소의 배경색으로 채도가 낮은 것을 선정한다.
⑦ 동일 명도와 채도일 경우, 난색은 거리가 가깝게 느껴지고 한색은 멀게 느껴지는 원리에 유의하여 계획한다.

(2) 각종 용도에 따른 색채계획
① 식당의 벽면에는 식욕을 돋우는 난색계통을 사용한다.
② 교실의 색채는 교실 종류와 학생의 연령에 따라 달라야 한다.
③ 저학년 교실의 벽면은 난색 계통이 좋다.

2. 색채계획 관련 주요 용어

(1) 시인성
① 어느 일정한 물리적 거리에서 색채가 식별되는 정도이다.
② 시인성이 좋다는 것은 대상물의 존재 또는 모양이 원거리에서도 식별이 쉽다는 것을 의미한다.

(2) 유목성
심리적인 마음의 변화로 눈에 띄는 정도를 나타내는 것으로서, 색채가 사람의 시선을 끄는 정도를 말한다.

(3) 면적효과
① 동일 광원 아래에서도 물체의 면적이 달라지면 색의 명도, 채도를 다르게 지각하는 현상이다.
② 면적이 일정 수준까지 증가 시에는 명도와 채도가 모두 높게 증가하는 것처럼 느껴진다. 다만, 일정 면적을 넘어서게 되면 반대로 명도와 채도가 저하되는 느낌을 가지게 된다.

(4) 동시대비
① 서로 인접해 있는 두 가지 이상의 색이 동시에 시각에 들어왔을 때 일어나는 색의 대비 현상이다.

핵심 OX

01 시인성(視認性)은 식별의 정도를 나타내는 것으로서 시인성이 좋다는 것은 대상물의 존재 또는 모양이 원거리에서도 식별이 쉽다는 것을 의미한다. (O, X)

02 면적효과는 색칠한 면적이 커질수록 채도가 높게 보이는 것이다, 면적이 커질수록 채도가 낮게 보이는 것이다. (O, X)

01 O
02 X 면적효과는 색칠한 면적이 커질수록 채도가 높게 보이는 것이다.

② 접근해 있는 2개 이상의 다른 색을 동시에 볼 때는 두 가지 색 이상이 서로 간섭하게 되어 각각의 색은 단독으로 볼 때와는 다른 색으로 인식되게 된다.

(5) 색상대비
색상이 다른 두 색을 동시에 인접하게 놓았을 때, 두 색 간의 색상 차이가 보다 커져 보이는 효과를 말한다.

(6) 기본색(색의 3원색)과 2차색

기본색(색의 3원색)	자홍(Magenta), 청록(Cyan), 노랑(Yellow)
2차색	2가지의 기본색으로 이루어지는 색

(7) 먼셀(Munsell)의 색입체
① 3차원 공간 상에 색상, 명도, 채도를 균일한 간격으로 배열해 놓은 것을 말한다.
② 세로축에 명도, 가로축(중심축과 직각의 수평 방향)에 채도, 방사형으로 색상을 배치한다.

> **먼셀표색계(Munsell System)**
> 1. 빨강(R), 노랑(Y), 녹색(G), 파랑(B), 보라(P)의 5가지 기본색으로 하여 총 100색상의 표색계를 구성하였다.
> 2. 명도는 가장 어두운 단계인 순수한 검정색을 0으로 가장 밝은 단계인 순수한 흰색을 10으로 하였다.
> 3. 색채기호 5R7/8은 색상이 빨강(5R)이고 명도는 7, 채도는 8을 의미한다.

예제

1. 색(色)에 대한 설명으로 옳지 않은 것은?   2018년 지방직 9급
① 색상대비는 보색관계에 있는 2개의 색이 인접한 경우 강하게 나타난다.
② 먼셀(Munsell) 색입체에서 수직축은 명도를 나타낸다.
③ 강조하고 싶은 요소가 있으면 그 요소의 배경색으로 채도가 높은 것을 선정한다.
④ 동일 명도와 채도일 경우, 난색은 거리가 가깝게 느껴지고 한색은 멀게 느껴진다.

답 ③

2. 먼셀 색채계에 따른 색채(color)의 속성에 대한 설명으로 옳지 않은 것은?   2022년 국가직 9급
① 기본색(primary color)은 원색으로서 적색(red), 황색(yellow), 청색(blue)을 말하며, 기본색이 혼합하여 이루어진 2차색(secondary color) 중 녹색(green)은 황색(yellow)과 청색(blue)을 혼합한 것이다.
② 오렌지색(orange)과 자주색(violet)은 상호 보색(complimentary color) 관계이다.
③ 먼셀 색입체(Munsell color solid)에서 명도(value)는 흑색, 회색, 백색의 차례로 배치되며, 흑색은 0, 백색은 10으로 표기된다.
④ 채도(chroma)는 색의 선명도를 나타낸 것으로서 먼셀 색입체(Munsell color solid)에서 중심축과 직각의 수평방향으로 표시된다.

답 ②

> **핵심 OX**
> 오렌지색(orange)과 자주색(violet)은 상호 보색(complimentary color) 관계이다. (O, X)
>
> X 오렌지색(orange)과 상호 보색(complimentary color) 관계에 있는 색은 청색(blue)이다. 또한 자주색(violet)은 노랑(yellow)과 보색관계에 있다.

CHAPTER 2 주거 건축계획

> **학습 POINT**
> 본 주거 건축계획은 단독주택, 공동주택, 단지설계(도시계획)으로 구성되어 있으며, 7급과 9급에서 1~3문제 정도가 출제되고 있다. 최근에는 도시계획의 역사 및 도시재생 관련 문제도 출제되고 있어 그 범위가 점점 넓어지고 있는 추세이다. 공동주택에서의 연립주택의 종류별 특징, 공동주택의 유형(홀형 등)별 특징 등이 주로 출제되고 있다.

1 단독주택

1 기본사항

1. 주택의 분류

(1) **주거단위 조합에 의한 분류***
  ① 단독주택
  ② 다세대주택
  ③ 연립주택
  ④ 아파트

(2) **용도(기능·목적)에 의한 분류**
  ① **전용주택**: 주거 생활만을 위한 주택이다.
  ② **병용(겸용)주택**: 주거＋상점, 간이공장＋주거 등의 형태를 말한다.

(3) **주거양식에 의한 분류**
  ① 한식주택
    ㉠ 한식주택의 문골 부분
      ⓐ 전통 한식주택에서는 여름철 고온 다습에 대처하는 방법으로 문골 부분을 크게 만들었다.
      ⓑ 기후적 조건으로 인해 남부 지방으로 갈수록 문골 부분이 크게 시공되었다.
    ㉡ 한식주택의 특징
      ⓐ 실을 다용도로 사용함으로써, 공간의 융통성이 높다.
      ⓑ 목조 가구식으로 양식주택에 비하여 바닥이 높다.

---

* 다세대주택, 연립주택, 아파트는 공동주택에 해당한다.

핵심 OX
한식주택은 안방, 건넌방, 사랑방 등으로 구분되어 있으나 각 실이 다목적이어서 실의 사용용도가 확실히 구분되어 있지 않다. (O, ×)

O

ⓒ 한식주택의 민가 형식

一자 형식	• 남부 지방에 분포한 형식 • 부엌, 방, 마루 등이 일렬로 연속 배치된 형식 • 一자 형식은 부엌, 방, 마루 등이 일렬로 연속 배치되어 모든 실의 개구부를 남향으로 계획할 수 있음 • 一자 형식에서 정면이 4칸일 때는 부엌, 안방, 마루, 건넌방으로 하고 각 방 앞에는 툇마루를 두어서 3칸형과 같이 개방적인 공간 성격을 가짐
ㄱ자 형식	• 중부 지방에 분포한 형식 • 개성 지방: 부엌, 안방, 웃방을 일렬 배치하고, 웃방에서 직각 방향에 대청을 두고 건넌방을 연결하는 방식 • 서울 지방: 방과 마루를 일렬 배치하고 직각 방향에 부엌을 연결하는 방식 • 용마루가 직각으로 꺾이는 부분에 안방을 배치하고 앞으로는 부엌을, 옆으로는 대청과 건넌방을 배치하는 형식은 안방의 일조와 일사에 불리하나 독립성을 철저히 보장함
田자 형식	• 북부 지방에 분포한 형식 • 부엌의 부뚜막을 넓게 하고, 방에서 방으로 직접 연결되어 도리 방향의 칸막이벽으로 방들이 田자 같이 구성된 형식 • 田자 형식은 한랭지방의 주택 형식으로 바람의 영향을 최소화하기 위하여 창의 수와 크기가 최소화되게 계획하는 형식이며, 마당을 중심으로 둘러싸듯이 집이 지어짐

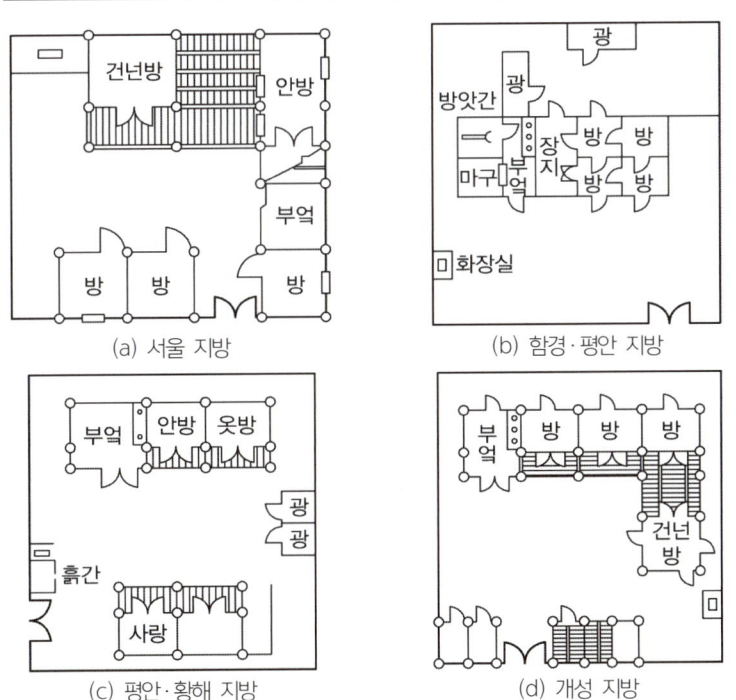

(a) 서울 지방　　(b) 함경·평안 지방
(c) 평안·황해 지방　　(d) 개성 지방

◐ 한식주택의 민가 형식

② 양식주택
　㉠ 실의 용도가 명확히 분화되어 있으며, 벽으로 실이 구획되어 프라이버시 보장에 유리하다.
　㉡ 대류식 난방을 주로 채용하며, 입식의 생활방식을 취한다.
③ 한식주택과 양식주택의 비교*

*현재 국내의 주거양식은 한식과 양식이 혼합된 형태를 띠고 있다.

구분	한식주택	양식주택
공간의 융통성	높음 (실 기능의 혼용)	낮음 (실 기능의 독립)
프라이버시	보장되기 어려움 (문으로 구획)	보장됨 (벽으로 구획)
평면구성	조합, 폐쇄적, 분산식 (각 실이 복도로 연결되어 조합된 평면)	분화, 개방적, 집중식 (각 실이 한 공간 내에서 분화되어 홀로 연결)
생활방식	좌식	의자식
가구	부차적인 존재	필수적 존재
구조방식	목조 가구식	벽돌 조적식
난방방식	바닥의 복사 난방 (방마다 개별 설치)	대류식 난방 (한 곳에서 집중 관리)

예제

1. 우리나라의 민가 형식에 대한 설명으로 옳지 않은 것은? 2011년 지방직 9급

① 一자 형식은 부엌, 방, 마루 등이 일렬로 연속 배치되어 모든 실의 개구부를 남향으로 계획할 수 있다.
② ㄱ자 형식에서 용마루가 직각으로 꺾이는 부분에 안방을 배치하고 앞으로는 부엌을, 옆으로는 대청과 건넌방을 배치하는 형식은 안방의 일조와 일사에 불리하나 독립성을 철저히 보장한다.
③ 一자 형식에서 정면이 4칸일 때는 부엌, 안방, 마루, 건넌방으로 하고 각 방 앞에는 툇마루를 두어서 3칸형과 같이 개방적인 공간 성격을 가진다.
④ 田자 형식은 한랭지방의 주택형식으로 일조와 일사를 최대화하기 위해 창을 크게 낸 것이 특징이다.

답 ④

핵심 OX

01 한식주택은 혼용도(混用途)이며, 양식주택은 단일용도(單一用途)이다. (○, ×)
02 한식주택의 가구는 중요한 내용물이며, 양식주택의 가구는 부차적 존재이다. (○, ×)

01 ○
02 × 한식주택의 가구는 부차적 존재이며, 양식주택의 가구는 중요한 내용물이다.

> 2. 우리나라 전통 한식주택과 양식주택의 차이점으로 가장 옳은 것은?
>
> 2017년 서울시 9급(2회)
>
> ① 한식주택은 개방형이며 실의 분화로 되어 있고 양식주택은 은폐적이며 실의 조합으로 되어 있다.
> ② 양식주택은 한식주택과 비교해 바닥이 높고 개구부가 작고 적다.
> ③ 한식주택은 안방, 건넌방, 사랑방 등으로 구분되어 있으나 각 실이 다목적이어서 실의 사용용도가 확실히 구분되어 있지 않다.
> ④ 양식주택은 한식주택에 비해 개인의 생활공간이 보호되는 유리한 점이 있고 상대적으로 작은 주거면적이 소요된다.
>
> 답 ③

2. 주거 생활 수준의 기준

주거 생활의 기준은 일반적으로 1인당 주거 면적으로 나타내는데, 이때의 주거 면적은 주택 연면적*에서 공용 부분을 제외한 순수 주거 면적을 말하며, 건축 면적의 50~60% 정도를 차지한다.

* 주택 연면적 = 전용 면적 + 공용 면적

(1) 1인당 주거 면적

최소 면적	10m²(취침면적 6.3m², 거실 및 식사실 3.3m²)
표준 면적	16m²

(2) 각 국의 기준

① 숑바르 드 로브(Chombard de Lawve, 사회학자)의 기준

병리 기준	8m²/인 이하이면, 거주자의 신체적 및 정신적인 건강에 나쁜 영향을 끼침
한계 기준	14m²/인 이하이면, 개인 및 가족적인 거주의 융통성을 보장할 수 없음
표준 기준	16m²/인

② 세계 가족 단체 협회(UIOP)의 코로느(쾰른, Cologne) 기준: 16m²/인

③ 근대건축회의(CIAM) 프랑크푸르트 암마인(Frankfurt Am Mein)의 국제 주거 회의: 15m²/인

구분		면적(단위: m²/인)
최소한 주택의 표준		10
코로느(Cologne) 기준		16
숑바르 드 로브 (사회학자)	병리 기준	8
	한계 기준	14
	표준 기준	16
국제주거회의(최소)		15

↻ 정리

핵심 OX

01 숑바르 드 로브(Chombard de Lawve)는 심리적 압박이나 폭력 등의 병리적 현상이 일어날 수 있는 규모를 '16m²/인'으로 규정하였다. (O, X)

02 1929년 프랑크푸르트 암마인(Frankfurt am Main)의 국제주거회의에서 제시한 기준을 따를 때 5인 가족을 위한 최소 평균 주거면적은 75m²이다. (O, X)

01 X 숑바르 드 로브(Chombard de Lawve)는 심리적 압박이나 폭력 등의 병리적 현상이 일어날 수 있는 규모를 '8m²/인'으로 규정하였다.

02 O

> **예제**
>
> 주택의 규모로 프랑스 사회학자 숑바르 드 로브(Chombart de Lauwe)가 제시한 개인적 혹은 가족적인 거주 융통성을 보장할 수 없는 한계 기준[m²/인]은?
>
> 2016년 지방직 9급 고졸경채
>
> ① 8 ② 10
> ③ 14 ④ 16
>
> 답 ③

3. 주택 설계 시 가장 중요한 요소

(1) **주부의 동선 단축**

주부의 가사노동을 경감시킨다(주택 설계 시 최우선으로 고려).

(2) **가족 본위 위주의 설계**

가장 중심에서 주부 중심으로 설계한다.

(3) 생활의 쾌적함을 증대시킨다(사람다운 생활 영위).

(4) 프라이버시(독립성)을 확보한다.

(5) 입식과 좌식을 혼용한다.

(6) 현대적인 설비를 도입한다.

2 대지의 선정 및 배치계획

1. 대지의 선정 조건

(1) **자연적 조건**

① 일조 및 통풍이 양호한 곳

② 전망이 좋고 공기가 신선한 곳

③ 지반이 견고하고 배수가 잘 되는 곳

④ 조용하고 양호한 환경이 유지될 수 있는 곳

⑤ **대지의 형태**: 정형 또는 직사각형

⑥ **대지의 면적**: 건축면적의 3~5배 정도

⑦ **경사지에서의 구배**: 1/10 정도까지

(2) **사회적 조건**

① 교통이 편리한 곳(통근 거리가 적당해야 함)

② 도시 제반 시설의 이용이 편리한 곳(상·하수도, 전기 / 가스 등)

③ 공공시설, 학교, 의료시설, 공원 등의 이용이 편리한 곳

④ 상점 등 편의시설과 거리가 가까운 곳

⑤ 소음, 공해 등의 영향을 덜 받는 곳

⑥ 법규적 조건에 적합한 곳

2. 배치계획 시 고려 사항

(1) 동지를 기준으로 6시간의 일사가 이상적이며, 최소 4시간 이상은 필요하다 (연속일사 2시간 이상).
(2) 일조 확보를 위해서 남쪽 공지가 필요하며, 전면 건물 높이의 2배 이상을 띄어서 배치한다.
(3) 남쪽으로 배치를 못할 경우는 동쪽으로 18°, 서쪽으로 16° 이내에 배치한다.
(4) 통풍은 대지에 대한 주풍향을 고려한다.
(5) 방화(연소 방지), 통풍상 최소 6m 이상 이격 및 이웃과의 프라이버시 유지를 고려한다.*
(6) 정원과 건축물의 면적비에 대한 균형을 이루도록 한다.
(7) 옥외가사작업공간을 고려한다.
(8) 장래의 증축에 대한 고려를 한다.
(9) 현관과 대문의 관계 및 출입에 대한 고려를 한다.
(10) 차고, 현관, 도로와의 관계를 고려하며, 주차에 대한 검토를 한다.
(11) 기타 건축 법규 사항(건폐율, 용적률, 인지 경계선 등)을 고려한다.

* 동의 배치 시 남·북 건물 간격은 일사 획득을 위한 인동 간격, 동·서 건물 간격은 방화에 따른 간격을 주로 고려한다. 이 중 동·서 건물 간격은 방화, 통풍상 최소 6m 이상의 거리를 이격시켜야 한다.

3 기본계획

1. 공간의 성격 분류

(1) **생활 공간에 의한 분류**
   ① **개인권**: 개인의 독립적 생활 공간(부부 침실, 노인실, 자녀실)
   ② **가사노동권**: 주부의 작업 공간(주방, 가사실)
   ③ **사회권**: 단란하게 가족 생활을 하는 곳(거실, 식사실)
   ④ 개인권, 가사노동권, 사회권의 3개 동선은 반드시 분리 작업을 하며, 서로 유기적인 관계를 유지할 수 있도록 한다.

(2) **사용 시간별 분류**

낮에 사용되는 공간	거실, 식당, 부엌
낮과 밤에 사용되는 공간	변소, 욕실
밤에 사용되는 공간	침실

(3) **공간간 접근 계획**
   ① 구성원 본위가 유사한 것은 서로 접근시킨다.
   ② 시간적 요소가 같은 것끼리 서로 접근시킨다.
   ③ 유사한 요소는 공용한다.
   ④ 상호 간의 요소가 다른 것은 서로 격리시킨다.

2. 각 실과 방위의 관계

(1) 남쪽
① 여름철의 태양은 높기 때문에 실내까지 깊이 입사하지 않으며, 겨울철은 깊이 입사하여 따뜻하다.
② 전 가족의 화합을 위한 리빙 공간과 아동을 위한 공간을 배치한다.
③ 남측에 발코니 공간을 둘 경우 여름철에는 발코니 공간까지만 태양빛이 도달하여, 실내에 일사 영향을 최소화할 수 있다. 겨울철에는 태양 고도가 낮기 때문에 발코니 공간을 통과하여 실내까지 일사 유입이 가능하다.

(2) 서쪽
① 오후에는 태양광선이 깊이 입사되므로 덥다.
② 부엌을 서쪽에 두지 않는다.

(3) 북쪽
① 빛의 밝기(광선)가 종일 균일하다.
② 하루 종일 태양이 비치지 않고 겨울에는 북풍을 받아 춥다.

(4) 동쪽
아침 햇살이 실내에 깊이 들어오며, 겨울철 아침은 따뜻하나 오후에는 춥다.*

*서향 및 동향은 일조가 실내로 깊게 들어오기 때문에 눈부심(glare) 현상 등이 발생하기 쉽다.

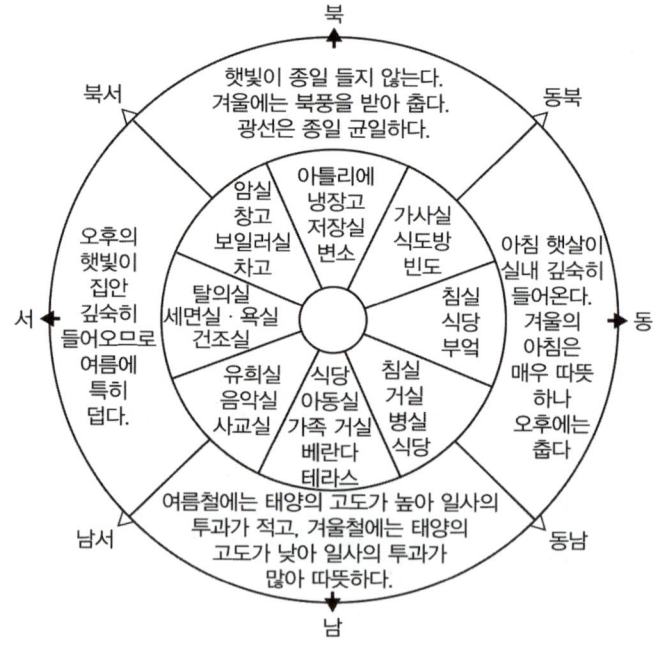

◐ 각 실과 방위와의 관계

3. 주택의 동선계획

(1) 동선의 3요소

속도	얼마나 빠르게 이동할 수 있는가의 정도
빈도	얼마나 많이(빈번히) 통행하느냐의 정도
하중	동선을 따라 통행 또는 이동하는 것에 대한 무게감의 정도

핵심 OX
01 서로 다른 종류의 동선끼리는 결합과 교차를 통하여 동선의 효율성을 높여야 좋다. (○, ×)
02 동선계획에 있어서 개인, 사회, 가사노동권의 3개 동선은 서로 분리되어 간섭이 없는 것이 좋다. (○, ×)

01 × 서로 다른 종류의 동선끼리는 가능한 분리하고 필요 이상의 교차가 되지 않도록 계획한다.
02 ○

(2) 동선의 계획 시 유의사항

① 동선의 길이는 되도록 짧게 한다.
② 동선은 단순 명쾌하게 한다.
③ 서로 다른 종류의 동선은 가능한 분리시켜 교차를 피한다.
④ 빈도가 높은 동선은 짧게 한다.
⑤ 동선에는 공간이 필요하며, 개인·사회·가사 노동권은 서로 독립성을 유지해야 한다.

> **예제**
>
> **1. 건축평면계획에 있어서 동선의 주요 구성요소에 해당되지 않는 것은?**
> 2015년 국가직 9급
>
> ① 빈도(frequency) ② 유형(type)
> ③ 하중(load) ④ 속도(speed)
>
> 답 ②
>
> **2. 주거시설의 건축계획에 대한 설명으로 옳지 않은 것은?** 2023년 지방직 9급
>
> ① 평면계획 시 생활행위를 고려하여 일반적으로 취침공간과 식사공간을 분리하여 배치한다.
> ② 동선의 3요소인 빈도, 속도, 궤적을 고려하여 침실-테라스-창고와 같이 속도가 높은 구간에 가구를 배치한다.
> ③ 향에 따른 배치계획을 할 경우 북쪽은 종일 햇빛이 들지 않고 북풍을 받아 춥지만, 조도가 균일하여 아틀리에 등의 작업실을 두기에 유리하다.
> ④ 개인생활공간, 공동생활공간, 가사노동공간으로 구분할 수 있는 3개 생활공간의 동선은 상호 분리하여 간섭이 없어야 한다.
>
> 답 ②

*가구의 경우 동선의 3요소 중 하중이 높은 구간에 배치한다.

4. 주택의 형식 분류

(1) 평면 형식

① 편복도형
  ㉠ 각 실을 한 방향으로 설치된 복도에 따라 연출한 형식이다.
  ㉡ 각 실의 일조·통풍에는 좋으나 동선이나 건물의 길이, 외벽의 면적이 길어진다.

② 중복도형
  ㉠ 복도의 양측에 실을 배치하는 방식이다.
  ㉡ 동선의 길이가 줄어드나 모든 실을 좋은 방향으로 배치하기 어렵다.

③ 홀형
   ㉠ 홀을 중심으로 그 주위에 각 실을 배치하는 방식이다.
   ㉡ 거실이 복도의 기능으로 흐를 염려가 있으나 면적을 집약적으로 계획할 수 있다.
④ **중정형**: 건물의 한 가운데에 정원을 두고 그 주위에 각 실을 배치하여 각 실이 중정을 향하게 하는 형식이다.
⑤ **코어형**: 건축에서 평면, 구조, 설비의 관점에서 건물의 일부분이 어떤 집약된 형태로 존재하는 것을 의미한다. 각종 공용 시설들을 집약한 형태로 구성하여 향후 리모델링, 설비 수리 시 용이하게 접근이 가능하다.
   ㉠ **평면적 코어**: 홀이나 계단 등을 건물의 중심적 위치에 집약하고 유효 면적을 증대시키고자 하는 것이다.
   ㉡ **구조적 코어**: 건물의 일부에 내진벽 등을 집약 배치하여 그 부분에서 건물 전체의 강도를 높이려는 것이다.
   ㉢ **설비적 코어**
      ⓐ 부엌, 욕실, 화장실 등 설비 부분을 건물의 일부에 집약 배치시켜 설비 관계 공사비를 감소시키려는 것이다.
      ⓑ 각종 공용 시설들을 집약한 형태로 구성하여 향후 리모델링, 설비 수리 시 용이하게 접근이 가능하다.
⑥ **일실형**
   ㉠ 주택 전체를 하나의 공간에 포함시켜 각 실을 독립된 공간으로 구획하지 않는 형식이다.
   ㉡ 실 내부에 공동의 설비와 짜임새 있는 내용이 요구된다.

(2) 입면 형식
① **단층형**: 건물이 1개층으로 처리된 형식이다.
② **중층형**: 건물의 층 수가 2개 이상인 형식이다.
③ **필로티(piloty)형**
   ㉠ 건물 1층부에 기둥만을 두어 외부에 개방적인 공간으로 2층 이상에 실을 배치하는 방식이다.
   ㉡ 계획 시 기둥 부분과 주택바닥(floor) 부분의 접합계획에 신중을 기하여야 한다. 또한 지진 등 횡력에 약한 구조이므로, 구조 부분에 대한 면밀한 검토가 필요하다.
④ **스킵 플로어(skip floor)형**: 대지가 경사지인 경우 절토 없이, 지면의 차이에 따라 저지대는 중층으로, 고지대는 단층으로 처리한 형식이다.
⑤ **공정(void)형, 취발형**: 같은 지붕 아래에서 일부는 중층, 일부는 단층으로 하는 형식이다.

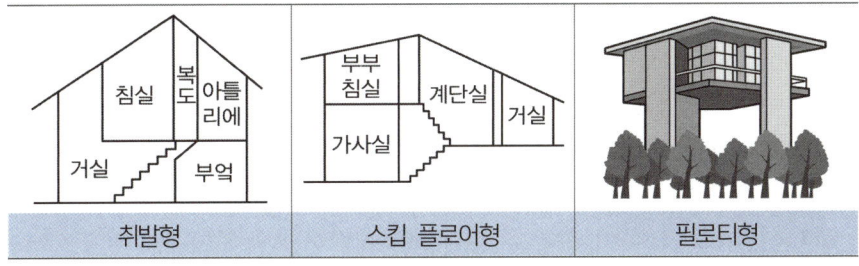

↑ 입면형식

4 세부계획

1. 현관

(1) 현관의 위치를 결정하는 조건

① 도로의 위치
② 건축 및 대지의 형태
③ 대문의 위치

(2) 크기

최소 크기	2m²(0.9 × 1.2m) 이상
평균 크기	1 ~ 1.5m × 1.5 ~ 2m
연면적에 따른 현관의 크기	• 연면적 50 ~ 100m²: 7% • 연면적 100 ~ 165m²: 6%
현관의 크기를 결정하는 조건	• 주택의 규모(연면적) • 가족의 수 • 예상 방문객 수

(3) 형태

① 건축물의 중심적 위치에 있어야 하며 방문객이 찾기 쉽게 표출적 공간의 형태로 만들어 준다.
② 현관의 형식은 포치(porch) 형식으로 한다.
③ 현관의 위치는 방위각에 따라 위치가 결정되지 않으므로 주의해야 한다.
④ 현관 바닥과 홀의 단 높이는 9 ~ 21cm 정도로 한다.

2. 복도

(1) 크기

① 50m² 이하의 주택에서는 복도를 두는 것이 비경제적이다.
② 폭: 최소 90cm, 적정값은 105 ~ 120cm이다.
③ 넓이: 전체 면적의 10%에 해당하는 넓이로 한다.

주거시설 연면적에 대한 일반적 구성비

거실	30%
복도	10%
부엌	8 ~ 12% (평균 10%)
현관	7%

(2) 기능
① 주택 내부의 통로 역할을 하는 동선 공간이다.
② 주택의 선룸(Sun Room)의 역할을 한다.
③ 복도가 응접실 역할을 하고자 하는 경우에는 복도의 폭이 1.5m 이상이 되어야 한다.
④ 어린이의 놀이터 공간과 응접실의 역할이 가능하다.

3. 계단

(1) 배치 시 유의사항
① 주택에서의 계단은 공용면적이므로, 가능한 한 작게 계획되는 것이 좋다.
② 계단을 거실에 설치하는 경우 열손실에 대한 고려가 필요하다.
③ 현관이나 홀에 근접하여 식사실이나 욕실, 화장실에 가까운 위치가 적합하다.

(2) 치수

구분	단 너비	단 높이	계단 폭
이상적인 치수	25 ~ 29cm	16 ~ 17cm	105 ~ 120cm
법적 기준 한도	15cm 이상	23cm 이하	75cm 이상

(3) 구배 및 난간 높이

구배	29 ~ 35°
난간 높이	80 ~ 90cm

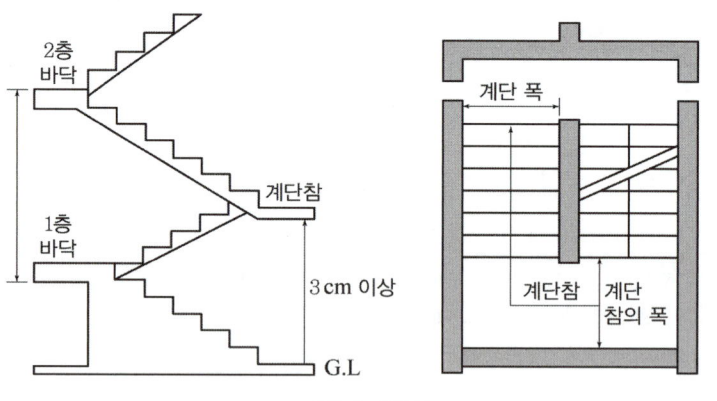

● 계단과 계단참

4. 거실

(1) 크기
① 연면적의 약 20 ~ 30% 정도(평균 30%)로 한다.
② 1인당 거실 크기: 4 ~ 6m²로 한다.
③ 거실의 천정 높이: 2.1m 이상으로 한다.

(2) 기능
① 거실의 실내 평균적인 온도는 18°C가 좋으며 습도는 40~60%가 적당하다.
② 거실은 일상생활의 중심이 되는 곳으로서 가족 모임의 장소(사회권)로 사용하여야 한다.
③ 주부의 가사노동의 공간으로도 활용이 가능하여야 한다.
④ 소주택인 경우에는 리빙 키친(Living Kitchen)의 형태가 좋다.
⑤ 거실은 복도의 기능을 가지고 있으면 안 된다.
⑥ 거실은 활동성을 고려한 동적 공간으로 계획한다.

(3) 거실 평면계획 시 고려사항
① 거실과 침실은 서로 대칭이 되도록 설치하며 서로 마주보고 침실의 출입구를 설치해서는 안 된다.
② 거실의 4면 중에 3면은 외기에 접할 수 있도록 계획한다.
③ 거실에서 각 실의 출입은 직접 이루어질 수 있도록 하며 타실을 통하여 출입할 수 없도록 한다.
④ 거실에서 출입이 잦은 부엌, 식당, 화장실과 가깝게 배치하여 동선의 편리함을 도모한다.
⑤ 주택의 거실은 독립성을 유지하기 위하여 가급적 한쪽 벽만을 타실과 접속시킴으로써 출입구를 설치하는 것이 좋다.
⑥ 거실이 다른 공간들을 연결하는 단순한 통로로서의 역할을 수행해서는 안 된다.
⑦ 거실에서 문이 열린 침실의 내부가 보이지 않도록 한다.
⑧ 거실은 가능한 한 동측이나 남측에 배치하여 일조 및 채광을 충분히 확보할 수 있도록 한다.
⑨ 거실과 정원은 시각적으로 유기적이게 연결하여 유동적인 감각을 갖게 한다.

5. 식사실(식당)

(1) 위치
일반적으로 100m² 내외의 주택에서는 거실과 겸하거나 부엌과 겸하여 위치되어 진다.

(2) 면적
① 가족 수와 식탁의 크기 및 배치 방식에 따라 결정된다.
② 최소한 3인 가족 5m², 4인 가족 7.5m², 6인 가족 10m² 이상이 필요하다.

리빙 키친(LDK 형식) 채택 이유
1. 소규모 주택에서 공간 및 작업의 효율성을 향상시킨다.
2. 주부 동선의 단축시킨다.

(3) 분류

① **분리형**: 거실이나 부엌과 완전히 독립된 식사실이다.
② **개방형(통합형, 가사 노동 경감이 목적)**

리빙 키친 (LDK형식, Living Dining Kitchen)	거실, 식사실, 부엌을 겸용한 것
다이닝 키친 (DK형식, Dining Kitchen)	부엌의 일부에 간단히 식탁을 꾸며 놓은 것
다이닝 알코브 (DA형식, Dining Alcove)	거실의 일부에 간단히 식탁을 꾸며 놓은 것
리빙 다이닝 (LD형식, Living Dining)	거실 내에 커튼이나 스크린으로 칸막이가 설치된 식사실
다이닝 포치·다이닝 테라스 (Dining Porch, Dining Terrace)	여름철 등 좋은 날씨에 테라스나 포치에서 식사하는 것
키친 플레이 룸 (Kitchen Play Room)	부엌에서 작업을 하면서 어린이를 돌볼 수 있도록 된 공간

(4) 소형 식사실의 경우에는 부엌을 직결하는 것이 좋으며, 대형일 경우에는 배선실(pantry)을 중간에 두어 해치(hatch)나 출입문을 통해서 음식을 공급한다.

> **예제**
>
> **1.** 주거의 단위공간계획에서 'LDK(거실 – 식사실 – 부엌)' 형태에 대한 설명으로 옳지 않은 것은? *2018년 지방직 9급 고졸경채*
> ① 'D(식사실)'를 별도로 둔 형태에 비하여 동선이 길어져 작업능률의 저하가 우려된다.
> ② 소규모 주택에 많이 나타나는 형태이다.
> ③ 실을 효율적으로 이용할 수 있다.
> ④ 거실과 식사실 그리고 부엌을 겸용하는 유형이다.
>
> 답 ①
>
> **2.** 주거건축에서 부엌에 대한 설명으로 옳은 것은? *2023년 국가직 9급*
> ① 일렬형(일자형)은 소규모에 적합하다.
> ② 주방의 시설은 개수대, 조리대, 냉장고, 준비대, 가열대, 배선대 순으로 배치한다.
> ③ 작업삼각형은 냉장고, 개수대, 배선대를 연결한 것이다.
> ④ 작업삼각형의 길이는 2.4 ~ 3.4 m 범위가 적당하다.
>
> 답 ①

6. 부엌

(1) 크기
① 주택 연면적의 8~12%(평균 10%)
  ㉠ 소규모 주택(50m² 이하): 주택면적의 약 10% 내외(5m² 정도)
  ㉡ 대규모 주택(100m² 이하): 주택면적의 약 7% 내외
② 소주택의 경우에는 5m²가 적당하다.
③ 부엌의 크기를 결정하는 조건
  ㉠ 작업대(개수대, 준비 조리대, 레인지, 배선대 등)의 면적
  ㉡ 가사 노동자의 동작에 필요한 공간
  ㉢ 식기, 식품, 조리용 기구의 수납에 필요한 공간
  ㉣ 연료의 종류와 공급 방법
  ㉤ 주택의 연면적, 가족 수 및 평균 가사 노동자 수

(2) 부엌계획 시 유의사항
① 부엌은 음식물을 다루는 곳이므로 일사 시간이 긴 서쪽은 반드시 피한다.
② 부엌은 습기가 높은 곳이므로, 계획 시 습기 제거 가능 향(向) 및 개구부에 대한 고려가 필요하다.
③ 부엌 작업대(싱크대)의 높이는 73~83cm, 폭은 50~60cm 정도로 한다.

(3) 부엌의 작업순서
① 부엌의 작업순서는 왼쪽에서 오른쪽으로 이동할 수 있도록 계획한다.
② 준비 → 냉장고 → 개수대(sink) → 조리대(요리) → 가열대(레인지) → 배선대 → 해치(hatch) → 식탁

(4) 부엌의 작업 삼각형(냉장고 – 개수대 – 가열대)
① 삼각형 세 변 길이의 합이 짧을수록 효과적인 배치이다.
② 삼각형 세 변 길이의 합은 3.6~6.6m 사이가 적당하다.
③ 냉장고와 싱크대, 싱크대와 조리대 사이는 동선이 짧아야 한다.

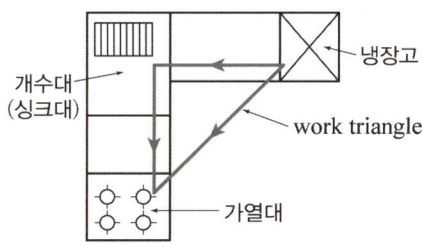

↑ 부엌의 작업 삼각형(work triangle)

부엌의 습기 조절
1. 부엌의 개수대 부분에는 습기의 환기를 위해 개구부(창)를 설치한다.
2. 부엌이 밀폐되지 않도록 거실 등 공간과의 개방성을 통해 환기를 진행한다.

> **예제**
>
> 부엌 작업 순서에 따른 가구 배치가 바르게 나열된 것은? 2015년 지방직 9급
>
> ① 배선대 → 개수대 → 조리대 → 가열대 → 냉장고
> ② 냉장고 → 조리대 → 개수대 → 가열대 → 배선대
> ③ 냉장고 → 배선대 → 개수대 → 조리대 → 가열대
> ④ 냉장고 → 개수대 → 조리대 → 가열대 → 배선대
>
> 답 ④

(5) 부엌의 유형에 따른 장단점

유형	장점	단점
직선형 (—자형)	몸의 방향을 바꿀 필요가 없음 (좁은 면적의 부엌에 사용)	동선이 길어지는 경향이 있음
병렬형	좁은 면적의 부엌에서 동선을 단축시킬 수 있음	몸을 돌려가며 작업을 해야 함
L자형	배치에 여유가 있고 능률적임	모서리 부분의 이용도가 낮음
U자형 (ㄷ자형)	• 수납 공간을 넓게 둘 수 있음 • 작업공간이 넓음	위치 설정이 난이함

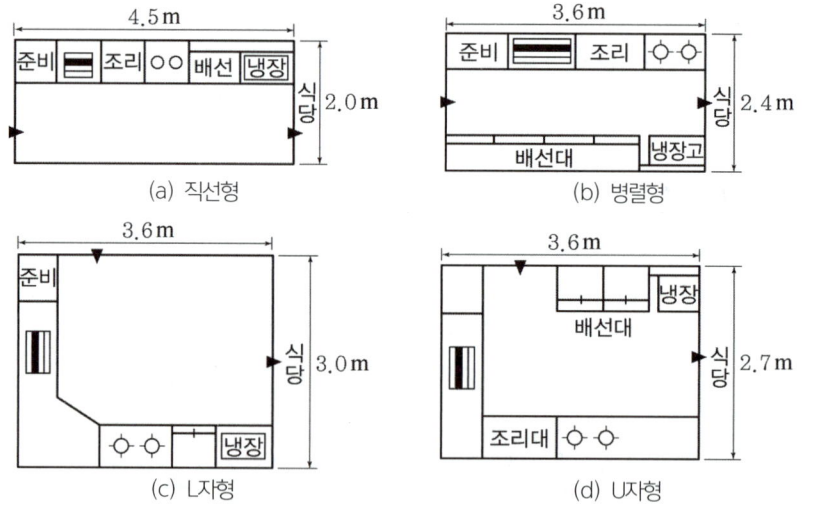

● 부엌의 유형

(6) 부속공간

가사공간 (Utility Space)	• 주부의 가사노동의 공간으로 동선을 짧게 하기 위하여 욕실과 부엌 사이에 둠 • 내부만 연결시키는 공간(내외부를 연결하는 공간이 아님)
다용도실 (Multipurpose Room)	잡품 창고를 겸한 곳으로서 발코니와 주방 사이에 둠
배선실 (Pantry)	식당과 부엌 사이의 음식을 준비하는 공간으로서 식품, 식기 등을 저장
옥외작업장 (Service Yard)	옥외작업장으로서 세탁장, 우물, 빨래 건조대, 장독대, 연료저장창고 등을 둠

7. 침실

(1) 침실의 면적

① 면적 산정 시 고려사항

㉠ 침실의 소요기적(필요 공기량)

㉡ 가구의 점유면적

㉢ 1인당 소요 바닥면적

㉣ 침대의 종류

② 면적 산정

㉠ 성인 1인은 시간당 50m³/h(아동은 1/2, 25m³/h)의 새로운 공기를 확보해야 신선한 공기를 호흡할 수 있다.

㉡ 자연 환기 횟수를 2회로 가정하면 실의 최저 소요 기적(공간의 체적 m³)은 다음과 같다.

$$\text{실의 최저 소요 기적(m}^3) = \frac{\text{인당 필요공기량(m}^3/\text{h} \cdot \text{인}) \times \text{인원수(인)}}{\text{환기횟수(회/h)}}$$

$$\text{1인용 침실: } \frac{50(\text{m}^3/\text{h})}{2(\text{회/h})} = 25\text{m}^3, \quad \text{2인용 침실: } \frac{50(\text{m}^3/\text{h}) \times 2(\text{인})}{2(\text{회/h})} = 50\text{m}^3$$

㉢ 최저 소요 기적을 천장 높이로 나누어 주면 필요 면적이 산출된다. 다음은 천장 높이를 2.5m라고 가정할 경우의 면적 산출 사항이다.

$$\text{침실면적(m}^2) = \frac{\text{실의 최저 소요 기적(m}^3)}{\text{천장높이(m)}}$$

$$\text{1인용 침실: } \frac{25(\text{m}^3)}{2.5(\text{m})} = 10\text{m}^2, \quad \text{2인용 침실: } \frac{50(\text{m}^3)}{2.5(\text{m})} = 20\text{m}^2$$

예제

주거 건축에서 사용 인원수 대비 필요한 환기량을 고려하여 침실 규모를 결정할 경우, 다음과 같은 조건에서 성인 2인용 침실의 적정한 가로변의 길이는? (단, 성인은 취침 중 0.02m³/h의 탄산가스나 기타의 유해물을 배출한다) 2019년 국가직 9급

- 침실의 자연환기 횟수는 1회/h이다.
- 침실의 천장고는 2.5m이다.
- 침실의 세로변 길이는 5m이다.

① 2m
② 4m
③ 6m
④ 8m

성인 1인은 시간당 50m³/h(아동은 1/2, 25m³/h)의 새로운 공기를 확보해야 신선한 공기를 호흡할 수 있다.

실의 최저 소요 기적(m³) = $\dfrac{\text{인당 필요 공기량(m³/h·인) × 인원수(인)}}{\text{환기횟수(회/h)}}$

$= \dfrac{50(m³/h·인) × 2인}{1회/h} = 100m³$

침실 면적(2인용 침실) = $\dfrac{\text{실의 최저 소요기적(m³)}}{\text{천장높이(m)}} = \dfrac{100}{2.5} = 40m²$

침실 면적이 40m²이고, 세로변 길이가 5m이므로 가로변 길이는 8m가 된다. **답 ④**

(2) 주택의 침실계획
① 침실은 소음이 차단되고 안전성을 기대할 수 있는 곳에 둔다.
② 아동 침실은 정신적으로나 육체적으로 발육에 지장을 주지 않는 안정성이 높은 곳에 둔다.
③ 노인 침실은 주거부 중심에서 약간 떨어진 곳으로서, 조용하고 전망이 좋고 안정감을 취할 수 있는 곳이면서, 동시에 가족과의 관계를 유지할 수 있는 곳에 계획한다(노인실이 식당, 욕실 및 화장실이 가깝도록 계획).
④ 부부 침실은 야간 생활에 주로 이용되므로, 조용하고 프라이버시가 지켜지는 곳에 배치하며, 남향으로 계획하는 것이 일반적이다.
⑤ 객용 침실의 경우, 소규모 주택에서는 고려하지 않고 소파 베드 등을 이용해서 처리한다.
⑥ 침실은 독립성이 강한 부분으로서, 가급적 다른 실과 분리하여 계획한다.

(3) 침대의 배치
① 침대의 상부 머리쪽은 되도록 외벽에 면하도록 한다.
② 누운 채로 출입문이 직접 보이도록 한다.
③ 침대 양쪽에 통로를 두고 한쪽을 75cm 이상이 되게 한다.
④ 침대 하부인 발치 하단에는 90cm 이상의 여유를 둔다.
⑤ 침실 내에서의 주요 통로 폭은 90cm 이상이 되도록 한다.

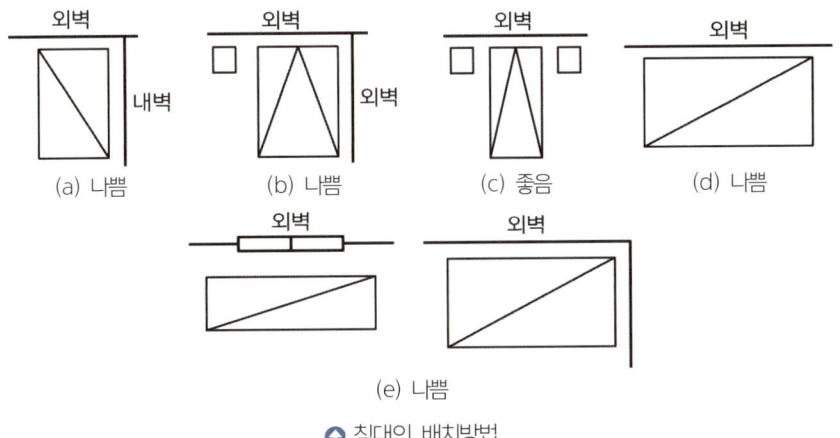

↑ 침대의 배치방법

> **예제**
>
> 주택의 평면계획에 대한 설명으로 옳지 않은 것은? 2017년 지방직 9급 고졸경채
> ① 침대는 외벽에 면하여 위치시키는 것이 겨울철에 유리하다.
> ② 욕실의 환기를 위하여 창문을 이용한 자연환기나 송풍기 등에 의한 기계 환기를 하여야 한다.
> ③ 여름철 온도 변화가 심한 서향에는 열기를 막아줄 수 있는 실을 배치하는 것이 좋다.
> ④ 겨울철 바람이 있으나 빛의 밝기가 일정한 북향에는 냉장고, 저장실 등을 배치하는 것이 좋다.
>
> 답 ①

8. 욕실 및 화장실

(1) 욕실의 계획 시 고려사항

① 욕실의 천장은 2.1m 이상의 높이로 하고, 적당한 경사를 주어 수증기 방울이 바닥에 떨어지지 않도록 한다.

② 욕실의 배관은 외벽면에 면할 경우 겨울철의 동파의 우려가 있으므로 피한다.

③ 욕실은 침실에서 가깝게 배치하며 현관과 응접실에서 격리된 위치가 좋다.

④ 욕실은 변소와 부엌을 근접시켜 급·배수관을 경제적으로 설치할 수 있도록 하여 설비를 절약한다.

⑤ 방수성, 방오성(오염에 대한 저항 성능)이 큰 마감재료를 사용한다.

⑥ 상하층에서 동일한 평면에 배치하여 배수 및 소음이 최소화될 수 있도록 한다.

(2) 욕실의 크기

평균적 크기	1.6 ~ 1.8m × 2.4 ~ 2.7m
최소 크기	0.9 ~ 1.8m × 1.8m

(3) 화장실의 크기

최소 크기	0.9m × 0.9m
양변기를 설치할 경우	0.8m × 1.2m
소변소를 설치할 경우	0.8m × 0.9m
욕조, 세면기, 양변기를 함께 설치할 경우	1.7m × 2.1m

9. 차고

(1) 크기

① **주택 전용 차고의 크기**: 3.0m × 5.5m

② 자동차의 폭과 길이보다 최소 1.2m 더 크게 한다.

(2) 출입구

도로로부터 직접 진입할 수 있는 위치로 부지 경계선에서 1m 이상 후퇴시킨다.

(3) 구조

① 차고의 벽이나 천장 등을 방화 구조로 하고 출입구나 개구부에 60+ 또는 60분 방화문을 설치한다.

② **바닥**: 내수재료를 사용하고 경사도(구배)는 1/50 정도로 한다.

③ **벽**: 백색 타일을 3.2m까지 붙이는 것이 이상적이며 1.5m 정도 높이에는 국부조명을 하여 작업에 편리하도록 한다.

(4) 환기

통풍을 고려하여 바닥에서부터 30cm 정도 높이에 하부 환기구를 설치하고 천장 부근에 상부 환기구를 설치한다.

2 공동주택

1 아파트

1. 아파트의 분류

(1) 평면 형식상의 분류

① 홀형(계단실형)

㉠ 계단실 혹은 엘리베이터 홀로부터 단위 주호(세대)로 들어가는 형식
㉡ 통행부 면적을 작게 할 수 있으므로 건물의 이용도가 높고 동선이 짧아 출입하기가 편리하다.

장점	단점
• 프라이버시 양호 • 통행부 면적이 작아서 건물의 이용도가 높음 • 각 단위 주거가 자연 조건 등에 균등한 방향으로 배치되어 일조, 통풍에 유리	• 엘리베이터 이용률이 낮음 • 고층 아파트일 경우 각 계단실(홀)마다 엘리베이터를 설치해야 하므로 시설비가 많이 듦

예제

공동주택의 평면형식 중에서 공사비는 많이 소요되나 출입이 편리하고 사생활 보호에 좋으며 통풍과 채광이 유리한 것은? 2019년 지방직 9급

① 집중형 ② 편복도형
③ 중복도형 ④ 계단실형

답 ④

② 편복도형(갓복도형)

㉠ 연속된 긴 복도에 의해 각 주호로 출입하는 형식이다.
㉡ 각 세대의 방위를 동일하게 하여 거주성이 균일한 배치가 가능하다.

장점	단점
• 복도 개방 시 각 주호의 거주성 양호 • 통풍, 채광이 양호 • 엘리베이터 1대당 단위 주거를 많이 둘 수 있음	• 복도 폐쇄 시 통풍, 채광상 불리해짐 • 공용 복도에 있어서는 프라이버시 침해 우려가 있음 • 고층 아파트의 경우 난간을 높게 해야 함

판상형과 탑상형

1. 공동주택은 주동계획에 따라 판상형과 탑상형으로 분류할 수 있다.
2. 판상형은 탑상형에 비해 다른 주동에 미치는 일조영향이 크며, 탑상형에 비해 각세대의 조망권 확보가 불리하다.
3. 탑상형은 단지의 랜드마크 역할을 할 수 있으나, 각 세대의 거주환경이 불균등한 단점을 갖고 있다.

핵심 OX

01 탑상형 공동주택은 각 세대에 개방감을 주며 거주조건이나 환경이 균등하다는 장점이 있다. (○, ×)

02 편복도형은 공용복도쪽 프라이버시가 침해되기 쉽지만 계단실형보다 엘리베이터 효율성이 높다. (○, ×)

01 × 탑상형 공동주택은 각 세대에 개방감을 주지만 중앙홀을 중심으로 세대가 편성되어 있어 향이 불균등하게 형성될 수 있으므로 거주조건이나 환경이 균등하지 못하는 단점이 있다.
02 ○

③ **중복도형(속복도형)**
  ㉠ 복도 양 측에 주호를 배치하는 형식이다.
  ㉡ 중복도에는 채광 및 통풍이 원활하도록 40m 이내마다 1개소 이상의 외기에 면하는 개구부를 설치한다.

장점	단점
• 대지의 이용률이 높음 • 엘리베이터 효율이 좋음	• 프라이버시 보장에 약하고, 시끄러움 • 통풍, 채광상 불리 • 복도의 면적이 넓어짐 • 중앙 복도가 어두우며 소음이 발생 • 고도의 공기조화설비를 갖춘 것 이외에는 주택으로 적합하지 않음

④ **집중형(코어형)**: 코어(엘리베이터, 계단실, 설비)를 중앙에 배치하고, 그 주위에 각 주호를 집중시키는 방식이다.

장점	단점
대지의 이용률이 높고 많은 주거를 집중시킬 수 있음	• 프라이버시 보장에 극히 약하고, 통풍·채광상 극히 불리 • 복도 부분의 환기 등의 문제점을 해결하기 위해 고도의 설비시설을 설치해야 함 • 기후 조건에 따라 세밀한 설비적인 환경조절이 필요

핵심 OX

01 중복도형은 대지의 이용률이 높고 주거환경이 좋아 고층 고밀형 공동주택에 적합하다. (O, ×)

02 집중형은 대지 이용률이 낮으나 모든 단위 주거가 환기 및 일조에 유리하다. (O, ×)

03 계단실형 아파트는 복도를 통하지 않고 단위 주호에 접근할 수 있는 장점은 있지만 중간에 위치한 주택은 직접 외기에 접할 수 있는 개구부를 2면에 설치할 수 없다는 단점이 있다. (O, ×)

01 × 중복도형은 대지의 이용률이 높지만 주거환경이 좋지 않다.
02 × 집중형은 대지 이용률이 높으나 모든 단위 주거가 환기 및 일조에 불리하다.
03 × 계단실형 아파트는 복도를 통하지 않고 단위 주호에 접근할 수 있는 장점뿐만 아니라, 중간에 위치한 주택 또한 직접 외기에 접할 수 있는 개구부를 2면에 설치할 수 있어 쾌적한 주거 환경 조성에 유리하다.

예제

1. 아파트의 평면 형식에 대한 설명으로 옳지 않은 것은? 2018년 지방직 9급 고졸경채

① 계단실형 - 계단실 또는 엘리베이터 홀에서 직접 단위 주거로 들어가는 형식으로, 홀에서 들어갈 수 있는 단위 주거의 수에 따라 2단위 주거형, 다수 단위 주거형으로 구분된다.
② 편복도형 - 건물의 한쪽에 긴 복도를 만들어 단위 주거로 들어가는 형식으로 엘리베이터 1대당 이용 단위 주거의 수를 늘릴 수 있다는 점에서 계단실형보다 효율적이다.
③ 중복도형 - 건물의 중앙에 복도가 있는 형식으로, 단위 주거가 복도 양쪽으로 배치되어 고밀화될 때 유리한 형식이다.
④ 집중형 - 단위 주거의 일조 조건이 균등하기 때문에 평면계획이 용이하다.

답 ④

2. 공동주택의 건축계획적 분류에 대한 설명으로 가장 옳지 않은 것은?

2022년 서울시 9급(1회)

① 편복도형 아파트는 공용복도로 인하여 사생활 침해가 발생할 우려가 있다.
② 계단실형 아파트는 복도를 통하지 않고 단위 주호에 접근할 수 있는 장점은 있지만 중간에 위치한 주택은 직접 외기에 접할 수 있는 개구부를 2면에 설치할 수 없다는 단점이 있다.
③ 중복도형 아파트는 대지에 대한 이용도가 높으나 일반적으로 채광과 통풍이 양호하지 않다.
④ 홀집중형 아파트는 좁은 대지에 주거를 집약할 수 있으나 통풍이 불리해질 수 있다.

답 ②

⑤ 평면 형식의 비교

구분	연면적에 대한 전용면적비	환경조건	프라이버시 (독립성)	대지의 이용률
홀형	가장 높음	가장 좋음	가장 좋음	가장 낮음
편복도형	조금 낮음	양호함	좋지 않음	낮음
중복도형	낮음	나쁨	나쁨	높음
집중형	가장 낮음	가장 나쁨	가장 나쁨	가장 높음

예제

공동주택의 평면 형식에 대한 설명으로 옳지 않은 것은?

2017년 지방직 9급

① 계단실(홀)형은 프라이버시와 거주성은 양호하나 엘리베이터의 이용률이 낮다.
② 편복도형은 프라이버시가 불리하나 복도가 개방형인 경우 각 호의 통풍 및 채광은 양호하다.
③ 중복도형은 대지의 이용률이 높고 주거환경이 좋아 고층 고밀형 공동주택에 적합하다.
④ 집중형은 통풍, 채광, 환기 등이 불리하여 이를 해결하기 위한 고도의 설비시설이 필요하다.

답 ③

단층형(플랫형) 공동주택의 특징
1. 단위 주거의 평면구성 제약이 적고 소규모도 설계가 용이하다.
2. 복도가 있는 경우 단위 주거의 규모가 크면 복도가 길어져 공용면적이 증가하며, 프라이버시에 있어 타 형식보다 불리하다.
3. 단위 주거가 한 개의 층에만 한정된 형식이다.

(2) 단면형식상 분류

① **단층형(Flat Type, Simplex Type)**: 단위 주거가 1층만으로 구성되어 있는 가장 일반적인 형식이다.

장점	단점
• 평면 구성에 제약이 없음 • 적은 면적에서도 설계가 가능 • 개인적 옥외공간이 충분히 제공	• 공용부에 접하는 면적이 많을 때 프라이버시가 침해 • 주택의 관리 등이 난해

② **메조네트형(Maisonette type)**
  ⊙ 한 주호가 2개층 이상에 걸쳐 구성되는 형식으로서, 2개층에 걸쳐 있는 형식을 듀플렉스(Duplex)형, 3개층에 걸쳐 있는 형식을 트리플렉스(Triplex)형이라고 한다.
  ⓒ 엘리베이터 정지층 및 통로 면적의 감소로 전용 면적의 극대화를 도모할 수 있다.

장점	단점
• 엘리베이터 정지 층수를 줄일 수 있음 • 거실 천장이 2개층 이상 높이로 되어 있어 개방적 공간감을 줄 수 있음 • 공용 복도가 없는 층의 경우 프라이버시 확보 용이 • 임대 면적 증가 • 복도가 없는 층의 경우 통로 면적 감소	• 소규모 주택에는 비경제적 • 세대당 규모가 작으면 계획이 어려움 • 단면, 구조, 설비가 복잡하며 설계상 어려움이 있음 • 공용 복도가 없는 층은 화재 및 위험 시 대피상 불리

예제

1. 공동주택 단위 주거 단면 구성 방법 중 메조네트형(maisonette type)의 특성으로 옳지 않은 것은? 2007년 국가직 9급
  ① 통로 면적의 감소로 임대 면적이 증가한다.
  ② 소규모 주택에는 면적의 효율적 이용에 유리하다.
  ③ 주택 내의 공간 변화가 있다.
  ④ 다양한 입면 창출이 가능하다.

답 ②

핵심 OX
공동주택의 단면 형식에서 복층형(maisonette)은 수직방향 인접세대에 접하는 슬라브 면적이 늘어나 층간소음이 증가한다. (O, ×)

× 복층형은 두 개층 이상을 한 세대에서 사용하므로 슬라브 면적이 두 개 층으로 나누어져 작아지게 된다. 이에 따라 세대수직방향 인접세대에 접하는 슬라브 면적이 감소하여 층간소음이 감소한다.

2. 공동주택의 단면 형식에서 복층형(maisonette)의 특징으로 옳지 않은 것은?
   2011년 지방직 9급

   ① 듀플렉스 또는 중층형으로도 부르며 하나의 주호가 2개층으로 구성되는 형식이다.
   ② 플랫형에 비해 통로 면적 등의 공용면적이 감소하여 전용면적비가 증가한다.
   ③ 수직방향 인접세대에 접하는 슬라브 면적이 늘어나 층간소음이 증가한다.
   ④ 엘리베이터의 정지 층수가 적어 수직 동선이 편리해진다.

   답 ③

③ 스킵 플로어 형식(skip floor type): 부지 형태가 경사지일 경우 자연 지형에 따라 절토하지 않고 주택을 세우면 실의 바닥 높이가 계단참 정도의 차이가 생겨 전면은 중층(重層)이 되고 후면은 단층(單層)이 되는 형식으로서, 주거 단위의 단면 구성 시 층별로 어긋나게 계획하여 엘리베이터 등이 격층으로 운행되게 하는 방식이다.

스킵 플로어(skip floor)형
대지가 경사지인 경우 절토 없이, 지면의 차이에 따라 저지대는 중층으로, 고지대는 단층으로 처리한 형식이다.

장점	단점
• 단위 세대의 진입이 격층으로 이루어짐으로 프라이버시에 유리 • 엘리베이터 정지 층수를 감소시킬 수 있음 • 통로면적 등 공유면적을 감소시켜, 전용면적을 증가시킬 수 있음	• 비상 대피 시 대피 통로 확보 곤란 • 소규모 주택 적용 시 비경제적 • 구조상 복잡하여, 배관설비가 길어지고 복잡

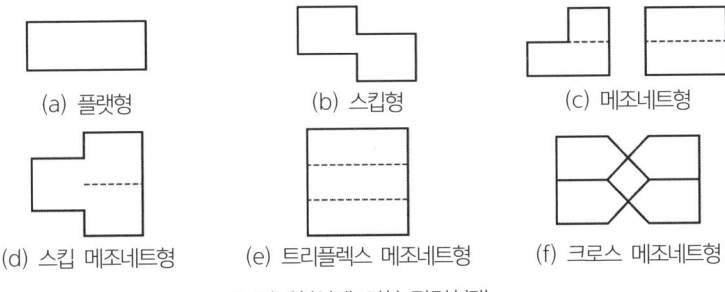

(a) 플랫형   (b) 스킵형   (c) 메조네트형
(d) 스킵 메조네트형   (e) 트리플렉스 메조네트형   (f) 크로스 메조네트형

◐ 단면형식에 의한 단면형태

예제

복도와 연결되는 엘리베이터가 2~3층에 하나씩 있고, 상하층 계단으로 연결되는 공동주택 형식을 무엇이라 하는가?
2014년 서울시 9급

① 심플렉스형   ② 복도형
③ 스킵 플로어형   ④ 단층형
⑤ 계단실형

답 ③

④ **코리도 플로어형**: 스킵 플로어형을 변형 계획하여, 엘리베이터 정지층에 공동 시설을 집중 배치하는 계획 방식이다.

2. 배치계획

(1) 인동간격

① 인동간격은 일조 확보, 소음 전달 방지, 시각적 프라이버시 확보, 시각적 개방감, 통풍 및 연소 방지, 쾌적한 옥외공간 확보를 위해 적절히 확보되어야 한다.

② 남북 간의 인동간격 결정 조건: 일조(동지 기준 최소 4시간 이상 수열 필요)에 대한 인동간격(평지 정남향일 경우 $D = 2H$)

③ 통풍 및 연소 방지에 대한 인동간격(측면 인동간격)

㉠ 1세대 건물

$$d_x = b_x (d_x: 측면\ 인동간격,\ b_x: 건물의\ 길이)$$

㉡ 2세대 건물

$$d_x = \frac{1}{2} b_x$$

㉢ 다세대 건물

$$d_x = \frac{1}{5} b_x$$

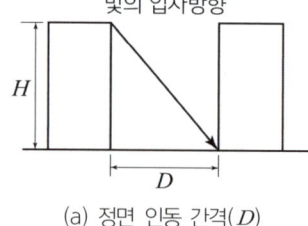
(a) 정면 인동 간격(D)

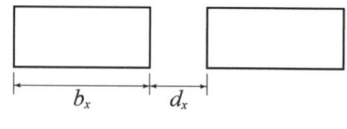
(b) 측면 인동 간격(d_x)

◆ 인동간격

(2) 주동배치

① 평행배치

㉠ 판상형 아파트를 남향으로 평행배치시키는 방법이다.
㉡ 각 주호에 균등한 환경조건을 부여할 수 있는 장점이 있다.
㉢ 에너지 절약에 유리한 장점이 있다.
㉣ 외부공간에 있어서 전후 간격이 좁고 획일적이며, 단조로운 배치가 될 수 있다.

② 직각배치
- ㉠ 一자형 또는 ㄱ자형의 판상형 아파트 건축물이 상호 교차되도록 배치시키는 방법이다.
- ㉡ 평행배치 방식보다 공간의 폐쇄, 개방, 둘러쌈 등의 변화가 다양하다.
  → 활성화된 외부공간 구성
- ㉢ 각 세대별 향의 조건이 다른 단점이 있다.

③ 사행배치
- ㉠ 주동을 경사를 두어 배치하는 방법이다.
- ㉡ 대지 형태가 불규칙적인 경우에 적용하면 양호한 공간구성이 가능하다.
- ㉢ 법적인 인동간격의 준수가 어렵다.

④ 복합배치
- ㉠ 주동을 사행 또는 불규칙적으로 배치하는 방법이다.
- ㉡ 대지모양이 부정형이거나 곡선도로에 면한 대지에 주로 적용한다.
- ㉢ 건물의 크기나 대지의 형태에 따라 자유롭게 변화가 가능하다.
- ㉣ 배치가 혼잡해질 수 있다.

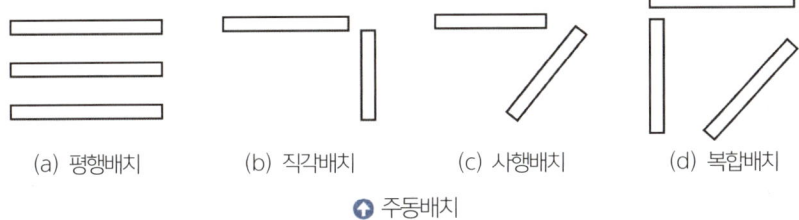

(a) 평행배치　　(b) 직각배치　　(c) 사행배치　　(d) 복합배치

↑ 주동배치

(3) 차량동선계획
차량동선은 9m(버스), 6m(소로), 4m(주거동 진입도로)의 3단계 정도로 한다.

3. 평면계획

(1) 단위 평면(unit plan)
① 단위 평면(unit plan)은 아파트의 한 동을 구성할 때, 그것을 구성하는 하나의 세대 평면을 의미한다.

② 단위 평면의 결정 조건
- ㉠ 거실과 침실은 다른 실을 거치지 않고 직접 출입이 가능해야 한다.
- ㉡ 부엌은 식당과 연결되어야 한다.
- ㉢ 동선은 단순해야 하고, 겹치거나 혼란스럽지 않도록 한다.

③ 단위 평면의 크기: 1인당 최소 4~6m² 이상으로 한다.

(2) 블록플랜(Block Plan)의 결정조건
① 각 단위 평면이 2면 이상 외기에 면해야 한다.
② 각 단위 평면의 중요한 실이 균등한 조건을 가져야 한다.
③ 현관이 계단으로부터 멀지 않아야 한다(최대 6m 이내).

④ 설비 공간의 배치가 어떤 규칙성에 준하는 것이 경제적이어야 한다.
⑤ 단위 주거가 균등하게 일사면에 노출되도록 해야 한다.
⑥ 중요한 거실이 모퉁이에 배치되지 않도록 해야 한다.

4. 세부계획

(1) 공용 부분

① 계단
  ㉠ 단 높이 18cm, 단 너비 28cm, 계단 폭 1.8 ~ 2.1m, 각도 30° 정도로 한다.
  ㉡ 계단실의 옥내에 면하는 창은 화재 시 연도가 되기 때문에 붙박이로 한다.
  ㉢ 배수는 기준층에서 처리한다.

② 복도
  ㉠ 기준층에서의 복도폭

중복도	1.8m 이상
편복도	1.2m 이상

  ㉡ 보행 거리

주요 구조부가 내화 구조인 경우	50m 이하
비내화 구조인 경우	30m 이하

  ㉢ 출입구의 높이: 1.8m 이상

③ 엘리베이터
  ㉠ 배치
    ⓐ **복도형**: 단위 평면에서 30 ~ 40m 이내로 한다.
    ⓑ 홀형일 경우 홀에 설치한다.
  ㉡ 대수 산출 시 가정 조건
    ⓐ 2층 이상 거주자의 30%를 15분간 운반한다.
    ⓑ 한 사람이 승강하는 시간과 문의 개폐 시간을 합하여 6초로 한다.
    ⓒ 실제 주행 속도를 전속도의 80%로 한다.
    ⓓ 정원의 80%를 태우는 것으로 한다.
    ⓔ 거주자가 차지하는 건물 내의 연면적은 70%로 하고 한 사람이 점유하는 면적은 $30m^2$로 한다.
    ⓕ 엘리베이터 1대당 50 ~ 100호가 적당하며 10인승 이하의 소규모가 좋다.
    ⓖ **화물용 승강기**: 복도형인 공동주택의 경우에는 100세대까지 화물용 승강기 1대를 설치하되, 100세대를 넘는 경우에는 100세대마다 1대를 추가로 설치한다.

ⓒ 엘리베이터 속도

구분	운행 속도	구동방식	용도
저속도	45m/min 이하	교류1단, 교류2단	소규모 아파트
중속도	60~105m/min	교류2단, 직류기어	중건물 상업용, 병원
고속도	120m/min 이상	직류기어리스	대형 사무실, 백화점 등

ⓔ 엘리베이터 대수 산정

ⓐ 엘리베이터 대수(N)

$$= \frac{M}{P} = \frac{\text{피크 시간대 5분간 수송 필요 인원}}{\text{엘리베이터 1대의 5분간 수송 능력}}$$

ⓑ M(피크 시간대 5분간 수송 인원) = 건물인구 × 5분간 이용 비율

ⓒ P(엘리베이터 1대의 5분간 수송능력)

$$= \frac{60 \times 5 \times 0.8 \times \text{케이지 정원}}{\text{평균 일주 시간 } T(\text{sec})}$$

ⓓ T(평균 일주 시간, sec)
  = 승객 출입 시간 + 문의 개폐 시간 + 주행 시간

ⓔ 엘리베이터의 대수 산정은 피크시간(peak hour)을 기준으로 산출한다.

ⓕ 고층 공동주택의 경우 엘리베이터 이동 속도를 90m/min 이상으로 계획한다.

④ 더스트 슈트(dust chute)

㉠ 쓰레기 처리를 위하여 각 층에서 먼지나 휴지조각 등을 별도로 해서 투입하는 슈트로서, 고층 건물에 있는 쓰레기를 맨 아래 층으로 버리게 하는 설비이다.

㉡ 설치 위치: 홀이나 복도에 설치한다.

㉢ 크기

2~3층	40cm × 40cm
4~6층	50cm × 50cm
7~9층	60cm × 60cm

(2) 단위 플랜 내의 각 실계획

① 거실, 식당, 부엌

㉠ 대개 다이닝 키친, 리빙 키친 형식이다.

㉡ 부엌에 면하여 베란다를 설치한다(빨래터, 건조 장소로 쓰이며 크기는 3.3m² 내외).

㉢ 거실의 천장 높이는 2.4m 이상으로 하고 최상층은 방서를 위해 일반 층보다 10~20cm 정도 더 높게 한다.

난간의 재료(주택건설기준에 관한 규정 제18조)
난간의 재료는 철근콘크리트, 파손되는 경우에도 비산되지 아니하는 안전유리 또는 강도 및 내구성이 있는 재료물(금속제인 경우에는 부식되지 아니하거나 도금 또는 녹막이 등으로 부식방지처리를 한 것만 해당)을 사용하여 난간이 안전한 구조로 설치될 수 있게 하여야 한다.

난간의 간살 간격
안목치수 10cm 이하로 한다.

* 500세대 이상의 공동주택은 '공동주택 결로 방지를 위한 설계기준(국토교통부 고시)'을 만족하여야 한다.

② 발코니(Balcony)
  ㉠ 직접 외기에 접하는 장소로, 서비스 발코니와 리빙 발코니가 있다.
  ㉡ 유아의 유희, 일광욕, 침구 및 세탁물 건조 장소로 쓰인다.
  ㉢ 난간의 높이는 1m 정도로 한다.
  ㉣ 비상시 이웃집과 연락이 가능한 곳이어야 한다.
③ 현관
  ㉠ 안여닫이가 원칙이나 홀이 좁아지므로 면적상 밖으로 열도록 한다.
  ㉡ 유효 폭은 85cm 이상으로 하고 문짝은 방화상 철제로 설치한다.
④ 화장실, 욕실
  ㉠ 화장실은 수세식으로 하고 될 수 있는 대로 거실에서 직접 출입하는 형식은 피하고 복도나 수세실을 지나게 한다.
  ㉡ 세대마다 화장실 설치가 불가능한 경우는 공동 화장실을 설치한다.
  ㉢ 원칙적으로 화장실과 욕실은 분리한다.
  ㉣ **욕조의 크기**: 80 ~ 90cm × 120 ~ 180cm로 한다.
⑤ 가구 수납 설치
  ㉠ 결로 방지상 내벽 쪽으로 한다.
  ㉡ **수납용 침대**: 도어 베드(Door Bed), 리세스 베드(Recess Bed), 롤러 베드(Roller Bed)

(3) 환경 및 설비계획*
① 채광 및 환기

채광에 필요한 면적	거실 바닥 면적의 1/10 이상
환기에 필요한 면적	거실 바닥 면적의 1/20 이상

② 난방설비

증기 난방	고층에 적합
온수 난방	저층은 중력식으로 하고, 중층은 기계 순환식이 적합

③ 급·배수설비
  ㉠ 급수량은 1일 1인당 50 ~ 200L로 계획한다.
  ㉡ 배수량은 1시간당 165L로 계획한다.

2 연립주택

1. 연립주택의 장단점

(1) 장점
① 단독 주택보다 토지의 이용률을 높일 수 있다.
② 테라스 하우스의 경우 각 세대마다 전용의 뜰을 갖는다.
③ 접지성과 집합 형식에 따라 다양한 배치와 풍요로운 옥외공간을 조성할 수 있다.
④ 경사지, 소규모, 택지의 이용이 가능하다.
⑤ 대지의 형태와 지형에 맞춘 조화로운 설계가 가능하다.

(2) 단점
① 벽체의 공유로 일조, 채광, 통풍에 불리하다.
② 프라이버시 유지에 불리하다.

> **예제**
>
> 다음 중 연립주택의 장점을 모두 고르면?   2014년 서울시 9급
>
> ㄱ. 토지의 이용률을 높인다.
> ㄴ. 아파트에 비하여 풍요로운 외부 공간을 구성할 수 있다.
> ㄷ. 대지의 형태와 지형에 맞춘 조화로운 설계가 가능하다.
> ㄹ. 옆집 마당에 집주인의 허락 없이 출입이 가능하다.
>
> ① ㄱ, ㄴ, ㄷ
> ② ㄱ, ㄴ, ㄹ
> ③ ㄱ, ㄷ, ㄹ
> ④ ㄴ, ㄷ, ㄹ
> ⑤ ㄱ, ㄴ, ㄷ, ㄹ
>
> 답 ①

2. 연립주택의 형식

(1) 테라스 하우스(terrace house)

2호 이상의 주택이 수평으로 연속되어 있으며, 각 호의 전용의 뜰을 갖고 있는 형식의 연립주택이다.

① **평지형 테라스 하우스**: 평지에 건립되는 테라스 하우스를 말한다.
② **경사지형 테라스 하우스**
    ㉠ 경사지의 지형에 따라 계단 모양의 단면 형식으로 건립되는 테라스 하우스를 말한다.
    ㉡ 타 주호의 지붕 위를 루프 테라스로 사용한다.

핵심 OX

테라스 하우스는 지형의 경사도가 클수록 밀도가 낮아지는 특성을 갖는다. (O, X)

✗ 테라스 하우스는 지형의 경사도를 활용한 건축양식으로서, 지형의 경사도가 클수록 밀도는 높아지는 특성이 있다.

ⓒ 대지의 경사도가 30°가 되면 윗집과 아랫집이 절반 정도 겹치게 되어 평지보다 2배의 밀도로 건축이 가능하다.
ⓔ 테라스 하우스의 밀도는 대지의 경사도에 따라 좌우되며, 경사가 심할수록 밀도가 높아진다.
ⓜ 상향식이든 하향식이든 경사지에서는 스플릿 레벨(split level) 구성이 가능하다.
ⓗ 상향식 테라스 하우스는 가장 낮은 곳에는 차고를 두고 가장 높은 곳에는 정원을 둔다.
ⓢ 하향식 테라스 하우스는 상층에 거실 등 주생활공간을 둔다.
ⓞ 채광 등의 문제가 발생하지 않도록 각 세대의 깊이는 7.5m를 넘지 않도록 한다.

③ 준접지형 테라스 하우스
ⓐ 상하에 서로 다른 세대의 주호가 중첩되어 있는 테라스 하우스이다.
ⓑ 아래의 주호는 전용의 뜰을 갖고 있으나 위의 주호는 로프 데크, 발코니 등의 뜰의 기능을 갖는 스페이스를 가지며 출입구도 독자의 것을 갖고 있다.

예제

1. 다음 글에서 설명하는 주거 형태는? 2016년 지방직 9급 고졸경채

> 경사지의 자연 지형 훼손을 최소화하기 위하여 많이 활용되며, 한 세대의 지붕 상부가 다른 세대와 경사면의 정도에 따라 겹쳐지면서 다른 세대의 마당으로 활용되는 형태이다.

① 테라스 하우스
② 타운 하우스
③ 아파트
④ 중정형 주택

답 ①

2. 자연형 테라스 하우스에 대한 설명으로 옳지 않은 것은? 2016년 국가직 9급

① 각 세대의 깊이는 7.5m 이상으로 해야 한다.
② 테라스 하우스의 밀도는 대지의 경사도에 따라 좌우되며, 경사가 심할수록 밀도가 높아진다.
③ 하향식 테라스 하우스는 상층에 주생활공간을 두고, 하층에 휴식 및 수면공간을 두는 것이 일반적이다.
④ 각 세대별로 전용의 뜰을 갖는 것이 가능하다.

답 ①

(2) 중정형 하우스(court-yard-house, patio house)
① 각 호마다 전용의 중정을 갖고 있는 형식으로서 아트리움 하우스(atrium house)라고도 한다.
② 1가구의 단층형 주택(단, 내부 세대의 좋지 않은 채광을 극복하기 위해 일부 세대들을 2층으로 구성할 수 있음)으로, 주거공간이 마당을 부분적으로 또는 전부 에워싸고 있다.

> **예제**
>
> 연립주택 분류 중 중정형 주택(patio house)에 대한 설명으로 옳지 않은 것은?
> 2021년 국가직 9급
>
> ① 아트리움 하우스(atrium house)라고도 한다.
> ② 내부 세대의 좋지 않은 채광을 극복하기 위해 일부 세대들을 2층으로 구성할 수 있다.
> ③ 격자형의 단조로운 형태를 피하기 위해 돌출 또는 후퇴시킬 수 있다.
> ④ 경사지의 자연 지형 훼손을 최소화하기 위해 많이 활용되며, 한 세대의 지붕이 다른 세대의 테라스로 사용된다.
>
> 답 ④

(3) 타운 하우스(town house)
① 테라스 하우스와 같이 각 호마다 전용의 뜰을 갖고 있는 형식으로서, 토지이용 및 건설비, 유지관리비의 효율성을 고려한 형식이다.
② 공용의 뜰, 어린이 놀이터, 보도, 차도, 주차장 등의 오픈 스페이스를 갖고 있는 형식의 연립주택을 말한다.
③ 1층은 거실 등의 생활공간으로 계획되며, 2층은 침실 등 수면공간이 배치되도록 계획된다.

> **예제**
>
> 연립주택의 종류와 특성에 대한 설명으로 옳지 않은 것은? 2011년 국가직 9급
>
> ① 테라스 하우스(terrace house)는 대지의 경사도가 30°가 되면 윗집과 아랫집이 절반 정도 겹치게 되어 평지보다 2배의 밀도로 건축이 가능하다.
> ② 파티오 하우스(patio house)는 1가구의 단층형 주택으로, 주거공간이 마당을 부분적으로 또는 전부 에워싸고 있다.
> ③ 테라스 하우스(terrace house)는 상향식이든 하향식이든 경사지에서는 스플릿 레벨(split level) 구성이 가능하다.
> ④ 타운 하우스(town house)는 인접주호와의 경계벽 설치를 연장하고 있으며, 대개 4~5층 이상으로 건립한다.
>
> 답 ④

(4) 로 하우스(low House)

① 2개 이상의 단위 주거가 외벽을 공유하고 단위 주거 출입은 홀을 거치지 않고 지면에서 직접 출입하며, 밀도를 높일 수 있는 저층 주거로 3층 이하이며, 2층이 일반적이다.
② 도시형 주택으로서 가장 이상적인 연립주택의 형식이다.
③ 토지의 이용률을 높일 수 있는 형식이다.
④ 경사지의 이용이 가능한 형식이다.

3 노인 홈(타운)계획

1. 노인 홈(타운) 배치계획

(1) 원예 등의 취미생활을 즐길 수 있는, 경사가 있는 대지가 좋다.
(2) 편리한 대중교통 시설이 근접해 있어야 한다.
(3) 시설의 진입로는 완만하고 평탄하게 하여 접근과 출입이 쉽도록 한다.
(4) 도시형의 경우 주변에서 쾌적한 환경을 얻기 힘든 만큼 내부적으로 특별한 계획이 필요하다.
(5) 노인 홈은 프라이버시를 확보함과 동시에 고독감을 느끼지 않는 분위기를 만들어야 한다.
(6) 지역사회의 구성원으로서 자각과 행동을 할 수 있는 장소에 설치하여야 한다.
(7) 노인이 소외되지 않고 지역사회의 구성원으로서 조화롭게 생활을 영위할 수 있도록 지역사회와의 융합성을 배치에 최우선적 고려사항으로 하여야 한다.
(8) 적절한 사회적 교류활동을 할 수 있는 기회와 장소를 제공하고 지역사회에 대한 소속감을 느낄 수 있도록 한다.
(9) 서비스 부문은 가급적 1개소에 집약시킨다.

> **예제**
>
> 노인 홈계획에 관한 내용으로 옳지 않은 것은? 2010년 지방직 9급
> ① 노인 홈은 프라이버시를 확보함과 동시에 고독감을 느끼지 않는 분위기를 만들어야 한다.
> ② 지역사회의 구성원으로서 자각과 행동을 할 수 있는 장소에 설치하여야 한다.
> ③ 위급 시를 감안 의료부문을 최우선적으로 고려한 배치를 한다.
> ④ 서비스 부문은 가급적 1개소에 집약시킨다.
>
> 답 ③

핵심 OX

전원 휴양지형 실버타운은 도시형에 비해 노인들이 소외감과 고독감을 덜 느끼며 지역사회와 연계가 유리하다. (O, ×)

× 전원 휴양지형 실버타운은 도시형에 비해 노인들이 소외감과 고독감을 더 느낄수 있어 지역사회와의 연계가 불리하다.

2. 평면 및 색채, 마감계획

(1) 안정적 분위기를 느낄 수 있도록 실내 색채 마감은 한색 계열인 푸른색 계열보다 난색 계열을 사용하는 것이 좋다.
(2) 노인 개인의 취향에 따라 공간을 장식할 수 있는 자율성을 보장한다.
(3) 시설적 이미지를 최소화하고 가정적인 분위기로 계획하여 친밀성을 높인다.
(4) 침실 창은 침실바닥면적의 1/7 이상으로 하고, 직접 바깥 공기에 접하도록 하며 개폐가 가능하여야 한다.
(5) 목욕실의 급탕을 자동 온도조절장치로 하는 경우에는 물의 최고 온도가 40°C 이상되지 않도록 한다.
(6) 침실의 면적은 입소자 1인당 6.6m² 이상이어야 하며, 합숙용 침실의 정원은 4인 이하여야 한다.
(7) 화장실에 욕조를 설치하는 경우에는 욕조에 노인의 전신이 잠기지 않는 깊이로 한다.
(8) 발코니의 경우 바닥면은 미끄럼 방지 재료로 계획한다.
(9) 발코니는 비상시 안전한 곳으로 대피할 수 있는 통로의 역할 및 취미생활을 위한 공간으로 활용할 수 있다.

예제

1. 노인시설계획 시 고려해야 할 사항으로 옳지 않은 것은? 2013년 지방직 9급

① 안정적 분위기를 느낄 수 있도록 실내 색채 마감은 푸른색 계열의 유사배색을 사용한다.
② 노인 개인의 취향에 따라 공간을 장식할 수 있는 자율성을 보장한다.
③ 시설적 이미지를 최소화하고 가정적인 분위기로 계획하여 친밀성을 높인다.
④ 적절한 사회적 교류활동을 할 수 있는 기회와 장소를 제공하고 지역사회에 대한 소속감을 느낄 수 있도록 한다.

답 ①

2. 노인복지시설의 발코니 건축계획에 대한 설명으로 옳지 않은 것은? 2017년 지방직 9급

① 노인들이 외부환경과 접촉할 수 있는 공간이다.
② 바닥면은 미끄럼 방지 재료로 계획한다.
③ 단조로울 수 있는 주거공간에서 입면 디자인 요소가 될 수 있다.
④ 비상시 안전한 곳으로 대피할 수 있는 통로의 역할을 하므로 취미생활을 위한 공간으로는 부적합하다.

답 ④

노인복지시설 주거부 거실동 배치계획별 특징

1. 단복도형
   전체면적과 실면적의 비율에 있어서 다른 유형보다 상대적으로 효율적이다.
2. 이중복도형
   복도공간을 이용한 순환적 걷기유형이 가능하다.
3. 삼각복도형
   거실을 외부에 면하게 하고 관리공간을 중앙에 두는 형태로서 Unit의 확장이 어렵고 십자복도형에 비해 상대적으로 감시가 난해하다.
4. POD형
   유사필요성이 있는 거주자실들 간 친밀도를 높여준다.

핵심 OX

안정적 분위기를 느낄 수 있도록 실내 색채 마감은 푸른색 계열의 유사배색을 사용한다. (○, ×)

× 안정적 분위기를 느낄 수 있도록 실내 색채 마감은 한색 계열인 푸른색 계열보다 난색 계열을 사용하는 것이 좋다.

3 단지계획

1 커뮤니티(community)

1. 의미
주택지의 균형 있는 발전을 이루기 위해서 주택지를 지역적으로 통합시켜 발전시키려는 사고 방식의 근린주구 개념이며, 이를 '커뮤니티'라 한다.

2. 커뮤니티 센터
인간의 정신적 결합과 유대 관계를 긴밀히 하기 위한 공동시설의 체제이며, 이와 같이 공동 생활에 필요한 시설이 형성된 군을 말한다.

3. 공동시설

1차 공동시설	• 기본적 주거 시설 • 급배수, 급탕, 난방, 환기, 정화설비, 통로, 엘리베이터, 각종 슈트, 소각로 등
2차 공동시설	• 거주 행위의 일부를 공유하여 합리화와 생활 수준 향상을 추구 • 어린이 놀이터, 창고설비 등
3차 공동시설	• 집단생활의 기능 촉진 • 관리 시설, 물품 판매, 체육 시설, 의료 시설, 보육 시설 등
4차 공동시설	• 공공 시설 • 우체국, 학교, 경찰서, 소방서 등

2 주거단지의 구성

구분	호수	인구 규모	면적	구성	중심 시설
인보구	20 ~ 40호	100 ~ 200명	0.5 ~ 2.5ha*	3 ~ 4층 건물, 아파트 1 ~ 2동	어린이 놀이터 등
근린분구	400 ~ 600호	2,000 ~ 2,500명	15 ~ 25ha	일상 소비 생활에 필요한 공동 시설이 운영 가능한 단위	약국, 어린이 공원 (2,000㎡), 유치원 등
근린주구	1,600 ~ 2,000호	5,000 ~ 6,000명	100ha	초등학교를 중심으로 하는 근린분구들의 집합체	초등학교, 도서관, 우체국, 소방서 등

* 1ha = 10,000㎡(100m × 100m)

핵심 OX

01 인보구는 어린이 놀이터가 중심이 되는 공간으로 400 ~ 500호로 구성되어 있다. (O, X)

02 근린주구는 약 200ha의 면적에 초등학교를 중심으로 한 단위를 말하며, 경찰서, 전화국 등의 공공시설이 포함된다. (O, X)

01 X 인보구는 어린이 놀이터가 중심이 되는 공간으로 15 ~ 40호로 구성되어 있다.

02 X 근린주구는 약 100ha의 면적에 초등학교를 중심으로 한 단위를 말하며, 도서관, 우체국, 소방서 등의 공공시설이 포함된다. 경찰서, 전화국 등의 공공시설이 포함되는 것은 근린지구이다.

참고 | 근린지구

1. 주거단지 구성을 근린지구까지 확대하여 해석할 수 있다.
2. 근린지구는 면적 400ha, 호수 20,000호, 인구 규모 100,000명으로서, 도시 생활의 대부분의 시설이 포함되는 대단위 주거단지라 할 수 있다.

주거단지의 구성

1. 근린분구 3~4개가 모여 근린주구를 형성한다.
2. 인보구 - 근린분구 - 근린주구 순으로 규모가 확장된다.
3. 초등학교를 중심으로 하는 근린주구는 도시계획의 종합계획에 따른 최소단위가 된다.

예제

1. 근린생활권의 위계적 구성 가운데 다음 항목에 해당하는 생활권 체계는?

2015년 서울시 9급

- 가구 수는 400~500호
- 인구는 2,000~2,500명 정도
- 단지 내 중심시설은 주로 유치원, 근린상점, 노인정, 독서실, 파출소 등
- 주민 간 교류가 가능한 최소 생활권

① 인보구
② 근린분구
③ 근린주구
④ 근린지구

답 ②

2. 근린생활권 주거단지 단위 중의 하나로 대략 100ha의 면적에 초등학교를 중심으로 하여 어린이공원, 운동장, 우체국, 소방서 등이 설치되는 단위는?

2023년 지방직 9급

① 인보구
② 근린분구
③ 근린주구
④ 근린지구

답 ③

3. 주거단지 근린생활권에 대한 설명 중 옳지 않은 것은? 2009년 국가직 9급

① 근린생활권은 인보구(隣保區), 근린분구(近隣分區), 근린주구(近隣住區)의 세 가지로 분류된다.
② 근린분구(近隣分區)는 일상 소비생활에 필요한 공동시설이 운영 가능한 단위이며 소비시설, 후생시설, 보육시설을 설치한다.
③ 인보구(隣保區)는 어린이 놀이터가 중심이 되는 가장 작은 단위이다.
④ 근린주구(近隣住區)는 초등학교를 중심으로 하는 단위이며 경찰서, 전화국 등의 공공시설이 포함된다.

답 ④

> **4. 주거단지 근린생활권에 대한 설명으로 옳지 않은 것은?** 2022년 국가직 9급
> ① 인보구는 어린이 놀이터가 중심이 되는 단위이며 아파트의 경우 3~4층, 1~2동의 규모이다.
> ② 근린분구는 일상 소비생활에 필요한 공동시설이 운영 가능한 단위이며 소비시설, 유치원, 후생시설 등을 설치한다.
> ③ 근린주구는 약 200ha의 면적에 초등학교를 중심으로 한 단위를 말하며 경찰서, 전화국 등의 공공시설이 포함된다.
> ④ 주거단지의 생활권 체계는 인보구, 근린분구, 근린주구 순으로 위계가 형성된다.
>
> 답 ③

3 근린주구 이론

1. 페리(C. A. Perry)의 근린주구

'뉴욕 및 그 주변 지역 계획(1927)'은 일조문제와 인동간격의 이론적 고찰을 하여 근린주구 이론을 정리하였다.

(1) 1,000~2,000명의 학생수를 가진 초등학교를 중심으로 하는 인구 5,000~6,000명의 근린주구 이론이다.*

(2) 주구와 주구는 간선도로를 경계로 한다.*

(3) 주구 내 가로의 형태는 폭이 좁고 구불구불한 쿨데삭(cul-de-sac)으로 처리한다.

(4) 소공원 및 레크레이션 용지 등의 녹지면적은 전체 근린주구 면적의 10%로 하고 있다.

(5) 단지에서 초등학교까지 보행거리의 한계는 800m로 하며, 가정에서 커뮤니티 센터까지의 보행거리는 400m로 하고 있다.

(6) 근린점포
① 주민에게 적절한 서비스를 제공하는 1~2개소 이상의 상업지구가 주거지 내에 설치되어야 한다.
② 위치는 주구의 주위, 교차 지점, 인접하는 지구의 점포 지구에 인접하게 배치해야 한다.
③ 특히, 교통의 결절점에 설치되어 주민의 편의성을 증진해야 한다.

(7) 내부 가로망
주구 내의 교통량에 비례하며 주구 내를 통과하는 도로를 두어서는 안 된다.

---

* 하나의 초등학교가 필요하게 되는 인구에 대응하는 규모를 가져야 하고, 그 물리적 크기는 인구 밀도에 의해 결정된다.

* 근린주구와 근린주구의 경계는 간선도로서 구분되고, 근린주구 내의 도로 골격을 형성하는 것은 집산도로이다.

근린주구 관련 이론
1. 아담스(Thomas Adams)는 페리의 근린주구와 거의 같은 규모로 1,300~2,050호를 제안하였으며 주거지 및 소주택지의 근린지역의 설계를 한 도시계획가이다.
2. 페더(G. Feder)는 일상생활권 개념의 확립을 연구하였다['새로운 도시(The New City)' 발표: 인구 20,000명 규모의 자급자족적인 소도시 구성 연구].

핵심 OX
페리(C. A. Perry)의 근린주구 이론은 일반적으로 초등학교 한 곳을 필요로 하는 인구가 적당하며 지역의 반지름이 약 400m인 단위를 잡고 있다.
(O, ×)

O

↑ 페리에 의한 근린주구 모델

예제

1. 페리(C. Perry)가 1929년에 정립한 근린주구단위 개념에 따른 근린주구의 계획원리로서 옳지 않은 것은? 2011년 국가직 9급

① 하나의 초등학교가 필요하게 되는 인구에 대응하는 '규모'를 가져야 하고, 그 물리적 크기는 인구밀도에 의해 결정된다.
② '근린점포'의 경우, 주민에게 적절한 서비스를 제공하는 1~2개소 이상의 상업지구가 주거지 내에 설치되어야 한다.
③ 단지경계와 일치한 서비스구역을 갖는 학교 및 '공공건축용지'는 중심위치에 적절히 통합한다.
④ '경계'의 단위는 통과교통이 내부를 관통하여 지나갈 수 있도록 구획한다.

답 ④

2. 근린주구 이론에 대한 설명으로 옳지 않은 것은? 2012년 국가직 9급

① 하워드(E. Howard)는 도시와 농촌의 장점을 결합한 전원도시(Garden City) 계획안을 발표하고, 런던 교외 신도시 지역인 레치워스에서 실현하였다.
② 페리(C. A. Perry)는 일조문제와 인동간격의 이론적 고찰을 통하여 근린주구의 중심시설을 교회와 커뮤니티센터로 하였다.
③ 페더(G. Feder)는 소주택의 근린지를 제안하고, 페리의 근린주구와 거의 같은 규모로 상업시설 등을 중심시설로 두었다.
④ 라이트(H. Wright)와 스타인(C. S. Stein)은 자동차와 보행자를 분리한 슈퍼블록을 제안하였고, 쿨드삭(Cul-de-Sac)의 도로형태를 제안하였다.

답 ③

핵심 OX

01 페리(C. A. Perry)는 일조문제와 인동간격의 이론적 고찰을 통하여 근린주구의 중심시설을 교회와 커뮤니티 센터로 하였다. (O, ×)

02 경계(Boundary)는 통과교통이 단지 내부를 관통하고 차량이 우회할 수 있는 충분한 폭의 광역도로로 둘러싸여야 한다. (O, ×)

03 페더(G. Feder)는 소주택의 근린지를 제안하고, 페리의 근린주구와 거의 같은 규모로 상업시설 등을 중심시설로 두었다. (O, ×)

01 O
02 × 경계(Boundary)는 통과교통이 단지 내부를 관통하지 않으며 네 면이 간선도로로 둘러싸여야 한다.
03 × 아담스는 소주택의 근린지(세대수 1300~2,050호)를 제안하고, 페리의 근린주구와 거의 같은 규모로 상업시설 등을 중심시설로 두었다.

하워드(E. Howard)
1. 영국의 대표적인 도시계획가로서 전원도시운동의 개척자이다. 하워드의 전원도시계획은 향후 신도시 개발과 위성도시 개발로 발전되면서 계승되었다.
2. 도시와 농촌의 관계에서 서로의 장점을 결합한 도시를 주장하였다.
3. 그의 이론은 런던 교외 신도시지역인 레치워스(Letchworth)와 웰윈(Welwyn) 지역 등에서 실현되었다.
4. 내일의 전원도시(Garden Cities of Tomorrow)를 출간하였다.

2. 하워드(E. Howard)의 전원도시

(1) 도시와 농촌의 결합으로 중심은 400ha의 시가지로 계획하며 주변은 200ha의 농지로 계획하였다.
(2) 인구 규모는 3,200명으로 제한하였다.
(3) 개발 이익의 사회 환원을 주장하였다.
(4) 자족적인 시설을 배치하였다.

예제

1. 19세기 후반 전원도시(Garden City)이론을 제창함으로써 이후 도시계획 및 단지계획에 큰 영향을 준 사람은?   2008년 국가직 9급

   ① 월터 그로피우스(Walter Gropius)
   ② 안토니오 산텔리아(Antonio Sant'Elia)
   ③ 토니 가르니에(Tony Garnier)
   ④ 에베네저 하워드(Ebenezer Howard)

   답 ④

2. 다음에서 설명하는 도시계획가는?   2021년 국가직 9급

   - 도시와 농촌의 관계에서 서로의 장점을 결합한 도시를 주장하였다.
   - 그의 이론은 런던 교외 신도시지역인 레치워스(Letchworth)와 웰윈(Welwyn) 지역 등에서 실현되었다.
   - 내일의 전원도시(Garden Cities of Tomorrow)를 출간하였다.

   ① 하워드(E. Howard)
   ② 페리(C. A. Perry)
   ③ 페더(G. Feder)
   ④ 가르니에(T. Garnier)

   답 ①

3. 라이트(Henry Wright)와 스타인(Clarence S. Stein)의 레드번 설계

(1) 레드번 설계의 주된 특성은 자동차와 보행자의 분리이다.
(2) 이것은 슈퍼 블록으로 주택들과 가구 안의 시설들, 학교, 공원들까지도 보도에 의하여 연결된다.
(3) 레드번 설계의 주거구는 슈퍼 블록 단위(super block unit)로 계획하였으며, 중앙에는 대공원 설치를 계획하였다.
(4) 레드번의 형식은 전형적인 쿨데삭(cul-de-sac)으로 내부의 세부 가로망을 구성하며, 쿨데삭을 통해 차량의 집과의 접근, 배달, 기타 서비스 활동을 하게 한다.
(5) 커뮤니티 시설의 중심 배치로 인해 간선도로변은 발달되지 않는 경향이 있다.

핵심 OX

01 하워드(E. Howard)는 도시와 농촌의 관계에서 장점만을 결합시킨 전원도시(garden city)를 발표하였다. (○, ×)
02 라이트(H. Wright)와 스타인(C. S. Stein)의 '래드번 설계'는 주거단지계획에 있어 보행자와 자동차의 분리를 주된 특징으로 한 계획안이다. (○, ×)

01 ○
02 ○

> **예제**
>
> 1. 주거단지계획에 있어 보행자와 자동차의 분리를 주된 특징으로 한 계획안은?
>
>   2014년 지방직 9급
>
>   ① 하워드(E. Howard)의 '내일의 전원도시'
>   ② 아담스(T. Adams)의 '주거지의 설계'
>   ③ 라이트(H. Wright)와 스타인(C. S. Stein)의 '래드번 설계'
>   ④ 루이스(H. M. Lewis)의 '현대도시의 계획'
>
>   답 ③
>
> 2. <보기>에서 옳은 것을 모두 고른 것은?
>
>   2022년 서울시 9급(1회)
>
>   ─────<보기>─────
>   ㄱ. 하워드(E. Howard)의 내일의 전원도시 이론은 산업화에 따른 근대 공업 도시에 대한 대안으로 제시되었다. 또한 농촌과 도시의 장점만을 골라 결합한 제안으로 런던 교외 도시 레치워스의 모델이 되었다.
>   ㄴ. 페리(C. A. Perry)의 근린주구이론은 한 개의 초등학교를 중심으로 한 인구 규모를 단위로 삼고 주구 내 통과교통을 방지하는 교통계획을 제안하였다.
>   ㄷ. 라이트(H. Wright)와 스타인(C. S. Stein)의 래드번 설계의 주된 특징은 자동차와 보행자의 분리이며 쿨데삭으로 계획되었다.
>
>   ① ㄱ, ㄴ
>   ② ㄱ, ㄷ
>   ③ ㄴ, ㄷ
>   ④ ㄱ, ㄴ, ㄷ
>
>   답 ④

4. 케빈 린치(K. Lynch)

(1) 도시의 형태 및 시각적 환경의 지각을 형성하는 이미지 요소를 정리하였다.

(2) 도시공간의 이미지를 구성하는 핵심 요소

통로(path), 접촉부(edge, 가장자리), 구역(district), 중심(nodes), 랜드마크(land mark)

> **예제**
>
> 케빈 린치(Kevin Lynch)가 정의한 도시공간의 이미지를 구성하는 핵심 요소로 옳지 않은 것은? 2012년 국가직 9급
> ① 통로(path)
> ② 가장자리(edge)
> ③ 조경(landscape)
> ④ 지구(district)
>
> 답 ③

4 단지 내 교통계획

1. 계획 시 주의사항

(1) 지구 내의 간선도로는 지선로에 의해 자주 끊겨서는 안 된다.

(2) 간선도로에서 횡단보도의 빈도는 최소 300m마다 설치한다.

(3) 간선도로 교차는 T자형으로 하며 교차지점 간의 간격은 최소 400m 이상으로 한다.

(4) 간선도로의 교차각은 최소 60° 이상으로 한다.

(5) 간선도로가 30° 이상 우회할 때 우회지점에 지표를 설치한다.

(6) 모든 공공시설물은 인접된 둘 이상의 간선도로에서 보행거리 내 설치하는 것이 좋다.

(7) 고밀도 지역을 단지 중심부에 배치할 경우 단지 중심으로 교통량이 집중될 수 있으므로, 고밀도 시설물을 가로변 등으로 적절히 분산 배치시킨다(단지 내 통과교통량을 줄이기 위해 고밀도 지역은 진입구에서 가장 가까운 위치에 배치).

(8) 주거단지* 보행자 동선계획
　① 보행자 도로의 폭은 주간선도로에서는 3m, 통학로는 4m 이상으로 한다.
　② 보행자 도로의 최소폭 기준은 2.4m이다.
　③ 도로폭 10m 이상 시 보도가 필요하다.
　④ 보행로 폭은 충분히 넓게 고려한다.

(9) 가로등 계획
　① 가로등은 보행자 위주로 계획한다.
　② 가로등은 높은 조도의 조명을 적게 설치하는 것보다 낮은 조도의 조명을 여러 개 설치하는 것이 바람직하다.

---

* 주거단지의 주진입로는 기준도로와 직각교차하며 다른 교차로에서 최소 60m 이상 떨어져 위치해야 한다.

핵심 OX
단지 내의 통과교통량을 줄이기 위해 고밀도지역은 기존도로의 연결 및 잠재적 연결가능성을 고려하여 단지 중심부에 배치한다. (○, ×)

✕ 단지 내의 통과교통량을 줄이기 위해 고밀도지역은 기존도로의 연결 및 잠재적 연결가능성을 고려하여 단지 외곽부에 배치한다.

> **예제**
>
> 주거단지의 교통계획에 관한 설명으로 옳지 않은 것은?   2013년 지방직 9급
> ① 주거단지의 주진입로는 기준도로와 직각교차하며 다른 교차로에서 최소 60m 이상 떨어져 위치해야 한다.
> ② 근린주구 단위 내부로의 자동차 통과진입을 극소화한다.
> ③ 단지 내의 통과교통량을 줄이기 위해 고밀도지역은 기존 도로의 연결 및 잠재적 연결가능성을 고려하여 단지 중심부에 배치한다.
> ④ 2차 도로체계(sub-system)는 주도로와 연결되어 쿨드삭(Cul-de-sac)을 형성하고, 미연방주택국(F.H.A.)에서는 쿨드삭의 적정길이를 120 ~ 300m까지로 제안하고 있다.
>
> 답 ③

2. 도로의 형식

(1) 격자형 도로(Grid Pattern)
교통의 균등분산, 넓은 지역 서비스 가능, 교차점은 40m 이상 이격, 업무나 주거 지역으로 직접 연결되면 안 된다.

(2) 선형도로(Linear Road Pattern)
폭이 좁은 단지에 유리하며, 비교적 가까이에서 보행자를 위한 공간 확보가 가능하다.

(3) 쿨데삭(Cul-de-sac)
① 적정길이는 평균 120m에서 최대 300m로 한다.
② 중간에 회전 구간을 두어 전 구간 이동에 불편함이 없도록 한다.
③ 모든 쿨데삭은 2차선 확보, 보차분리, 쿨데삭 진출입구의 교통 혼잡에 유의해야 한다.
④ 주택배면에 보행자 전용도로가 설치되어야 효과적이다.

(4) 단지 순환로
도로가 단지 주변에 분포 시 최소 4 ~ 5m 식재를 심어 완충공간을 형성한다.

(5) Loop형
불필요한 차량 진입이 배제되는 이점을 살리면서 우회도로가 없는 쿨데삭(Cul-de-sac)형의 결점을 개량하여 만든 형식이다.

(6) 오버브리지(overbridge)
보도 위에 설치한 일종의 고가 도로로서 대표적인 입체 분리 방식이다.

쿨데삭(Cul-de-sac)
1. 쿨데삭은 자동차 통과교통을 막아 주거단지의 안전을 높이기 위한 도로 형식으로 도로의 끝을 막다른 길로 하고 자동차가 회차할 수 있는 공간을 제공한다.
2. 미국 뉴저지의 래드번(Radburn) 근린주구 설계(1928)에는 쿨데삭이 적용되었으며, 자동차 통과교통을 막고 보행자는 녹지에 마련된 보행자 전용통로로 학교나 상점에 갈 수 있게 한 보차분리 시스템이다.
3. 쿨데삭은 중간에 회전공간이 있으나, 우회도로가 설치되어 있지 않은 특징을 갖고 있다.

예제

1. (가)에 해당하는 주거단지계획 용어는? 2022년 국가직 9급

> - (가) 은/는 자동차 통과교통을 막아 주거단지의 안전을 높이기 위한 도로 형식으로 도로의 끝을 막다른 길로 하고 자동차가 회차할 수 있는 공간을 제공한다.
> - 미국 뉴저지의 래드번(Radburn) 근린주구 설계(1928년)는 (가) 이/가 적용되었으며, 자동차 통과교통을 막고 보행자는 녹지에 마련된 보행자 전용통로로 학교나 상점에 갈 수 있게 한 보차분리 시스템이다.

① 슈퍼블록(super block)
② 본엘프(Woonerf)
③ 쿨데삭(Cul-de-sac)
④ 커뮤니티(community)

답 ③

2. 주거 건축계획에 대한 설명으로 옳은 것만을 모두 고르면? 2022년 지방직 9급

> ㄱ. 공동주택 단면형식 중 단위주거의 복층형은 프라이버시가 좋으므로 소규모 주택일수록 경제적이다.
> ㄴ. 공동주택 접근형식 중 편복도형은 각 세대의 주거환경을 균질하게 할 수 있다.
> ㄷ. 쿨데삭(cul-de-sac)은 통과교통이 없어 보행자의 안전성 확보에 유리하다.
> ㄹ. 근린 생활권 중 인보구는 어린이놀이터가 중심이 되는 단위이다.

① ㄱ, ㄴ
② ㄷ, ㄹ
③ ㄱ, ㄴ, ㄷ
④ ㄴ, ㄷ, ㄹ

답 ④

5 주택단지

1. 택지
건물을 세울 수 있는 여건이 갖추어진 토지를 의미하며 주거용 택지, 상업용 택지 등 용도로 분류하여 사용하는 용어이다.

2. 가구
(1) 폭
  25m로 한다(2택지 정도의 폭).
(2) 길이
  80~160m 정도로 한다(약 100m).

3. 도로
도로 면적은 대지 면적의 13~17% 정도로 하며, 그 폭은 용도별로 다음과 같다.
(1) 주택로
  4m로 한다.
(2) 가구로
  6m로 한다.
(3) 소방도로
  8m 정도의 폭으로 300m 간격마다 설치한다(보도폭 1.5m 이상).
(4) 공동주택 내 기간도로와 접하는 폭 및 진입도로의 폭

주택단지의 총세대수	기간도로와 접하는 폭 또는 진입도로의 폭
300세대 미만	6m 이상
300세대 이상 500세대 미만	8m 이상
500세대 이상 1천세대 미만	12m 이상
1천세대 이상 2천세대 미만	15m 이상
2천세대 이상	20m 이상

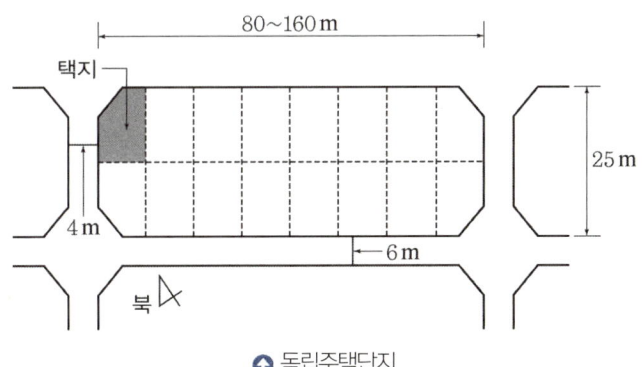

↑ 독립주택단지

핵심 OX
01 국지도로 유형 중 하나인 쿨데삭(Cul-de-sac)은 교통량이 많으며, 도로의 최대길이는 30m 이하이어야 한다. (○, ×)

02 단지 내의 환경적으로 가장 좋은 지역의 경우는 공동 커뮤니티시설 및 유아동을 위한 놀이터 등의 시설을 두고, 단지 내의 주동 접근로는 환경적 측면보다 도로와의 접근성 및 보행자의 안전성 등에 유념하게 계획하게 된다. (○, ×)

01 × 국지도로 유형 중 하나인 쿨데삭(Cul-de-sac)은 교통량이 적으며, 도로의 최대길이는 300m이하(적정길이 수준 120~300m)이어야 한다.
02 ○

> **예제**
>
> 다음 중 주택단지가 기간도로와 접하는 폭 또는 주택단지 진입도로의 폭을 결정하는 근거로 가장 옳은 것은? 2016년 서울시 9급(2회)
> ① 주동 높이와 주호조합 형식
> ② 주택의 규모와 분양가
> ③ 주택단지 출입구의 개수
> ④ 주택단지 총세대수
>
> 답 ④

4. 주거밀도 관련 용어

(1) 건폐율
건물의 밀집도를 나타내며, 건축 면적을 대지(토지) 면적으로 나눈 후 백분율로 산정한다.

(2) 용적률
토지의 고도집약 정도를 나타내며, 건물의 지상층 연면적을 대지(토지) 면적으로 나눈 후 백분율로 산정한다.

(3) 인구밀도
거주인구를 토지 면적으로 나눈 것이며, 단위 토지 면적에 대한 거주인구 수로 나타낸다.

(4) 호수밀도
토지와 주택수(주호수)와의 관계를 나타내며, 단위 토지 면적에 대한 주택수(주호수)로 나타낸다.

(5) 순밀도
단지 내 주택건축용지에 대한 인구밀도를 나타내며, 단지 내 인구를 단지 내 순수 주택건축용지로 나누어 산정한다.

(6) 토지이용률
건물의 바닥 면적을 부지 면적으로 나누어 백분율로 산정한다.

핵심 OX

01 건폐율은 건축밀도(건축물의 밀집도)를 산출하는 기초지표로 대지면적에 대한 건면적의 비율(%)을 나타낸다. (○, ×)

02 단지 내 전면적에 대한 인구밀도를 총밀도라고 하며, 단지 내 주택건축용지에 관한 인구밀도를 호수밀도라 한다. (○, ×)

01 ○
02 × 단지 내 전면적에 대한 인구밀도를 총밀도라고 하며, 단지 내 주택건축용지에 관한 인구밀도를 순밀도라 한다.

예제

근린주구 및 집합주거단지계획에 관한 설명으로 가장 옳지 않은 것은?

2010년 국가직 9급

① 단지 내 전면적에 대한 인구밀도를 총밀도라고 하며, 단지 내 주택건축용지에 관한 인구밀도를 호수밀도라 한다.
② 페리(C. A. Perry)의 근린주구이론은 일반적으로 초등학교 한 곳을 필요로 하는 인구가 적당하며, 지역의 반지름이 약 400m인 단위를 잡고 있다.
③ 근린주구 생활권의 주택지의 단위로는 인보구(隣保區), 근린분구(近隣分區), 근린주구(近隣住區)가 있다.
④ 공동주택의 16층 이상 또는 지하 3층 이하의 층으로부터 피난층 또는 지상으로 통하는 직통계단은 특별피난계단으로 한다.

답 ①

6 주거환경 개발·재생 관련 사항

1. 어반 빌리지(Urban Village)

(1) 정의

① 1989년 영국에서 쾌적하고 인간적 스케일의 도시환경을 목표로 시작되었으며, 경제적·사회적·환경적으로 지속가능한 커뮤니티 개발을 도시계획의 목표로 한다.
② 영국의 찰스 황태자가 이끌던 어반 빌리지 단체(Urban Village Group)가 현대의 모더니즘에 대한 반향으로 제안한 대안으로서, 과거의 인간적이고 혼합용도 지향적이며 아름다운 경관을 지닌 주거환경을 추구하는 도시계획 방법이다.

(2) 특징

① 보행자 우선 및 도보권(10분) 내에 초등학교, 공공시설, 편익시설 배치
② 복합적 토지이용
③ 다양한 주거유형의 혼합
④ 신축적인 건물계획
⑤ 적정 개발 규모(3,000 ~ 5,000명/ha)
⑥ 지역적 특성을 반영한 고품격 도시설계

핵심 OX

대중교통 중심 개발(TOD)은 영국의 찰스 황태자에 의해 전개된 운동으로, 과거의 인간적이고 아름다운 경관을 지닌 주거환경을 구성한다.
(○, ×)

× 영국의 찰스 황태자에 의해 전개된 운동으로, 과거의 인간적이고 아름다운 경관을 지닌 주거환경을 구성하는 것은 1989년 영국에서 쾌적하고 인간적인 스케일의 도시환경계획을 목표로 시작한 어반 빌리지(Urban Village)에 대한 설명이다.

(3) 10대 원칙

장소	친근한 전원풍경
위계	건물들의 크기와 위치
스케일	휴먼스케일
조화	가로의 리듬
위요	담장이 있는 정원
재료	친근한 지역재료
장식	전통적 디자인
예술	건물에 통합된 예술
사인·조명	간판과 조명이 통합된 경관
커뮤니티	주민참여적, 인간친화적

2. 뉴어바니즘(New Urbanism)

(1) 정의
① 1980년대 미국과 캐나다에서 시작되어, 교외화 현상이 시작되기 전의 인간척도중심의 근린중심의 도시로 회귀하는 것을 도시계획적 목표이다.
② 현대도시가 겪어온 여러 가지 문제점들을 해결하기 위해서 도시중심을 복원하고, 확산하는 교외를 재구성하며, 파괴적인 개발행위를 영속화하려는 정책과 관례를 바꾸려는 운동으로서, 자동차 위주의 근대도시계획에 반발하여 사람중심의 도시환경을 조성하고자 하는 도시계획 방법이다.

(2) 방법
① 대중교통수단을 이용한 지역 간 연결교통 네트워크를 구성한다(TOD, 대중교통 중심적 개발).
② 보행자 네트워크에 의한 도심지 내를 부분적으로 개조하고 신개발지 간을 연계한다(TND, 전통적 근린지역).
③ 도시재개발지역의 경계 부위 디자인에 의한 주변경관의 조화를 추구한다.

(3) 특징
① 보행환경체계를 구축한다.
② 편리한 대중교통을 구축한다.
③ 복합적으로 토지를 이용한다.
④ 다양한 주택유형을 혼합한다.
⑤ 고밀도 개발을 한다.
⑥ 녹지공간을 확충한다.
⑦ 차량이용을 최소화한다.

핵심 OX

뉴어바니즘(New Urbanism)은 도시 중심을 복원하고, 확산하는 교외를 재구성하며 도시의 커뮤니티, 경제, 환경을 통합적으로 고려하였다.
(O, ×)

O

(4) 기본원칙

① 보행성(Walkability)
② 연계성(Connectivity)
③ 복합용도개발(Mixed Use)
④ 주택혼합(Mixed Housing)
⑤ 전통적 근린주구(Traditional Neighborhood Development)
⑥ 고밀도 개발(Incresed Density)
⑦ 스마트 교통체계(Smart Transportation)
⑧ 지속가능성(Sustainability)
⑨ 삶의 질(Quality of Life)
⑩ **도시설계와 건축**(Urban Design & Architecture): 디자인코드에 의해 건축물을 설계한다.

예제

도시중심을 복원하고, 확산하는 교외를 재구성하며 도시의 커뮤니티, 경제, 환경을 통합적으로 고려한 것은?　　　　　　　　　　　　　　　　2012년 지방직 9급

① 뉴어바니즘(New Urbanism)
② 용도지역지구제
③ 위성도시
④ 메가폼(Megaform)

답 ①

---

3. 대중교통중심개발(TOD, Transit-Oriented Development)

(1) 개념

피터 캘도프(Peter Calthorpe)에 의해 처음 주창된 도시개발방식으로 철도역과 버스정류장 주변 도보접근이 가능한 10~15분(650~1,000m) 거리에 대중교통 지향적 근린지역을 형성하여 대중교통체계가 잘 정비된 도심지구를 중심으로 고밀도의 개발을 추구하고, 외곽지역에는 저밀도의 개발을 추구하는 방식이다.

(2) 시행방법

도심형 TOD	도심·부심 등 도시의 주요 거점에 계획하는 TOD
근린형 TOD	지구 중심·주거지 등 생활권 중심에 계획하는 TOD

(3) 캘도프(Calthorpe)의 TOD 7가지 원칙(1993)

① 대중교통서비스를 유지할 수 있는 고밀도를 유지한다.
② 역으로부터 보행거리 내에 주거, 상업, 직장, 공원, 공공시설을 배치한다.
③ 지구 내에는 걸어서 목적지까지 갈 수 있는 보행친화적인 가로망을 구성한다.
④ 주택의 유형, 밀도, 비용을 혼합 배치한다.
⑤ 양질의 자연환경과 공지를 보전한다.
⑥ 공공 공간을 건물배치 및 근린생활의 중심지로 조성한다.
⑦ 기존 근린지구 내에 대중교통 노선을 따라 재개발을 촉진시킨다.

예제

대중교통중심개발(TOD)에 대한 설명으로 가장 옳지 않은 것은?

2019년 서울시 9급(2회)

① 무분별한 교외 지역 확산을 막고 중심적인 고밀 개발을 위하여 제시되었다.
② 경전철, 버스와 같은 대중교통 수단의 결절점을 중심으로 근린주구를 개발한다.
③ 주 도로를 따라 소매 상점과 시민센터 등이 배치되고 저층이면서 중간 밀도 정도의 주거가 계획된다.
④ 영국의 찰스 황태자에 의해 전개된 운동으로, 과거의 인간적이고 아름다운 경관을 지닌 주거환경을 구성한다.

답 ④

CHAPTER 3 상업 건축계획

> **학습 POINT**
> 상업 건축계획은 사무소, 은행, 상점, 백화점 건축계획으로 구성되어 있으며, 7급 및 9급 시험에 2~4문제 정도가 출제되고 있다. 사무소의 경우는 코어 관련 사항, 상점 및 백화점은 매장 동선 및 엘리베이터 등 수송 관련 사항이 자주 출제되고 있다.

1 사무소

1 기본계획

1. 대지 위치 및 조건
(1) 교통이 편리해야 한다.
(2) 도심의 상업지역, 특히 CBD(중심 상업지역) 또는 큰 도로변에 접하는 곳 (도로에 2면 이상 접하는 것이 이상적)이 좋다.
(3) 도시가 갖는 경제성, 성격, 규모 등에 따라 사무소의 규모를 고려한다.
(4) 임대 사무소는 도심 내 상업지역에 위치하는 것이 유리하고 전용 사무소는 도심 외곽이 유리하다.

2. 부지의 선정 조건
(1) **도로와의 관계**
   모퉁이 대지 또는 2면 이상의 도로에 접한 대지가 좋다.
(2) **도로폭**
   고층 빌딩인 경우 전면 도로 폭 20m 이상이 좋다.
(3) **건축법상 유리한 곳이어야 한다.***
(4) **대지의 형태**
   직사각형에 가까우며 전면 도로에 길게 접한 대지가 좋다.
(5) 주차 면적을 충분히 확보할 수 있는 곳으로 인접 건물의 조망이 막히지 않아야 한다.

업무공간의 리모델링을 용이하게 하기 위한 건축설계 시 고려사항

1. 외부 확장 가능성을 고려하여 서비스 코어를 가능한 한 편심코어나 양측코어로 계획하는 것이 바람직하다.
2. 장래의 규모 확장을 고려하여 외부공간을 건축물에 의해 나누어지지 않도록 일정 규모 이상의 단일공간으로 확보하는 것이 바람직하다.
3. 서비스 코어에서는 설비샤프트를 하나로 원룸화하여 공간 내에서의 가변성을 유도하는 것이 바람직하다.
4. 구조체의 확장 및 변경을 고려하여 가변성을 확보할 수 있도록 유연한 구조 평면의 형태를 갖추는 것이 좋다.

* 건축법상 유리하다는 조건은 건폐율 및 용적률 등을 최대화할 수 있는 부지의 선정을 통해 전용 면적 및 임대 면적을 증가시켜야 한다는 것을 의미한다.

3. 분류

(1) 관리상 분류

전용 사무소	완전한 자기 전용 사무소(관청도 이에 해당)
준전용 사무소	몇 개의 회사가 모여서 공동 소유하는 것
준대여 사무소	건물의 주요 부분을 자기 전용으로 하고 나머지를 임대하는 형식
대여 사무소	건물의 전부 또는 대부분을 임대하는 형식

(2) 대여계획상의 분류

A형	기둥 간격, 또는 이것을 단위로 해서 임대
B형	기준층을 몇 개 블록으로 나누어서(내진벽 또는 방화 구획) 임대
C형	층을 단위로 해서 임대
D형	전층을 단일 회사가 사용하는 것

4. 면적계획

(1) 유효율(렌터블비, rentable ratio, %)

임대 면적과 연면적의 비이다.

$$유효율 = \frac{임대\ 면적(m^2)}{연면적(m^2)} \times 100(\%)$$

① 전체적으로는 70 ~ 75%가 보편 타당하며 기준층에 한해서는 80% 정도가 되도록 한다.

② 유효율이 높다는 것은 사무실의 대여 면적비가 높아 임대료 수입을 올릴 수 있음을 의미한다.*

*임대사무소의 경우 임대수익의 창출을 위해 유효율(렌터블비)을 극대화해야 한다.

(2) 수용 인원계획

사무실 크기는 사무원 수에 비례하며, 1인당 바닥 면적 기준은 다음과 같다.

임대 면적	5.5 ~ 6.5m²/인
연면적	8 ~ 11m²/인

> **예제**
>
> 사무소 건축의 규모는 사무원 수에 따라 결정된다. 그렇다면 건축 연면적 1,500m²인 임대사무소에 수용할 수 있는 적정 인원은 대략 몇 명인가? 2015년 서울시 9급
>
> ① 약 100명
> ② 약 150명
> ③ 약 250명
> ④ 약 300명
>
> 답 ②

핵심 OX

렌터블비(rentable ratio)란 임대면적과 연면적의 비율을 말하며, 값이 높을수록 수익성이 크다. (○, ×)

○

2 평면계획

1. 기준층의 평면형

(1) 실 단위에 의한 분류

① 개실 배치(Individual Room System)
  ㉠ 복도를 통해 각 층의 여러 부분으로 들어가는 방법으로 유럽에서 널리 쓰인다.
  ㉡ 개실 배치는 프라이버시 확보와 응접이 요구되는 최고 경영자나 전문직 개실계획에 사용된다.

장점	단점
• 독립성과 쾌적감의 이점이 있음 • 자연채광의 조건이 좋음	• 공사비가 비교적 높음 • 방 길이에는 변화를 줄 수 있으나 연속된 긴 복도 때문에 방 깊이에 변화를 줄 수 없음

② 개방식 배치(Open System): 개방된 큰 방을 기본적으로 설계하고 중역들을 위해 분리된 작은 방을 두는 방법이다.

장점	단점
• 전면적을 유용하게 이용할 수 있음 • 칸막이벽이 적어서 공사비가 낮음 • 방의 길이나 깊이에 변화를 줄 수 있음	• 소음이 들리고 독립성이 결핍됨 • 인공 조명이 필요함

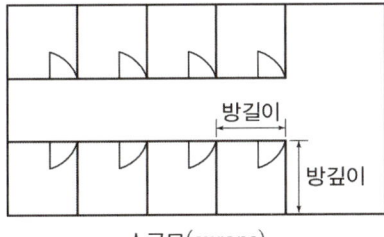

소규모(europe)

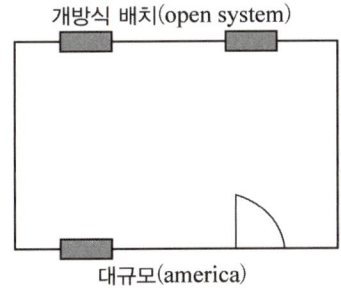

대규모(america)

↑ 개실 배치와 개방식 배치

핵심 OX

01 개실형 계획(Cellular type office)은 사무소 건축의 평면계획에서 독립성과 쾌적성이라는 장점을 가지는 데 반해, 조직원 사이의 협동을 요구하는 업무에는 상당히 부적절한 단점을 갖는다. (○, ×)

02 개실 배치(Individual Room System)는 임대에 불리하다. (○, ×)

03 개방식 배치는 인공조명과 인공환기가 불필요하다. (○, ×)

01 ○
02 × 개실 배치(Individual Room System)는 소규모 형태이므로 경기의 침체 시에도 개방형에 비해 임대에 유리하다.
03 × 개방식 배치는 공간이 커서 외주부와 내주부의 구분이 발생하며 내주부의 경우에는 인공조명과 인공환기가 필요하다.

예제

사무소 건축에 대한 설명으로 옳은 것은? 2018년 지방직 9급

① 엘리베이터 대수 산정 시 단시간에 이용자로 혼잡하게 되는 아침 출근 시간대의 경우, 10분간에 전체 이용자의 1/3 ~ 1/10을 처리해야 하기 때문에 10분간의 출근자 수를 기준으로 산정한다.
② 엘리베이터는 되도록 한곳에 집중 배치하며, 8대 이하는 직선 배치한다.
③ 오피스 랜드스케이프는 사무공간을 절약할 수 있으나, 변화하는 작업의 패턴에 따라 조절이 불가능하다.
④ 개실형은 독립성과 쾌적감의 장점이 있지만 공사비가 비교적 많이 드는 단점이 있다.

답 ④

③ 오피스 랜드스케이핑(Office Landscaping)
  ㉠ 전체를 개방한 배치로 사무공간에서 직위 서열보다 의사전달과 업무의 흐름, 작업 성격을 중시한 능률적 배치를 추구하는 방법이다.
  ㉡ 소음문제 발생 때문에 대형가구 등 소리를 반향(echo)시키는 기재의 사용이 어렵다.
  ㉢ 변화하는 작업의 패턴에 따라 조절이 가능하며, 신속하고 경제적으로 대처할 수 있다(사무 기구의 배치는 의사전달과 작업 흐름의 실제적 패턴에 기초를 둠).

장점	단점
• 공사비를 절감할 수 있음(칸막이벽, 공조설비, 소화설비, 조명설비 등의 zoning 최소화에 따른 공사비 절감) • 고정 칸막이가 없어 평면 구성이 자유로움 • 전면적을 유용하게 이용할 수 있음 • 커뮤니케이션이 원활	• 소음문제가 발생함 • 독립성이 결핍됨

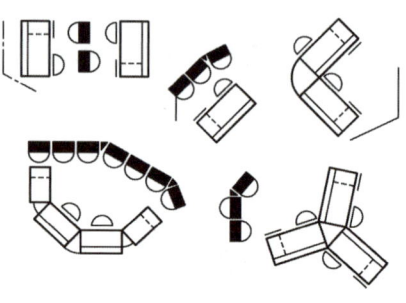

○ 오피스 랜드스케이핑

핵심 OX

01 사무소 건축에서 오피스 랜드스케이핑(Office Landscaping) 방식은 프라이버시 및 독립성 확보의 이점이 있다. (○, ×)

02 오피스 랜드스케이핑은 하나의 큰 실로 구성되어 있어, 작은 실들로 나누어져 있는 개실형에 비해 불경기 시에는 단위 임대면적 증가로 임대가 불리해지게 된다. (○, ×)

03 소시오페탈(sociopetal)은 마주 보거나 둘러싼 형태의 배치, 이용자 서로 간의 대화가 자연스럽게 이루어질 수 있는 배치이다. (○, ×)

01 × 오피스 랜드스케이핑(Office Landscaping) 타입은 프라이버시 및 독립성 확보에 어려움이 있다.
02 ○
03 ○

> **예제**
>
> 오피스 랜드스케이핑(office landscaping)에 대한 설명으로 옳은 것은?
>
> 2008년 국가직 9급
>
> ① 공간낭비가 많고 작업공간 레이아웃에 제약이 많다.
> ② 의사전달, 작업 흐름의 연결이 용이하다.
> ③ 공사비가 많이 들며, 일반적으로 위계적인 조직구조에 적합하다.
> ④ 프라이버시가 완벽하게 보장된다.
>
> 답 ②

(2) 공용시설상의 분류

복도가 없는 형	소규모 사무소에 적합
편복도형	중규모 사무소에 적합
중복도형	중·대규모 사무소에 적합
중복도 방사선형	20층 이상 대규모 사무소에 적합

(3) 복도형에 의한 분류

① 단일 지역 배치(편복도식, single zone layout)
  ㉠ 복도의 한쪽에만 사무실을 둔 형식이다.
  ㉡ 자연채광과 통풍에 유리하며, 비교적 고가이다.
  ㉢ 경제성보다 건강, 분위기 등이 더 필요한 곳에 적합하다.
  ㉣ 보통 소규모 사무실에서 사용한다.

② 2중 지역 배치(중복도식, double zone layout)
  ㉠ 복도를 두고 양측에 사무실을 둔 형식이다.
  ㉡ 사무실은 동·서 방향으로, 복도의 축은 남·북 방향으로 배치한다.
  ㉢ 주계단과 부계단, 중앙의 코어에서 각 실로 들어갈 수 있다.
  ㉣ 일반적으로 중규모 이상의 사무소에 적합하며, 코어계획 시 주의가 필요하다.

③ 3중 지역 배치(2중 복도식, triple zone layout)
  ㉠ 고층 건물에 사용되며, 교통시설과 위생설비는 건물 내부 제3지역 또는 중심에 위치한다.
  ㉡ 코어에 설비종류를 집중시켜 실 배치가 자유롭고, 경제적이며 구조적 이점이 있다.
  ㉢ 임대효율이 떨어지므로 전용 사무소에 적합하다.
  ㉣ 자연채광 및 통풍 등에 불리할 수 있으므로, 실내의 냉방 및 난방 조절과 공기질(air quality)의 유지를 위해 인공조명 및 기계환기 등의 설비가 필요하다.

2. 코어(Core)계획

사무소의 유효 면적을 높이기 위하여 각 층의 서비스 부분을 사무 공간에서 분리시켜 집약하는 방법으로 사무소 건축의 성격이나 평면형, 넓이, 구조, 설비 방식에 따라 규모와 위치가 결정된다.

(1) 코어의 역할(코어의 도입 효과)

평면적 역할	공용 부분을 집약시켜 유효 면적을 늘릴 수 있음
구조적 역할	내력 구조체로서의 역할을 함
설비적 역할	설비의 집약으로 설비 계통의 순환이 좋아짐

(2) 코어에 설치되는 공간

계단실, 엘리베이터 통로 및 홀, 전기 배선 공간, 덕트, 파이프 샤프트, 공조실, 화장실, 굴뚝 등이 있다.

(3) 코어계획 시 유의사항

① 코어 내의 계단, 화장실, 엘리베이터는 가능한 근접하여 배치한다.
② 코어 내의 서비스 공간과 업무 사무실과의 동선을 단순하게 처리한다.
③ 엘리베이터 홀은 출입구에 너무 근접시키지 않는다.
④ 엘리베이터의 직선(직선형) 배치는 4대 이하로 한다.
⑤ 병렬로 배치하는 엘리베이터의 전면 거리는 4m 내외로 한다.
⑥ 엘리베이터는 가급적 중앙에 집중시킨다.
⑦ 코어의 구조적 구성 형식은 내력벽으로 이루어진 벽식 구조로 하여 구조적 안전성을 높인다.
⑧ 코어 내의 각 공간은 각 층마다 상하 동일 위치에 둔다.*
⑨ 초고층 건축물은 세장비가 크므로, 코어계획 시 풍하중 및 지진하중 등 횡하중에 대한 고려가 필요하다.

* 코어 내의 구성 평면인 화장실, 계단실, 엘리베이터실 등은 각 층마다 상하 동일한 위치에 두어, 소음 최소화 및 동선의 최적화, 설비비의 절감을 추구하여야 한다.

핵심 OX

01 코어 부분의 규모는 가능한 크게 하여 구조적으로 유리하도록 한다. (O, X)

02 엘리베이터는 가급적 많은 수를 직선 배치하여 사용자가 빠르게 이동할 수 있도록 한다. (O, X)

03 코어가 하중을 부담하여 건물의 장스팬 구조계획에 불리하다. (O, X)

04 코어는 일정 부분의 수평적 평면 면적을 차지하게 되며, 수직적인 층고와는 관계없다. (O, X)

---

01 X 코어 부분의 규모가 커지면 전용면적이 작아지므로 적당하고 합리적인 크기로 코어를 계획하여야 한다.
02 X 엘리베이터를 직선으로 과다하게 연결할 경우 운영 효율이 문제가 될 수 있고 코어의 형태가 길어질 수 있으므로 엘리베이터의 직선(직선형) 배치는 4대 이하로 한다.
03 X 코어가 하중을 부담하여 건물의 장스팬 구조계획에, 평면형에 따라 유리할 수 있다.
04 O

예제

1. 사무소 건축의 코어(core)에 대한 설명 중 옳은 것은? 2007년 국가직 9급

① 코어는 수직교통시설과 설비시설이 집중된 공용공간인 동시에 내력벽 구조체의 역할을 함께 수행한다.
② 코어 내의 각 공간에는 계단실, 엘리베이터 통로 및 홀, 로비, 전기실 및 기계실, 복도, 공조실, 화장실, 굴뚝 등이 포함된다.
③ 엘리베이터와 화장실은 가급적 분리시킨다.
④ 코어 내의 각 공간은 각 층마다 조금씩 다른 위치에 있도록 한다.

답 ①

2. 사무소 건축의 코어 내 각 공간의 위치관계에 대한 설명으로 옳지 않은 것은?

2017년 지방직 9급(추가)

① 계단과 엘리베이터 및 화장실은 가능한 한 근접시킨다.
② 화장실은 엘리베이터가 운행되지 않는 층에서는 양 샤프트 사이에 배치가 가능하도록 고려한다.
③ 신속한 동선처리를 위해 엘리베이터 홀은 출입구에 면하여 최대한 근접하게 배치한다.
④ 샤프트나 공조실은 계단, 엘리베이터 또는 설비실 사이에 갇혀 있지 않도록 계획하고, 필요한 경우 면적변경이 가능하게 한다.

답 ③

3. 업무시설 코어계획 시 코어의 역할 및 효용성으로 가장 옳지 않은 것은?

2022년 서울시 9급(1회)

① 공용 부분을 집약시켜 유효 임대 면적을 증가시키는 역할
② 건물의 단열성과 기밀성을 향상시키는 역할
③ 기둥 이외의 2차적 내력 구조체로서의 역할
④ 파이프, 덕트 등 설비요소의 설치공간으로서의 역할

답 ②

(4) 코어의 종류

① 편심 코어형(편단 코어형)

㉠ 기준층 바닥 면적이 적은 경우에 적합하다.
㉡ 고층일 경우 구조상 불리하다.
㉢ 바닥 면적이 커질 경우 코어 외에 피난설비, 설비 샤프트 등이 필요하다.

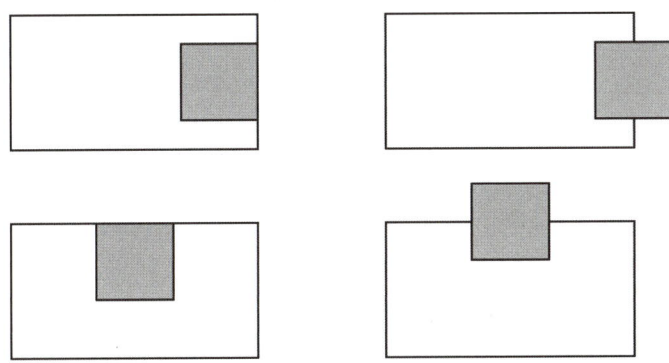

⬆ 편심 코어형(편단 코어형)

② 독립 코어형(외코어형)
  ㉠ 코어와 관계없이 자유롭게 사무실 공간을 만들 수 있다.
  ㉡ 코어를 업무공간에서 분리시킴으로써, 업무공간의 융통성을 높인다.
  ㉢ 코어와 업무공간 간의 설비 덕트나 배관 연결이 어렵다.
  ㉣ 편심 코어형과 같은 성격을 띠고 있으며, 구조상 내진구조에는 불리하다.
  ㉤ 방재상 가장 불리한 형식이다.

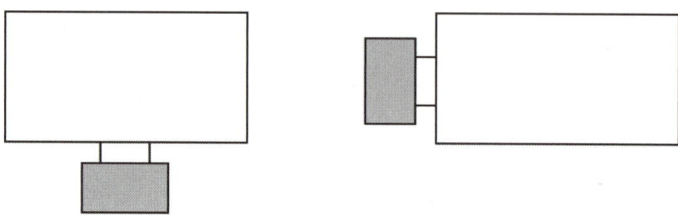

↑ 독립 코어형(외코어형)

③ 중심 코어형(중앙 코어형)
  ㉠ 바닥 면적이 큰 경우 많이 사용한다.*
  ㉡ 유효율이 높으며, 임대 사무소로서 경제적인 계획이 가능하다.
  ㉢ 내부공간이 획일적이며 동선이 한 곳에 집중되므로 화재 시에 불리하다.
  ㉣ 내력벽 및 내진구조가 가능하므로 구조적으로 바람직한 유형이다.

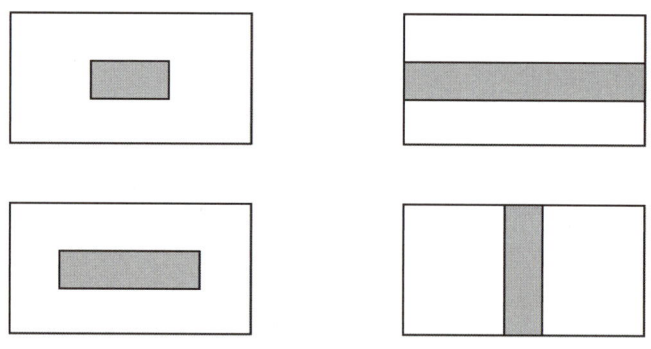

↑ 중심 코어형(중앙 코어형)

④ 양단 코어형(분리 코어형)
  ㉠ 1개의 대공간을 필요로 하는 전용 사무실에 적합하다.
  ㉡ 2방향 피난에 이상적이며 방재상 유리하다.
  ㉢ 양측에 코어가 있으므로 관리상 좋지 않다.

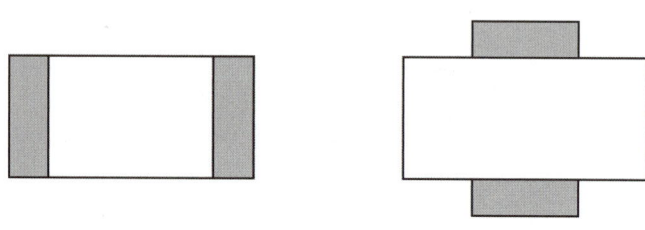

↑ 양단 코어형(분리 코어형)

* 대규모 건물에서 보행거리를 평균화하려면 건물의 중심에 코어를 두는 것이 좋다.

핵심 OX

01 중심 코어(center core)는 고층 및 초고층보다 중층 및 저층에 주로 사용된다. (O, X)

02 사무실 면적이 작은 경우에는 중심 코어형식(center core)에 따른 엘리베이터 배치가 바람직하다. (O, X)

01 X 중심 코어(center core)는 내력벽 및 내진구조가 가능하므로 고층 건축물 적용 시 주로 채용된다.
02 X 중심 코어형식(center core)은 사무실 면적이 큰 경우에 바람직하다.

예제

1. 사무소 건축의 코어 종류별 특징으로 옳지 않은 것은?   2015년 지방직 9급
   ① 편심 코어형(편단 코어형)은 바닥면적이 커질 경우 코어 이외에 별도의 피난시설, 설비 샤프트 등이 필요해진다.
   ② 중앙 코어형(중심 코어형)은 바닥면적이 큰 경우에 많이 사용되고 특히 고층, 초고층에 적합하다.
   ③ 독립 코어형(외코어형)은 코어로부터 사무실까지 설비 덕트나 배관의 연결이 효율적이므로 경제적 시공이 가능하다.
   ④ 양단 코어형(분리 코어형)은 코어가 분리되어 있어 방재상 유리하다.

   답 ③

2. 사무소 건축 코어(core)별 장점 중 내진구조의 성능에 유리한 유형과 방재·피난에 유리한 유형이 바르게 짝지어진 것은?   2018년 서울시 9급(2회)
   ① 편단 코어형 - 중심 코어형
   ② 중심 코어형 - 양단 코어형
   ③ 외코어형 - 양단 코어형
   ④ 양단 코어형 - 편단 코어형

   답 ②

3 세부계획

1. 기둥간격(Span)

(1) 결정요소
① 책상 배치 단위
② 채광상 층고에 의한 안 깊이
③ 주차 배치 단위(지하주차장의 주차 간격계획)

(2) 내부 기둥 간격
① 철근 콘크리트 구조: 5~6m로 한다.
② 철골 철근 콘크리트 구조: 6~7m로 한다.
③ 철골 구조: 7~9m*로 한다.

(3) 창 방향 기둥 간격
① 기준층 평면 결정에 가장 기본적인 요소로서, 경제적인 책상 배열에 따라 결정한다.
② 책상 배열에 따른 적절한 기둥 간격은 5.8m 정도이다.

(4) 지하주차장의 기둥 간격
6m 전후(5.8~6.2m 정도)로 한다.

*철골 구조는 철근 콘크리트 구조에 비하여 인장력이 우수하여 상대적으로 기둥 간격을 크게 할 수 있다.

2. 층고

(1) 층고의 계획

① 층고계획 시 고려사항(층고 결정 요소)
  ㉠ 건축물의 사용목적
  ㉡ 채광(채광률) 및 실의 안 깊이
  ㉢ 경제성(공사비)
  ㉣ 공조 시스템
  ㉤ 보의 형태와 크기

② 층고를 낮게 할 경우 특징
  ㉠ 많은 층을 얻을 수 있다.
  ㉡ 건축비가 절감된다.
  ㉢ 냉·난방비가 절약된다(공기조화설비 비용 절감).
  ㉣ 엘리베이터가 정지하는 층의 수가 많아진다(엘리베이터 효율 저하, 엘리베이터의 일주시간 증가).
  ㉤ 실내 쾌적도 부분에서는 불리할 수 있다.

(2) 각 층의 층고

① 1층
  ㉠ 소규모 건물: 4m로 한다.
  ㉡ 은행, 영업실, 넓은 상점: 4.5 ~ 5m로 한다.
  ㉢ 중 2층: 5.5 ~ 6.5m로 한다.

② 기준층: 3.3 ~ 4m로 한다.

③ 최상층: 기준층 + 30cm로 한다.

④ 지하층
  ㉠ 중요한 실이 없는 경우: 3.5 ~ 3.8m로 한다.
  ㉡ 난방 보일러실이 있는 경우: 소규모는 4 ~ 4.5m, 대규모는 5 ~ 6.5m로 한다.

예제

건축물의 층고 결정에 직접적인 영향을 미치는 요소로 옳지 않은 것은?

2010년 지방직 9급

① 코어의 위치
② 건축공간의 용도
③ 보의 형태와 크기
④ 천장에 매입되는 필요 설비

답 ①

핵심 OX

코어의 위치는 건축물의 층고 결정에 직접적인 영향을 미치는 요소이다. (O, X)

× 코어는 평면적 배치의 요소로서 수직적 높이와 관련된 층고의 결정과는 큰 연관성이 없다.

3. 사무실계획

사무실계획 시 사무실의 안 깊이와 채광계획 등을 통해 최대한 균질한 환경의 조성이 필요하며, 사무실의 재실자의 수가 계획 시 가장 크게 고려되어야 한다.

(1) 사무실의 안 깊이(L)

① 외측에 면하는 실내: L/H = 2.0 ~ 2.4 (L: 안 깊이, H: 층고)

② 채광 정측에 면하는 실내: L/H = 1.5 ~ 2.0

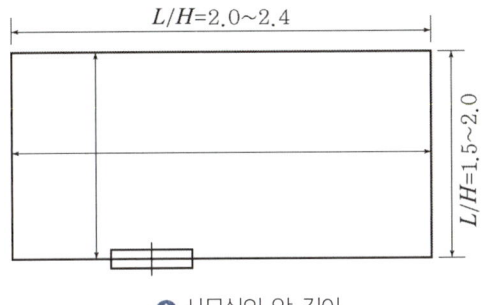

↑ 사무실의 안 깊이

(2) 채광계획

① 자연채광

㉠ 채광 면적: 외주부 바닥 면적*의 1/10로 한다.

㉡ 창의 폭: 1 ~ 1.5m로 한다(환기창: 40 ~ 45cm).*

㉢ 창대의 높이: 75 ~ 80cm로 한다.

② 인공 조명

㉠ 조도가 충분히 높고 실내 전반에 걸쳐 균등한 조도가 되어야 한다.

㉡ 현휘감이 없도록 광원의 휘도를 낮게 한다.

(3) 출입구

① 크기

㉠ 높이: 1.8 ~ 2.1m로 한다.

㉡ 폭: 85cm ~ 1m로 한다(외여닫이: 75cm, 쌍여닫이: 1.5m).

② 밖여닫이가 원칙이나 복도 면적을 많이 차지하므로 안여닫이로 한다.

4. 복도

(1) 복도 폭

편복도일 경우 2m, 중복도일 경우 2.5m로 한다.

(2) 계단, 홀의 폭

엘리베이터가 한쪽에 있는 경우	1.8 ~ 2.7m
엘리베이터가 양쪽에 있는 경우	3.3 ~ 3.8m

* 외주부 바닥 면적은 외벽으로부터 안쪽으로 5m까지의 면적을 말한다.
* 환기 면적(환기 창면적)은 외주부 바닥 면적의 1/20로 한다.

핵심 OX

사무소의 깊이는 외측에 면할 경우 일반적으로 층고의 2.0~2.4배 정도가 적당하다. (○, ×)

○

5. 엘리베이터

(1) 배치계획

① **기본 사항**
  ㉠ 주요 출입구 홀에 직면 배치한다(단, 사무실 출입문에 가까이 접근하는 것은 금지).
  ㉡ 각 층의 위치는 되도록 동선이 짧고 간단하게 한다.
  ㉢ 방문자가 쉽게 인식할 수 있는 위치로 한다.
  ㉣ 사무소 건축의 엘리베이터 조닝은 코어계획과 연관하여, 한곳에 집중해서 배치한다.
  ㉤ **엘리베이터 출발기준층**: 입주인원의 변화를 고려하여 2개 층(예 지하층 및 1층)으로 하고, 명확한 안내가 되도록 한다.
  ㉥ 승객의 편의를 위해 승객의 층별 대기시간이 평균 운전간격 이하가 되게 한다.

② **엘리베이터의 수송계획**
  ㉠ 건축물의 형상, 층수, 사무실 수, 코어의 유효율 등을 고려하여 형식을 결정한다.
  ㉡ 엘리베이터의 정원은 8~10명 정도로 하며, 카의 박스 크기는 이사 등을 고려하여 결정한다.
  ㉢ 보통 엘리베이터 속도는 30~60m/분으로 하고, 층수가 많은 경우에는 90m/분 이상으로 한다.
  ㉣ 대기시간은 일반적으로 60~80초 정도로서, 60초 정도가 적당하다.
  ㉤ 각 호로부터 엘리베이터까지의 보행거리는 50m 이내로 한다.

③ **배치 방법**

배치		특징
직선형		1뱅크는 4대 이하로 함
알코브형		1뱅크는 4~6대로 하고, 대면 거리는 3.5~4.5m로 함

핵심 OX

01 복도는 편복도가 중복도에 비해 능률적이나 설계 시 채광 및 통풍을 충분히 고려해야 한다. (O, X)

02 엘리베이터 홀과 출입구는 서로 어느 정도의 거리를 두고 설치하여야 동선 간의 간섭을 최소화할 수 있다. (O, X)

03 비상용 엘리베이터는 평상시에는 일반용으로 사용할 수 있으나 화재 시에는 재실자의 피난보다 소화 및 구급활동을 원활히 하기 위한 용도로 사용된다. (O, X)

01 X 복도는 중복도가 편복도에 비해 능률적이나 설계 시 채광 및 통풍을 충분히 고려해야 한다.
02 O
03 O

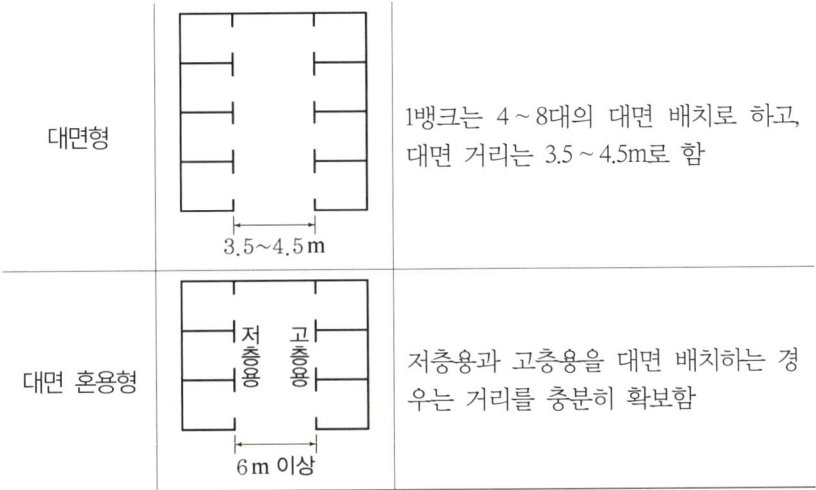

예제

사무소 건축계획에 대한 설명으로 옳지 않은 것은? 2021년 지방직 9급

① 편심코어는 바닥면적이 작은 소규모 사무소 건축에 유리하다.
② 사무공간을 개실형으로 배치할 경우, 임대는 용이하나 공사비가 많이 든다.
③ 승강기 배치의 경우 4대 이상이면 알코브형으로 배치하되, 10대를 최대한도로 한다.
④ 기준층 평면의 결정요소는 구조상 스팬의 한도, 설비 시스템상 한계, 자연채광, 피난거리, 지하주차장 등이다.

답 ③

(2) 대수 산정

① **산정 기준**: 아침 출근 피크 5분간을 기준으로 산정한다.

② **산정 방식**

$$N(대수) = \frac{5분간\ 실제\ 운반해야\ 할\ 인원수}{S}$$

$$S = \frac{60 \times 5 \times P}{T}$$

- N: 엘리베이터 대수
- S: 5분간 엘리베이터 1대가 운반하는 인원 수
- P: 정원(운전자를 포함하지 않음)
- T: 일주 시간(단위: 초)

③ **약산**
  ㉠ **유효 면적**: 2,000m²당 1대로 한다.
  ㉡ **연면적**: 3,000m²당 1대로 한다.

엘리베이터 설치 수량 산정

건축물의 종류, 규모, 임대상황 등을 고려하여, 엘리베이터의 5분간 총 수송능력이 승객의 집중률에 의한 5분간 최대 교통수요량과 같거나 그 이상이 되도록 한다.

핵심 OX

엘리베이터 대수 산정 시 단시간에 이용자로 혼잡하게 되는 아침 출근 시간대의 경우, 10분간에 전체 이용자의 1/3 ~ 1/10을 처리해야 하기 때문에 10분간의 출근자 수를 기준으로 산정한다. (○, ×)

× 엘리베이터 대수 산정 시 단시간에 이용자로 혼잡하게 되는 아침 출근 시간대의 경우, 5분간에 전체 이용자의 1/3 ~ 1/10을 처리해야 하기 때문에 5분간의 출근자 수를 기준으로 산정한다.

(3) 엘리베이터 조닝

① 조닝 방식

  ㉠ 컨벤셔널 조닝 방식(conventional zoning system): 건물을 몇 개의 존(zone)으로 구분하고 각각의 존을 1뱅크의 엘리베이터가 담당하는 방식이다.

  ㉡ 스카이 로비 방식(sky-lobby system, shuttle system): 초고층 사무소 건축에 채용되는 방식으로 큰 존을 설정하여 그 속에 세분한 조닝 시스템을 채용하는 방식이다.

  ㉢ 더블 데크 방식(double deck system): 2중식 엘리베이터를 사용하여 2대분의 수송력을 갖추어 러시아워를 해결하는 방식이다.

> **더블 데크 방식(double deck system)**
> 카 두 대가 위아래로 연결되어 한 승강로에서 동시에 움직이는 엘리베이터로서, 두 층의 승객을 동시에 실어나를 수 있으며 한 승강로당 수송능력을 늘리고 건물 점유면적 축소, 카가 건물의 두 개층에 동시에 정지하므로 정지횟수를 줄여 승객의 대기 및 수송시간을 단축하는 효과를 줄 수 있다.

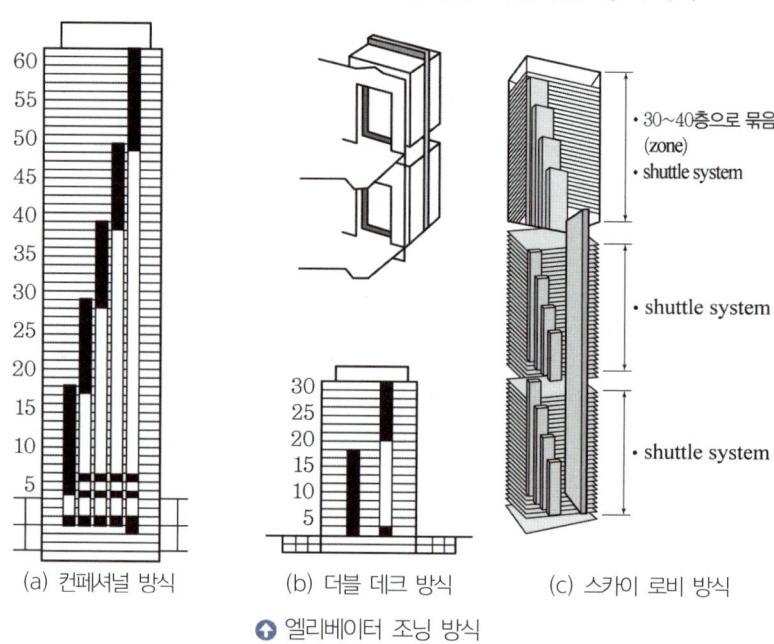

(a) 컨벤셔널 방식   (b) 더블 데크 방식   (c) 스카이 로비 방식

⬆ 엘리베이터 조닝 방식

② 장단점

장점	단점
• 엘리베이터 설비비가 절감됨 • 일주 시간이 단축되어 수송 능력이 향상됨 • 고층부 엘리베이터는 고속성을 발휘할 수 있음 • 저층·중층 엘리베이터 기계실 상부는 대실면적으로 이용할 수 있음 • 적절한 조닝은 승강로 면적을 줄여주어 사무실 유효면적 증가의 효과를 가져옴	• 건물 이용상에 제약이 생기며 이용자가 혼란에 빠질 수 있음 • 조닝 수가 많을 경우 대실의 규모가 제약됨 • 특정 존(zone)에 부하가 집중될 우려가 있으므로 각 존의 교통 수요 예측을 분명히 해야 함 • 내부 교통 조닝에 따라, 이용자에게 혼란을 줄 수 있음

(4) 엘리베이터의 속도

구분	운행 속도	구동방식	용도
저속도	45m/min 이하	교류1단, 교류2단	소규모 아파트
중속도	60~105m/min	교류2단, 직류기어	중건물 상업용, 병원
고속도	120m/min 이상	직류기어리스	대형 사무실, 백화점 등

> **예제**
>
> 사무소 건축계획에서 승강기 조닝(zoning)에 대한 설명으로 옳지 않은 것은?
>
> 2021년 국가직 9급
>
> ① 더블 데크(double deck) 방식은 단층형 승강기를 이용하며, 복합용도의 초고층 건물에 적합하다.
> ② 스카이 로비(sky lobby) 방식은 초고속의 셔틀(shuttle) 승강기를 설치한다.
> ③ 승강기 조닝(zoning)은 수송시간 단축, 유효면적 증가 등의 이점이 있다.
> ④ 컨벤셔널(conventional) 방식은 여러 층으로 구성된 1존(zone)을 1뱅크(bank)의 승강기가 서비스하는 방식이다.
>
> 답 ①

6. 계단

(1) 계단의 배치

① 동선이 간단하고 명료해야 한다.
② 엘리베이터 홀에 근접시킨다.
③ 균등하게 배치한다.
④ 방화 구획 내에는 1개 이상의 계단을 배치한다.
⑤ 2개소 이상 설치한다.
⑥ 주요 계단은 가급적 1층 주요 출입구 근처에 배치한다.

(2) 표준 계단의 설계

① 폭: 120cm 이상으로 한다.
② 단 너비(T)와 단 높이(R)와의 관계
  ㉠ 20cm > R > 15cm
  ㉡ 25cm > T > 30cm
  ㉢ R + T = 45cm

> **핵심 OX**
>
> 사무소계획의 표준 계단 설계에서 가장 실용적인 표준설계치수의 범위는 단높이(R) 15~20cm, 단너비(T) 25~30cm, 단높이와 단너비의 합(R+T) 40~50cm(약 45cm)이다.
> (○, ×)
>
> ○

7. 화장실

(1) 계획 시 고려사항

① 일반적으로 계단실, 엘리베이터실과 함께 코어 내에 위치하게 된다.
② 1개소 또는 2개소 이내에 집중 배치한다.
③ 각 층마다 공통의 위치에 둔다.
④ 외기에 접하는 위치에 둔다.
⑤ 각 사무실에서 동선이 간단하도록 한다.
⑥ 급배수설비가 집약되고, 악취 등의 제거가 요구되므로 계획 시 배관 및 환기에 대한 면밀한 검토가 필요하다.

(2) 변기 수의 산정

구분	수용 인원	기준층 바닥 면적	대실 면적
중 이하의 사무실	15명	180m²	120m²
중 이상의 사무실	17~24명	300m²	200m²

8. 스모크 타워(smoke tower)

(1) 화재에 의해 침입한 연기를 배기시키기 위하여 비상 계단의 전실에 설치한 샤프트(shaft)를 말한다.
(2) 화재 시 계단실이 굴뚝이 되는 것을 방지한다.
(3) 전실의 천장은 가급적 높게 한다.
(4) 전실의 창과는 별도로 스모크 타워를 반드시 설치해야 한다.

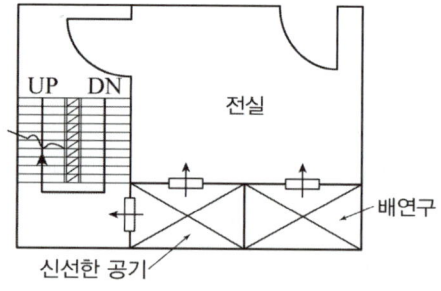

⬆ 스모크 타워

9. 주차 시설

(1) 주차장 면적

1대당 40~50m² 정도(차도 포함)로 한다.

(2) 차도 폭

왕복	5.5m 이상
일방 통행	3.5m 이상

핵심 OX

01 임대사무실을 중심으로 계단, 화장실, 탕비실 등을 가능한 근접하게 배치한다. (O, ×)

02 기계식 주차의 경우 경사로를 절약할 수 있어 대규모 주차장에 유리하다. (O, ×)

01 × 전용부인 임대사무실이 아닌, 공용부인 코어부 중심으로 계단, 화장실, 탕비실 등을 가능한 근접하게 배치한다.
02 × 기계식 주차의 경우 경사로를 절약할 수 있지만, 자주식에 비해 진입속도 등이 느려 대규모 주차장에는 불리하다.

(3) 차고의 출입구

① 출구는 도로에서 2m 이상 후퇴한 곳으로 차도 중심에서 좌우 60° 이상 범위가 보이는 곳으로 한다.
② 도로의 교차점 또는 모퉁이에서 5m 이상 떨어진 곳으로 한다.
③ 공원, 초등학교, 유치원 출입구로부터 20m 이상 떨어진 곳으로 한다.
④ 주차 대수가 많을 때는 출구와 입구를 분리한다.

(4) 자동차 출입구

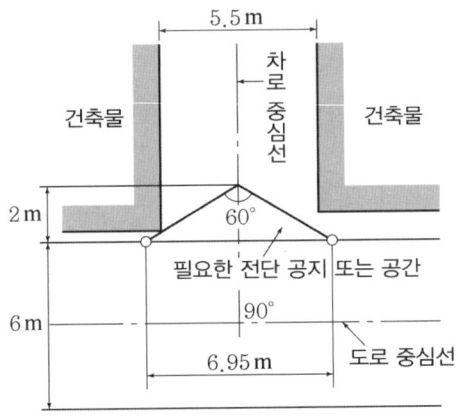

(5) 경사로의 구배

17%(1/6) 이하로 한다.

(6) 지하 차고의 기둥 간격

5.8~6.2m로 한다(내측 회전 반경 5m 이상).

(7) 천장 높이

① 통로 부분: 2.3m 이상으로 한다.
② 주차 장소: 2.1m 이상으로 한다.

(8) 환기 시설

배기 가스 배출 및 신선한 공기 도입을 충분히 고려한 환기 시설로 한다.

(9) 방화, 소화 시설

적절한 규모의 방화 구획과 화재에 대한 방화, 소화 시설로 한다.

(10) 주차방법

① **평행 주차**: 주차 폭이 좁을 때 또는 노상주차방식일 때 주로 적용되며, 1대당 소요 면적이 가장 크다는 단점이 있다(소요 면적 32.8m²).
② **직각 주차**: 가장 면적을 적게 차지하는 주차방식(가장 경제적인 방식)으로서 주로 많이 쓰인다(소요면적 27.2m²).
③ **60° 주차**: 직각 주차를 하기에는 통로 폭이 좁을 때 쓰는 형식으로서 운전자가 주차가 편하다는 특성이 있다(소요 면적 29.8m²).
④ **45° 주차**: 데드 스페이스(불필요한 공간)가 많아 지하 주차장에는 거의 적용되지 않는 방식이다(소요 면적 32.2m²).

고층 사무소 건축의 방재계획
1. 기본적으로 적절한 방화구획을 설정한다.
2. 화재 발생이 어려운 구조, 마감재를 사용한다.
3. 피난의 신속성을 위해 2방향 이상의 피난 방향을 확보한다.

주차방법에 따른 소요면적
평행 주차 > 45° 주차 > 60° 주차 > 직각 주차

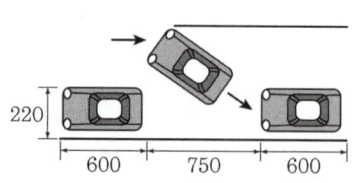
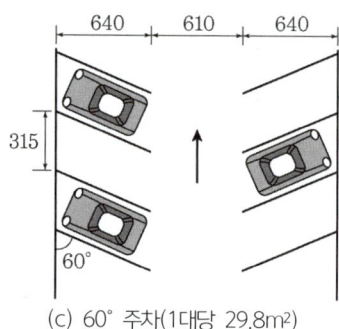
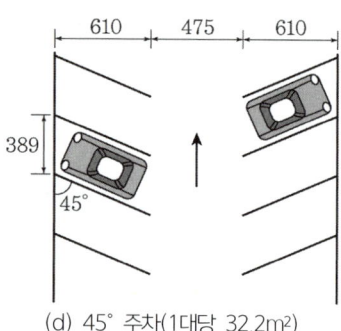

(a) 평행 주차(1대당 32.8m²) (b) 직각 주차(1대당 27.2m²)
(c) 60° 주차(1대당 29.8m²) (d) 45° 주차(1대당 32.2m²)

🔼 주차방법

> **예제**
>
> 주차형식 중 자동차 1대당 점유면적이 큰 순서대로 배열된 것은? 2008년 국가직 9급
> ① 평행 주차 > 45° 주차 > 60° 주차 > 직각 주차
> ② 직각 주차 > 60° 주차 > 평행 주차 > 45° 주차
> ③ 평행 주차 > 직각 주차 > 60° 주차 > 45° 주차
> ④ 평행 주차 > 45° 주차 > 직각 주차 > 60° 주차
>
> 답 ①

4 인텔리전트 빌딩(Intelligent Building, 정보화 빌딩)

1. 개념

인텔리전트 빌딩은 지능화된 장비들과 인간이 공존하여 업무의 효율을 극대화시키는 건물을 말한다.

2. 특징

(1) 사무의 생산성 향상
고도의 정보통신(TC) 시스템, 사무자동화(OA)

(2) 높은 경제성
빌딩 자동화 시스템(BA)

(3) 쾌적성 부여

(4) 건물의 융통성

(5) 독창적인 빌딩 창출

3. 구성

(1) 정보통신(TC) 시스템

입주자는 네트워크화된 단말기기에서 고도의 통신 서비스를 값싼 요금으로 이용할 수 있다.

(2) 사무 자동화(OA) 시스템

① 네트워크로 연결된 각종 단말기를 이용할 수 있다.

② 화상 회의 시스템, 회의실 관리 시스템 등 각종 사무 처리 시스템을 이용할 수 있다.

(3) 건물 자동화(BA) 시스템

빌딩 관리 시스템, 안전 시스템, 에너지 절약 시스템 등을 자동 조절한다.

(4) 건축 환경 시스템

영상 단말 기기를 이용하는 직원들에게 쾌적한 오피스 환경을 제공하기 위하여 자연채광 및 조명, 공조, 소음 대책에 세심한 배려를 한다.

> **예제**
>
> 정보화 빌딩(Intelligent Building)의 기능과 특성에 대해 기술한 것 중 가장 옳지 않은 것은? 2017년 서울시 9급(1회)
>
> ① 정보통신에 의한 업무 효율의 극대화
> ② 사무 공간의 쾌적성 향상
> ③ 실내 환경 관리의 자동화
> ④ 렌터블비(rentable ratio)의 증대
>
> 답 ④

2 은행

1 기본사항

1. 은행 건축의 기본방향
(1) 고객에게 편리, 친절, 신뢰, 쾌적감을 줄 수 있도록 한다.
(2) 사무 능률을 증진시키기 위해 기계화설비를 고려한다.
(3) 냉난방 장치, 채광, 조명 등의 설비로 쾌적한 환경을 조성하도록 한다.
(4) 금고 및 출납 부분의 도난, 화재 등 각종 재난을 미연에 방지할 수 있는 설비를 갖춘다.
(5) 장래의 증축을 고려한다.

2. 대지
(1) 대지의 선정
　① 교통이 편리하고 눈에 띄기 쉬운 곳으로 한다.
　② 상점가나 번화가에 접하는 곳으로 한다.
　③ 비즈니스 센터나 특수 단지와 같이 고객이 밀집되어 있는 곳에 가까운 곳으로 한다.
　④ 지역 개발 등 장래성이 있는 곳으로 한다.
(2) 대지의 형태와 방위

형태	정사각형이나 직사각형이 적합하며, 되도록 부정형은 피함
방위	남쪽, 동쪽에 면하는 것이 좋고 동남의 가로 모퉁이가 가장 이상적

2 기본 평면계획

1. 주현관의 위치는 전면도로에 통행하는 사람의 동선을 고려하여 배치한다.
2. 영업실 및 고객대기실을 중심으로 한 동선을 고려하여 계획한다.
3. 고객이 지나는 동선은 짧아야 하며, 내부 업무 흐름이 잘 보이지 않게 한다.
4. 고객의 동선과 행원의 동선이 서로 교차되지 않도록 한다.

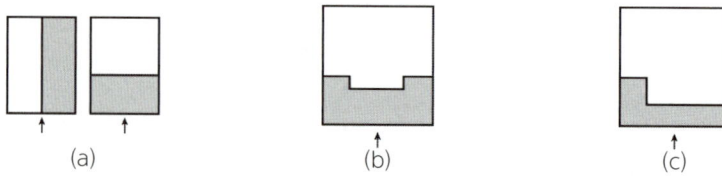

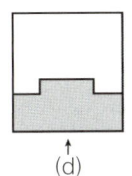 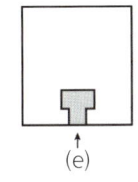 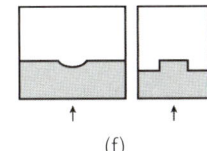

(d)   (e)   (f)

🔼 평면의 종류

> **예제**
>
> 건축물들의 동선계획 시 고려해야 하는 사항으로 가장 옳은 것은? 2019년 서울시 9급
> ① 주차장에서 진입동선을 가급적 길게 계획한다.
> ② 은행에서 고객동선은 가급적 짧게 계획한다.
> ③ 상점에서 고객동선을 가급적 짧게 계획한다.
> ④ 호텔에서는 숙박객이 프론트를 거치지 않고 바로 주차장으로 갈 수 있도록 계획한다.
>
> 답 ②

3 세부계획

1. 은행실계획

(1) 주출입구

① 일반적으로 출입문은 도난 방지상 안여닫이로 한다.
② 고객 출입구는 도난 방지상 1개소로 하고, 안여닫이로 한다.
③ 전실(방풍실)을 둘 경우 바깥문은 바깥여닫이 또는 자재문으로 하고 안쪽 출입문은 안여닫이로 한다.
④ 직원과 고객의 출입구는 동선이 간섭되지 않도록 따로 설치한다.
⑤ 가로 모퉁이에 위치한 은행계획에서 주 출입구는 고객 이용의 편리성을 위해 모퉁이에 두는 것이 좋다.
⑥ 겨울철의 방풍을 위해 방풍실을 설치하는 것이 좋다.
⑦ 아이들이 많은 지역에서는 주 출입구를 회전문으로 하지 않는 것이 좋다.

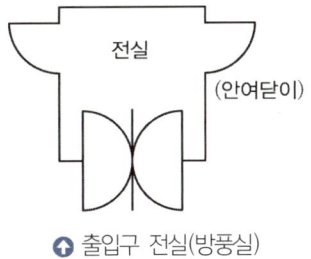

🔼 출입구 전실(방풍실)

(2) 객장(고객의 대기공간)

① **최소 폭**: 3.2m 이상으로 한다.
② 영업장 : 객장 = 3 : 2 정도의 비율로 한다.

핵심 OX

01 전실이 없을 경우 주 출입문은 화재 시 피난 등을 고려하여 밖여닫이로 계획하는 것이 일반적이다. (○, ×)

02 객장 대기홀은 모든 은행의 중핵공간이며 조직상의 중심이 되는 공간이다. (○, ×)

01 × 전실이 없을 경우 주 출입문은 도단에 따른 도주를 어렵게 하기 위하여 안여닫이로 계획하는 것이 일반적이다.
02 ○

(3) 영업 카운터
① 카운터의 크기
- ㉠ 높이: 100~110cm(영업장 측에서는 90~95cm)로 한다.
- ㉡ 폭: 60~75cm로 한다.

② 창구 하나에 대한 카운터의 길이: 150~170cm로 한다.

③ 영업장 1m²당 카운터 길이: 10cm로 한다.

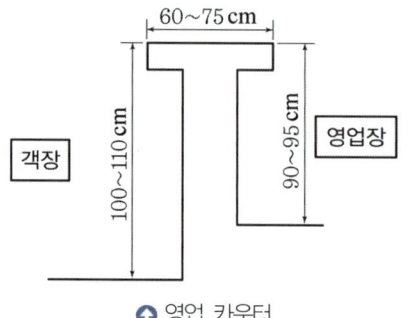

↑ 영업 카운터

(4) 영업장
① 개방하여 가능한 한 고객에게 신뢰감을 줄 수 있도록 한다.

② 은행의 영업장의 면적은 행원 수에 의해 결정된다.
→ 영업장의 크기 = 행원 1인당 4~6m²

③ 천장 높이: 5~7m로 한다(고층 빌딩 내에는 일반 사무소와 같은 3.5~4m).

④ 조명의 조도를 균일화한다(책상 위 300~400lx가 표준).

⑤ 고객을 직접 상대하는 업무 외에는 고객과의 직접적인 접촉을 피하도록 계획한다.

> **예제**
>
> **1. 은행의 평면계획에 대한 설명으로 옳지 않은 것은?** 2018년 지방직 9급
> ① 은행실은 일반적으로 객장과 영업장으로 나누어진다.
> ② 전실이 없을 경우 주 출입문은 화재 시 피난 등을 고려하여 밖여닫이로 계획하는 것이 일반적이다.
> ③ 객장 대기홀은 모든 은행의 중핵공간이며 조직상의 중심이 되는 공간이다.
> ④ 영업장은 소규모 은행의 경우 단일공간으로 이루어지는 것이 보통이다.
>
> 답 ②

> **2. 은행의 건축계획에 대한 설명으로 옳지 않은 것은?** 2021년 지방직 9급
> ① 고객 출입구는 2개소 이상으로 하고 밖여닫이로 한다.
> ② 고객의 공간과 업무공간 사이에는 원칙적으로 구분이 없도록 한다.
> ③ 현금 반송 통로는 관계자 외 출입을 금하며 감시가 쉽도록 한다.
> ④ 고객이 지나는 동선은 가능한 한 짧게 한다.
>
> 답 ①

2. 금고실

(1) 위치
① 건물 측벽이나 뒤쪽 벽을 따라서 위치하도록 하며 될 수 있는 한 건물의 한쪽 구석을 이용하도록 한다.
② 저층(혹은 지하층)에 위치하는 것이 좋다.
③ 금고실은 고객대기실에서 떨어진 위치에 계획한다.

(2) 구조
① 바닥, 벽, 천장을 모두 철근 콘크리트 구조로 한다.
  → 두께: 30 ~ 45cm로 한다(큰 규모인 경우 60cm).
② 금고문은 기밀성을 유지해야 한다.
③ 벽체 안에 전기 케이블선을 설치하여 경보 장치에 연결한다.
④ 비상 전화를 설치한다(사용자가 갇혔을 때 대비).
⑤ 금고는 밀폐된 공간이기 때문에 환기설비가 필요하다.

(3) 금고의 종류
① **현금고, 증권고**: 금고실이라면 보통 이것을 말하며 칸막이 격자로 구분하여 사용하는 예가 많다.
② **보호 금고**: 고객으로부터 보관물품을 받고 보관 증서를 교부하는 보호 예치 업무를 위한 금고이다.
③ **대여 금고**
  ㉠ 금고실 내에 대소 철제 상자를 설치하여 일정 금액을 고객에게 대여해 주는 금고로 전실, 비밀실, 대여 금고실의 세 가지로 구성되어 있다.
  ㉡ 비밀실 넓이는 3m²(임대 금고 보관함 300개 기준)가 보통이며 전실의 일부에 설치하기도 한다.

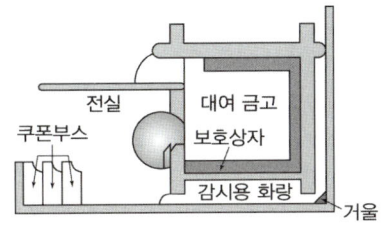

◆ 대여 금고

④ 화재고: 규모가 큰 은행에 설치되고 철제 선반을 금고 내에 두고 트렁크나 상자 등의 큰 귀중품을 보관하는 곳이다.
⑤ 야간 금고
  ㉠ 은행이 폐점한 뒤 또는 휴일 등에 고객이 금전을 보관시킬 수 있는 설비이다.
  ㉡ 가능한 한 주 출입구 근처에 위치하고 조명시설이 완비되도록 한다.
⑥ 서고: 장부를 격납하거나 법정 보존 기간 동안 서류를 보존하는 곳이다.

4 드라이브 인 뱅크(drive in bank)계획

차량을 이용하여 은행 업무를 처리할 수 있는 형태의 은행을 말한다.

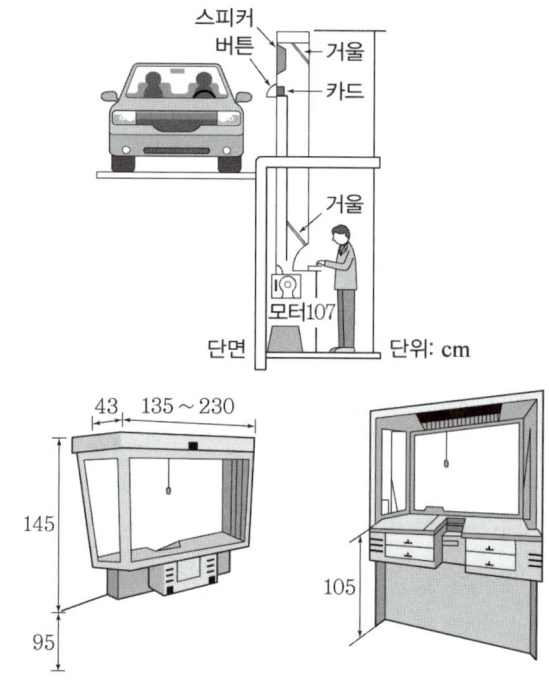

↑ 드라이브 창구 상세

1. 계획 시 주의사항
(1) 드라이브 인 창구에 자동차 접근이 쉬워야 한다.
(2) 드라이브 인 은행 입구에는 차단물이 설치되지 않아야 한다.
(3) 창구는 운전석 쪽으로 한다.
(4) 외부에 면할 경우는 비나 바람을 막기 위한 차양 시설이 필요하다.
(5) 모든 업무가 드라이브 인 뱅크에서만 처리되는 것이 아니므로, 별도의 영업점과 연락을 취할 수 있는 시설이 필요하다.
(6) 계획 시에는 주위에 충분한 주차시설을 두어야 한다.

핵심 OX
금고실에는 도난이나 화재 등 안전상의 이유로 환기설비를 설치하지 않는다. (O, ×)

× 금고실에는 화재 등이 발생하였을 경우 재연을 위한 환기시설이 필요하다.

2. 평면형

(1) 외측 주변형
건물 외부의 1변 또는 기타 벽면에 드라이브 인 창구를 설치한 것이다.

(2) 돌출형
기존 건물에서 돌출한 드라이브 인 창구를 설치한 것이다.

(3) 아일랜드(섬)형
주 건물에서 별도로 출납소를 건축한 형태이다.

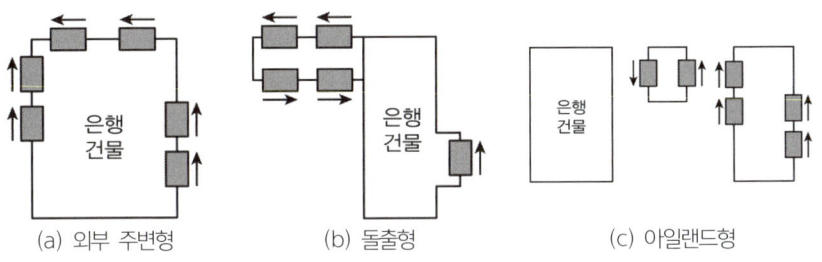

🔼 드라이브 인 뱅크 평면형

3. 배치계획

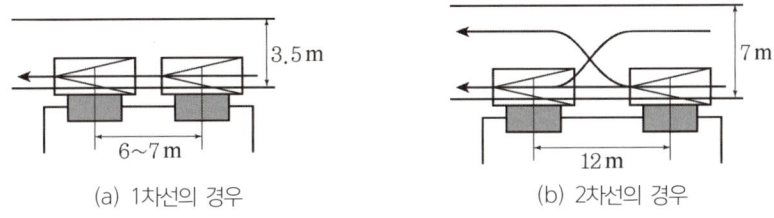

🔼 드라이브 인 뱅크의 배치형식

4. 드라이브 인 창구계획

(1) 자동식과 수동식을 겸비하여 서류를 처리할 수 있도록 한다.

(2) 쌍방통화설비를 한다.

(3) 한냉 시 동결에 대비하여 창구를 청결히 할 수 있는 보온 장치를 부착한다.

(4) 방탄설비를 한다.

(5) 자동차 1대의 소요 시간은 약 1분 정도로서 창구 계원 1인 1일의 취급량은 150~200건 정도로 계산한다.

3 상점

1 기본계획

1. 대지의 선정 조건

(1) 교통이 편리한 곳으로 한다.

(2) 사람의 통행이 많고 번화한 곳으로 한다.

(3) 눈에 잘 띄는 곳으로 한다.

(4) 2면 이상 도로에 면한 곳으로 한다(상점의 전면 도로폭은 8~12m 정도가 좋음).

(5) 대지가 불규칙하며 구석진 곳은 피한다(대지의 형태는 약간의 직사각형으로 1 : 2가 좋음).

2. 상점의 방위

(1) **부인용품점**
오후에 그늘이 지지 않는 방향으로 한다.

(2) **식료품점**
강한 석양은 상품을 변질시키므로 서쪽을 피한다.

(3) **양복점, 가구점, 서점**
가급적 도로의 남쪽을 선택하여 일사에 의한 변형, 파손 등을 방지한다.

(4) **음식점**
도로의 남쪽 또는 좁은 길 옆이 좋다.

(5) **여름용품점**
도로의 북쪽을 택하여 남쪽 광선을 받는 것이 효과적이다(겨울용품은 이와 반대).

(6) **귀금속점**
1일 중 태양광선이 직사하지 않는 방향이 좋다.

3. 파사드 구성상 필요한 다섯 가지 광고 요소 - AIDMA 법칙

A(Attention, 주의)	주목시키는 배려
I(Interest, 흥미)	공감을 주는 호소력
D(Desire, 욕망)	욕구를 일으키는 연상
M(Memory, 기억)	인상적인 변화
A(Action, 행동)	들어가기 쉬운 구성

> **예제**
>
> 상점 건축에서 입면 디자인 시 적용하는 AIDMA 법칙에 대한 설명으로 옳지 않은 것은?
>
> 2019년 국가직 9급
>
> ① A(Attention, 주의) - 주목시키는 배려가 있는가
> ② I(Interest, 흥미) - 공감을 주는 호소력이 있는가
> ③ D(Describe, 묘사) - 묘사를 통해 구체적인 정보를 인식하게 하는가
> ④ M(Memory, 기억) - 인상적인 변화가 있는가
>
> 답 ③

4. 상점의 외관

(1) 숍 프런트(shop front)에 의한 분류

① 개방형
  ㉠ 도로에 면하는 쪽이 전면적으로 개방된 구조이다.
  ㉡ 손님의 출입이 많고 손님이 잠시 머무르는 상점에 적합하다.
  ㉢ 적용대상
    ⓐ **전면 유리로 되어 있는 경우**: 일반 상점가(서점, 제과점, 지물포 등)
    ⓑ **유리 없이 완전 개방된 경우**: 시장, 일용품 상점, 철물점
  ㉣ 개방형 구성은 전면 유리 또는 개방된 형태로 전시(display)를 하기 때문에 외부로의 열손실이 폐쇄형에 비하여 크다.
  ㉤ 개방형 중 전면 유리로 되어 있는 타입은 일반 상점가에 많이 사용되는 숍 프런트(shop front) 형식이다.

② 폐쇄형
  ㉠ 출입구 이외는 벽 또는 장식창에 의해서 외부와 차단하는 형식이다.
  ㉡ 손님의 출입이 적고 점 내에 오래 머무는 상점에 적합하다.
  ㉢ 보석상, 카메라, 귀금속점 등에 이용된다.
  ㉣ 상점 내의 분위기가 중요하며, 고객이 내부 분위기에 만족하도록 계획하여야 한다.

③ 혼용형(중간형)
  ㉠ 개방형과 폐쇄형을 조합한 형식으로 가장 많이 이용된다.
  ㉡ **혼합형**: 개구부 일부를 개방시키고 다른 일부를 폐쇄형으로 한 경우이다.
  ㉢ **분리형**: 길 쪽을 개방형으로 하고 안쪽을 폐쇄형으로 한 경우이다.

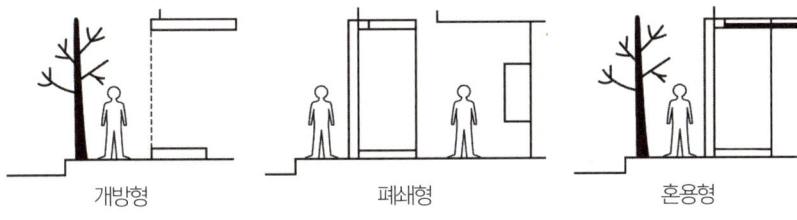

◐ 숍 프런트의 형식

(2) 진열창(show-window) 형태에 의한 분류

① 평형
  ㉠ 점두의 외면에 출입구를 낸 가장 일반적인 형식이다.
  ㉡ 채광이 좋고 점 내를 넓게 사용할 수 있다.

② 돌출형
  ㉠ 점 내의 일부를 돌출시킨 형식이다.
  ㉡ 특수 도매상에 쓰인다.

③ 만입형
  ㉠ 점두의 일부를 만입시킨 형식이다.
  ㉡ 숍 프런트(shop front)가 상점 대지 내로 후퇴된 형식으로서, 혼잡한 도로의 경우에도 고객이 자유롭게 상품을 관망할 수 있다.
  ㉢ 숍 프론트의 진열 면적 증대로 상점 내로 들어가지 않고 외부에서 상품 파악이 가능하다.
  ㉣ 점 내 면적과 채광 면적이 감소된다.

④ 홀형
  ㉠ 만입부를 더욱 넓힌 후 진열장을 둘러친 형식이다.
  ㉡ 만입형과 특징이 비슷하다.

⑤ 다층형
  ㉠ 2층 또는 그 이상의 층을 연속되게 취급한 형식이다.
  ㉡ 가구점, 양복점에 유리하다.

2 평면계획

1. 면적 구성

상점의 총 면적은 일반적으로 건물 가운데 영업을 목적으로 사용되는 부분의 면적을 말하는 것으로서 판매 부분과 부대 부분으로 구성된다.

판매 부분(매장)	도입 공간, 통로 공간, 상품 전시 공간, 서비스 공간
부대 부분	판매를 위한 관리 부분으로 직접적인 영업 목적을 달성하기 위한 수단으로 사용되는 부분(상품 관리 공간, 점원 후생 공간, 영업 관리 공간, 시설 관리 공간, 주차장)

2. 동선계획

상점의 동선은 고객, 종업원, 상품의 3개로 이루어진다. 상점계획 시 고객의 동선은 가능한 길게 하여 매장의 진열효과를 높이고, 종업원의 동선은 가능한 짧게 하여 보행거리를 단축시키는 것이 필요하다.

(1) 고객 동선
① 편안한 마음으로 상품을 선택할 수 있도록 하면서 동선을 길게 한다.
② 들어오는 고객과 종업원의 시선은 서로 마주보지 않도록 한다.
③ 피난과 관련한 동선은 고객이 쉽게 인지할 수 있도록 위치 설정 및 접근성을 고려하여 계획한다.

(2) 종업원 동선
① 고객 동선과 교차되지 않도록 하며 보행 거리는 가급적 짧게 한다.
② 적은 종업원의 수로 상품의 판매가 능률적으로 될 수 있도록 한다.

(3) 상품 동선
① 상품의 반입, 보관, 포장, 발송과 같은 작업이 필요한 공간의 동선을 의미한다.
② 고객 및 직원들의 동선과 가급적 분리하는 것이 좋다.
③ 고객 출입구와 상품 반입·반출 출입구는 분리하는 것이 좋다.

예제

1. 상점의 평면계획에 대한 설명으로 옳지 않은 것은? 2018년 지방직 9급 고졸경채
① 고객 동선은 되도록 짧게 계획하여 보행거리를 단축시킨다.
② 종업원 동선과 고객 동선은 교차되지 않도록 계획한다.
③ 진열장 배치 중 굴절형은 진열장과 고객의 동선을 곡선의 형태로 배치한 형식이다.
④ 진열장 배치 중 환상형은 상점 중앙에 진열장을 정사각형이나 원형으로 구성한 형식이다.

답 ①

2. 상점 건축계획에 대한 설명으로 옳지 않은 것은? 2012년 지방직 9급
① 매장계획은 고객 동선과 상품 동선이 서로 교차되도록 하는 것이 상품판매에 유리하다.
② 들어오는 고객과 점원의 시선이 정면으로 마주치지 않도록 한다.
③ 진열장의 반사를 방지하기 위해 진열장 내부의 밝기를 인공적으로 높게 한다.
④ 파사드의 형식은 외부와의 관계에 의할 경우 개방형, 폐쇄형, 중간형으로 분류할 수 있다.

답 ①

3. 판매 방식
(1) 대면 판매
고객과 종업원이 쇼케이스(show-case)를 가운데 두고 상담하는 방식이다.

핵심 OX
매장계획은 고객 동선과 상품 동선이 서로 교차되도록 하는 것이 상품 판매에 유리하다. (O, ×)

× 매장계획은 고객 동선과 상품 동선이 서로 분리되도록 하는 것이 상품 판매에 유리하다.

① 장점
  ㉠ 설명하기에 편하고 판매원의 정위치를 정하기가 용이하다.
  ㉡ 포장이 편리하다.
② 단점
  ㉠ 판매원의 통로를 잡게 되므로 진열 면적이 감소한다.
  ㉡ 쇼케이스가 많아지면 상점의 분위기가 부드럽지 않다.
③ 시계, 귀금속, 카메라, 의약품, 화장품, 제과, 수예품 등을 대상으로 한다.

(2) 측면 판매
진열 상품을 같은 방향으로 보며 판매하는 방식이다.
① 장점
  ㉠ 상품이 손에 잡혀서 충동 구매와 선택이 용이하다.
  ㉡ 진열 면적이 커지고 상품에 친근감이 간다.
② 단점
  ㉠ 판매원이 위치를 정하기 어렵고 불안정하다.
  ㉡ 상품의 설명이나 포장 등이 불편하다.
③ 양장, 양복, 침구, 전기 기구, 서적, 운동용품 등을 대상으로 한다.

예제

1. 상점 건축에서 대면 판매와 측면 판매에 대한 설명으로 가장 옳지 않은 것은?
2018년 서울시 9급(2회)

① 대면 판매는 판매원이 설명하기 편하고 정위치를 정하기도 용이하다.
② 대면 판매는 판매원 통로 면적이 필요하므로 진열 면적이 감소한다.
③ 측면 판매는 대면 판매에 비해 충동적 구매가 어려운 편이다.
④ 측면 판매는 양복, 서적, 전기기구, 운동용구점 등에서 주로 쓰인다.

답 ③

2. 상점의 건축계획에 대한 설명으로 옳지 않은 것은?
2023년 지방직 9급

① 평면형식 중 환상배열형은 중앙에 소형 상품을, 벽면에 대형 상품을 진열하는 데 적합하다.
② 고객 동선은 가능한 한 길게, 종업원의 동선은 가능한 한 짧게 하는 것이 합리적이다.
③ 측면판매 방식은 충동적 구매와 선택이 용이하지만, 판매원을 위한 통로 공간으로 인해 진열면적이 감소한다.
④ 매장계획 시 고객을 감시하기 쉬우나, 고객이 감시받고 있다는 인상을 주지 않도록 한다.

답 ③

핵심 OX

01 측면 판매는 대면 판매에 비해 충동적 구매가 어려운 편이다. (○, ×)

02 환상배열형은 중앙에는 대형 상품을 진열하고 벽면에는 소형 상품을 진열하며 침구점, 의복점, 양품점 등에 적합하다. (○, ×)

01 × 측면 판매는 대면 판매에 비해 충동적 구매가 쉬운 편이다.
02 × 환상배열형은 중앙에는 소형, 고액 상품을 진열하며, 벽면에는 대형상품을 진열하며, 수공예품점 등에 적합하다.

4. 평면 배치의 기본형

(1) 직렬 배열형
① 직선 구성으로 고객의 흐름이 빠르며 상품 진열이 용이하고 대량 판매 형식이 가능하다.
② 협소한 매장에 적합하다.
③ 침구점, 의복점, 식기점, 서점 등에 적합하다.

(2) 굴절 배치형
① 대면 판매와 측면 판매의 조합으로 이루어진 방식이다.
② 양품점, 모자점, 안경점, 문구점 등에 적합하다.

(3) 환상 배열형
① 중앙 고리형의 대면 판매대에는 소형, 고액 상품을 진열하고 벽면에는 대형 상품을 진열하는 방식이다.
② 대면 판매와 측면 판매형식을 병행할 수 있다.
③ 수예품점, 민예품점 등에 적합하다.

(4) 복합형
① 후반부는 대면 판매 또는 카운터 접객 부분이 된다.
② 부인복지점, 피혁 제품점, 서점 등에 적합하다.

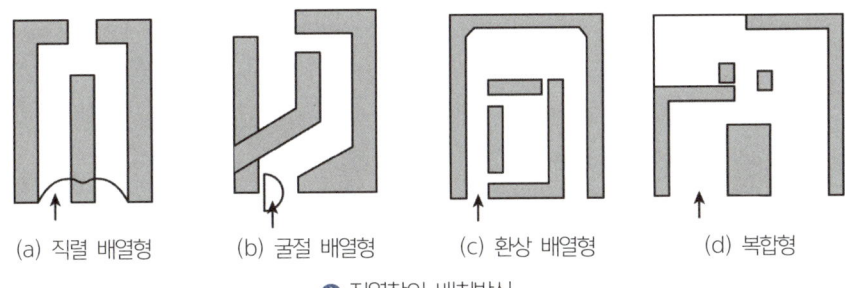

(a) 직렬 배열형   (b) 굴절 배열형   (c) 환상 배열형   (d) 복합형

⬆ 진열창의 배치방식

3 세부계획

1. 진열창(show-window)

진열창은 출입구의 위치와 함께 결정되며 점포 입구의 형식, 상품의 종류, 점포 폭의 크기 및 손님을 유치할 수 있는 위치를 중심으로 계획한다.

(1) 계획 결정의 요소
① 상점의 위치
② 보도 폭과 교통량
③ 상점의 출입구
④ 상품의 종류와 정도 및 크기
⑤ 진열 방법 및 정돈 상태

(2) 진열창의 크기
① 창대의 높이: 0.3 ~ 1.2m 정도로 한다(보통 0.6 ~ 0.9m).
② 유리의 높이: 2.0 ~ 2.5m 정도로 한다(그 이상은 비효과적임).
③ 유리의 길이: 0.5 ~ 4.0m 정도로 한다(보통 0.9 ~ 2.0m).
④ 진열대의 높이
  ㉠ 스포츠 용품, 양화점 등 물건의 크기가 큰 것은 낮게 한다.
  ㉡ 시계, 귀금속 등 물건의 크기가 작은 것은 높게 한다.
  ㉢ 가장 눈을 끄는 상품은 선 사람의 눈높이보다 약간 낮게 한다.

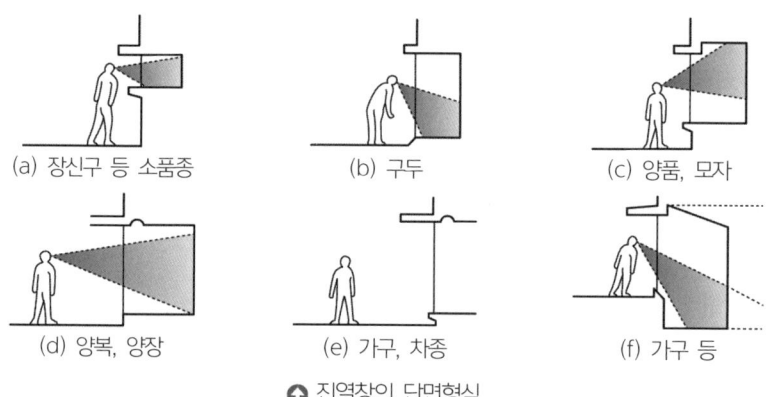

(a) 장신구 등 소품종 (b) 구두 (c) 양품, 모자
(d) 양복, 양장 (e) 가구, 차종 (f) 가구 등

↑ 진열창의 단면형식

(3) 진열창의 흐림 방지
① 진열창의 내부와 외부의 온도차에 의해서 결로가 발생한다.
② 진열창에 외기가 통하도록 하고 내·외부의 온도차를 작게 한다.

(4) 진열창의 현휘(반사, 눈부심) 원인 및 방지법
① 현휘(반사, 눈부심) 발생 원인
  ㉠ 내외의 밝기 차가 1 : 5 이상이면 진열창 내부의 상품이 잘 보이지 않으며 현휘가 발생하기 시작한다.
  ㉡ 외부가 내부보다 10 ~ 30배 이상의 조도가 크면(밝으면) 현휘가 발생한다.*
② 현휘(반사, 눈부심) 방지법
  ㉠ 주간시
    ⓐ 진열창 내의 밝기를 외부보다 더 밝게 한다.
    ⓑ 차양을 달아 외부에 그늘을 준다.
    ⓒ 유리면을 경사지게 하거나 특수한 곡면 유리를 사용한다.
    ⓓ 건너편의 건물이 비치는 것을 방지하기 위해 가로수를 심는다.
    ⓔ 반사면의 정반사율을 낮게 한다.
  ㉡ 야간시
    ⓐ 광원을 감춘다.
    ⓑ 눈에 입사하는 광속을 적게 한다.

* 진열창의 외부 반사면의 정반사율을 높일 경우 현휘 현상이 더 많이 발생한다.

(5) 내부 조명

① 진열창의 조명은 전체조명과 국부조명을 병용하는 것이 좋다.*
② 전체 조명은 형광등을 사용하며 국부조명은 스포트라이트(Spotlight)가 적당하다.
③ 조도는 바닥면 높이 85cm 높이에서 측정하여 최소 150lux, 평균 300lux가 적당하다.
④ 주광색의 전구를 필요로 하는 상점은 약국, 의료품점 등이다.
⑤ 상점 내부의 기본조명에 필요한 조명기구 수의 산정

$$N = \frac{E \times A \times D}{F \times U} = \frac{E \times A}{F \times U \times M} (lm)$$

- N: 필요로 하는 램프 개수
- E: 요구하는 조도(lx)
- A: 조명하는 실내의 면적(m²)
- F: 램프 1개당의 전광속(lm)
- U: 기구의 그 실내에서의 조명률
- M: 램프 감광과 오손에 대한 보수율(유지율)
- D: 감광보상률($= \frac{1}{M}$)

* 전체의 밝기 조정은 형광등과 같은 조명으로 진행하고, 해당 상품을 부각시킬 경우에는 스포트라이트를 활용한 국부 조명을 적용한다.

조도(illumination)
해당 작업면의 밝기를 나타내는 대표적인 수치로서, 단위는 럭스(lux)를 사용한다.

예제

상점 건축계획에 대한 설명으로 옳지 않은 것은? 2015년 지방직 9급

① 상점의 부대 부분은 상품관리공간, 점원후생공간, 영업관리공간, 시설관리공간, 주차장으로 구성되어 있다.
② 상점 진열창의 빛 반사를 방지하기 위해서 진열창 외부의 조도를 내부보다 밝게 한다.
③ 상점의 평면배치 형식 중 직렬배열형은 통로가 직선으로 계획되어 고객의 흐름이 빠르며 부분별로 상품 진열이 용이하다.
④ 진열창 내부조명은 전반조명과 국부조명이 쓰인다.

답 ②

2. 진열장(show-case)

(1) 배치 시 고려 사항

① 상점 내의 진열케이스 배치계획에 있어서 가장 고려하여야 할 사항은 동선 부분이다.
② 손님과 종업원의 동선을 원활하게 하여 다수의 손님을 수용하고 소수의 종업원으로 관리하는 것이 가능하게 한다.
③ 손님 쪽에서 상품이 효과적으로 보이게 한다.
④ 감시하기 쉽고 또는 손님에게는 감시한다는 인상을 주지 않게 한다.
⑤ 들어오는 손님과 종업원의 시선이 직접 마주치지 않게 한다.

핵심 OX

상점 진열창의 빛 반사를 방지하기 위해서 진열창 외부의 조도를 내부보다 밝게 한다. (○, ×)

× 상점 진열창의 빛 반사를 방지하기 위해서 진열창 내부의 조도를 외부보다 밝게 한다.

(2) 진열장의 크기

진열장의 크기는 각각 다르나 동일 상점의 것은 규격을 통일하는 것이 좋다.

폭	0.5 ~ 0.6m
길이	1.5 ~ 1.8m
높이	0.9 ~ 1.1m

3. 출입구

크기는 외여닫이인 경우 0.8 ~ 0.9m 넓이 정도, 쌍여닫이인 경우는 1.5 ~ 2.0m 넓이 정도가 적당하다.

4. 계단

(1) 일반 상점에 있어서 2층 이상을 매장으로 사용하는 경우, 계단의 설치 위치와 주계단과 부계단의 관계, 계단의 경사도 등은 고객의 흡입력과 밀접한 관계가 있다.

(2) 소규모 상점에서 계단의 경사가 너무 낮으면 매장 면적을 감소시키게 되므로 규모에 맞는 경사를 선택해야 한다.*

* 계단의 경사가 낮아지게 되면, 해당 높이까지 올라갈 때 소요되는 계단면적이 커지게 된다.

(3) 계단 위치의 평면 형식

① 벽면 위치의 계단

② 중앙 위치의 계단

③ 나선 계단

④ 중 2층 구조의 계단

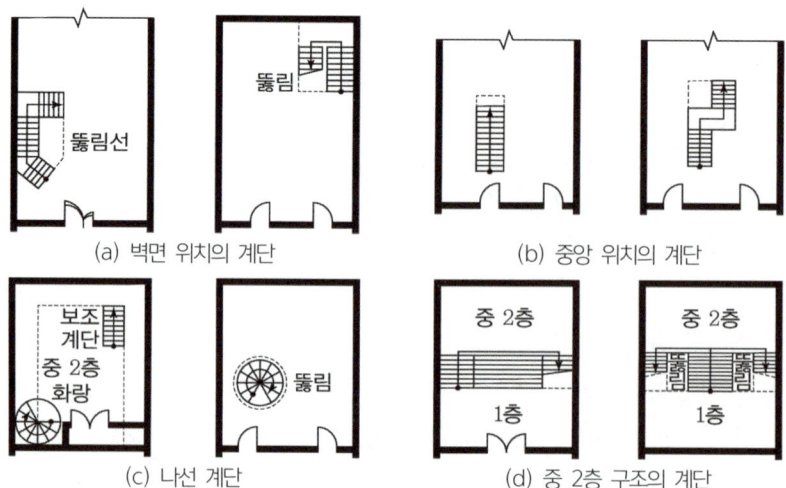

○ 계단 위치의 평면 형식

(4) 상점의 안쪽이 깊을 때에는 옆벽을 따라 계단을 만들고 정사각형에 가까운 평면일 때에는 중앙에 만드는 것이 좋다.

4 슈퍼마켓

1. 기본계획

(1) 상점 배열과 구성은 상품 전체를 충분히 돌아볼 수 있도록 한다.
(2) 고객이 많은 쪽을 입구로 하고 넓게 하며 출구는 좁게 한다.
(3) 입구 근처에는 생활 필수품과 식료품을 진열하여 고객을 많이 끌도록 한다.
(4) 매장 바닥은 고저차를 두지 않는다.

2. 평면계획

(1) 동선
　① 일방 통행이 원칙이다.
　② 입구와 출구는 분리한다.
　③ 통로의 폭은 1.5m 이상으로 한다.
　④ 동선 배치는 대면 판매 장소까지 일직선으로 유도한 후 각 코너로 분산시킨다.
　⑤ 고객의 동선은 가급적 짧게 한다(동선이 원할한 경우는 길게 해도 좋음).

(2) 시설물
　① **체크 아웃 카운터**: 500~600인/대가 되게 한다.
　② **바구니**

개점 시	총 입장 고객 수의 10% × 3
개점 이후	총 입장 고객 수의 10%

　③ **카트(cart, 손수레)**: 매장 면적 500m²당 40대로 한다.

4 백화점

1 기본계획

1. 백화점 건축의 성격

(1) 항상 새롭고 화려한 모습을 보여주며, 멀리서도 눈에 잘 띄어야 한다.
(2) 건물에 접근한 도로에서 백화점 내부가 밝고 개방적으로 보여야 한다.
(3) 접객 부분은 밝게 조명하며, 적절한 냉·난방설비 및 방화설비를 갖추어야 한다.
(4) 매장은 영구적으로 고정된 디자인이 아닌, 2~3년마다 디자인을 갱신할 수 있도록 계획한다.

(5) 매장과 접객 시설은 많은 사람들이 모이는 곳이므로, 비상시에 있어서의 피난 방법 및 재해의 범위를 최소화하는 방법 등이 고려되어야 한다.
(6) 백화점의 입면계획은 내부의 전시 효과를 극대화하기 위하여 창면적을 최소화하고, 가급적 무창으로 계획한다.

2. 입면계획 시 유의사항

(1) front facade 부분을 강조한다.
(2) 무창계획에 따른 단조로운 외벽 형태에서 탈피한다.
(3) 주출입구 및 부출입구에 세련된 디자인을 적용한다.
(4) 건물 인지도 향상을 위한 상징성 있는 입면계획을 한다.
(5) 광고물 등의 부착을 고려한다.

3. 기능 및 분류

(1) 고객권
   ① 고객용 출입구, 통로, 계단, 휴게실, 식당 등의 시설 부분을 의미한다.
   ② 대부분 판매권 등 매장에 결합되어 종업원과 접하게 된다.
(2) 종업원권
   ① 종업원의 입구, 통로, 계단, 사무실, 식당, 기타 부분을 의미한다.
   ② 고객권과는 절대 분리시킨다.
(3) 상품권
   ① 상품의 반입, 보관, 배달을 행하는 부분을 의미한다.
   ② 판매권과 접하고 고객권과는 절대 분리시킨다.
(4) 판매권
   ① 백화점의 가장 중요한 부분이며 상품을 전시하여 영업하는 장소이다.
   ② 고객권과 상품권을 반드시 분리시킬 수 있도록 판매권을 계획한다.

핵심 OX
백화점에서는 외장 창호모듈이 평면상 구조모듈을 결정하는 주요 요소로 작용한다. (O, X)

× 백화점은 창호 면적이 최소화되는 특징이 있으므로 외장 창호모듈이 평면 구조모듈을 결정하는 주요 요소로 작용하지 않는다.

예제

백화점 건축계획에 대한 설명으로 옳지 않은 것은? 2017년 지방직 9급 고졸경채
① 통행량이 많은 저층부에 충동적인 구매를 하는 액세서리 상품이나 선택 시간이 짧은 소형 상품을 주로 배치한다.
② 판매장은 필요에 따라 새롭게 바뀔 수 있도록 유연성 있는 계획이 요구된다.
③ 주요 도로에서 방문하는 고객의 교통로와 상품의 반입을 위한 교통로는 일치시킨다.
④ 기둥의 간격은 지하 주차장의 주차 방식과 주차 너비에 영향을 받는다.

답 ③

2 평면계획

1. 백화점의 면적 비율

전체면적에 대한 순수 매장면적비율	50%
사용면적(판매 부분)에 대한 매장면적비율	60 ~ 70%
매장면적에 대한 순수 통로면적비율	30 ~ 50%

2. 매장계획

(1) 매장의 종류
① 일반매장: 넓게 자유 형식으로 여러 층에 같은 평면형으로 구성한다.
② 특수매장: 일반 매장 가운데 배치한다.

(2) 매장 통로
① 고객 통로 폭
  ㉠ 1.8m 이상으로 한다.
  ㉡ 매대 앞에 사람이 서고, 그 뒤에서 두 사람이 통행할 수 있는 공간이 되도록 한다.
② 각 층의 주통로(엘리베이터, 로비, 계단, 에스컬레이터 앞 등)
  ㉠ 2.7 ~ 3m로 한다.
  ㉡ 매대 앞에 사람이 서고, 그 뒤로 세 사람이 통행할 수 있는 공간이 되도록 한다.
③ 1층은 통행량이 최대이므로 다른 층보다 넓게 계획한다.

(3) 진열대(show-case)의 배치 방법
① 직각 배치(Rectangular System, 직각 배치법)
  ㉠ 매장 면적의 이용률을 최대로 확보할 수 있으며 진열대의 규격화가 가능하지만 단조롭다.
  ㉡ 통로 폭을 조절하기 어려워 국부적인 혼란을 일으키기 쉽다.
  ㉢ 단조롭고 고객의 흐름이 빠르다.
  ㉣ 일반적으로 많이 사용하는 방식이다.
② 사행 배치(Inclined System, 사교 배치법)
  ㉠ 주통로를 직각으로 배치하고 부통로를 주통로에 45° 경사지게 배치하는 방법이다.
  ㉡ 많은 방문객이 매장의 구석까지 가기 쉬운 장점이 있으나, 이형의 진열대가 많이 필요하다.
  ㉢ 상·하의 교통을 가깝게 연결할 수 있다.
③ 방사형 배치(Radiated System)
  ㉠ 판매장의 통로를 방사 형식으로 배치한 형식이다.
  ㉡ 이상적인 판매방식이나 동선이 중앙에 집중되므로 사용하기가 곤란하다.

핵심 OX

01 백화점의 합리적인 평면계획은 매장 전체를 멀리서도 넓게 보이도록 하되 시야에 방해가 되는 것은 피하는 것이다. (O, ×)

02 매장 내의 통로 폭은 상품의 종류, 품질, 고객층, 고객 수 등에 따라 결정되며, 고객의 혼잡도가 고려되어야 한다. (O, ×)

03 백화점의 매장계획에 있어 동일 층에서는 수평적으로 높이 차가 있을수록 좋다. (O, ×)

01 O
02 O
03 × 매장 구성에서 동일 층에 수평적 높이차가 클 경우 진열된 상품의 높이차 발생으로 전체적으로 관망하기 어렵고, 고객들의 보행에 불편을 초래할 가능성이 높아진다.

④ 자유 유선 배치(Free Flow System, 자유 유동법)
  ㉠ 통로를 고객의 흐름에 따라 자유로운 곡선으로 진열대를 배치한 형식을 말한다.
  ㉡ 상품의 성격이나 판매장의 종류에 따라 진열대의 배치가 자유롭다.
  ㉢ 유기적인 계획이 가능하며 판매장의 특수성을 살릴 수 있다.
  ㉣ 매장의 변경이나 이동이 곤란하다.
  ㉤ 개성 있는 성격을 매장에 부여할 수 있으나 진열대 제작비가 많아지는 단점이 있다.

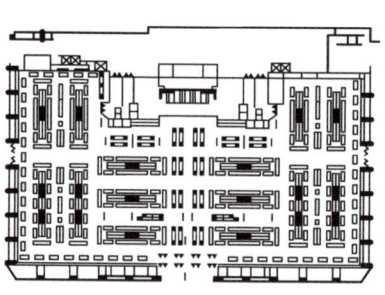

(a) 직교법   (b) 사교법
(c) 방사법   (d) 자유 유동법

↑ 가구의 배치법(쇼케이스)

핵심 OX

01 사행 배치는 현대적인 배치수법이지만 통로폭을 조절하기 어렵다. (○, ×)

02 동선계획에서 스퀘어 타입(square type)은 매장의 직각배치에 적합한 동선계획이다. (○, ×)

03 동선계획 유형인 바이어스 타입(buyers type)은 30° 구성에 의해 상품진열이 배치된다. (○, ×)

---

01 × 사행배치는 현대적인 배치수법이며, 통로 폭을 조절하기 용이하다.
02 ○
03 × 동선계획 유형인 바이어스 타입(buyers type)은 45° 구성에 의해 상품진열이 배치된다.

예제

1. 다음 글에서 설명하는 백화점 진열장(판매대)의 배치 방법에 해당하는 것은?

2016년 지방직 9급 고졸경채

통로를 상품의 성격, 고객의 통행량에 따라 유기적으로 계획하여 전시에 변화를 주고 판매장의 특수성을 살릴 수 있지만, 동선이 혼란스럽고 매장의 변경이 어렵다.

① 직각(직교) 배치법   ② 대각선(사행) 배치법
③ 방사 배치법   ④ 자유형(유선형) 배치법

답 ④

2. 백화점 매장계획 조건으로 다음과 같이 ㉠ 면적을 최대한 이용, ㉡ 매장의 구석까지 접근성 향상이라는 2가지 목표를 설정하였다. ㉠과 ㉡을 달성하기 위해 적합한 배치 방법은?　　　　　　　　　　2015년 서울시 7급

① ㉠ 직각 배치 - ㉡ 사행 배치
② ㉠ 직각 배치 - ㉡ 방사형 배치
③ ㉠ 자유 유선 배치 - ㉡ 방사형 배치
④ ㉠ 자유 유선 배치 - ㉡ 사행 배치

답 ①

3. 기둥 간격(span)

(1) 기둥 간격의 결정 요소

① 진열대의 치수와 배치 방법, 주위 통로 폭
② 엘리베이터, 에스컬레이터의 배치
③ 지하 주차장의 주차 방식과 폭

(2) 기둥 간격

① 6m × 6m이 일반적이다.
② 이상적인 기둥 간격은 기둥 크기를 포함해서 차량 3대 주차가 가능한 9~10m 정도이다.
③ 실용적인 면에서는 엘리베이터 2대 혹은 에스컬레이터 설치에 적합한 규모인 사방 7~8m 범위가 좋다.

3 세부계획

1. 층고

1층	3.5 ~ 5m
2층 이상	3.3 ~ 4m
지하층	3.4 ~ 5m
최상층	식당 또는 연회장으로 사용되는 경우가 많으므로 층고를 높게 함

2. 출입구

(1) 출입구 수
① 도로에 면하여 30m마다 1개소씩 설치한다.
② 점 내의 엘리베이터 홀, 계단에의 통로, 주요 진열창의 통로를 향해 출입구가 있어야 한다.

(2) 크기
백화점의 규모, 위치에 따라 다르며 기둥 간격, 스팬에도 관계된다.

3. 엘리베이터(Elevator)

방문객의 75~80%는 에스컬레이터를 이용하므로 보조적 역할이 된다(단, 최상층으로의 수직 이동 시에는 많이 쓰임).

(1) 대수 산정
건물 연면적 2,000~3,000m^2에 대해 15~20인승 1대 꼴로 한다.

(2) 속도 및 수송능력
① 속도

저층(4~5층)	60~100m/min
중층(8층)	100~120m/min

② 수송능력
  ㉠ 엘리베이터의 수송능력은 1시간당 400명/h~500명/h(최대)이다.
  ㉡ 에스컬레이터 수송능력의 1/10 정도이다.

(3) 배치
① 가급적 집중 배치하며, 6대 이상인 경우에는 분산 배치한다.
② 고객용, 화물용, 사무용을 구분하여 배치한다.
③ 고객용 엘리베이터는 주 출입구 반대쪽에 설치한다.

(4) 크기
① 엘리베이터의 1인당 점유 면적은 0.2m^2 정도로 한다.
② 고객용 엘리베이터는 너비보다 안 깊이를 크게 하는 것이 좋다.

예제

1. 백화점계획에 대한 설명으로 옳지 않은 것은? 2014년 국가직 9급
① 계단은 엘리베이터나 에스컬레이터와 같은 승강설비의 보조용이며, 동시에 피난계단의 역할을 한다.
② 부지의 형태는 정사각형에 가까운 직사각형이 이상적이다.
③ 고객의 편리를 위하여 엘리베이터를 주 출입구에 가깝게 설치한다.
④ 판매장의 직각배치는 매장면적을 최대한 이용하는 배치방법이다.

답 ③

핵심 OX
고객의 편리를 위하여 엘리베이터를 주 출입구에 가깝게 설치한다.
(○, ×)

× 엘리베이터는 주 출입구와의 동선의 간섭이 일어나지 않도록, 주 출입구 반대편에 설치한다.

> **2. 백화점의 수직 동선계획에 대한 설명으로 옳지 않은 것은?** 2023년 지방직 9급
> ① 에스컬레이터는 전체 연면적에 대한 점유율이 높고 설치비용이 많이 든다.
> ② 엘리베이터는 에스컬레이터에 비해 수송량 대비 점유면적이 작아 가장 효율적인 수송 수단이다.
> ③ 에스컬레이터는 엘리베이터에 비해 고객의 대기 시간이 짧으며 수송능력이 좋다.
> ④ 엘리베이터는 가급적 집중배치하고, 고객용, 화물용, 사무용으로 구분한다.
>
> 답 ②

4. 에스컬레이터(Escalator)

(1) 일반사항
① 백화점에서 가장 적당한 수송기관으로서 전체 이용자의 80% 정도의 수송을 담당한다.
② 화재 등의 비상 상황 발생 시 비상계단의 용도로 사용할 수 없다.
③ 수송량에 비해 점유 면적이 작다는 장점이 있으나, 설치 시 층고 및 보의 간격에 영향을 받는 단점이 있다.

(2) 특징
① 장점
  ㉠ 백화점에 가장 적합한 상하 수송 기관으로 엘리베이터의 10배 수송능력을 보유하고 있다.
  ㉡ 수송력에 비해 점유 면적이 적다.
  ㉢ 매장을 여러 각도에서 보면서 오르내릴 수 있다.
  ㉣ 방문객을 기다리게 하지 않는다.
② 단점
  ㉠ 설비비가 고가이다.
  ㉡ 구조계획 시 층 높이 및 보 간격에 주의가 필요하다.

(3) 에스컬레이터 계획
① 기준 치수: 기점에서 30°의 경사를 둔다.
② 에스컬레이터 폭에 따른 수송능력(시간당)

60(cm)형	4,000명/h
90(cm)형	6,000명/h
120(cm)형	8,000명/h

③ 위치
  ㉠ 엘리베이터와 주 출입구의 중간에 위치하는 것이 좋다.
  ㉡ 매장의 중앙에 가까운 장소로서 매장 전체를 쉽게 볼 수 있어야 한다.

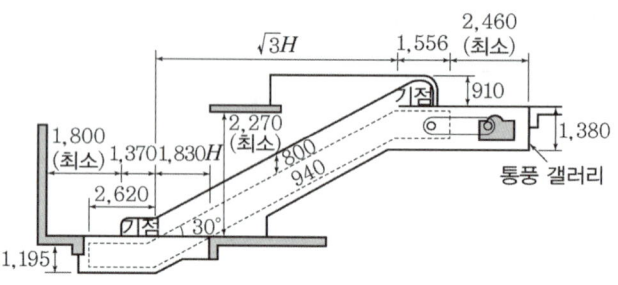

↑ 에스컬레이터 단면도

(4) 에스컬레이터의 배치유형

유형	단면도	특징
직렬식 배치		• 승객의 시야가 가장 넓음 • 점유면적이 넓음 • 손님의 시선이 한 방향으로 고정 됨
병렬(복렬) 단속식 배치		• 승객의 시계가 좋음 • 연속적으로 승강할 수 없고 걸어야 함
병렬(복렬) 연속식 배치		• 승객의 시계가 좋음 • 오르기와 내리기를 연속적으로 할 수 있음 • 많은 스페이스를 필요로 함
교차식 배치		• 점유면적이 작음 • 연속적으로 승강할 수 있음 • 손님의 시계가 좋지 않음 • 에스컬레이터 측면이 매장의 전망을 나쁘게 함

참고 | 백화점의 엘리베이터, 에스컬레이터 비교

구분	엘리베이터	에스컬레이터
용도	부속 용도 (최상층은 주 용도)	주 용도 (엘리베이터보다 10배 이상의 수송능력)
위치	출입구에서 떨어진 곳	엘리베이터와 주 출입구의 중간에 위치

핵심 OX

01 엘리베이터는 에스컬레이터보다 시간당 수송량이 많아 주요 수직동선으로 이용된다. (○, ×)

02 병렬 연속식 에스컬레이터의 배치는 협소한 면적공간에서 가장 효율적인 배치방법이다. (○, ×)

01 × 에스컬레이터는 엘리베이터보다 시간당 수송량이 많아 주요 수직동선으로 이용된다.
02 × 교차식 에스컬레이터의 배치는 협소한 면적공간에서 가장 효율적인 배치방법이다.

> **예제**
>
> 1. 백화점의 수직이동요소에 대한 설명으로 옳지 않은 것은? 2014년 지방직 9급
>   ① 엘리베이터는 고객용, 화물용, 사무용 등으로 구분하여 배치한다.
>   ② 에스컬레이터의 점유 면적이 적을 경우에는 교차식으로 배치하는 것이 유리하다.
>   ③ 에스컬레이터를 직렬식으로 배치하는 경우에는 이용자들의 시야가 확보되는 장점이 있다.
>   ④ 엘리베이터는 에스컬레이터보다 시간당 수송량이 많아 주요 수직 동선으로 이용된다.
>
>   답 ④
>
> 2. 다음 에스컬레이터 배치형식 중 점유면적이 크지만 승객의 시야가 가장 좋은 것은? 2017년 서울시 9급(1회)
>   ① 교차식 배치 ② 병렬 단층식 배치
>   ③ 병렬 연층식 배치 ④ 직렬식 배치
>
>   답 ④

5. 계단

(1) 기계승강설비의 보조용으로 하고 비상 계단으로 계획한다.

(2) 치수

① 계단 및 계단참의 폭: 1.4m 이상

② 단 높이: 18cm 이하로 한다.

③ 단 너비: 26cm 이상으로 한다.

④ 높이 3m 이내마다 계단참을 설치한다.

6. 화장실

(1) 위치

각 층의 주 계단, 엘리베이터 홀 부근에 배치한다.

(2) 변기와 세면대 산정

손님용	남자용	대변기, 세면대	매장 면적 1,000m²에 대해서 1개
		소변기	매장 면적 700m²에 대해서 1개
	여자용	변기, 세면대	매장 면적 500m²에 대해서 1개
종업원용	남자용	대변기, 세면대	50명에 대해서 1개
		소변기	40명에 대해서 1개
	여자용	변기, 세면대	30명에 대해서 1개

핵심 OX

01 에스컬레이터는 건물 내 교통수단 중의 하나로 40° 이하의 기울기를 가진 계단식 컨베이어다. (○, ×)

02 에스컬레이터의 디딤바닥의 정격속도는 30m/min 이하로 한다. (○, ×)

01 × 건물 내 교통수단 중의 하나로 30° 이하의 기울기를 가진 계단식 컨베이어다.

02 ○

7. 종업원 시설
(1) 종업원 수는 매장 20 ~ 25m²에 대해 1인의 비율로 한다.
(2) 종업원의 남녀비는 4 : 6 정도로 한다.

8. 공기 조화 시설
(1) 전체 면적의 3 ~ 4% 정도가 적당하다.
(2) 천장 높이는 4m 이상으로 한다.

9. 무창 백화점
창이 있으면 창으로부터의 역광 때문에 전시에 불리하므로 백화점 외벽에 창이 없게 처리하는 방법이다.
(1) 장점(무창 백화점으로 계획하는 이유)
　① 진열면을 늘릴 수 있다.
　② 조도가 균일하다.
　③ 건물 내 공기조화, 난방시설에 유리하다.
　④ 창으로부터의 역광에 의한 전시상의 불리점을 해소할 수 있다.
(2) 단점
　화재나 정전 시 고객 동선의 혼란이 우려된다.

4 쇼핑센터(Shopping Center)

1. 정의
구매 고객에게 편의를 제공하고 상품 매매 효율을 최대로 하기 위해 상점 및 관련 시설들을 집단으로 계획한 상점군의 복합 건물을 말한다.

2. 대지 선정
이용객의 주거지로부터 쇼핑센터에 이르기까지의 운전 거리는 12 ~ 15분이 적당하며, 최대 25분 초과 시 이용되기 어렵다.

3. 기능 및 공간의 구성요소

쇼핑센터 구성요소
1. 핵상점(핵점포)
2. 전문점
3. 몰(mall)
4. 코트(court)
5. 주차장
6. 보행자 지대(페데스트리언 지대, pedestrian area)

(1) 핵상점(핵점포)
　쇼핑센터의 핵으로서 고객을 끌어들이는 기능을 갖고 있으며, 일반적으로 백화점이나 종합 슈퍼마켓이 이에 해당한다.
(2) 전문점
　주로 단일 종류의 상품을 전문적으로 취급하는 상점과 음식점 등의 서비스점으로 구성된다.

(3) 몰(Mall)

① 고객의 주 보행 동선으로 핵상점과 각 전문점에서 출입이 이루어지는 곳이므로 확실한 방향성, 식별성이 요구된다(전문점들과 중심 상점의 주 출입구는 몰에 면하여 구성).

② 고객에게 변화감, 다채로움, 자극과 흥미를 주며 쇼핑을 유쾌하게 할 수 있는 휴식장소를 제공해주어야 한다.

③ 자연광을 끌어들여 외부 공간과 같은 느낌을 주도록 한다.

④ 몰은 개방된 오픈 몰(Open Mall)과 닫혀진 실내공간으로 형성된 인클로즈드 몰(Enclosed Mall)로 계획할 수 있으며, 일반적으로 외기에 의한 영향이 최소화되고, 공기조화에 의해 쾌적한 실내 기후를 유지할 수 있는 인클로즈드 몰이 선호된다.

⑤ 몰은 페데스트리언 지대(Pedestrian Area)의 일부이며, 페데스트리언 지대에는 몰, 코트, 분수, 연못, 조경이 있다.

⑥ 몰(Mall)의 조건

몰의 깊이(길이)	최대 240m 이내로 구성
몰의 폭	6 ~ 12m
몰의 보행객 수	매분 40명 정도(200명 이내가 한계)
기타 시설	레저시설, 은행, 우체국, 사회시설, 문화시설(홀, 미술관, 각종 교실 등)들의 편의시설은 비교적 중규모 이상으로 설치하는 것이 좋음

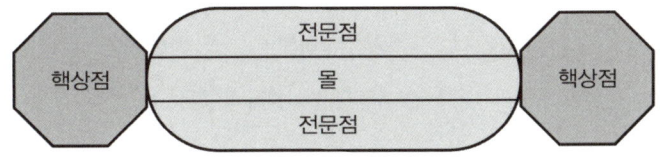

↑ 쇼핑센터의 구성요소

예제

1. 쇼핑센터의 몰(mall)에 관한 설명으로 옳지 않은 것은?   2013년 지방직 9급

① 몰은 고객의 주 보행동선으로, 중심상점들과 각 전문점에서 출입하는 곳이므로 확실한 방향성과 식별성이 요구된다.

② 전문점들과 중심상점들의 주 출입구는 몰에 면하도록 하며, 자연광을 끌어들여 외부공간과 같게 하고, 시간에 따른 공간감의 변화·인공조명과의 대비효과 등을 얻을 수 있도록 하는 것이 바람직하다.

③ 일반적으로 공기조화에 의해 쾌적한 실내기후를 유지할 수 있는 오픈 몰(open mall)이 선호된다.

④ 일반적으로 몰의 폭은 6 ~ 12m이며, 몰의 길이는 240m를 초과하지 않는 것이 바람직하다.

답 ③

쇼핑센터의 건축물 규모

근린형 쇼핑센터 < 커뮤니티형 쇼핑센터 < 지역형 쇼핑 센터

핵심 OX

일반적으로 공기조화에 의해 쾌적한 실내기후를 유지할 수 있는 오픈 몰(open mall)이 선호된다. (○, ×)

× 일반적으로 공기조화에 의해 쾌적한 실내기후를 유지할 수 있는 인클로즈드 몰(Enclosed Mall)이 선호된다.

> **2. 쇼핑센터의 입지 조건 및 배치 특성에 대한 설명으로 가장 옳은 것은?**
> 2018년 서울시 9급(1회)
> ① 보행자 몰(Pedestrian Mall)은 가능한 한 인공조명을 설치하여 내부공간의 분위기와 같은 느낌을 주는 계획이 필요하다.
> ② 시티센터(City Center)형은 뉴타운(Newtown)의 중심부에 조성하고 비교적 중·소규모의 형태로 계획한다.
> ③ 보행자 몰(Pedestrian Mall)은 코트(Court), 알코브(Alcove) 등을 평균 50m 길이마다 설치하여 변화를 주거나 다층화를 도모함으로써 비교적 단조롭게 조성하는 것이 좋다.
> ④ 교외형 쇼핑센터는 교외의 간선도로에 면하여 입지하는 비교적 대규모시설로 단지차원의 계획이며 대규모 주차 시설의 계획이 필요하다.
>
> 답 ④

(4) 코트(court)
고객이 머무를 수 있는 비교적 넓은 공간으로서 몰의 군데군데에 위치하여 고객의 휴식처가 되는 동시에 각종 행사의 장이 되기도 한다.

(5) 주차장

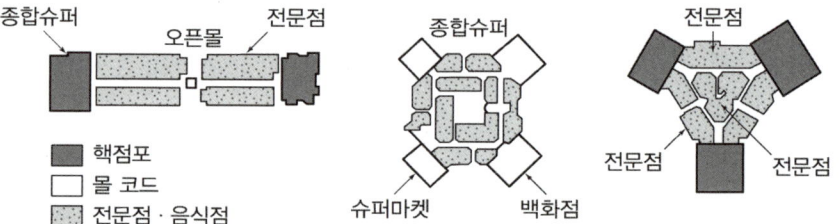

↑ 쇼핑센터의 형태 및 구성

4. 면적구성

핵상점(핵점포)	전체 면적의 약 50%
전문점	전체 면적의 약 25%
몰, 코트 등 공유공간	전체 면적의 약 10%
관리시설, 화물 처리장, 기계실 등	약 15%

터미널 디파트먼트 스토어 (terminal department store)

1. 개념
   철도 여행객을 대상으로 철도 업무에 지장이 없는 범위 내에서 여러 가지 상품 및 음식 판매 등을 하는 도심의 백화점 같은 기능을 한다.

2. 기본계획
   ① 역승강객의 흐름과 백화점 고객의 흐름이 교차되어서는 안 되며 특히 엘리베이터, 에스컬레이터 등의 수직 동선배치에 주의한다.
   ② 1층 매장은 고객 유치에 가장 좋은 위치이므로 가능한 한 넓게 잡는다.
   ③ 아침의 러시아워나 심야에는 백화점이 폐쇄되므로 역시설과의 사이에 명확한 구획을 지을 필요가 있다.
   ④ 승강장, 여객 통로로부터 직접 백화점에 들어갈 수 있는 전용 개찰구를 설치하는 것이 효과적이다.
   ⑤ 상품의 반입·반출 시 역시설 안은 물론 역 앞 광장의 보행자나 자동차의 동선과 교차되지 않도록 한다.

CHAPTER 4 교육 - 공공문화 건축계획

> **학습 POINT**
>
> 교육 - 공공문화 건축계획은 학교, 도서관, 극장 및 영화관, 미술관 건축계획으로 구성되어 있으며, 7급 및 9급 시험에 2 ~ 4문제 정도가 출제되고 있다. 학교의 경우 학급의 구성분류(종합교실형 등), 도서관의 경우(서고 관련 사항), 극장 및 영화관은 관람형태(오픈스테이지 등), 미술관은 관람동선에서 출제비중이 높다.

1 학교

1 기본계획

1. 교지 계획

(1) 대지 선정 조건
① 통학 구역의 중심에 위치하도록 한다.
② 간선 도로 및 번화가의 소음으로부터 격리되어 있는 곳이 좋다.
③ 접근이 편리하도록 근린 단위 중심부에 위치하여 지역인의 접근이 용이하게 해야 한다.
④ 교지 부근이나 주위 도로변에 각종 위락 및 위험 시설이 없어야 한다.
⑤ 인근 사회 시설과의 위치적 관계 및 사용상의 유기적 연관성을 고려한다.
⑥ 물리적으로 일조, 통풍, 전망 경관이 좋은 곳을 택한다.
⑦ 배수가 나쁘거나 식재에 부적합한 땅은 피한다.
⑧ 학교의 규모에 따른 장래 확장 면적을 고려한다.*
⑨ 도시의 기반시설(가스, 수도, 전기 등)을 활용할 수 있는 곳에 대지를 선정한다.

(2) 대지 이용계획
① 초등학교 저학년의 놀이 공간과 고학년의 운동장은 구별하는 것이 바람직하다.
② 강당 등의 건물은 평지가 아니어도 되나, 운동장은 평지로 계획해야 한다.
③ 교지 주위에 소음 방지, 계절풍 방지용 녹지대를 마련한다.
④ 건물은 운동장보다 약간 높은 곳에 위치하는 것이 좋고, 건물에 의해 운동장에 그늘이 지지 않도록 한다.

---

* 일반적으로 학교의 경우 장래 면적 확장 비율을 50% 정도로 가정한다(참고: 도서관 서고는 50%, 병원 및 공장은 100% 확장 고려).

핵심 OX

01 건물과 운동장의 높이를 같게 하여 장애인의 접근이 용이하게 계획한다. (O, X)

02 교사는 조망과 통풍을 고려하여 주요 간선도로에 면하도록 계획한다. (O, X)

03 수업집중을 위해 일조나 통풍보다는 소음차단을 우선하여 계획한다. (O, X)

01 X 건물은 운동장 보다 약간 높게 하여, 운동장에서의 먼지 유입 및 소음을 최소화하여야 한다.
02 X 교사를 주요 간선도로 주변에 면하도록 하면 조망과 통풍에는 유리할 수 있으나, 소음 및 매연 등의 유입이 크게 발생하여 학습환경의 악화를 초래할 수 있다.
03 X 일조나 통풍이 안될 경우 수업을 받는 학생들의 온열환경에 영향을 주므로, 소음차단뿐만 아니라 일조나 통풍이 동시에 원활히 이루어질 수 있도록 계획하여야 한다.

(3) 교지의 형태
① 정형에 가까운 직사각형이 유리하다.
② 장변과 단변의 비는 4 : 3 정도가 적합하다.

2. 교사(校舍)계획

(1) 교사 배치계획의 유형

① 폐쇄형
   ㉠ 운동장을 남쪽에 두고 북쪽에서부터 건축하기 시작하여 ㄴ형, A형으로 완결지어가는 종래의 일반적인 형식이다.
   ㉡ 장단점

장점	단점
대지의 효율적인 이용이 가능함	• 화재 및 비상시에 불리함 • 운동장에서 교실로의 소음확산이 큼 • 일조, 통풍 등 환경 조건이 불균등 • 교사 주변에 활용되지 않는 부분이 많음

② 분산병렬형
   ㉠ 일명 핑거 플랜(Finger Plan)이라고도 하며, 교사를 용도에 따라 분산 배치한 형식이다.
   ㉡ 장단점

장점	단점
• 일조, 통풍 등의 환경 조건이 균등 • 각 교사의 독립성이 좋음 • 구조계획이 간단하고 규격형의 이용에 좋음 • 각 건물 사이에 놀이터 및 정원 등을 확보할 수 있음	• 넓은 부지 면적이 필요함 • 관리 동선이 길어지며, 편복도로 할 경우 복도 면적이 커지고 단조로워질 염려가 있음 • 건물 간의 유기적인 구성을 하기 어려움

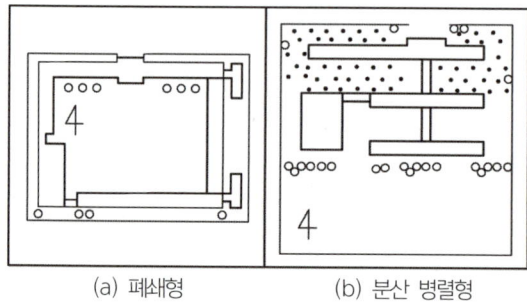

(a) 폐쇄형   (b) 분산 병렬형

🔼 교사의 배치

핵심 OX

01 폐쇄형은 부지를 효율적으로 활용하는 이점은 있으나 교실에 전달되는 운동장의 소음이 크고 교사 주변에 활용되지 않는 부분이 많다. (O, ×)

02 핑거플랜(finger plan)형은 건물 사이에 놀이터와 정원이 생겨 생활환경이 좋아지나, 편복도로 할 경우 복도 면적이 너무 크고 동선이 길어서 유기적인 구성이 어렵다. (O, ×)

03 학교의 배치형식 중 폐쇄형은 화재 및 비상시에 유리하고, 일조·통풍조건이 우수하여 초등학교에서 주로 볼 수 있다. (O, ×)

01 O
02 O
03 × 학교의 배치형식 중 분산병렬형은 화재 및 비상시에 유리하고, 일조·통풍조건이 우수하여 초등학교에서 주로 볼 수 있다.

> **예제**
>
> 1. 학교 건축의 교사 배치계획에서 분산병렬형(Finger plan)에 대한 설명으로 옳지 않은 것은?
> 2018년 지방직 9급
>   ① 편복도 사용 시 유기적인 구성을 취하기 쉽다.
>   ② 대지에 여유가 있어야 한다.
>   ③ 각 교사동 사이에 정원 등 오픈 스페이스가 생겨 환경이 좋아진다.
>   ④ 일조, 통풍 등 교실의 환경조건이 균등하다.
>
> 답 ①
>
> 2. 학교 건축계획에 대한 설명으로 가장 옳지 않은 것은? 2022년 서울시 9급(1회)
>   ① 초등학교 배치계획은 학년단위로 구획하는 것이 원칙이며, 저학년교실은 저층에 두는 것이 좋다.
>   ② 특별교실은 교과교육내용에 따라 융통성, 보편성, 학생 이동 시 소음 등을 고려하여 배치한다.
>   ③ 관리부문은 전체 중심 위치에 배치하며 학생들의 동선을 차단하지 않도록 한다.
>   ④ 교사 배치계획은 폐쇄형보다 분산병렬형으로 하는 것이 토지이용 측면에서 효율적이다.
>
> 답 ④

③ 집합형(복합형)
  ㉠ 교사에 야외극장 등 다양한 공간을 구성하는 것으로서 향후 확장에 대한 수요의 흡수가 가능하다.
  ㉡ 집합형은 지역인구의 변화추세를 가늠할 수 없는 경우에 적용하는 방식으로 교육구조의 변화에 따라 유기적으로 대처가 가능하게 되며, 물리적 환경의 개선을 가져올 수 있다.

> **예제**
>
> 교사(校舍)의 배치에 관한 설명으로 옳지 않은 것은? 　　2010년 국가직 9급
> ① 폐쇄형은 부지를 효율적으로 활용하는 이점은 있으나 교실에 전달되는 운동장의 소음이 크고 교사 주변에 활용되지 않는 부분이 많다.
> ② 핑거플랜(finger plan)형은 건물 사이에 놀이터와 정원이 생겨 생활 환경이 좋아지나 편복도로 할 경우 복도 면적이 너무 크고 동선이 길어서 유기적인 구성이 어렵다.
> ③ 집합형은 지역인구의 변화추세를 가늠할 수 없는 경우에 적용하는 방식으로 교지의 한쪽 편에서 건축되어 점차 집합화됨에 따라 물리적 환경이 열악해진다.
> ④ 클러스터(cluster)형은 중앙에 공용으로 사용하는 부분을 집약시키고 외곽에 특별교실, 학년별 교실동을 두어 동선을 명확하게 분리시킬 수 있다.
>
> 답 ③

(2) 교사 배치계획 시 유의사항
① 교사 배치계획 시 방위는 정남향 > 남남동향 > 남남서향 순서로 유리하다.
② 부지가 협소할 경우, 넓은 부지가 요구되지 않는 폐쇄형의 교사 배치계획 유형을 고려한다.
③ 분산병렬형은 편복도일 경우 복도 면적이 너무 커지고 단조로워진다는 점을 감안하여 계획을 진행한다.
④ 교사는 평지가 아니고 운동장보다 약간 높은 곳에 위치하는 것이 좋다.
⑤ 학교 행정 및 지원시설은 학생들 동선에 지장이 없도록 중심부에 위치시킨다.

(3) 교사의 면적
① 학생 1인당 교사의 점유 면적(복도, 계단, 출입구 등 공용 면적 포함)

학교의 종류	1인당 소요 면적(m²)
초등학교	3.3 ~ 4.0
중학교	5.5 ~ 7.0
고등학교	7.0 ~ 8.0
대학교	16.0 이상

② 교지 면적은 교사 면적의 2.0 ~ 2.5배가 필요하다.
③ 통로 계통의 점유 면적은 교사 면적의 약 30% 정도이다.

(4) 층수계획
① 원칙적으로 초등학교의 교사는 고층화될 수 없다.
② 단층 교사의 특징
　㉠ 아동의 생리적 조건, 위급 시 피난, 교실에의 직접 출입, 학습 활동의 실외 연장, 채광과 환기를 고려하여 계획한다.

핵심 OX

집합형은 시설물의 지역사회 이용과 같은 다목적 계획이 불리하다.
　　　　　　　　　　(O, X)

× 집합형은 시설물의 지역사회 이용과 같은 다목적 계획에 유리하다.

ⓒ 구조계획이 단순하며, 내진 및 내풍 구조가 용이하다.
　　ⓒ 배선, 배관 등의 설비가 분산되어 비경제적이다.
③ 다층 교사의 특징
　　㉠ 대지 이용률이 높고, 시설이 집중화되어 효율적이다.
　　ⓒ 평면이 집약적으로 계획된다.
　　ⓒ 일반적으로 저학년은 1층(저층)에, 고학년은 2층 이상(고층)에 배치한다.

> **예제**
>
> 초등 및 중학교 건축계획에서 학생들의 행동특성을 고려한 블록플랜에 대한 설명으로 옳지 않은 것은?　　　　　　　　　　　　　　　　2011년 국가직 9급
> ① 초등학교에서 저학년교실군은 출입구 근처의 1층이나 저층에 두는 것이 바람직하다.
> ② 저학년과 고학년교실군은 근접 배치하거나 동일한 층에 배치한다.
> ③ 특별교실군은 교과내용에 대한 융통성과 학생 이동에 따른 소음방지에 유의한다.
> ④ 블록플랜은 학년단위로 배치하는 것이 원칙이며, 일반교실과 특별교실은 분리시킨다.
>
> 답 ②

2 평면계획

1. 이용률과 순수율

(1) 이용률 = $\dfrac{\text{교실이 사용되고 있는 시간}}{\text{1주간의 평균 수업 시간}} \times 100(\%)$

(2) 순수율 = $\dfrac{\text{일정한 교과를 위해 사용되는 시간}}{\text{그 교실이 사용되는 시간}} \times 100(\%)$

> **예제**
>
> 다음과 같은 조건을 가진 어떤 학교 미술실의 이용률[%]과 순수율[%]은?
> 　　　　　　　　　　　　　　　　　　　　　　　　　2022년 지방직 9급
>
> 1주간 평균 수업시간은 50시간이다. 미술실이 사용되는 수업시간은 1주에 총 30시간이다. 그 중 9시간은 미술 이외 다른 과목 수업에서 사용한다.
>
> | | 이용률 | 순수율 | | 이용률 | 순수율 |
> |---|---|---|---|---|---|
> | ① | 42 | 60 | ② | 60 | 42 |
> | ③ | 60 | 70 | ④ | 70 | 60 |
>
> 답 ③

핵심 OX

초등학교 교실계획에서 저학년교실군은 고학년교실군과 혼합 배치한다.　　　　　　　　(○, ×)

× 일반적으로 저학년은 1층(저층)에, 고학년은 2층 이상(고층)에 배치하다.

2. 학교의 운영방식

(1) 종합교실형[U(A)형, Activity Type]

① 운영방법
- ㉠ 교실 수는 학급 수와 일치한다.
- ㉡ 모든 교과를 자기의 교실 내에서만 행한다.
- ㉢ 초등학교 저학년에 대해 가장 권장할만한 유형이다.

② 장단점

장점	단점
• 학생의 이동이 전혀 없어 혼란을 최소화할 수 있음 • 각 학급마다 가정적 분위기기 조성됨 • 한 교실에서 모든 수업이 진행되므로 이용률을 높일 수 있음	• 초등학교 고학년 이상에서는 무리가 있음 • 일정 교과를 위해 사용되는 시간의 비율인 순수율은 낮아짐

③ 적용 사항
- ㉠ 초등학교 저학년에 적당한 방식이다.
- ㉡ 외국에서는 한 교실에 1~2개의 화장실을 부속 설치한다.

(2) 일반교실과 특별교실형(U+V형, Usual with Variation)

① 운영방법
- ㉠ 일반교실이 각 학급에 하나씩 계획된다.
- ㉡ 기타 특별교실이 설치된다.

② 장단점

장점	단점
• 전용 학급 교실이 있어 홈룸(Home Room) 활동이 가능함 • 소지품 관리가 안정적임	• 특별교실이 확충될 경우, 일반교실의 이용률이 낮아짐 • 시설의 정도를 높일수록 비경제적임

③ 적용 사항
- ㉠ 우리나라 학교의 70%를 차지하고 있다.
- ㉡ 가장 일반적인 운영방식이다.

핵심 OX

종합교실형은 각 학년에 교실이 하나씩 주어지고 그 외에 특별교실이 주어진다. (○, ×)

× 종합교실형은 각 학급에 교실이 하나씩 주어지고 그 외에 특별교실은 주어지지 않는다.

예제

학교 운영방식 중 일반교실과 특별교실의 결합형(U+V형)에 대한 설명으로 옳은 것은?　　　　　　　　　　　　　　　　　　　　　　　　2014년 지방직 9급

① 교실 수와 학급 수가 같고 학생의 이동이 없으며 가정적인 분위기를 만들 수 있어 초등학교 저학년에 적합하다.
② 학급과 학생의 구분을 없애고 학생들은 각자의 능력에 맞게 교과를 선택하며 학원 등에서 이 형을 채택하고 있다.
③ 전 학급을 2개의 집단으로 나누어 한 쪽이 일반교실을 사용하면 다른 쪽은 특별교실을 사용하여야 하므로 시간표 작성에 많은 노력이 필요하다.
④ 특별교실이 있고 전용 학급교실이 주어지기 때문에 홈룸(Home Room) 활동 및 각 학생들의 소지품을 놓는 자리가 안정되어 있다.

답 ④

(3) 교과교실형(V형, Department System)

① 운영방법
　㉠ 모든 교실이 특정한 교과를 위해 만들어진다.
　㉡ 일반교실은 없다.

② 장단점

장점	단점
각 교과의 순수율이 높음	• 학생의 이동이 빈번함 • 순수율을 100%로 한다고 이용률이 반드시 높다고 할 수 없음 • 이동할 때는 소지품을 두는 곳을 고려해야 하며, 이동에 대한 동선계획에 주의를 기울여야 함

예제

1. 교과교실형(V형, department system) 학교운영방식에 대한 설명으로 가장 옳은 것은?　　　　　　　　　　　　　　　　　　　　　　2019년 서울시 9급

① 교실의 수는 학급 수와 일치한다.
② 학생 개인물품 보관 장소와 이동 동선에 대한 고려가 필요하다.
③ 전 학급을 2분단으로 나누어 운영한다.
④ 학급별로 하나씩 일반교실을 두고, 별도의 특별교실을 갖춘다.

답 ②

핵심 OX

01 V형(교과교실형)은 각 학과에 순수율이 낮은 교실이 주어지며 따라서 시설의 이용률이 낮아진다. (○, ×)

02 교과교실형은 전문교실을 100%로 하기 때문에 순수율은 높아지고, 이용률은 낮아질 수 있다. (○, ×)

01 × V형(교과교실형)은 각 학과에 순수율이 높은 교실이 주어지지만, 시설의 이용률은 상대적으로 낮아질 수 있다.

02 ○

2. 학교건축계획에서 교과교실형에 대한 설명으로 옳은 것은? 2023년 국가직 9급
   ① 각 학급이 전용 일반교실을 가지며 특정 교과는 특별교실을 두고 운영한다.
   ② 각 교과의 순수율이 높은 교실이 주어지며 시설의 수준이 높아진다.
   ③ 학생의 이동이 적으며 교실 이용률이 100 %라 하더라도 반드시 순수율이 높다고 할 수 없다.
   ④ 초등학교 저학년에 가장 적합하며 안정적인 생활을 위한 홈베이스가 필요하다.

   답 ②

(4) 일반교실과 특별교실형(U+V형)과 교과교실형(V형)의 중간형태(E형)
   ① 운영방법
      ㉠ 일반교실의 수는 학급 수보다 적다.
      ㉡ 특별교실의 순수율이 반드시 100% 유지되는 것은 아니다.
   ② 장단점

장점	단점
이용률을 상당히 높일 수 있으므로 경제적임	• 학생의 이동이 많음 • 학생이 있는 곳이 안정되지 않고 대부분의 경우 혼란스러움 • 소지품 보관과 동선을 충분히 고려해서 계획해야 함

예제

학교건축에서 학급운영방식에 대한 설명으로 옳지 않은 것은? 2008년 국가직 9급
① 일반교실·특별교실형(UV형)과 교과교실형(V형)의 중간형(E형)은 일반교실·특별교실형에 비해 일반교실의 이용률이 낮아진다.
② 교과교실형(V형)은 학생의 이동이 잦아 소지품을 보관할 장소가 필요한 방식이다.
③ 달톤형(D형)은 교실의 규모 및 규모별 교실의 수를 예측하기 어렵다는 문제가 있다.
④ 종합교실형(U형)의 교실 수는 학급 수와 일치하며, 초등학교 저학년에 적당한 방식이다.

답 ①

(5) 플래툰형(P형, Platon type)

① 운영방법
  ㉠ 전 학급을 2분단으로 나누고 한 편이 일반교실을 사용할 때 다른 한 편은 특별교실을 이용한다.
  ㉡ 일반교실에 있는 동안은 이동하지 않는다.

② 장단점

장점	단점
• E형 정도로 이용률을 높이면서도 이동의 혼란을 적게 할 수 있음 • 교과 담임제와 학급 담임제를 병용할 수 있음	• 교사의 수가 부족하거나 적당한 시설이 없으면 운영하지 못함 • 시간 배당을 하는 데 상당한 노력이 필요함

③ 적용 사항: 미국의 초등학교에서 과밀을 해결하기 위해 실시한 방식이다.

(6) 달톤형(D형, Dalton type)

① 운영방법: 학급, 학년을 없애고 학생들은 각자의 능력에 따라서 교과를 골라 일정한 교과를 끝내면 졸업하는 방식이다.

② 특징
  ㉠ 교육방법에는 기본적 목적이 있어 시설면에서 장단점을 논하기 어렵다.
  ㉡ 하나의 교과에 출석하는 학생 수가 일정하지 않으므로 크고, 작은 여러 가지 크기의 교실을 설치해야 한다.

③ 적용 사항: 우리나라에서는 사설 외국어 학원 또는 입시 학원 등에 적용하고 있는 방식이다.

예제

1. 학교계획과 관련된 학교운영방식에 대한 설명으로 옳지 않은 것은?

   2012년 국가직 9급

   ① 종합교실형(U형)은 학생의 이동이 없이 교실 안에서 모든 교과를 수행한다.
   ② 교과교실형(V형)은 학생의 이동이 많기 때문에 특히 동선처리에 주의해야 한다.
   ③ 플래툰형(P형)은 전 학급을 두 개로 나누어 한쪽이 일반교실을 사용할 때 다른 쪽은 특별교실을 사용하는 방식을 말한다.
   ④ 달톤형(D형)은 학생을 수준에 맞는 학급에 배정하기 때문에 같은 유형의 학급교실을 여러 개 설치하여야 한다.

   답 ④

핵심 OX

01 일반교실과 특별교실의 결합형(U+V형)의 경우는 특별교실이 있고 전용 학급교실이 주어지기 때문에 홈룸(Home Room) 활동 및 각 학생들의 소지품을 놓는 자리가 안정되어 있다. (○, ×)

02 플래툰형은 학급, 학년을 없애고 학생들이 각자의 능력에 따라 교과를 선택하고 수업하는 방식이다. (○, ×)

01 ○
02 × 달톤형에 대한 설명이다.

> **2. 학교운영방식에 대한 설명으로 옳은 것은?** 2021년 국가직 9급
> ① 종합교실형은 초등학교 고학년에 가장 적합하다.
> ② 교과교실형은 모든 교실을 특정 교과를 위해 만들어 일반교실은 없으며 학생의 이동이 많은 방식이다.
> ③ 플래툰형은 학년과 학급을 없애고 학생들은 각자의 능력에 따라 교과를 선택하고 일정한 교과를 수료하면 졸업하는 방식이다.
> ④ 달톤형은 각 학급을 2분단으로 나누어 한쪽이 일반교실을 사용할 때 다른 한쪽은 특별교실을 사용한다.
>
> 답 ②

(7) 개방학교[오픈 스쿨(Open school), 오픈 플랜 스쿨(Open plan school)]

① **운영 방법**

㉠ 학급 단위의 수업을 부정하고 개인의 능력·자질에 따라 편성하고 학습한다.

㉡ 경우에 따라서는 무학년제로 운영하기도 한다.

㉢ **시설 사항**

ⓐ 칠판, 수납장 등의 가구는 이동식이 많다.

ⓑ 바닥마감재는 흡음성 및 활동성을 고려하여 카펫이 좋다.

ⓒ 평면형은 가변식 벽구조(Movable Partition)로 하여 융통성을 갖도록 한다(고정 칸막이 벽을 두지 않음).

ⓓ 인공 조명 및 공기 정화시설을 설치한다.

② **장단점**

장점	단점
• 각자의 능력, 흥미, 자질에 따라서 그룹화될 수 있고 참여할 수 있음 • 인공조명 및 공기정화시설을 갖추게 되므로 자연채광과 통풍에 크게 의존하지 않음	• 풍부한 교재와 교원의 자질, 고급 시설이 필요함 • 교사가 타운영방식에 비해 많이 필요함(20~30명을 2~3명의 교사가 지도)

③ **적용 사항**: 초등학교 저학년 또는 유치원에 적용 가능한 운영방식이다.

핵심 OX

개방형 학교(open school)는 2인 이상의 교사가 협력하는 팀티칭(team teaching) 방식을 적용하기에 부적합하다. (○, ×)

× 개방형 학교(open school)은 학급 단위를 부정하고 개인의 능력에 따라 20~30명 정도의 그룹으로 학생들을 편성하고 2~3명의 교사가 지도하는 것으로서, 2인 이상의 교사가 협력하는 팀티칭(team teaching) 방식을 적용하기에 적합한 방식이다.

> **예제**
>
> 학교 운영방식과 교실 구성에 대한 설명으로 옳은 것은?   2019년 지방직 9급
> ① 특별교실형은 교실 안에서 모든 교과를 학습할 수 있게 계획하는 방식으로 초등학교 저학년에 적합한 방식이다.
> ② 종합교실형은 설비, 가구, 자료 등이 필요하게 되어 교실 바닥 면적이 증가될 수 있다.
> ③ 교과교실형은 전교교실을 보통교실 이용 그룹과 특별교실 이용 그룹으로 분리하여 두 개의 학급군이 각 교실군을 교대로 사용하는 방식이다.
> ④ 플래툰형은 학급, 학년을 없애고 학생들이 각자의 능력에 따라 교과를 선택하고 수업하는 방식이다.
>
> 답 ②

3. 블록 플랜(Block Plan)

(1) 학년 단위를 원칙으로 함

동학년의 학급은 교과 내용, 심신의 발육 상태 등이 비슷하므로 근접시켜 교재의 공용, 상호 소통의 이점을 취한다.

(2) 초등학교 저학년

① 가능한 1층에 배치한다.
② 보통 교실이 직접 외부에 접해 연락되기 쉽고 불시의 재해 시에는 대피하기에 이상적이다.
③ 다른 부분과의 접촉을 되도록 적게 하는 것이 좋고 출입구는 따로 한다.
④ 가정적인 분위기의 A(U)형이 이상적이다.

(3) 초등학교 고학년

① U+V형의 학교운영방식이 이상적이다.
② 일반교실은 특별교실의 소음 및 학생의 이동 시 소음을 차단해야 한다.

(4) 일반교실군

이동 문제를 해결하기 위해 다른 교실 앞을 지나지 않고 일반교실군의 밖을 다닐 수 있게 해야 한다(엘보우형과 클러스터형 적용).

엘보우형(Elbow Access)	복도를 교실에서 떨어지게 한 것
클러스터형(Cluster system)	교실을 소단위로 독립시켜 배치한 것

(5) 특별교실군

① 교과 내용에 대한 융통성과 보편성을 갖추어야 한다.
② 학생의 이동과 소음 방지를 고려해야 한다.

(6) 일반교실과 특별교실형(U+V형), U+V형과 교과교실형(V형)의 중간 형태인 E형의 경우 일반교실과 특별교실군 사이에 학급의 이동을 고려하여 통로의 수문 등을 크게 한다.

(7) 실내 체육관의 배치는 학생이 이용하기 쉬운 곳에 배치하여 지역 주민들의 이용도 고려한다.
(8) 관리 부분의 배치는 전체의 중심 위치로 학생의 동선을 차단해서는 안 된다.
(9) 실내화 또는 실외화를 사용할 경우 교실 앞에 신발장의 배치를 계획한다.

4. 확장성과 융통성

(1) 확장성
① 인구 집중 및 자연 증가로 인한 장래 학생 수가 늘어나는 것에 대비한다.
② 교과 내용의 변화와 확충을 고려한다.

(2) 융통성

원인	대책
확장에 대한 융통성	칸막이 변경(건식 구조)
광범위한 교과 내용 변화에 대해 대응할 수 있는 융통성	융통성 있는 교실 배치: 배치상 특별교실군을 일단에 배치
학교 운영방식 변화에 대응할 수 있는 융통성	공간의 다목적성: 평면계획상 교과 내용의 변화에 대응하게 함*

*다목적 교실은 여러 가지 목적에 맞는 융통성 있는 공간으로서의 성격을 갖는다.

3 교실계획

1. 교실의 형식

(1) 일반교실형
① 복도를 이용하여 각 교실로 출입하는 형식으로 일반적으로 가장 많이 채용한다.
② 복도가 혼잡하며, 복도 소음이 교실로 전달되는 단점이 있다.

(2) 엘보 엑세스(Elbow Access)형
① 복도를 교실에서 떨어지게 배치한 형식이다.
② 교실에 접근 시에는 연결통로를 이용하는 방식이다.
③ 각 교실의 독립성, 채광성, 환기 등이 좋으나, 교실의 개성적 표현이 힘들며, 복도 면적이 증가한다.
④ 장래의 교실 통합이 불가능하다.

(3) 클러스터(Cluster)형
① 공용공간을 중앙에 위치시키고 몇 개의 교실을 하나의 단위(unit)로 하여 분리한다.
② 교실을 소단위별(grouping)로 분리하여 배치한 방식으로서 교실 간 독립성을 확보하기 좋다.
③ 중앙에 공용 부분을 집약하여 배치하고 외곽에 특별교실, 학년별 교실 등을 배치시켜 동선을 원활하게 한다.

④ 운동장으로부터 교실로의 소음전달이 작은 특성을 가진다.
⑤ 각 교실이 외부와 접하는 면이 많으며 교실의 채광성, 환기성, 통풍성이 좋다.
⑥ 각 교실군 사이에는 교우의 정원 등을 확보하기 용이하다.
⑦ 넓은 부지가 필요하며 복도의 면적이 커지고, 관리 동선이 길어져 운영비가 많이 들어가는 단점이 있다.

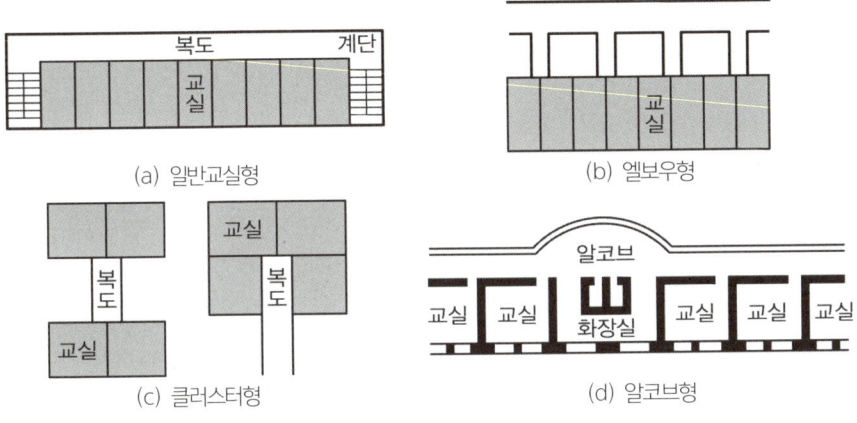

○ 교실 형태

2. 교실의 규격

(1) 시각과 청각의 한계를 고려하여, 폭 7m, 길이 9m 정도의 장방형으로 계획한다.
(2) 저학년의 경우 교육계획이나 아동의 심리적 적응을 고려하면 8.1m × 8.1m 또는 9m × 9m의 정방형도 고려할 수 있다.

3. 교실의 인당 면적

일반교실	1.4m²/인
도서관	1.8m²/인
음악·미술 교실	1.9m²/인
물리·화학 실험실, 가사실	2.4m²/인
체육관	4m²/인

4. 출입구

각 교실마다 2개소 설치하며, 여는 방향은 밖여닫이로 한다.

핵심 OX

01 클러스터(cluster)형은 중앙에 공용으로 사용하는 부분을 집약시키고 외곽에 특별교실, 학년별교실동을 두어 동선을 명확하게 분리시킬 수 있다. (○, ×)

02 클러스터(cluster)형은 교사동 사이에 놀이공간의 구성이 용이하다. (○, ×)

01 ○
02 ○

5. 교실의 채광 및 조명

(1) 창대 높이

초등학교	80cm
중학교	85cm
단층교사일 경우	70cm

(2) 일조 시간이 긴 방위를 택하고, 한 방향 채광 방식일 때는 교실 깊은 곳까지 균일한 조도를 얻을 수 있도록 한다.

(3) 직사광선이 들어오지 않게 한다.*

(4) 채광창의 유리 면적은 교실 면적의 1/10 이상으로 한다.

(5) 칠판을 향해 좌측 채광이 원칙이며 칠판의 현휘를 방지하기 위해 좌측벽 1m는 벽으로 처리한다.

(6) 칠판의 조도가 책상면의 조도보다 높아야 한다(최저 100lux 이상).

* 직사광선이 들어오지 않도록 하는 대책으로는 차양, 확산 유리, 루버, 고측광창, 천창, 유리블록 등이 있다.

6. 색채

(1) 저학년
난색 계통을 적용한다.

(2) 고학년
사고력 증진을 위해 중성색이나 한색 계통을 적용한다.

7. 특별교실계획

(1) 화학실
실험에 따른 유독가스를 막기 위해 트랩 체임버(Trap chamber)를 설치한다.

(2) 생물실
남면 1층에 두고 직접 옥외로의 출입이 가능하도록 한다.

(3) 지구과학실
장기간의 기상 관측을 고려하여 교정 가까이 둔다.

(4) 음악실
① 반사재와 흡음재를 적절히 사용하여, 적당한 잔향효과를 나타낼 수 있도록 한다.
② 음악실은 소음이 발생하는 곳과 가까이 배치하지 않는다.

(5) 미술실
균일한 조도를 위해 북측 채광을 적용한다.

(6) 가정교실
가정 생활에 관련된 교육을 실습하는 가정과 교실의 바닥은 내수적이고, 위생적인 재료로 계획해야 한다.

예제

학교건축의 실별 세부계획에 대한 설명으로 옳지 않은 것은? 2016년 지방직 9급

① 음악실은 강당과 근접한 위치가 좋으며, 외부의 잡음 및 타 교실의 소음 방지를 위한 방음 처리계획이 중요하다.
② 과학실험실은 바닥 재료를 화공약품에 견디는 재료로 사용하고, 환기에 유의하여 계획한다.
③ 미술실은 학생들의 미술활동 지도에 있어 쾌적한 환경이 되도록 남향으로 배치하는 것이 좋다.
④ 도서실은 학교의 모든 곳에서 접근이 용이한 곳으로 지역 주민들의 접근성도 고려하여야 한다.

답 ③

4 학교 부대시설계획

1. 도서실*

(1) 전체 학생 수의 10~15%가 이용한다고 가정하고 계획한다.
(2) 주요 교통로, 강당, 체육관, 음악실 등의 소음을 차단할 수 있도록 이격하여 계획한다.

* 도서실의 이용을 늘리기 위해서는 개가식 적용이 유리하다.

예제

교육시설의 건축계획에 대한 설명으로 옳지 않은 것은? 2023년 지방직 9급

① 과학교실은 실험 실습을 위한 전기, 가스, 급배수 설비를 갖춘다.
② 미술실은 실내가 균일한 밝기의 조도를 유지할 수 있도록 배치한다.
③ 음악실은 적당한 잔향 시간을 유지하도록 한다.
④ 도서실은 학교의 모든 곳으로부터 접근이 편리한 위치에 있도록 배치하며 이용 활성화를 위해 폐가식으로 운영한다.

답 ④

2. 강당

(1) 면적

구분	1인당 소요 면적(m²)
초등학교	0.4
중학교	0.5
고등학교 이상	0.6

(2) 1인당 소요 바닥 면적은 전용 강당과 체육관 겸용 강당의 경우가 거의 동일하다.

핵심 OX

01 음악교실, 공작실 등은 다른 일반 교실에 방해가 되지 않도록 가급적 분리하여 배치한다. (O, X)
02 학교의 미술교실은 균일한 조도를 얻기 위하여 북측 채광이 유리하다. (O, X)

01 O
02 O

3. 체육관

(1) 일반사항

① 농구코트를 둘 수 있는 크기를 표준으로 한다(최소: 400m² 이상, 보통: 500m²).
② 천장 높이는 6m 이상, 바닥은 목재 마루판을 이중으로 설치한다.
③ 창문을 설치할 경우 실내 측에 철망을 붙인다.
④ **채광**: 장축을 동서로 하고, 남북측으로부터 채광을 한다.
⑤ 강당 겸 체육관은 체육관으로 사용 빈도가 높으므로 체육관 위주로 계획한다.

(2) 실내체육관계획

① 경기장은 대공간형식으로서 실의 체적이 커짐에 따라 반향현상이 심해질 수 있으므로 이것의 조절을 위해 반사보다는 흡수형태로 마감재질을 선택하는 것이 좋다(실내체육관의 벽면은 목질계, 유공계를 사용하는 경우가 많음).
② 체육관의 기능은 크게 경기부분(운동기구 창고 등), 관람부분, 관리부분(임원실, 기계실 등)으로 구성된다.
③ 출입통로, 탈의통로, 탈의실과 샤워실을 연결하는 웨트 존(wet zone)통로 등은 위생적인 측면에서 교차되어서는 안 된다.
④ 천장높이는 일반적으로 탁구경기장은 최저 4.0m, 배구경기장은 최저 12.5m가 필요하다.

(3) 기타 체육시설계획

① 국제수영연맹 규정에 의한 경영수영장의 규격은 25m × 50m이며, 레인 번호 표시 1번은 출발대로부터 풀을 향해 오른쪽이다.
② 스피드 스케이트 경기장은 원칙적으로 좌회전 활주방식으로 계획한다.
③ 골프 경기장은 통상적으로 18개의 홀로 구성되며 롱홀 4개, 미들홀 10개, 쇼트홀 4개의 비율로 이루어진다.
④ 야구장 그라운드의 형상은 센터라인을 축으로 한 좌우대칭을 기본으로 하며 왼쪽이 약간 넓은 경우도 있다.

> **예제**
>
> **1. 다음 실내체육관 건축계획 관련 사항 중 잘못 기술된 것은?** 2016년 서울시 9급(2회)
> ① 경기장의 규모는 배구코트를 기준으로 결정한다.
> ② 체육관의 부문별 구성은 경기부분, 관람부분, 관리부분으로 나누어진다.
> ③ 실내체육관의 벽면은 목질계, 유공계를 사용하는 경우가 많다.
> ④ 천장높이는 볼이 높이 솟아오를 경우를 대비하여야 하며, 배구경기의 경우 12.5m가 필요하다.
>
> 답 ①

핵심 OX

01 다목적 강당의 출입구는 한 곳에 두어 단순화한다. (O, ×)
02 경기장의 규모는 배구코트를 기준으로 결정한다. (O, ×)
03 경기장 바닥면은 경기에 의해 발생하는 진동과 음이 신속하게 다른 방향으로 전달될 수 있도록 반사시켜야 한다. (O, ×)
04 국제수영연맹 규정에 의한 경영수영장의 규격은 18m × 50m이며, 레인 번호 표시 1번은 출발대로부터 풀을 향해 왼쪽이다. (O, ×)

01 × 다목적 강당의 출입구는 여러 곳에 두어 화재 등 긴급 시 대피를 용이하게 해야 한다.
02 × 경기장의 규모는 농구코트를 기준으로 결정한다.
03 × 경기장은 대공간형식으로서 실의 체적이 커짐에 따라 반향현상이 심해질 수 있으므로 이것의 조절을 위해 반사보다는 흡수형태로 마감재질을 선택하는 것이 좋다.
04 × 국제수영연맹 규정에 의한 경영수영장의 규격은 25m × 50m이며, 레인 번호 표시 1번은 출발대로부터 풀을 향해 오른쪽이다.

2. 체육관 기본계획에 대한 설명으로 가장 옳지 않은 것은? 2018년 서울시 9급(2회)
   ① 개구부를 통해 채광을 받을 경우 경기자의 눈부심 방지를 고려해야 한다.
   ② 통풍은 자연환기를 고려해 환풍되는 것이 좋다.
   ③ 체육관은 크게 경기부문, 관람부문, 관리부문으로 구성된다.
   ④ 체육관은 육상경기장과 마찬가지로 장축을 남북으로 배치해야 한다.

   답 ④

3. <보기>에서 체육시설계획 시 가동수납식의 관람석의 특징으로 옳은 것을 모두 고른 것은? 2022년 서울시 9급(1회)

   ㄱ. 경기장 바닥면에 설치가 용이하다.
   ㄴ. 피난에 대비한 직통계단의 설치와 관람석 등으로부터 출구에 대한 법규 사항을 고려할 필요가 없다.
   ㄷ. 벽의 1면에만 설치가 가능하다.
   ㄹ. 좁은 경기장 코트의 충분한 면적을 확보하고 관람석에서 경기와 일체감을 유도하는 것이 가능하다.

   ① ㄱ, ㄷ
   ② ㄱ, ㄹ
   ③ ㄱ, ㄷ, ㄹ
   ④ ㄴ, ㄷ, ㄹ

   답 ③

가동수납식 관람석
접는 의자를 설치해 놓은 관람석을 의미한다.

4. 급식실, 식당

(1) 급식실의 크기(식당 제외)는 학생수의 10% 정도로 한다.
   예 학생 수가 1,000명이라면 100m²

(2) 식당의 크기
   학생 1인당 0.7~1.0m²의 면적이 필요하며, 2~3회 교대로 사용하도록 계획한다.

5. 보건실

(1) 위치
   숙직실이나 교무실 근처로서 조용한 위치에 계획한다.

(2) 침대 수

학급 수	남자용	여자용
9학급 이하	1	1
10~15학급	1	2
16~24학급	2	4

6. 화장실

(1) 교실에서 화장실까지의 거리는 50m가 넘지 않도록 한다.

(2) 소요 변기 수(학생 100명당)

구분	소변기	대변기
남자	4	2
여자	-	5

7. 복도, 계단

(1) 복도

① 통풍, 채광을 고려하여 중복도보다 편복도로 계획한다.

② 복도의 폭

편복도	1.8m 이상
중복도	2.4m 이상

(2) 계단

① 위치

㉠ 각 층의 학생이 균일하게 이용할 수 있는 위치에 계획한다.
㉡ 각 층의 계단의 위치는 상하 동일한 위치에 둔다.
㉢ 계단에 접하여 옥외운동장과 기타 공지에 출입하기 쉬운 장소에 위치하게 한다.

② 보행 거리

내화 구조일 경우	50m 이내
비내화 구조일 경우	30m 이내

③ 계단의 치수(단위: cm)

종류	계단참의 폭	단 높이	단 너비	계단참
초등학교	150 이상	16 이하	26 이상	계단의 높이가 3m를 초과할 경우, 높이 3m 이내마다 계단참을 설치
중·고등학교	150 이상	18 이하	26 이상	

5 유치원 및 보육시설계획

1. 배치 및 평면계획 시 고려사항

(1) 배치 및 입지 선정 시 고려사항

① 입지를 결정하기 위해서는 주변의 사회 문화적 환경과 물리적 환경을 모두 고려하여야 한다.
② 통원거리는 이용자 수뿐만 아니라, 통학로와 스쿨버스 노선의 위험성을 분석하여 결정하여야 한다.

핵심 OX

초등학교의 복도 폭은 양 옆에 거실이 있는 복도일 경우 2.4m 이상으로 계획한다. (O, X)

O

③ 유치원의 대지 면적은 유치원생의 수에 따라 결정한다.
④ 유아의 신체적·정신적 발달을 위해 실내공간과 외부공간이 상호 연계되도록 계획한다.

(2) 평면계획 시 일반적 고려사항
① 유치원을 이용하는 어린이들의 특수한 신체적 조건에 맞는 모듈선정, 수직치수의 설정에 주의하여야 한다.
② 아이들이 지루하지 않도록 평면계획에 다양성을 가미하는 것이 적절하다.
③ 화장실은 교실에서 가까이 계획하여야 한다.
④ 놀이공간계획이 학습공간계획보다 중요하다.

> **예제**
>
> 유치원계획 시 고려할 사항으로 가장 옳지 않은 것은? 2016년 서울시 9급(2회)
> ① 입지를 결정하기 위해서는 주변의 사회 문화적 환경과 물리적 환경을 모두 고려하여야 한다.
> ② 통원거리는 이용자 수뿐만 아니라, 통학로와 스쿨버스 노선의 위험성을 분석하여 결정하여야 한다.
> ③ 유치원의 대지 면적은 원아의 연령 비율, 교사 수, 식당의 유무에 의해 결정된다.
> ④ 유아의 신체적·정신적 발달을 위해 실내공간과 외부공간이 상호 연계되도록 계획한다.
>
> 답 ③

2. 유치원 평면형식

일실형	관리실, 보육실, 유희실을 평면상으로 연계시켜 놓은 유형
중정형	안뜰을 확보하여 주위에 관리실, 보육실, 유희실을 배치
십자형	유희실을 중앙에 두고 주위에 관리실과 보육실을 배치
L형	• 관리실, 보육실, 유희실을 L형으로 구성한 것 • 관리실에서 보육실 및 유희실을 바라볼 수 있는 장점이 있음

3. 유치원 및 보육원의 조닝계획
(1) 유아나 아동의 발달단계를 고려하여 공간의 형태를 다양하게 구성해야 한다.
(2) 유아영역과 아동영역으로 구분하는 것이 중요하며, 각 영역들을 연속적인 체계로 구성한다.
(3) 유아영역은 놀이그룹의 인원수 및 그룹수와 생활행위에 따른 공간의 분화를 고려한다.

> **핵심 OX**
>
> 01 유치원의 대지 면적은 원아의 연령 비율, 교사 수, 식당의 유무에 의해 결정된다. (O, ×)
> 02 유아영역과 아동영역으로 구분하는 것이 중요하며, 각 영역들을 연속적이 아닌 독립적인 체계로 구성한다. (O, ×)
>
> 01 × 유치원의 대지 면적은 유치원생의 수에 따라 결정한다.
> 02 × 유아영역과 아동영역으로 구분하는 것이 중요하며, 각 영역들을 연속적인 체계로 구성한다.

(4) 아동영역은 자체적인 구성에서도 단계적인 확장을 위한 조닝과 구성에 대한 계획을 수립해야 한다.

4. 놀이공간계획*

* 개인용 물품이나 교재 등을 보관하는 창고는 교실 및 놀이공간 내에 필수적으로 설치하여야 한다.

(1) 교사의 자료, 책상, 청소용구 등을 보관할 수 있는 공간은 교실 및 놀이공간 내에 계획한다.
(2) 놀이공간은 안전에 지장이 없는 범위 내에서 단조로움을 피하고 흥미를 유발할 수 있도록 계획한다.
(3) 실내에서 장시간 생활하게 되므로 세면장, 화장실을 인접시켜 설치한다.
(4) 실내의 색채계획은 가능한 적은 색으로 조합하여 통일된 분위기를 조성하는 것이 바람직하다.

> **예제**
>
> 유치원의 세부공간계획에 대한 설명으로 옳지 않은 것은?   2023년 지방직 9급
> ① 유희실은 안전성과 방음효과를 고려하여 바닥의 소재를 선정한다.
> ② 화장실은 교실 내부 또는 가장 가까운 곳에 배치하여 교사가 지도할 수 있도록 한다.
> ③ 유원장은 정적 놀이공간, 중간적 놀이공간, 동적 놀이공간으로 구분하여 공간을 구성한다.
> ④ 개인용 물품이나 교재 등을 보관하는 창고는 필수공간이 아니므로 선택적으로 계획한다.
>
> 답 ④

2 도서관

1 기본계획

1. 대지 선정 시 고려 사항

(1) 교통이 편리한 곳으로 한다.
(2) 장래의 확장을 고려하여 대지를 선정하며, 전체 면적의 약 50%(30~40년 기준) 이상의 확장을 고려해야 한다.
(3) 환경이 양호하며 소음이 없고 채광·통풍이 좋은 곳으로 한다.
(4) 어린이 안전을 고려하여, 어린이 관련실의 출입구는 교통이 빈번한 장소가 아닐 것으로 한다.
(5) 주차 면적 등의 확보가 용이한 곳으로 한다.

📘 **핵심 OX**

01 도서관 건축계획 시 이용자의 입장에서 신설 공공도서관은 가급적 기존 도서관 인근에 건립하여 시너지 효과를 내는 것이 바람직하다. (O, X)

02 도서관 건축계획 시 필요한 전체 바닥면적에 대한 층수를 많게 하여 1층당 면적을 작게 하는 것이 좋다. (O, X)

03 도서관의 사무실이나 작업실은 관원이 서비스하기에 용이하도록 주요 공간에서 멀리 두는 것이 바람직하다. (O, X)

01 X 이용자의 입장에서 신설 공공도서관은 가급적 기존 도서관과 멀리 떨어지게 계획하여 기존 도서관과의 거리가 멀었던 주민들이 이용하기 편리하게 계획하는 것이 좋다.
02 X 도서관 건축에서는 필요한 전체 바닥 면적에 대한 층수를 적게 하여 1층당 면적을 크게 하는 것이 좋다.
03 X 도서관의 사무실이나 작업실은 관원이 서비스하기에 용이하도록 주요 공간에서 가까이 두는 것이 바람직하다.

2. 배치계획

(1) 기능별로 동선을 분리한다.
(2) 공중의 접근이 쉬운 친근한 장소로 한다.
(3) 서고 증축 공간을 확보해 둔다.
(4) 도서관의 성격을 종합해서 결정한다.
(5) 열람 부분과 서고와의 관계가 중요하며 직원 수에 따라 조정한다.
(6) 장래 확장계획은 적어도 50% 이상이 확장에 순응할 수 있어야 한다.

예제

1. 도서관 건축계획에 대한 설명으로 옳지 않은 것은? 2018년 지방직 9급

① 이용자의 접근이 쉽고 친근한 장소로 선정하며, 서고의 증축공간을 고려한다.
② 서고는 도서 보존을 위해 항온·항습장치를 필요로 하며 어두운 편이 좋다.
③ 이용자의 입장에서 신설 공공도서관은 가급적 기존 도서관 인근에 건립하여 시너지 효과를 내는 것이 바람직하다.
④ 이용자, 관리자, 자료의 출입구를 가능한 한 별도로 계획하는 것이 바람직하다.

답 ③

2. 도서관의 건축계획에 대한 설명으로 옳지 않은 것은? 2022년 국가직 9급

① 도서관의 현대적 기능은 교육 및 연구시설을 넘어 지역사회와 연계된 공공문화활동의 중심체 역할을 하므로 이러한 특징을 건축계획에 반영할 수 있어야 한다.
② 도서관은 이용자 안전을 보장하고 도서보관이 용이하도록 접근에 대한 강한 통제와 감시가 확보되어야 한다.
③ 도서관은 이용자와 관리자, 자료의 동선이 교차되지 않도록 배치하는 것이 바람직하다.
④ 도서관 공간구성에서 중심 부분은 열람실 및 서고이며 미래의 확장 수요에 건축적으로 대응할 수 있어야 한다.

답 ②

2 평면계획

1. 출납 시스템

(1) 자유개가식(free open system)
① 열람자가 자유로이 서가에서 책을 꺼내 체크를 받지 않고 열람하는 형식이다.

② 보통 1실형(서고와 열람실 통합)이고, 10,000권 이하의 서적 보관과 열람에 적당하다.
③ 특징
  ㉠ 책의 내용 파악 및 선택이 자유롭고 용이하다.
  ㉡ 도서 목록을 볼 필요가 없다.
  ㉢ 책을 선택하고 열람 시, 대출 및 기록 등의 절차가 필요 없다.
  ㉣ 서가 정리가 잘 안되면 혼란이 생길 수 있다.
  ㉤ 책이 마모되거나 훼손되기 쉽다.
  ㉥ 감시가 필요하다.

(2) 안전개가식(safe guarded open access)
① 열람자가 자유롭게 책을 꺼낼 수 있으나 좌석으로 가기 전에 체크를 받는 형식이다.
② 특징
  ㉠ 출납 시스템이 필요하지 않아 혼잡하지 않다.
  ㉡ 도서 열람의 체크 시설이 필요하다.
  ㉢ 서가 열람이 가능하여 책을 직접 뽑을 수 있다.
  ㉣ 감시가 필요하지 않다.

(3) 반개가식(semi open access)
① 열람자가 직접 서가에 와서 책의 표제 정도는 볼 수 있으나 그 내용을 보려면 관원에게 대출을 요구해야 한다.
② 신간 서적 코너 등에 적용되며, 다량의 도서에는 적합하지 않다.
③ 특징
  ㉠ 출납 시설이 필요하다.
  ㉡ 서가의 열람이나 감시가 필요하지 않다.

(4) 폐가식(closed access)
① 열람자가 제출한 목록에 의해 관원이 책을 꺼내 주는 방식으로 열람자는 서가에 접근할 수 없다.
② 대규모 도서관의 독립된 서고의 경우에 적합하다.
③ 특징
  ㉠ 도서의 유지·관리가 양호하다.
  ㉡ 서가를 감시할 필요가 없다.
  ㉢ 열람자가 원하는 내용의 책이 아닐 수도 있다.
  ㉣ 책을 대출받는 절차가 복잡하고 관원의 작업량이 많다.

핵심 OX

01 출납시스템 중 안전개가식은 이용자가 자유롭게 자료를 찾고 서가에서 책을 꺼내고 넣을 수 있으며, 관원의 허가와 대출 기록 없이 자유롭게 열람하는 방식이다. (O, X)

02 반개가식은 시간대별로 개가식과 폐가식으로 시스템을 바꾸어 운영하는 절충형 시스템이다. (O, X)

01 X 안전개가식(safe guarded open access)은 열람자는 자유롭게 책을 꺼낼 수 있으나 좌석으로 가기 전에 체크를 받는 형식이다.
02 X 반 개가식(semi open access)은 열람자는 직접 서가에 와서 책의 표제 정도는 볼 수 있으나 그 내용을 보려면 관원에게 대출을 요구해야하는 시스템이다.

(5) 도서관 출납시스템에 따른 도서관 이용자의 동선

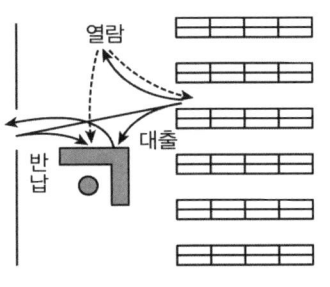
(a) 자유개가식의 경우

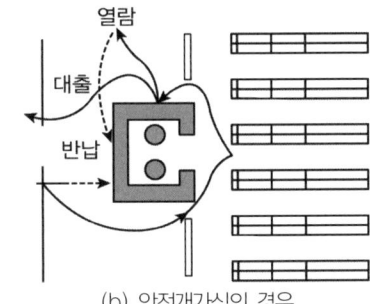
(b) 안전개가식의 경우

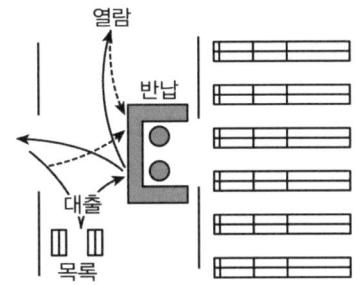
(c) 폐가식의 경우 – 실선 및 점선은 열람자의 동선

예제

1. 도서관의 출납시스템에 대한 설명으로 옳지 않은 것은?   2012년 국가직 9급

   ① 개가식은 열람자가 도서를 자유롭게 서고에서 꺼내서 열람할 수 있는 시스템이다.
   ② 안전개가식은 서고에서 도서를 자유롭게 찾아볼 수 있으나 열람 시에는 카운터에서 사서의 검열을 거친다.
   ③ 폐가식은 목록에서 원하는 책을 사서에게 신청하여 받은 다음 열람할 수 있는 시스템이다.
   ④ 반개가식은 시간대별로 개가식과 폐가식으로 시스템을 바꾸어 운영하는 절충형 시스템이다.

   답 ④

2. 도서관 건축계획 중 출납시스템에 대한 설명으로 옳지 않은 것은?
      2021년 국가직 9급

   ① 자유개가식은 도서가 손상되기 쉽고 분실 우려가 있다.
   ② 안전개가식은 도서 열람의 체크 시설이 필요하다.
   ③ 반개가식은 열람자가 직접 책의 내용을 열람하고 선택할 수 있어 출납시설이 불필요하다.
   ④ 폐가식은 대출받는 절차가 복잡하여 직원의 업무량이 많다.

   답 ③

2. 모듈계획

(1) 바닥면은 가변벽과 독립 서가에 의해 구획되고 필요 조건의 변화에 따른 공간 구획 변경이 가능하도록 한다.
(2) 열람실과 서고의 경우에는 계획 시 적절한 융합이 가능하다.
(3) 계단, 승강기, 덕트 등 코어 스페이스는 집중시켜 배치한다.

3 세부계획

1. 열람실

(1) 열람실의 종류

① 일반 열람실
  ㉠ 학생들의 학습, 일반인의 교양, 취미 연구가 목적이다.
  ㉡ 일반인과 학생용 열람실을 분리한다.
  ㉢ 성인 1인당 1.5 ~ 2.0m²(1석당 평균 면적은 1.8m²)*의 면적이 필요하다.

*통로 포함 시 2.5m²/인으로 한다.

② 특별 열람실
  ㉠ 특별한 연구 테마를 갖고 오는 사람들을 위한 연구실 역할을 하며 일반 열람실보다 깊숙하고 조용한 위치에 배치한다(개인 연구실, 공동 연구실 등).
  ㉡ 캐럴(Carrel)
    ⓐ 서고 내에 설치하는 소연구실이다.
    ⓑ 1인당 1.4 ~ 4m²의 면적이 필요하다.

> **예제**
>
> 도서관계획에서 캐럴(carrel)에 대한 설명 중 옳은 것은? 2007년 국가직 9급
> ① 도서관 자료를 정리하여 보존하는 곳이다.
> ② 그룹 독서나 몇몇이 모여 연구 작업을 하기 위한 공간이다.
> ③ 개인 전용 연구를 위한 독립적인 개실이다.
> ④ 시청각 기자재를 보관하는 곳이다.
>
> 답 ③

③ 아동 열람실
  ㉠ 가급적 1층에 배치하고 출입구도 별도로 계획한다.
  ㉡ 열람은 자유 개가식으로 하고 획일적인 가구 배치를 피한다.
  ㉢ 아동 1인당 1.2 ~ 1.5m² 정도의 면적이 필요하다.

> **예제**
>
> 도서관의 배치 및 기능에 대한 설명으로 가장 옳지 않은 것은?
>
> 2018년 서울시 9급(1회)
>
> ① 별도의 아동실을 설치할 경우에는 이용이 빈번한 장소에 그 입구를 설치하여야 한다.
> ② 30~40년 후의 장래를 고려하여 충분한 여유 공간이 있어야 한다.
> ③ 서고 내에 설치하는 캐럴(Carrel)은 창가나 벽면 쪽에 위치시켜 이용자가 타인으로부터 방해받는 일이 없도록 한다.
> ④ 도서관은 조사, 학습, 교양, 레크레이션과 사회교육에 기여함을 목적으로 하는 시설을 말한다.
>
> 답 ①

④ 신문·잡지 열람실
  ㉠ 현관이나 로비 부근에 위치하는 것이 좋다.
  ㉡ 좌석 1인당 점유 면적은 1.1~1.4m² 정도의 크기로 한다.

(2) 열람실계획 시 고려사항
① 소음으로부터 격리된 위치에 배치하며 흡음성이 높은 마감재를 사용한다.
② 중·소 열람실들로 분할 계획하여, 가급적 도서에 가까운 위치에 설치한다.
③ 열람 책상은 여유 있게 배치하여야 한다.
④ 직사광선은 피한다(루버나 차양으로 일사량 조절 필요).
⑤ 기둥 모듈은 서가나 열람석에 방해되지 않도록 계획한다.

2. 서고

(1) 서고계획 시 고려사항
① 서고의 형식은 평면계획상 가장 중요한 요소로서 폐가식과 개가식이 있다.
② 규모가 큰 도서관은 폐가식, 규모가 작은 도서관은 개가식이 적합하다.
③ 도서의 수장, 보존에 적합하도록 방습, 방화, 유해 가스 제거에 유의하며 공조설비를 갖춘다.
④ 도서의 증가에 따른 장래 확장을 고려한다.
⑤ 서고 안의 책의 수장권수에 의해 기둥 간격이 결정된다.
⑥ 모듈에 의한 계획이 가능하다.
⑦ 서고의 층고는 2.3m 전후로 일반 열람실과는 별도로 층고계획을 한다 (일반 열람실은 3.0~3.5m 정도로 층고를 계획).
⑧ 서고는 온도 16°C, 습도 63% 이하가 되도록 계획한다.

> **핵심 OX**
>
> **01** 일정 규모의 개실을 개인연구용으로 시간을 정하여 사용할 수 있도록 제공되는 개인열람실을 캐럴(carrel)이라 한다. (○, ×)
>
> **02** 열람실에서 책상 위의 조도는 600lx 정도로 한다. (○, ×)
>
> 01 ○
> 02 ○

(2) 서고의 위치
① 건물의 후부에 독립된 곳에 위치시킨다.
② 열람실의 내부나 주위에 위치시킨다.
③ 지하실에 위치시킨다.

(3) 서고의 면적에 따른 수용 능력
① 서고 면적 1m²당 150~250권 정도 수용 가능하다(평균 200권/m², 밀집 서가일 경우 280~350권/m²).
② 서고 공간(체적) 1m³당 약 66권 정도 수용 가능하다.
③ 서가 1단: 25~30권 정도 수용 가능하다.
④ 표준 편측 서가: 폭 90cm, 높이 230cm, 선반 7단, 안쪽 깊이 30cm, 도서 수장 수는 175~200권 정도 수용 가능하다.

> **예제**
>
> 1. 도서관계획에 대한 설명으로 가장 옳지 않은 것은? 2015년 국가직 9급
>   ① 아동열람실은 개가식으로 계획하며 1층에 배치하는 것이 바람직하다.
>   ② 서고는 증축이 가능하도록 설계하고, 온도 18°C, 습도 70% 이하가 되도록 계획한다.
>   ③ 캐럴(carrel)은 개인연구용 열람실로 제공되고 있으며, 현대식 도서관에서는 서고 내부에 설치하는 경우도 있다.
>   ④ 레퍼런스 서비스(reference service)는 관원이 이용자의 조사연구상의 의문사항이나 질문에 대한 적절한 자료를 제공하여 돕는 서비스이다.
>
>   답 ②
>
> 2. 다음 중 도서관 서고의 수장능력으로 가장 적합한 것은? 2017년 서울시 9급(1회)
>   ① 서고 면적 1m²당 평균 200권
>   ② 서고 공간 1m³당 평균 100권
>   ③ 선반 1m당 평균 50권
>   ④ 서고 면적 1m²당 마이크로카드 평균 3만개
>
>   답 ①

(4) 서가의 배열
① 평행 직선형이 일반적이며, 불규칙한 배열은 면적 등에서 효율성이 떨어진다.
② 통로 폭은 0.75~1.0m 정도로 한다(서가 사이를 열람자가 이용할 경우에는 1.4m 정도).

핵심 OX
도서관 서고 건축계획 시 환기 및 채광을 위해 가급적 창문을 크게 두어야 한다. (O, ×)

× 창문을 크게 둘 경우 외부로부터의 자외선 및 습도의 유입으로 책의 변색 및 오염이 가중될 수 있다.

(5) 서가 배치기준(단위: cm)

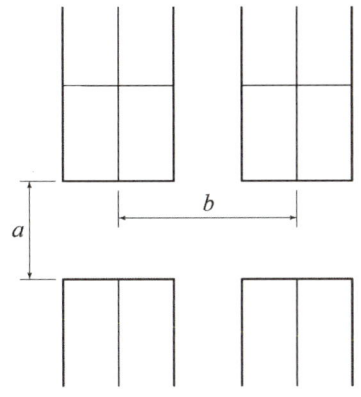

구분	a – 주 통로	b – 서가 간격
폐가식 서고	90 ~ 150	135 ~ 150
개가식 서고	150 ~ 200	165 ~ 180

(6) 자료 보존상의 고려 사항
① 철저한 관리 및 점검이 필요하다.
② 서고 내의 온·습도 기준을 준수해야 한다(온도는 16℃, 습도는 63% 이하 수준으로 관리).
③ 자료 자체가 내구적이어야 한다(소독, 제본, 수리에 편리).
④ 건물과 서가가 내화, 내진 등의 재해에 안전해야 한다.
⑤ 도서 보존을 위해 어두운 편이 좋고 인공조명과 기계 환기로 방진, 방온, 방습과 함께 세균의 침입을 막아야 한다.

(7) 서고의 구조

적층 서가식 구조	• 대단위 서고처럼 건물의 한쪽을 최하층에서 최상층까지 차지할 수 있는 경우로, 특수 구조를 사용할 수 있음 • 장서 능률이 뛰어나지만 내진·내화적으로 고려할 필요가 있음
단독 서가식 구조	• 건물 각 층 바닥에 서가를 계획한 것으로, 고정식이 아니기 때문에 평면계획상 유연성이 있음 • modular construction을 선택할 경우 각 면적에 조화를 줄 수 있음
절충 서가식 구조	• 단독식과 적층식을 혼합한 방법으로, 적층식 서가 3층에 열람실이나 사무실의 구조체 슬라브 2층을 조합시킨 방법 • 코어 플랜과 같이 서고 구조체 일부에 계획하는 경우에 적합함

> **예제**
>
> 도서관 서고 건축계획에 대한 설명으로 가장 옳지 않은 것은? 2018년 국가직 9급(2회)
> ① 환기 및 채광을 위해 가급적 창문을 크게 두어야 한다.
> ② 자료의 수직이동을 위해 덤웨이터나 도서용 엘리베이터를 둘 수 있다.
> ③ 가변성, 확장성 및 융통성 등을 고려하여 계획한다.
> ④ 개가식 열람실일 경우 열람실 내부나 주위에도 배치 가능하다.
>
> 답 ①

3. 기타의 실

(1) 참고실
일반 열람실과는 별실로 하되 목록실이나 출납실에 가까이 배치한다.

(2) 마이크로 필름, 시청각 자료실

(3) 목록실
대출실과 같은 층(1층)에 둔다.

> **예제**
>
> 도서관 건축계획에 대한 설명으로 옳지 않은 것은? 2017년 지방직 9급 추가채용
> ① 서고의 계획은 모듈러 시스템을 적용하며, 위치를 고정하지 않는다.
> ② 열람실에서 책상 위의 조도는 600lx 정도로 한다.
> ③ 참고실은 일반 열람실 내부에 설치하며, 목록실과 출납실에 인접시켜 접근이 용이하도록 한다.
> ④ 이용도가 낮은 도서나 귀중서는 폐가식으로 계획한다.
>
> 답 ③

3 극장·영화관

1 기본계획

1. 대지 선정 및 규모 산정

(1) 대지 선정 조건
① 번화한 장소로 한다.
② 교통이 편리한 곳으로 한다.
③ 주차나 피난을 위한 넓은 도로에 가능한 많이 접해야 한다.
④ 대지 주위에 2면 이상의 넓은 도로나 개방된 공지가 있는 것이 바람직하다.

핵심 OX

서고의 적층식 구조는 특수 구조를 사용하여 도서관 한쪽을 하층에서 상층까지 서고로 계획하는 유형이다.
(O, X)

O

(2) 대지 면적당 수용 인원

극장	대지 1m²당 0.9인
영화관	대지 1m²당 0.9 ~ 1.26인

2. 극장의 평면형

(1) 오픈 스테이지(open stage)*

① 관객이 부분적으로 연기자를 둘러싸고 관람하는 타입이다.
② 관객이 연기자에 좀 더 접근하여 관람할 수 있다(친밀감 상승).
③ 연기자는 혼란된 방향감 때문에 통일된 효과를 내기 어렵다.
④ 종류

관객이 210°로 둘러싼 형	• 그리스 극장 형식 • 배우는 무대 뒤의 수직 벽에서 출입
삼면위요형 - 관객이 180°로 둘러싼 형	• 로마 극장 형식 • 반도형 무대 포함
관객이 90°로 둘러싼 형	부채꼴 배열이라고도 함
엔드 스테이지(End Stage) - 각도가 없는 관객석을 가진 형	연기 형식은 오히려 픽처 프레임 스테이지에 가까움

* 오픈 스테이지형(open stage)은 관객의 시선이 3방향(정면, 좌측면, 우측면)에서 형성될 수 있다.

(2) 아레나 스테이지(Arena Stage, Center Stage)

① 관객이 연기자를 360°로 둘러싸고 관람하는 타입이다.
② 가까운 거리에서 관람하면서 가장 많은 관객을 수용할 수 있다.
③ 배경을 만들지 않으므로 경제성이 있다.
④ 무대 배경은 주로 낮은 가구들로 구성한다.
⑤ 연기자가 다른 연기자를 가리게 되는 단점이 있다.

핵심 OX

오픈 스테이지(Open Stage)형은 무대와 객석의 크기, 모양, 배열 그리고 그 상호관계를 한정하지 않고 변경할 수 있다. (O, X)

X 가변 스테이지(Adaptable stage)에 대한 설명이다.

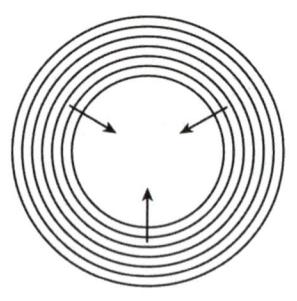

↑ 아레나 스테이지

예제

공연장 형식 중에서 아레나(arena)형에 대한 설명으로 옳지 않은 것은?

2012년 국가직 9급

① 무대의 배경을 만들지 않는다.
② 관객이 연기자를 향하여 한 방향으로 관람하는 평면을 말한다.
③ 관객이 연기자를 둘러싸고 관람하는 형식이다.
④ 관객은 가까운 거리에서 연기를 관람할 수 있다.

답 ②

(3) 프로시니엄 스테이지(Proscenium Stage, 픽쳐 프레임 스테이지)

① 프로시니어(Proscenia) 벽에 의해 연기 공간이 분리되어 관객이 프로시니엄 아치(Proscenuim Arch)의 개구부를 통해서 무대를 보는 가장 일반적인 형식이다.
② 강연, 음악회, 독주, 연극 공연 등에 가장 좋다.
③ 연기자가 제한된 방향으로만 관객을 대하게 된다.
④ 연기가 한정된 고정 액자 속에서 하나의 구성화로 보이게 해준다.
⑤ 갖가지 무대배경이 용이하며 조명효과가 좋다.
⑥ 연기자와 관객의 접촉면이 한정되어 있으므로 많은 관람석을 두기 위해서는 스테이지와 관람석 간의 거리가 멀어지게 된다.

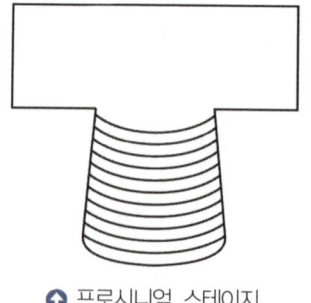

↑ 프로시니엄 스테이지

핵심 OX

공연장 형식 중에서 아레나(arena)형은 관객이 연기자를 향하여 한 방향으로 관람하는 평면을 말한다.
(O, X)

✕ 아레나(arena)형은 관객이 연기자를 360°로 둘러싸고 관람하는 타입이다.

예제

1. 공연장계획에 대한 설명으로 가장 옳지 않은 것은?   2019년 서울시 9급

① 프로시니엄(Proscenium)은 그림의 액자와 같이 관객의 눈을 무대에 쏠리게 하는 시각적 효과를 갖게 하는 것으로, 일반적으로 정사각형의 형태가 가장 많다.
② 이상적인 공연장 무대 상부 공간의 높이는, 사이클로라마(Cyclorama) 상부에서 그리드 아이언(Gridiron) 사이에 무대배경 등을 매달 공간이 필요하므로, 프로시니엄(Proscenium) 높이의 4배 정도이다.
③ 영화관이 아닌 공연장 무대의 폭은 적어도 프로시니엄 아치(Proscenium Arch) 폭의 2배, 깊이는 1배 이상의 크기가 필요하다.
④ 실제 극장의 경우 사이클로라마(Cyclorama)의 높이는 대략 프로시니엄(Proscenium) 높이의 3배 정도이다.

답 ①

2. 공연장 평면유형에 대한 설명으로 옳지 않은 것은?   2023년 국가직 9급

① 아레나(arena)형은 무대배경을 만들지 않으므로 경제적이다.
② 프로시니엄(proscenium)형은 가까운 거리에서 가장 많은 관객을 수용할 수 있고 연기자와의 접촉면도 넓다.
③ 오픈 스테이지(open stage)형은 연기자가 다양한 방향감 때문에 통일된 효과를 나타내는 것이 쉽지 않다.
④ 가변형 무대(adaptable stage)는 작품의 성격에 따라 연출에 적합한 성격의 공간을 만들어 낼 수 있다.

답 ②

(4) 가변형 무대(Adaptable Stage)

① 필요에 따라 무대와 객석이 변화될 수 있는 타입이다.
② 상연 종목, 출연 방법에 가장 적합한 공간을 구성한다.
③ 실험적 요소가 강한 공간에 이용된다.

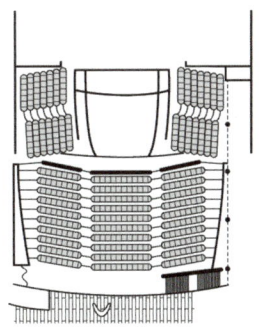

↑ 가변형 무대

핵심 OX

01 프로시니엄 스테이지(Proscenium Stage, 픽쳐 프레임 스테이지)는 배경이 한폭의 그림과 같은 느낌을 주게 되어 전체적인 통일의 효과를 얻는 데 가장 좋은 형태이다. (○, ×)

02 프로시니엄(proscenium)형은 객석 수용능력에 탄력적으로 대응이 가능하다. (○, ×)

03 가변형은 상연하는 작품의 특성에 따라서 무대와 객석의 규모, 형태 및 배치 등을 변경하여 새로운 공간연출이 가능한 형식이다. (○, ×)

01 ○
02 ×
03 ○

> **예제**
>
> 공연장 무대와 객석의 평면 형식과 그에 대한 특징을 바르게 연결한 것은?
>
> 2022년 국가직 9급
>
> ㄱ. 무대 및 객석 크기, 모양, 배열 등의 형태는 작품과 환경에 따라 변화가 가능하다.
> ㄴ. 사방(360°)에 둘러싸인 객석의 중심에 무대가 자리하고 있는 형식이다.
> ㄷ. 연기자가 일정 방향으로만 관객을 대하고 관객들은 무대의 정면만을 바라볼 수 있다.
> ㄹ. 관객의 시선이 3방향(정면, 좌측면, 우측면)에서 형성될 수 있다.
>
> ① ㄱ - 아레나 타입
> ② ㄴ - 오픈 스테이지 타입
> ③ ㄷ - 프로시니엄 타입
> ④ ㄹ - 가변형 타입
>
> 답 ③

2 세부계획

1. 관람석계획

관람석은 관객이 어느 위치에서라도 무대 위의 연기가 쉽게 잘 보일 수 있고, 연기자의 음성이나 음악이 잘 들리도록 계획하여야 한다.

(1) 시거리와 시각

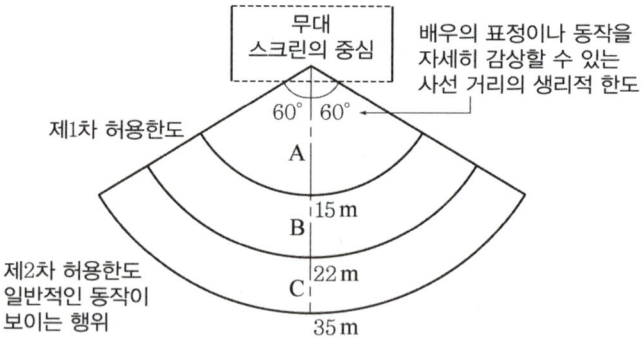

🔼 관람석의 한계거리(허용한도)

① **A 구역(가시한계 거리)**

  ㉠ 연기자의 표정이나 세밀한 동작을 볼 수 있는 생리적 한도 구역으로서, 보통 15m 정도를 한도로 한다.

  ㉡ 아동극 또는 인형극 등 연기자의 표정이나 세밀한 동작을 파악해야 하는 경우 이 한도 내에서 관람석이 계획되어야 한다.

② **B 구역**

  ㉠ 실제 극장에서는 잘 보여야 되는 것과 동시에 될수록 많은 관객을 수용해야 하는 요구가 있다.

ⓒ 이에 따라 22m까지가 1차 허용한도가 되며 현대극, 소규모의 국악, 실내악 등은 이 범위 내에 객석을 두어야 한다.
③ **C 구역**: 그랜드 오페라, 발레, 뮤지컬 등은 연기자의 일반적인 동작을 어느 정도 볼 수만 있으면 되므로, 2차 허용한도인 35m까지 계획이 가능하다.
④ 심포니 오케스트라 등은 이 이상의 시거리에서도 감상은 할 수 있으나 시거리는 가까울수록 좋다.
⑤ 객석이 중심선에서 한쪽으로 너무 치우쳐 있으면 연기자와 배경과의 관계 위치가 흩어져 보이므로 수평 시각의 허용한도를 보통 중심선에서 60°로 한다.

예제

1. 극장 건축계획에 대한 설명으로 옳은 것은? 2022년 지방직 9급

① 객석의 단면형식 중 단층형이 복층형보다 음향효과 측면에서 유리하다.
② 각 객석에서 무대 전면이 모두 보여야 하므로 수평시각은 클수록 이상적이다.
③ 공연장의 출구는 2개 이상 설치하며, 관람석 출입구는 관람객의 편의를 위하여 안여닫이 방식으로 한다.
④ 연극 등을 감상하는 경우 연기자의 표정을 읽을 수 있는 가시 한계(생리적 한도)는 22m이다.

답 ①

2. 다음 중 관람객 객석의 가시범위에 있어서 2차 허용한도로 옳은 것은? 2016년 서울시 9급(1회)

① 25m ② 30m
③ 35m ④ 40m

답 ③

(2) 좌석의 한도

① **스크린과 객석의 거리**

최소	스크린 폭의 1.2 ~ 1.5배
최대	스크린 폭의 4 ~ 6배(30m 정도)
최후열 객석의 폭	스크린 폭의 2.5 ~ 3.5배

② **좌석의 시야각 한도**

최전열 좌석의 평면상 한도	A ≤ 90°, B ≤ 60°
최전열 좌석의 단면상 한도	C ≤ 30°
최후열 좌석의 단면상 한도	D ≤ 15°

핵심 OX

01 배우의 표정이나 동작을 상세히 감상할 수 있는 시선 거리의 생리적 한계는 15m 정도이다. (○, ×)

02 극장이나 영화관 등의 관람시설의 경우, 배우의 표정이나 동작을 감상할 수 있는 거리(1차 허용한도)는 무대의 중심으로부터 35m 이내이며, 배우의 일반적인 동작만 보임으로써 감상하기에 큰 문제가 없는 거리(2차 허용한도)는 50m 이내이다. (○, ×)

01 ○
02 × 극장이나 영화관 등의 관람시설의 경우, 배우의 표정이나 동작을 감상할 수 있는 거리(1차 허용한도)는 무대의 중심으로부터 22m 이내이며, 배우의 일반적인 동작만 보임으로써 감상하기에 큰 문제가 없는 거리(2차 허용한도)는 35m 이내이다.

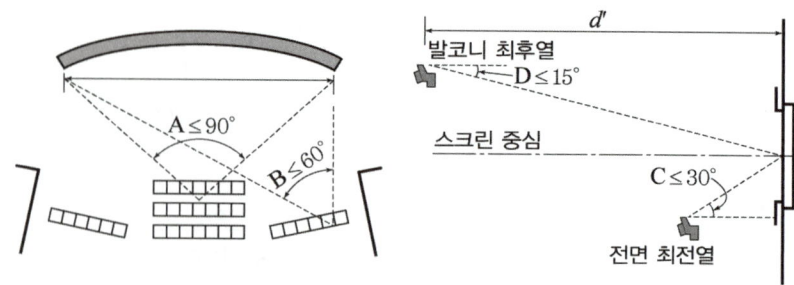

(a) 평면상 최전열 좌석의 한도   (b) 단면상 좌석의 한도

🔼 좌석의 시야각 한도

③ 관람석의 면적
   ⊙ 건축 연면적의 약 50% 정도로 한다.
   ⓒ **1인당 바닥 면적**: $0.5 \sim 0.6m^2$ 정도로 한다.

> **예제**
>
> **공연장 건축에 대한 설명으로 가장 옳은 것은?**   2017년 서울시 9급(2회)
> ① 프로시니엄(proscenium)형은 객석 수용능력에 탄력적으로 대응이 가능하다.
> ② 최전열 단부에 앉은 관객이 무대를 볼 때 수평시각의 허용한도는 보통 60°로 한다.
> ③ 명낭현상(fluttering echo)을 방지하기 위해 천장에 V형 경사면을 계획한다.
> ④ 이상적인 무대 상부공간의 높이는 프로시니엄 높이의 3배 이상이 되는 것이 좋다.
>
> 답 ②

(3) 좌석의 배열
  ① **관람석 의자의 크기**: 폭 45~50cm로 한다.
  ② **의자의 배치**
     ⊙ **의자 전후 간격이 80~90cm일 경우**
        ⓐ **양측 통로**: 연결 8석으로 배치한다.
        ⓑ **편측 통로**: 연결 4석으로 배치한다.
     ⓒ **의자 전후 간격이 90cm 이상일 경우**
        ⓐ **양측 통로**: 연결 12석으로 배치한다.
        ⓑ **편측 통로**: 연결 6석으로 배치한다.
  ③ **통로**
     ⊙ **세로 통로의 폭**: 80cm 이상으로 하고, 편측 통로일 경우에는 60~100cm로 한다.
     ⓒ **가로 통로의 폭**: 100cm 이상으로 한다.
     ⓒ 구배 1/10~1/12 정도로 한다.

(4) 관람석의 단면계획

① 모든 관객이 앞줄 사람의 머리 때문에 관람에 방해되지 않도록 뒤로 갈수록 높아져야 한다.
② 앞사람의 머리가 관객의 눈과 무대 위의 점을 연결하는 가시선을 가리지 않도록 한다.
③ 앞으로부터 1/3을 수평으로 하고 뒷부분 2/3를 구배 1/12 정도의 경사진 바닥으로 한다.
④ 시초선은 영화관의 경우 무대 면에서 60cm 위 스크린 밑부분, 극장의 경우 무대의 앞 끝을 기준으로 한다.
⑤ 의자가 놓이는 단의 폭을 80cm 이상, 단의 높이는 50cm 이하로 둔다.
⑥ 의자에 앉은 관객의 눈 높이는 바닥에서부터 110cm로, 관객의 눈과 앞사람의 머리 최고부의 높이차는 12cm 내외로 가정한다.
⑦ 발코니 층을 두는 경우 단의 높이는 50cm 이하, 단의 폭은 80cm 이상으로 한다.
⑧ **2층 발코니의 단면형**: 발코니의 양쪽 끝이 1층 제일 뒷열의 시선을 가리지 않도록 한다.

영화관	1층 제일 뒤에선 사람의 눈과 스크린 상부로부터 60~90cm 높이를 연결하는 가시선 이상의 위치
극장	1층 제일 뒷열에 선 사람의 눈과 프로시니엄 상단을 연결하는 가시선 이상의 위치

예제

극장 건축 객석 단면계획에 대한 설명으로 가장 옳은 것은? 2018년 서울시 9급(2회)

① 앞사람의 머리가 관객의 머리 끝과 무대 위의 점을 연결하는 가시선을 가리지 않도록 한다.
② 앞부분 2/3를 수평으로, 뒷부분 1/3을 구배 1/10의 경사진 바닥으로 한다.
③ 발코니 층을 두는 경우 단의 높이는 50cm 이하, 단의 폭은 80cm 이상으로 한다.
④ 시초선은 극장의 경우 무대 면에서 60cm 위 스크린 밑부분, 영화관의 경우 무대의 앞 끝을 기준으로 한다.

답 ③

핵심 OX

01 앞사람의 머리가 관객의 머리 끝과 무대 위의 점을 연결하는 가시선을 가리지 않도록 한다. (O, ×)

02 공연장 관람석 바닥 구성 시 앞부분 2/3를 수평으로, 뒷부분 1/3을 구배 1/10의 경사진 바닥으로 한다. (O, ×)

01 × 앞사람의 머리가 관객의 눈과 무대 위의 점을 연결하는 가시선을 가리지 않도록 한다.
02 × 앞부분 1/3를 수평으로, 뒷부분 2/3를 구배 1/12의 경사진 바닥으로 한다.

2. 무대계획 - 무대의 구성

(1) 프로시니엄 아치(Proscenium Arch)
① 관람석과 무대 사이에 설치된 벽의 개구부를 통해 극을 관람하게 되는데, 이 개구부의 틀을 프로시니엄 아치(Proscenium Arch)라고 한다.
② 그림의 액자와 같이 관객의 눈을 무대로 쏠리게 하며 조명 기구나 막을 막아 후면 무대를 가리는 역할을 한다.
③ 형상은 일반적으로 직사각형으로서, 종횡 비율을 황금비로 구성하는 것이 일반적이다.

(2) 무대의 평면
① 에이프런 스테이지(Apron Stage, Force Stage): 막을 경계로 하여 객석 쪽으로 나온 부분의 무대이다.
② 측면 무대(Aide Stage): 객석의 측면벽을 따라 돌출한 부분이다.
③ 연기 부분 무대(Acting Area): 커튼 라인의 바로 안쪽 무대이다.
④ 무대 폭: 프로시니엄 아치 폭의 2배 이상의 크기로 한다.
⑤ 무대 깊이: 프로시니엄 아치 폭 정도 이상의 크기로 한다.

(3) 무대의 단면
① 무대 상부의 공간(Fly Loft)의 이상적인 높이: 프로시니엄 높이의 4배이다.
② 그리드 아이언(Grid iron, 격자 철판)
  ㉠ 무대의 천장 밑에 철골로 촘촘히 깔아 바닥을 이루게 한 것으로, 여기에 배경이나 조명기구, 연기자 또는 음향 반사판 등을 매어 달 수 있게 한 장치이다.
  ㉡ 무대 천장 밑의 제일 낮은 보 밑으로 1.8m의 위치에 바닥을 둔다.
③ 플라이 갤러리(Fly Gallery): 그리드 아이언으로 올라가는 계단과 연결되게 무대 주위의 벽에 6~9m 높이로 설치되는 좁은 통로(폭은 1.2~2.0m 정도)이다.
④ 록 레일(Lock Rail): 와이어 로프를 한 곳에 모아서 조정하는 장소로서 무대 벽 좌우에 설치한다.
⑤ 사이클로라마(Cyclorama 혹은 Kupplel Horizont): 무대의 제일 뒤에 설치되는 무대 배경용의 벽으로서 프로시니엄 높이의 3배이다.
⑥ 잔교(light bridge): 프로시니엄 바로 뒤에 접하여 설치된 발판으로 조명, 눈이나 비 내리는 장면을 연출하기 위해 필요하다.
⑦ 플로어 트랩(floor trap): 무대의 임의 장소에서 연기자의 등장과 퇴장이 이루어질 수 있도록 무대와 트랩 룸 사이를 계단이나 사다리로 오르내릴 수 있는 장치이다.

핵심 OX

01 이상적인 공연장 무대 상부 공간의 높이는, 사이클로라마(Cyclorama) 상부에서 그리드 아이언(Grid iron) 사이에 무대배경 등을 매달 공간이 필요하므로, 프로시니엄(Proscenium) 높이의 4배 정도이다. (O, X)

02 플라이 갤러리(fly gallery)는 객석의 양쪽 측면에 돌출된 발코니 형식의 좌석을 말한다. (O, X)

01 O
02 X 플라이 갤러리(Fly Gallery)는 그리드 아이언으로 올라가는 계단과 연결되게 무대 주위의 벽에 6~9m 높이로 설치되는 좁은 통로(폭은 1.2~2.0m 정도)로, 조명 또는 눈이 내리는 장면을 위해 사용된다.

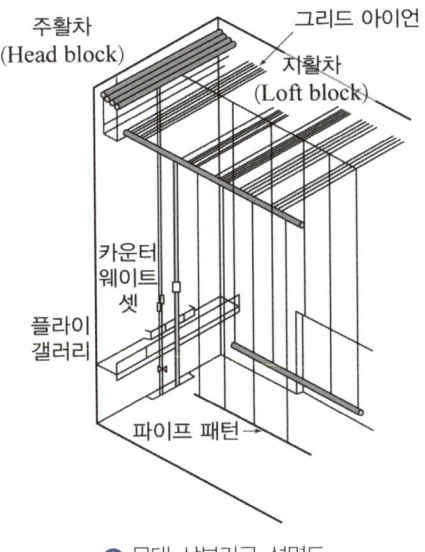

↑ 무대 상부기구 설명도

예제

1. 극장무대와 관련된 용어의 설명으로 옳지 않은 것은?   2019년 국가직 9급

① 플라이 갤러리(fly gallery)는 그리드 아이언에 올라가는 계단과 연결되는 좁은 통로이다.
② 그리드 아이언(grid iron)은 와이어 로프를 한 곳에 모아서 조정하는 장소로 작업이 편리하고 다른 작업에 방해가 되지 않는 위치가 좋다.
③ 사이클로라마(cyclorama)는 무대의 제일 뒤에 설치되는 무대 배경용 벽이다.
④ 프로시니엄(proscenium)은 무대와 관람석의 경계를 이루며, 관객은 프로시니엄의 개구부를 통해 극을 본다.

답 ②

2. 공연장의 무대에 관한 설명으로 가장 옳지 않은 것은?   2010년 국가직 9급

① 측면 무대(side stage)에는 조명기구나 사이클로라마(cyclorama)를 주로 설치한다.
② 무대의 상부 공간(fly loft) 높이는 프로시니엄(proscenium) 높이의 4배 이상이 필요하다.
③ 플라이 갤러리(fly gallery)는 그리드 아이언에 올라가는 계단과 연결되게 무대 주위의 벽에 설치되는 좁은 통로를 말한다.
④ 그리드 아이언(grid iron)은 무대배경, 조명기구, 연기자, 음향반사판 등을 매달 수 있는 장치이다.

답 ①

3. 극장 건축계획에 대한 설명으로 옳지 않은 것은? `2023년 지방직 9급`

① 아레나(arena)형은 객석과 무대가 하나의 공간에 있으므로 배우와 관객 간의 일체감을 높여 긴장감이 높은 공연에 적합하다.
② 프로시니엄(proscenium)형은 그림의 액자와 같이 관객의 눈을 무대에 쏠리게 하는 시각적 효과가 있어 강연, 연극공연 등에 적합하다.
③ 플라이 갤러리(fly gallery)는 그리드 아이언에 올라가는 계단과 연결되며, 무대 주위의 벽에 6~9m 높이로 설치되는 좁은 통로이다.
④ 사이클로라마(cyclorama)는 무대의 천장 밑에 철골을 촘촘히 깔아 바닥을 형성하여 무대배경이나 조명기구 또는 음향 반사판 등을 매달 수 있게 하는 장치이다.

답 ④

(4) 오케스트라 피트(orchestra pit 또는 orchestra box)
① 오페라, 연극 등의 경우 음악을 연주하는 곳으로 무대 앞쪽에 객석의 바닥보다 낮게 둔다.
② 넓이는 적은 수의 것은 10~40명, 많은 수의 것은 100명 내외로 1인당 점유 면적은 $1m^2$로 본다.

(5) 그린 룸(green room)
출연 대기실로 무대와 같은 층의 가까운 곳에 두고 크기는 $30m^2$ 이상으로 한다.

(6) 스크린
① 영사각은 투시광의 중심이 수평면과 이루는 각도로서 0°가 되는 것이 가장 바람직하지만, 최대 15° 이내로 해야 한다.
② 스크린의 위치는 제일 앞줄의 객석으로부터 6m 이상 떨어져야 하고 무대 바닥면에서 50~100cm의 높이에 둔다.

(7) 프롬프터 박스(prompter box)
무대 중앙이나 측면에 설치하여 연기자에게 대사를 불러 주는 공간이다.

(8) 앤티 룸(anti room)
출연자들이 출연 바로 직전에 기다리는 공간이다.

(9) 의상실
1인당 최소 4~$5m^2$가 필요하며, 그린 룸에 포함되어 있는 경우 무대와 동일한 층에 배치하여야 한다.

(10) 박스오피스(Box office)
매표소 및 간단한 음료를 판매하는 곳을 말한다.

핵심 OX

01 대규모 공연장의 경우 클락 룸(clock room)의 위치는 퇴장 시 동선 흐름에 맞추어 1층 로비의 좌측 또는 우측에 집중 배치한다. (○, ×)

02 극장계획에서 그린 룸(green room)은 일반인들이 편안하게 이용할 수 있는 시설로서, 주출입구 전면 로비 근처에 배치한다. (○, ×)

03 박스오피스(Box office)는 휴대품 보관소를 의미하며 위치는 현관을 중심으로 정면 중앙이나 로비의 좌우측이 바람직하다. (○, ×)

01 × 대규모 공연장의 경우 클락 룸(clock room)의 위치는 입장 시 동선 흐름에 맞추어 1층 로비의 좌측 또는 우측에 집중 배치한다.
02 × 극장 계획에서 그린룸(green room)은 출연자 대기실을 의미한다.
03 × 공연장의 박스오피스(Box office)는 일반적으로 매표소 및 간단한 음료를 판매하는 곳을 말한다.

예제

공연장 건축 후(後) 무대 관련실에 대한 설명으로 가장 옳지 않은 것은?

2018년 서울시 9급(2회)

① 의상실(dressing room)은 연기자가 분장을 하고 옷을 갈아입는 곳으로 가능하면 무대 근처가 좋다.
② 그린 룸(green room)은 연기자가 공연 중간에 휴식을 취할 수 있는 친환경적 온실을 말한다.
③ 리허설 룸(rehearsal room)은 실제로 연기를 행하는 무대와 같은 크기이면 좋으나, 규모에 따라 알맞게 설정한다.
④ 연주자실은 오케스트라 피트(orchestra pit)와 같은 층에 설치하는 것이 일반적이다.

답 ②

3. 음향계획

(1) 소음

① 객석 내의 소음은 30 ~ 35dB 이하로 한다.
② 소음 방지를 위한 유의사항
  ㉠ 출입구는 밀폐하고 도로면을 피한다.
  ㉡ 창은 이중으로 한다.
  ㉢ 지붕과 천장은 차음 구조로 한다.
  ㉣ 영사실 천장은 반드시 흡음재를 사용한다.
  ㉤ 공기의 난류에 의한 소음을 방지하기 위하여 덕트를 유선화한다.
  ㉥ 공연장계획 시 객석의 형(形)이 부채꼴형이 되도록 하는 것이 음향적으로 유리하다.

예제

공공문화시설에 대한 설명으로 옳지 않은 것은?

2018년 국가직 9급

① 전시장계획 시 연속순로(순회)형식은 동선이 단순하여 공간이 절약된다.
② 공연장계획 시 객석의 형(形)이 원형 또는 타원형이 되도록 하는 것이 음향적으로 유리하다.
③ 도서관계획 시 서고의 수장능력은 서고 공간 1m³당 약 66권을 기준으로 한다.
④ 극장계획 시 고려해야 할 가시한계(생리적 한도)는 약 15m이고, 1차 허용한계는 약 22m, 2차 허용한계는 약 35m이다.

답 ②

> **핵심 OX**
> 공연장 계획에서 원형이나 타원형 평면은 공간의 상징성 측면이나 음향 측면에서 매우 바람직한 평면형상이다.
> (○, ×)
>
> × 원형이나 타원형 평면은 공간의 상징성 측면에서는 지향될 수 있으나 음향 측면에서 불리한 평면형상이다.

(2) 음의 전달
① 실용적과 객석 수

100석 내외	3.5m³/인 이상
1,500 ~ 2,000석	5.0m³/인 이상
콘서트 홀	5.0m³/인 이상

② **평면 형태**: 무대쪽으로 갈수록 좁은 부채꼴형이 음의 전달상 좋다.
③ 단면형에 있어서의 유의사항
　㉠ 직접음과 1차 반사음 사이의 경로 차는 17m 이내로 한다.
　㉡ 천장은 음을 객석에 고루 분산시키는 타입이어야 한다.
　㉢ 발코니는 객석 길이의 1/3 이내이어야 한다.
　㉣ 발코니 저면 및 후면은 특히 흡음에 유의해야 한다.
④ 객석부 공간의 앞면 경사 천장은 객석 뒤쪽에 도달하는 음을 보강하도록 계획한다.
⑤ 잔향시간이 적절히 조절되어야 한다.
⑥ 음의 균일한 분포를 위해서는 객석 전면 무대 측에는 반사재를 사용하여 객석까지 음이 전달되도록 하고, 객석 후면 측에는 흡음재를 계획한다.
⑦ 발코니 밑의 객석은 공간 깊이가 깊을수록 음의 전달이 어려워지는 음향적 음영(그림자) 현상이 발생하기 쉬우므로 이에 대한 조치가 필요하다.

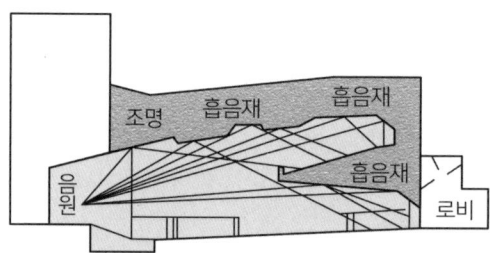

◐ 극장 종단면도상의 반사재 및 흡음재의 사용 부분도

핵심 OX

01 명낭현상(fluttering echo)을 방지하기 위해 천장에 V형 경사면을 계획한다. (O, X)

02 극장 내부의 음향을 고려하여, 전면 무대측에는 반사재를 후면 객석하부에는 흡음재를 계획한다. (O, X)

03 잔향시간은 객석의 용적과 반비례 관계에 있다. (O, X)

01 X 명낭현상(fluttering echo)은 회주공명현상이라고도 하며, 일반적으로 공연장의 양측 벽면 간에 음의 반사 때문에 일어나는 현상이다. 그러므로 이를 방지하기 위해서는 양측 벽면에 V형 경사면을 두고 음향 전달의 용도에 따라 적절한 흡음재를 시공해서 명낭현상을 최소화해야 한다.
02 O
03 X 잔향시간은 객석의 용적과 비례 관계에 있다.

> **예제**
>
> 소음 조절에 대한 설명으로 가장 옳지 않은 것은?　　2019년 서울시 9급
>
> ① 실내에서 소음 레벨의 증가는 실표면으로부터 반복적인 음의 반사에 기인한다.
> ② 강당의 무대 뒷부분 등 음의 집중 현상 및 반향이 예견되는 표면에서는 반사재를 집중하여 사용한다.
> ③ 모터, 비행기 소음과 같은 점음원의 경우, 거리가 2배가 될 때 소리는 6데시벨(dB) 감소한다.
> ④ 평면이 길고 좁거나 천장고가 높은 소규모 실에서는 흡음재를 벽체에 사용하고, 천장이 낮고 큰 평면을 가진 대규모 실에서는 흡음재를 천장에 사용하는 것이 효과적이다.
>
> 답 ②

4 미술관

1 평면계획

1. 미술관 건축계획의 기본사항

(1) 대지는 도심 가까이 교통이 편리한 곳을 선정하되 매연, 소음, 방재에 안전한 장소를 선정한다.
(2) 진열실의 조명 및 채광은 항상 적당한 조도로서 균일하여야 하며, 방향성이 나타나는 점광원을 사용할 경우도 고려한다.
(3) 회화를 감상할 위치는 화면 대각선 길이의 1.0~1.5배의 거리가 이상적이다.
(4) 관람자가 원하는 것을 최대한 볼 수 있게 효율적으로 동선계획을 수립한다.

2. 전시실 동선

(1) 일반적으로 관람객은 좌회로 순회하여 우측벽을 바라보려는 경향이 있다.
(2) 전시실 전체의 주동선 방향이 정해지면 개개의 전시실은 입구에서 출구에 이르기까지 자연스러운 동선 흐름이 계획되어야 하며, 동선의 교차와 역순을 피해야 한다.
(3) 이상적인 동선계획은 관람자가 원하는 것을 최대한 볼 수 있게 효율적으로 동선계획을 수립하는 것이다.

미술관(박물관) 건축계획에서의 배치계획

분동형	• 분산된 여러 개의 전시실이 광장을 중심으로 건물군을 이루는 형식 • 많은 관람객의 집합, 분산, 선별관람에 효율적임 • 동시에 자연채광을 도입하는데 유리함
개방형	공간의 구획없이 전체가 한 공간으로 개방된 형태
중정형	• 중정을 중심으로 전시실을 배치한 형식 • 실내·외 전시공간 간 유기적 연계에 유리함
집약형	• 단일 건축물 내에 크고 작은 전시실을 집약하는 형식 • 가동적인 전시연출에 유리함

> **예제**
>
> 박물관 건축계획에서 배치유형에 대한 설명으로 옳은 것은? 2021년 국가직 9급
> ① 분동형(pavilion type)은 단일 건축물 내에 크고 작은 전시실을 집약하는 형식으로, 가동적인 전시연출에 유리하다.
> ② 개방형(open plan type)은 분산된 여러 개의 전시실이 광장을 중심으로 건물군을 이루는 형식으로, 많은 관람객의 집합, 분산, 선별 관람에 유리하다.
> ③ 중정형(court type)은 중정을 중심으로 전시실을 배치한 형식으로, 실내·외 전시공간 간 유기적 연계에 유리하다.
> ④ 폐쇄형(closed plan type)은 분산된 여러 개의 전시실이 작은 광장 주변에 분산 배치되는 형식으로, 자연채광을 도입하는 데 유리하다.
>
> 답 ③

3. 전시실의 순로(순회) 형식

(1) 연속 순로(순회) 형식

① 사각형 또는 다각형의 각 전시실을 연속적으로 연결한 형식이다.
② 단순하고 공간이 절약되는 이점이 있으나, 여러 실을 순서별로 통해야 하는 불편이 있다.
③ 많은 실을 순서별로 통해야 하고 하나의 실을 폐문시키면 전체 동선이 막히게 되는 단점이 있다.
④ 소규모의 전시실에 적합하다.*

* 대규모의 미술관 전시실의 순회 형식으로는 부적합하다.

(2) 갤러리(Gallery) 및 코리도(Corridor) 형식

① 연속된 전시실의 한쪽 복도에 의해서 각 실을 배치한 형식으로 그 복도가 중정(中庭)을 포위하여 순로(巡路)를 구성하는 경우가 많다.
② 각 실에 직접 들어갈 수 있는 점이 유리하며 필요 시에는 자유로이 독립적으로 폐쇄할 수가 있다.
③ 복도 자체도 전시 공간으로 이용이 가능하다.
④ 르 코르뷔지에의 와상동선(渦狀動線)을 발전시켰고, 통일된 미술관 안(案)으로 '성장하는 미술관'을 계획하였다. 이는 전체를 와상동선으로 통일함에 따라 최소의 면적으로 최대의 전시 벽면을 얻으려는 계획으로서, 동시에 천창채광, 상하층 공간의 이용, 순로의 단축 가능성과 확장 가능성 등을 고려한다.

(3) 중앙홀 형식

① 중심부에 하나의 큰 홀을 두고 그 주위에 각 전시실을 배치하여 자유로이 출입하는 형식이다.
② 대규모 미술관 평면계획에 있어서 전시실의 순회 형식으로 적합하다.

핵심 OX
01 미술관 건축의 동선계획 시 관람자가 진행하는 방향으로만 보이게 한다. (○, ×)
02 연속순로형식은 1실이 폐문되더라도 전체 동선의 흐름이 원활하여 비교적 대규모 전시실계획에 사용된다. (○, ×)

01 × 관람자가 전후 좌우를 모두 볼 수 있게 동선을 계획한다.
02 × 연속 순로 형식은 1실이 폐문하면 전체동선 막히게 되어, 비교적 소규모 전시실계획에 사용된다.

③ 과거에 많이 사용한 평면으로 중앙 홀에 높은 천창을 설치하여 고창(高窓)으로부터 채광하는 방식이 주로 적용되었다.

④ 대지의 이용률이 높은 지점에 건립할 수 있으며, 중앙홀이 크면 동선의 혼란은 없으나 장래의 확장에 많은 무리가 따르게 된다.

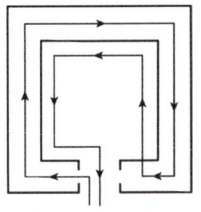 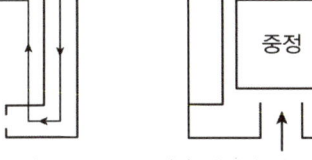 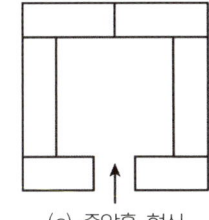

(a) 연속 순로 형식   (b) 갤러리 및 코리도 형식   (c) 중앙홀 형식

🔼 전시실의 순회 형식

예제

1. 전시공간의 전시실 순회 형식에 대한 설명으로 옳지 않은 것은? 2017년 지방직 9급

① 연속 순로(순회) 형식은 공간 활용의 측면에서 효율적이며, 입체적인 계획이 가능하다.
② 중앙홀 형식은 동선이 복잡한 반면 장래의 확장 측면에서는 유리하다.
③ 연속 순로(순회) 형식은 소규모 전시실에 적합하며, 중앙홀 형식은 대지의 이용률이 높은 장소에 건립할 수 있다.
④ 갤러리(gallery) 및 코리더(corridor) 형식은 복도가 중정을 감싸고 순로를 구성하는 경우가 많다.

답 ②

2. 미술관 건축계획에 관한 설명으로 옳지 않은 것은? 2010년 국가직 9급

① 측광창 형식은 소규모 전시실에 적합한 채광방식이다.
② 갤러리(gallery) 및 코리도(corridor) 형식은 각 실로 직접 들어갈 수 있다는 점이 유리하다.
③ 연속 순로 형식은 1실이 폐문되더라도 전체 동선의 흐름이 원활하여 비교적 대규모 전시실계획에 사용된다.
④ 중앙홀 형식은 장래의 확장에 많은 무리가 따른다.

답 ③

2 세부계획

1. 전시실의 규모

(1) 천장 높이

① 19세기에는 평균 10.4m였으나 인공 조명을 사용하게 되면서 전형적인 천장채광실에서도 4.0 ~ 4.5m 정도로 낮아지게 되었다.
② 인공 조명법에 중점을 두고 있는 최근에는 3.6 ~ 4.0m 정도가 일반적으로 적용되고 있다.

핵심 OX

01 대규모 미술관의 전시실계획 시 관람 및 관리의 편리를 위하여 전시실의 순회형식은 주로 연속 순로 방식을 취한다. (O, ×)

02 중앙홀 형식은 중심부에 하나의 큰 홀을 두고, 갤러리 및 코리더 형식은 복도가 중정을 포위하게 하여 순로를 구성하는 경우가 많다. (O, ×)

01 × 대규모 미술관의 경우 연속 순로 방식을 취할 경우 한 구간이 막히면 전체 동선이 막히게 되어 불편을 겪게 되므로, 관람 및 관리의 편리를 위하여 전시실의 순회 형식은 주로 중앙홀 형식을 취한다.

02 O

(2) 실의 폭과 길이
① 관람 위치
  ㉠ 소형 전시물에는 1.8m 이상 떨어져서 관람한다.
  ㉡ 대형 전시물에는 6.0m 이상 떨어져서 관람한다.
② 실의 폭
  ㉠ 5.5m가 최소이며, 큰 전시실에서는 최소 6m 이상, 평균적으로 8m가 선호된다.
  ㉡ 다수의 관객이 통행할 경우는 여기에 2m 이내의 통로 여유를 더 고려하면 된다.
③ 실의 길이: 실 폭의 1.5~2.0배로 한다.

2. 채광 및 조명계획
(1) 채광과 조명의 설계 기준
인공 조명은 자연채광에 비해 설치 및 운영비가 비싸고, 자연채광은 균일한 조도를 유지하기 어렵기 때문에 양자를 적절히 혼합하여 채광과 조명의 설계 기준을 수립하여야 한다.
① 광원이 현휘를 주지 않아야 한다.
② 전시물이 항상 적당한 조도로 가지고, 균등하게 조명되어 있어야 한다.
③ 실내의 조도 및 휘도 분포가 적당해야 한다.
④ 관객의 그림자가 전시물상에 나타나지 않아야 한다.
⑤ 화면 또는 케이스의 유리에 다른 영상이 나타나지 않아야 한다.
⑥ 대상에 따라 필요한 점광원(스포트라이트의 방향성)을 고려한다.
⑦ 광색(光色)이 적당해야 하며 변화가 없어야 한다.

(2) 전시물에 대한 광원의 위치
① 진열품의 위치에 따른 자연채광의 광원 위치

벽면 진열	천창, 정측광창
책상 위 진열	측창
독립 물체의 진열	고측창

② 벽면에 진열되는 전시물은 일반적으로 최량의 각도* 15°~45° 이내에서 광원의 위치를 선정해야 한다(관람자의 시각은 45° 이내, 최량 시각은 27°~30°).

* 최량의 각도는 눈부심이 일어나지 않는 최적의 각도를 의미한다.

핵심 OX
01 미술관 및 박물관의 전시공간 계획에 있어 전시물뿐 아니라 공간의 정체성도 중요해지면서 장식적인 실내공간 구성이 강조되고 있다. (O, X)
02 박물관 동선계획 시 입구에 진입하여 홀 부분에서 대표적인 전시물을 볼 수 없도록 한다. (O, X)

01 X 전시물뿐 아니라 공간의 정체성도 중요해지는 것은 맞으나, 이를 위해 장식적인 실내공간을 구성할 경우 전시품과의 상충성을 일으킬 수 있으므로, 공간의 형태적 계획을 통해 정체성을 확보하는 것이 필요하다.
02 X 박물관 동선계획 입구에 진입하여 홀 부분에서 대표적인 전시물을 볼 수 있도록 한다.

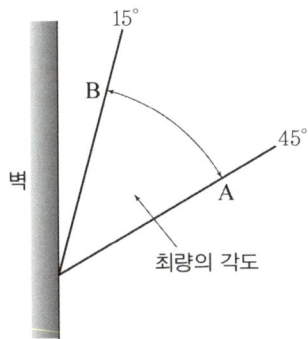

↑ 광원의 위치와 시선과의 관계

③ 회화를 감상하는 시점의 위치: 화면 대각선의 1~1.5배 거리, 높이 1.5m를 기준으로 한다.

④ 케이스 내의 전시물: 유리면에 의한 다른 영상이 없어야 하므로 케이스 내의 휘도를 다른 것보다 크게 하거나 케이스 자체의 내부 조명으로 해결한다.

⑤ 인공 광원을 사용할 때는 관객에게 광원을 보이지 않게 하고 눈부심을 없애는 방향으로 투사하는 것이 원칙이다.

(3) 자연채광법

① 정광창 형식(Top Light)
 ㉠ 천장의 중앙에 천창을 설계하는 방법이다.
 ㉡ 전시실의 중앙부는 가장 밝게 하여 전시벽면에 조도를 균등하게 한다.
 ㉢ 천장을 통한 주간의 직접 광선 때문에 반사 장애가 일어나기 쉬우므로 천창 부분에 루버를 설치하거나 창을 2중으로 하는 것이 좋다.
 ㉣ 채광량이 많아 조각품들의 전시에는 적합하지만, 유리 케이스 내의 공예품 등의 전시에는 부적합하다.

② 측광창 형식(Side Light)
 ㉠ 측면 창에서 직접 광선을 들여오는 방법이다.
 ㉡ 광선이 강하게 투과할 때는 광선(光線)의 확산, 광량(光量)의 조절, 열절연설비(熱絕緣設備)를 병용하는 것이 좋다.
 ㉢ 소규모 전시실 이외의 대부분 미술관 형식에 적합하지 않다.
 ㉣ 미술관 자연채광 형식 중 가장 부적합한 것은 측광창(Side Light) 형식이다.

③ 고측광창 형식(Clerestory)
 ㉠ 천장에 가까운 측면에서 채광하는 방법이다.
 ㉡ 측광식, 정광식을 절충한 방법이다.

핵심 OX

01 정광창(top light) 형식은 유리 전시대 내의 공예품 전시실 등 채광량이 적게 요구되는 곳에 적합한 방법이다. (○, ×)

02 자연채광 방식 중 측광창 형식은 대규모 전시실에 적합한 방식이다. (○, ×)

03 정측광창 형식(Top Side Light Monitor)은 관람자가 서 있는 위치와 중앙부는 어둡게 하고 전시 벽면은 조도를 충분히 확보할 수 있는 이상적 채광법이다. (○, ×)

01 × 정광창(top light) 형식은 채광량이 많으므로 유리 전시대 내의 공예품 전시실등 채광량이 적게 요구되는 곳에 부적합한 방법이다.

02 × 자연채광 방식 중 측광창 형식은 대규모 전시실에 매우 부적합 방식이며, 주로 소규모 전시실에 적용되는 방식이다.

03 ○

④ 정측광창 형식(Top Side Light Monitor)
  ㉠ 관람자가 서 있는 위치의 상부에 천창을 불투명하게 하여 측벽에 가깝게 채광창을 설치하는 방법이다.
  ㉡ 관람자의 위치는 어둡고 전시 벽면의 조도가 밝은 이상적인 채광 방식이다.
  ㉢ 천장이 높게 되기 때문에 정측광창의 광선이 약할 우려가 있다.
⑤ **특수채광 형식**: 천장의 상부에서 경사방향으로 빛을 도입하여 벽면을 비추게 하는 방법이다.

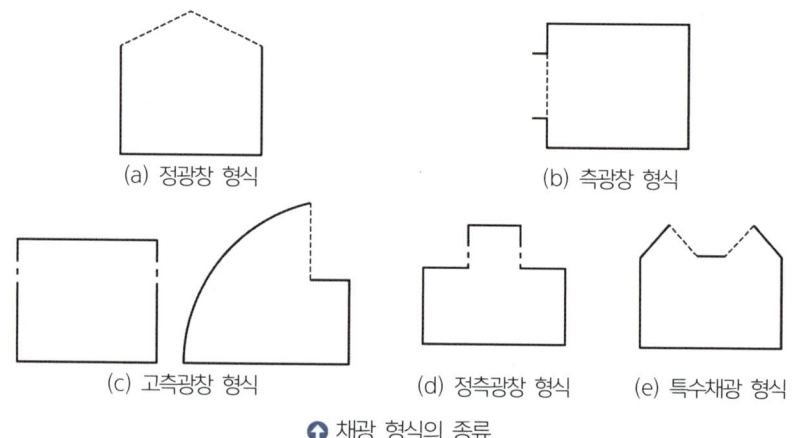

(a) 정광창 형식　　(b) 측광창 형식
(c) 고측광창 형식　(d) 정측광창 형식　(e) 특수채광 형식
🔼 채광 형식의 종류

> **예제**
>
> **1. 미술관의 자연채광 방식에 대한 설명으로 옳지 않은 것은?**　2019년 지방직 9급
>   ① 정광창 형식은 채광량이 많아 조각품 전시에 적합하다.
>   ② 정측광창 형식은 전시실 채광 방식 중 가장 불리하다.
>   ③ 고측광창 형식은 정광창식과 측광창식의 절충방식이다.
>   ④ 측광창 형식은 소규모 전시실 이외에는 부적합하다.
>
> 　　　　　　　　　　　　　　　　　　　　　　　답 ②
>
> **2. 다음 설명에 해당하는 미술관 채광 방식은?**　2017년 국가직 9급
>
> > • 관람자가 서 있는 위치 상부에 천장을 불투명하게 하고 측벽에 가깝게 채광창을 설치하는 방식이다.
> > • 관람자가 서 있는 위치와 중앙부는 어둡게 하고 전시벽면은 조도를 충분히 확보할 수 있는 이상적 채광법이다.
>
>   ① 측광창 형식
>   ② 고측광창 형식
>   ③ 정측광창 형식
>   ④ 정광창 형식
>
> 　　　　　　　　　　　　　　　　　　　　　　　답 ③

3. 특수 전시 기법

(1) 파노라마(Panorama) 전시
① 파노라마는 전경(全景)이라는 뜻으로, 실내에서 관객에게 실제 경관을 보듯 전경으로 펼쳐지도록 연출하는 전시 기법이다.
② 배경으로는 흔히 회화, 사진, 그래픽 패턴 등이 사용된다.

(2) 디오라마(Diorama) 전시
① 전시물을 부각시켜 관객에게 현장감을 부여하는 입체적인 전시기법이다.
② 하나의 사실 또는 주제의 시간 상황을 고정시켜 연출하는 것으로, 현장에 있는 듯한 느낌을 가지고 관찰할 수 있는 전시 기법이다.
③ 조명은 전면 균질조명을 기본으로 한다.

> **예제**
>
> 특수전시기법인 디오라마(Diorama) 전시에 대한 설명으로 옳지 않은 것은?
> 2021년 지방직 9급
>
> ① 전시물을 부각해 관람자가 현장에 있는 듯한 느낌을 주게 하는 입체적인 기법이다.
> ② 사실을 모형으로 연출해 관람시키는 방법으로 실물 크기의 모형 또는 축소형의 모형 모두가 전시 가능하다.
> ③ 조명은 전면 균질조명을 기본으로 한다.
> ④ 벽면전시와 입체물을 병행하는 것이 일반적이며 넓은 시야의 실경을 보는 듯한 감각을 주는 기법이다.
>
> 답 ④

(3) 아일랜드(Island) 전시
벽이나 천장을 직접 이용하지 않고 전시물 또는 전시 장치를 배치하여 전시공간을 만들어내는 전시 기법이다.

(4) 하모니카(Harmonica) 전시
① 전시평면이 하모니카 흡입구처럼 동일한 공간으로 연속되게 배치하는 전시 기법이다.
② 동일 종류의 전시물을 반복 전시할 때 적용한다.

(5) 영상 전시
현물을 직접 전시할 수 없는 경우나 오브제 전시만의 한계를 극복하기 위하여 영상 매체를 사용하는 전시 기법이다.

핵심 OX
하모니카 전시는 전시 평면이 동일한 공간으로 연속 배치되어 다양한 종류의 전시물을 반복 전시하기에 유리하다. (O, ×)

× 하모니카 전시는 전시 평면이 동일한 공간으로 연속 배치되어 동일한 종류의 전시물을 반복 전시하기에 유리하다.

> **예제**
>
> 박물관의 특수전시기법에 대한 설명으로 옳지 않은 것은? 2023년 지방직 9급
> ① 영상 전시 - 현물을 직접 전시할 수 없는 경우나 오브제 전시만의 한계를 극복하기 위해 사용한다.
> ② 하모니카 전시 - 하모니카의 흡입구처럼 동일한 공간을 연속하여 배치한다.
> ③ 파노라마 전시 - 연속적인 주제를 전경으로 펼쳐지도록 연출한다.
> ④ 디오라마 전시 - 2차원적인 매체를 활용하여 입체감이나 현장감보다는 전시물의 군집배치에 초점을 맞춘다.
>
> 답 ④

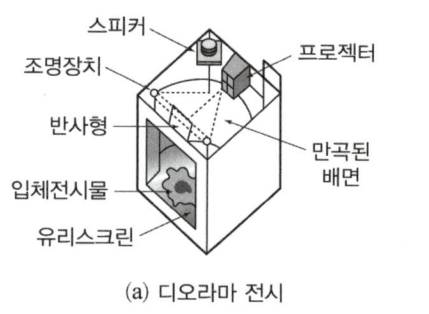
(a) 디오라마 전시

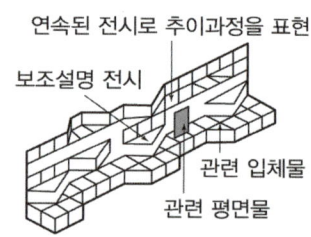
(b) 파노라마 전시

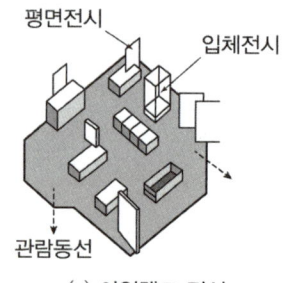
(c) 아일랜드 전시

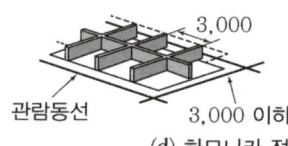 
(d) 하모니카 전시

🔼 특수 전시 기법

CHAPTER 5 숙박 – 의료시설 건축계획

> **학습 POINT**
> 숙박 – 의료시설 건축계획은 호텔, 병원 건축계획으로 구성되어 있으며, 7급 및 9급 시험에 1 ~ 2문제 정도가 출제되고 있다. 호텔의 경우 호텔의 유형분류(시티 호텔 등), 병원의 경우 각종 실의 환경 관련 사항(수술실 등)의 문제가 주로 출제되고 있다.

1 호텔

1 호텔의 종류와 입지조건

1. 시티 호텔(City Hotel)
도시의 시가지에 위치하여 일반 여객의 단기 체류나 각종 비즈니스를 위한 여행자에 대해서 최대한의 편의를 제공하는 호텔이다.

(1) 입지조건
① 교통이 편리해야 한다.
② 환경이 양호하고 쾌청해야 한다.
③ 자동차 교통에 대한 접근(Approach)이 양호하고 주차설비가 충분해야 한다.
④ 근처 호텔과 경영상의 경쟁과 제휴의 고려가 필요하다.

(2) 종류
① 커머셜 호텔(Commercial Hotel)
  ㉠ 일반 여행자용 호텔로서 비즈니스를 주체로 한다.
  ㉡ 교통이 편리한 도시 중심지에 위치한다.
  ㉢ 부지 제한에 따른 고밀도, 고층화 특성을 가지며, 외래객에게 개방(집회, 연회)된다.
  ㉣ 연면적에 대한 숙박 관계 부분의 비율이 가장 크다.
② 레지덴셜 호텔(Residential Hotel)
  ㉠ 사업상의 여행자나 관광객 등이 단기로 체재하는 호텔이다.
  ㉡ 커머셜 호텔보다 규모가 작고 설비는 고급이다.
  ㉢ 도심을 피하여 안정된 곳에 위치한다.

> **핵심 OX**
> **01** 레지덴셜 호텔(Residential Hotel)은 편의성과 거주환경을 동시에 만족시키는 입지 선정이 필요하다. (○, ×)
> **02** 커머셜 호텔(commercial hotel)은 경관과 체육시설을 우선으로 부지를 선정하여야 한다. (○, ×)
>
> **01** ○
> **02** × 커머셜 호텔(commercial hotel)은 시티 호텔(City Hotel)의 일종으로서 비즈니스가 중심이 되며 편리한 접근성을 위해 주변 교통 등을 고려한 입지 선정이 필요하다.

③ 아파트먼트 호텔(Apartment Hotel)
  ㉠ 장기간 체재하는 데 적합한 호텔이다.
  ㉡ 일반적으로 부엌과 셀프 서비스 시설을 갖추고 있다.
④ 터미널 호텔
  ㉠ 교통 기관의 발착지점에 위치한 호텔이다.
  ㉡ 철도역 호텔(station hotel), 부두 호텔(harbor hotel), 공항 호텔(airport hotel) 등이 있다.

> **예제**
>
> 호텔건축 분류상 시티 호텔(City hotel)에 대한 설명으로 옳지 않은 것은?
>
> 2017년 지방직 9급
>
> ① 커머셜 호텔은 주로 상업상, 사무상의 여행자를 위한 호텔로서 교통이 편리한 도시 중심지에 위치한다.
> ② 레지던셜 호텔은 커머셜 호텔보다 규모는 작고 시설은 고급이며, 주로 도심을 벗어나 안정된 곳에 위치한다.
> ③ 아파트먼트 호텔은 손님이 장기간 체재하는 데 적합한 호텔로서 각 실에 주방과 셀프서비스설비를 갖추고 있어 호텔 전체에는 식당과 주방설비가 필요 없다.
> ④ 터미널 호텔은 교통기관의 발착지점이나 근처에 위치한 호텔로서 이용자의 교통편의를 도모한다.
>
> 답 ③

2. 리조트 호텔(Resort Hotel)

(1) 일반사항
① 피서, 피한을 위주로 하여 관광객이나 휴양객에게 많이 이용되는 숙박시설이다.
② 전망계획상 발코니를 필수적으로 설치한다.
③ 리조트 호텔은 퍼블릭 스페이스(Public Space) 공간이 큰 호텔 형태로 복도 면적이 크고, 별도의 레크레이션 공간도 존재한다.

(2) 입지 조건
① 수질이 좋고 수량이 풍부해야 한다.
② 자연 재해의 위험이 없고 계절풍에 대한 대비가 있어야 한다.
③ 식료품이나 린넨류의 구입이 쉬워야 한다.
④ 조망이 좋아야 한다.
⑤ 관광지의 성격을 충분히 이용할 수 있는 곳이 좋다.

핵심 OX

01 아파트먼트 호텔은 리조트 호텔의 한 종류로 스위트룸과 호화로운 설비를 갖추고 있는 호텔이다. (○, ×)

02 리조트 호텔(Resort Hotel)은 조망, 쾌적성을 고려하고 장래 증축을 고려하여 건축물을 배치하여야 한다. (○, ×)

01 × 아파트먼트 호텔은 시티 호텔의 한 종류이다. 또한 스위트룸과 호화로운 설비를 가지고 있는 것은 시티 호텔 중 레지던셜 호텔의 특징이다.
02 ○

(3) 종류

휴양·관광	해변 호텔(Beach Hotel), 산장 호텔(Mountain Hotel), 온천 호텔(Hot Spring Hotel)
스포츠·레저	스키 호텔(Ski Hotel), 스포츠 호텔(Sport Hotel), 클럽 하우스(Club House)

3. 기타

(1) 모텔
① 모터리스트의 호텔(Motorists Hotel)이라는 뜻으로 자동차 여행자를 위한 숙박시설이다.
② 자동차 도로변, 도시 근교에 많이 위치한다.

(2) 유스 호스텔(Youth Hostel)
① 청소년 국제적 활동을 위한 장소로서, 서로 환경이 다른 청소년이 우호적 분위기 가운데서 화합할 수 있는 휴게 장소이다.
② 보통 1실당 20명 이하를 수용한다.

4. 호텔 종류별 비교사항

(1) 수익성 비중
① 커머셜 호텔: 숙박료 > 식사료
② 레지덴셜 호텔: 식사료 > 숙박료
③ 리조트 호텔: 숙박과 식사의 중간을 고려한 수익성 비중

(2) 연면적에 대한 숙박 관계 부분의 면적비 순서
커머셜 호텔 > 리조트 호텔 > 아파트먼트 호텔 > 레지덴셜 호텔

예제

호텔계획에 관해 기술한 것 중 옳지 않은 것은? 2017년 서울시 9급(1회)

① 호텔의 공용부분의 면적비가 가장 큰 것은 커머셜 호텔(commercial hotel)이다.
② 시티 호텔(city hotel)의 공용부분 또는 사교부분은 전체 연면적의 30%를 넘지 않는 것이 좋다.
③ 아파트먼트 호텔(apartment hotel)의 유니트에 주방이 부속되어 있어도 자체 식당과 주방은 둔다.
④ 호텔에서 가장 중요한 부분은 숙박부분으로 이에 따라 호텔형이 결정된다.

답 ①

2 평면계획

1. 호텔의 기능별 소요실

숙박부분	객실, 보이실, 메이트실, 린넨실, 트렁크실 등
관리부분	프런트 오피스(front office), 클로크 룸(cloak room), 지배인실, 사무실, 공작실, 창고, 복도, 화장실, 전화교환실 등
공용, 사교부분 (Public Space)	• 공용, 사교부분의 면적은 전체 면적에 30%를 넘지 않도록 계획함 • 현관, 홀, 로비, 라운지, 식당, 연회장, 오락실, 바, 무도장, 이·미용실, 엘리베이터, 계단, 정원 등
요리 관계 부분	배선실, 주방, 식기실, 냉장고, 식료 창고 및 이에 부수되는 창고, 복도, 계단 등
설비 관계 부분	보일러실, 전기실, 세탁실 및 이에 부수되는 창고, 복도, 계단 등
대실(임대실)	상점, 창고, 대여사무소, 클럽실 등

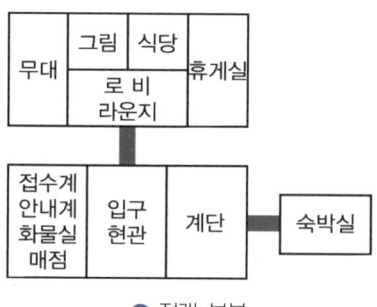

↑ 접객 부분

예제

다음 중 호텔 건축에서 관리부분에 속하는 실로 옳은 것은? 2017년 서울시 9급(2회)
① 클로크 룸   ② 린넨실
③ 보이실   ④ 배선실

답 ①

2. 호텔의 동선계획

(1) 고객 동선과 서비스 동선이 교차되지 않도록 한다.

(2) 숙박 고객이 프런트를 통하지 않고 직접 주차장으로 가는 동선은 관리상 피하도록 한다.

(3) 최상층에 레스토랑을 둘 것인가 하는 문제는 엘리베이터 계획에도 영향을 미치므로 기본계획 시에 결정하는 것이 좋다.

(4) 숙박 고객과 연회 고객의 출입구는 별도로 분리하여 서비스 동선의 혼란을 방지하여야 한다.

(5) 직원용 출입구는 관리상 단일화(1개소)하는 것이 좋다.

호텔의 기준층 평면형 특징

1. **교차형**
   구조계가 복잡해지며, 고층 건축물 보다는 평면이 넓고 저층형의 건축물에 적합하다.
2. **병렬형**
   코어를 끼고 방을 배치함으로써 건물의 속길이 치수가 커지며 구조적으로 유리하다.
3. **폐쇄형**
   건물평면의 폭 길이비, 폭 높이비가 구조적으로 유리하다.
4. **리니어형**
   직사각형으로 구성되는 구조로서 단순 명쾌한 타입이다.

핵심 OX

01 관리 부분에는 라운지, 프런트 데스크, 클로크 룸(Cloak room) 등이 포함되며, 면적비는 호텔 유형에 관계없이 일정하다. (O, X)

02 숙박고객이 프런트 데스크(front desk)를 통하지 않고 직접 주차장으로 갈 수 있도록 동선을 계획한다. (O, X)

01 X 라운지는 공용(사교) 부분에 해당하며, 관리부분의 면적비는 호텔 유형에 따라 달라지게 된다.
02 X 숙박고객이 프런트 데스크(front desk)를 통하고 주차장으로 갈 수 있도록 동선을 계획한다.

예제

1. 호텔 동선계획 시 고려되어야 할 사항으로 가장 옳지 않은 것은?

2018년 서울시 9급(2회)

① 최상층에 레스토랑을 설치하는 방안은 엘리베이터계획에 영향을 미치므로 기본계획 시 결정해야 한다.
② 숙박고객이 프런트 데스크(front desk)를 통하지 않고 직접 주차장으로 갈 수 있도록 동선을 계획한다.
③ 고객동선과 서비스동선이 교차되지 않도록 출입구를 분리하는 편이 좋다.
④ 고객동선은 방재계획상 고객이 혼동하지 않고 목적한 장소에 갈 수 있도록 명료하고 유연한 흐름이 되어야 한다.

답 ②

2. 호텔 건축계획에 대한 설명으로 옳지 않은 것은?

2021년 국가직 9급

① 직원용 출입구는 관리상 가급적 여러 개를 설치한다.
② 객실은 차음상 엘리베이터 샤프트와 거리를 두어 배치한다.
③ 숙박 고객과 연회 고객의 출입구는 분리하는 것이 좋다.
④ 물품 검수용 출입구는 검사 및 관리상 1개소로 한다.

답 ①

3. 호텔의 건축계획에 대한 설명으로 옳지 않은 것은?

2016년 국가직 9급

① 숙박고객과 연회고객의 출입구를 분리하는 것이 바람직하다.
② 숙박고객이 프런트를 통하지 않고 직접 주차장으로 갈 수 있는 동선은 관리상 피하도록 한다.
③ 연면적에 대한 숙박부분의 면적비는 커머셜 호텔이 아파트먼트 호텔보다 크다.
④ 관리 부분에는 라운지, 프런트 데스크, 클로크 룸(Cloak room) 등이 포함되며, 면적비는 호텔 유형에 관계없이 일정하다.

답 ④

3 세부계획

1. 현관, 로비, 라운지

(1) 현관
① 호텔의 외래 접객 장소로서 프런트 데스크와의 접촉이 원활해야 한다.
② 기능적으로 로비, 라운지와 연속된다.

(2) 로비(lobby)
공용, 사교부분(Public Space)의 중심이 되어 휴게, 담화 등 다목적으로 사용되는 공간으로 라운지와의 확실한 구분은 없다.

(3) 라운지(lounge)
① 넓은 복도이며 현관, 홀, 계단 등에 접하여 응접용·대화용·담화용 등의 목적을 위하여 칸막이가 없는 공간이다.
② 라운지 면적
　㉠ 순수 라운지 면적: 0.8~1.0m²/실로 한다.
　㉡ 로비와 라운지가 결합한 경우: 0.9~1.5m²/실로 한다.

2. 프런트 오피스(front office), 지배인실, 클로크 룸(Cloak room)

(1) 프런트 오피스(front office)
① 대접객 카운터가 되는 프런트 데스크와 그 후방의 업무 공간으로 구성된다.
② 업무 사항

안내	객실의 확인, 손님의 확인, 통신, 우편, 전신 처리 등
객실	객실의 접수, 객실의 배정, 객실의 분석, 각 객실의 열쇠 보관 등
회계	계산, 현금출납, 환금사항, 각종 전표처리 등

(2) 지배인실
외래객이 인지하기 쉽고 누구에게도 방해받지 않고 이야기할 수 있는 곳에 둔다.

(3) 클로크 룸(Cloak room)
① 연회장이나 파티장을 방문한 손님의 외투 및 휴대품의 보관소이다.
② 프런트 오피스 옆에 설치한다.
③ 외투 보관실은 평균적으로 카운터 길이 1m당 100명 정도로 계획한다.

3. 객실

(1) 크기
① 객실의 크기는 대지나 건물의 형태에 영향을 받는다.
② 기준층의 객실 수는 기준층의 면적이나 기둥 간격의 구조적인 문제에 영향을 받는다.

구분	실 폭	실 길이	층 높이	출입문 폭
1인용실	2.0~3.6	3.0~6.0	3.3~3.5	0.85~0.9
2인용실	4.5~6.0	5.0~6.5		

(2) 면적

실 종류	싱글(single)	더블(double)	트윈(twin)	스위트(suite)
1실의 평균 면적	18.55	22.414	30.43	45.89

호텔의 환경 및 설비적용사항
1. 객실은 바닥복사난방과 대류난방이 조합된 형태가 좋으며, 퍼블릭 스페이스는 대류난방을 하는 것이 좋다.
2. 실내온도 설정은 객실은 20℃, 주방은 15℃, 연회장은 21℃ 전후로 유지한다.
3. 대형호텔의 급수방식은 압력수조방식보다 고가수조방식이 유리하다.

(3) 객실 평면 형태
① **가로, 세로의 비**: 욕실, 벽장의 위치에 따라 침대의 배치를 검토하여 결정한다.
② **평면형의 결정 조건**: 침대의 위치, 욕실, 화장실의 위치에 따라 결정한다.
③ **침대 및 가구의 배치에 영향을 끼치는 요인**
  ㉠ 반침의 위치
  ㉡ 욕실의 위치
  ㉢ 실 폭과 실 길이의 비
  ㉣ 벽장의 위치
④ **일반적인 객실의 형태**

$$\frac{b}{a} = 0.8 \sim 1.6 (평균: 1.2)$$

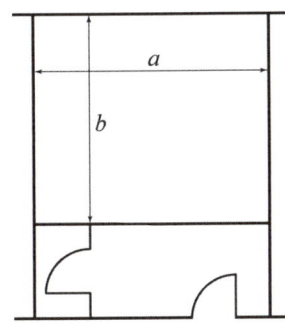

↑ 객실의 형태

(4) 일반적인 기준층의 스팬(span)을 정하는 방법으로 최소 욕실폭과 각 실 입구 통로 및 반침폭을 모두 합한 값의 2배로 한다.

> **예제**
>
> 호텔의 기준층계획에 대한 설명으로 옳지 않은 것은?　　2015년 국가직 9급
> ① 객실의 유형, 구조, 설비, 동선계획 외에도 방재계획, 특히 피난계획에 주의한다.
> ② 기준층의 객실 수는 기준층의 면적이나 기둥간격의 구조적인 문제와 밀접한 관련이 있다.
> ③ 객실 기준층과 공공부문을 연결시키는 방법 중의 하나인 밀집형은 저층부를 기단모양으로 하고 그 위에 숙박부를 올린 형태이며, 도심지 고층호텔에 적합하다.
> ④ 일반적인 기준층의 스팬(span)을 정하는 방법으로 욕실폭, 각 실 입구통로폭을 합한 1개의 객실 단위를 기둥간격으로 본다.
>
> 답 ④

핵심 OX

일반적인 기준층의 스팬(span, 기둥간격)을 정하는 방법으로 최소 욕실폭과 각실 입구 통로 및 반침폭을 모두 합한 값의 2배로 한다. (○, ×)

○

4. 주식당

(1) 위치

주식당은 숙박객뿐만 아니라 외래객도 대상이 되므로 접근과 개방성이 좋은 위치여야 한다.*

> *숙박객 및 외래객을 대상으로 하며, 외래객이 편리하게 이용할 수 있도록 출입구를 별도로 설치한다.

(2) 식당 규모

식당에 설치되는 의자 수	• 시티 호텔(City Hotel): 0.6석/수용 인원 • 리조트 호텔(Resort Hotel): 0.8석/수용 인원
1석당 소요 면적	$1.3m^2$
수용인원 당 소요 면적	• 시티 호텔(City Hotel): $0.8m^2$/수용 인원 • 리조트 호텔(Resort Hotel): $1m^2$/수용 인원

5. 주방

(1) 위생적이고, 경제적이며 능률적이어야 한다.

(2) 조리실 등의 주요 부분 면적은 식당 면적의 25 ~ 35% 정도로 한다.

(3) 제빵이나 아이스크림 제조 등을 위한 설비와 기타 냉동실을 포함한 주방 면적은 식당 면적의 44 ~ 75% 정도로 한다.

6. 연회장

(1) 대·소규모의 연회, 집회, 회의에 활동되는 다목적 홀이다.

(2) 면적

① **대연회장**: $1.3m^2$/인으로 한다.

② **중·소 연회장 및 집회실**: $1.5 ~ 2.5m^2$/인으로 한다.

7. 화장실

(1) 공용 부분 층에는 60m 이내마다 공동 화장실을 설치한다.

(2) 종업원용 화장실은 따로 설치하여 고객과의 혼용을 피한다.

(3) 공동용 변기 수는 25명당 1개이며, 대 : 소 : 여 = 2 : 4 : 2의 비율로 설치한다.

8. 종업원 관계 제실

(1) 종업원 수

대략 객실 수의 2.5배 정도로 한다.

(2) 종업원 숙박실

종업원 수의 1/3 정도가 숙박할 수 있는 남녀 숙박실을 만든다.

(3) 서비스 실
① 숙박층의 코어에 인접하여 간단한 음식, 침구 서비스, 청소 기능을 한다.
② 규모에 따라 보이가 상주하는 보이실(Boy Room)이 마련되기도 한다.

(4) 린넨실(Linen Room)
숙박객을 위한 시트, 베게, 의류 등을 넣어 두는 곳이다.

(5) 트렁크 룸(Trunk Room)
숙박객의 짐을 보관하는 장소로서 화물용 엘리베이터가 필요하다.

> **예제**
>
> 호텔계획에 대한 설명으로 옳지 않은 것은?   2012년 국가직 9급
> ① 레지덴셜 호텔(residential hotel)은 시티 호텔(city hotel)의 분류에 속한다.
> ② 커머셜 호텔(commercial hotel)은 각종 비즈니스를 위한 여행자에 대해 편의를 제공하는 시설이다.
> ③ 오락실은 공공부분(public part)에 속한다.
> ④ 린넨 룸(linen room)의 용도는 식품, 식기, 조리 기구를 넣어 두는 곳이다.
>
> 답 ④

2 병원

1 기본계획

1. 대지 선정 시 고려사항
(1) 매연, 진애, 소음, 진동 등의 공해가 적은 조용한 곳으로 한다.
(2) 환자가 도보로 1km 이내의 이용 가능한 거리여야 한다.
(3) 충분한 수압과 양질의 급수량을 확보할 수 있으며 배수가 잘 되는 곳으로 한다.
(4) 남향, 동향, 동서향으로 경사지고 전망 풍경이 양호한 곳으로 한다.
(5) 환자 1인당 대지 면적은 100~150m²가 필요하며 100% 확장이 가능하여야 한다.

2. 병원 설계의 방침
(1) 환자를 위주로 한 계획이 되어야 한다.
(2) 새로운 관리 방식을 따른다.
(3) 간호 업무가 능률적이어야 한다.

핵심 OX

01 병원은 전용주거지역, 전용공업지역을 제외한 모든 용도지역에서 건축이 허용된다. (○, ×)

02 병원의 건물 연면적에 대한 기계설비실의 면적비는 약 3~8% 정도로 비교적 일정하지 않은 편이나, 장래에 증축할 것을 고려하여 높은 쪽의 값을 채용하는 것이 바람직하다. (○, ×)

01 × 병원의 건축은 도시·군계획시설의 결정·구조 및 설치기준에 관한 규칙에 따라 전용주거지역에 건축이 불가하다(단, 전용공업지역에는 가능).

02 ○

(4) 각종 동선이 잘 처리되어야 한다.
(5) 입원 환자의 병상 수를 기준으로 병원 건축의 시설 규모를 결정한다.
(6) 근대적인 의료설비를 집약적으로 갖추고 충분히 이용될 수 있도록 배려한다.
(7) 장래의 확장·변경을 고려한다.
(8) 방재 대책 및 피난에 대하여 충분히 고려한다.

3. 건축 형식의 분류

(1) 분관식(pavilion type, 분동식)
  ① 배치 형식
    ㉠ 전체 병원에서 기능이 다른 각 부분을 동별로 설치한 형식(평면 분산 형식)이다.
    ㉡ 일반적으로 저층(3층 이하)의 여러 동으로 구성된다.
  ② 특성
    ㉠ 각 병실을 남향으로 할 수 있으므로 일조, 통풍 조건이 좋다(각 실의 채광을 균등히 할 수 있음).
    ㉡ 넓은 대지가 필요하므로 도시 지역에 불리하며 설비가 분산되고 보행 거리가 길다.
    ㉢ 저층으로 구성되어 있어, 재난 시 환자의 피난이 용이하다.

> **예제**
>
> 병원 건축의 분관식(pavilion type) 배치에 대한 설명으로 옳지 않은 것은?
> 2021년 지방직 9급
> ① 넓은 대지가 필요하며 보행거리가 멀어진다.
> ② 급수, 난방, 위생, 기계설비 등의 설비비가 적게 든다.
> ③ 병동부, 외래부, 중앙진료부가 수평 동선을 중심으로 연결된 형태이다.
> ④ 일조 및 통풍 조건이 좋다.
>
> 답 ②

(2) 집중식(block type, 개형식)
  ① 배치 형식: 병원의 각 기능을 집약적으로 편성하여 한 동의 대규모 건물에 종합하는 방식이다.
  ② 특성
    ㉠ 의료, 간호, 급식 등의 서비스가 원활하다.
    ㉡ 관리가 편하고 동선을 짧게 할 수 있으며, 설비 등의 시설비가 적게 든다(급탕, 난방 등의 배관이 짧음).
    ㉢ 일조, 통풍 등의 조건이 불리하며 각 병실의 환경이 균일하지 못하다.

② 현대의 큰 도심지 병원은 주로 이 방식을 택한다.
⑩ 대지 이용의 효율성이 높다.
⑪ 고층 집약식 배치 형식을 갖는다.
⑧ 외래부·부속진료부는 저층부에, 병동은 고층부에 배치한다.
⑨ 환자의 이동은 주로 엘리베이터를 이용한다.
㉗ 최근 많이 이용되고 있는 형태이다.

(a) 분관식　　(b) 집중식

◆ 병원의 건축 형식

예제

병원 건축의 형태에서 집중식(Block type)에 대한 설명으로 옳지 않은 것은?

2018년 지방직 9급

① 대지를 효율적으로 이용할 수 있는 형태이다.
② 의료, 간호, 급식 등의 서비스 제공이 쉽다.
③ 환자는 주로 경사로를 이용하여 보행하거나 들것으로 이동된다.
④ 일조, 통풍 등의 조건이 불리해지며, 각 병실의 환경이 균일하지 못한 편이다.

답 ③

2 평면 및 세부계획

1. 평면계획 시 유의사항

(1) 각 부(병동부, 외래진료부, 중앙 부속진료부, 서비스부, 관리부) 간에 동선이 교차되지 않도록 계획한다.
(2) 건물은 평면적으로 넓히는 것을 피하고 병동부를 고층화하여 간호와 서비스를 능률적으로 한다.

(3) 병원의 출입구 조건(종합병원의 경우)

제1출입구	외래부 출입구로서 병원 전체의 주 출입구 역할
제2출입구	병동부의 출입구로서 입원환자 및 방문객의 출입구 역할
제3출입구	구급차 및 사체의 출입구를 말하며, 가장 눈에 띄지 않도록 배려가 필요한 출입구
제4출입구	창고, 기계실, 세탁실, 취사장 등의 출입구로서 병원의 보급을 위한 출입구

2. 병동부

(1) 구성

병실, 의사실, 간호원 대기실, 면회실, 숙직실 등으로 구성된다.

(2) 간호단위

① 1간호단위
  ㉠ 간호원 8~10명을 기준으로 한다.
  ㉡ 병상수는 25bed가 이상적이며, 보통 30~40bed 정도로 한다.

② 간호원 대기실
  ㉠ 각 간호단위 또는 층별, 동별로 설치한다.
  ㉡ 간호 작업에 편리한 계단, 엘리베이터에 가까운 곳으로 하며, 외부인의 출입도 감시할 수 있는 곳에 계획한다.
  ㉢ 간호원 대기실은 병실의 중앙에 설치하며, 간호원의 보행거리가 24m 이내가 되도록 한다.

> **예제**
>
> 병원 건축에 대한 설명으로 가장 옳은 것은? 2019년 서울시 9급
> ① 간호사 대기실은 간호작업에 편리한 수직통로 가까이에 배치하며 외부인의 출입도 감시할 수 있도록 한다.
> ② 병실계획 시 조명은 조도가 높을수록 좋고 마감재는 반사율이 클수록 좋다.
> ③ 중앙 진료실은 외래부, 관리부 및 병동부에서 별도로 독립된 위치가 좋으며 수술부, 물리치료부, 분만부 등은 통과교통이 되지 않도록 한다.
> ④ 고층 밀집형 병원 건축은 각 실의 환경이 균일하고 관리가 편리하지만 설비 및 시설비가 많이 든다는 단점이 있다.
>
> 답 ①

③ 환자 증세에 따른 간호단위의 구분(Progressive Patient Care)
  ㉠ 집중 간호단위(intensive care unit)
  ㉡ 중간 간호단위(intermediate care unit)
  ㉢ 자가 간호단위(self care unit)

핵심 OX

간호사 대기소인 너스스테이션(nurse station)은 환자를 돌보기 쉽도록 병실군의 중앙에 설치하고, 외부인의 출입에 의해 방해받지 않도록 계단과 엘리베이터에서 가급적 멀리 배치한다. (O, X)

✕ 간호사 대기소인 너스스테이션(nurse station)은 환자를 돌보기 쉽도록 병실군의 중앙에 설치하고, 외부인의 출입을 감시할 수 있도록 계단과 엘리베이터에서 가급적 가깝게 배치한다.

> **예제**
>
> 다음 중 병원건축에 관한 간호단위에 속하지 않는 것은?   2016년 서울시 9급(1회)
> ① 중간 간호단위(intermediate care unit)
> ② 집중 간호단위(intensive care unit)
> ③ 자가 간호단위(self care unit)
> ④ 단기 간호단위(short care unit)
>
> 답 ④

(3) 면적

① 전체 면적에서 병동부가 차지하는 면적: 연면적의 1/3 정도이다(약 30 ~ 40%).*

② 병상(bed) 1개당 표준 면적
    ㉠ 전체 건물 연면적(외래, 간호원 기숙사 등 포함): 43 ~ 66m²/bed으로 한다.
    ㉡ 병동부 면적: 20 ~ 27m²/bed으로 한다.
    ㉢ 병실 면적: 10 ~ 13m²/bed으로 한다.

*입원 환자의 병상 수가 병원 건축의 시설 규모를 결정하는 기준이 된다.

> **예제**
>
> 종합병원의 건축계획에 대한 설명으로 옳지 않은 것은?   2016년 국가직 9급
> ① 병동은 환자를 병류, 성별, 과별, 연령별 등으로 구분하여 구성할 수 있으나 과별로 구분하여 운영하는 것이 일반적이다.
> ② 중앙진료부는 외래부와 병동부 사이 중간에 설치하는 것이 바람직하다.
> ③ 외래진료부의 대기실은 통로공간에 설치하는 것보다 각 과별로 소규모의 대기실을 계획하는 것이 바람직하다.
> ④ 병원에서 면적 배분이 가장 큰 부문은 중앙 진료부이다.
>
> 답 ④

(4) 계획상의 중요점

① 병실의 출입문
    ㉠ 안여닫이로 하고 문지방은 두지 않는다.
    ㉡ 출입문 폭은 안목치수 기준으로 1.1m 이상으로 한다.
    ㉢ 병실 출입구는 침대가 통과할 수 있는 폭이어야 한다.
    ㉣ 정신병동의 경우 문은 안여닫이로 하고 실내를 감시할 수 있는 창문을 설치한다.

② 병실의 천장은 환자의 시선이 늘 닿는 곳으로서, 반사율이 큰 마감재료는 피하고, 적당한 조도를 갖도록 한다.

핵심 OX

01 간호단위에서 담당하는 병상 수는 소아과가 정신과보다 많게 계획한다. (○, ×)

02 중앙진료부문은 병원의 가장 중요한 부분으로 병원 면적 중 가장 큰 면적을 차지한다. (○, ×)

01 × 간호단위에서 담당하는 병상 수는 정신과가 소아과보다 많게 계획한다. 소아과는 환자의 연령이 어리기 때문에 일반적으로 간호단위당 담당하는 병상 수를 최소화하여 관리하게 된다.

02 × 병동 부분이 병원 면적 중 가장 큰 면적을 차지한다.

③ 창 면적은 바닥 면적의 1/3 ~ 1/4 정도가 되도록 한다.
④ 환자 머리 후면 부분에 개별 조명 시설을 설치하고, 손이 닿는 위치에 호출용 벨을 계획한다.

> **예제**
>
> 병원 건물의 병실계획 시 유의해야 할 사항으로 옳지 않은 것은?
>
> 2014년 지방직 9급
>
> ① 병실 출입문에는 문지방을 두지 않는다.
> ② 환자마다 머리 후면에 개별 조명시설을 설치한다.
> ③ 병실의 천장은 조도가 높고 반사율이 큰 마감재료로 한다.
> ④ 병실의 창면적은 바닥면적의 1/3 ~ 1/4 정도로 한다.
>
> 답 ③

(5) 큐비클 시스템(Cubicle System)
① 천장에 닿지 않는 칸막이를 사용하여 총실을 몇 개의 단위로 나누어 베드를 배치하는 방식이다.
② 장단점

장점	단점
• 간호나 급식 서비스가 용이 • 낮은 칸막이로 구성되기 때문에 실 전체가 개방감 있음 • 북향 부분으로 침대를 배치하여도 실의 환경이 균등함	• 환자의 독립성이 떨어짐 • 실내 공기가 오염될 가능성이 높고 시끄러움

> **예제**
>
> 큐비클(cubicle) 방식으로 병실을 계획할 때의 장점으로 옳지 않은 것은?
>
> 2011년 지방직 9급
>
> ① 공간 사용의 유용성
> ② 병실의 독립성 확보
> ③ 간호나 급식서비스의 용이
> ④ 병실환경의 균등성
>
> 답 ②

(6) 복도 폭은 보통 2.1 ~ 2.4m 정도로 한다.

(7) 병원의 환자용 계단에 대체하여 설치하는 경사로의 경사는 최대 1/20 이하로 한다.

핵심 OX

01 COVID-19 감염병 환자의 병실은 일반 병실과 분리하고 2종 환기방식을 사용한다. (O, X)

02 병실의 천장은 조도가 높고 반사율이 큰 마감재료로 한다. (O, X)

01 X COVID-19 감염병 환자의 병실은 일반 병실과 분리하고 3종 환기방식을 사용한다.
02 X 병실의 천장은 환자가 누워서 시야가 닿는 곳이므로 조도가 낮고 반사율이 작은 마감재료로 한다.

3. 중앙 진료부

(1) 구성
수술실, X선과, 물리치료실, 검사실, 분만실 등으로 구성되어 있다.

(2) 계획상의 중요점
① 수술실, 물리치료실, 분만실 등은 통과 동선이 가급적 없도록 계획한다.
② 중앙 진료부의 위치는 외래부와 병동부 사이에 계획하여 양쪽이 모두 이용할 수 있도록 배치한다.
③ 병동부 및 응급부에서 환자 수송이 용이한 곳에 둔다.

(3) 수술실
① 위치
  ㉠ 타 부분의 통과 교통이 없는 장소로서, 격리된 위치에 계획한다.
  ㉡ 매연, 먼지, 소음 등의 영향이 없는 곳으로 한다.
  ㉢ 중앙 소독 공급부와 수직 또는 수평적으로 접근된 부분으로 한다.
  ㉣ 병동 및 응급부에서 환자 수송이 용이한 곳으로 한다.
  ㉤ 수술실은 외래와 병동 중간에 위치시킨다.

② 병상(bed)당 필요개소 및 크기
  ㉠ 100병상(bed)당 2개소가 필요하다(대수술실 1개, 소수술실 1개).
  ㉡ 대수술실은 6m × 6m, 소수술실은 4.5m × 4.5m로 한다.

③ 출입구
  ㉠ 쌍여닫이로 1.5m 전후의 폭으로 한다.
  ㉡ 손잡이는 팔꿈치 조작식으로 한다.

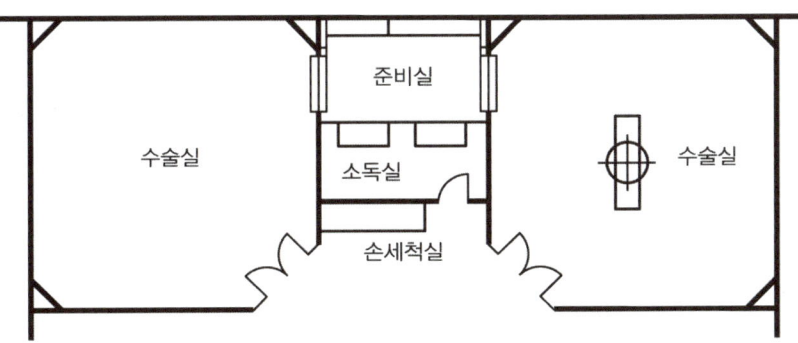

◐ 수술실 평면

④ 채광 및 조명
  ㉠ 방위와는 전혀 무관하고 인공 조명으로 목표 조도를 계획한다.
  ㉡ 직사광선을 피하고 일정한 밝기로 조명한다.
  ㉢ 안과 수술은 암막 장치가 필요하다.

⑤ 열환경 및 공기환경
  ㉠ 실온은 약 26.6℃, 습도는 약 55%를 유지한다.

핵심 OX

01 중앙소독 및 공급실(central supply facilities)을 수술부와 엘리베이터 등 수송 관련 설비와 인접하게 설치하여 소독, 멸균, 재료보급 등이 원활할 수 있도록 한다. (○, ×)

02 수술실은 26.6℃ 이상의 고온, 55% 이상의 높은 습도를 유지하고, 3종 환기방식을 사용한다. (○, ×)

03 수술실의 공기조화설비계획 시 공기 재순환을 시키지 않도록 별도의 공조시스템으로 계획하는 것이 바람직하다. (○, ×)

04 수술실의 실내벽 재료는 피의 보색인 녹색 계통의 마감을 하여 적색의 식별이 용이하게 계획해야 한다. (○, ×)

01 ○
02 × 수술실은 26.6℃ 이상의 고온, 55% 이상의 높은 습도를 유지하고, 2종 환기방식을 사용한다.
03 ○
04 ○

ⓒ 공조 시 공기는 재순환시키지 않는다.
　　　ⓒ 공기 조화는 다른 병실과는 별도 계통으로 하여 수술실만을 독립하여 조정할 수 있게 하며, 감염방지를 위해 수술실의 공기를 재순환시켜서는 안 된다.
　⑥ 벽 및 바닥
　　　㉠ 벽은 녹색 계열의 타일로 한다.
　　　ⓒ 바닥은 스파크를 방지하기 위해서 전기도체성의 타일을 사용한다.
　　　ⓒ 수술실에서의 콘센트의 위치는 벽면 바닥에서 1.5m 위치에 설치한다.

수술실 콘센트
1m 이상에 위치하여야 하며, 일반적으로 1.5m 정도 높이에 설치한다.

예제

1. 종합병원 수술부계획에 대한 설명으로 옳지 않은 것은? 2013년 국가직 9급
① 수술실의 공기조화설비계획 시 공기 재순환을 시키지 않도록 별도의 공조시스템으로 계획하는 것이 바람직하다.
② 수술부는 병원의 모든 부분에서 누구나 쉽게 접근 및 이용할 수 있도록 계획해야 한다.
③ 수술실의 실내벽 재료는 피의 보색인 녹색 계통의 마감을 하여 적색의 식별이 용이하게 계획해야 한다.
④ 수술부는 청결동선과 오염동선을 철저히 구분하는 것이 바람직하다.

답 ②

2. 병원의 각 부분에 대한 세부 건축계획으로 옳지 않은 것은? 2012년 국가직 9급
① 1개의 간호사 대기소에서 간호사의 보행거리는 24m 이내가 되도록 한다.
② 수술실 위치는 중앙재료멸균실에 수직적으로 또는 수평적으로 근접이 쉬운 장소이어야 한다.
③ 수술실은 외래진료부와 병동부 중간에 배치한다.
④ 수술실의 온도는 22.6°C, 습도는 50%로 한다.

답 ④

3. 병원 건축계획에 대한 설명으로 가장 옳지 않은 것은? 2022년 서울시 9급(1회)
① 수술실은 외래진료부와 병동부와의 접근성을 고려하여 배치하고 이를 위해 통과 동선으로 계획한다.
② 외래진료부는 외부환자 접근이 유리한 곳에 위치시키며 외래진료와 대기, 간단한 처치 등을 고려하여 계획한다.
③ 병동부는 환자가 입원하여 24시간 간호가 이루어지는 곳으로 간호단위를 고려하여 계획한다.
④ 병원계획에서는 의료기술 발전에 따른 성장과 미래 변화에 대응할 수 있도록 공간의 확장 변형, 설비변경이 가능하도록 계획하여야 한다.

답 ①

4. 외래진료부

(1) 구성
외과, 내과, 이비인후과, 치과, 안과 등 각 과의 진료실*로 구성되어 있다.

(2) 진료 방식의 분류
① 오픈 시스템(open system)
  ㉠ 종합병원 근처의 일반 개업 의사는 종합병원에 등록되어 있는 형태이다.
  ㉡ 개인 의사가 갖추기 힘든 각종 큰 병원의 시설을 이용할 수 있다. 뿐만 아니라 자기 환자의 진찰 치료를 큰 병원 진찰실에서 예약한 날짜와 장소에서 행하며, 입원도 시킬 수 있는 진료방식이다.

② 클로즈드 시스템(closed system)
  ㉠ 우리나라 대부분의 종합병원에서 사용하는 방식이다.
  ㉡ 대규모의 각 과(科)를 설치하여 환자가 병원에 출입하는 형식이다.
  ㉢ 외과 계통의 각 과는 1실에서 다수의 환자를 볼 수 있도록 대실(大室) 형태로 계획한다.
  ㉣ 외래진료부의 위치는 환자의 이용이 편리하도록 1층 또는 2층 이하에 둔다.
  ㉤ 중앙 주사실, 회계 등은 정면 출입구 근처에 설치한다.
  ㉥ 전체 병원에 대한 외래부의 면적 비율은 10~15% 정도로 한다.
  ㉦ 클로즈드 시스템(closed system)을 계획 시 부속진료실을 인접하게 배치한다.

> * 외래진료부의 위치는 환자의 이용이 편리하도록 1층 또는 2층 이하에 둔다.

예제
병원건축에서 클로즈드 시스템(closed system)의 외래진료부 계획요건으로 옳지 않은 것은?   2010년 국가직 9급
① 환자의 이용이 편리하도록 1층 또는 2층 이하에 둔다.
② 부속 진료시설을 인접하게 한다.
③ 전체병원에 대한 외래부의 면적비율은 10~15% 정도로 한다.
④ 외래부 중앙주사실은 가급적 정면출입구에서 먼 곳에 배치한다.

답 ④

(3) 계획상의 중요점
① 외래진료부의 외래 환자 수는 병상 수의 2~3배 정도로 한다.
② 접수, 회계, 중앙주사실 등은 정면 출입구 근처에 둔다.
③ 내과 계통은 진료검사에 시간이 걸리므로 소진료실을 다수 설치한다.

> **핵심 OX**
> 외래부 중앙주사실은 가급적 정면출입구에서 먼 곳에 배치한다.
> (O, X)
>
> X 외래부 중앙주사실, 약국 등은 외래환자의 접근이 용이하도록 가급적 정면출입구에서 가까운 곳에 배치한다.

④ 외과 계통의 각 과는 1실에서 여러 환자를 볼 수 있도록 대실로 한다.
⑤ 실의 깊이
   ㉠ **이비인후과, 치과**: 4.5m 정도로 한다.
   ㉡ **기타 일반 진료 시설**: 5.5m 정도로 한다.
⑥ 창 높이는 바닥 면적의 1/7 ~ 1/5 정도로 하고, 천장은 약 2.7m 높이로 계획한다.

(4) 각 과별 계획

내과	• 환자가 탈의하므로 충분한 난방이 필요함 • 진찰실, 검사실, 치료실이 필요함
소아과	• 부모가 동행하므로 충분한 넓이가 필요함 • 시끄럽기 쉬우므로 정숙을 요하는 부분과 거리를 둠
외과	• 환자의 이동이 편리하도록 1층에 설치함 • 진찰실과 처치실이 필요함
정형외과	• 보행이 부자유스러운 환자가 많으므로 1층에 계획함 • 보행이 편리한 곳에 두고, 미끄러질 염려가 있는 바닥 마무리와 경사로를 피함 • X-선실과 인접하여 배치함
산부인과	• 내진실은 외부에서 보이지 않도록 커튼이나 간벽으로 차단함 • 간단한 수술을 위한 회복실을 설치함
피부과 / 비뇨기과	진찰실과 처치실을 각각 설치함
이비인후과	• 남쪽 광선을 차단하고, 북측 채광을 함 • 소수술 후 회복할 수 있는 침대를 설치함 • 청력 검사용 방음실을 둠
안과	시력 검사를 위해 5m 폭 이상을 확보함
치과	• 진료실은 북쪽으로 계획함 • 진료실, 기공실, 회복실을 설치함

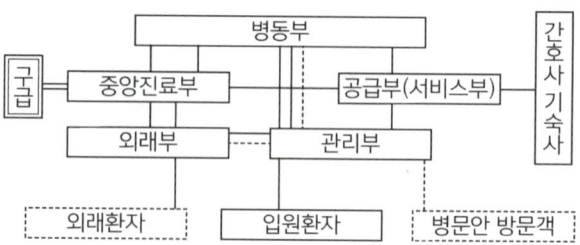

○ 병원 주요부의 구성도

예제

병원 건축에 대한 설명으로 옳지 않은 것은? 2019년 국가직 9급

① 정형외과 외래진료부는 보행이 부자연스러운 환자가 많으므로 타과 진료부보다 멀리 떨어진 한적한 곳에 배치한다.
② 중앙진료부는 성장, 변화가 많은 부분이므로 증개축을 고려하여 계획한다.
③ 간호사 대기소(nurses station)는 간호단위 또는 각 층 및 동별로 설치하되, 외부인의 출입을 확인할 수 있고, 환자를 돌보기 쉽도록 배치한다.
④ 대형 병원의 동선계획 시 병동부, 중앙진료부, 외래부, 공급부, 관리부 등 각 부 동선이 가급적 교차되지 않도록 계획한다.

답 ①

CHAPTER 6 기타 건축물계획

> **학습 POINT**
> 기타 건축물계획은 공장 및 창고, 장애인, 노인, 임산부 등의 편의시설계획으로 구성되어 있으며, 7급 및 9급 시험에 1문제 정도가 출제되고 있다. 공장 및 창고의 경우 공장의 유형(분산형 등)과 레이아웃 방식(제품 중심의 레이아웃 등), 장애인, 노인, 임산부 등의 편의시설계획에서는 각종 계획의 법규적 사항이 주로 출제되고 있다.

1 공장·창고

1 공장

1. 기본계획

(1) 대지 선정 시 고려사항

① 제도적·사회적 측면
   ㉠ 국토계획 및 도시계획상에 제약이 없고 적합해야 한다.
   ㉡ 유사 공장과의 연계 효과를 가질 수 있어야 한다.

② 토지·환경적 측면
   ㉠ 정지비가 적게 드는 지형이어야 한다.
   ㉡ 지반이 견고하고 습윤하지 않으며 급배수가 원활해야 한다.
   ㉢ 잔재 및 폐수의 처리가 용이해야 한다.
   ㉣ 작업상 기후 풍토가 적당해야 한다.

③ 교통·원료·노동력·동력원 측면
   ㉠ 교통이 편리해야 한다.
   ㉡ 원료 및 재료의 공급이 용이해야 한다.
   ㉢ 노동력의 공급이 원활해야 한다.
   ㉣ 동력원의 이용이 손쉬워야 한다.

예제

공장 건축계획 시 경제성을 높이기 위한 부지로 적합하지 않은 것은?

2014년 지방직 9급

① 평탄한 지형을 이루어야 하고 지반은 견고하며 습윤하지 않은 부지
② 동력, 전기, 수도, 용수 등의 여러 설비를 설치하는 데 편리한 부지
③ 타 종류의 공업이 집합되고 자재의 구입이 용이한 부지
④ 노동력의 공급이 풍부하고 교통이 편리한 부지

답 ③

(2) 작업장의 배치계획

① **동선 고려**
  ㉠ 원료 및 제품을 운반하는 방법, 작업 동선 등을 고려한다.
  ㉡ 견학자 등 방문자의 동선을 고려한다.
② **Zoning 설정**
  ㉠ 생산, 관리, 연구, 후생 등의 각 부분별 시설을 명쾌하게 분리하고, 유기적으로 결합시킨다.
  ㉡ 동력의 종류에 따라 배치한다.
③ **중요도 반영**: 대규모 공장에 여러 종류의 작업이 포함될 경우 가장 중요한 작업에 대하여, 가장 생산성이 높을 것으로 예상되는 곳에 배치한다.
④ **확장성 고려**: 장래 확장계획에 대한 충분한 고려가 필요하다.
⑤ 평면은 가능한 요철이 없는 형이 바람직하다.

예제

산업시설에 대한 설명으로 옳지 않은 것은?

2011년 지방직 9급 고졸경채

① 배치계획 시 생산, 관리, 연구, 후생 등의 각 부분별 시설을 한 곳에 집중시킨다.
② 철근콘크리트조는 내화성, 내풍성, 내구성이 우수하고 중층공장, 기밀형 공장에 적당하다.
③ 창고의 크기는 화물의 성질, 크기, 물량, 빈도 등에 의해 결정된다.
④ 공정 중심의 레이아웃은 다품종 소량생산이나 표준화가 어려운 경우에 채용된다.

답 ①

2. 평면계획

(1) 공장 건축의 레이아웃(layout)

① 개념
  ㉠ 공장의 구성 요소라 할 수 있는 작업장 내의 기계설비, 작업자의 작업 구역, 자재나 제품을 두는 곳 등의 상호 위치 관계를 바탕으로 배치하는 것을 말한다.
  ㉡ 공장의 건축적 배치 및 평면 검토 시, 공장 구성 요소의 레이아웃을 고려하여 계획하여야 한다.
  ㉢ 공장의 장래 확장 등 규모의 변화에 대응한 융통성을 반영하여 레이아웃을 설정해야 한다.
  ㉣ 특히 중화학 공업 등 장치 공업은 레이아웃의 유연성이 크지 않으므로, 장래의 확장성을 고려하여 계획하는 것이 필요하다.

② 형식

구분	특성	적용 대상
제품 중심의 레이아웃 (연속 작업식)	• 생산에 필요한 모든 공정과 기계기구류를 제품의 흐름에 따라 배치하는 형식 • 대량생산이 가능하며 생산 단가가 저렴함 • 공정 간에 시간적·수량적 밸런스가 좋음 • 생산성이 높고 공정시간이 단축됨 • 사용자의 조건이 무시됨 • 주문생산 및 소량, 다종 생산이 무시됨	장치공업(석유, 시멘트 공장), 가전제품, 자동차 조립공장 등
공정 중심의 레이아웃 (기계설비 중심)	• 동일한 기계, 유사한 기능을 가진 것을 하나로 그룹핑(grouping)하는 형식 • 다품종 소량생산이 가능함 • 생산성이 낮으며, 소량생산이므로 생산단가가 높음	• 주문 생산품 공장 • 다품종 소량생산에 따른 예상 생산이 불가능한 경우나 표준화가 이루어지기 어려운 경우에 적용
고정식 레이아웃	주가 되는 재료나 조립 부품이 고정된 장소에 있고, 사람이나 기계가 이동하며 작업하는 방식	선박, 건축과 같은 제품이 크고, 수가 적을 경우에 적합

혼성식 레이아웃	• 위의 방식이 조합된 형태 • 제품 중심의 레이아웃 + 공정 중심의 레이아웃 • 제품 중심의 레이아웃 + 고정식 레이아웃	–

예제

1. 공장 건축계획에 대한 설명으로 옳지 않은 것은? 2015년 지방직 9급

① 배치계획 시 장래 및 확장계획을 충분히 고려하여 전체 종합계획을 수립한 후 단일건물을 세부적으로 계획한다.
② 아파트형 공장은 토지와 공간을 효율적으로 이용하기 위해 동일 건물 내 다수의 공장이 동시에 입주할 수 있는 다층형 집합건축물을 말한다.
③ 공장의 위치는 동력, 전기, 수도, 용수 등의 여러 설비를 설치하는 데 편리한 곳이 좋다.
④ 공장 건축 레이아웃 형식 중 생산에 필요한 모든 공정과 제품의 흐름에 따라 기계 및 기구를 배치하는 방식은 공정 중심 레이아웃이다.

답 ④

2. 공장 건축의 배치계획(레이아웃)에 대한 설명으로 가장 옳지 않은 것은? 2016년 서울시 9급(1회)

① 고정식 레이아웃 방식은 제품이 크고 수가 많을 때 사용한다.
② 공정 중심의 레이아웃은 기능이 동일하거나 유사한 공정, 기계를 집합하여 배치하는 방식이다.
③ 제품 중심의 레이아웃은 주로 석유, 화학공업, 시멘트 공장에 적용된다.
④ 가전전기제품 조립공장은 주로 제품 중심의 레이아웃을 적용한다.

답 ①

(2) 공장 건축의 형식

① **분관식(파빌리온 타입, Pavilion type)**
  ㉠ 공장의 신설 확장이 비교적 용이하다.
  ㉡ 채광, 통풍, 환기 등이 양호하다.
  ㉢ 각 동의 공장 건설을 병행할 수 있어 조기 완공이 가능하다.
  ㉣ 대지의 형태가 부정형이거나 고저차가 있는 경우에 적합하다.
  ㉤ 건축의 구조형식을 각 동별로 다르게 계획할 수 있다.
  ㉥ 공간 효율성이 집중식(Block type)에 비해 상대적으로 떨어지며, 건축비가 많이 든다.

② 집중식(Block type)
  ㉠ 내부시설 배치계획 시 탄력성이 있다.
  ㉡ 공간 효율성이 좋으며, 운반이 용이하고 흐름이 단순하다.
  ㉢ 건축비가 저렴하다.
  ㉣ 단층 건물로서, 일반기계 조립공장의 용도로 많이 계획되며, 평지붕 무창 공장에 적합하다.

3. 구조계획

(1) 공장의 형태
  ① **단층 공장**: 무거운 원료나 제품을 취급하는 공장에 적합하다.
    예 기계, 조선, 주물 공장 등
  ② **중층 공장**: 가벼운 원료나 제품을 취급하는 공장에 적합하다.
    예 제지, 제약, 제과, 제분 공장 등
  ③ **단층, 중층 병용 공장**: 양조, 방적 공장 등에 적합하다.
  ④ **특수 구조의 공장**: 시멘트, 제분 공장 등에 적합하다.

(2) 지붕 형식
  ① **평지붕**: 중층식 건물의 최상층에 주로 사용한다.
  ② **뾰족 지붕**: 직사광선을 어느 정도 허용하는 결점이 있다.
  ③ **솟음 지붕(솟을 지붕)**
    ㉠ 채광창의 경사에 따라 채광이 조절된다.
    ㉡ 상부 창의 개폐에 의하여 환기량도 조절될 수 있다.
    ㉢ 채광 및 자연환기에 적합한 형식이다.
    ㉣ 중기계 생산 공장에 적합하다.
  ④ **톱날 지붕**
    ㉠ 공장 특유의 지붕 형태이다.
    ㉡ 채광창을 북향으로 할 경우 종일 균일한 조도를 얻을 수 있으며, 약한 광선을 받아들여 작업 능률에 지장이 없도록 계획한다.
  ⑤ **샤렌 구조에 의한 지붕**: 기둥의 소요가 적은 장점이 있다.*

*샤렌 구조에 의한 지붕은 곡면 슬라브의 지붕형태를 가지며, 기둥의 소요가 적고 바닥면적의 효율이 높은 장점을 가지나, 채광 및 환기가 좋지 못하다는 단점이 있다.

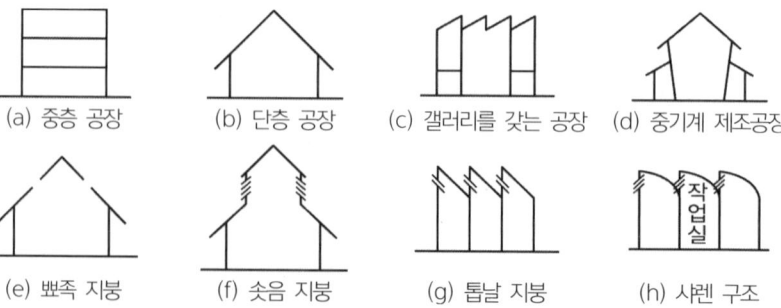

○ 지붕의 형태

> **예제**

1. 공장의 지붕계획에 대한 설명으로 옳은 것은?
   2008년 국가직 9급
   ① 솟음지붕은 채광 및 환기에 불리하다.
   ② 뾰족지붕은 직사광선을 전혀 허용하지 않는다.
   ③ 톱날지붕은 북향으로 난 채광창에 의해 실내조도를 균일하게 할 수 있다.
   ④ 샤렌지붕은 기둥이 많이 소요된다.

   답 ③

2. 공장 건축에서 지붕의 종류에 대한 설명으로 가장 옳은 것은?
   2017년 서울시 9급(2회)
   ① 솟음지붕은 채광 및 환기에 적합한 형태로 채광창의 경사에 따라 채광이 조절된다.
   ② 뾰족지붕은 직사광선을 완전히 차단하는 형태이다.
   ③ 톱날지붕은 채광과 환기 등은 연구의 여지가 있지만 기둥이 적게 소요되어 공간이용이 효율적인 형태이다.
   ④ 샤렌구조에 의한 지붕은 기둥이 많이 필요하게 되어 기계 배치의 융통성 및 작업 능력의 감소를 초래한다.

   답 ①

(3) 구조 형식

① **목 구조**
  ㉠ 소규모 단층 공장에 적용한다.
  ㉡ 철골 사용 시 녹이 생길 우려가 있을 경우 적용한다.

② **철근콘크리트 구조**
  ㉠ 내화, 내풍, 내구적인 구조로서 비교적 경제적이다.
  ㉡ 중층 공장, 기밀형 공장에 적합하다.

③ **철골 구조**: 면적과 스팬이 클 경우에 이용된다.

④ **철골철근콘크리트 구조**
  ㉠ 철근콘크리트 구조보다 스팬과 층수를 늘릴 수 있다.
  ㉡ 재료 및 시공상 고가이다.

⑤ **PS 콘크리트 구조**: 공기를 단축할 수 있고, 스팬을 15m 이상으로 넓게 할 수 있다.

⑥ **쉘 구조**: 장 스팬이 가능하며 증기 배출 공장에서는 결로대책을 세워 사용하여야 한다.

4. 환경 및 설비계획

(1) 채광과 조명

① 자연채광

　㉠ 가급적 창을 크게 계획한다.
　㉡ 광선을 부드럽게 확산시키기 위해 젖빛 유리나 프리즘 유리를 사용한다.
　㉢ 빛의 반사에 대한 벽 및 채색 등에 유의하여야 한다.
　㉣ 동일 패턴의 창을 반복하여 입면에 배치하는 것이 좋다.
　㉤ 주간에는 가급적 자연채광을 최대한 유입하여 이용하도록 한다.

② 인공 조명

　㉠ **일반 조명(전반 조명)**: 실내 공간을 균일하게 조명한다.
　㉡ **국부 일반 조명**: 실내 공간의 각 부분을 균일하게 조명한다.
　㉢ **국부 조명**
　　ⓐ 기계나 특수한 부분을 채광하는 것으로 정밀한 작업에 필요하다.
　　ⓑ 광원은 직공의 왼쪽 62cm 이내에 두는 것이 좋다.

> **예제**
>
> 공장 건축에서 자연채광에 대한 설명으로 옳은 것은?　　　2016년 국가직 9급
> ① 기계류를 취급하므로 창을 크게 낼 필요가 없다.
> ② 오염된 실내 환경의 소독을 위해 톱날형의 천창을 남향으로 하여 많은 양의 직사광선이 들어오도록 해야 한다.
> ③ 실내의 벽 마감과 색채는 빛의 반사를 고려하여 결정해야 한다.
> ④ 실내로 입사하는 광선의 손실이 없도록 유리는 투명해야 한다.
>
> 답 ③

(2) 환기 및 냉난방설비

① 환기설비

　㉠ 일반적으로 1시간에 6~7회 정도의 환기를 실시한다.
　㉡ 자연환기 및 기계환기를 적절히 조화시켜 계획한다.
　㉢ 배기구는 사람 호흡선 밑에, 취출구는 사람 호흡선 위에 계획하는 것이 일반적이다.

② 냉난방설비

　㉠ 천정고 및 규모에 따라 적정 냉난방설비를 계획한다.
　㉡ 설비의 조건 및 작업 환경에 따라 중앙식과 유니트식 등을 선택하여 적용한다.

(3) 소음 방지계획
① 소음원을 제거한다.
② **소음 차단 방법**: 소음원을 차음재, 흡음재로 피복하여 차단한다.
③ **소음 저하 방법**: 실내의 벽, 천장에 흡음재를 사용한다.

(4) 색채 및 의장계획
작업 환경, 피로 경감, 작업 능률 등을 종합 고려하여 계획한다.

5. 무창공장

(1) 개념
① 공장에서 외부로 새는 소음 및 각종 유해 사항 등의 통제를 위해 창문을 없앤 공장을 말한다.
② 공장 내의 공기를 항상 청정하게 유지하기 위하여 급배기설비를 통해 창문이 없어도 공장 내의 공기가 교환될 수 있도록 해야 한다.

(2) 특징
① 외부로부터의 자극이 최소화됨에 따라 작업능률이 향상된다.
② 실내의 소음이 크고, 먼지의 비산이 많아진다.
③ 실내의 조도는 인공조명을 통해 조절됨에 따라, 공장 내의 조도는 균일하다.
④ 공조 시 냉난방 부하가 적게 걸린다.
⑤ 실외로의 소음 전파가 적다.
⑥ 창을 설치할 필요가 없으므로 공사비가 적게 들며, 배치계획 시 방위를 고려할 필요가 없다.*
⑦ 정밀 기계 공장, 방직 공장 등에 적합하다.

> *무창공장은 공조 시 실의 기온과 습도의 영향을 덜 받아 냉난방 부하가 적게 걸리므로, 온도와 습도 조정에 비용이 적게 된다.

예제

공장 건축의 계획 시 고려해야 할 사항으로 옳지 않은 것은?   2018년 국가직 9급

① 건물의 배치는 공장의 작업내용을 충분히 검토하여 결정한다.
② 중층형 공장은 주로 제지·제분 등 경량의 원료나 재료를 취급하는 공장에 적합하다.
③ 증축 및 확장계획을 충분히 고려하여 배치계획을 수립한다.
④ 무창공장은 냉·난방 부하가 커져 운영비용이 많이 든다.

답 ④

2 창고

1. 평면계획

(1) 하역장 형식

① 외부 하역장 형식
  ㉠ 외부 주위는 수, 육운이 편리해야 한다.
  ㉡ 해안 부두 등 대규모 창고에 적합한 방식이다.

② 중앙 하역장 형식
  ㉠ 각 창고의 하역장까지의 거리가 평준화되므로 짐의 처리가 비교적 빠르다.
  ㉡ 일기에 관계없이 하역할 수 있으나 채광상 불리하다.

③ 분산 하역장 형식: 소규모 창고에 적합하다.

④ 무인 하역장 형식
  ㉠ 기계에 의해 직접 화물을 창고 내에 반입하는 형식이다.
  ㉡ 수용면적이 가장 크고, 기계의 수량이 많이 필요하다.

외주 하역장식	중앙 하역장식	분산 하역장식	무인 하역장식
2 1 2	1　2	2 1　1　1 　　2	3 3　1　1　3

※ 1. 하역장, 2. 창고, 3. 기계부(수직 계통)

⬆ 하역장 형식

(2) 창고 면적의 결정 조건

화물의 성격, 화물의 크기, 화물 입출고의 빈도

2. 세부계획

(1) 보관실

1실 당 적정 기준면적은 아래와 같다.

대량 화물	600m²
소량 화물	150 ~ 300m²
고가품실	15 ~ 30m²

(2) 창고 기본 구조

① 기둥 간격
  ㉠ 철근콘크리트 구조일 경우 5.5 ~ 7m 정도로 한다.
  ㉡ 중앙에 가급적 기둥을 적게 설치하여 내부의 활용도를 높인다.
  ㉢ 내부공간을 넓게 사용하기 위하여 무량판식 구조를 고려한다.

② 천장고(보 하단까지의 높이 기준)
　　㉠ 단층 건물(중층 건물의 1층): 3.6 ~ 9m로 계획한다.
　　㉡ 중층 건물의 기준층: 3 ~ 7m로 계획한다.
　　㉢ 최상층: 기준층보다 0.6 ~ 0.9m 높게 계획한다.
③ 바닥 높이
　　㉠ 바닥면의 중앙부를 5 ~ 15cm를 높여 구배를 주어, 배수가 용이하도록 계획한다.
　　㉡ 지반면에서 20 ~ 30cm 이상 높여서 계획한다.

(3) 채광
① 천창이 유리하며, 가급적 창의 높이는 높은 위치로 계획한다.
② 직사광선에 의한 화물의 변질에 대비하기 위하여 차광 장치가 필요하다.

2 장애인·노인·임산부 등의 편의시설계획

1. 장애인 등의 통행이 가능한 접근로
(1) 유효폭 및 활동공간
① 휠체어사용자가 통행할 수 있도록 접근로의 유효폭은 1.2m 이상으로 하여야 한다.
② 휠체어사용자가 다른 휠체어 또는 유모차 등과 교행할 수 있도록 50m마다 1.5m × 1.5m 이상의 교행구역을 설치할 수 있다.
③ 경사진 접근로가 연속될 경우에는 휠체어사용자가 휴식할 수 있도록 30m마다 1.5m × 1.5m 이상의 수평면으로 된 참을 설치할 수 있다.

(2) 기울기 등
① 접근로의 기울기는 1/18 이하로 하여야 한다. 다만, 지형상 곤란한 경우에는 1/12까지 완화할 수 있다.
② 대지 내를 연결하는 주접근로에 단차가 있을 경우 그 높이차이는 2cm 이하로 하여야 한다.

(3) 재질과 마감
① 접근로의 바닥표면은 장애인 등이 넘어지지 아니하도록 잘 미끄러지지 아니하는 재질로 평탄하게 마감하여야 한다.
② 블록 등으로 접근로를 포장하는 경우에는 이음새의 틈이 벌어지지 아니하도록 하고, 면이 평탄하게 시공하여야 한다.

③ 장애인 등이 빠질 위험이 있는 곳에는 덮개를 설치하되, 그 표면은 접근로와 동일한 높이가 되도록 하고 덮개에 격자구멍 또는 틈새가 있는 경우에는 그 간격이 2cm 이하가 되도록 하여야 한다.

> **예제**
>
> 장애인·노인·임산부 등의 편의증진 보장에 관한 법률의 내용에 대한 설명으로 가장 옳지 않은 것은?
> 2019년 서울시 9급(1회)
> ① 법률에서 '장애인 등'이란 장애인·노인·임산부 등 일상생활에서 이동, 시설이용 및 정보접근 등에 불편을 느끼는 사람을 말한다.
> ② 본 법률에서 편의시설을 설치해야 하는 대상 중에 통신시설은 포함되지 않는다.
> ③ 장애물 없는 생활환경 인증의 유효기간은 인증을 받은 날로부터 5년으로 한다.
> ④ 장애인 전용 주차구역에서는 누구든지 물건을 쌓거나 그 통행로를 가로막는 등 주차를 방해하는 행위를 해서는 안 된다.
>
> 답 ②

2. 높이차이가 제거된 건축물 출입구

(1) 턱 낮추기

건축물의 주출입구와 통로의 높이 차이는 2cm 이하가 되도록 설치하여야 한다.

(2) 휠체어리프트 또는 경사로 설치

휠체어리프트 및 경사로에 관한 세부기준은 휠체어리프트 및 경사로에 관한 규정을 각각 적용한다.

3. 장애인 등의 출입이 가능한 출입구(문)

(1) 유효폭 및 활동공간

① 출입구(문)는 아래의 그림과 같이 그 통과유효폭을 0.9m 이상으로 하여야 하며, 출입구(문)의 전면 유효거리는 1.2m 이상으로 하여야 한다. 다만, 연속된 출입문의 경우 문의 개폐에 소요되는 공간은 유효거리에 포함하지 아니한다.

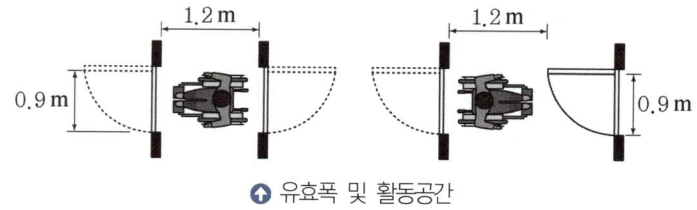

↑ 유효폭 및 활동공간

장애인·노인·임산부 등의 편의시설 계획을 하여야 하는 대상시설
1. 공원
2. 공공건물 및 공중이용시설
3. 공동주택
4. 통신시설
5. 그 밖에 장애인 등의 편의를 위하여 편의시설을 설치할 필요가 있는 건물·시설 및 그 부대시설

핵심 OX

01 경사진 접근로가 연속될 경우에는 휠체어사용자가 휴식할 수 있도록 30m마다 1.4m × 1.4m 이상의 수평면으로 된 참을 설치할 수 있다. (○, ×)

02 연석의 높이는 6cm 이상 15cm 이하로 할 수 있으며, 색상은 접근로의 바닥재 색상과 달리 설치할 수 있다. (○, ×)

01 × 경사진 접근로가 연속될 경우에는 휠체어사용자가 휴식할 수 있도록 30m 마다 1.5m × 1.5m 이상의 수평면으로 된 참을 설치할 수 있다.
02 ○

② 자동문이 아닌 경우에는 아래의 그림과 같이 출입문 옆에 0.6m 이상의 활동공간을 확보할 수 있다.

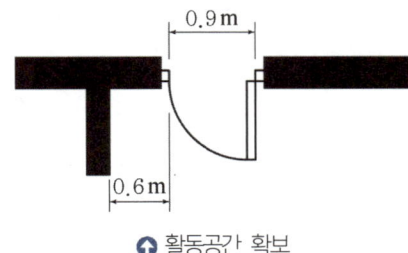

○ 활동공간 확보

③ 출입구의 바닥면에는 문턱이나 높이차이를 두어서는 아니 된다.

(2) 문의 형태
① 출입문은 회전문을 제외한 다른 형태의 문을 설치하여야 한다.
② 미닫이문은 가벼운 재질로 하며, 턱이 있는 문지방이나 홈을 설치하여서는 아니 된다.
③ 여닫이문에 도어체크를 설치하는 경우에는 문이 닫히는 시간이 3초 이상 충분하게 확보되도록 하여야 한다.
④ 자동문은 휠체어사용자의 통행을 고려하여 문의 개방시간이 충분하게 확보되도록 설치하여야 하며, 개폐기의 작동장치는 가급적 감지범위를 넓게 하여야 한다.

(3) 손잡이 및 점자표지판
① 출입문의 손잡이는 중앙지점이 바닥면으로부터 0.8m와 0.9m 사이에 위치하도록 설치하여야 하며, 그 형태는 레버형이나 수평 또는 수직막대형으로 할 수 있다.
② 건축물 안의 공중의 이용을 주목적으로 하는 사무실 등의 출입문 옆 벽면의 1.5m 높이에는 방 이름을 표기한 점자표지판을 부착하여야 한다.

(4) 기타 설비
① 건축물 주출입구의 0.3m 전면에는 점형블록을 설치하거나 시각장애인이 감지할 수 있도록 바닥재의 질감 등을 달리하여야 한다.
② 건축물의 주출입문이 자동문인 경우에는 문이 자동으로 작동되지 아니할 경우에 대비하여 시설관리자 등을 호출할 수 있는 벨을 자동문 옆에 설치할 수 있다.

> **예제**
>
> 장애인 시설계획에 대한 설명 중 옳지 않은 것은?   2009년 국가직 9급
> ① 주출입구의 문은 휠체어가 통과할 수 있는 최소폭이 70cm이므로 가능하면 75cm 이상이 바람직하다.
> ② 복도는 턱이나 바닥면의 단차가 없어야 한다. 5mm 이상의 단차는 노인, 보행장애인 등이 걸려 넘어질 수 있다.
> ③ 내부경사로의 기울기는 1/12 이하로 한다. 1/12~1/18의 범위를 초과하는 완만한 이동경사는 오히려 이동거리를 길게 하여 불편을 초래할 수 있다.
> ④ 내부경사로 양측면에는 높이 5~10cm의 휠체어 추락 방지턱을 설치한다.
>
> 답 ①

4. 장애인 등의 통행이 가능한 복도 및 통로

(1) 유효폭

복도의 유효폭은 1.2m 이상으로 하되, 복도의 양옆에 거실이 있는 경우에는 1.5m 이상으로 할 수 있다.

> **예제**
>
> 장애인·노인·임산부 등의 편의증진 보장에 관한 법률 시행규칙의 내용에 대한 설명으로 가장 옳지 않은 것은?   2019년 서울시 9급
> ① 장애인 등의 통행이 가능한 접근로의 기울기는 지형상 곤란한 경우 1/12까지 완화할 수 있다.
> ② 장애인 전용 주차구역이 평행주차형식인 경우, 주차대수 1대에 대하여 폭 2m 이상, 길이 6m 이상으로 하여야 한다.
> ③ 건물을 신축하는 경우, 장애인이 이용 가능한 대변기의 유효바닥면적은 폭 1.6m 이상, 깊이 2.0m 이상이 되도록 설치하여야 한다.
> ④ 장애인 등의 통행이 가능한 복도 및 통로의 유효폭은 0.9m 이상으로 하되, 복도의 양옆에 거실이 있는 경우에는 1.2m 이상으로 할 수 있다.
>
> 답 ④

(2) 손잡이

① 장애인 전용 시설의 복도 측면에는 손잡이를 연속하여 설치하여야 한다. 다만, 방화문 등의 설치로 손잡이를 연속하여 설치할 수 없는 경우에는 방화문 등의 설치에 소요되는 부분에 한하여 손잡이를 설치하지 아니할 수 있다.

② 손잡이의 높이는 다음의 그림과 같이 바닥면으로부터 0.8m 이상 0.9m 이하로 하여야 하며, 이중으로 설치하는 경우에는 윗쪽 손잡이는 0.85m 내외, 아래쪽 손잡이는 0.65m 내외로 하여야 한다.

③ 손잡이의 지름은 아래의 그림과 같이 3.2cm 이상 3.8cm 이하로 하여야 한다.

④ 손잡이를 벽에 설치하는 경우 벽과 손잡이의 간격은 5cm 내외로 하여야 한다.

⑤ 손잡이의 양끝 부분 및 굴절 부분에는 점자표지판을 부착하여야 한다.

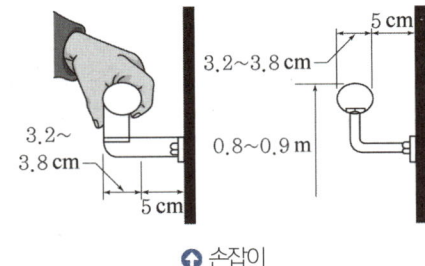

➊ 손잡이

예제

「장애인 · 노인 · 임산부 등의 편의증진 보장에 관한 법률 시행규칙」상 다음 그림과 같이 복도의 벽에 손잡이를 설치할 때 규격을 바르게 나열한 것은?

2023년 국가직 9급

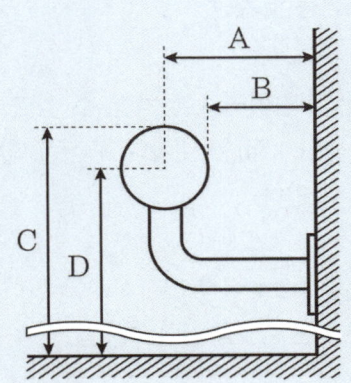

	손잡이와 벽의 간격	간격	손잡이의 높이	높이
①	A	3.2 ~ 3.8 cm	D	0.85 m 내외
②	A	5 cm 내외	D	0.8 ~ 0.9 m
③	B	3.2 ~ 3.8 cm	C	0.8 ~ 0.9 m
④	B	5 cm 내외	C	0.8 ~ 0.9 m

답 ④

(3) 보행장애물

① 통로의 바닥면으로부터 높이 0.6m에서 2.1m 이내의 벽면으로부터 돌출된 물체의 돌출폭은 0.1m 이하로 할 수 있다.

② 통로의 바닥면으로부터 높이 0.6m에서 2.1m 이내의 독립기둥이나 받침대에 부착된 설치물의 돌출폭은 0.3m 이하로 할 수 있다.

③ 통로상부는 바닥면으로부터 2.1m 이상의 유효높이를 확보하여야 한다. 다만, 유효높이 2.1m 이내에 장애물이 있는 경우에는 바닥면으로부터 높이 0.6m 이하에 접근방지용 난간 또는 보호벽을 설치하여야 한다.

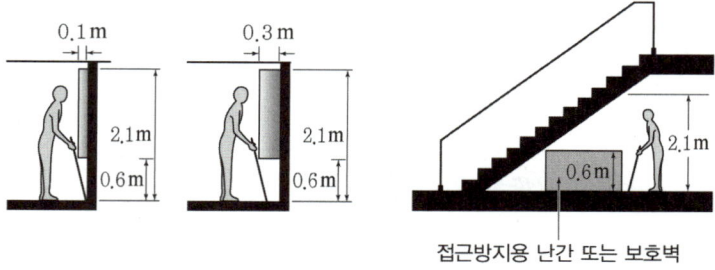

↑ 보행장애물

(4) 안전성 확보

① 휠체어사용자의 안전을 위하여 복도의 벽면에는 바닥면으로부터 0.15m 에서 0.35m까지 킥플레이트*를 설치할 수 있다.
② 복도의 모서리 부분은 둥글게 마감할 수 있다.

*킥플레이트는 벽면에 설치하는 보호용 판이다.

5. 장애인 등의 통행이 가능한 계단

(1) 계단의 형태

① 계단은 직선 또는 꺾임형태로 설치할 수 있다.
② 바닥면으로부터 높이 1.8m 이내마다 휴식을 할 수 있도록 수평면으로 된 참을 설치할 수 있다.

(2) 유효폭

계단 및 참의 유효폭은 1.2m 이상으로 하여야 한다. 다만, 건축물의 옥외피난계단은 0.9m 이상으로 할 수 있다.

(3) 디딤판과 챌면

① 계단에는 챌면을 반드시 설치하여야 한다.
② 디딤판의 너비는 0.28m 이상, 챌면의 높이는 0.18m 이하로 하되, 동일한 계단(참을 설치하는 경우에는 참까지의 계단)에서 디딤판의 너비와 챌면의 높이는 균일하게 하여야 한다.
③ 디딤판의 끝 부분에 아래의 그림과 같이 발끝이나 목발의 끝이 걸리지 아니하도록 챌면의 기울기는 디딤판의 수평면으로부터 60° 이상으로 하여야 하며, 계단코는 3cm 이상 돌출하여서는 아니 된다.

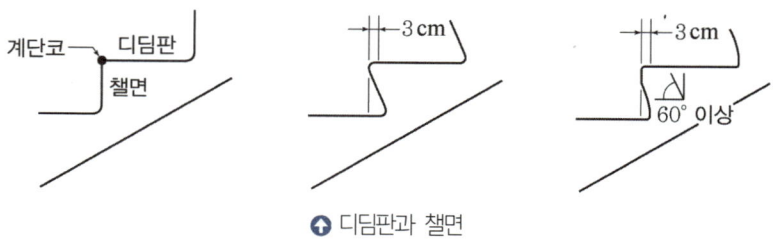

↑ 디딤판과 챌면

(4) 손잡이 및 점자표지판

① 계단의 측면에는 손잡이를 연속하여 설치하여야 한다. 다만, 방화문 등의 설치로 손잡이를 연속하여 설치할 수 없는 경우에는 방화문 등의 설치에 소요되는 부분에 한하여 손잡이를 설치하지 아니할 수 있다.

② 경사면에 설치된 손잡이의 끝 부분에는 0.3m 이상의 수평손잡이를 설치하여야 한다.

③ 손잡이의 양끝 부분 및 굴절 부분에는 층수·위치 등을 나타내는 점자표지판을 부착하여야 한다.

④ 손잡이에 관한 기타 세부기준은 복도의 손잡이에 관한 규정을 적용한다.

(5) 재질과 마감

① 계단의 바닥표면은 미끄러지지 아니하는 재질로 평탄하게 마감할 수 있다.

② 계단코에는 줄눈넣기를 하거나 경질고무류 등의 미끄럼방지재로 마감하여야 한다. 다만, 바닥표면 전체를 미끄러지지 아니하는 재질로 마감한 경우에는 그러하지 아니하다.

③ 계단이 시작되는 지점과 끝나는 지점의 0.3m 전면에는 계단의 폭만큼 점형블록을 설치하거나 시각장애인이 감지할 수 있도록 바닥재의 질감 등을 달리 하여야 한다.

(6) 기타 설비

① 계단의 측면에 난간을 설치하는 경우에는 난간 하부에 바닥면으로부터 높이 2cm 이상의 추락방지턱을 설치할 수 있다.

② 계단코의 색상은 계단의 바닥재 색상과 달리 할 수 있다.

예제

1. 장애인·노인·임산부 등의 편의증진 보장에 관한 법률 시행규칙상 편의시설의 구조·재질 등에 관한 세부기준에 대한 설명으로 옳지 않은 것은?

    2017년 국가직 9급

    ① 장애인 전용 시설 복도 측면에 2중 손잡이를 설치할 때, 아래쪽 손잡이의 높이는 바닥면으로부터 0.65m 내외로 하여야 한다.
    ② 계단 경사면에 설치된 손잡이의 끝부분에는 0.3m 이상의 수직손잡이를 설치하여야 한다.
    ③ 장애인용 승강기 전면에는 1.4m × 1.4m 이상의 활동공간을 확보하여야 한다.
    ④ 장애인용 에스컬레이터 속도는 분당 30m 이내로 하여야 한다.

    답 ②

2. 장애인·노인·임산부 등의 편의증진 보장에 관한 법률 시행규칙상 장애인의 통행이 가능한 계단에 대한 설명으로 옳지 않은 것은? 2021년 지방직 9급

① 계단은 직선 또는 꺾임형태로 설치할 수 있다.
② 계단 및 참의 유효폭은 1.2m 이상으로 하되, 건축물의 옥외피난계단은 0.8m 이상으로 할 수 있다.
③ 바닥면으로부터 높이 1.8m 이내마다 휴식을 할 수 있도록 수평면으로 된 참을 설치할 수 있다.
④ 경사면에 설치된 손잡이의 끝 부분에는 0.3m 이상의 수평손잡이를 설치하여야 한다.

답 ②

6. 장애인용 승강기

(1) 설치장소 및 활동공간
① 장애인용 승강기는 장애인 등의 접근이 가능한 통로에 연결하여 설치하되, 가급적 건축물 출입구와 가까운 위치에 설치하여야 한다.
② 승강기의 전면에는 1.4m × 1.4m 이상의 활동공간을 확보하여야 한다.
③ 승강장바닥과 승강기바닥의 틈은 3cm 이하로 하여야 한다.

(2) 크기
① 승강기 내부의 유효 바닥면적은 폭 1.1m 이상, 깊이 1.35m 이상으로 하여야 한다. 다만, 신축하는 건물의 경우에는 폭을 1.6m 이상으로 하여야 한다.
② 출입문의 통과유효폭은 0.8m 이상으로 하되, 신축한 건물의 경우에는 출입문의 통과유효폭을 0.9m 이상으로 할 수 있다.

(3) 이용자 조작설비
① 호출버튼·조작반·통화장치 등 승강기의 안팎에 설치되는 모든 스위치의 높이는 바닥면으로부터 0.8m 이상 1.2m 이하로 설치하여야 한다. 다만, 스위치는 수가 많아 1.2m 이내에 설치하는 것이 곤란한 경우에는 1.4m 이하까지 완화할 수 있다.
② 승강기 내부의 휠체어사용자용 조작반은 진입방향 우측면에 가로형으로 설치하고, 그 높이는 바닥면으로부터 0.85m 내외로 하여야 한다. 다만, 승강기의 유효 바닥면적이 1.4m × 1.4m 이상인 경우에는 진입방향 좌측면에 설치할 수 있다.
③ 조작설비의 형태는 버튼식으로 하되, 시각장애인 등이 감지할 수 있도록 층수 등을 점자로 표시하여야 한다.
④ 조작반·통화장치 등에는 점자표지판을 부착하여야 한다.

핵심 OX
장애인용 승강기의 승강장 바닥과 승강기 바닥의 틈은 2cm 이하이어야 하며, 승강장 전면의 활동공간은 1.2 × 1.2m 이상 확보하여야 한다. (○, ×)

× 장애인용 승강기의 승강장 바닥과 승강기 바닥의 틈은 3cm 이하이어야 하며, 승강장 전면의 활동공간은 1.4 × 1.4m 이상 확보하여야 한다.

(4) 기타 설비

① 승강기의 내부에는 수평손잡이를 바닥에서 0.8m 이상 0.9m 이하의 위치에 연속하여 설치하거나, 수평손잡이 사이에 3cm 이내의 간격을 두고 측면과 후면에 각각 설치하되, 손잡이에 관한 세부기준은 복도의 손잡이에 관한 규정을 적용한다.

② 승강기 내부의 후면에는 내부에서 휠체어가 180° 회전이 불가능할 경우에는 휠체어가 후진하여 문의 개폐여부를 확인하거나 내릴 수 있도록 승강기 후면의 0.6m 이상의 높이에 견고한 재질의 거울을 설치하여야 한다.

③ 각 층의 승강장에는 승강기의 도착여부를 표시하는 점멸등 및 음향신호장치를 설치하여야 하며, 승강기의 내부에는 도착층 및 운행상황을 표시하는 점멸등 및 음성신호장치를 설치하여야 한다.

④ 광감지식 개폐장치를 설치하는 경우에는 바닥면으로부터 0.3m에서 1.4m 이내의 물체를 감지할 수 있도록 하여야 한다.

⑤ 사람이나 물체가 승강기문의 중간에 끼었을 경우 문의 작동이 자동적으로 멈추고 다시 열리는 되열림장치를 설치하여야 한다.

⑥ 각 층의 장애인용 승강기의 호출버튼의 0.3m 전면에는 점형블록을 설치하거나 시각장애인이 감지할 수 있도록 바닥재의 질감 등을 달리하여야 한다.

⑦ 승강기 내부의 상황을 외부에서 알 수 있도록 승강기 전면의 일부에 유리를 사용할 수 있다.

⑧ 승강기 내부의 층수 선택버튼을 누르면 점멸등이 켜짐과 동시에 음성으로 선택된 층수를 안내해주어야 한다. 또한, 층수 선택버튼이 토글방식인 경우에는 처음 눌렀을 때에는 점멸등이 켜지면서 선택한 층수에 대한 음성안내가, 두 번째 눌렀을 때에는 점멸등이 꺼지면서 취소라는 음성안내가 나오도록 하여야 한다.

⑨ 층별로 출입구가 다른 경우에는 반드시 음성으로 출입구의 방향을 알려주어야 한다.

⑩ 출입구, 승강대, 조작기의 조도는 저시력인 등 장애인의 안전을 위하여 최소 150LX 이상으로 하여야 한다.

핵심 OX
장애인용 에스컬레이터 속도는 분당 30m 이내로 하여야 한다. (○, ×)

○

> **예제**
>
> 「장애인·노인·임산부 등의 편의증진 보장에 관한 법률 시행규칙」상 장애인을 위한 편의시설에 대한 설명으로 옳지 않은 것은? 2022년 국가직 9급
>
> ① 장애인 출입문의 전면 유효거리는 1.2m 이상으로 하여야 한다.
> ② 접근로의 기울기는 1/18 이하이어야 하며, 다만 지형상 곤란한 경우에는 1/12까지 완화할 수 있다.
> ③ 건물을 신축하는 경우, 장애인용 화장실의 대변기 전면에는 1.4m × 1.4m 이상의 활동공간을 확보하여야 한다.
> ④ 장애인용 승강기의 승강장 바닥과 승강기 바닥의 틈은 2cm 이하이어야 하며, 승강장 전면의 활동공간은 1.2m × 1.2m 이상 확보하여야 한다.
>
> 답 ④

7. 장애인용 에스컬레이터

(1) 유효폭 및 속도
① 장애인용 에스컬레이터의 유효폭은 0.8m 이상으로 하여야 한다.
② 속도는 분당 30m 이내로 하여야 한다.

(2) 디딤판
① 휠체어사용자가 승·하강할 수 있도록 에스컬레이터의 디딤판은 3매 이상 수평상태로 이용할 수 있게 하여야 한다.
② 디딤판 시작과 끝부분의 바닥판은 얇게 할 수 있다.

(3) 손잡이
① 에스컬레이터의 양측면에는 디딤판과 같은 속도로 움직이는 이동손잡이를 설치하여야 한다.
② 에스컬레이터의 양끝 부분에는 수평이동손잡이를 1.2m 이상 설치하여야 한다.
③ 수평이동손잡이 전면에는 1m 이상의 수평고정손잡이를 설치할 수 있으며, 수평고정손잡이에는 층수·위치 등을 나타내는 점자표지판을 부착하여야 한다.

8. 휠체어리프트

(1) 일반사항
① 계단 상부 및 하부 각 1개소에 탑승자 스스로 휠체어리프트를 사용할 수 있는 설비를 1.4m × 1.4m 이상의 승강장에 갖추어야 한다.
② 승강장에는 휠체어리프트 사용자의 이용편의를 위하여 시설관리자 등을 호출할 수 있는 벨을 설치하고, 작동설명서를 부착하여야 한다.
③ 운행 중 돌발상태가 발생하는 경우 비상정지 시킬 수 있고, 과속을 제한할 수 있는 장치를 설치하여야 한다.

(2) 경사형 휠체어리프트
① 경사형 휠체어리프트는 휠체어받침판의 유효면적을 폭 0.76m 이상, 길이 1.05m 이상으로 하여야 하며, 휠체어사용자가 탑승 가능한 구조로 하여야 한다.
② 운행 중 휠체어가 구르거나 장애물과 접촉하는 경우 자동정지가 가능하도록 감지장치를 설치하여야 하며, 안전판이 열린 상태로 운행되지 아니하도록 내부잠금장치를 갖추어야 한다.
③ 휠체어리프트를 사용하지 아니할 때에는 지정장소에 접어서 보관할 수 있도록 하되, 벽면으로부터 0.6m 이상 돌출되지 아니하도록 하여야 한다.

(3) 수직형 휠체어리프트
수직형 휠체어리프트는 내부의 유효 바닥면적을 폭 0.9m 이상, 깊이 1.2m 이상으로 하여야 한다.

9. 경사로

(1) 유효폭 및 활동공간
① 유효폭은 1.2m 이상으로 한다. 다만, 건축물을 증축, 개축, 재축, 이전, 대수선 또는 용도변경하는 경우로서 1.2m 이상 유효폭을 확보하기 어려운 경우 0.9m까지 완화할 수 있다.
② 바닥면으로부터 높이 0.75m 이내마다 휴식을 할 수 있도록 수평면으로 된 참을 설치하여야 한다.
③ 경사로의 시작과 끝, 굴절 부분 및 참에는 1.5m × 1.5m 이상의 활동공간을 확보하여야 한다. 다만, 경사로가 직선인 경우에 참의 활동공간의 폭은 ①에 따른 경사로의 유효폭과 같게 할 수 있다.

(2) 기울기
경사로의 기울기는 1/12 이하로 하여야 한다.

(3) 손잡이
① 경사로의 길이가 1.8m 이상이거나 높이가 0.15m 이상인 경우에는 양측면에 손잡이를 연속하여 설치하여야 한다.
② 손잡이를 설치하는 경우에는 경사로의 시작과 끝 부분에 수평손잡이를 0.3m 이상 연장하여 설치하여야 한다.
③ 손잡이에 관한 기타 세부기준은 복도의 손잡이에 관한 규정을 적용한다.

(4) 재질과 마감
① 경사로의 바닥표면은 잘 미끄러지지 아니하는 재질로 평탄하게 마감하여야 한다.
② 양측면에는 휠체어의 바퀴가 경사로 밖으로 미끄러져 나가지 아니하도록 5cm 이상의 추락방지턱 또는 측벽을 설치할 수 있다.
③ 휠체어의 벽면충돌에 따른 충격을 완화하기 위해 벽에 매트를 부착할 수 있다.

(5) 기타 시설
건물과 연결된 경사로를 외부에 설치하는 경우 햇볕, 눈, 비 등을 가릴 수 있도록 지붕과 차양을 설치할 수 있다.

10. 장애인 등의 이용이 가능한 화장실

(1) 대변기
① 활동공간
　㉠ 건물을 신축하는 경우에는 대변기의 유효 바닥면적이 폭 1.6m 이상, 깊이 2.0m 이상이 되도록 설치하여야 하며, 대변기의 좌측 또는 우측에는 휠체어의 측면접근을 위하여 유효폭 0.75m 이상의 활동공간을 확보하여야 한다. 이 경우 대변기의 전면에는 휠체어가 회전할 수 있도록 1.4m × 1.4m 이상의 활동공간을 확보할 수 있다.
　㉡ 출입문의 통과유효폭은 0.9m 이상으로 하여야 한다.
　㉢ 출입문의 형태는 미닫이문 또는 접이문으로 할 수 있으며, 여닫이문을 설치하는 경우에는 바깥쪽으로 개폐되도록 하여야 한다. 다만, 휠체어사용자를 위하여 충분한 활동공간을 확보한 경우에는 안쪽으로 개폐되도록 할 수 있다.
② 구조: 대변기의 좌대의 높이는 바닥면으로부터 0.4m 이상 0.45m 이하로 하여야 한다.
③ 손잡이
　㉠ 대변기의 양옆에는 수평 및 수직손잡이를 설치하되, 수평손잡이는 양쪽에 모두 설치하여야 하며, 수직손잡이는 한쪽에만 설치할 수 있다.
　㉡ 수평손잡이는 바닥면으로부터 0.6m 이상 0.7m 이하의 높이에 설치하되, 한쪽 손잡이는 변기중심에서 0.4m 이내의 지점에 고정하여 설치하여야 하며, 다른 쪽 손잡이는 0.6m 내외의 길이로 회전식으로 설치하여야 한다. 이 경우 손잡이 간의 간격은 0.7m 내외로 할 수 있다.
　㉢ 수직손잡이의 길이는 0.9m 이상으로 하되, 손잡이의 제일 아랫부분이 바닥면으로부터 0.6m 내외의 높이에 오도록 벽에 고정하여 설치하여야 한다. 다만, 손잡이의 안전성 등 부득이한 사유로 벽에 설치하는 것이 곤란한 경우에는 바닥에 고정하여 설치하되, 손잡이의 아랫부분이 휠체어의 이동에 방해가 되지 아니하도록 하여야 한다.

📖 핵심 OX
장애인 전용 화장실의 대변기 전면 활동공간은 1.2m × 1.2m 이상으로 한다.
(○, ×)

× 장애인 전용 화장실의 대변기 전면 활동공간은 1.4m × 1.4m 이상으로 한다.

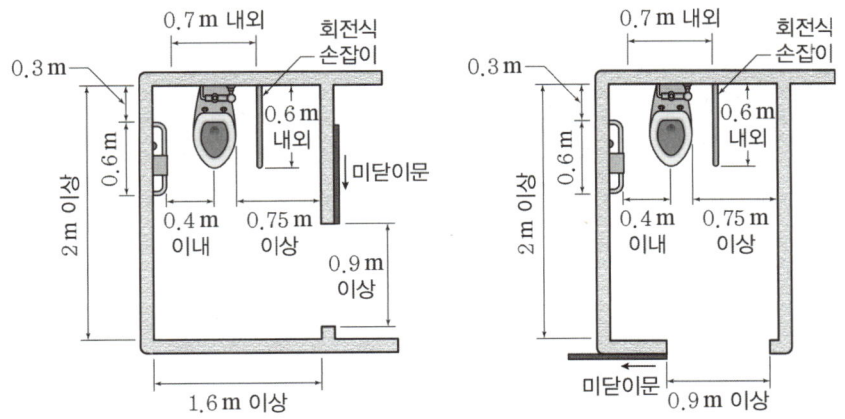

↑ 장애인 등의 이용이 가능한 화장실(신축건물)

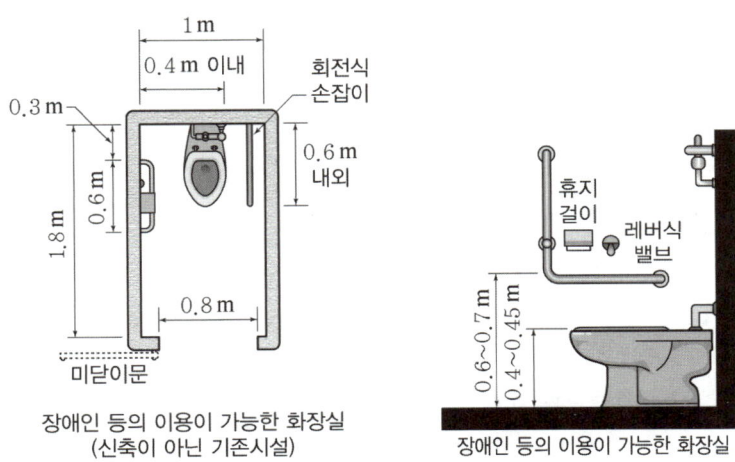

↑ 장애인 등의 이용이 가능한 화장실

> **예제**

1. 장애인을 고려한 대변기의 설치에 관한 국내기준으로 옳지 않은 것은?

   2008년 국가직 9급 변형

   ① 건물 신축의 경우 대변기의 칸막이는 유효 바닥면적이 폭 1.6m 이상, 깊이 2.0m 이상이 되도록 설치하여야 한다.
   ② 출입문의 통과유효폭은 0.9m 이상으로 해야 한다.
   ③ 대변기 옆 수평손잡이는 바닥면으로부터 0.8m 이상 0.9m 이하의 높이에 설치한다.
   ④ 출입문에는 화장실 사용여부를 시각적으로 알 수 있는 설비 및 잠금장치를 갖추어야 한다.

   답 ③

> **2. 장애인·노인·임산부 등의 편의증진 보장에 관한 법률 시행규칙상 편의시설의 구조·재질 등에 관한 세부 기준으로 가장 옳지 않은 것은?**
>
> 2017년 서울시 9급 2회(변형)
>
> ① 장애인 전용 주차구역은 직각주차의 경우 3.3m × 5.0m 이상으로 한다.
> ② 출입구의 통과유효폭은 0.9m 이상으로 한다.
> ③ 장애인 전용 화장실의 대변기 전면 활동공간은 1.2m × 1.2m 이상으로 한다.
> ④ 휠체어사용자용 세면대의 경우 상단 높이는 바닥면으로부터 0.85m, 하단 높이는 0.65m 이상으로 한다.
>
> 답 ③

(2) 소변기

① **구조**: 소변기는 바닥부착형으로 할 수 있다.

② **손잡이**

　㉠ 소변기의 양옆에는 수평 및 수직손잡이를 설치하여야 한다.

　㉡ 수평손잡이의 높이는 바닥면으로부터 0.8m 이상 0.9m 이하, 길이는 벽면으로부터 0.55m 내외, 좌우 손잡이의 간격은 0.6m 내외로 하여야 한다.

　㉢ 수직손잡이의 높이는 바닥면으로부터 1.1m 이상 1.2m 이하, 돌출폭은 벽면으로부터 0.25m 내외로 하여야 하며, 하단부가 휠체어의 이동에 방해가 되지 아니하도록 하여야 한다.

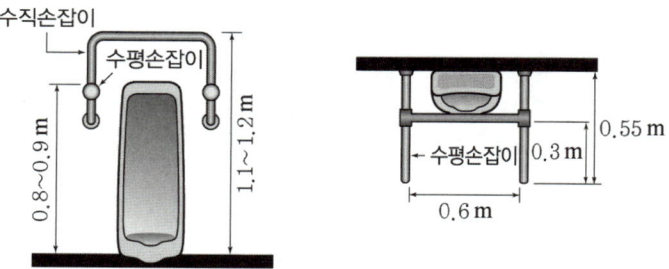

◆ 장애인 등의 이용이 가능한 소변기

(3) 세면대

① 휠체어사용자용 세면대의 상단높이는 바닥면으로부터 0.85m, 하단 높이는 0.65m 이상으로 하여야 한다.
② 세면대의 하부는 무릎 및 휠체어의 발판이 들어갈 수 있도록 하여야 한다.

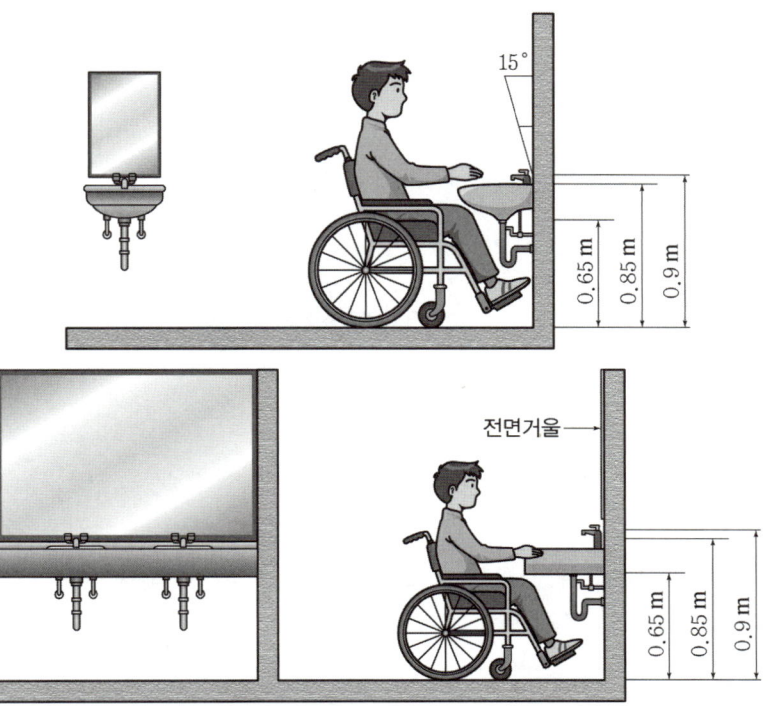

↑ 장애인 등이 이용이 가능한 세면대

> **예제**
>
> 주민자치센터 건축과정에서 장애인·노인·임산부 등의 편의 증진보장에 관한 법률의 기준에 의한 장애 없는(barrier free) 공공업무시설을 구현할 때 편의시설의 설치기준으로 가장 옳지 않은 것은?   2018년 서울시 9급(1회)
>
> ① 경사로의 시작과 끝, 굴절 부분 및 참에는 1.5m × 1.5m 이상의 활동 공간을 확보하여야 한다.
> ② 휠체어사용자용 세면대의 상단 높이는 바닥면으로부터 0.80m, 하단 높이는 0.55m 이상으로 하여야 한다.
> ③ 계단 및 참의 유효폭은 1.2m 이상으로 하여야 한다.
> ④ 장애인용 출입구(문)의 0.3m 전면에 시각장애인을 위한 점형블록을 설치하여야 한다.
>
> 답 ②

핵심 OX

휠체어사용자용 세면대의 상단 높이는 바닥면으로부터 0.80m, 하단 높이는 0.55m 이상으로 하여야 한다. (○, ×)

× 휠체어사용자용 세면대의 상단 높이는 바닥면으로부터 0.85m, 하단 높이는 0.65m 이상으로 하여야 한다.

11. 장애인 등의 이용이 가능한 객실 또는 침실

(1) 휠체어사용자를 위한 객실 등은 온돌방보다 침대방으로 할 수 있다.

(2) 객실 등의 내부에는 휠체어가 회전할 수 있는 공간을 확보하여야 한다.

(3) 침대의 높이는 바닥면으로부터 0.4m 이상 0.45m 이하로 하여야 하며, 그 측면에는 1.2m 이상의 활동공간을 확보하여야 한다.

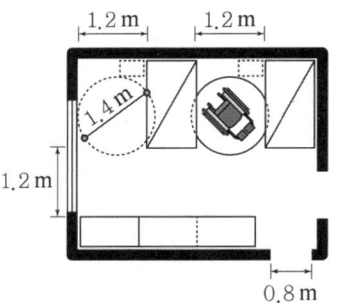

○ 장애인 등의 이용이 가능한 객실

12. 장애인 등의 이용이 가능한 관람석 또는 열람석

(1) 설치장소

휠체어사용자를 위한 관람석 또는 열람석은 출입구 및 피난통로에서 접근하기 쉬운 위치에 설치하여야 한다.

(2) 관람석의 구조

① 휠체어사용자를 위한 관람석의 유효 바닥면적은 1석당 폭 0.9m 이상, 깊이 1.3m 이상으로 하여야 한다.

② 휠체어사용자를 위한 관람석은 항상 비워 놓거나, 이동식 좌석을 사용하여 휠체어사용자를 위한 관람석을 마련하여야 한다.

③ 난청자를 위하여 자기(磁氣)루프, FM송수신장치 등 집단보청장치를 설치할 수 있다.

(3) 열람석의 구조

① 열람석 상단까지의 높이는 바닥면으로부터 0.7m 이상 0.9m 이하로 하여야 한다.

② 열람석의 하부에는 무릎 및 휠체어의 발판이 들어갈 수 있도록 바닥면으로부터 높이 0.65m 이상, 깊이 0.45m 이상의 공간을 확보하여야 한다.

13. 장애인 등의 이용이 가능한 접수대 또는 작업대

(1) 활동공간
접수대 또는 작업대의 전면에는 휠체어를 탄 채 접근이 가능한 활동공간을 확보하여야 한다.

(2) 구조
① 접수대 또는 작업대의 상단까지의 높이는 바닥면으로부터 0.7m 이상 0.9m 이하로 하여야 한다.

② 접수대 또는 작업대의 하부에는 무릎 및 휠체어의 발판이 들어갈 수 있도록 바닥면으로부터 높이 0.65m 이상, 깊이 0.45m 이상의 공간을 확보하여야 한다.

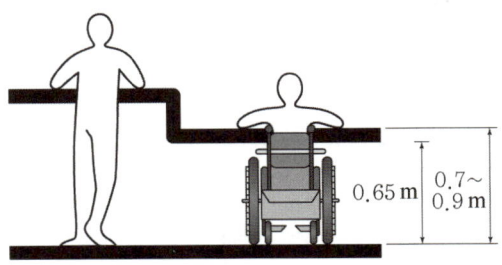

↑ 장애인 등의 이용이 가능한 접수대

핵심 OX

01 장애인 전용 주차구역에서 건축물의 출입구 또는 장애인용 승강설비에 이르는 통로는 장애인이 통행할 수 있도록 가급적 높이차이를 없애고, 그 유효폭은 1.2m 이상으로 하여야 한다. (○, ×)

02 장애인 전용 주차구역의 크기는 주차대수 1대에 대하여 폭 3.3m 이상, 길이 5m 이상이 바람직하다. (○, ×)

03 장애인 주차장은 엘리베이터가 있는 입구 부근에 장애인 전용 주차공간을 설치하고 엘리베이터가 없는 주차장은 1층에 설치하는 것이 바람직하다. 하지만 경사로가 설치된 출입구에서는 되도록 먼 곳에 설치한다. (○, ×)

04 주차공간의 바닥면은 장애인 등의 승하차에 지장을 주는 높이차이가 없어야 하며, 기울기는 1/50 이하로 할 수 있다. (○, ×)

01 ○
02 ○
03 × 장애인 주차장은 엘리베이터가 있는 입구 부근에 장애인 전용 주차공간을 설치하고 엘리베이터가 없는 주차장은 1층에 설치하는 것이 바람직하다. 그리고 경사로가 설치된 출입구에서는 되도록 가까운 곳에 설치한다.
04 ○

CHAPTER 7 건축사

> 💡 **학습 POINT**
> 건축사는 서양건축사와 한국건축사로 구성되어 있으며, 7급 및 9급 시험에 3~4문제 정도가 출제되고 있다. 서양건축사의 경우 각 시대별 건축사조의 특징과 건축가와 설계작 매칭 문제가 주로 출제되고 있으며, 한국건축사의 경우는 한국 건축의 양식(주심포 등) 관련한 문제가 자주 출제되고 있다.

1 서양건축사

1 고대 건축

1. 건축 양식의 발달 순서(서양)

이집트 → 그리스 → 로마 → 초기기독교 → 비잔틴 → 로마네스크 → 고딕 → 르네상스 → 바로크 → 로코코

> **예제**
>
> 서양건축을 시대순으로 바르게 나열한 것은?   2012년 국가직 9급
> ① 로마네스크 → 고딕 → 르네상스 → 비잔틴
> ② 고딕 → 르네상스 → 비잔틴 → 로마네스크
> ③ 로마네스크 → 고딕 → 비잔틴 → 르네상스
> ④ 비잔틴 → 로마네스크 → 고딕 → 르네상스
>
> 답 ④

2. 이집트 건축(BC 3000 ~ 1000)

(1) 분묘, 신전 건축이 발달
  ① 나일강 유역에 형성된 고대 이집트 문명의 건축양식이다.
  ② 이집트 건축은 석기시대의 목조건축에서 비롯되었으며 석조건축이 기본이 된다.
  ③ 왕을 위한 분묘와 신전으로 대표되는 거대한 석조건축이 특징이다.

(2) 석조건축에 사용된 기둥

각주	4각주, 8각주, 16각주
실물형주	로터스주, 파피루스주, 종려주
조각주	하도르주, 오시리스 신상주

(3) 주요 건축물
피라밋, 스핑크스, 오벨리스크 등이 있다.

> **예제**
>
> 고대 건축에 대한 설명으로 옳지 않은 것은?   2022년 지방직 9급
> ① 인슐라(Insula)는 1층에 상점이 있는 중정 형태의 로마 시대 서민주택이다.
> ② 로마의 컴포지트 오더는 이오니아식과 코린트식 오더를 복합한 양식으로 화려한 건물에 많이 사용되었다.
> ③ 조세르왕의 단형 피라미드는 마스타바라고도 부르며 쿠푸왕의 피라미드 보다 후기에 만들어졌다.
> ④ 우르의 지구라트는 신에게 제사를 지내는 신전의 기능과 천문관측의 기능을 동시에 가지고 있었으며, 평면은 사각형이고 각 모서리가 동서남북으로 배치되었다.
>
> 답 ③

쿠푸왕의 단형 피라미드
마스터바라고도 부르며, 조세르왕의 계단식 피라미드보다 먼저 만들어졌다.

3. 서아시아 건축(BC 3500 ~ 1000)

(1) 점토 벽돌을 이용한 조적식 구조
① 메소포타미아 문명을 배경으로 하고 있다.
② 점토를 주요 건축재료로 활용한 것이 특징이다.

(2) 아치와 볼트 구법이 발달했다.

(3) 종교 건축
고단(hign place)의 개념이 특징이다.

(4) 공중 정원(hanging garden)
일종의 옥상정원이다.

(5) 주요 건축물
지구라트, 페르세폴리스 궁전, 다리우스왕의 암굴 분묘, 솔로몬 신전 등이 있다.

지구라트(Ziggurat)
1. 높은 곳에 있어야 할 신의 거소의 개념으로 지어진 탑이다.
2. 구조 재료로는 벽돌을 사용한다.
3. 신의 거소이자 천체 관측소이다.
4. 실례
   잔벌, 우르의 지구랫, 바빌론의 바벨탑이 있다.
5. 주된 형태 요소는 점이다.
6. 이집트 건축보다 수직축을 더욱 강조한다.
7. 평면은 정사각형에 기초한 중앙집중식으로 배치된다.

2 고전 건축

1. 그리스 건축(BC 1100~330)

(1) 특징

① 가구식(Post Lintel) 구조의 형태를 가진다.

② 외관 구성 3요소
  ㉠ 기둥(Columm)
  ㉡ 엔터블러처(Entablature)
    ⓐ 고대 그리스, 로마 건축에서 기둥에 떠받쳐지는 부분들을 총칭하는 용어이다.
    ⓑ 기둥의 윗부분에 수평으로 연결된 지붕을 덮는 장식을 말한다.
  ㉢ 페디먼트(Pediment, 박공지붕 형태): 삼각형의 박공형태로서, 입구나 창의 상부에 장식적으로 많이 사용되었다.

③ 3가지 기둥양식(order)이 적용되었다(도리아식, 이오니아식, 코린트식).

④ 착시 교정수접 적용
  ㉠ 기둥의 하부가 가늘게 보이는 것을 교정하기 위해 적용하는 것이다.
  ㉡ 기둥의 중앙부의 직경을 상·하부의 직경보다 약간 크게 보이게 하는 기법이다.

⑤ 석조건축이 주를 이루었으며, 신전건축 및 극장, 경기장 등의 민중적 건축도 발달하였다.

(2) 기둥양식(주범, order)

① 도리아식(Doric order)
  ㉠ 단순하고 장중하다.
  ㉡ 신체 비례 기준을 적용한다.
  ㉢ 초석이 없다.
  ㉣ 엔타시스가 있다.
  ㉤ **적용 건축물**: 파르테논 신전, 포세이돈 신전, 헤라이온 신전 등이 있다.

② 이오니아식(Ionic order)
  ㉠ 우아하고 경쾌하며 유연하다.
  ㉡ 초석이 있고, 엔타시스가 약하다.
  ㉢ **적용 건축물**: 니케 아프로테스 신전, 에렉테이온 신전, 아르테미스 신전 등이 있다.

③ 코린트식(Corinthian order)
  ㉠ 주두에 아칸더스 나뭇잎으로 화려하게 장식되어 있다(익티누스가 창시).
  ㉡ **적용 건축물**: 올림피에이온, 풍탑, 리스크라테스의 기념탑 등이 있다.

가구식(Post hibtel) 구조
가늘고 긴 부재를 짜맞추어 지은 구조이다.

엔타시스
기둥 중앙부의 직경을 상·하부의 직경보다 약간 크게 보이게 하는 기법이다.

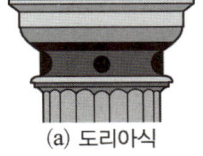

(a) 도리아식   (b) 이오니아식   (c) 코린트식

○ 기둥양식(주범, order)

> **예제**
>
> 그리스 기둥양식 중 도리아 주범(Doric order)에 대한 설명으로 옳지 않은 것은?
>
> 2016년 지방직 9급
>
> ① 장중하고 남성적인 느낌이 난다.
> ② 그리스 기둥양식 중 가장 오래된 기둥 양식이다.
> ③ 파르테논 신전 설계자 익티누스가 창안하였다.
> ④ 초반(base)이 없이 주두(capital)와 주신(shaft)으로 구성되어 있다.
>
> 답 ③

(3) 대표적 건축물

① **신전 건축**: 파르테논 신전(Parthenon), 포세이돈(Poseidon)이 있다.

② **민중 건축**

　㉠ **극장**: 디오니소스 극장, 에피다리우스 극장이 있다.

　㉡ **경기장**: 아테네의 스타디움(Stadium)이 있다.

　㉢ **체육장**: 올림피아의 팔레스트라(Palestra)가 있다.

③ **아고라**

　㉠ 주위에 정자, 도서관, 의회당, 국정청, 군무청, 재판소, 풍탑, 신전 등을 배치하고 중앙을 광장으로 일상품을 거래하는 시장이자 시민들이 모여서 음악, 논쟁, 사색 등을 하는 장소이다.

　㉡ 시민들의 도시생활의 중심적 기능을 담당하면서 시민들의 정치, 경제, 상업 등의 일상적인 활동을 수용하였다.

> **예제**
>
> 고대 그리스 도시에서 교역이나 집회의 장(場)으로 사용되었던 옥외공공광장을 지칭하는 용어는?
> 2015년 지방직 9급
> ① 팔라초(Palazzo) ② 아고라(Agora)
> ③ 포럼(Forum) ④ 아크로폴리스(Acropolis)
>
> 답 ②

2. 로마 건축(BC 750년 ~ AD 476년)

(1) 특징
① 아치(Arch)와 궁륭(vault), 콘크리트, 석재
  ㉠ 석재를 주로 이용했고 화산재, 석회석과 물을 섞어 만드는 콘크리트가 개발되어 최초로 사용했다.
  ㉡ 콘크리트 개발에 따라 토목공학이 발전하여 도로, 교량, 상수도 건설 등이 활성화되었다.
  ㉢ 아치를 개발하여 건축에 적용하였으며, 규모가 커지면서 더 큰 아치를 구현하기 위해 궁륭으로 발전하였다.
② 돔(Dome)
  ㉠ 돔(Dome)이 개발되어 건축양식에 적용되었다.
  ㉡ 아치 볼트, 크로스 볼트를 사용하였다.
③ 5가지 기둥양식(테스칸, 도리아, 이오니아, 코린트, 콤포지트)이 사용되었다.
④ 실용적인 건축물이 발달되었고 공간의 분할을 사용하였으며 건물 규모가 웅대하다.

(a) 외관 정면도

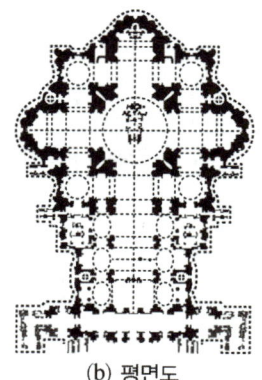
(b) 평면도

↑ 로마의 성 피터 사원

(2) 대표적 건축물
① 신전 건축
  ㉠ **원형신전**: 판테온 신전(Pantheon, 최초의 돔 사용), 티볼의 시빌 신전, 로마의 베스트 신전 등이 있다.
  ㉡ **각형신전**: 마르스 울토 신전, 콩코드 신전 등이 있다.

② 바실리카
  ㉠ 상업의 교역소와 재판소적인 교회당으로 사용되었다.
  ㉡ 포럼에 면하여 위치하였다.
  ㉢ 트리얀의 바실리카, 콘스탄틴의 바실리카 등이 있다.
③ 개선문: 티투스(Titus) 개선문, 콘스탄틴(Constantine) 개선문 등이 있다.
④ 민중건축
  ㉠ **투기장**: 로마의 콜로세움이 있다.
  ㉡ **경기장**: 막시무스(Maximus) 경마장, 막센티우스 경마장이 있다.
  ㉢ **공중목욕장**: 카라칼라 목욕장이 있다.
⑤ **포럼(Forum)**: 그리스의 아고라에 해당하는 것으로 도시에 중심이 되는 공공 광장을 말한다.
  ㉠ Forum civil: 주변에 의사당, 법원, 신전, 기타 공공 건물들이 위치한다.
  ㉡ Forum venalia: 상업상의 시민광장이다.
  ㉢ Forum romana: 가장 오래되고 대표적인 포럼으로서 대규모 복합 포럼의 형태를 가진다(포럼 5개소, 신전 14개동, 바실리카 4개동).

예제

시대별 건축의 특징에 대한 설명으로 옳지 않은 것은? 2011년 국가직 9급
① 이집트 건축은 석기시대의 목조건축에서 비롯되었으며 석조건축이 기본이 된다.
② 로마시대에서는 벽돌과 돌을 사용한 아치구조와 볼트구조가 발전하였으나 콘크리트는 사용되지 않았다.
③ 고딕양식에서는 플라잉 버트레스, 첨두아치, 리브볼트 등을 사용하여 높이를 높이고 횡력에 대한 보강을 하였다.
④ 르네상스 건축의 돔 구조법은 비잔틴양식에서 이어진 것이며, 돔 하부의 드럼을 높게 하여 이 부분에 창을 두어 채광효과를 주었다.

답 ②

3 중세 건축

1. 초기 그리스도교 건축(AD 313~604년)

(1) 특징

로마 건축의 연장으로 보며, 강한 종교적 성격을 띠는 특징을 가지고 있다.

(2) 주요 시설

① **카타콤(지하 동굴형 무덤)**: 지하 분묘, 기독교 박해 시 집회소, 피난소로 이용되었다.

② 바실리카식 교회당
　㉠ 초기 그리스도교(기독교) 건축양식의 기원이 된 건물 형태이다.
　㉡ 트리얀의 바실리카, 콘스탄틴의 바실리카 등이 있다.
　㉢ 네이브, 아일, 앱스, 나르텍스, 아트리움으로 구성되었다.

네이브·아일·앱스·나르텍스	
네이브	중앙회랑에 해당하는 중심부
아일	통로
앱스	교회 끝 쪽 반 원형 부분
나르텍스	현관, 홀

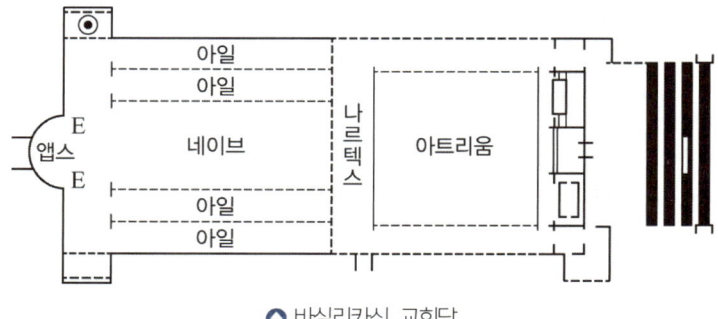

○ 바실리카식 교회당

(3) 대표적 건축물
　① **성당**: 성베드로 바실리카 성당(구 성베드로 성당), 성 마리아 마죠레 성당 등이 있다.
　② **세례당**: 노세라 세례당, 콘스탄틴 세례당 등이 있다.

2. 비잔틴 건축(AD 330~1453년)

(1) 특징
　① 동서 로마의 분리로 인한 콘스탄티노플 천도 후 동로마 제국의 건축으로서, 사라센 문화의 영향을 받았다.
　② 외향은 단조롭고, 내부는 화려하게 장식하였으며, 평면의 각 부분은 정사각형으로 계획하였다.
　③ 펜던티브 돔(pendentive dome)이 창안되었다.*

*펜던티브 돔은 사각 평면에 원형의 돔을 얹는 구법이다.

비잔틴 건축의 구성요소
1. 아치(arch)
2. 부주두(dosseret)는 아치를 지지하는 기초이다.
3. 펜던티브(pendentive)는 아치와 돔 사이에 생기는 삼각형 구조(돔 하부에 횡압력을 해결하기 위해 적용)이다.

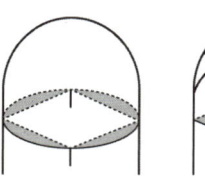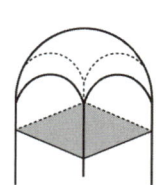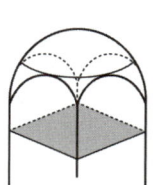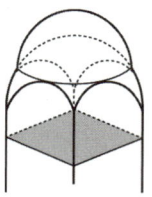

○ 펜던티브 돔

　④ 신주범 창안
　　㉠ 부주두를 설치(이중 주두)하였다.
　　㉡ 주두를 경쾌하게 조각하였다.
　　㉢ 주신의 길이와 통의 비를 30 : 1로 가공하였다.
　　㉣ 베이스를 없앴다.

(2) 대표적 건축물
① 성 소피아(St. Sophia) 성당: 서로마의 장축형 바실리카식 평면구성과 동로마의 중앙집중식 평면구성의 조화로 계획하였다.
② 성 마르크 성당
③ 성 비탈레(St. Vitale) 성당

예제

서양건축의 시대별 건축특징으로 옳지 않은 것은?   2017년 지방직 9급 고졸경채

① 고딕 건축은 리브볼트(rib vault)와 부축벽(flying buttress) 사용으로 높은 공간, 가는 기둥, 개방적인 벽면과 크고 밝은 고창을 구현하였다.
② 비잔틴 건축에서는 사각형 평면에 외접하는 반구형 돔을 구성하였고, 서방 문화를 융합하여 화려한 색채와 표면장식을 애용하는 서구적인 경향을 가미하였다.
③ 르네상스 건축의 외관은 수평적 의장을 주요소로 하여 정적 표현과 휴머니티 이념을 표시하였고, 전체적인 평면 및 외관 구성에 비례, 질서, 조화 등을 추구하였다.
④ 바로크 건축은 고전적 법칙을 무시하고 화려한 장식, 감각적·역동적 효과를 추구하였다.

답 ②

---

3. 이슬람(사라센) 건축(AD 7 ~ 17세기)

(1) 특징
① 회교(이슬람교)를 기반으로 하는 건축물을 말한다.
② 밝은 색채의 아치를 사용하였다.
③ 이슬람 예배당(모스크, mosque)의 건축요소 중 뾰족한 첨탑을 미나렛(minaret)이라고 한다.

(2) 대표적 건축물
알함브라 궁전, 인도 타지마할(Taj Mahal)의 분묘, 코르도바(Cordoba) 사원이 있다.

예제

사라센 건축양식과 관계가 가장 먼 것은?   2018년 지방직 9급 고졸경채

① 모스크(mosque)   ② 바실리카(basilica)
③ 타지마할(Taj Mahal)   ④ 미나렛(minaret)

답 ②

4. 로마네스크

(1) 특징

① 로마 건축 기법과 게르만적 요소가 결합되어 서부 유럽에서 발달하였다.
② 초기 그리스도교 건축과 고딕 건축의 중간 양식이다.
③ 교차 아치와 피어가 발달하였다.
④ 반원 아치와 크로스 볼트(리브 적용)를 사용하였다.
⑤ 라틴 십자형(라틴 크로스)의 평면 형식을 사용하였다.

> **볼트 · 크로스 볼트**
> 1. **볼트(vault)**
>   아치(arch) 형태에서 발전된 반원형 천장 · 지붕을 이루는 곡면 구조체를 말한다.
> 2. **크로스 볼트(교차볼트, cross vault, intersecting vault)**
>   2개의 반원통 볼트를 직교시켜 만든 천장 · 지붕형태를 말한다. 보강을 위해 리브를 적용할 수 있다.

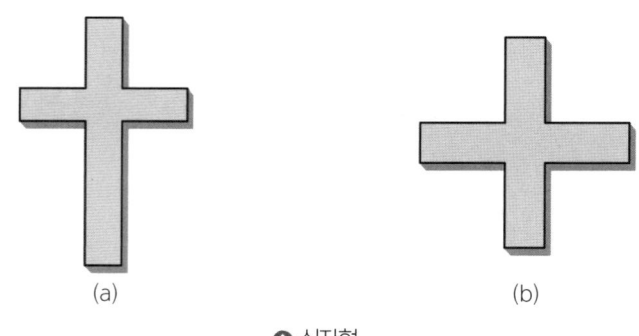

○ 십자형

(2) 대표적 건축물

① 피사의 사원(사탑), 세례당, 종탑이 있다.
② 성 미니아토(St. Miniato) 성당, 성 제노마지오레 성당, 성 암브로지오 성당이 있다.

예제

다음 중 고딕양식의 성당이 아닌 것은?   2008년 국가직 9급
① 샤르트르(Chartres) 성당   ② 쾰른(Köln) 성당
③ 성 암브로죠(St. Ambrogio) 성당   ④ 밀라노(Milano) 대성당

답 ③

5. 고딕 건축(AD 12~15세기)

(1) 특징

① 종교 건축의 구조 등의 기술이 고도로 발전된 시기이다.
② 12세기 초 프랑스에서 발생하여 15세기까지 전개된 건축양식이다.
③ 중세 교회 건축을 완성한 건축양식이다.
④ **구조를 역학적 · 합리적으로 해결**: 고딕양식에서는 플라잉 버트레스, 첨두형 아치, 리브 볼트 등을 사용하여 높이를 높이고 횡력에 대한 보강을 하였다.
  ㉠ 플라잉 버트레스(부축벽 설치)
  ㉡ 첨두형 아치(pointed arch)
  ㉢ 리브 볼트(rib vault)의 발전[오지브 리브(ogives rib), 6분 리브 볼트]

⑤ 창호의 적용이 증대되고 스테인드 글라스(장미창)가 적용되었다.

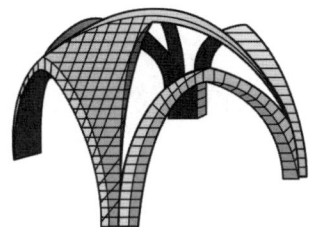 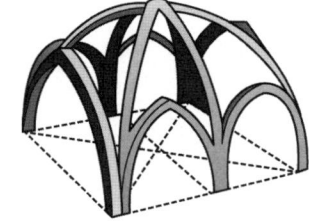

○ 일반적 볼트(좌)와 6분 리브 볼트(우)

(2) 대표적 건축물
① 프랑스
  ㉠ **파리의 노틀담 사원**: 완벽한 고딕 건축 중 하나로, 플라잉 버트레스가 최초로 사용되었다.
    ⓐ **공사기간**: 1163 ~ 1250년
    ⓑ 가장 대표적인 고딕 건축물이다.
    ⓒ 고딕 건축 초기 건축물로서 로마네스크 양식이 혼재되어 있다.
    ⓓ 장미창(rose window)의 모습을 두드러지게 확인할 수 있다.
  ㉡ 아미앵 성당, 샤르트르 성당, 생드니 성당 등이 있다.
② **영국**: 솔즈베리 대성당(Salisbury Cathedral, 조지 길버트 스콧 작품), 요크 성당 등이 있다.
③ **독일**: 쾰른 대성당(Köln Cathedral, 게르하르트 작품)이 있다.
④ 이탈리아
  ㉠ **밀라노 대성당**: 고딕 후기 양식의 건축물로서 르네상스 시대에 가서 완성되었다.
  ㉡ 도제(Doge) 궁전이 있다.

예제

1. 서양 중세 건축양식별 특징과 그와 관련된 건축물에 대한 설명으로 옳지 않은 것은?
2016년 지방직 9급

① 고딕 건축양식은 플라잉 버트레스(flying buttress), 첨두아치(pointed arch)를 사용하였으며, 대표적인 건축물로 성 소피아(St. Sophia) 성당이 있다.
② 로마네스크 건축양식은 반원 아치(arch), 교차볼트(intersecting vault)를 사용하였으며, 대표적인 건축물로 성 미니아토(St. Miniato) 성당이 있다.
③ 비잔틴 건축양식은 돔(dome), 펜던티브(pendentive)를 사용하였고, 대표적인 건축물로 성 비탈레(St. Vitale) 성당이 있다.
④ 사라센 건축의 모스크(mosque)는 미나렛(minaret)이 특징이며, 대표적인 건축물로 코르도바(Cordoba) 사원이 있다.

답 ①

핵심 OX
01 고딕 건축은 12세기 초 독일에서 발생하여 15세기까지 전개된 건축양식이다. (O, X)

02 고딕 성당 건축은 플라잉 버트레스(flying buttress)와 같은 새로운 요소의 등장으로 역학적 구조가 직접 예술적으로 표현되는 모습을 보여주고 있다. (O, X)

01 X 고딕 건축은 12세기 초 프랑스에서 발생하여 15세기까지 전개된 건축양식이다.
02 O

2. 서양 건축양식에 대한 설명으로 옳지 않은 것은? 2021년 지방직 9급

① 로마 양식은 아치(arch)나 볼트(vault)를 이용하여 넓은 내부 공간을 만들었다.
② 초기 기독교 양식은 투시도법을 도입하였고 장미창(rose window)을 사용하였다.
③ 비잔틴 양식은 동서양의 문화 혼합이 특징이며 펜던티브 돔(pendentive dome)을 창안하였다.
④ 고딕 양식은 첨두아치(pointed arch), 플라잉 버트레스(flying buttress), 리브 볼트(rib vault)와 같은 구조적이자 장식적인 기법을 사용하였다.

답 ②

4 근세 건축

1. 르네상스 건축(AD 15~17세기)

(1) 특징

① 문예 부흥의 시대(귀족문화 위주)이다.
② 수평선을 외장의 주요소로 하여 인본주의의 이념을 많이 표현했다[중세의 지나친 신(神) 중심 세계관으로부터 벗어나 인간을 세계의 중심으로 고려].
③ 고전 형식미를 추구하였으며, 주로 석재, 벽돌, 콘크리트 등을 주재료로 사용하였다[고전 로마의 다섯 종류의 오더(order)를 채용하며 변화를 주거나 새롭게 구성].
④ 드럼을 높게 하여 창을 두었다.*
⑤ 돔 상부에 정탑(lantern)을 두었다.
⑥ 투시도법을 개발하여 건축물의 구성에 활용하였다.
⑦ 평면구성상 비례(proportion)와 미적 대칭(symmetry) 등을 추구하였다.
⑧ 교회당의 경우 로마의 바실리카식을 적용하였고, 구획을 크게 하여 광활하게 계획하였다.

(2) 대표적인 건축가와 건축물

① **필리포 브루넬레스키**: 피렌체(플로렌스), 파찌 예배당, 피티 궁이 있다.
② **레온 바티스타 알베르티**: 팔라쪼 루첼라이 궁정, 성 안드레아 성당, 성 마리아 노벨라 등이 있다.
③ **브라만테**: 칸첼라이궁 템피엣토가 있다.
④ **안드레아 팔라디오**: 빌라 카프라(빌라 로톤다), 일 레덴토레 성당 등이 있다.
⑤ **미켈란젤로 부오나로티**: 성베드로 대성당, 캄피돌리오 광장, 라우렌찌아나 도서관 등이 있다.
⑥ **미켈로쵸**: 메디치 궁전(Palazzo Medici)이 있다.

---

* 르네상스 건축의 돔 구조법은 비잔틴 양식에서 이어진 것이며, 돔 하부의 드럼을 높게 하여 이 부분에 창을 두어 채광 효과를 주었다.

* 대성당을 이탈리아어로 두오모(Duomo)라고 한다.
* 피렌체(플로렌스) 대성당의 정식명칭은 "산타 마리아 델 피오레 대성당"이다.

핵심 OX

01 르네상스 건축은 이탈리아의 플로렌스가 발상지이며, 브루넬레스키의 플로렌스 성당 돔 증축에서 시작되었다. (○, ×)
02 르네상스 건축에서 일반적으로 층의 구획이나 처마 부분에 코니스(cornice)를 둘렀다. (○, ×)

01 ○
02 ○

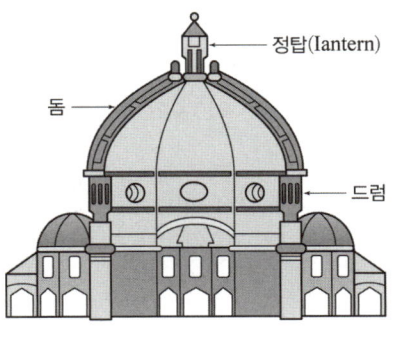

↑ 피렌체 성당

> **예제**
>
> 1. 르네상스 건축의 특징에 대한 설명으로 옳지 않은 것은?　2012년 지방직 9급
>   ① 고전 로마의 다섯 종류의 오더(order)를 채용하며 변화를 주거나 새롭게 구성하였다.
>   ② 파르네제 궁전은 규칙성, 단순성과 위엄을 잘 나타내고 있는 성기 르네상스의 작품이다.
>   ③ 합리적이며 수학적 규범과 법칙을 바탕으로 건축물의 비례, 질서, 조화 등을 표현하였다.
>   ④ 피렌체에 있는 성 미니아토(St. Miniato)가 대표적 건축물이다.
>
>   답 ④
>
> 2. 르네상스 시대의 건축가와 그의 작품의 연결이 옳지 않은 것은?　2018년 국가직 9급
>   ① 안드레아 팔라디오 – 빌라 로톤다(빌라 카프라)
>   ② 필리포 브루넬레스키 – 일 레덴토레 성당
>   ③ 미켈란젤로 부오나로티 – 라우렌찌아나 도서관
>   ④ 레온 바티스타 알베르티 – 루첼라이 궁전
>
>   답 ②
>
> 3. 16세기 르네상스를 대표하는 건축가 중 한 사람인 안드레아 팔라디오의 작품으로 가장 옳은 것은?　2022년 서울시 9급(1회)
>   ① 빌라 로톤다　　　　② 캄피돌리오 광장
>   ③ 피렌체 대성당(두오모)　④ 라 뚜레트 수도원
>
>   답 ①

2. 바로크 건축(AD 17 ~ 18세기)

(1) 특징

① 르네상스 고전주의적 합리주의 경향에 반대하여 르네상스 말기(17세기) 이탈리아에서 발생하였다.

② 공적 생활 위주(종교, 권력)로서 많은 교회의 건축물을 축조하였다.
③ 규모가 장대하고, 화려한 장식을 사용하였다.
④ 유동하는 벽체(변화무쌍한 입면)의 특징을 갖는다.

(2) 대표적 건축물
① 세인트 폴 대성당(St. Paul's Cathedral, 크리스토퍼 렌 작품), 성 카를로 성당, 성 로렌조 성당 등이 있다.
② 베르사이유 궁전, 루브르 궁전, 스칼라 레지아 등이 있다.

> **예제**
>
> 서양의 종교 건축에 대한 설명으로 옳지 않은 것은? 2011년 지방직 9급
> ① 독일 아헨에 있는 팔라틴 채플은 돔으로 덮인 8각형의 공간으로, 그보다 수 세기 전에 건립된 성 비탈레 성당의 공간과 구조를 모델로 한 것으로 평가받고 있다.
> ② 고딕 성당 건축은 플라잉 버트레스(flying buttress)와 같은 새로운 요소의 등장으로 역학적 구조가 직접 예술적으로 표현되는 모습을 보여주고 있다.
> ③ 브루넬레스키(Brunelleschi)가 설계한 이탈리아 피렌체의 대성당 산타마리아 델 피오레의 거대한 돔(큐폴라)은 르네상스 건축의 상징이 되었다.
> ④ 바로크 교회 건축은 정형적이며 정적(靜的)인 공간적 특성을 지니고 가급적 정사각형의 평면을 유지하려 하였다.
>
> 답 ④

3. 로코코 건축(AD 18세기)

18세기에 바로크 건축에 뒤이어 프랑스를 중심으로 발전한 건축양식이다. 종교의 권력을 배경으로 인간의 공적 생활 위주로 발전한 바로크 양식에 비해, 로코코 양식은 아담하고 아름다운 실내공간 장식 등 개인의 프라이버시(privacy)를 위주로 한다는 특징이 있다.

(1) 특징
① 18세기 프랑스를 중심으로 발전하였다.
② 사적 생활을 중심으로 아담한 실내 장식이 있다.
③ 구조적 특징 없이 장식적인 측면에서의 양식이다.

(2) 대표적 건축물
오뗄드 마띠용(프랑스), 프라이어 파크 하우스(영국) 등이 있다.

핵심 OX

바로크 건축은 종교적 열정을 건축적으로 표현해낸 양식이며, 역동적인 공간 또는 체험의 건축을 주요 가치로 등장시켰다. (O, ×)

O

5 근대 건축

1. 근대 건축의 태동

(1) 신고전주의

① 18세기 후반에서 19세기 초에 걸쳐 건축 등 다양한 문화 분야에서 고대 그리스·로마 문화의 부활을 목표로, 고고학적 탐구와 합리적인 미학을 바탕에 두고 있다.

② **주요 건축**: 에뜨와르 개선문, 대영박물관, 에딘버러 중학교, 베를린 왕립극장 등이 있다.

(2) 낭만주의

① 19세기 고전 건축의 단순한 형태 추구에 대비하여 중세의 고딕 건축을 채택하였다.

② 낭만주의 건축은 영국을 중심으로 전개되었으며, 픽처레스크 개념으로 구성한 장식풍의 양식에 집중되었다.

③ **주요 건축물**: 영국 국회의사당, 뮌헨 국립도서관, 뮌헨 신시청사 등이 있다.

> **예제**
>
> 18세기 말부터 19세기 말 이전까지의 양식적인 혼란기에 전개된 '낭만주의 건축'에 대한 설명으로 가장 옳은 것은? 2019년 서울시 9급
> ① 그리스와 로마양식을 다시 빌려서 새로운 시대에 대응하는 건축
> ② 이탈리아를 중심으로 유럽에서 전개된 고전주의 양식의 건축
> ③ 과도기적인 건축양식으로 고딕양식에 의해 새로운 시대의 과제를 해결하고자 노력한 건축
> ④ 각 양식을 새로운 건축의 성격에 따라 적절히 선택 채용하는 건축
>
> 답 ③

(3) 절충주의

① 역사의 연구가 충분히 진행된 19세기 후반에 이르러 도입된 다양한 건축양식을 새로운 건축의 성격에 따라 적절히 선택 채용하는 건축양식이다.

② **주요 건축물**: 파리의 오페라 극장, 성 주느비에브 도서관, 독일 국회 의사당, 드레스덴의 국립가극장, 웨스트민스터 대성당 등이 있다.

2. 근대건축 성립의 근원

(1) 근대건축의 사조 발생 시기 순서

수공예운동 → 시카고파와 아르누보(Art Nouveau) 운동 → 빈 분리파(세제션, Wien Sezession) → 독일공작연맹 → 바우하우스(Bauhaus) → 브루탈리즘(Brutalism) → 포스트 모더니즘(Post-modernism)과 레이트 모더니즘(Late-modernism)

핵심 OX

낭만주의 건축은 독일을 중심으로 전개되었으며, 픽처레스크 개념으로 구성한 장식풍의 양식에 집중되었다.
(O, ×)

× 낭만주의 건축은 영국을 중심으로 전개되었으며, 고딕양식에 의해 새로운 시대의 과제를 해결하고자 노력하였던 건축양식으로서 픽처레스크와 숭고미를 기본 바탕으로 삼았다.

> **예제**
>
> 다음 중 시기적으로 가장 먼저 나타난 것은? 2011년 지방직 9급
> ① 수공예운동(Arts & Crafts Movement)
> ② 포스트 모더니즘(Post Modernism)
> ③ 브루탈리즘(Brutalism)
> ④ 바우하우스(Bauhaus)
>
> 답 ①

(2) 미술공예운동(수공예운동, Art & Craft movement)
① 예술품의 기계적 생산을 비판하고, 수공예에 의한 예술로의 복귀, 민중을 위한 예술을 추구하였다.
② **주요 건축물**: 윌리엄 모리스의 붉은 집이 있다.

(3) 시카고파(Chicago School)
① 19세기 초부터 20세기 초까지 미국 시카고에서 활동한 건축가 그룹 또는 이들 건축가들이 계획한 건축물을 의미한다.
② 근대적인 사무소 건축 발전에 이바지하였다.
③ **철골구조에 의한 고층 건축**: 형태와 기능의 순수함을 표현하였고 비역사주의를 특징으로 한다.
④ 현대 건축에서 고층 건물에 대한 가능성을 예시하였으며, 전기 엘리베이터 등의 기술 발전은 시카고에 본격적인 마천루를 출현시켰다.
⑤ **주요 건축물**
  ㉠ **제니**: 홈 인슈어런스 빌딩이 있다.
  ㉡ **리처드슨**: 마샬 필드 홀 세일 상점이 있다.
  ㉢ **루이스 설리반**: 웨인 라이트 빌딩*이 있다.

* 루이스 설리번은 "형태는 기능을 따른다."라는 기능주의 이론을 전개한 건축가이다.

> **예제**
>
> 시카고학파에 대한 설명으로 옳지 않은 것은? 2017년 국가직 9급
> ① 현대 건축에서 고층 건물에 대한 가능성을 예시하였다.
> ② 경골목구조를 이용하여 1871년 시카고 대화재로 인한 도시의 전소를 막았다.
> ③ 루이스 설리번은 "형태는 기능을 따른다."라는 기능주의 이론을 전개한 건축가이다.
> ④ 전기 엘리베이터 등의 기술 발전은 시카고에 본격적인 마천루를 출현시켰다.
>
> 답 ②

3. 20세기 초 동향과 근대적 건축 운동

(1) 아르누보(Art Nouveau) 운동

① 영국 미술공예운동의 자극과 영향으로 브뤼셀에서 시작하여 프랑스와 벨기에를 중심으로 전 유럽에 확산되었다(창시자는 루이스 설리반과 브뤼셀의 빅토르 오르타).

② 철을 사용하여 곡선의 장식적 가치를 창조한다.

③ 국가별 명칭
  ㉠ 독일: 유겐트 슈틸(Jugend Stil, 청년 양식)
  ㉡ 프랑스: 아르누보(Art Nouveau, 새로운 예술)
  ㉢ 오스트리아: 세제션(Sezession, 빈 분리파)

④ 주요 건축물
  ㉠ 빅토르 오르타(Victor Horta): 튜린가의 저택이 있다.
  ㉡ 기마르(Hector Guimard): 파리 지하철역 입구가 있다.
  ㉢ 안토니오 가우디(Antonio Gaudi): 사그라다 파밀리아가 있다.
  ㉣ 매킨토시(C. R. Mackintosh): 영국 글라스고 미술학교가 있다.

예제

1. 다음과 같은 특징을 가지는 근대건축 및 예술의 사조는? 2016년 국가직 9급

> 곡선화된 물결문양, 비대칭적 형태의 곡선과 같은 장식적 가치에 치중하였다. 또한 자연형태를 디자인의 원천으로 삼아 철이라는 재료의 휘어지는 특성을 이용하여 식물문양, 자유곡선 등을 장식적으로 사용하였다.

① 독일공작연맹(Deutscher Werkbund)
② 아르누보(Art Nouveau)
③ 데스틸(De Stijl)
④ 바우하우스(Bauhaus)

답 ②

2. 다음에 해당하는 근대 건축 운동은? 2019년 국가직 9급

> • 장식, 곡선을 많이 사용
> • 자연주의 경향과 유기적 형식 사용
> • 대표 건축가로는 안토니오 가우디

① 미술공예운동(Arts & Crafts Movement)
② 시카고파(Chicago School)
③ 빈 세제션(Wien Secession)
④ 아르누보(Art Nouveau)

답 ④

(2) 빈 분리파(세제션, Wien Sezession)
① 19세기 말 오스트리아에서 화가 알트를 단장으로 활동하였으며, 실질적으로 운동을 주도한 사람은 오토 바그너이다.
② 과거 양식과의 분리와 해방을 목표로 기하학적 형태 추구하였다.
③ 주요 건축물
  ㉠ 오토 바그너(Otto Wagner): 빈 우편 저금국이 있다.
  ㉡ 요셉 올브리히(J.M. Olbrich): 세제션관이 있다.
  ㉢ 아돌프 로스(Adolf Loss): 슈타이너 주택이 있다.

(3) 독일공작연맹
① 1907년 헤르만 무테지우스(Hermann Muthesius)를 중심으로 독일 뮌헨에서 결성된 독일의 근대 미술 및 예술연맹단체를 의미한다.
② 독일 공업제품의 질적 향상을 목표로, 기계 생산에 의한 기술 개선과 생산 품질 향상에 기여하였다.
③ 주요 건축물
  ㉠ 무테지우스(설립자): 영국의 집이 있다.
  ㉡ 피터 베렌스: A.E.G. 터빈 공장이 있다.
  ㉢ 발터 그로피우스: 파구스 제화공장이 있다.

> **예제**
>
> 독일공작연맹(Deutscher Werkbund)에 대한 설명으로 옳지 않은 것은?
> 2012년 국가직 9급
>
> ① 예술품의 기계적 생산을 배척하고 수공예에 의한 예술의 복귀를 주장했다.
> ② 무테지우스(H. Muthesius)의 주도에 의해 1907년 결성되었다.
> ③ 1927년 바이센호프 주택단지(Weissenhof Siedlung) 전시회를 개최했다.
> ④ 베렌스(P. Behrens)의 A.E.G. 터빈공장이 해당된다.
>
> 답 ①

(4) 데 스틸(De Stijl)*
① 신조형주의: 기하학적인 형상과 이상의 조합이다.
② 추상적 형태 언어 사용하며 직교 직선, 색채 대비, 역동적으로 분해된 순수 입방체를 특징으로 한다.
③ 주요 건축가: 게리트 리트벨트, 반 되스버그가 있다.
④ 주요 건축: 파구스 제화공장이 있다.

* 데 스틸(De Stijl)은 1917년에 결성되어 화가, 조각가, 가구 디자이너 그리고 건축가들을 중심으로 추상과 직선을 강조하는 새로운 양식으로 전개되었다. 아울러 데 스틸(De Stijl)은 신조형주의 이론을 조형적, 미학적 기본원리로 하여 회화, 조각, 건축 등 조형예술 전반에 걸쳐 전개하였으며 입체파의 영향을 받아 20세기 초 기하학적 추상 예술의 성립에 결정적 역할을 하였고, 근대건축이 기능주의적인 디자인을 확립하는데 커다란 역할을 하였다.

> **예제**
>
> 다음 글에서 설명하는 서양의 근대건축 운동은?   2011년 국가직 9급
>
> - 1917년 네덜란드의 화가, 조각가, 건축가들에 의해 시작되었으며, 순수추상주의를 표방하였다.
> - 이 운동의 중심인물들로는 몬드리안(Piet Mondrian), 반 되스버그(Theo van Doesburg), 리트벨트(Gerrit Rietvelt) 등을 들 수 있다.
> - 기하학적이며 신조형적 표현들과, 무채색과 대비되는 적, 청, 황색 등을 사용하였다.
>
> ① 아르누보(Art Nouveau)   ② 데 스틸(De Stijl)
> ③ 세제션(Sezession)   ④ 입체파(Cubism)
>
> 답 ②

(5) 러시아 구성주의(Constructivism)
① 1917년 러시아 혁명 이후 새로운 사회의 가능성을 고전주의 양식을 탈피한 기하학적이고 동적인 형태로 표현한 과학기술의 낙관주의적 운동이다.
② 주요 건축물
    ㉠ 타틀린(V. E. Tatlin): 제3인터내셔널 탑이 있다.
    ㉡ 멜니코프(K. Melnikov): 루사코프 노동자 클럽, 카우르크 공장 클럽이 있다.

(6) 바우하우스(Bauhaus)
① 건축가 발터 그로피우스(Walter Gropius)가 건축과 다른 예술의 협동에 의한 종합예술을 목표로 독일 바이마르에 설립한 조형학교이다.
② 근대건축의 기초를 확립하고자 건축과 공예기술을 학습시킨 학교이다.

(7) 미래파(Futurism)
① 19세기의 모든 전통에 대해 격렬하게 반항하고, 예술을 통하여 20세기의 다이내믹한 격정을 표현하려는 시도이다.
② 주요 건축물: 안토니오 산텔리아의 신도시 계획안이 있다.

(8) 독일 표현주의(Expressionismus)
① 20세기 초 주로 독일, 오스트리아에서 전개된 예술운동으로서 전후 생활의 불안한 상태와 혼란의 내적 감정을 표출하고자 하였다.
② 리듬 있는 조형 구성, 동적 표현을 특징으로 한다.
③ 주요 건축물
    ㉠ 한스 펠치히(Hans Poelzig): 베를린 대극장 등
    ㉡ 에리히 멘델존(Erich Mendelsohn): 아인슈타인 탑 등

4. 근대 건축의 정착

(1) 국제주의(international style)
① 1920년대 그로피우스(Gropius)에 의해 '국제건축'이 제창되었다.
② 세계 어느 곳이나 적합한 새로운 건축양식이다.
③ 장식의 배제와 기하학적 형태: 합리적 기능주의이다.
④ CIAM(Les Congres International d' Architecture Moderne, 근대건축국제회의)의 창시로 유대감을 부여하였다.
⑤ 국제건축의 조형적 특징
  ㉠ 대칭선이 다양하고, 평면계획에 의해서 공간이나 매스를 유동적으로 배치한다.
  ㉡ 단순한 수직, 수평의 직선적 구성을 주로 하며 곡선이나 곡면을 피한다.
  ㉢ 재료의 특색을 외부에 그대로 사용하고, 백색이나 옅은 색을 많이 사용한다.

(2) CIAM(Les Congres International d'Architecture Moderne, 근대건축국제회의)
① 1928년 스위스에서 발터 그로피우스(Walter Gropius), 르 코르뷔지에(Le Corbusier), 지크프리트 기디온(Sigfried Giedion) 등에 의해 결성되었다.
② 근대건축운동의 핵심 단체로서 건축가의 교류가 활발히 이루어졌다.
③ 기능주의 및 합리주의 건축을 보급하였다.
④ TEAM X의 급진론자와 창립 회원 간의 갈등 심화로 10차 회의를 마지막으로 해체되었다.

예제

제2차 세계대전 이후 전개된 건축 양상에 대한 설명으로 가장 옳지 않은 것은?
2017년 서울시 9급(1회)

① 공업기술의 탁월성을 인식하고 재료, 구조, 역학적인 가능성을 철저히 탐구하기 시작
② 브루탈리즘(Brutalism) 등 새로운 건축방향을 모색함
③ 건축의 표현적, 조형적 특성을 강조하는 건축이 시도됨
④ C.I.A.M의 형성으로 기능주의, 합리주의 건축을 보급하기 시작

답 ④

핵심 OX

제2차 세계대전 이후 C.I.A.M의 형성으로 기능주의, 합리주의 건축을 보급하기 시작하였다. (O, X)

✕ C.I.A.M은 스위스에서 발터 그로피우스(Walter Gropius), 르 코르뷔지에(Le Corbusier), 지크프리트 기디온(Sigfried Giedion) 등에 의해 제2차 세계대전 이전인 1928년에 결성되었다.

(3) 주요 건축가

① 발터 그로피우스(Walter Gropius)
  ㉠ 독일공작연맹, 바우하우스를 통하여 국제주의 양식을 확립하였다.
  ㉡ 건축에 있어서 표준화, 대량생산 시스템과 합리적 기능주의를 추구하였다.
  ㉢ 주요 건축물
    ⓐ 파구스 공장(Fagus werke, 1911)
    ⓑ 데사우 바우하우스(Bauhaus Dessau, 1925)
    ⓒ 데사우 토르텐(Dessau Torten)의 2층 집합주택(1926 ~ 1928)
    ⓓ 다름슈타트(Darmstadt)의 4층 집합주택(1929)
    ⓔ 하버드 대학의 그래듀에이트 센터(Graduate Center, 1949 ~ 1950)
    ⓕ 미국과학진흥협회 건물(American Association for the Advancement of Science Washington DC, 1952)

② 프랭크 로이드 라이트(Frank Lloyd Wright)
  ㉠ **유기적 건축 주장(자연과 건물의 조화 추구)**: 역동적 캔틸레버를 사용하고 내·외부가 상호 소통하는 유기적 공간 개념을 도입하였다.
  ㉡ 주요 건축물
    ⓐ 일리노이주 칸카키의 히콕스 저택(1900)
    ⓑ 로비 하우스(Robie House, 1909)
    ⓒ 도쿄 제국호텔(Imperial Hotel, Tokyo)
    ⓓ 애리조나의 산마르코 호텔(1927)
    ⓔ **낙수장(1936)**: 건물 매스(Mass)의 일부를 계곡물 폭포 위에 앉히면서 길쭉한 테라스와 처마의 수평면들을 얼기설기 오버랩시키고, 두툼한 벽난로 굴뚝의 수직타워를 한쪽에 꽂아 앵커 역할을 하도록 하여 균형을 잡았다. 특히 모든 디자인 요소가 긴장감을 유발시키는 특징이 있다.
    ⓕ 존슨왁스 본사(1939)

예제

20세기 국제주의 양식 건축의 대표적인 건축가와 그의 작품을 연결한 것으로 옳지 않은 것은? 2023년 지방직 9급

① 피터 쿡(Peter Cook) — 로비 하우스(Robie House)
② 르코르뷔지에(Le Corbusier) — 빌라 사보아(Villa Savoye)
③ 발터 그로피우스(Walter Gropius) — 바우하우스(Bauhaus)
④ 미스 반데어로에(Mies Van Der Rohe) — 바르셀로나 파빌리온(Barcelona Pavilion)

답 ①

③ 알바 알토(Alvar Aalto)
　㉠ 유기적인 자연재료(목재 등)와 현대의 인공재료(강철, 콘크리트)를 조화시켜 바우하우스적 기능주의를 유기적 합리주의로 발전시켰다.
　㉡ 주요 건축물
　　ⓐ MIT 학생기숙사(1947)
　　ⓑ 파이미오 사나토리움(1929)
　　ⓒ 핀란드의 국민연금국(1956)
　　ⓓ 핀란디아 홀(Finlandia Hall)

> **예제**
>
> 모더니즘시대의 건축가와 그가 설계한 건축물을 연결한 것으로 옳지 않은 것은?
> 2015년 국가직 9급
>
> ① 프랭크 로이드 라이트(Frank Lloyd Wright) - 도쿄 제국호텔(Imperial Hotel, Tokyo)
> ② 르 꼬르뷔지에(Le Corbusier) - 핀란디아 홀(Finlandia Hall)
> ③ 미스 반 데어 로에(Mies van der Rohe) - 시그램 빌딩(Seagram Building)
> ④ 월터 그로피우스(Walter Gropius) - 데사우 바우하우스 빌딩(Dessau Bauhaus Building)
>
> 답 ②

④ 르 코르뷔지에(Le Corbusier)
　㉠ 기본정신(건축개념)
　　ⓐ 합리적 기능주의, "집은 살기 위한 기계"
　　ⓑ 정육면체, 원뿔, 구, 원통, 피라미드는 위대한 원초적 형태들이라고 주장하였다.
　　ⓒ 건축적 산책(Architectural Promenade)
　㉡ **근대건축의 5원칙**: 필로티, 옥상정원, 자유로운 평면, 자유로운 입면(facade), 수평 띠창이 있다.
　㉢ **주택의 4가지 유형**: 라로슈 주택, 가르슈 주택, 슈투트가르트 주택, 사보아 주택이 있다.
　㉣ 오늘날 고층 아파트로 이루어지는 주거지계획의 이론적 배경이 된, 녹지 위의 고층(tower in the park)의 개념인 300만인을 위한 도시를 제안하였다.
　㉤ 주요 건축물
　　ⓐ 사보아 주택(Villa Savoie, 1929)
　　ⓑ 제네바 국제연맹본부계획안(1927)
　　ⓒ 스위스 학생관(1932)

ⓓ 알지에의 도시계획(1921~1934)
ⓔ 산디에(St, Die)의 중심의 도시(Core, 1945)
ⓕ 마르세유의 주거단위(1947~1952)
ⓖ 롱샹 교회(1950~1955)
ⓗ 브뤼셀 만국박람회 필립관(1958)
ⓘ 찬디가르 국회의사당(Legislative Assembly Building and Capital Complex, chandigarh)
ⓙ 유니테 다비타시옹(Unité d Habitation)
ⓚ 라 투레트 수도원(Couvent de La Tourette, 1960)

예제

르 꼬르뷔제(Le Corbusier)의 근대건축 설계 5원칙에 대한 설명으로 옳지 않은 것은?
2013년 국가직 9급

① 옥상정원 - 지붕을 평지붕으로 계획하여 대지 위 정원과 같은 공간을 조성한다.
② 기능적인 평면 - 내부공간이 합리적이고 기능적으로 구성되도록 계획한다.
③ 필로티(pilotis) - 건물을 대지에서 들어 올려 지상층에 기둥으로 이루어진 개방공간을 조성한다.
④ 자유로운 입면 - 구조방식의 발전으로 인하여 가능하게 된 비내력벽 입면을 자유롭게 구성한다.

답 ②

⑤ 미스 반 데어 로에(Miss van Der Rohe)
  ㉠ 기본정신(건축개념)
    ⓐ **보편적 공간(Universal Space)**: 다목적 이용이 가능한 무한정(無限定) 공간이다.
    ⓑ **적을수록 더 풍요롭다(Less is More).**: 미스 반 데어 로에는 당시 복잡했던 고딕 양식의 벽돌과 장식들을 제거하고 간결하고 단순한 건축물을 추구하였다.
    ⓒ 신은 디테일 안에 있다(God is in the details).
  ㉡ 구조체(내부 골조)와 비구조체(외부 커튼월)를 분리하여 고층 건축물의 건립을 용이하게 하였다.
  ㉢ 시카고 고층 건물 계획안에서 유리를 적용한 커튼월을 처음 적용하였다.
  ㉣ 주요 건축물
    ⓐ 유리의 마천루 계획안(1921)
    ⓑ 시그램 빌딩(Seagram Building, 1958)

ⓒ 바로셀로나 박람회의 독일관(German Pavilion, 1929)
ⓓ 슈투트가르트(Stuttgart)의 바이센호프(Waisenhof-Sied lung, 1927)
ⓔ 투겐하트 저택(Tugend Hat House, 1930)
ⓕ 일리노이 공과대학 종합건축 계획(1940)
ⓖ 프로몬토리 아파트(Promontory Apart, 1949)
ⓗ 베를린 신 국립미술관(1968)
ⓘ 크라운 홀(S. R. Crown Hall)
ⓙ 판스워스(Farnsworth) 주택

예제

1. "적을수록 풍부하다(Less is more)."라는 주장을 하였으며, 바르셀로나 박람회 독일 전시관을 설계한 건축가는?
_{2017년 지방직 9급 고졸경채}

① 미스 반 데어 로에(Mies van der Rohe)
② 르 코르뷔지에(Le Corbusier)
③ 알바 알토(Alvar Aalto)
④ 프랭크 로이드 라이트(Frank Lloyd Wright)

답 ①

2. 건축가와 그의 작품의 연결이 옳지 않은 것은?
_{2019년 지방직 9급}

① 프랑크 게리(Frank Owen Gehry) - 구겐하임 빌바오 미술관
② 자하 하디드(Zaha Hadid) - 비트라 소방서
③ 렘 쿨하스(Rem Koolhaas) - 베를린 신 국립미술관
④ 다니엘 리베스킨트(Daniel Libeskind) - 베를린 유대박물관

답 ③

⑥ 장 누벨(Jean Nouvel)
  ㉠ 빛과 기하학의 조화를 추구하였다.
  ㉡ **주요 건축물**: 프랑스 파리 아랍문화원(Institut du Monde Arabe, 1988)이다.

⑦ **고든 분샤프트(Gordon Bunshaft)**: 주요 건축물에는 미국 레버하우스(Lever House, 1952) 등이 있다.

⑧ 루이스 칸(Louis Isadore Kahn)
  ㉠ 제공하는 공간(Servant Space)과 제공받는 공간(Served Space)의 개념을 특징으로 한다.
  ㉡ **주요 건축물**: 미국 킴벨 미술관(1966), 방글라데시 종합청사, 요나스 솔크(Salk) 생물학 연구소 등, 예일 아트 갤러리이다.

고든 분샤프트의 레버하우스
고층(94m) 규모의 4면이 커튼 월(투명외피)로 이루어진 건축물로서, 뉴욕 모더니즘의 시발점이 된 건축물이다.

예제

1. 건축가와 그들의 대표 건축물을 연결한 것으로 옳지 않은 것은?

2016년 서울시 9급(1회)

① 에로 사리넨(Eero Saarinen) - 제너럴 모터스 기술연구소
② 루이스 칸(Louis Kahn) - 예일 아트 갤러리
③ 르 꼬르뷔지에(Le Corbusier) - 빌라 사보아
④ 필립 존슨(Philip Johnson) - 요나스 솔크 연구소

답 ④

2. 다음 중 근대 건축의 대표적인 건축가와 작품이 잘못 짝 지어진 것은?

2021년 국가직 9급

① 미스 반 데어 로에(Mies van der Rohe) - 판스워스(Farnsworth) 주택
② 르 코르뷔제(Le Corbusier) - 롱샹(Ronchamp) 성당
③ 알바 알토(Alvar Aalto) - 솔크(Salk) 생물학 연구소
④ 발터 그로피우스(Walter Gropius) - 파구스(Fagus) 공장

답 ③

⑨ **루이스 설리번(Louis H. Sullivan)**
  ㉠ 시카고 학파의 건축가로서 "형태는 기능을 따른다(Form follows function)."라는 명제를 주장하였다.
  ㉡ 기능주의 이론을 전개하였다.
  ㉢ 프랭크 로이드 라이트의 스승이다.

⑩ **가우디(Antonio Gaudi)**: 주요 건축물은 사그라다 파밀리아(Sagrada Familia), 구엘 정원(Park Guell), 카사밀라(Casa Mila), 카사바틀(Casa Batllo)이다.

⑪ **프랑크 게리(Frank Owen Gehry)**: 주요 건축물은 빌바오 구겐하임 미술관, MIT공대 스타센터이다.

예제

1. 루이스 헨리 설리반(Louis Henry Sullivan)에 대한 설명으로 옳은 것만을 모두 고르면?

2022년 지방직 9급

ㄱ. "형태는 기능을 따른다(Form follows function)."라는 명제를 주장하였다.
ㄴ. 구성주의 이론을 전개하였다.
ㄷ. 홈 인슈어런스 빌딩을 설계하였다.
ㄹ. 프랭크 로이드 라이트의 스승이다.

① ㄱ, ㄴ
② ㄱ, ㄹ
③ ㄴ, ㄷ
④ ㄱ, ㄷ, ㄹ

답 ②

2. 스페인의 쇠락해가던 빌바오시는 구겐하임 미술관을 신축함으로써 문화도시로 부흥하게 되는 계기를 마련하였다. 빌바오 구겐하임 미술관을 설계한 건축가는?

2010년 국가직 9급

① 프랑크 게리(Frank Owen Gehry)
② 자하 하디드(Zaha Hadid)
③ 다니엘 리벤스킨드(Daniel Libenskind)
④ 피터 아이젠만(Peter Eisenman)

답 ①

⑫ 자하 하디드(Zaha Hadid)
  ㉠ 평면과 입체적 구성 측면에서는 기존의 상식적인 방법에서 탈피하여 추상적인 경향을 보인다.
  ㉡ 요소의 재결집과 축으로의 수렴, 추상적 조각물의 조합 등을 통해 '모호함(ambiguity)'을 극명하게 드러내는 경향을 보인다.
  ㉢ **주요 건축물**: 비트라 소방서, 동대문 디자인 플라자(Dongdaemun Design Plaza), 로젠탈 현대 미술센터(Rosenthal Center for Contemporary Art), 베르기셀 스키점프대(Bergisel Ski Jump), 파에노 과학센터(Phaeno Science Center)가 있다.

예제

건축가와 그가 설계한 건축물을 연결한 것으로 옳지 않은 것은? 2016년 국가직 9급

① 르 꼬르뷔지에(Le Corbusier) - 사보아 주택(Villa Savoye)
② 렌조 피아노(Renzo Piano) - 퐁피두 센터(Pompidou Center)
③ 프랭크 게리(Frank Gehry) - 동대문 디자인 플라자(Dongdaemun Design Plaza)
④ 프랭크 로이드 라이트(Frank Lloyd Wright) - 낙수장(Falling Water)

답 ③

⑬ 다니엘 리베스킨트(Daniel Libeskind): 주요 건축물은 베를린 유대박물관이다.
⑭ 에리히 멘델존(Erich Mendelsohn): 주요 건축물은 아인슈타인 타워이다.
⑮ 피에르 루이지 네르비(Pier Luigi Nervi): 건축의 3대 요소를 기능(Function), 구조(Structure), 형태(Form)라는 용어로 정의하였다.

핵심 OX

01 스페인의 쇠락해가던 빌바오시는 구겐하임 미술관을 신축함으로써 문화도시로 부흥하게 되는 계기를 마련하였다. 이러한 빌바오 구겐하임 미술관을 설계한 건축가는 프랑크 게리(Frank Owen Gehry)이다. (O, X)

02 게리트 리트벨트(Gerrit Thomas Rietveld)는 신조형주의 운동 데 스틸(De Stijl)에 참여했으며 원색과 요소화, 반중력 원리를 적용한 적·청·황 의자와 슈뢰더(Schroeder) 하우스를 설계하였다. (O, X)

01 O
02 O

예제

건축의 3대 요소를 기능(Function), 구조(Structure), 형태(Form)라는 용어로 정의한 건축가는?　　　　　　　　　　　　　　　　　2012년 국가직 9급

① 비트루비우스(Vitruvius)
② 피에르 루이지 네르비(Pier Luigi Nervi)
③ 모리스 블롱델(Maurice Blondel)
④ 헥토르 기마르(Hector Guimard)

답 ②

⑯ 요한 오또 본 스프렉칼슨: 주요 건축물은 파리 라데팡스 그랜드 아치이다.
⑰ 베르나르 츄미: 주요 건축물은 파리 라빌레뜨 공원이다.
⑱ 블라디미르 타틀린(Vladimir Evgrafovich Tatlin): 주요 건축물은 제3인터내셔날 기념관이다.

예제

다음은 현대건축 발전에 결정적 역할을 하였던 근대건축 운동과 건축가를 설명한 것이다. 연결이 바르지 않은 것은?　　　　　　　　　　　2013년 국가직 9급

① 프랭크 로이드 라이트(Frank Lloyd Wright) – 역동적 캔틸레버를 사용, 내·외부가 상호 소통하는 유기적 공간 개념을 도입하였다.
② 미스 반 데어 로에(Mies van der Rohe) – 주로 유리와 철골을 사용하여 장식을 제거한 미니멀한 건축을 추구하였다.
③ 르 꼬르뷔제(Le Corbusier) – '돔이노(Dom-ino)' 이론을 확립하였으며 순수기하학적 형태와 역동성을 강조한 제3인터내셔날 기념관을 설계하였다.
④ 게리트 리트벨트(Gerrit Thomas Rietveld) – 신조형주의 운동 데 스틸(De Stijl)에 참여했으며 원색과 요소화, 반중력 원리를 적용한 적·청·황 의자와 슈뢰더(Schroeder) 하우스를 설계하였다.

답 ③

⑲ 윌리엄 르 베런 제니(Willam Le Baron Jenny): 주요 건축물은 홈 인슈어런스 빌딩(Home Insurance Building)이다.
⑳ 리처드 로저스와 렌조피아노(Richard Rogers & Renzo Piano): 주요 건축물은 퐁피두 센터(Pompidou Center, Paris, France)이다.
㉑ 토요 이토(Toyo Ito): 주요 건축물은 센다이 미디어테크(Sendai Mediatheque, Miyagi, Japan)이다.
㉒ 피터 줌토르(Peter Zumthor): 주요 건축물은 테르말 온천(Thermal Bath, Vals, Switzerland)이다.

존 우트존(요른 웃손, Jorn Utzon)
표현주의 건축가이면서, 동시에 지역주의 건축가이다.

㉓ 존 우트존(요른 웃손, Jorn Utzon): 주요 건축물은 시드니 오페라 하우스(Sydney Opera House, Sydney, Australia)이다.

㉔ 에로 사리넨(Eero Saarinen): 주요 건축물은 제너럴 모터스 기술연구소이다.

㉕ 리차드 버크민스터 풀러(Richard Buckminster Fuller): 1950년대 후반 지오데식 돔(geodesic dome) 건축기법을 개발하여 10층 높이의 축구 경기장으로 사용 가능한 규모의 구조물을 설계하였다.

㉖ 미노루 야마자키: 프루이트 이고우(Pruit Igoe) 주거단지를 설계하였다.

㉗ 조르주 외젠 오스만(Georges Eugéne Haussmann): 파리 대개조 사업을 주도하였다.

㉘ 리처드 로저스(Richard Rogers): 주요 건축물에는 로이드 보험 본사(Lloyd's of London)가 있다.

> **예제**
>
> **1. 건축가와 주요 사상 및 대표 작품의 연결이 옳지 않은 것은?** 2023년 국가직 9급
>
> ① 프랭크 로이드 라이트(Frank Lloyd Wright) - 유기적 건축 - 낙수장(Falling Water)
> ② 르 꼬르뷔제(Le Corbusier) - 근대건축의 5원칙 - 라투레트 수도원(Sainte Marie de La Tourette)
> ③ 미스 반 데어 로에(Mies van der Rohe) - 적을수록 풍부하다(Less is more) - 시그램 빌딩(Seagram Building)
> ④ 필립 존슨(Philip Johnson) - 지역주의 - 로이드 보험 본사(Lloyd's of London)
>
> 답 ④
>
> **2. 상하수도, 직선가로망, 녹지 등의 도시기반시설을 설치하고, 가로변 주택, 기념비적 공공시설 등의 건축물을 조성하여 19세기 중반에서 20세기 초까지 프랑스 파리를 중세 도시에서 근대 도시로 개조하는 파리 개조 사업을 주도했던 인물은?** 2019년 서울시 9급(1회)
>
> ① 토니 가르니에(Tony Garnier)
> ② 조르주 외젠 오스만(Georges Eugéne Haussmann)
> ③ 오귀스트 페레(Auguste Perret)
> ④ 르 꼬르뷔지에(Le Corbusier)
>
> 답 ②

프루이트 이고우(Pruit Igoe) 주거단지
미국 세인트루이스의 대규모 공공 주택단지(1954년 계획착수)로서, 모더니즘 도시 재건축의 성격을 가지고 기획되고 완공되었다. 하지만 완공 후 빈공층 유입, 범죄의 빈번한 발생 등으로 급격한 슬럼화가 진행되어 결국 1970년대 중반 세인트루이스 시 당국은 프루이트 이고우 주거단지를 폭파 해체하였다.

파리 대개조 사업
1. 상하수도, 직선가로망, 녹지 등의 도시기반시설을 설치하고, 가로변 주택, 기념비적 공공시설 등의 건축물을 조성하여 19세기 중반에서 20세기 초까지 프랑스 파리를 중세 도시에서 근대 도시로 개조하는 파리 개조 사업이다.
2. 프랑스 파리의 인프라 정비 및 주택난을 해결하고자 나폴레옹 3세의 지시에 의해, 당시 파리 지사였던 조르주 외젠 오스만이 책임자로서 주도하였던 도시 개조 사업이다.

5. 다양한 건축운동

(1) 팀텐(TEAM X)
① 르 코르뷔지에의 기능주의적 도시 구상을 비판하여 피터, 스미슨 등이 참여하였다.
② 인간주의적 관점의 형태들을 제시하고 클러스터형, 저층과 고층의 결합, 타워 스케이프, Street 개념의 복원을 주창하였다.
③ 주요 건축가: 조르주 칸딜리스(Georges Candilis), 알도 반 아이크(Aldo Van Eyck), 야콥 바케마(Jacob Bakema)가 있다.

(2) GEAM(Groupe d'Etude d'Architecture Mobile)
개인의 요구에 적합한 주거 방식과 생활 양식의 변화에 대응하여 주창하였다.

(3) 아키그램(Archigram)
① 1960년 영국에서 피터 쿡(P. Cook)*, 론 헤론(R. Herron), 워렌 초크(W. Chalk), 데니스 크럼프턴(D. Crompton) 등이 결성한 단체이다.
② 규범적인 권위주의적 체계의 가치를 부정하였다.
③ 건축과 도시의 가동성과 가변성을 주창하였다.

*피터 쿡(P. Cook)은 1960년 영국에서 론 헤론(R. Herron), 워렌 초크(W. Chalk), 데니스 크럼프턴(D. Crompton) 등과 아키그램(Archigram)을 결성하여 규범적인 권위주의적 체계의 가치 부정 및 건축과 도시의 가동성과 가변성을 주창하였다.

> **예제**
>
> 팀텐(Team X)과 가장 관계가 없는 건축가는? 2018년 지방직 9급
> ① 조르주 칸딜리스(Georges Candilis)
> ② 알도 반 아이크(Aldo Van Eyck)
> ③ 피터 쿡(Peter Cook)
> ④ 야콥 바케마(Jacob Bakema)
>
> 답 ③

(4) 메타볼리즘(Metabolism)
① 인간과 기계가 공생하며 살 수 있다는 가정에서 출발하였다.
② 현대의 기술과 재료를 적극적으로 이용하여 문화적인 정체성을 표현하였다.
③ 일본건축을 세계적으로 알린 건축운동으로서, '신진대사'라는 메타볼리즘의 생물학적 의미와 더불어 '변화를 계속하는 건축', '성장해 가는 사회'라는 의미를 추구하였다.

(5) 브루탈리즘(Brutalism)
거칠고 투박할 정도로 솔직하고 정직한 구조를 표현하였다.

(6) 포스트 모더니즘(Post-modernism)과 레이트 모더니즘(Late-modernism)
① 포스트 모더니즘 건축
  ㉠ 근대 건축의 한계를 인식하고 그 이념을 초월하는 새로운 건축을 추구하였다.

ⓒ 상징적·대중적·맥락주의적 건축이다.
ⓒ **주요 건축가**: 로버트 벤츄리, 찰스 모어, 마이클 그레이브스 등이 있다.
④ 레이트 모더니즘 건축
ⓒ 근대 건축 이념의 지속적인 계승과 발전을 추구하였다.
ⓒ **주요 건축가**: 케빈 로시, 노만 포스터, 리처드 로저스 등이 있다.

(7) 하이테크건축
초감각주의, 슬릭테크 등의 표현을 특징으로 한다.

> **예제**
>
> 포스트 모던 건축에 관한 설명으로 옳지 않은 것은? 2010년 지방직 9급
> ① 2중 코드화된 건축으로 일반 대중과 전문 건축가 모두에게 의사전달 시도
> ② 상징화, 대중화, 기호화의 특성
> ③ 초감각주의, 슬릭테크 등의 표현
> ④ 역사적 맥락 중시
>
> 답 ③

2 한국건축사

1 한국 건축의 시대별 특징

1. 삼국시대 건축

(1) 고구려 건축
① 진취적이고 힘 있는 표현을 특징으로 한다.
② 대표적인 가람지로서 청암리사지가 있다.
③ **가람배치 형식**: 중앙에 8각형 목조 탑지가 있고 그 좌·우·북측에 금당지가 있는 1탑 3금당식 가람배치이다.
④ **주요 건축물**: 평양 보통문, 청암리사지, 장군총, 쌍영총, 무용총 등이 있다.

(2) 백제 건축
① 탑을 중심으로 회랑을 돌린 1탑식 가람배치 형식을 특징으로 한다.
② **미륵사지 석탑**: 현존하는 가장 오래된 석탑이다.
③ **주요 건축물**: 익산 미륵사지, 정림사지, 무령왕릉 등이 있다.

가람지
승가들이 한데 모여 불도를 닦는 사찰(절)이다.

가람배치
사찰건축의 형식화된 틀 또는 정형화된 공간배치를 의미한다. 즉, 사찰 안의 탑과 건물 간의 배치관계를 의미한다.

회랑
사원이나 궁전건축에서 주요부분을 둘러싼 지붕이 있는 긴 복도이다.

(3) 신라 건축

① 1탑식 가람배치을 특징으로 한다.
② 돌을 벽돌 형태로 다듬어 쌓은 모전 석탑 형식을 특징으로 한다.
③ **주요 건축물**: 황룡사지, 분황사 모전 석탑, 첨성대 등이 있다.

모전 석탑
돌을 벽돌모양으로 깎아서 쌓아올린 탑이다.

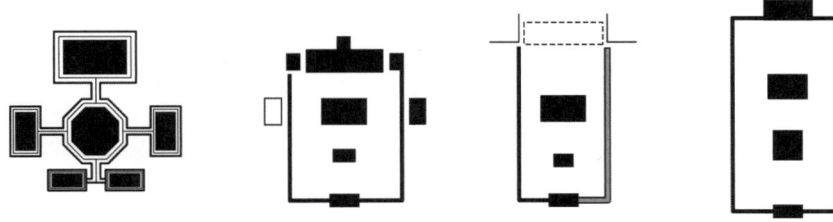

↑ 삼국시대의 가람배치

2. 통일신라시대 건축

(1) 불교 예술이 중심(석조탑 등)을 이룬다.

(2) 불상을 안치한 금당을 중심으로 2탑식 가람배치 양식

통일신라시대의 가람배치는 불사리를 안치한 탑을 중심으로 하였던 1탑식 가람배치 방식에서 불상을 안치한 금당을 중심으로 그 앞에 두 개의 탑을 시립(侍立)한 2탑식 가람배치로 변화하였다.

(3) 선종과 더불어 산지가람 형식이 이루어진다.

선종
참선 수행으로 깨달음을 얻는 것을 중요시하는 불교의 한 종파이다.

산지가람 형식
돌계단 형식으로 조성된 가람형식이다.

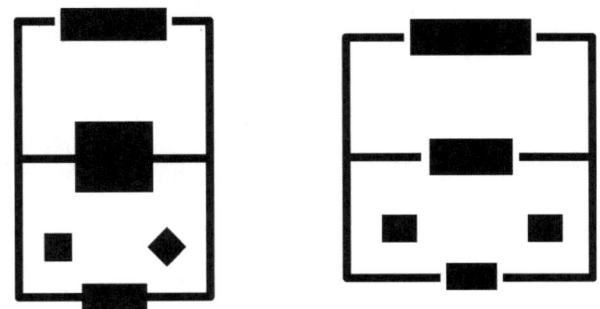

↑ 통일신라시대의 가람배치

(4) 대표적 건축물

불국사, 석굴암, 부석사(浮石寺), 해인사, 범어사, 화엄사, 법주사, 감은사, 석가탑, 다보탑 등이 있다.

(5) 부석사(浮石寺)의 건축적 특징

① 부석사는 통일신라 때 창건되었다.
② 무량수전은 주심포식 건축이다.
③ 무량수전 앞마당에는 통일신라 양식의 3층 석탑이 있다.
④ 산지가람의 배치특성을 가진다.

> **예제**
>
> 부석사의 건축적 특징에 대한 설명으로 옳지 않은 것은? 2018년 지방직 9급
> ① 부석사는 통일신라 때 창건되었다.
> ② 무량수전은 주심포식 건축이다.
> ③ 무량수전 앞마당에는 신라 양식의 5층 석탑이 있다.
> ④ 산지가람의 배치특성을 가진다.
>
> 답 ③

3. 고려시대 건축

(1) 불사 배치는 1탑식, 탑식, 산지가람 등 자유롭게 배치되었다.

(2) 고려 초기에는 기둥 위에 공포를 배치하는 주심포식 구조형식이 주류를 이루었고, 고려 말경에는 창방 위에 평방을 올려 구성하는 다포식 구조형식을 사용하였다.
  ① **주심포식**: 주두, 소첨차, 대첨차와 소로들로 짠 공포를 기둥 위에만 올려놓아 지붕틀을 떠받치는 구조이다.
  ② **다포식**: 평방이라는 수평부재를 놓고 주두와 소첨차, 대첨차 등으로 짠 공포를 놓아 주심도리와 출목도리를 받치는 구조이다.

> **예제**
>
> 우리나라 전통 목조 건축 양식 중 주심포계, 다포계 양식에 관한 설명으로 옳지 않은 것은? 2010년 국가직 9급
> ① 주심포계 양식은 다포계 양식보다 기둥의 배흘림이 강조되어 있다.
> ② 주심포계 양식은 다포계 양식과 달리 공포가 기둥 사이사이에 배치되어 있다.
> ③ 숭례문은 다포계 양식에 속한다.
> ④ 조선 왕조의 다포계 양식은 주심포계 양식과의 절충이 많다.
>
> 답 ②

(3) 후기에는 도교의 영향으로 칠성각, 산신각 등의 건물이 다수 지어졌다.

(4) 대표적 건축

주심포식	안동 봉정사 극락전(현존하는 가장 오래된 목조 건축물), 영주 부석사 무량수전, 영주 부석사 조사당, 예산 수덕사 대웅전*, 강릉 객사문 등
다포식	심원사 보광전, 석왕사 응진전 등
탑파	월정사 8각 9층 석탑, 경천사지 10층 석탑 등

공포
기둥 처마의 무게를 기둥이나 벽에 전달하기 위해 기둥 위에 댄 나무부재(건물의 구조적 역할뿐만 아니라 장식의 역할)이다.

주심포식
공포가 기둥 위에만 있는 형식이다.

다포식
공포가 기둥 위뿐만 아니라 기둥과 기둥 사이에도 있는 형식이다.

* 예산 수덕사 대웅전은 앞면 3칸, 옆면 4칸의 단층 건물이다.

탑파
불탑으로서 사리가 안치되어 있는 일종의 무덤 건축물이다.

예제

1. 다음 중 주심포식 건축 수법을 사용하지 않은 건축물은? 2016년 서울시 9급(2회)
① 안동 봉정사 극락전 ② 안변 석왕사 응진전
③ 예산 수덕사 대웅전 ④ 강릉 객사문

답 ②

2. 다음 목조건축물 중 고려시대의 다포식 건축물은? 2019년 지방직 9급
① 영주 - 부석사 무량수전 ② 안동 - 봉정사 극락전
③ 연탄 - 심원사 보광전 ④ 안동 - 봉정사 대웅전

답 ③

3. 다음 전통목조건축 중 건립연대가 가장 오래된 것은? 2011년 국가직 9급
① 고산사 대웅전 ② 수덕사 대웅전
③ 부석사 무량수전 ④ 봉정사 극락전

답 ④

4. 예산 수덕사 대웅전에 대한 설명으로 가장 옳지 않은 것은? 2022년 서울시 9급(1회)
① 전형적인 주심포 양식 건물이다.
② 우리나라에서 가장 오래된 목조건물이다.
③ 고려시대의 사찰이다.
④ 앞면 3칸, 옆면 4칸의 단층건물이다.

답 ②

4. 조선시대 건축

(1) 조선시대는 유교를 통치이념으로 삼았기 때문에 엄격한 질서와 합리성을 내세우는 단정하고 검소한 조형이 주류를 이루었다.

(2) 조선시대에는 살림집의 터나 집 자체의 크기를 법령으로 규제하는 가사제한(家舍制限)이 있었다.

(3) 후기에 들어 배흘림이 약해진다.

(4) 유교에 관계되는 문묘나 서원 건축이 발달하였다. 조선시대 서원의 시작은 1543년 주세붕이 세운 백운동서원이다.

(5) 조선시대 초기부터 방바닥 전체에 구들을 설치하는 전면 온돌이 지배층의 주택에서 널리 사용되었다.

조선시대 주요 궁궐의 특징

1. **경복궁**
   근정전을 중심으로 하는 일곽의 중심 건물은 남북축선상에 좌우 대칭으로 배치하였다.

2. **창덕궁**
   인정전을 정전으로 하며 궁궐배치는 산기슭의 지형에 따라서 자유롭게 하였다.

3. **창경궁**
   명정전을 정전으로 하며 정전이 동향을 한 특유한 예로서 창덕궁의 동쪽에 위치한다.

4. **덕수궁**
   임진왜란 후에 선조가 행궁으로 사용하였으며 서양식 건물이 있다.

수원화성
18세기 말 조선시대 말(정조)에 과학적 지식과 기술 활용을 중요시했던 실학정신(사상)이 반영된 건축물이다.

풍납토성
BC 1세기 ~ AD 3세기에 걸쳐 만들어진 토성(土城)이다.

부소산성과 남한산성
삼국시대에 건립된 산성이다.

익공식
새 날개 모양의 부재를 끼운 공포 양식이다.

쌍봉사 대웅전
1984년 화재로 소실된 바 있으며, 3층의 정방형 단칸집 형태를 가진 조선 중기의 법당으로서, 탑파형 건축물이다.

> **예제**
>
> 1. 조선시대 건축에 대한 설명 중 옳지 않은 것은? 〈2015년 지방직 9급〉
>   ① 조선시대는 유교를 통치이념으로 삼았기 때문에 엄격한 질서와 합리성을 내세우는 단정하고 검소한 조형이 주류를 이루었다.
>   ② 조선시대 서원의 시작은 1543년 주세붕이 세운 백운동서원이다.
>   ③ 조선시대에는 살림집의 터나 집 자체의 크기를 법령으로 규제하는 가사제한(家舍制限)이 있었다.
>   ④ 조선시대 중기 이후부터 방바닥 전체에 구들을 설치하는 전면 온돌이 지배층의 주택에서 널리 사용되었다.
>
>   답 ④
>
> 2. 18세기 말 조선시대에 대두되었던 신진 학자들의 실학정신이 성곽 축조에 반영된 사례는? 〈2022년 국가직 9급〉
>   ① 풍납토성   ② 부소산성
>   ③ 남한산성   ④ 수원화성
>
>   답 ④

(6) 탑은 많이 세워지지 않았으며, 주심포, 다포 양식 외에 익공 양식이 나타났다. 주로 향교, 서원에는 익공식 양식을 많이 적용하였다.

(7) 대표적 건축

주심포식	무위사 극락전, 도갑사 해탈문, 송광사 국사전, 고산사 대웅전, 봉정사 화엄 강당, 나주 향교 대성전, 전주 풍남문 등
다포식	서울 남대문(숭례문), 봉정사 대웅전, 신륵사 조사당, 율곡사 대웅전, 창덕궁 명정전, 창덕궁 돈화문, 전등사 대웅전, 전등사 약사전, 법주사 팔상전, 내소사 대웅전, 서울 문묘, 서울 동대문, 수원성, 팔달문, 경복궁 궁정전, 덕수궁 중화전, 불국사 극락전, 경산 환성사 대웅전 등
익공식	강릉 오죽헌, 해인사 장경 판고, 서울 종묘 분전, 서울 동묘 본전, 경복궁 경회루, 남원 광한루, 서울 문묘의 명륜당, 옥산서원 동락당, 서울 사직단 정문 등
탑파	쌍봉사 대웅전(3층 정방형 단칸 형태), 원각사 10층 석탑 등

> **예제**
>
> 1. 우리나라 시대별 전통건축의 특징에 대한 설명으로 옳지 않은 것은?
>
>   2018년 국가직 9급
>
>   ① 통일신라시대의 가람배치는 불사리를 안치한 탑을 중심으로 하였던 1탑식 가람배치 방식에서 불상을 안치한 금당을 중심으로 그 앞에 두 개의 탑을 시립(侍立)한 2탑식 가람배치로 변화하였다.
>   ② 고려 초기에는 기둥 위에 공포를 배치하는 주심포식 구조형식이 주류를 이루었고, 고려 말경에는 창방 위에 평방을 올려 구성하는 다포식 구조형식을 사용하였다.
>   ③ 조선시대에는 다포식과 주심포식이 혼합된 절충식이 나타나기도 하였으며, 절충식 건축물로는 해인사 장경판고(대장경판전), 옥산서원 독락당, 서울 동묘, 서울 사직단 정문 등이 있다.
>   ④ 20세기 초에 서양식으로 지어진 건물 중 조선은행(한국은행본관)은 르네상스식 건물이고, 경운궁의 석조전은 신고전주의 양식을 취한 건물이다.
>
>   답 ③
>
> 2. 주심포식 건축물이 아닌 것은?
>
>   2014년 국가직 9급
>
>   ① 예산 수덕사 대웅전   ② 창녕 관룡사 약사전
>   ③ 영주 부석사 무량수전 ④ 경산 환성사 대웅전
>
>   답 ④

5. 근대 주요 건축물

(1) 고딕 양식
명동 성당(1898), 보성전문학교(現 고려대학교 본관, 1937)가 대표적이다.

(2) 르네상스 양식
경성역사(現 서울역 본관, 1925), 조선총독부 청사(국립박물관 現 철거, 1926), 조선은행(現 한국은행 본점, 1912), 삼월백화점(現 서울 신세계 백화점, 1930)이 대표적이다.

(3) 로마네스크 양식
서울 성공회 성당(1926)이 대표적이다.

(4) 신고전주의 양식
경운궁의 석조전이 대표적이다.

6. 근대 및 현대 주요 건축가와 설계작

(1) 김중업
주한 프랑스 대사관, 제주대학교 본관을 설계했다.

(2) 김수근
구 공간 사옥, 부여 박물관, 경동교회, 자유센터를 설계했다.

(3) 유걸
서울 시청 신청사를 설계했다.

(4) 이희태
절두산 성당을 설계했다.

(5) 박길룡
조선 생명 사옥(1930), 종로 백화점(1931), 화신 백화점(1935)을 설계했다.

(6) 승효상
수졸당을 설계했다.

(7) 류춘수
상암 월드컵 경기장을 설계했다.

예제

1. 다음 건축가와 그 작품의 연결이 옳지 않은 것은? 2016년 서울시 9급(2회)
   ① 김중업 - 프랑스 대사관
   ② 김수근 - 구 공간 사옥
   ③ 승효상 - 서울 시청 신청사
   ④ 이희태 - 절두산 성당

   답 ③

2. 한국의 근현대 건축가와 그의 작품의 연결이 옳은 것은? 2021년 지방직 9급
   ① 나상진 - 부여박물관
   ② 이희태 - 제주대학교 본관
   ③ 김수근 - 경동교회
   ④ 김중업 - 절두산 성당

   답 ③

3. 한국의 대표적인 현대건축가와 그 설계 작품을 바르게 연결한 것은? 2022년 국가직 9급
   ① 김수근 - 자유센터
   ② 류춘수 - 수졸당
   ③ 승효상 - 주한 프랑스 대사관
   ④ 김중업 - 상암 월드컵 경기장

   답 ①

2 한국 건축 양식

1. 한국 건축의 양식별 특징

구분	주심포 양식	다포 양식	익공 양식
공포 배치	기둥 위에만 배치	기둥 위뿐만 아니라 기둥 사이에도 배치	기둥 위에만 배치
출목수	2출목 이내	3~4출목	초익공, 이익공
창방, 평방	창방만 있음	창방 위에 평방을 대고 그 위에 공포 배치	창방만 있음
천장	연등 천장 (가구재의 장식화)	우물 천장(가구재를 가리도록 반자 설치)	-
중요도	-	높고 장엄하므로 중요한 건물에 사용	중요도가 낮은 건물에 주로 사용
대표적 건축	봉정사 극락전, 영주 부석사 무량수전, 수덕사 대웅전, 영주 부석사 조사당, 강릉 객사문, 무위사 극락전 등	심원사 보광전, 남대문(숭례문), 무량사 극락전, 창경궁 명정전, 금산사 미륵전, 통도사 대웅전, 화엄사 각황전, 창덕궁 인정전, 경복궁 근정전, 쌍계사 대웅전, 위봉사 보광명전, 불국사 극락전 등	강릉 오죽헌, 해인사 장경판고, 창평사 회전문, 충무 세병관, 동묘 본전, 종묘 본전, 창덕궁 주합루, 경복궁 경희루, 남원 광한루, 서울 문묘의 명륜당 등
기타	마루 대공 좌우에 소슬 사용, 우미량 사용	-	-

2. 한국 건축 양식의 주요 용어

(1) 평방(平枋)과 창방
① **평방**: 평방은 다포식 건물에서 창방 위에 있는 부재로 공포로부터 내려오는 지붕의 하중을 받는다(주심포식에는 평방이 없음).
② **창방**: 건물 외부기둥의 윗몸 부분을 가로로 연결하고 그 위에 평방, 소로, 화반 등을 높이는 수평부재이다.

(2) 도리
보와 직각 방향의 횡가구재로서 단면이 방형인 납도리와 단면이 원형인 굴도리가 있다.

(3) 첨차(檐遮)와 소로
① **첨차**: 주두, 소로 및 살미와 함께 공포를 구성하는 기본 부재로 살미와 반턱 맞춤에 의해 직교하여 결구되는 도리방향의 부재이다.
② **소로**: 주두와 같은 모양으로 공포의 첨차와 첨차, 살미와 살미 사이에 놓여서 각 부재 간을 연결하는 부재이다.

핵심 OX

01 주심포식은 주두, 소첨차, 대첨차와 소로들로 짠 공포를 기둥 위에만 올려놓아 지붕틀을 떠받치는 구조이다. (○, ×)

02 다포식은 평방이라는 수평부재를 놓고 주두와 소첨차, 대첨차 등으로 짠 공포를 놓아 주심도리와 출목도리를 받치는 구조이다. (○, ×)

03 주심포계 양식은 다포계 양식과 달리 공포가 기둥 사이사이에 배치되어 있다. (○, ×)

04 주심포계 양식은 다포계 양식보다 기둥의 배흘림이 강조되어 있다. (○, ×)

05 평방은 주심포식 건물에서 창방 밑에 있는 부재로 공포로부터 내려오는 지붕의 하중을 받는다. (○, ×)

01 ○
02 ○
03 × 주심포계 양식은 공포가 기둥 머리 위에 배치되며, 다포계는 기둥 위와 기둥 사이에 공포가 배치된다.
04 ○
05 × 평방은 다포식 건물에서 창방 위에 있는 부재로 공포로부터 내려오는 지붕의 하중을 받는다(주심포식에는 평방이 없음).

> **예제**
>
> 한국 전통 목조건축에 관한 설명으로 옳지 않은 것은?   2010년 지방직 9급
> ① 보와 직각 방향의 횡가구재인 도리는 단면이 방형인 굴도리와 단면이 원형인 납도리가 있다.
> ② 공포의 기본형은 첨차와 소로로 구성되어 있다.
> ③ 다포식 건축은 창방 위에 평방을 두고 주간포작을 형성하는 것이 특징이다.
> ④ 처마는 있으나 추녀를 구성하지 않는 맞배지붕의 대표적 건물로는 봉정사 극락전이 있다.
>
> 답 ①

(4) 서까래
① 서까래는 지붕을 형성하는 기본 부재로 일반적으로 장연, 단연, 처마서까래, 부연 등을 통틀어서 부르는 명칭이다.
② 서까래는 구조재로서 중요한 부재인 동시에 의장적인 면에서도 중요하다.

(5) 겹처마
겹처마의 경우 서까래를 2중으로 설치하는데, 먼저 설치한 것을 홑처마, 나중에 설치하는 것을 부연이라고 한다.

(6) 단연과 부연
① 단연: 종도리와 중도리 사이의 길이가 짧은 서까래를 단연이라고 한다.
② 부연(附椽): 처마 서까래의 끝에 덧얹어 처마를 위로 올린 모양이 나도록 만든 짤막한 서까래를 말한다.

> **예제**
>
> 한국 전통주택의 지붕 구성요소인 서까래에 대한 설명으로 옳지 않은 것은?   2011년 지방직 9급
> ① 서까래는 지붕을 형성하는 기본 부재로 일반적으로 장연, 단연, 처마서까래, 부연 등을 통틀어서 부르는 명칭이다.
> ② 겹처마의 경우 서까래를 2중으로 설치하는데 먼저 설치한 것을 부연이라고 한다.
> ③ 종도리와 중도리 사이의 길이가 짧은 서까래를 단연이라고 한다.
> ④ 서까래는 구조재로서 중요한 부재인 동시에 의장적인 면에서도 중요하다.
>
> 답 ②

(7) 단청
① 건축물이나 기물(器物) 등을 장기적으로 보호하고 재질의 조악성을 은폐하는 목적이 있다.
② 단청의 색조화는 주로 이색(異色)과 보색(補色)을 위주로 한다.

핵심 OX

01 보와 직각 방향의 횡가구재인 도리는 단면이 방형인 굴도리와 단면이 원형인 납도리가 있다. (O, X)

02 겹처마의 경우 서까래를 2중으로 설치하는데 먼저 설치한 것을 부연이라고 한다. (O, X)

03 닫집은 궁궐의 용상, 사찰·사당 등의 불단이나 제단 위에 지붕모양으로 씌운 덮개를 말한다. (O, X)

01 X 보와 직각 방향의 횡가구재인 도리는 단면이 원형(둥글게 만든 도리)인 굴도리와 단면이 방형(모가 나게 만든 도리)인 납도리가 있다.
02 X 겹처마의 경우 서까래를 2중으로 설치하는데 먼저 설치한 것을 홑처마 나중에 설치하는 것을 부연이라고 한다.
03 O

③ 단청을 시공하기 위해서는 공사주가 우선 단청화원들 가운데서 편수[공장(工匠)의 두목]를 선출하여 시공과정을 지도하고 책임지게 하였다.
④ 경상남도 거창군 둔마리 고분의 벽화에서 고려시대 단청을 엿볼 수 있다.

예제

한국의 단청에 대한 설명으로 옳지 않은 것은?　　　2012년 지방직 9급

① 단청의 색조화는 주로 이색(異色)과 보색(補色)을 위주로 한다.
② 단청을 시공하기 위해서는 공사주가 우선 단청화원들 가운데서 도채장(塗彩匠)을 선출하여 시공과정을 지도하고 책임지게 하였다.
③ 건축물이나 기물(器物) 등을 장기적으로 보호하고 재질의 조악성을 은폐하는 목적이 있다.
④ 고려시대의 단청을 엿볼 수 있는 벽화는 경상남도 거창군 둔마리 고분에 남아있다.

답 ②

(8) 지붕형태

맞배지붕	우진각지붕	팔작지붕	모임지붕

맞배지붕
처마는 있으나 추녀를 구성하지 않는 지붕 형태로, 봉정사 극락전, 강릉 객사문 등이 있다.

(9) 앙곡(조로), 안쏠림(오금), 귀솟음(우주)*, 안허리곡(후림)

① **앙곡(조로)**: 입면에서 처마의 양끝이 들려 올라가는 것이다.
② **안쏠림(오금)**: 귀기둥을 안쪽으로 기울어지게 하는 것이다.
③ **귀솟음(우주)**: 건물의 귀기둥을 중간 평주보다 높게 한 것이다.
④ **안허리곡(후림)**: 지붕 평면상에 있어 처마선을 안쪽으로 굽게 하여 날렵하게 보이도록 하는 기법이다.

* 귀솟음은 우리나라 전통 목조건축에서 사용되는 기법으로 건물 중앙에서 양쪽 모퉁이로 갈수록 기둥의 높이를 조금씩 높이는 수법을 뜻한다. 같은 높이로 기둥을 세우면 건물 양쪽이 처진 것처럼 보이는 착시현상을 교정하는 방법 중 하나이다.

예제

1. 우리나라 전통 건축의 지붕 평면상에 있어 처마선을 안쪽으로 굽게 하여 날렵하게 보이도록 하는 기법은?　　　2014년 지방직 9급

① 조로　　　　② 안쏠림
③ 후림　　　　④ 귀솟음

답 ③

2. <보기>에서 설명하는 수법의 명칭은? 2022년 서울시 9급(1회)

<보기>
우리나라 전통 목조 건축에서 사용되는 기법으로 건물 중앙에서 양쪽 모퉁이로 갈수록 기둥의 높이를 조금씩 높이는 수법을 뜻한다. 같은 높이로 기둥을 세우면 건물 양쪽이 처진 것처럼 보이는 착시현상을 교정하는 방법 중 하나이다.

① 후림   ② 조로
③ 귀솟음 ④ 안쏠림

답 ③

3. 그림은 한국전통건축의 기법을 표현한 것이다. (가)~(라)를 바르게 연결한 것은? 2023년 지방직 9급

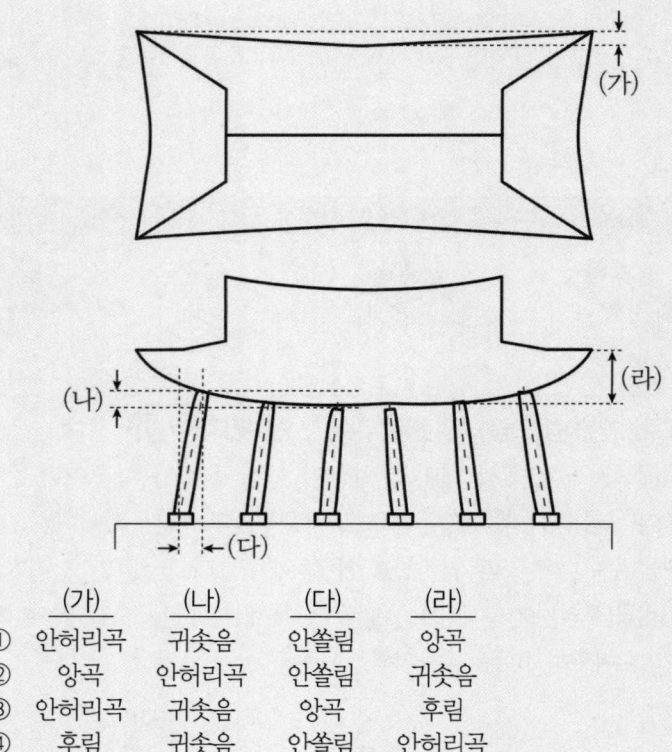

	(가)	(나)	(다)	(라)
①	안허리곡	귀솟음	안쏠림	앙곡
②	앙곡	안허리곡	안쏠림	귀솟음
③	안허리곡	귀솟음	앙곡	후림
④	후림	귀솟음	안쏠림	안허리곡

답 ①

(10) 전통 건축 축조 인력의 명칭
① **대목수(도편수)**: 목재를 다듬어 한옥의 구조체에 해당하는 기둥, 보, 도리, 공포를 짜고 지붕의 모양을 결정하는 일을 한다. 건축의 설계부터 감리까지의 일을 한다.
② **소목수**: 가구를 꾸미는 사람이며, 창, 창문살, 반자, 마루, 난간 등을 짠다.
③ **기와공**: 지붕 만들기 단계에서 기와 잇는 일을 담당한다.
④ **석수**: 돌을 전문으로 가공하는 사람을 말한다.
⑤ **단청장**: 한옥에서 중요한 장식요소인 단청을 그리는 역할을 한다.

> **예제**
>
> 다음은 전통 건축 축조 시 무엇을 하는 사람에 대한 설명인가? 2014년 서울시 9급
>
> 도편수라고도 하며, 목재를 다듬어 한옥의 구조체에 해당하는 기둥, 보, 도리, 공포를 짜고 지붕의 모양을 결정하는 일을 한다. 건축의 설계부터 감리까지의 일을 한다.
>
> ① 대목수　　② 소목수
> ③ 기와공　　④ 석수
> ⑤ 단청장
>
> 답 ①

(11) 전통 건축의 기둥
① **흘림기둥**: 모양에 따라 배흘림기둥과 민흘림기둥으로 분류한다.
② **활주**: 추녀 밑을 받쳐주는 보조기둥으로 추녀 끝에서 기단 끝으로 연결되기 때문에 경사져 있는 것이 일반적이다.
③ **동자주**: 대들보나 중보 위에 올라가는 짧은 기둥을 말한다.
④ **동바리**: 마루 밑을 받치는 짧은 기둥이며, 외관상 보이지 않기 때문에 정밀하게 가공하지 않는다.

핵심 OX

01 흘림기둥은 모양에 따라 배흘림기둥과 민흘림기둥으로 나뉘는데 강릉의 객사문은 민흘림 정도가 가장 강하다. (○, ×)

02 배흘림은 평행한 수직선의 중앙부가 가늘어 보이는 착시현상을 교정하기 위한 기법이다. (○, ×)

03 민흘림은 상단(주두) 부분의 지름을 굵게 하여 안정감을 주는 기법이다. (○, ×)

01 × 강릉의 객사문은 민흘림기둥을 가지지 않는다.
02 ○
03 × 민흘림은 하단 부분의 지름을 굵게 하여 안정감을 주는 기법이다.

예제

㉠에 해당하는 공포의 구성 부재 명칭은? 2021년 국가직 9급

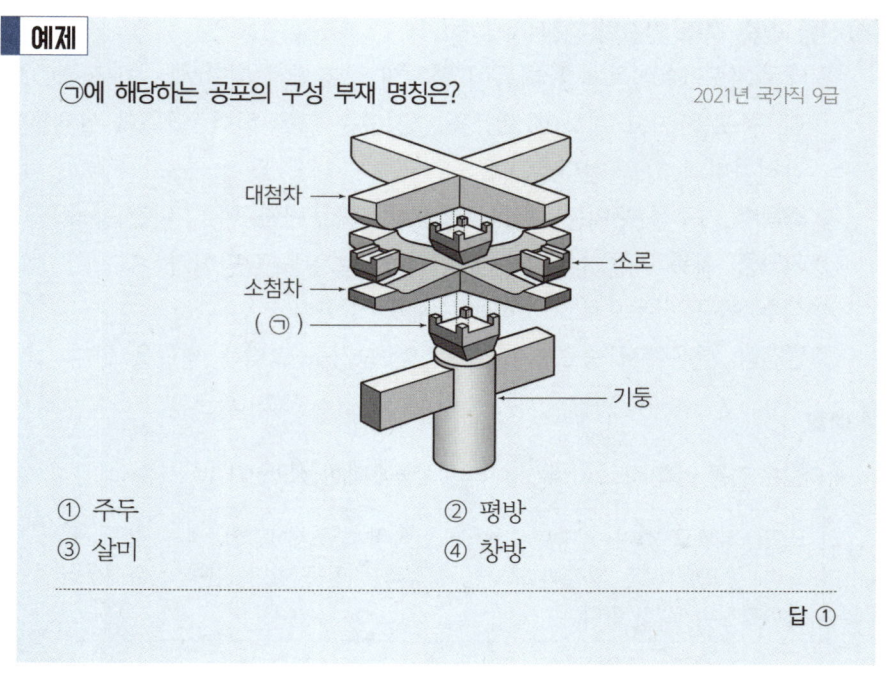

① 주두
② 평방
③ 살미
④ 창방

답 ①

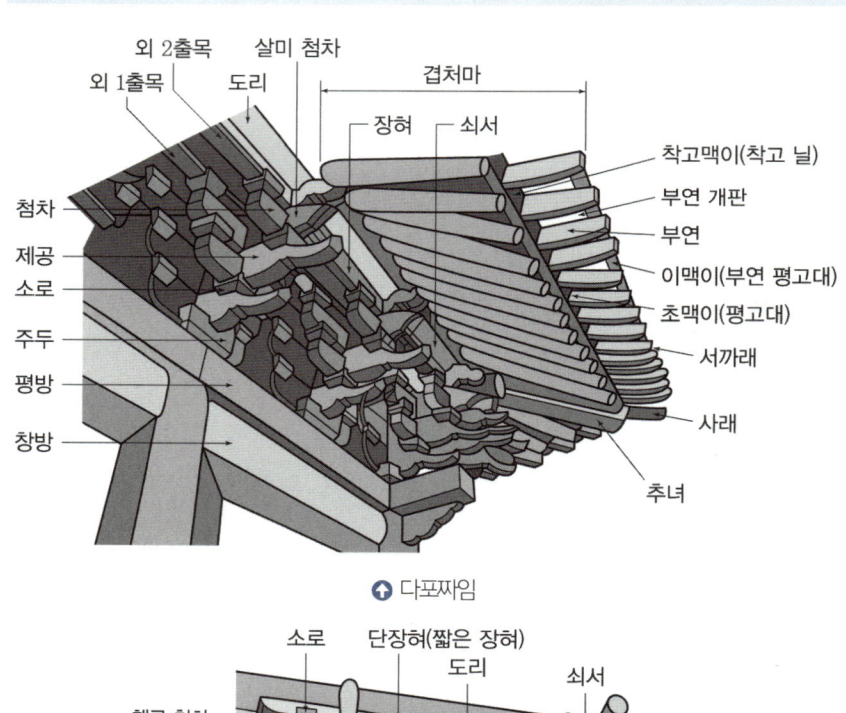

🔺 다포짜임

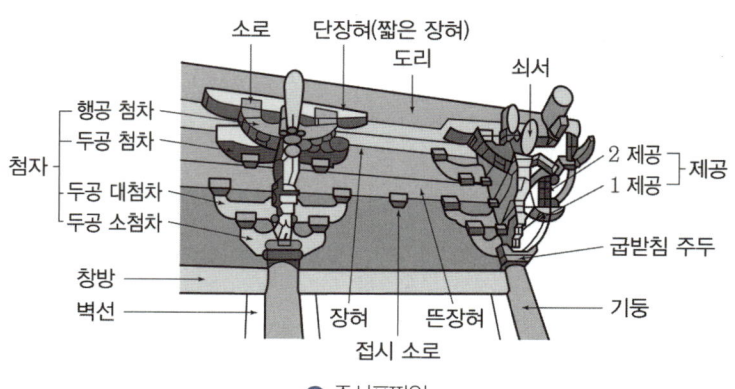

🔺 주심포짜임

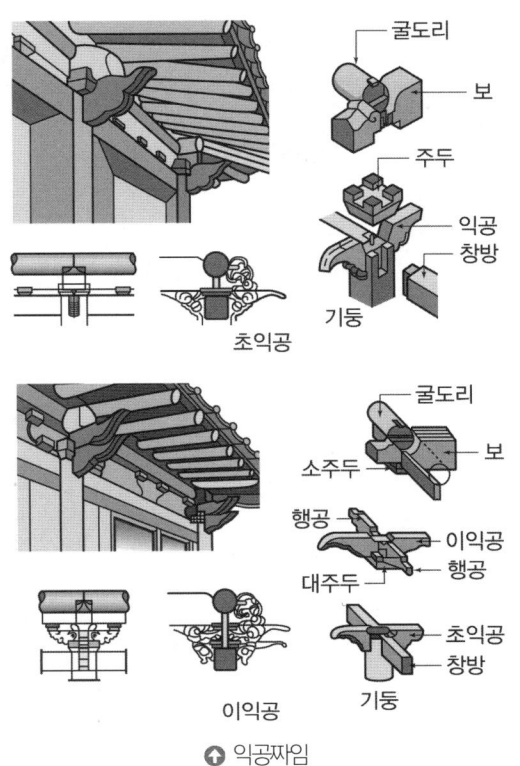

↑ 익공짜임

해커스공무원 학원·인강
gosi.Hackers.com

해커스공무원 건축계획 기본서

PART 2
건축환경 및 설비

CHAPTER 1 위생설비
CHAPTER 2 공기조화설비
CHAPTER 3 건축환경계획

CHAPTER 1 위생설비

> **학습 POINT**
>
> 위생설비 단원은 크게 급수설비, 급탕설비, 배수 및 통기설비, 오물정화설비, 소방시설로 나누어지며, 7급 및 9급에서 1 ~ 3문제 정도가 출제되고 있다. 급수설비에서는 급수방식의 종류별 특징 이해, 급탕설비에서는 개별식과 중앙식 급탕방식의 차이, 배수 및 통기설비에서는 트랩과 통기관의 종류에 따른 특징, 오물정화설비에서는 오물정화의 처리 과정에 대한 이해, 소방시설에서는 소화의 원리와 소방시설의 분류, 옥내소화전과 스프링클러에 대한 사항이 주로 출제되었다.

1 급수설비

1. 유체의 물리적 성질

(1) 물의 질량, 부피, 밀도
① 물 $1cm^3$의 질량은 $1g$이다.
② 물 $1L$의 질량은 $1kg$이다.
③ 물 $1m^3$의 질량은 $1,000kg$이다.
④ 물의 밀도는 $1g/cm^3 = 1kg/L = 1ton/m^3$이다.

(2) 수압과 수두
① 수압
   ㉠ 수면에서 어느 깊이에 있는 지점의 단위면적당 물의 압력(Pa)을 말한다.
   ㉡ 수압(P)은 물의 단위중량(W)과 수두(H)의 곱으로 나타난다.
② 수두(水頭, Water Head)
   ㉠ 수면에서 어느 깊이에 있는 지점의 에너지의 크기를 수주(水柱)의 높이(m)로 나타낸 것을 말한다.
   ㉡ 압력수두, 속도수두, 위치수두로 구분된다.

(3) 밀도
① 단위체적당 질량을 말한다.
② 밀도$(\rho) = \dfrac{질량(m)}{체적(V)}$ $[kg/m^3]$

(4) 비중량
① 중력이 단위체적당 질량에 미치는 힘으로 단위체적당 중량을 말한다.
② 비중량$(\gamma) = \dfrac{중량(\omega)}{체적(V)}$ $[kgf/m^3]$

(5) 비체적

① 밀도의 반대개념으로서 단위질량당 체적을 말한다.

② 비체적$(v) = \dfrac{체적(V)}{질량(m)}$ [m³/kg]

2. 급수량 산정

(1) 1일당 급수량(Q_d) 산정방법

① 건물 사용 인원에 의한 방법

$$Q_d = N \times q$$

- Q_d: 1일당 급수량[l/day]
- N: 급수인원(인)
- q: 건물 종류별 1일 1인당 사용수량($l/d \cdot$인)

② 건물 면적에 의한 방법

$$Q_d = A \times k \times n \times q$$

- Q_d: 1일당 급수량[l/day]
- A: 건물의 연면적(m²)
- k: 건물 연면적에 대한 유효 면적의 비율(%)
- n: 유효 연면적당 인원(인/m²)
- q: 건물 종류별 1일 1인당 사용수량($l/d \cdot$인)

③ 사용기구에 의한 방법

$$Q_d = Q_f \times F \times P$$

- Q_d: 1일당 급수량[l/day]
- Q_f: 기구의 사용수량[l/day]
- F: 기구 수(개)
- P: 기구의 동시사용률(%)*

*기구의 동시사용률은 여러 기구가 동시에 사용될 확률을 의미한다.

(2) 급수설계와 급수단위

① 급수설계 순서: 급수량 산정 → 급수방식 결정 → 기기용량 결정 → 관경 결정 → 배관의 배치

② 급수단위: 미국 위생 기준(National Plumbing Code)에서 정해진 급수기구단위(Fixture Unit)를 이용하여 세면기를 기준으로 산정되며 1FU = 30L/min(7.5gal/min)를 단위로 각 기구의 단위를 산출하여 급수량을 정하는 방법이다.

3. 급수방식

(1) 수도직결방식

도로 밑의 수도본관에서 분기하여 건물 내에 직접 급수하는 방식이다.

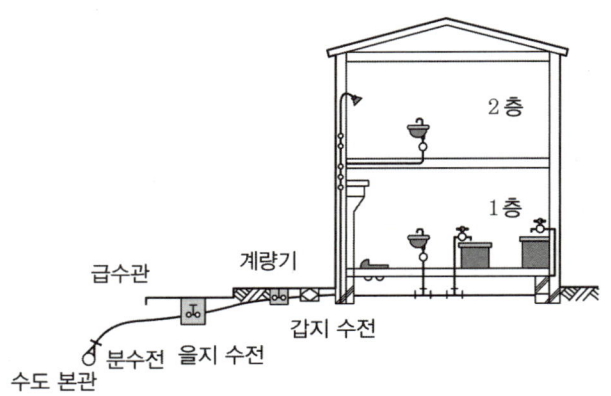

● 수도직결방식

① **급수경로**: 인입계량기 이후 수도 전까지 직접 연결하여 급수한다.
② **특징**
  ㉠ 급수의 수질 오염 가능성이 가장 낮다.
  ㉡ 정전 시 급수가 가능하나, 단수 시 급수가 전혀 불가능하다.
  ㉢ 급수압의 변동이 있으며, 일반적으로 4층 이상에는 부적합하다.
  ㉣ 구조가 간단하고 설비비 및 운전관리비가 적게 들어가며, 고장의 가능성이 적다.

> **예제**
>
> **1. 급수방식에서 수도직결방식에 대한 설명으로 옳지 않은 것은?**
> 2018년 지방직 9급
>
> ① 수질오염이 적어서 위생상 바람직한 방식이다.
> ② 중력에 의하여 압력을 일정하게 얻는 방식이다.
> ③ 주택 또는 소규모 건물에 적용이 가능하고 설비비가 적게 든다.
> ④ 저수조가 없기에 경제적이지만 단수 시는 급수가 불가능하다.
>
> 답 ②
>
> **2. 수도직결방식에 대한 설명으로 옳지 않은 것은?**
> 2021년 지방직 9급
>
> ① 탱크나 펌프가 필요하지 않아 설비비가 적게 소요된다.
> ② 수도 압력 변화에 따라 급수압이 변한다.
> ③ 정전일 때 급수를 계속할 수 있다.
> ④ 대규모 급수설비에 가장 적합하다.
>
> 답 ④

📘 핵심 OX

수도직결방식은 저수량이 적어 중규모 이하의 건축물 또는 체육관, 경기장과 같이 사용빈도가 낮고 물탱크의 설치가 어려운 건축물에 사용된다.
(○, ×)

× 수도직결방식은 저수량이 없으며, 체육관, 경기장 등 빈도가 낮지만 순간적으로 사용량이 큰 곳에는 적합하지 않다.

(2) 고가탱크(고가수조, 옥상탱크)방식

대규모 시설에서 일정한 수압을 얻고자 할 때 많이 이용되며, 수돗물을 지하저수조에 모은 후 양수펌프에 의해 고가탱크로 양수하여, 탱크에서 급수관에 의해 필요 장소로 하향급수하는 방식이다.

① **급수경로**: 지하저수조 → 양수펌프 → 고가탱크 → 급수전

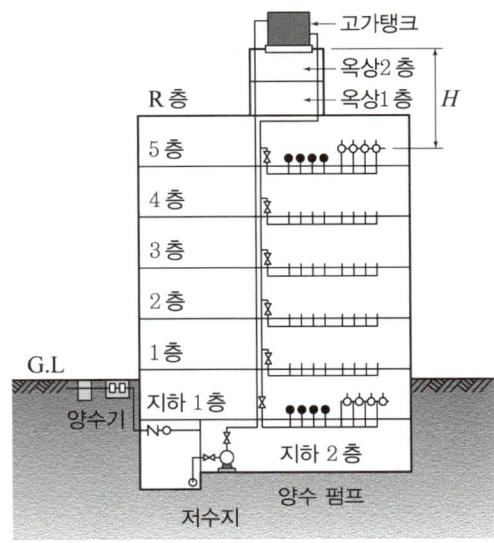

🔼 고가탱크방식

② **특징**
　㉠ 수질 오염의 가능성이 높다.
　㉡ 항상 일정한 수압으로 급수가 가능하다.
　㉢ 정전, 단수 시 일정시간 동안 급수가 가능하다.

> **예제**
>
> 급수방식 중 고가수조방식에 대한 설명으로 옳은 것은?　　2013년 국가직 9급
> ① 수질오염이 적어서 위생상 가장 바람직한 방식이다.
> ② 중력에 의하여 건물의 각 위생기구로 급수하는 방식이다.
> ③ 주택 또는 2~3층 정도의 저층 건물에 주로 적용하는 경제적 방식이다.
> ④ 정전 시에도 계속 급수가 가능하지만 단수 시는 급수가 불가능하다.
>
> 답 ②

(3) 압력탱크방식

지하저수탱크에 저장된 물을 양수펌프로, 압력탱크 내로 공급하면 공기압축기(컴프레셔)에 의해 가압된 공기압에 의하여 건물 상부로 급수하는 방식이다.

① **급수경로**: 지하저수조 → 양수펌프 → 압력탱크(공기압축기로 가압) → 급수전

핵심 OX

01 고가수조방식은 급수압력이 일정하고 대규모 급수수요에 대응하지만, 물이 오염될 우려가 있고 초기투자비가 비싸며 건축외관을 손상시킨다. (○, ×)

02 중력에 의하여 압력을 일정하게 얻는 방식은 고가탱크(고가수조)방식이다. (○, ×)

01 ○
02 ○

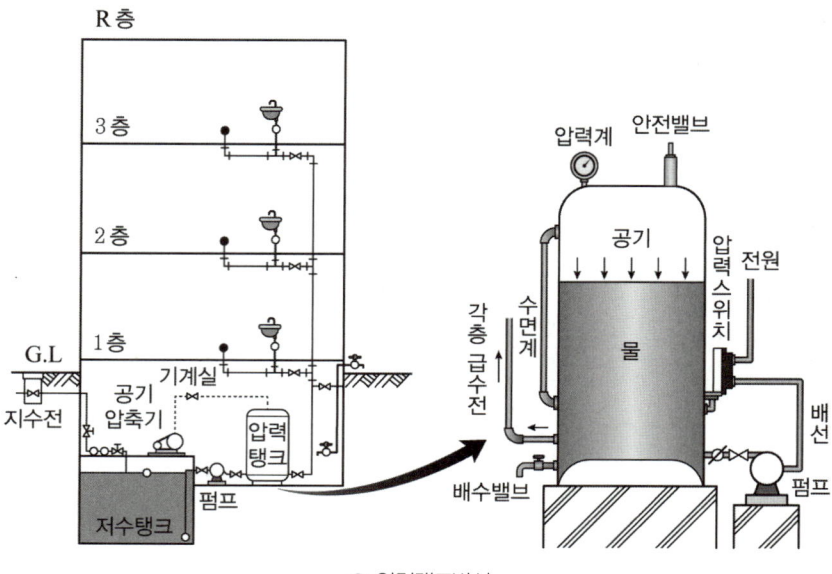

↑ 압력탱크방식

② 특징
  ㉠ 수압변동이 심하다.
  ㉡ 고압이 요구되는 특정 위치가 있을 경우 유용하다.
  ㉢ 정전 시 즉시 급수가 중단되며, 단수 시에는 저수조 수량으로 일정 시간 급수가 가능하다.

> **예제**
>
> 건축물의 급수방식에 대한 설명으로 옳지 않은 것은?   2015년 국가직 9급
> ① 수도직결방식은 단독주택과 같은 소규모 건축물에 많이 이용된다.
> ② 펌프직송방식은 급수펌프로 저수조에 있는 물을 건물 내의 사용처에 급수하는 방식이다.
> ③ 고가수조방식은 급수압력이 비교적 일정하며, 단수 시에도 수조의 남은 용량만큼은 급수가 가능하다.
> ④ 압력수조방식은 급수압력 변동이 작고, 유지관리비도 다른 방식에 비하여 경제적이다.
>
> 답 ④

(4) 탱크리스 부스터방식(펌프직송방식)

저수조에 저장된 물을 펌프에 의하여 수전까지 직접 공급하는 방식이다.

① **급수경로**: 지하저수조 → 부스터펌프 → 급수전
② **특징**
  ㉠ 전력 소비가 많다.
  ㉡ 옥상탱크나 압력탱크가 필요 없다.

핵심 OX

압력수조방식은 건물의 필요개소에 직접 급수하는 방식으로 탱크나 펌프가 필요하지 않아 설비비가 적게 든다. (O, ×)

× 압력수조방식은 건물의 필요개소에 직접 급수하는 방식으로 탱크나 펌프가 필요하여 시설비가 많이 들어가게 된다.

ⓒ 정전이나 단수 시 급수가 중단된다(단, 비상발전시스템을 갖춘 경우에는 정전 시 가동 가능).
ⓓ 설비비가 고가이다.
ⓔ 자동제어 시스템으로서 고장 시 수리가 난해하다.
ⓕ 제어 방식에는 정속 방식과 변속 방식이 있다.

③ 종류
  ㉠ **정속방식**: 여러 대의 펌프를 병렬로 설치하고 한 대는 계속 가동시키고 토출관의 압력변화에 따라 나머지 연결된 펌프는 작동 또는 정지(ON-OFF)시키는 방식이다.
  ㉡ **변속방식**: 1대의 펌프를 설치하고 토출관의 압력변화에 따라 변속전동기(인버터) 또는 변속장치를 통하여 펌프의 회전수를 변화시켜 양수량을 조정하는 방식이다.

예제

1. 급수설비에 대한 설명으로 옳지 않은 것은? 2018년 지방직 9급 고졸경채

① 수압이 높을 때 수격작용이 일어나기 쉽다.
② 수도직결식 급수방식은 오염이 적고, 보수 관리의 필요성이 적다.
③ 탱크가 없는 부스터방식은 수도 본관으로부터 물을 저장탱크에 저장하지 않고 공기압력으로 직접 급수하는 방식이다.
④ 고가탱크방식은 수압을 일정하게 유지할 수 있고 단수가 되어도 일정량의 급수를 계속할 수 있으며, 대규모 급수설비에 적합하다.

답 ③

2. 건축물의 급수방식에 대한 설명으로 옳지 않은 것은? 2022년 지방직 9급

① 고가수조방식은 상수도에서 받은 물을 저수탱크에 저장한 뒤, 펌프로 건물 옥상 등에 끌어올린 후 공급하는 방식이다.
② 초고층 건물에서는 과대한 수압으로 인한 수격작용이나, 저층부와 상층부의 불균등한 수압 차 문제를 해소하기 위해 급수조닝을 할 필요가 있다.
③ 수도직결방식은 일반주택이나 소규모 건물에서 많이 사용하는 방식으로 상수도 본관에서 인입관을 분기하여 급수하는 방식이다.
④ 부스터 방식은 수도 본관에서 물을 받아 물받이 탱크에 저수한 다음 급수펌프로 압력탱크에 물을 보내면 압력탱크에서는 공기를 압축 가압하여 급수하는 방식이다.

답 ④

핵심 OX

부스터방식은 기계기구의 점유면적이 크고 운전비가 많이 들지만, 초기 투자비가 적어서 대규모 건축물에 사용된다. (○, ×)

× 부스터방식은 기계기구의 점유면적이 작고 운전비를 절약할 수 있지만, 초기투자비가 많이 들어가는 단점이 있다.

(5) 각 급수 방식별 비교

구분	수도직결방식	고가탱크방식	압력탱크방식	부스터방식 (펌프직송방식)
수질오염 가능성	가장 낮음	가장 높음	보통	보통
단수 시 급수공급	급수 불가	일정시간 가능	일정시간 가능	일정시간 가능
정전 시 급수공급	급수 가능	일정시간 가능	급수 불가	급수 불가
급수압 변동	급수압 변동 (수도본관압력)	급수압 거의 일정	급수압 변동 (가장 심함)	급수압 거의 일정

> **예제**
>
> 건물 내의 급수방식에 대한 설명으로 옳은 것은? 2008년 국가직 9급
> ① 압력탱크방식은 급수압이 일정한 것이 장점이다.
> ② 탱크가 없는 부스터방식은 수도 본관으로부터 물을 받아 물받이탱크에 저수한 후 급수펌프만으로 건물 내에 급수하는 방식이다.
> ③ 고가탱크방식은 기계실의 면적이 가장 많이 필요한 방식이다.
> ④ 수도직결방식은 수질오염의 가능성이 큰 것이 단점이다.
>
> 답 ②

(6) 초고층 건물의 급수 조닝

고층 건물의 경우 최상층과 최하층의 수압차가 커서 수격작용(water hammering)이나 밸브류의 고장 등이 발생되므로 7~10층 구역마다 나누어 급수하는 조닝(zoning)이 필요하다. 이때 급수압력은 아파트의 경우 0.3~0.4MPa, 사무소 빌딩의 경우 0.4~0.5MPa 이하가 되도록 조정이 필요하다.

조닝의 목적
1. 적절한 수압을 유지한다.
2. 소음이나 진동을 방지한다.
3. 기구나 부속품의 파손을 방지한다.
4. 수압을 낮추어 수격작용을 방지한다.

4. 급수관경 결정 방법

(1) 위생기구 연결관의 관경에 의한 결정

위생기구 연결관의 관경에 의해 급수관경을 결정하는 방법으로 다음의 표에 따라 급수관경을 결정한다.

위생기구	1회당 사용량 (L)	접속구경 (mm)	위생기구	1회당 사용량 (L)	접속구경 (mm)
소변기 (탱크형)	4.5	15	세면기	10	15
대변기 (탱크형)	15	15	싱크 (13mm수전)	15	15
소변기 (플러시밸브)	5	20	싱크 (15mm수전)	25	20
대변기 (플러시밸브)	15	25	샤워기	24~60	15~20

(2) 균등표에 의한 관경 결정

옥내배수관 등과 같이 간단한 배관의 관경 결정에 사용하는 방법으로서, 동시사용률과 균등표를 적용하여 산출한다.

① 기구의 동시사용률(%)

기구수	2	3	4	5	6	7	8	9	10	15	20	30	50	100	500	1,000
동시사용률(%)	100	80	75	70	65	60	58	55	53	48	44	40	36	33	27	25

② 관경 균등표

관경(mm)	10	15	20	25	32	40	50	65	80
10	1								
15	1.8	1							
20	3.6	2	1						
25	6.6	3.7	1.8	1					
32	13	7.2	3.6	2	1				
40	19	11	5.3	2.9	1.5	1			
50	36	20	10.0	5.5	2.8	1.9	1		
65	56	31	15.5	8.5	4.3	2.9	1.6	1	
80	97	54	27	15	7	5	2.7	1.7	1
90	139	78	38	21	11	7.2	3.9	2.5	1.4
100	191	107	53	29	15	9.9	5.3	3.4	2

(3) 마찰저항선도에 의한 관경 결정

① 대규모 건축물의 저수조에서의 취출관, 횡수주관, 급수주관을 결정하는 관경 결정법으로서, 급수부하단위(FU)를 이용한다.

② 관경 결정 순서: 기구 급수부하단위 산출 → 동시사용량 계산 → 허용마찰손실수두 계산 → 마찰저항 선도에 의한 관경 결정

> **예제**
>
> 급수관의 관경을 결정하는 방법으로 가장 옳지 않은 것은? 2010년 국가직 9급
>
> ① 기구 연결관의 관경에 의한 결정
> ② 균등표에 의한 관경 결정
> ③ 배수부하단위에 의한 관경 결정
> ④ 마찰저항선도에 의한 관경 결정
>
> 답 ③

5. 중수도를 이용한 급수

(1) 일정 규모 이상의 시설물을 신축(증축·개축 또는 재축하는 경우를 포함)하는 경우 물 사용량의 10% 이상의 중수도를 설치·운영하여야 한다.

(2) 중수는 소화용수, 변기세정수, 조경용수로 사용할 수 있다.

(3) 중수의 청결도는 상수와 하수의 중간 정도이다.

(4) 빗물을 모아서 중수로 활용할 수 있다.

> **예제**
>
> 친환경 건축계획 기법의 하나인 중수 이용에 관한 설명으로 가장 옳지 않은 것은?
>
> 2018년 서울시 9급(1회)
>
> ① 일정 규모 이상의 시설물을 신축(증축·개축 또는 재축하는 경우를 포함)하는 경우 물 사용량의 10% 이상의 중수도를 설치·운영하여야 한다.
> ② 중수는 소화용수, 변기세정수, 조경용수로 사용할 수 있다.
> ③ 중수의 청결도는 상수와 하수의 중간 정도이다.
> ④ 환경오염의 우려가 있으므로 빗물을 모아서 중수로 사용해서는 안 된다.
>
> 답 ④

6. 수격작용(Water Hammering)

(1) 개념

① 수격작용(Water Hammering)이란 관 속을 충만하게 흐르는 액체(물)의 속도를 정지시키거나 흘려보내 물의 운동상태를 급격히 변화시킴으로써 일어나는 압력파 현상이다.

② 일종의 물에 의한 마찰음으로 수격작용은 소음·진동을 유발하고 수전 및 수전의 패킹이나 와셔 등에 손상을 입힌다.

(2) 원인

① 관 내 유속 또는 압력이 급변할 때 일어나기 쉽다(밸브 급개폐, 급조작 시, 펌프 급정지 시, 배관에 굴곡지점이 많을 때).

② 관 내 유속이 클 때 일어나기 쉽다(관경이 작을 때, 수압이 클 때, 20m 이상 고양정일 때).

③ 감압 밸브 미사용 시 일어나기 쉽다.

(3) 대책

① 배관 상단 및 기구류 가까이에 공기실(Air Chamber)이나 수격방지기를 설치한다.

② 수압을 감소시키고 관 내 유속을 2m/s 이내로 느리게 하는 것이 좋다.

③ 밸브 및 수전류를 서서히 개폐한다.

④ 급수관경을 크게 한다.

핵심 OX

01 관 내의 유속을 빠르게 할 경우 배관 내 수격현상을 방지할 수 있다. (O, ×)

02 배관에 굴곡을 많이 만들 경우 물의 운동상태가 급격하게 변하게 되므로 수격작용이 가중된다. (O, ×)

01 × 수격현상(Water Hammering)은 관 속을 충만하게 흐르는 액체(물)의 속도를 정지시키거나 흘려보내 물의 운동상태를 급격히 변화시킴으로써 일어나는 압력파 현상으로서 관 내 유속을 빠르게 할 경우 유속 급변의 가능성이 높아지므로 수격현상을 가중시킬 수 있다.

02 O

⑤ 가능하면 직선배관으로 한다.
⑥ 자동수압조절 밸브를 설치한다.
⑦ 펌프의 토출측에 스모렌스키 체크 밸브*를 설치한다.

* 스모렌스키 체크 밸브는 수격작용 발생 시 물의 흐름을 자동으로 차단하는 역할을 한다.

예제

1. 배관 내 수격현상을 방지하기 위한 방법으로 옳지 않은 것은? 2011년 지방직 9급

① 급격한 밸브 폐쇄는 피한다.
② 기구류 부근에 공기실을 설치한다.
③ 관 내의 유속을 빠르게 한다.
④ 굴곡배관을 억제하고 직선배관으로 한다.

답 ③

2. 수격작용(water hammering)에 대한 설명으로 옳지 않은 것은? 2021년 국가직 9급

① 수격작용은 밸브, 수전 등의 관 내 흐름을 순간적으로 막을 때 발생한다.
② 수격작용이 발생하면 배관이나 기구류에 진동이나 소음이 발생한다.
③ 수격방지기구는 발생원이 되는 밸브와 가급적 먼 곳에 부착한다.
④ 수격작용을 방지하기 위하여 관 내 유속을 가능한 한 느리게 한다.

답 ③

7. 밸브의 종류 및 특성

(1) 슬루스 밸브(=게이트 밸브, Sluice Valve)

① 마찰저항 손실이 적고, 일반 배관의 개폐용 밸브에 주로 사용한다.
② 증기 수평관에서 드레인이 고이는 것을 막을 때 사용한다.

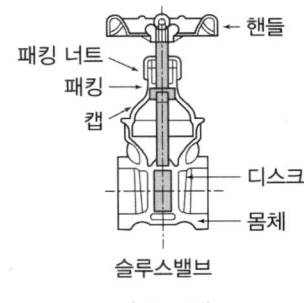

◑ 슬루스 밸브

(2) 체크 밸브(=역기 밸브, Check Valve)

① 유체의 흐름을 한 방향으로 유지하여 역류를 방지한다.
② 밸브 부착 시 방향 확인이 필요하다.

핵심 OX

01 체크 밸브(check valve)는 배관의 부속품에서 유체의 흐름을 한 방향으로만 흐르게 하고 반대 방향으로는 흐르지 못하게 하는 밸브이다. (○, ×)

02 급탕배관의 경우 슬루스 밸브는 배관 내 공기의 체류를 유발하기 쉬우므로 글로브 밸브를 사용하는 것이 좋다. (○, ×)

01 ○
02 × 급탕배관의 경우 글로브 밸브는 배관 내 공기의 체류를 유발하기 쉬우므로 슬루스 밸브를 사용하는 것이 좋다. 글로브 밸브는 마찰저항이 높아 공기체류의 가능성이 높다.

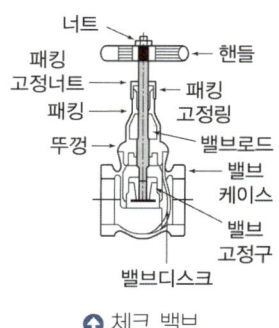

↑ 체크 밸브

③ 종류

	수직, 수평 배관에서 사용
스윙형	
	수평 배관에 사용
리프트형	

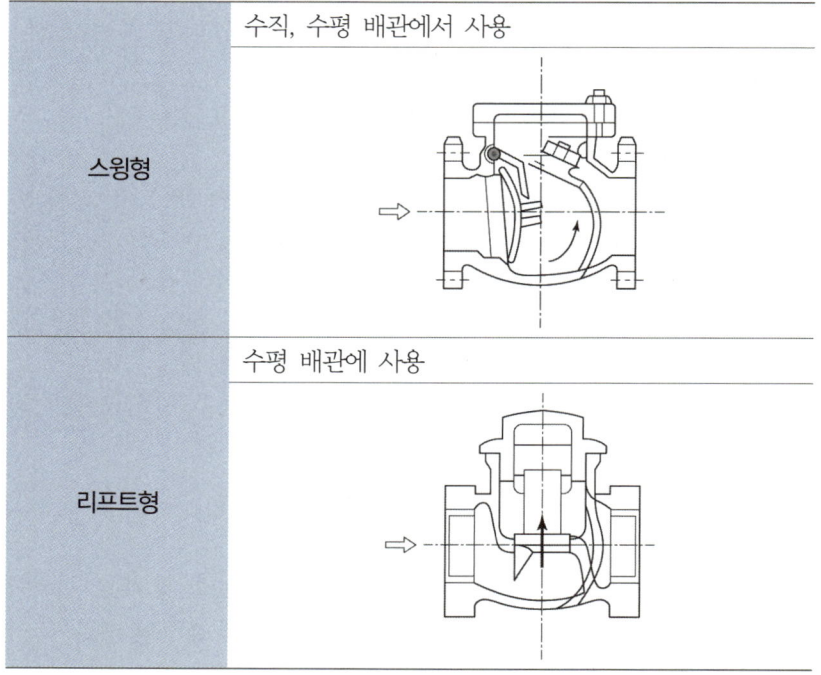

(3) 글로브 밸브(=스톱 밸브, 구형 밸브, Glove Valve)
  ① 마찰 손실이 크다.
  ② 유로 폐쇄 및 유량 조절에 적당하다.
  ③ 유체의 흐름이 밸브의 양쪽에서 일직선이다(배관 말단에 설치).

(4) 앵글 밸브
  유체의 흐름을 직각으로 바꾸는 역할을 한다.

(5) 공기 밸브(공기 빼기 밸브, Air Vent Valve)
  ① 배관 내 고이는 공기를 배출하기 위해 배관 최상부에 설치한다.
  ② 배관 굴곡부 상단, 보일러 최상부 등에 설치한다.

(6) 볼탭(Ball tap)
  ① 고가수조 등에서 일정 수위를 유지하고자 할 때 이용한다.
  ② 플로트(부자)의 부력에 의해 밸브가 작동한다.

(7) 플러시 밸브(Flush Valve)
① 대변기, 소변기의 세정 밸브에 사용한다.
② 레버를 한번 누르면 일정량의 물이 분출되고 잠긴다.

(8) 스트레이너(Strainer)
① 배관 중의 오물을 제거하기 위한 부속품이다.
② 보호하려는 밸브 앞에 설치한다.

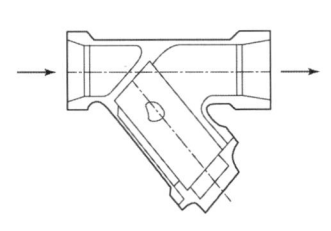
(a) 나사 이음 y형 스트레이너

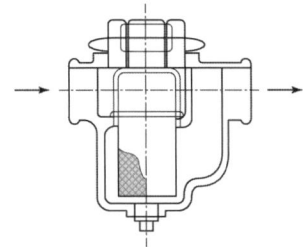
(b) 주철제 u형 스트레이너

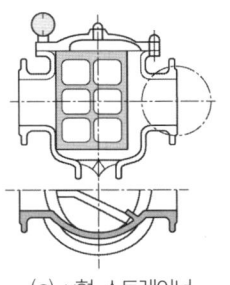
(c) v형 스트레이너

◐ 스트레이너의 종류

(9) 콕 밸브(=볼 밸브, Cock Valve)
① 90° 회전으로 개폐된다(90° 내의 범위에서 유량 조절 가능).
② 급속한 개폐 시 사용한다.

예제

1. 유체의 흐름에 의한 마찰손실이 적어 물과 증기배관에 주로 사용되며 특히 증기 배관의 수평관에서 드레인이 고이는 것을 막기에 적합한 밸브는?

2008년 국가직 9급

① 글로브 밸브(globe valve) ② 슬루스 밸브(sluice valve)
③ 체크 밸브(check valve) ④ 앵글 밸브(angle valve)

답 ②

2. 배관의 부속품에서 유체의 흐름을 한 방향으로만 흐르게 하고 반대 방향으로는 흐르지 못하게 하는 밸브는?

2012년 국가직 9급

① 체크 밸브(check valve) ② 글로브 밸브(globe valve)
③ 슬루스 밸브(sluice valve) ④ 볼 밸브(ball valve)

답 ①

핵심 OX

01 펌프의 진공에 의한 흡입 높이는 표준기압상태에서 이론상 12.33m이나 실제로는 9.9m 이내이다. (○, ×)

02 히트 펌프는 고수위 또는 고압력 상태에 있는 액체를 저수위 또는 저압력의 곳으로 보내는 기계이다. (○, ×)

03 원심식 펌프는 왕복식 펌프에 비해 고속운전에 적합하고 양수량 조정이 쉬워 고양정 펌프로 사용된다. (○, ×)

04 왕복식 펌프는 케이싱 내의 회전자를 회전시켜 케이싱과 회전자 사이의 액체를 압송하는 방식의 펌프이다. (○, ×)

01 × 펌프의 진공에 의한 흡입 높이는 표준기압상태에서 이론상 10.33m이나 실제로는 7m 이내이다.
02 × 히트 펌프는 열원을 저온에서 고온으로 만드는 역할을 하는 설비이다.
03 ○
04 × 원심식 펌프에 대한 설명이다.

3. 그림의 밸브에 대한 설명으로 옳은 것은? 2021년 국가직 9급

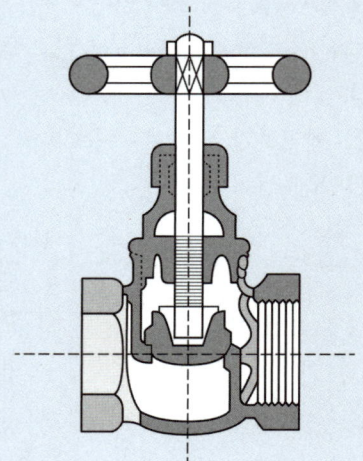

① 슬루스 밸브(sluice valve)라고 하며, 유체의 흐름에 대하여 마찰이 적어 물과 증기의 배관에 주로 사용된다.
② 스톱 밸브(stop valve)라고 하며, 유로 폐쇄나 유량 조절에 적합하다.
③ 체크 밸브(check valve)라고 하며, 스윙형과 리프트형이 있고 그림은 리프트형을 나타낸 것이다.
④ 글로브 밸브(globe valve)라고 하며, 쐐기형의 밸브가 오르내림으로써 유체의 흐름을 반대 방향으로 흐르지 못하게 한다.

답 ②

8. 유체의 종류에 따른 배관 색채기호

종류	식별색	종류	식별색
물	청색	산, 알칼리	회자색
증기	진한 적색	기름	진한 황적색
공기	백색	전기	엷은 황적색
가스	황색		–

예제

1. 위생 및 소화, 가스설비에서 배관 색채기호와 대상의 조합이 옳지 않은 것은? 2011년 국가직 9급

① 물(W): 청색 ② 가스(G): 진한 회색
③ 기름(O): 진한 황적색 ④ 증기(S): 진한 적색

답 ②

2. 배관 속에 흐르는 물질의 종류와 배관 식별색을 바르게 연결한 것은? (단, KS A 0503 : 2020 배관계의 식별표시를 따른다.) 2022년 국가직 9급
① 증기(S) – 어두운 빨강
② 물(W) – 하양
③ 가스(G) – 연한 주황
④ 공기(A) – 초록

답 ①

2 급탕설비

1 유체의 열적 성질

1. 비열(C, 比熱, Specific Heat)
(1) 물질 1kg을 1℃ 높이는 데 필요한 열량을 비열이라고 한다.
(2) 단위는 kJ/kg·K 또는 J/kg·K 등으로 나타낸다.
(3) 물의 비열은 4.186kJ/kg·K, 공기의 비열은 1.01kJ/kg·K, 얼음의 비열은 2.093kJ/kg·K이다.
(4) 일반적으로 비열의 크기는 고체 > 액체 > 기체 순이다.
(5) 비열에는 정압비열과 정적비열이 있다.

> 비열
> 정압비열 압력이 일정한 상태에서의 비열
> 정적비열 체적이 일정한 상태에서의 비열

2. 열용량
(1) 어떤 재료가 축적하고 있는 열량이다.

열용량(kJ/K) = 질량(kg) × 비열(kJ/kg·K)

(2) 물은 콘크리트보다 단위체적당 열용량이 크므로 열을 저장하기에 우수한 축열재이다.
(3) 열용량이 크다는 것은 온도변화에 많은 열량이 필요하다는 의미로 축열하는 시간과 방열하는 시간이 길다는 것이다.

3. 열량(Q)
(1) 단위는 J, kJ이다.
(2) 표준기압(1atm)에서 순수한 물 1g을 1K 올리는 데 필요한 열량을 4.186J이라 말한다.
(3) 표준기압(1atm)에서 순수한 물 1kg을 1K 올리는 데 필요한 열량을 4.186kJ이라 말한다.

4. 현열 및 잠열

(1) 현열(顯熱, Sensible Heat, q_s)

상태는 변하지 않고 온도가 변하면서 출입하는 열을 말하며, 온수난방에 이용된다.

(2) 잠열(潛熱, Latent Heat, q_L)

온도는 변하지 않고 상태가 변하면서 출입하는 열을 말하며, 증기난방에 이용된다.

> **예제**
>
> 열(熱)에 대한 설명으로 옳지 않은 것은?   2008년 국가직 9급
> ① 열은 에너지의 일종으로 물체의 온도를 올리거나 내리게 하는 효과가 있다.
> ② 현열(sensible heat)은 온도계의 눈금으로 나타나지만 잠열(latent heat)은 나타나지 않는다.
> ③ 물 1kg을 14.5°C에서 15.5°C로 높이는 데 필요한 열량을 1kcal라 한다.
> ④ 온도를 상승시키는 열을 잠열(latent heat)이라 하고 동일 온도에서 물체의 상태만을 변화시키는 열을 현열(sensible heat)이라 한다.
>
> 답 ④

5. 습공기의 엔탈피(h_w)

습공기 엔탈피는 건공기에 수증기가 포함된 상태이므로 습공기의 엔탈피는 건공기의 엔탈피와 수증기의 엔탈피의 합으로 나타낸다.

6. 물의 팽창과 수축

물의 부피는 온도 변화에 따라 팽창하고 수축한다.

(1) 물의 체적 변화

0°C 물 → 0°C 얼음	약 9% 체적 증가(잠열변화)
4°C 물 → 100°C 물	약 4.3% 체적 증가(현열변화)
100°C 물 → 100°C 증기	약 1,700% 체적 증가(잠열변화)

(2) 물의 팽창량(△V)

$$\triangle V = \left(\frac{\rho_1}{\rho_2} - 1\right) V$$

- $\triangle V$: 팽창량(l)
- ρ_1: 최초 물(급수 시)의 밀도(kg/l)
- ρ_2: 온도 변화 후(급탕 시)의 밀도(kg/l)
- V: 전체 물의 부피(체적)(l)

7. 급탕부하

(1) 일반적으로 급탕온도는 60℃를 기준으로 하여 급탕부하 산정 시 250kJ/kg (60kcal/L)으로 보는 것이 표준이다.

(2) 급탕부하란 초(s)당 필요한 온수를 얻는 데 필요한 열량을 말한다.

> 급탕부하[kW] = 급탕량[kg/s] × 물의 비열[4.2kJ/kg·K] × 온도차[K]

8. 급탕온도

(1) 급탕 사용 개소
① 음료용
② 목욕용(세면기, 욕조, 샤워, 비데 등)
③ 세정용(주방싱크, 보온, 식품세정, 소독, 청소용 등)

(2) 용도별 사용온도

용도		사용온도(℃)	용도		사용온도(℃)
음료용		50~55	주방용	일반용	45
목욕탕	성인	42~45		접시 세정용	45
	소아	40~42		접시 세정 시 헹구기용	70~80
샤워		43	세탁용	상업일반	60
세면용(수세용)		40~42		모직물	33~37
의료용(수세용)		43		린넨 및 견직물	49~52
면도용		46~52		수영장용	21~27
-				세차장용	24~30

2 급탕방식

1. 개별식(국소식) 급탕방식

주택 등 소규모 건축물에서 사용장소에 급탕기를 설치하여 간단히 온수를 얻는 급탕방식이다.

(1) 장단점

장점	단점
• 배관길이가 짧아 배관 중의 열손실이 적음 • 수시로 급탕하여 사용할 수 있음 • 높은 온도의 온수가 필요할 때 쉽게 얻을 수 있음 • 급탕개소가 적을 경우 시설비가 적게 듦 • 비교적 급탕개소의 증설이 용이함	• 급탕 규모가 커지면 대용량의 가열기가 필요하므로 유지관리가 어려움 • 급탕개소마다 가열기의 설치공간이 필요함 • 가스탕비기를 사용하는 경우 구조적으로 제약을 받기 쉬움

> **핵심 OX**
> 엔탈피는 현열과 잠열을 합한 열량이다. (○, ×)
>
> ○

(2) 종류

① 순간온수기(즉시탕비기)
  ㉠ 급탕관의 일부를 가스나 전기로 가열하여 직접 온수를 얻는 방법이다.
  ㉡ 열의 전도효율이 양호하고, 배관 열손실이 적다.
  ㉢ 급탕개소마다 가열기의 설치공간이 필요하고, 급탕개소가 적을 경우 시설비가 싸다.
  ㉣ 높은 온도의 온수를 얻기가 용이하고 수시 급탕이 가능하다.
  ㉤ 가열온도는 60~70℃ 정도이다.
  ㉥ 주택의 욕실, 부엌의 싱크, 미장원, 이발소 등에 적합한 방식이다.

② 저탕형 탕비기
  ㉠ 가열된 온수를 저탕조 내에 저장한다.
  ㉡ 비등점에 가까운 온수를 얻을 수 있고, 비교적 열손실이 많다.
  ㉢ 일시적으로 많은 온수를 필요로 하는 곳에 적합하다(여관, 학교, 기숙사 등).

③ 기수혼합식 탕비기
  ㉠ 보일러에서 생긴 증기를 급탕용의 물 속에 직접 불어 넣어서 온수를 얻는 방법이다.
  ㉡ 열효율이 100%이다.
  ㉢ 고압의 증기를 사용(0.1 ~ 0.4MPa)한다.
  ㉣ 소음을 줄이기 위해 스팀 사이렌서(Steam Silencer)를 설치한다.
  ㉤ 사용장소에 제약을 받는다(공장, 병원 등 큰 욕조의 특수장소에 사용).

2. 중앙식 급탕방식

중앙기계실에서 보일러에 의해 가열된 온수를 배관을 통하여 각 사용소에 공급하는 방식이다.

(1) 장단점

장점	단점
• 연료비가 적게 듦	• 초기 투자비용, 즉 설비비가 많이 듦
• 열효율이 좋음	• 전문기술자가 필요함
• 관리상 유리함	• 배관 도중 열손실이 큼
• 기구의 동시이용률을 고려하여 가열장치의 총열량을 적게 할 수 있음	• 시공 후 증설에 따른 배관 변경이 어려움
• 대규모 급탕에 적합함	

(2) 종류

① **직접가열식**
  ㉠ 온수보일러로 가열한 온수를 저탕조에 저장하여 공급하는 방식이다.
  ㉡ 열효율면에서 좋지만, 보일러에 공급되는 냉수로 인해 보일러 본체에 불균등한 신축이 생길 수 있다.
  ㉢ 건물 높이에 따라 고압의 보일러가 필요하다.
  ㉣ 급탕 전용 보일러를 필요로 한다.
  ㉤ 스케일이 생겨 열효율이 저하되고 보일러의 수명이 단축된다.
  ㉥ 주택 또는 소규모 건물에 적합하다.

② **간접가열식**
  ㉠ 저탕조 내에 안전밸브와 가열코일을 설치하고 증기 또는 고온수를 통과시켜 저탕조 내의 물을 간접적으로 가열하는 방식이다.
  ㉡ 난방용 보일러에 증기를 사용할 경우 별도의 급탕용 보일러가 불필요하다.
  ㉢ 열효율이 직접가열식에 비해 나쁘다.
  ㉣ 보일러 내면에 스케일이 거의 생기지 않는다.
  ㉤ 고압용 보일러가 불필요하다.
  ㉥ 대규모 급탕설비에 적합하다.

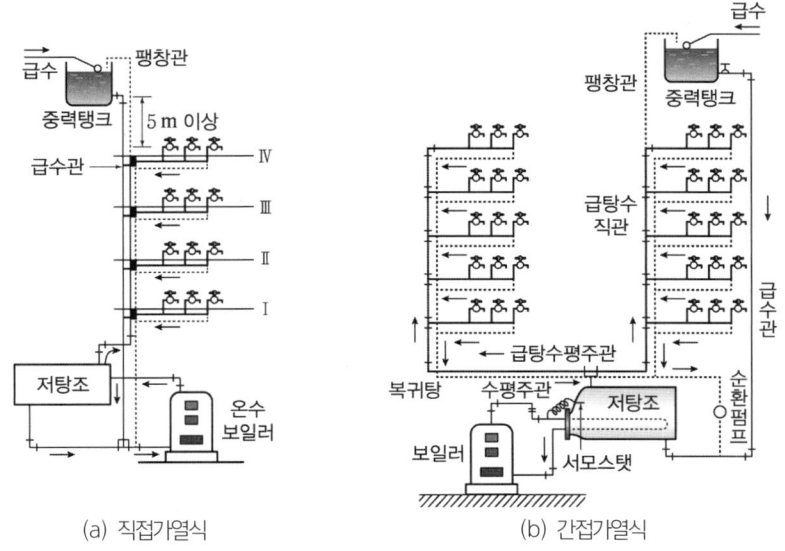

(a) 직접가열식   (b) 간접가열식
◆ 중앙식 급탕방식의 종류

> **예제**
>
> 건축물의 급탕방식에 대한 설명으로 옳지 않은 것은?   2015년 국가직 9급
>
> ① 순간식 급탕방식은 저탕조를 갖지 않고, 기기 내의 배관 일부를 가열기에서 가열하여 탕을 얻는 방법으로 소규모 주택, 아파트 등에 이용된다.
> ② 증기취입식 급탕방식은 수조에 스팀 사일렌서(steam silencer)를 이용하여 직접 증기를 취입해서 온수를 만드는 방법을 말하며, 병원이나 공장 등에 이용된다.
> ③ 간접가열식 급탕방식은 저탕조 내에 가열코일을 설치하고 고압보일러에서 만들어진 증기 또는 고온수를 가열코일 내로 통과시켜 물을 가열하는 방식으로 중·소규모 건물에 많이 이용된다.
> ④ 저탕식 급탕방식은 가열된 탕이 항상 저장되어 있어서 사용한 만큼의 탕이 볼탭(ball tap)이 달린 수조에서 공급되며, 열손실은 비교적 크지만, 점심 때의 학교식당처럼 특정한 시간에 다량의 탕을 필요로 하는 장소에 적합하다.
>
> 답 ③

3 급탕 배관법

1. 배관방식에 따른 방법

(1) 단관식(One Pipe System, 1관식)
① 급탕관만 있고 복귀관(반탕관)은 없다.
② 처음에는 찬물이 나온다.
③ 보일러나 저탕조에서 급탕 전까지 15m 이내가 되게 한다.
④ 주택 등 소규모 급탕설비에 적합하다.
⑤ 시설비가 저렴하다.

(2) 복관식(Two Pipe System, 순환식, 2관식)
① 온수공급관과 복귀관(반탕관)을 별도로 분리하여 배관하는 방식이다.
② 급탕관의 길이가 15m보다 길 때 관 내 온수의 냉각을 방지하기 위하여 저탕조를 중심으로 하여 회로배관을 형성하고 탕물은 항상 순환하고 있으므로 급탕전을 열면 즉시 온수를 사용할 수 있다.
③ 시설비가 단관식에 비해 비싸다.
④ 중앙공급식 아파트 등 대규모 급탕설비에 적합하다.

2. 순환방식에 따른 방법

(1) 중력식(Gravity Circulation System)
① 급탕관과 복귀관에 흐르는 물의 온도차에 의한 밀도차를 이용한 대류작용을 일으켜 자연순환시키는 방식이다.
② 소규모 건물의 배관에 적합하다.

(2) 강제식(Forced Circulation System)
① 급탕 순환펌프를 설치하여 강제적으로 온수를 순환시키는 방식이다.
② 중규모 이상 건물의 중앙식 급탕배관에 적합하다.

3. 공급방식에 따른 방법
(1) 상향식(Up Feed System)
① 급탕수평주관을 설치하고 수직관을 세워 상향으로 공급하는 방식이다.
② 온수온도의 강하가 적어 널리 사용한다.
③ 급탕수평주관은 앞올림(선상향)구배, 복귀관은 앞내림(선하향)구배로 한다.

(2) 하향식(Down Feed System)
① 급탕주관을 건물 최고층까지 끌어 올린 후 수평주관을 설치하고 하향 수직관을 설치하여 내려오면서 공급하는 방식이다.
② 각 층에 지관이 많은 경우 저층부에서 온수온도가 떨어지기 쉽다.
③ 급탕관 및 복귀관 모두 앞내림(선하향)구배로 한다.

(3) 상·하향 혼합식(Combined System)
① 건물의 저층부는 상향식, 3층 이상은 하향식으로 배관하는 방식이다.
② 고층 건물에 사용하는 방식이다.

4 급탕배관 시공

1. 급탕관경
(1) 급탕관의 최소관경은 20A 이상으로 한다.
(2) 급수관경보다 한 치수 크게 한다.
(3) 최소 20A 이상인 복귀관은 급탕관보다 작은 치수의 것을 사용하며, 일반적으로 급탕관의 2/3 정도로 한다.

2. 배관의 구배
(1) 온수순환을 원활하게 하기 위해 가능하면 급구배로 하는 것이 좋다.
(2) 일반적으로 중력순환식의 경우 1/150 이상, 강제순환식의 경우 1/200 이상으로 한다.

3. 공기빼기밸브(Air Vent Valve)
(1) 굴곡이 있는 부분에 설치하여 공기를 제거하여 온수의 흐름을 원활하게 한다.
(2) 배관 도중에 밸브를 설치하는 경우, 글로브 밸브(Globe Valve)는 마찰저항이 크므로 슬루스 밸브(Sluice Valve)를 사용하는 것이 좋다.

4. 배관의 신축이음(伸縮, Expansion Joint)

(1) 목적
① 급탕배관은 온수의 온도차에 의해 관의 신축이 심하여 누수의 원인이 된다.
② 누수를 방지하고, 밸브류 등의 파손을 방지하며, 신축을 흡수하기 위하여 신축이음을 설치한다.

(2) 종류 및 특징
① 스위블 조인트(Swivel Joint)
  ㉠ 2개 이상의 엘보를 이용하여 나사부의 회전으로 신축을 흡수한다.
  ㉡ 난방배관 주변에 설치하여 방열기의 이동을 방지한다.
  ㉢ 누수의 우려가 크다.
② 신축곡관(Expansion Loop, 루프관)
  ㉠ 파이프를 원형 또는 ㄷ자형으로 벤딩하여 신축을 흡수한다.
  ㉡ 고압배관의 옥외배관에 주로 사용한다.
  ㉢ 신축길이가 길며 다소 넓은 공간이 요구된다.
  ㉣ 누수가 거의 없는 신축이음방식이다.
③ 슬리브형(Sleeve Type)
  ㉠ 관의 신축을 슬리브에 의해 흡수하는 것이다.
  ㉡ 패킹의 파손 우려가 있어 누수되기 쉽다.
  ㉢ 보수가 용이한 곳에 설치한다.
  ㉣ 벽, 바닥용의 관통배관에 사용하여 배관의 손상이나 건물의 손상을 방지한다.
④ 벨로스형(Bellows Type)
  ㉠ 주름모양의 벨로스에서 신축을 흡수한다.
  ㉡ 고압에는 적절하지 않다.
⑤ 볼조인트(Ball Joint)
  ㉠ 관 끝에 볼 부분을 만들고 이것을 케이싱으로 싸되 그 사이를 개스킷으로 봉한 것으로서 볼 부분이 케이싱 내에서 360° 회전하면서 회전과 굽힘 작용을 한다.
  ㉡ 이음을 2~3개 사용하면 관절작용을 하여 관의 신축을 흡수한다.
  ㉢ 고온이나 고압에 사용한다.

핵심 OX

01 급탕배관에는 굴곡배관이 가장 합당하다. (O, X)
02 급탕배관에서 구배는 완만하게 하며, 관은 3~5cm 정도의 보온재로 감싸준다. (O, X)

01 X 급탕배관에는 일반적으로 직선배관이 적합하다.
02 X 급탕배관에서 구배는 가급적 급구배 처리하며, 관은 건축기계설비표준시방서에 준하여 적용하여 준다.

> **예제**
>
> 급탕배관에 이용하는 신축이음쇠의 종류에 대한 설명으로 옳지 않은 것은?
>
> 2021년 지방직 9급
>
> ① 슬리브형(sleeve type): 배관의 고장이나 건물의 손상을 방지한다.
> ② 벨로즈형(bellows type): 온도 변화에 따른 관의 신축을 벨로즈의 변형에 의해 흡수한다.
> ③ 스위블 조인트(swivel joint): 1개의 엘보(elbow)를 이용하여 나사부의 회전으로 신축 흡수한다.
> ④ 신축곡관(expansion loop): 고압 옥외배관에 사용할 수 있으나 1개의 신축길이가 길다.
>
> 답 ③

(3) 신축길이 계산 및 설치간격

① 공식

$$l' = a \cdot \Delta t \cdot l$$

- l': 팽창길이(m)
- a: 선팽창계수
- Δt: 온도차(℃)
- l: 관길이(m)

② 설치간격

구분	동관(m)	강관(m)
수직	10	20
수평	20	30

5. 급탕배관의 수압시험

(1) 배관시험은 배관공사를 완성한 후 보온피복을 하기 전에 실시한다.

(2) 수압시험은 직결방식의 경우 1.0MPa 이상에서 60분 이상, 고가수조 이하 연결배관의 경우 최고사용압력의 1.5배 이상에서 60분 이상 실시한다.

6. 배관의 보온피복

배관에서의 열손실을 최소화하기 위해 건축기계설비표준시방서에 명기된 두께 이상의 보온피복이 필요하다. 보온피복의 재료는 무기질의 암면 등의 무기질 보온단열재가 많이 적용되고 있다.

3 배수 및 통기설비

1 배수의 종류와 배수방식

1. 옥외배수설비(공공하수도)

건물의 외벽으로부터 1m 외부 경계선 밖의 부지 내 배수설비를 옥외배수설비라 한다.

2. 옥내배수설비(개인하수처리시설)

건물의 외벽 1m 경계선으로부터 내수 배수설비를 옥내배수설비라 한다.

(1) 배수 방식에 의한 분류
  ① **중력식 배수**: 중력에 의해 높은 곳에서 낮은 곳으로 배수하는 방식이다.
  ② **기계식 배수**: 기계식 배수는 지하층의 배수 등에 사용하며 배수탱크에 모았다가 펌프로 공공 하수관에 배출시키는 형태의 배수방식이다.

(2) 배수 접속 방식에 의한 분류
  ① **직접 배수**
    ㉠ 배수를 배수관에 직접 접속시키는 것이다.
    ㉡ 악취 유입을 막기 위해 트랩이 설치된다.
  ② **간접 배수**
    ㉠ 배수를 배수관에 직접 접속시키지 않고 공간을 두고 배수하는 것이다.
    ㉡ 냉장고, 세탁기, 음료기 등 배수의 역류가 되면 안 되는 곳에 사용한다.

(3) 배수의 성질에 의한 분류
  ① **오수**: 화장실 대·소변기에서의 배수이다.
  ② **잡배수**: 부엌, 세면대, 욕실 등에서의 배수이다.
  ③ **우수**: 빗물 배수로 단독 배수를 원칙으로 한다.
  ④ **특수 배수**: 공장 배수, 병원의 배수, 방사선 시설의 배수는 유해하고, 위험한 물질을 포함하고 있으므로 일반적인 배수와는 다른 계통으로 처리해서 방류한다.

예제

배수설비에 대한 내용으로 옳지 않은 것은?   2017년 지방직 9급 고졸경채
① 배수 대상은 우수, 생활폐수, 유독물질 등이다.
② 배수 방식에 따라 일반적으로 중력식과 기계식 배수로 구분된다.
③ 우수 관로와 생활폐수 관로는 하나로 모아 처리한다.
④ 통기관은 트랩의 봉수를 보호하고 배수관 내 흐름을 원활하게 한다.

답 ③

2 트랩(Trap)

1. 트랩의 설치 목적 및 구비조건

(1) 트랩의 설치 목적(봉수의 역할)

① 트랩은 배수관 내의 악취, 유독가스 및 벌레 등이 실내로 침투되는 것을 방지하기 위해 설치한다.
② 역류 방지를 위해 배수 계통의 일부에 봉수를 고이게 하여 방지하는 기구이다.
③ 일반적으로 봉수의 유효깊이는 50~100mm이다.

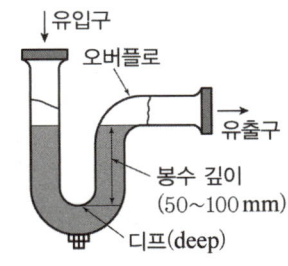

◐ 트랩의 봉수 깊이

(2) 트랩의 구비조건

① 구조가 간단하여 오물이 체류하지 않아야 한다.
② 자체의 유수로 배수로를 세정하고 평활하여 오수가 정체하지 않아야 한다.
③ 봉수가 파괴되지 않아야 한다.
④ 내식, 내구성이 있어야 한다.
⑤ 관 내 청소가 용이해야 한다.

> **예제**
>
> 트랩(trap)에 관한 설명으로 옳지 않은 것은?   2010년 지방직 9급
>
> ① 관(pipe) 트랩, 드럼(drum) 트랩, 가옥(house) 트랩 등이 있다.
> ② 봉수보호를 위해서는 봉수의 깊이가 200mm 이상일 필요가 있다.
> ③ 트랩은 구조가 간단하고 자기세정 작용을 할 수 있어야 한다.
> ④ 봉수파괴는 자기사이폰 작용, 감압에 의한 흡입 작용 등이 원인이다.
>
> 답 ②

2. 트랩의 종류 및 기능

(1) 사이펀식 트랩

관의 형상에 의한 것으로 자기사이펀 작용으로 배수한다.

① P트랩
  ㉠ 세면기, 소변기 등의 배수에 사용한다.
  ㉡ 통기관 설치 시 봉수가 안정적이며 가장 널리 사용한다.
  ㉢ 배수를 벽면 배수관에 접속하는 데 사용한다.

② S트랩
  ㉠ 세면기, 소변기, 대변기 등에 사용한다.
  ㉡ 배수를 바닥 배수관에 연결하는 데 사용한다.
  ㉢ 사이펀 작용에 의하여 봉수가 파괴되므로 널리 사용되지 않는다.

③ U트랩
  ㉠ 일명 가옥트랩 또는 메인트랩이라 한다.
  ㉡ 공공 하수관에서의 하수가스의 역류방지용으로 사용한다.
  ㉢ 수평주관 끝에 설치하는 것으로 유속을 저해하는 결점은 있으나 봉수가 안전하다.

> **예제**
>
> 배수트랩(Trap)에 대한 설명으로 옳지 않은 것은?   2018년 지방직 9급
> ① S트랩 - 사이펀 작용이 발생하기 쉬운 형상이기 때문에 봉수가 파괴될 염려가 많다.
> ② P트랩 - 각개 통기관을 설치하면 봉수의 파괴는 거의 일어나지 않는다.
> ③ U트랩 - 비사이펀계 트랩이어서 봉수가 쉽게 증발된다.
> ④ 드럼트랩 - 봉수량이 많기 때문에 봉수가 파괴될 우려가 적다.
>
> 답 ③

(2) 비사이펀식 트랩

중력작용에 의해 배수한다.

① 드럼트랩
  ㉠ 드럼모양의 통을 만들어 설치한다.
  ㉡ 보수, 안정성도 높고 청소도 용이하다.
  ㉢ 주방용 싱크(Sink)에 주로 사용한다.

② 벨트랩
  ㉠ 주로 바닥 배수용으로 사용한다.
  ㉡ 상부 벨을 들면 트랩 기능이 상실되므로 주의해야 한다.
  ㉢ 증발에 의한 봉수파괴가 잘 된다.

자기사이펀 작용
굴곡관에서 높이차에 의해 발생하는 압력차이로 인한 유수의 흐름 현상이다.

핵심 OX
트랩에서의 봉수는 트랩 내에 채워져 악취, 하수가스, 벌레 등이 위생기구로 들어올 수 없게 하는 역할을 한다. (O, ×)

O

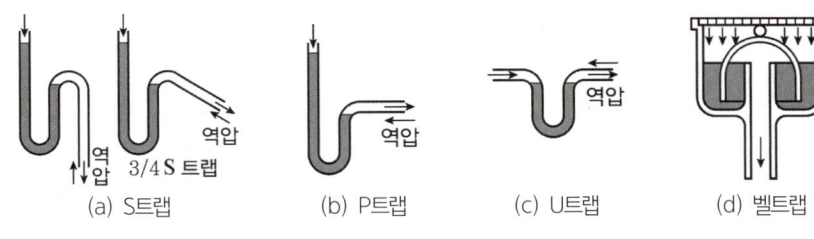

◐ 트랩의 종류

> **예제**
>
> 화장실 바닥 배수에 주로 사용하는 트랩은?　　　　2022년 지방직 9급
> ① U형 트랩
> ② 드럼 트랩
> ③ 벨 트랩
> ④ 샌드 트랩
>
> 답 ③

(3) 각종 저집기(조집기, Interceptor)형 트랩

① 저집기형 트랩은 배수 중에 혼입된 여러 가지 유해물질이나 기타 불순물 등을 분리 수집함과 동시에 트랩의 기능을 발휘하는 기구이다.

② 각종 저집기의 기능

그리스 저집기 (Grease Trap)	주방 등에서 기름기가 많은 배수로부터 기름기를 제거·분리시키는 장치
샌드 저집기 (Sand Trap)	배수 중의 진흙이나 모래를 다량으로 포함하는 곳에 설치
헤어 저집기 (Hair Trap)	이발소, 미장원에 설치하여 배수관 내 모발 등을 제거·분리시키는 장치
플라스터 저집기 (Plaster Trap)	치과의 기공실, 정형외과의 깁스실 등의 배수에 사용
가솔린 저집기 (Gasoline Trap)	가솔린을 많이 사용하는 곳에 쓰이는 것으로 배수에 포함된 가솔린을 수면 위에 뜨게 하여 통기관을 통해서 휘발시킴
론더리 저집기 (Laundry Trap)	영업용의 세탁장에 설치하여 단추, 끈 등의 세탁불순물이 배수관 중에 유입되지 않도록 함

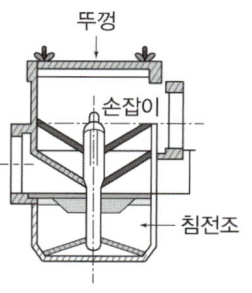
(a) 플라스틱 저집기

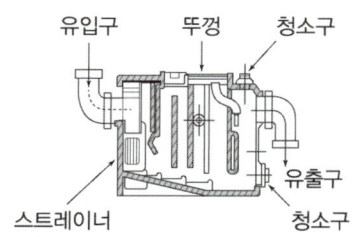
(b) 그리스 저집기

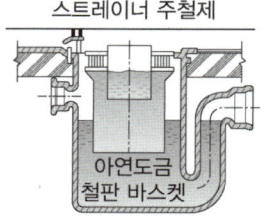
(c) 가솔린 저집기

🔺 저집기형 트랩

3. 봉수파괴의 종류와 원인 및 방지 대책

종류	원인	방지 대책
자기사이펀 작용	만수된 물의 배수 시 배수의 유속에 의하여 사이펀 작용이 일어나 봉수를 남기지 않고 모두 배수	• 통기관 설치 • S트랩 사용을 자제하고 P트랩 사용 • 트랩의 유출 부분 단면적이 유입 부분 단면적보다 큰 것을 사용
감압에 의한 흡입 (유도 사이펀) 작용	하류측에서 물을 배수하면 회주관 내의 압력이 저하되면서 봉수를 흡입 파괴	수직관 상부에 통기관 설치
분출(토출)작용 (역사이펀 작용)	상류에서 배수한 물이 하류측에 부딪쳐서 관 내 압력이 상승하여 봉수를 분출하여 파손	수직관 하부에 통기관 설치
모세관 현상	트랩 내에 실, 머리카락, 천조각 등이 걸려 아래로 늘어뜨려져 있어 모세관 현상에 의해 봉수 파괴	• 청소(머리카락, 이물질 제거) • 내면이 미끄러운 재질의 트랩 사용
증발 현상	오랫동안 사용하지 않는 베란다, 다용도실 바닥배수에서 봉수가 증발하여 파괴	기름막 형성을 통한 물의 증발 방지 트랩에 물 공급
자기 운동량에 의한 관성작용	강풍 등에 의한 관 내 기압이 변동하여 봉수가 파괴되는 현상	기압변동 원인 감소, 유속 감소

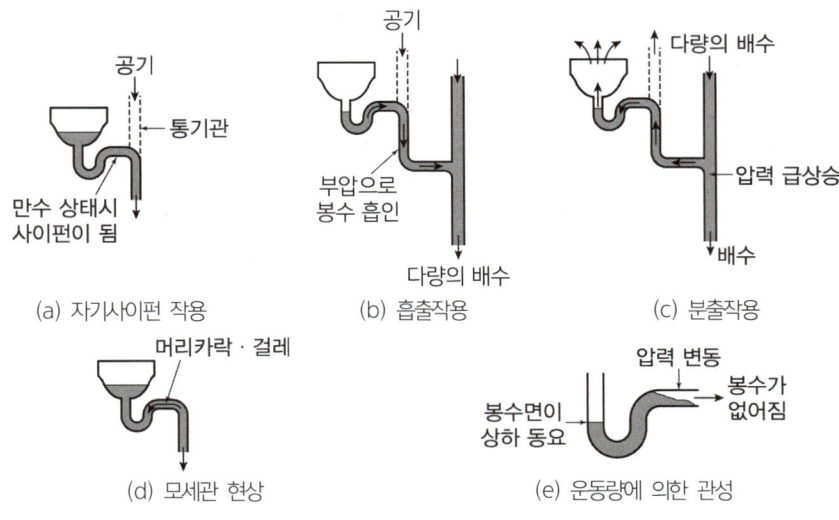

↑ 배수트랩의 봉수파괴 현상

> **예제**

1. 트랩(trap)의 봉수파괴 원인이 아닌 것은? 2022년 국가직 9급

   ① 위생기구의 배수에 의한 사이펀 작용
   ② 이물질에 의한 모세관 현상
   ③ 장기간 미사용에 의한 증발
   ④ 낮은 기온에 의한 동결

   답 ④

2. 봉수의 파괴 원인과 그 대책으로 옳지 않은 것은? 2011년 국가직 9급

   ① 모세관 현상: 정기적으로 이물질 제거
   ② 자기사이펀 작용: 트랩의 유출 부분 단면적이 유입 부분 단면적보다 큰 것을 사용
   ③ 역사이펀 작용: 수직관의 낮은 부분에 통기관을 설치
   ④ 유도사이펀 작용: 수직관 하부에 통기관을 설치하고 수직배수 관경을 충분히 크게 선정

   답 ④

> **3. 배수 및 통기설비에 대한 설명으로 옳지 않은 것은?** 2023년 국가직 9급
> ① 자기 사이펀 작용은 수직관 가까이 기구가 설치되어 있을 때 수직관 위로부터 일시에 대량의 물이 낙하하면 순간적으로 관내 연결부에 진공이 생겨 봉수를 파괴한다.
> ② 루프통기방식은 2개 이상의 트랩을 하나의 통기관을 이용하여 통기하는 방식이며, 감당할 수 있는 기구수는 8개 이내이다.
> ③ 트랩은 배수관 내의 유해가스나 악취의 역류를 방지하는 기구이다.
> ④ 통기관의 설치목적은 트랩의 봉수가 파괴되지 않도록 하며 배수의 흐름을 원활히 하는 것이다.
>
> 답 ①

3 통기방식

1. 통기관의 설치 목적

(1) 트랩의 봉수를 보호하기 위해서이다.

(2) 배수의 흐름을 원활하게 하기 위해서이다(압력변화 방지).

(3) 배수관 내 악취 배출을 방지하고 청결을 유지하기 위해서이다.

> **예제**
>
> **통기관의 설치 목적으로 옳지 않은 것은?** 2014년 지방직 9급
> ① 배수관의 환기
> ② 사이펀 작용의 촉진
> ③ 트랩의 봉수 보호
> ④ 배수의 원활화
>
> 답 ②

2. 통기방식의 분류

종류	특징	최소관경
각개통기관	• 위생기구마다 각각 통기관을 설치하는 방법으로 가장 이상적인 방법 • 설비비가 많이 소요됨	32A 이상, 배수 관경의 1/2 이상
회로통기관 (환상·루프통기관)	• 배수 수평주관 최상류 기구 바로 아래 배수관에 통기관을 세워 통기수직관 또는 신정통기관에 연결함 • 회로통기 1개당 최대 담당 가구 수는 8개 이내(세면기 기준)이며 통기수직관까지는 7.5m 이내가 되게 함	32A 이상, 배수 관경의 1/2 이상

핵심 OX

01 환상통기관의 최대관경은 32A이다. (○, ×)

02 도피통기관은 배수 수평지관의 하류에서 배수 수직관과 가장 가까운 기구 배수관의 접속점 사이에 설치하여 환상통기관에 연결시킨다. (○, ×)

03 결합통기관은 배수 수직관과 통기수직관을 접속하는 관이다. (○, ×)

01 × 환상통기관의 최소관경은 32A이다.
02 ○
03 ○

도피통기관	• 배수 수평주관 하류에 통기관을 연결 • 회로통기를 도움(기구 수 8개 이상, 연장길이 7.5m 이상일 때).	32A 이상, 배수 관경의 1/2 이상
신정통기관	• 배수 수직관 상부에 통기관을 연장하여 대기에 개방시킴 • 배관길이에 비해 성능이 우수함	-
결합통기관	• 통기관과 배수관을 접속하는 방법 • 고층 건물에서 5개 층마다 설치하여 배수주관의 통기를 촉진함	통기 수직관 관경 적용
습윤(습식)통기관	배수 수평주관 최상류 기구에 설치하여 배수와 통기를 동시에 하는 통기관	-

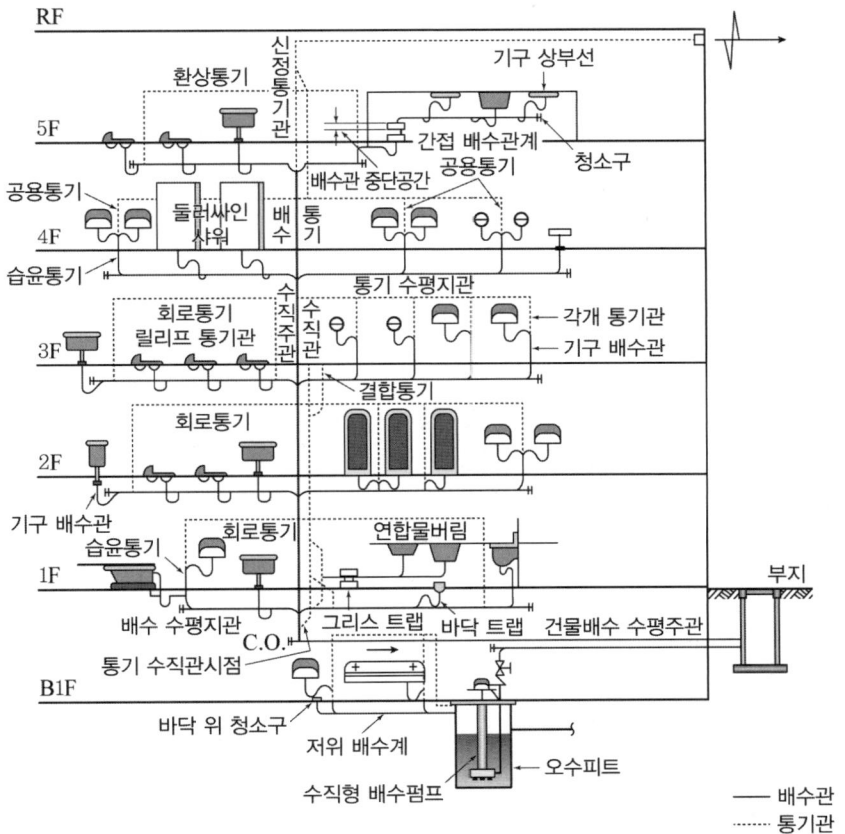

● 통기관의 명칭과 배수관의 관계

예제

1. 위생기구에 설치되는 통기관에 대한 설명으로 옳지 않은 것은? 2017년 국가직 9급

① 신정통기관은 배수 수직관의 상단을 축소하지 않고 그대로 연장하여 대기 중에 개방한 통기관이다.
② 각개통기관은 위생기구마다 통기관이 하나씩 설치되는 것으로 통기방식 중에서 가장 이상적이다.
③ 도피통기관은 루프통기식 배관에서 통기 능률을 촉진하기 위해 설치하는 통기관이다.
④ 결합통기관은 통기와 배수를 겸한 통기관이다.

답 ④

2. 배수설비에 대한 설명으로 옳지 않은 것은? 2018년 지방직 9급 고졸경채

① 트랩의 봉수 깊이는 5~10cm로 하는 것이 보통이다.
② 루프통기관은 위생기구마다 설치하여야 한다.
③ 벨 트랩(bell trap)은 욕실 바닥의 물을 배수할 때 사용한다.
④ 배수피트는 옥내의 배수를 임시로 저장하는 배수조이다.

답 ②

3. 통기관에 대한 설명으로 옳지 않은 것은? 2012년 국가직 9급

① 배수관 계통의 환기를 도모하여 관 내를 청결하게 유지한다.
② 사이펀 작용 및 배압에 의해서 트랩 봉수가 파괴되는 것을 방지한다.
③ 도피통기관은 배수 수직관 상부에서 관경을 축소하지 않고 연장하여 대기 중에 개구한 통기관을 말한다.
④ 각개통기방식은 기능적으로 가장 우수하고 이상적이다.

답 ③

4 배수관 및 통기관의 시공

1. 배수관

(1) 배수관의 관경

① 배수관의 관경은 단위 시간당 최대 유량을 기준으로 결정하는 것이 합리적이다.
② 시간당 최대 유량과 기구의 동시 사용률 및 사용 빈도수를 감안한 기구배수부하단위(DFU, Drain Fixture Unit)를 이용하여 결정한다.

(2) 배수관의 구배

① 배수 관경과 구배는 상관관계를 가지며 유속은 적당해야 한다.*
② 옥내배수관의 표준구배는 관경(mm)의 역수보다 크게 한다.

* 배수의 평균 유속은 1.2m/s 정도로 한다(최소 0.6m/s에서 최대 2.4m/s로 하며 옥내배수관에서는 0.6~1.2m/s로 함).

배수관의 구경(mm)	최대구배	최소구배
32~75	1/25	1/50
100~200	1/50	1/100
250 이상	1/100	1/100

2. 배관상 유의사항

(1) 바닥 아래의 통기관 설치는 금지한다.
(2) 오수 정화조의 배기관은 단독으로 대기 중에 개구한다(일반통기관과 연결하면 안 됨).
(3) 통기수직관과 빗물 수직관은 연결해서는 안 된다.
(4) 오수 피트 및 잡배수 피트 통기관은 양자 모두 개별 통기관으로 적용한다.
(5) 통기관과 실내 환기용 덕트는 서로 연결하여 설치하지 말아야 한다.
(6) 간접 배수 계통의 통기관, 간접 배수 계통의 신정통기관 및 통기수직관은 단독으로 대기 중에 개구한다.

5 위생기구의 종류 및 특징

1. 위생기구

위생기구란 급수관과 배수관 사이에서 물을 배수관으로 흘려보내는 각종 장치 및 기구를 말한다.

(1) 위생기구 소요개수

건축물의 용도 및 규모에 따라 적당한 수의 위생기구를 설치해야 한다.

(2) 위생기구 조건

① 흡수성이 적어야 한다.
② 항상 청결하게 유지할 수 있어야 한다.
③ 내식성, 내마모성이 있어야 한다.
④ 제작 및 설치가 용이해야 한다.

2. 대변기의 급수방식에 의한 분류

(1) 하이탱크식

① 설치 면적이 작다.
② 세정 시 소리가 크다.
③ 탱크 내에 고장이 있을 때에 불편하다.
④ 급수관경은 15A, 세정관경은 32A로 한다.
⑤ 탱크 표준 높이는 1.9m, 탱크 용량은 15L로 한다.

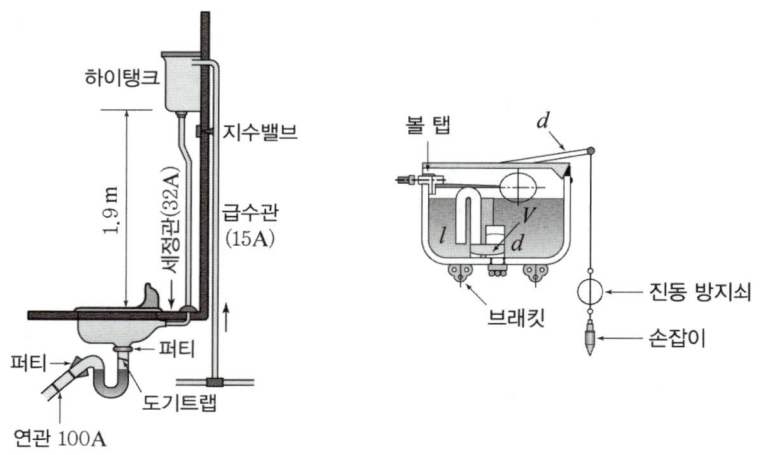

↑ 하이탱크식

(2) 로우탱크식

① 인체 공학적이다.
② 소음이 적어 주택, 호텔에 이용하며, 급수압이 낮아도 이용이 가능하다.
③ 설치 면적이 크다.
④ 탱크가 낮아 세정관은 50mm 이상으로 한다. 급수관경은 15A 이상으로 한다.

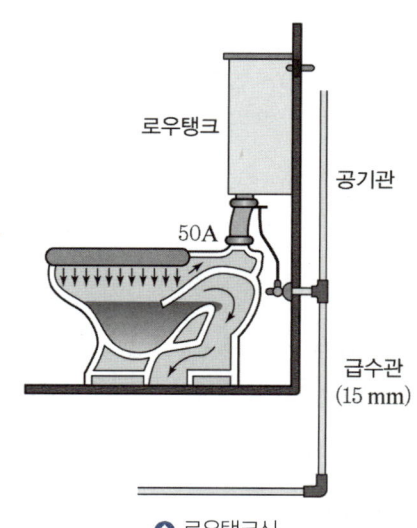

↑ 로우탱크식

(3) 세정밸브식(Flush Valve)

① 한 번 밸브를 누르면 일정량의 물이 나오고 잠긴다.
② 수압이 0.1MPa(100kPa) 이상이어야 한다.
③ 급수관의 최소 관경은 25A이다.
④ 레버식, 버튼식, 전자식이 있다.
⑤ 소음이 크고, 연속사용이 가능하다.

3. 대변기의 세정방식에 따른 분류

(1) 세출식(wash-out type)
① 오물을 일단 변기의 얕은 수면에 받아 변기 가장자리의 여러 곳에서 나오는 세정수로 오물을 씻어 내리는 방식이다.
② 다량의 물을 사용해야 하며 물 고이는 부분이 얕아서 냄새를 발산한다.

(2) 세락식(wash-down type)
오물이 트랩의 수면에 떨어지면 변기의 가장자리에서 나오는 세정수의 일부가 변기의 벽을 씻어 내리고 또 나머지 물을 트랩 바닥면에 일시에 떨어져 오물을 배수관으로 밀어 넣어 수면의 상승에 의해 오물을 배출시키게 하는 구조이다.

(3) 사이펀식(siphon type)
① 배수로를 굴곡시켜 세정 시 만수 상태가 되었을 때 생기는 사이펀 작용으로 오물을 흡인해서 제거하는 방식이다.
② 세락식과 비슷하나 세정 능력이 우수하다.

(4) 사이펀 제트식(siphon jet type)
① 리버스 트랩형의 사이펀식 변기의 트랩 배수로 입구에 분출 구멍을 설치하여 강제적으로 사이펀 작용을 일으켜서 그 흡인 작용으로 세정하는 방식이다.
② 유수면을 넓게, 봉수 깊이를 깊게, 트랩 지름을 크게 할 수 있으므로 수세식 변기 중 가장 우수하다.

(5) 블로아웃식(blow-out type, 취출식)
① 변기 가장자리에서 세정수를 적게 내뿜고 분수 구멍에서 분수압으로 오물을 불어내어 배출하는 방식이다.
② 오물이 막히지 않는다.
③ 급수압이 커야 한다(0.1MPa 이상).
④ 소음이 커지므로 학교, 공장 기타 공공건물에 많이 쓰인다.

(6) 절수식(Siphon jet vortex type)
① 최근 수자원 절약 차원에서 적극 보급되고 있다.
② 일반 대변기가 13L정도를 소비하는 데 비해 6~8L의 세정수로 세정한다.
③ 적은 양으로 세정하기 위해 관경을 좁히고 트랩 앞 부분에서 제트류를 만든다.
④ 세정능력이 나쁜 것이 단점이다.

4. 소변기

소변기는 벽걸이형과 스톨형으로 대별되며 작동방식에 따라 세락식과 블로아웃식이 있고 자동식과 수동식이 있다.

5. 위생기구의 유니트화

공장에서 화장실 내의 위생기구 및 타일 등을 유니트화하여 제작하여, 현장에서 조립하는 방식이다.

(1) 설비 유니트화의 목적
① 공사기간을 단축하기 위해서이다.
② 공정을 단순화·합리화하기 위해서이다.
③ 시공 정도를 향상시키기 위해서이다.
④ 인건비 및 재료비를 절감하기 위해서이다.

(2) 설비 유니트화의 필수 조건
① 현장 조립이 용이해야 한다.
② 가볍고 운반이 용이하며, 가격이 저렴해야 한다.
③ 유니트화 내의 배관이 단순해야 한다.
④ 인건비 및 재료비가 절감되어야 한다.

4 오물 정화설비

1 기초사항

1. 오수 처리방식

물리적 처리방법	부유물 침전방식(응집제 등 이용)
화학적 처리방법	화학약품 이용(오존, 산화제 등 이용)
생물학적 처리방법	미생물에 의한 하수처리(미생물에 의한 호기성 분해 등)

(1) 호기성 처리
① 호기성 미생물을 이용하여 처리한다.
② 산소공급이 필요하며, 동력비가 증가한다.
③ 작은 공간을 차지한다.
④ **종류**: 표준활성오니법, 접촉산화법, 살수여상법, 회전원판법 등이 있다.

(2) 혐기성 처리
① 혐기성 미생물을 이용하여 처리한다.
② 산소공급이 불필요하며, 처리시간이 증가한다.
③ 많은 공간을 차지하고, 악취가 발생하며, 대형 설비용량이 필요하다.
④ **종류**: 임호프탱크, 부패탱크방식 등이 있다.

2. 정화조 설계순서

방류수 주변 상황조사 → 처리대상인원 산출 → 오수정화성능 결정 → 오수량, 수질, 특성 검토 → 처리상식 결정 → 정화조 용량 산정 → 세부설계

3. 수질 관련 용어

B.O.D(Biochemical Oxygen Demand, 생물화학적 산소 요구량)	• 오수 중의 유기물이 이와 공존하는 미생물에 의해 분해되어 안정화하는 과정에서 소비되는 수중에 녹아 있는 산소의 감소를 나타내는 값 • 물의 오염 정도를 나타냄(값이 적을수록 수질이 양호)
C.O.D(Chemical Oxygen Demand, 화학적 산소 요구량)	• 용존유기물을 화학적으로 산화시키는 데 필요한 산소량 • 일반적으로 공장폐수는 무기물을 함유하고 있어, BOD 측정이 불가능하여 COD로 측정 • 값이 적을수록 수질이 양호
D.O[Dissolved Oxygen, 용존(溶存)산소]	• 물속에 용해되어 있는 산소를 ppm으로 나타낸 것 • 깨끗한 물은 7~14ppm의 산소가 용존되어 있음 • 오염도가 높은 물은 산소가 용존되어 있지 않음 • 정화조의 폭기조 내에는 2ppm의 용존산소가 필요
S.S(Suspended Solids, 부유물질)	탁도의 정도로 입경 2mm 이하의 불용성의 뜨는 물질을 ppm으로 표시한 것
스컴(Scum)	정화조 내의 오수 표면 위에 떠오르는 오물찌꺼기
활성오니(Activated Sludge)	폭기조 내에 용해되어 있는 유기물질과 그에 따라 세포가 증식되는 미생물의 덩어리(Flock)

4. BOD 제거율

(1) 정화조의 성능을 나타내는 지표로서 유입수와 유출수 간의 BOD 수치를 비교하여 산출한 것이다.

(2) 공식

$$\text{BOD 제거율} = \frac{\text{유입수의 BOD} - \text{유출수의 BOD}}{\text{유입수의 BOD}} \times 100(\%)$$

2 정화조

1. 정화순서

부패조(혐기성 처리) → 여과조(부유물이나 잡물제거) → 산화조(호기성 처리, 산화처리) → 소독조(소독제 적용, 살균소독) → 방류조

> **예제**
>
> 하수설비에서 부패탱크식 정화조의 오물 정화 순서가 옳은 것은? 2018년 지방직 9급
> ① 오수 유입 → 1차 처리(혐기성균) → 소독실 → 2차 처리(호기성균) → 방류
> ② 오수 유입 → 1차 처리(혐기성균) → 2차 처리(호기성균) → 소독실 → 방류
> ③ 오수 유입 → 스크린(분쇄기) → 침전지 → 폭기탱크 → 소독탱크 → 방류
> ④ 오수 유입 → 스크린(분쇄기) → 폭기탱크 → 침전지 → 소독탱크 → 방류
>
> 답 ②

배설물 정화조의 정화성능
일반적으로 BOD와 BOD 제거율로 나타낸다.

2. 구조

(1) 정화조 구조물은 방수재료로 제작하거나 방수재를 적용하여 누수되지 않도록 한다.

(2) 부패조, 산화조, 소독조에는 각각 맨홀을 설치하며, 그 내경은 45cm 이상으로 한다.

(3) 건물에서 정화조로의 오수의 유입은 기계식(펌프)이 아니라 자연(중력)배수로 한다.

3. 기능

부패조	• 혐기성 처리(침전, 소화작용): 혐기성 미생물 이용(산소를 차단하여 혐기성균에 의해 오물을 소화) • 공기의 유입 차단 • 깊이 1~3m, 맨홀 지름 60cm
여과조	• 부패조와 산화조 사이에 설치 • 부유물이나 잡물제거 및 산화조의 통기성 향상 • 깊이: 수심의 1/3~1/2
산화조	• 호기성 미생물 이용(산소의 공급으로 호기성균에 의해 오물을 산화, 분해 처리) • 살수홈통에 의해 살수 • 통기설비 설치(3m 이상 배기관 설치) • 쇄석층 깊이 90cm 이상, 부패조 용량의 1/2 이상
소독조	• 500명 이상 처리대상에 의무적 설치 • 소독제는 염소 계통[차아염소산소다(NaClO), 차아염소산칼슘[Ca(ClO)2] 등] 이용

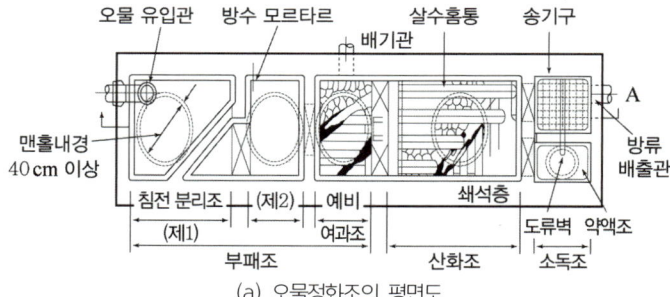

(a) 오물정화조의 평면도

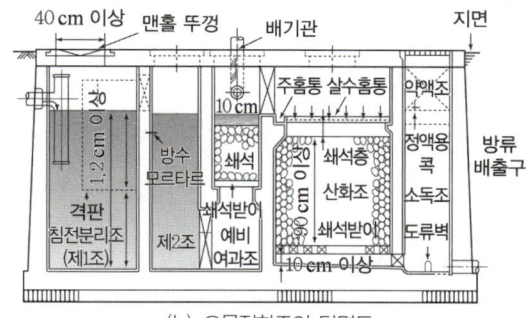

(b) 오물정화조의 단면도

↑ 오물정화조

예제

배설물 정화조에 대한 설명으로 가장 옳지 않은 것은? 2022년 서울시 9급(1회)
① 배설물 정화조의 정화성능은 일반적으로 BOD와 BOD 제거율로 나타낸다.
② 산화조에서는 혐기성균을 작용시켜 산화한다.
③ 부패조에서는 오수분해 및 침전작용을 한다.
④ 부패탱크방식에서 오물은 부패조, 산화조, 소독조의 순서를 거치면서 정화된다.

답 ②

4. 부패조 용량 결정

처리대상 인원	부패조의 용량(m^2)
5인 이하	$V = 1.5m^3$
5 ~ 500인 이하	$V = 1.5 + (n - 5) \times 0.1m^3$
500인 초과	$V = 51 + (n - 500) \times 0.075m^3$

5 소방시설

1 소방시설 일반

1. 화재의 분류

(1) 일반 화재(A급 화재: 백색)
연소 후 재를 남기는 화재로서 나무, 종이, 섬유 등의 화재를 말한다.

(2) 유류 및 가스 화재(B급 화재: 황색)
석유, 가스 등에 의한 화재로서 소화 시 질식에 의한 소화가 효과적이다.

📌 핵심 OX

01 부패조는 호기성균에 의해 분해시키며, 최소 2개 이상의 부패조와 예비여과조로 구성된다. (○, ×)

02 여과조는 오수 중의 부유물을 쇄석층에서 제거한다. (○, ×)

03 산화조는 살수홈통에 공기를 공급하여 산화처리한다. (○, ×)

01 × 부패조는 혐기성균에 의해 분해시키며, 최소 2개 이상의 부패조와 예비여과조로 구성된다.
02 ○
03 ○

(3) 전기 화재(C급 화재: 청색)

전기에 의한 화재로서 소화 시 질식에 의한 소화가 효과적이며, 물에 의한 소화는 금지해야 한다.

(4) 금속 화재(D급 화재: 무색)

(5) 가스 화재(E급 화재: 황색)

(6) 식용유 화재(K급 화재: 적색)

2. 소화의 원리

냉각소화법	물 등을 분사시켜 냉각하여 발화 온도 이하로 만듦
질식소화법	• 모든 화재에 가장 보편적으로 적용하는 방법으로 산소공급원을 차단하는 원리(CO_2 소화설비 등) • 유류 화재에 많이 이용
희석방법	• 종류로는 가연물을 희석시키는 방법과 산소를 희석시키는 방법이 있음 • 불활성 기체 소화설비가 희석방법에 해당됨
연쇄반응차단법	연소의 연쇄반응을 포말, 분말, 하론설비 등과 같은 불활성 물질이 억제하여 소화
파괴소화법	가연물을 파괴함으로써 화재가 확산되는 것을 막음
부촉매소화법	증발잠열이 크고 비열이 큰 부촉매를 사용하여 가연물의 연소를 억제하는 소화방법

예제

소화방법에 대한 설명으로 옳지 않은 것은? 2014년 국가직 9급

① 질식소화법은 불연성 포말 혹은 액체로 연소물을 덮어 산소의 공급을 차단하는 방법이다.
② 희석소화법은 가연물 가스의 산소 농도와 가연물의 조성을 연소 한계점보다 묽게 하는 방법이다.
③ 냉각소화법은 발화점 이하로 온도를 낮추어 연소가 중지되도록 하는 소화방법이다.
④ 촉매소화법은 증발잠열이 크고 비열이 큰 부촉매를 사용하여 가연물의 연소를 억제하는 소화방법이다.

답 ④

3. 소방시설의 분류

소화설비	옥내소화전, 스프링클러, 물 분무, 포말, 분말, CO_2, 할로겐화물 등
경보설비	자동화재탐지설비, 전기화재경보기, 자동화재속보설비, 비상경보설비 등
피난설비	미끄럼대, 피난사다리, 완강기, 유도등, 비상조명 등
소화용수설비	소화수조, 상수도 소화용수설비 등
소화활동설비	배연설비, 연결살수설비, 연결송수관설비, 비상콘센트 등

예제

건축물의 소방에 필요한 소화설비의 종류가 아닌 것은? 2009년 국가직 9급

① 자동화재경보설비
② 스프링클러설비
③ 드렌처(Drencher)설비
④ 옥내소화전설비

답 ①

2 소화설비

소화설비는 화재발생 초기에 물과 소화약제를 분출하여 화재진압을 목적으로 하며, 관련 설비에는 옥내·옥외소화전, 스프링클러, 특수소화설비, 소화기 등이 있고, 소방시설 설치 및 관리에 관한 법률, 화재의 예방 및 안전관리에 관한 법률, 화재안전기준의 규정에 맞춰 용량 및 규격을 결정하여야 한다.

예제

급배수 및 위생설비 등에 대한 설명으로 가장 옳지 않은 것은? 2022년 서울시 9급(1회)

① 급수·급탕설비는 양호한 수질과 수압을 확보하기 위한 설비시스템이 요구되며 일단 공급된 물은 역류되지 않아야 한다.
② 가스설비는 가스의 공급설비와 이를 연소시키기 위한 설비이다.
③ 배수와 통기설비 설치 시 악취나 해충이 실내에 침입하는 것을 방지하기 위해 트랩이 사용된다.
④ 소화설비는 화재 시 물과 소화약제를 분출하는 설비로 「건축법」의 규정에 맞춰 용량 및 규격을 결정하여야 한다.

답 ④

1. 소화기

소화기는 소방대상물의 각 부분에서 보행거리가 20m 이내가 되도록 배치하며 화재에 맞는 용도의 소화기를 사용해야 한다.

(1) 소방 대상물의 각 부분에서 보행거리가 20m 이내가 되도록 배치한다(대형 소화기는 30m 이내).

(2) 소화기는 바닥에서 1.5m 이내에 배치한다.

2. 옥내소화전설비

옥내소화전설비는 건물 내에 설치하는 고정식 소화설비로 건물 내 있는 사람이 화재를 초기에 진압할 목적으로 쓰인다.

(1) **소화원리**

화재 시 복도 등에 설치된 소화 호스를 사람이 수동으로 작동시켜 물을 분사하여 진화한다.

(2) **설치기준**

표준방수압력	0.17MPa 이상
표준방수량	130L/min(20분 이상 방수)
설치간격	각 층 각 부분에서 소화전까지 수평거리는 25m 이내
수원의 수량	$2.6m^3 \times N$(최고 2개로 하고 2개 이상이면 2개로 가정)
소화전 높이(개폐밸브)	바닥에서 1.5m 이내
노즐구경	13mm
호스구경	40mm
호스의 길이	15m × 2본
소화펌프 양수량(Q)	150 × N(소화전 동시개구수)L/min

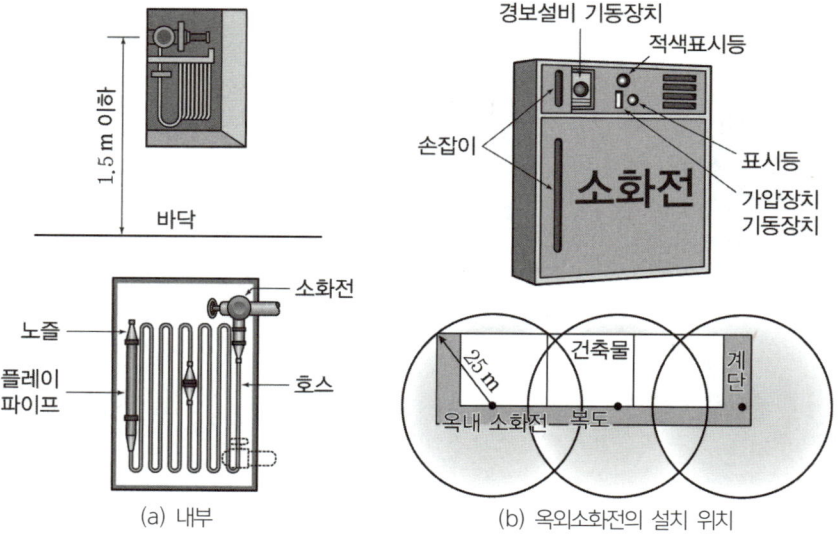

(a) 내부   (b) 옥외소화전의 설치 위치

⬆ 옥내소화전설비

예제

1. 옥내소화전 개폐밸브는 바닥으로부터 (가)m 이하, 방화 대상물의 층마다 그 층의 각 부에서 호수 접속구까지의 수평 거리는 (나)m 이하가 되어야 한다. (가)와 (나)에 들어갈 값으로 가장 옳은 것은? 〈2018년 서울시 9급(2회)〉

	(가)	(나)
①	1.5	25
②	2	30
③	2.5	40
④	3	50

답 ①

2. 다음 설명에 해당하는 설비는? 〈2021년 국가직 9급〉

> 건물 내부의 각 층에 설치되어 화재 시 급수설비로부터 배관을 통하여 호스(hose)와 노즐(nozzle)의 방수압력에 따라 소화 효과를 발휘하는 설비이다. 소방대상물의 각 부분으로부터 수평거리 25m 이하에 설비를 설치하여야 한다.

① 드렌처(drencher)설비
② 스프링클러(sprinkler)설비
③ 연결송수관설비
④ 옥내소화전설비

답 ④

3. 옥외소화전설비

대규모 건물의 화재 시 건물 외부에서 물을 방사하여 소화하는 것으로, 주로 건물 1, 2층의 화재 진압을 목적으로 하는 설비이다.

(1) 표준방수압력

0.25MPa 이상으로 한다.

(2) 표준방수량

350L/min(20분간 방수 필요)으로 한다.

(3) 설치간격

건물 각 부분에서 소화전까지 수평거리는 40m 이내로 한다.

(4) 옥외소화전설비 수원의 저수량(Q)

7m³ × N(최고 2개로 하고, 2개 이상이면 2개로 가정)으로 한다.

(5) 호스의 구경

65mm로 한다.

4. 스프링클러(Sprinkler)설비

화재 시 열이 헤드에 전달되면 72℃ 내외에서 용융편이 자동적으로 녹음과 동시에 물을 분출시켜 소화를 하며, 초기 화재 시 97% 이상을 진화시키는 자동소화설비이다.

(1) 스프링클러설비의 계통 흐름

주배관(각 층을 수직으로 관통하는 수직배관)
→ 교차배관(수직배관을 통하여 가지배관의 물을 공급하는 배관)
→ 가지배관(스프링클러 헤드가 설치되어 있는 배관)
→ 스프링클러 헤드(물의 분사 - 물 분사 시 세분시키는 역할은 헤드 내 디플렉터에서 진행)

(2) 특징

① 초기화재의 소화율이 높다(97%).
② 자동소화설비이며 경보의 기능을 가진다.
③ 소화 후 복구가 용이하다.
④ 소화 후 제어밸브를 잠궈야 한다.
⑤ 가용편의 용융온도는 72℃ 이상이다.
⑥ 고층 건물과 지하층, 무창층 등 소방차 진입이 곤란한 곳에 적당하다.

(3) 종류

① **폐쇄형**: 폐쇄형 설비 타입은 헤드 끝이 막혀 있고 배관 내에는 항상 물이나 압축 공기가 차 있어 용융편이 높으면 곧바로 방사된다(화재열에 의해 스프링클러 헤드가 자동적으로 개구되어 방수하는 방식).

　㉠ 습식

　　ⓐ 수원에서 헤드까지 전 배관에 물이 항상 채워져 있어 화재가 발생하여 용융편이 녹자마자 곧바로 살수 가능하다.
　　ⓑ 동파 및 누수의 우려가 있다(겨울에는 얼지 않도록 보온이 요구).

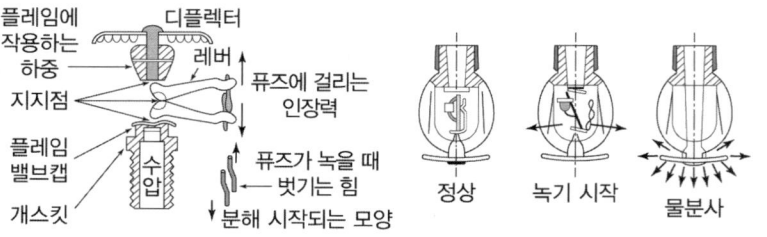

↑ 습식 헤드의 구조 및 작동 방법

　㉡ **건식**: 관 내에 공기가 채워져 있다가 화재 시 공기가 빠지고 살수된다.

스프링클러의 소화원리
실내 천장에 장치한 스프링클러 헤드의 용융편이 온도 상승(72℃ 내외)에 의해 녹으면서 자동적으로 물이 분사되어 소화작용을 한다.

스프링클러의 폐쇄형

습식	물에 의한 누수, 동파 우려가 있음
건식	누수, 동파의 우려가 없음

② 개방형
- ㉠ 폐쇄형 스프링클러로는 효과가 없거나 접근이 어려운 장소에 적용한다(천장이 높은 무대 위나 공장, 창고 위험물 저장소 등에서 수동으로 작동시키는 방식).
- ㉡ 개방된 헤드를 설치하고 감지용 스프링클러 헤드에 의해 작동시키거나 또는 소방차 송수구와 연결하여 소화하는 방식이다.

(4) 스프링클러 헤드의 구조
① 스프링클러 헤드는 프레임, 반사판(디플렉터), 가용편, 레버 등으로 구성되어 있다.
② 가용편: 용융온도 72℃ 내외로 한다.
③ 디플렉터(Deflector): 방수구에서 물을 세분시키는 작용이다.

(5) 기준
① 헤드방수압력: 0.1MPa 이상으로 한다.
② 표준방수량: 80L/min(20분간 방수 필요)*으로 한다.
③ 헤드 1개의 소화면적: 10m²로 한다.
④ 지관 1개에 설치하는 헤드 수: 8개 이하로 한다.
⑤ 수원수량: 80L/min × 20분 × 헤드 10개(11층 이상은 30개)로 한다.

* 스프링클러는 초기 화재 진화를 위하여 사용되는 설비로서, 헤드마다 분당 80L의 물을 20분간 분사할 수 있는 수원을 확보하고 있어야 한다.

병원의 입원실의 스프링클러 헤드
조기반응형 스프링클러 헤드를 설치하여야 한다.

스프링클러의 간격
스프링클러를 정방형으로 배치할 경우 $\sqrt{2} \times R$(수평거리)로 하고, 장방형으로 배치할 경우에는 $2 \times R$(수평거리)로 한다.

(6) 설치간격

건물의 구조	반경(m)	헤드 간의 간격(m)	방호면적(m²)
극장, 준위험물, 특별가연물	1.7	2.4	5.78
준내화건축	2.1	3.0	8.76
내화건축	2.3	3.2	10.56

(7) 용도별 스프링클러 헤드 설치 기준 개수

아파트	10개
판매시설, 복합상가 및 11층 이상인 소방대상물	30개

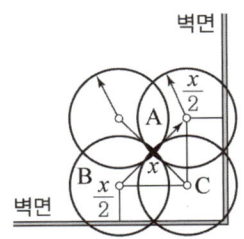
ΔABC는 직각이므로
$x^2 = R^2 + R^2 = 2R^2$
$\therefore x = \sqrt{2}R$

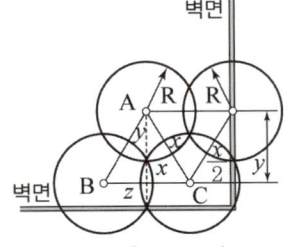
$y = \frac{3}{2}R, \quad z = \frac{1}{2}R$
$x^2 = \left(\frac{x}{2}\right)^2 + \left(\frac{3}{2}R\right)^2 = x = \sqrt{3}R$

⬆ 스프링클러 헤드의 배치법

> **예제**
>
> 1. 스프링클러설비시설에 대한 설명으로 옳지 않은 것은?   2013년 국가직 9급
>   ① 화재의 열에 의해 스프링클러 헤드가 자동적으로 개구되어 방수하는 방식을 개방형 스프링클러설비라 한다.
>   ② 특수 가연물을 저장 취급하는 장소에 위치한 스프링클러 헤드 1개의 유효반경은 1.7m 이하로 한다.
>   ③ 스프링클러 헤드의 방수 압력은 1kg/cm² 이상으로 한다.
>   ④ 스프링클러 헤드의 방수량은 80ℓ/min 이상으로 한다.
>
>   답 ①
>
> 2. 소화설비 중 스프링클러에 대한 설명으로 옳지 않은 것은?   2022년 지방직 9급
>   ① 스프링클러 헤드와 소방대상물 각 부분에서의 수평거리(R)는 내화구조건축물의 경우 2.3m이며, 스프링클러를 정방형으로 배치한다면 스프링클러 헤드 간의 설치간격은 $\sqrt{3}$R로 나타낼 수 있다.
>   ② 개방형은 천장이 높은 무대부를 비롯하여 공장, 창고에 채택하면 효과적이다.
>   ③ 스프링클러 헤드의 방수압력은 1 kg/cm² 이상이고, 방수량은 80 ℓ/min 이상이 되어야 한다.
>   ④ 병원의 입원실에는 조기반응형 스프링클러 헤드를 설치하여야 한다.
>
>   답 ①

5. 드렌처(Drencher)설비

건축물의 창, 외벽, 지붕 등에 노즐을 설치하여 인접건물 화재 시, 노즐에서의 방수로 인해 수막(water curtain)을 형성하여 인접건물 등으로부터 화재의 확산을 방지하는 설비이다.

(1) 헤드설치간격
    수평거리 2.5m, 수직거리 4m 이하로 한다.

(2) 헤드방수압력
    0.1MPa 이상으로 한다.

(3) 수원수량
    80L/min × 20분 × N으로 한다.

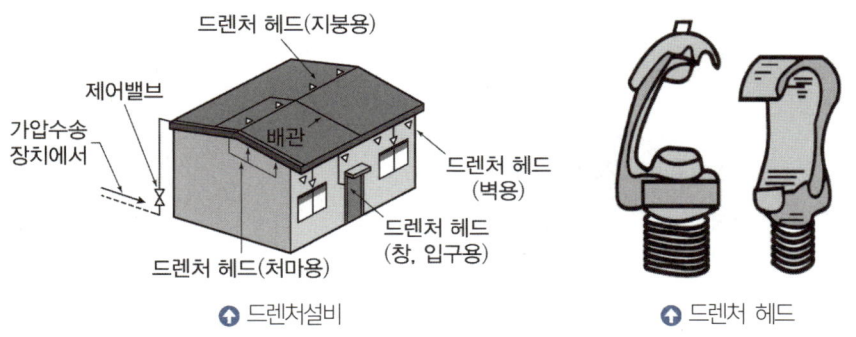

○ 드렌처설비　　○ 드렌처 헤드

3 소화활동설비

소화활동설비는 소방차 및 소방대원이 본격적으로 화재의 진압을 위해 필요한 소방설비이며, 배연설비, 연결살수설비, 연결송수관설비, 비상콘센트 등이 있다.

1. 연결송수관설비(Siamese Connection)

고층 건물의 화재 시 소방차에 연결하여 소방차의 물을 건물 내로 공급하는 설비이다.

(1) 방수구 방수압력

0.35MPa 이상으로 한다.

(2) 표준방수량

800L/min으로 한다.

(3) 방수구 설치

방수구는 개폐기능을 가진 것으로 설치하여야 하며, 평상시 닫힌 상태를 유지하도록 한다(또한, 3층 이상의 층에는 50m 이내마다 설치).

(4) 송수구, 방수구 구경

65mm로 한다. 송수구는 연결송수관의 수직배관마다 1개 이상을 설치해야 한다. 그리고 송수구의 설치 높이는 0.5~1m 정도이며 65mm 쌍구형을 채용한다.

(5) 수직주관 구경

100mm로 한다.

(6) 설치기준

7층 이상의 건축물 또는 5층 이상의 연면적 6,000m² 이상의 건물에 설치한다.

(7) 설치높이

바닥으로부터 0.5 ~ 1m로 한다.

(a) 표준형

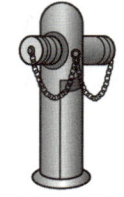
(b) 스탠드형

○ 송수구

구분	방수압력(MPa)	방수량(L/min)	수원의 수량(m³)	설치거리
옥내소화전	0.17	130	2.6m³ × N (2개 이상: 2개)	25m
옥외소화전	0.25	350	7m³ × N (2개 이상: 2개)	40m
스프링클러	0.1	80	1.6m³ × N	1.7 ~ 2.5m
드렌처	0.1	80	1.6m³ × N	• 평행: 2.5m • 직각: 4m
연결송수관	0.35	450	-	50m

○ 소방시설 설치기준

2. 연결살수설비

화재 시 유독가스와 연기 때문에 소방관의 진입이 어려운 지하층 등에서 스프링클러와 유사한 개방형 헤드를 설치하고 소방대 전용 송수구를 통해 실내로 물을 공급·살수하여 화재를 진압하는 설비이다.

(1) 설비의 구성요소
송수구, 연결살수관, 살수헤드, 일제개방 밸브, 선택 밸브이다.

(2) 헤드의 유효반경
3.7m 이하이다.

(3) 연결살수설비의 송수구 설치기준
① 소방 펌프 자동차가 쉽게 접근할 수 있고 노출된 장소에 설치해야 한다.
② **송수구 구경**: 65mm 쌍구형으로 한다(단, 살수헤드의 수가 10개 이하인 것은 단구형의 것으로 할 수 있음).

3. 제연설비

연기를 제거시켜 피난과 소화활동을 원활하게 할 수 있도록 하는 설비이다.

4. 비상콘센트설비

고층 건물의 화재로 인해 소방관이 화재 진압을 위해 실내로 진입할 경우, 소화활동에 필요한 전기의 공급(조명 등)을 위해 설치되는 콘센트설비이다.

(1) 11층 이상의 각 층마다 어느 부분에서도 1개의 비상콘센트까지의 수평거리(유효반경)는 50m 이하로 한다.

(2) 바닥면에서 0.8~1.5m의 높이에 설치한다.

(3) 1회선에 접속되는 콘센트의 수는 10개 이하로 한다.

(4) 비상콘센트설비 설치대상
① 지하층을 포함하는 층수가 11층 이상인 소방대상물의 11층 이상의 층에 설치한다.
② 지하 3층 이상이고 지하층의 바닥면적의 합계가 1,000m^2 이상인 지하층의 전층에 설치한다.

4 경보설비

경보설비는 화재에 의해서 생기는 인적·물적 피해를 최소화하기 위해 화재 초기에 화재 발생사항을 발견하여 신속하게 피난할 수 있도록 조치하고, 소방기관에 통보할 수 있게 하는 설비이다.

1. 자동화재탐지설비

감지기는 화재 발생 시에 생기는 열 또는 연기 등에 의해서 자동적으로 화재의 발생을 감지하는 것으로서, 작동 방식에 따라 열감지기와 연기감지기가 있다.

(1) 열감지기

열감지기는 열에 의한 공기팽창 또는 바이메탈을 이용하여 감지하는 것으로서 정온식, 차동식, 보상식 등으로 분류한다.

① **정온식 스폿형 감지기**: 화재 시 온도 상승으로 바이메탈이 팽창하여 접점이 닫힘으로써 신호를 발신하는 것으로 화기 및 열원 기기를 취급하는 보일러실, 주방 등의 장소에 적합하다(주변온도가 일정온도에 도달하였을 때 감지). 설치높이는 4m 이상 8m 미만으로 한다.

② **차동식 분포형 감지기**: 일반적으로 스폿형 감지기와 작동원리는 같으나 광범위한 지역의 열 누적효과에 의하여 작동되는 감지기이다(주변온도의 일정한 온도상승에 의한 감지). 설치높이는 8m 이상 15m 미만으로 한다.

③ **차동식 스폿형 감지기**
㉠ 분포형의 동파이프 대신 공기실을 배치하여 그 속의 공기가 화재시 온도 상승으로 팽창하면 감압실의 접점을 작동시켜 화재 신호를 발신한다(주변온도의 일정한 온도 상승에 의한 감지).

ⓒ 경계면적은 내화구조인 경우 70m², 비내화구조인 경우 40m²이다.
ⓒ 설치 높이는 4m 이상 8m 미만으로 한다.

④ 보상식 감지기
㉠ 정온식과 차동식의 성능을 가진 열감지기이다.
㉡ 공기의 팽창 및 금속의 용융을 이용한다.

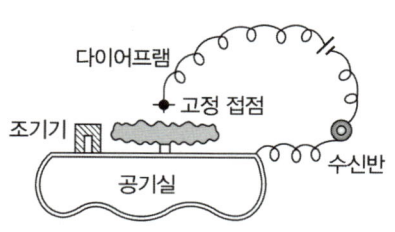
(a) 차동식 스폿형 감지기(공기식)

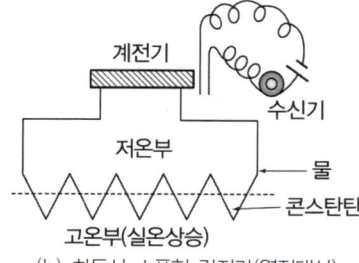
(b) 차동식 스폿형 감지기(열전대식)

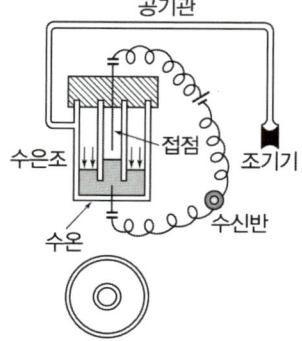
(c) 차동식 분포형 감지기(공기관식)

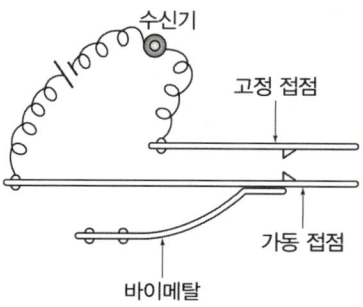
(d) 정온식 스폿형 감지기(바이메탈식)

◆ 열감지기의 종류

예제

화재경보설비에 대한 설명으로 옳지 않은 것은? 2019년 지방직 9급

① 감지기는 화재에 의해 발생하는 열, 연소 생성물을 이용하여 자동적으로 화재의 발생을 감지하고, 이것을 수신기에 송신하는 역할을 한다.
② 감지기에는 열감지기와 연기감지기가 있다.
③ 수신기는 감지기에 연결되어 화재발생 시 화재 등이 켜지고 경보음이 울리도록 한다.
④ 열감지기에는 주위 온도의 완만한 상승에는 작동하지 않고 급상승의 경우에만 작동하는 정온식과 실온이 일정 온도에 달하면 작동하는 차동식이 있다.

답 ④

(2) 연기감지기

화재에 의해서 발생하는 연기를 감지하여 화재의 발생을 자동적으로 수신기에 보내서 작동하며, 광전식과 이온화식으로 구분된다. 설치높이는 15m 이상 20m 미만으로 한다.

① 광전식
  ㉠ 광전효과를 이용하며 소량의 연기도 감지한다.
  ㉡ 검지부에 들어가는 연기에 의해서 광전 소자의 입사 광량의 변화를 감지한다(연기에 의해 반응하는 것으로 광전효과를 이용하여 감지).

② 이온화식
  ㉠ 라이오 아이소토프를 이용한다.
  ㉡ 이온농도가 변화하는 것을 이용한 이온전류의 변화로 검출부 및 증폭부용 스위치를 작동시켜 수신기에 발송한다(연기에 의해 이온농도가 변화되는 것으로 감지).

예제

일정한 실내온도상승률 이상에서 작동하는 기능을 포함하고 있는 '자동화재탐지설비'만을 모두 고르면?

2023년 국가직 9급

ㄱ. 정온식 감지기
ㄴ. 차동식 감지기
ㄷ. 보상식 감지기
ㄹ. 광전식 감지기

① ㄱ, ㄷ
② ㄱ, ㄹ
③ ㄴ, ㄷ
④ ㄴ, ㄹ

답 ③

---

2. 수신기

(1) 수신기는 감지기 또는 발신기에서 보내온 신호를 수신하여 화재의 발생을 당해 건물의 관계자에게 램프 표시 및 음향장치 등으로 알려주는 것이다.

(2) 종류로는 P형(1급, 2급), R형, M형이 있다.

3. 발신기

발신기는 감지기의 동작 이전에 화재의 발생을 발견한 사람이 발신기의 단추를 눌러서 화재발생을 수신기에 전달하여 관계자에게 통보하는 것이다.

4. 음향장치

(1) 음향장치는 감지기에 의해서 화재의 발생을 발견하면 벨 또는 사이렌 등으로 경종을 울리는 설비이다.

(2) 음량은 설치위치 중심 1m 떨어진 위치에서 90폰(Phon) 이상이고, 각 층마다 그 층의 각 부분으로부터 하나의 음향장치까지의 수평거리는 25m 이하가 되도록 설치한다.

5 피난설비

피난시설은 화재 발생시 인명의 피난을 위한 설비로서 피난설비에는 미끄럼대, 피난사다리, 완강기, 유도 등, 유도표지, 비상조명 등이 있다.

6 소화용수설비

소화용수설비는 화재 진압을 위해 물을 공급하는 역할을 하며 소화수조, 상하수도 소화용수설비 등이 있다.

CHAPTER 2 공기조화설비

> **학습 POINT**
> 공기조화설비 단원은 공기조화방식, 공기조화부하계산, 공기조화기, 신재생 및 기타 설비로 구성되며, 7급 및 9급에서 1~3문제 정도가 출제되고 있다. 공기조화방식에서는 공기조화방식별 특징, 공기조화부하계산에서는 냉방 및 난방부하의 종류, 공기조화기에서는 환기방식, 신재생 및 기타 설비에서는 태양열 및 태양광 관련 사항과 변전실, 발전실에 대한 사항이 주로 출제되었다.

1 공기조화방식

1 공기조화방식의 분류

1. 분류

공조기의 설치방법에 따라 중앙(열원)식과 개별(열원)식으로 나눌 수 있으며 열매체에 따라 전공기방식, 공기-수방식, 전수방식으로 나뉜다.

공조기 설치위치	열전달 매체	공기조화방식
중앙식	전공기방식	단일덕트 정풍량 방식
		단일덕트 변풍량 방식
		이중덕트 방식
		멀티존유닛 방식
		바닥급기 공조방식
	공기-수방식	각층 유닛 방식
		유인 유닛 방식
		덕트병용 팬코일유닛(FCU) 방식
		복사냉난방 방식
	전수방식	팬코일유닛(FCU) 방식
개별식	냉매방식	패키지유닛 방식

공조방식의 결정
공조방식의 결정 시에는 공조구역별 공조계통과 내·외부 존(zone)을 실내 환경 특성에 맞춰 분리하여 공조하는 조닝(zoning)실시를 고려하여야 한다.

> **예제**
>
> 1. 건물에서 공조방식의 결정요인에 대한 설명으로 옳지 않은 것은?
>
> 2022년 국가직 9급
>
> ① 건물 설계방법이나 공조설비계획에서 이루어지는 에너지 절약
> ② 각 존(zone)마다 실내의 온·습도 조건을 고려하여 제어하는 개별제어
> ③ 공조구역별 공조 계통과 내·외부 존(zone)을 통합하는 조닝(zoning)
> ④ 설비비, 운전비, 보수관리비, 시간 외 운전, 설비의 변경 등의 요인
>
> 답 ③
>
> 2. 공기조화방식에 대한 설명으로 옳지 않은 것은?
>
> 2014년 지방직 9급
>
> ① 공기조화방식은 열순환 매체 종류에 따라 전공기방식, 공기-수방식, 전수방식, 냉매방식으로 분류된다.
> ② 공기-수방식의 종류로는 멀티존방식, 단일덕트방식, 이중덕트방식이 있다.
> ③ 전공기방식은 반송동력이 커지는 단점이 있다.
> ④ 전수방식은 물을 냉난방 열매로 사용한다.
>
> 답 ②

2. 중앙식(중앙집중식, 중앙냉·난방방식)

(1) 정의
중앙식은 1차 열원기기(냉동기, 보일러 등)를 중앙 기계실에 집중 설치하여, 2차 측 공조시스템(공조기 등)으로 펌프를 통해 열매를 공급하는 방식이다.

(2) 용도
대규모 건물에서는 일반적으로 이 방식을 사용한다.

(3) 장단점

장점	단점
• 비교적 대용량이고, 효율이 좋은 기기를 사용하기 때문에 운전효율이 좋음 • 부하특성에 맞게 기기 대수를 분할 설치하여 부분부하에 대응할 수 있음 • 축열조를 사용하여 열원기기의 용량을 줄일 수 있음 • 열회수 히트펌프(Heat Pump System) 사용이 가능하여 에너지를 유효하게 사용할 수 있음 • 각종 기기류가 집중 설치되므로 보수·유지관리가 용이함	• 넓은 기계실이 필요 • 기기의 하중이 크고, 발생소음이 크기 때문에 사람이 거주하는 실과 인접하여 설치될 때에는 차음 및 방진에 세심한 배려가 필요

열회수 히트펌프(Heat Pump System)
냉난방이 동시에 가능하다.

3. 개별식(개별 냉·난방방식)

(1) 정의
개별식은 부하가 발생하는 장소(실내)에 별도의 열원기기(패키지 에어컨 등)를 설치하여 발생하는 부하를 처리하는 방식이다.

(2) 용도
종전에는 주로 중·소규모의 건물에만 사용되었으나, 최근에는 기종이 다양해지고 성능도 많이 향상되어 대규모 건물에서도 많이 사용하고 있다.

(3) 장단점

장점	단점
• 각 유닛마다 별도의 운전, 온도제어가 가능(개별제어의 측면에서 유리함) • 별도의 냉온수 배관이 필요 없으므로 시공이 간편 • 펌프, 팬 등의 열반송 기기가 필요 없음 • 전용 기계실이 필요 없음	• 기기가 분산 설치되므로 유지관리가 어려움 • 기기 설치공간을 줄이기 위해 천장 속에 설치하는 경우가 있는데, 이때는 소음 처리가 어렵고, 필터의 청소나 유지관리도 힘듦 • 가습기가 내장된 기기가 있기는 하나, 일반적으로 별도의 가습장치가 필요 • 기기의 능력은 외기온도, 냉매배관 길이 등에 따라서 큰 영향을 받으므로 기기 선정 시에는 설치장소의 조건을 충분히 반영하여 검토가 필요(외기온도가 낮거나 배관길이가 길면 냉동능력이 떨어짐)

2 공조방식에 따른 특징

1. 전공기방식(All Air System)

정의	공기만을 열매로 해서 실내 유닛으로 공기를 냉각·가열하는 방식
장점	• 온·습도 및 공기청정 제어 용이 • 실내 기류분포 양호 • 공조되는 실내에 수배관이 필요 없어 누수 우려 없음 • 외기냉방이 가능하고, 폐열회수 용이 • 공조되는 실내에 설치되는 기기가 없으므로 실 유효면적 증가 • 운전 및 유지관리 집중화 가능 • 겨울철 가습 용이
단점	• 덕트 스페이스 확보에 따른 층고 증가 • 송풍동력이 커서 다른 방식에 비해 반송 동력이 많이 소모됨 • 공조기계실의 스페이스를 많이 차지함
용도	사무소 건물, 병원의 수술실, 극장 등

(1) 단일덕트 정풍량 방식(CAV, Constant Air Volume System)

① **정의**: 송풍량은 항상 일정하게 하고, 실내의 열부하에 따라 송풍의 온·습도를 변화시켜, 1대의 공조기에 1개의 덕트를 통해서 건물 전체에 냉·온풍을 송풍하는 방식이다.

② **용도**: 중소규모 건물, 극장, 공장 등 바닥 면적이 크고 천장이 높은 곳에 적합하다.

③ **장단점**

장점	단점
• 외기냉방 가능 • 청정도가 양호 • 설치비가 저렴 • 보수 및 관리에 용이 • 고성능 공기정화장치를 설치하여 쾌적한 실내환경 구현 가능	• 큰 덕트 면적이 필요하여 충분한 덕트공간 확보가 필요 • 변풍량 방식에 비해 에너지소모가 많음 • 각 실별 온습도 조절이 곤란(실이 많은 경우 부적합)

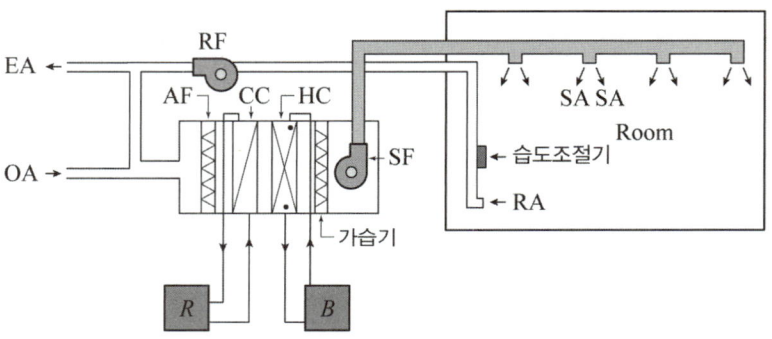

↑ 단일덕트 정풍량 방식

(2) 단일덕트 변풍량 방식(VAV, Variable Air Volume System)

① **정의**: 송풍온도는 일정하게 하고 실내부하의 변동에 따라 송풍량을 변화시키는 방식으로 여러 방식 중 가장 에너지가 절약되는 방식이다.

② **용도**: 대규모 사무소의 내부 존이나 인텔리전트 빌딩, 점포 등 연간 냉방부하가 발생하는 공간에 적합하다.

③ **장단점**

장점	단점
• 부하변동을 파악하여 실온을 유지하므로 에너지 손실이 적음 • 각 실별 또는 존별로 개별적 제어가 가능 • 토출공기의 풍량조절이 용이 • 외기 냉방 가능 • 부분부하 시 송풍기 동력절감 가능	• 환기량 확보 문제로 실내공기가 오염될 수 있음(부하가 적을 경우 최소 필요 환기량 확보 난해) • 기류가 일정해야 하는 클린 룸, 수술실 등에는 부적합 • 가변 풍량 유닛의 설비비가 고가 • 토출공기 온도 제어가 난해함

핵심 OX

가변풍량(VAV)방식은 부하가 적은 공간에서 최소 필요환기량을 쉽게 확보할 수 있다. (O, ×)

× 가변풍량(VAV)방식의 경우 풍량으로 부하를 조절하게 되는데, 실 부하가 작아지게 되면 환기에 필요한 풍량보다 적은 풍량이 실내로 들어가게 되어 실내 공기질 등에 문제가 발생하게 된다.

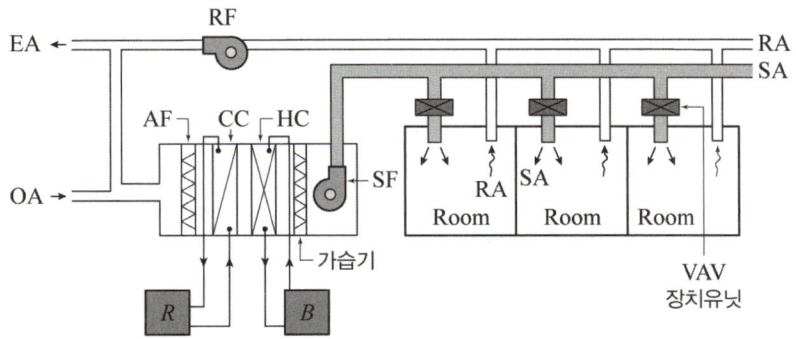

↑ 단일덕트 변풍량 방식

> **예제**
>
> 1. 공기조화방식에서 변풍량 단일덕트 방식(VAV)에 대한 설명으로 옳지 않은 것은?
>
>   2018년 지방직 9급
>
>   ① 고도의 공조환경이 필요한 클린 룸, 수술실 등에 적합하다.
>   ② 가변풍량 유닛을 적용하여 개별 제어가 가능하다.
>   ③ 저부하 시 송풍량이 감소되어 기류 분포가 나빠지고 환기 성능이 떨어진다.
>   ④ 정풍량 방식에 비해 설비 용량이 작아지고 운전비가 절약된다.
>
>   답 ①
>
> 2. 공기조화방식에서 변풍량(VAV) 방식에 대한 설명 중 옳지 않은 것은?
>
>   2017년 서울시 9급(1회)
>
>   ① 변풍량 유닛을 적용하여 각 실 제어가 가능하다.
>   ② 정풍량 방식에 비해 설비 용량이 작아지고 운전비가 절약된다.
>   ③ 저부하시 송풍량이 감소되어 기류분포가 나빠지고 환기 성능이 떨어진다.
>   ④ 고도의 공조환경을 필요로 하는 클린 룸, 수술실 등에 적합하다.
>
>   답 ④

(3) 이중덕트 방식

① 정의

　㉠ 1대의 공조기에 의해 냉풍과 온풍을 각각의 덕트로 보낸 후 말단의 혼합 상자에서 혼합하여 각 실에 송풍하는 방식이다.

　㉡ 에너지 과소비형 공조방식이다.

　㉢ 고층 건축물, 회의실, 병원식당 등 냉·난방부하 분포가 복잡한 건물에 사용한다.

　㉣ 서로 상이한 실에서 냉·난방을 동시에 해야 하는 경우 적절한 공조방식이다.

② 용도

　㉠ 고급사무소 건물에 적합하다.

　㉡ 냉·난방부하 분포가 복잡한 건물에 적합하다.

ⓒ 전풍량 환기가 필요한 곳과 장래 대폭적인 변경 가능성이 많은 건물에 적합하다.

③ 장단점

장점	단점
• 각 실별로 개별제어가 양호 • 계절마다 냉·난방 전환이 필요하지 않음 • 전공기 방식이므로 냉·온수관이 필요 없음 • 공조기가 집중되어 운전, 보수가 용이함 • 칸막이 변경에 따라 임의로 계획을 바꿀 수 있음	• 운전비가 높아지기 쉬운 에너지 과소비형 • 혼합상자, 설비비가 고가임 • 덕트면적을 많이 차지함 • 습도 조절이 어려움 • 여름에도 보일러를 가동해야 함

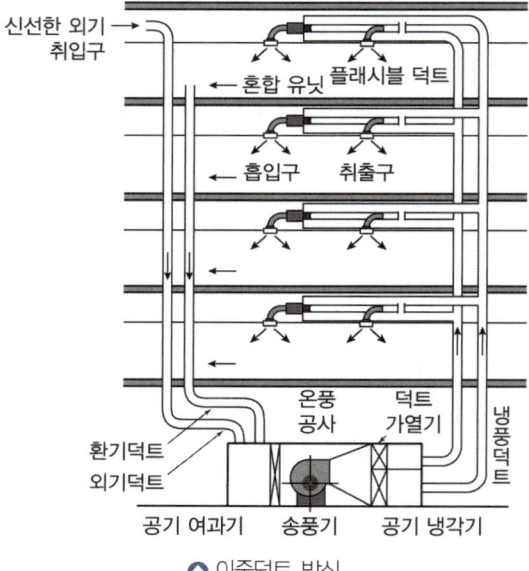

🔼 이중덕트 방식

예제

다음 글에서 설명하는 공조방식은? 2010년 국가직 9급

- 온도의 개별제어가 가능하다.
- 냉난방을 동시에 할 수 있어 계절마다 냉난방 전환이 필요하지 않다.
- 전공기식(all-air duct)이므로 냉온수관이나 전기배선을 실내에 설치하지 않아도 된다.
- 운전동력비가 많이 든다.

① 정풍량 방식　　② 2중 덕트 방식
③ 각층 유닛 방식　④ 팬코일 유닛 방식

답 ②

핵심 OX

서로 상이한 실에서 냉난방을 동시에 해야 하는 경우 가장 적절한 공조방식은 변풍량 단일덕트 방식이다.
(○, ×)

× 서로 상이한 실에서 냉난방을 동시에 해야 하는 경우 가장 적절한 공조방식은 이중덕트 방식이다.

(4) 멀티존 유닛 방식

① **정의**: 공조기 1대로 냉·온풍을 동시에 만들어 공급하고 공조기 출구에서 각 존마다 필요한 냉·온풍을 혼합하여 각각의 덕트로 송풍하는 방식이다.

② **용도**
  ㉠ 중간 규모 이하의 건물에 사용한다.
  ㉡ 존이 아주 많은 경우에는 덕트의 분할 수에 한도가 있으므로, 중소 규모의 공조 스페이스를 조닝하는 경우에 사용한다.

③ **장단점**

장점	단점
• 배관이나 조절장치 등을 집중시킬 수 있음 • 존(Zone) 제어가 가능함 • 여름, 겨울의 냉·난방 시 에너지 혼합손실이 적음	• 냉동기 부하가 큼 • 변동이 심하면 각 실의 송풍불균형이 발생할 수 있음 • 중간기에 혼합손실이 발생하여 에너지 손실이 큼

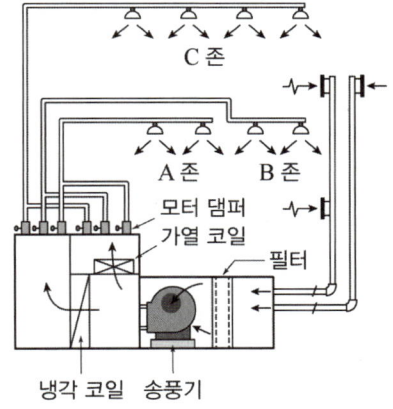

◐ 멀티존 유닛 방식

예제

1. 다음에서 설명하는 공기조화설비 방식은?   2017년 지방직 9급 고졸경채

> • 중간 규모 이하의 건물에서는 중앙식으로 사용되고 있으며, 냉풍과 온풍을 각 지역별로 혼합한 후 각각의 덕트에 보낸다.
> • 하나의 유닛만으로 여러 지역을 조절할 수 있기 때문에 배관이나 조절장치 등을 집중시킬 수 있다.

① 단일 덕트 방식
② 이중 덕트 방식
③ 팬 코일 유닛 방식
④ 멀티존 유닛 방식

답 ④

2. 다음에서 설명하는 공기조화 방식에 해당하는 것으로만 묶은 것은?

2022년 지방직 9급

- 온도 및 습도 등을 제어하기 쉽고 실내의 기류 분포가 좋다.
- 실내에 설치되는 기기가 없어 실의 유효 면적이 증가한다.
- 외기냉방 및 배열회수가 용이하다.
- 덕트 스페이스가 크고, 공조 기계실을 위한 큰 면적이 필요하다.

① 패키지유닛방식, 룸에어컨
② CAV방식, VAV방식, 이중덕트방식
③ 팬코일유닛방식, 유인유닛방식
④ 인덕션유닛방식, 복사냉난방방식

답 ②

2. 수 - 공기방식(Water-Air System)

정의	공기와 물을 열매로 해서 실내 유닛으로 공기를 냉각·가열하는 방식
장점	• 유닛 1대로 소규모 설비가 가능 • 전공기방식보다 반송동력이 적게 듦 • 전공기방식보다 덕트 설치공간을 작게 차지함 • 각 실의 온도제어가 용이함
용도	사무소, 병원, 호텔 등의 다실건축물의 외부존에 주로 사용

(1) 각층 유닛 방식

① 정의

㉠ 외기처리용 1차 중앙 공조기에서 처리된 외기를 각 층의 2차 공조기(유닛)로 보내어 부하에 따라 가열 또는 냉각하여 송풍하는 방식이다(공조 계통을 세분화하여 각 층마다 공조기를 배치).

㉡ 2차 조화장치는 각 층이 2,000m² 이상일 경우 각 층마다 2대 이상, 500m² 이하에서는 2층마다 1대의 비율로 설치한다.

② 용도

㉠ 신문사나 방송국과 같이 각 층마다 사용시간과 사용조건이 다르고, 백화점과 같이 각 층에 따라 부하가 다르고, 층별 면적이 큰 건물에 적용한다.

㉡ 각 층이 다른 회사에 속하는 임대사무소 건물이나 일부 연장운전을 해야 할 경우 사용하는 층만 운전할 수 있는 건물에 적용한다.

③ 장단점

장점	단점
• 각 층, 각 실을 구획하여 온·습도 조절이 가능 • 각 층마다 부분운전이 가능 • 중간에 외기를 도입하여 외기냉방이 가능 • 덕트가 작아도 됨	• 공조기 대수가 많아지므로 설비비가 많이 소요됨 • 공조기가 분산되어 유지관리가 어려움 • 각 층 공조기로부터 소음이나 진동이 발생 • 각 층마다 공조기 설치공간이 필요

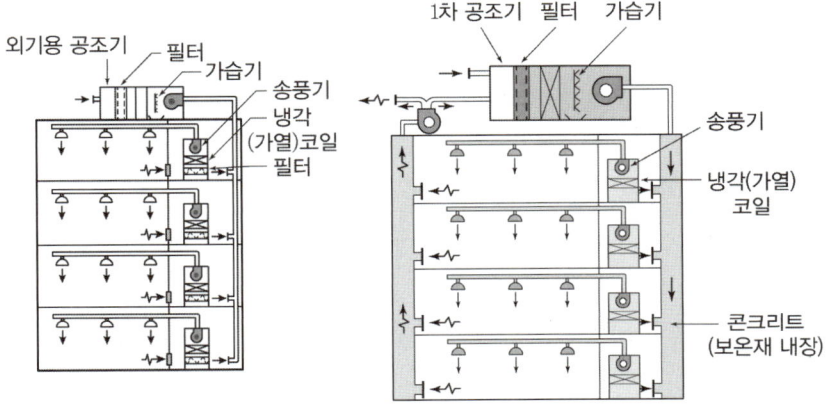

↑ 각층 유닛 방식

(2) 유인유닛 방식

① 정의
  ㉠ 중앙의 1차 공조기에서 가열, 냉각, 가습, 감습 처리한 공기를 고속·고압으로 각 실 유닛으로 공급하여 유닛의 노즐에서 불어내어, 그 불어낸 압력으로 실내의 2차 공기를 유인하여 혼합·분출한다.
  ㉡ 유인된 2차 공기는 유닛 내의 코일에 의해 냉각되거나 가열된다.

② 용도
  ㉠ 병원, 호텔, 사무실 등 방이 다수인 건축물 외부존에 사용한다.
  ㉡ 건물의 페리미터 부분에 채용해서 외주부 부하에 대응하도록 하고 동시에 실내 존 부분에서는 단일덕트 방식을 병용하는 방식이 가장 많이 사용된다.

③ 장단점

장점	단점
• 부하변동에 대응하기 쉬움 • 각 실별로 개별제어가 가능함 • 유닛에 송풍기나 전동기 등의 동력장치가 없어 전기배선이 없어도 됨 • 공조기가 소형으로 기계실 면적 및 덕트 면적이 작음	• 유닛의 실내설치로 건축계획상 지장이 있음 • 유닛의 수량이 많아져 유지·관리가 어려움 • 유닛의 가격이 비쌈 • 유닛에서 1차 공기가 고속이므로 소음이 발생함 • 배관 계통이 복잡하고 유닛에 고성능 필터 사용이 곤란함

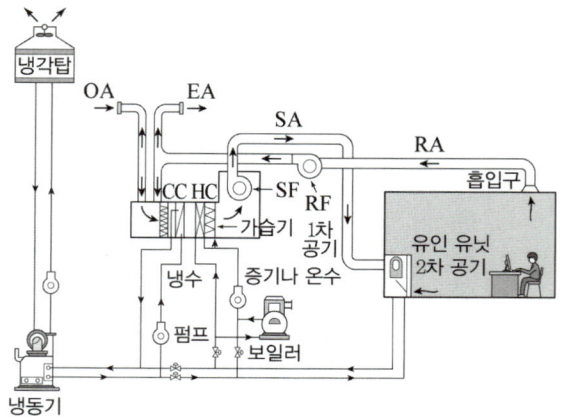

○ 유인유닛 방식

(3) 덕트병용 팬코일 유닛(FCU) 방식

① 정의

㉠ 내부 냉난방 부하는 단일덕트 정풍량 방식 또는 단일덕트 변풍량으로 처리하고 외주부는 FCU로 냉난방 부하를 담당하는 시스템이다.

㉡ 팬코일 유닛의 온도제어는 제어밸브를 층 및 존(Zone)별로 제어하게 되고, 공조기의 제어는 실별 온도 및 CO_2 센서를 통해 VAV 유닛에서 송풍량을 조절하여 운전된다.

㉢ 장래의 부하 증가에 대응이 용이하다.

② 장단점

장점	단점
• 실내온·습도 조건을 만족하여 쾌적성 확보가 가능 • 전공기방식에 비해 덕트면적이 작음 • 각 유닛마다 조절할 수 있으므로 각 실 조절에 적합함	• 다수 유닛이 분산 설치되므로 보수관리가 어려움 • 외기공급을 위한 별도의 설비를 병용할 필요가 있음 • 실내공기 청정도를 요구하기 힘듦

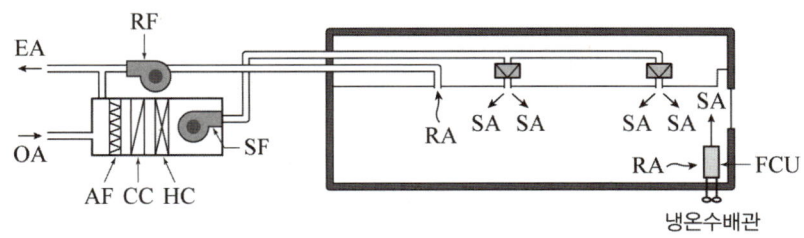

🔹 덕트병용 팬코일 유닛 방식

(4) 덕트병용 복사 냉·난방 방식(Panel Air System)

① 정의
   ㉠ 복사 냉·난방방식은 천장 패널 및 바닥 등에 매설한 배관에 냉수 또는 온수를 보내어 실내 현열부하의 50~70%를 처리하고, 동시에 외기를 포함한 공기를 냉각감습하거나 가열가습하여 송풍함으로써 잔여 실내 현열부하와 잠열부하를 처리한다.
   ㉡ 일반적으로 외기 도입을 위한 덕트 방식과 병용시키지만, 실내의 현열비가 극히 크고 또한 실온이 높을 때에는 덕트 없이도 냉·난방이 가능하게 된다.

② 용도
   ㉠ 천장이 높은 방, 일사가 특히 많은 방, 겨울철 윗면이 차가워지는 방에 채택한다.
   ㉡ 외국에서는 고층 건물의 고급사무실에 많이 이용한다.

③ 장단점

장점	단점
• 복사를 이용하므로 쾌감도를 높일 수 있음	• 방열면, 보온층 및 그에 따른 배관설비, 제어설비가 필요함
• 냉·난방부하를 직접 냉온수에 의하여 제거하므로 전공기방식에 비하여 덕트 면적을 작게 할 수 있음	• 복사 냉방의 경우 제어가 부적당하게 되면 냉각면에 결로가 생길 염려가 있음. 특히 잠열부하가 많은 공간에는 부적당함
• 냉방 시 조명부나 일사에 의한 부하를 쉽게 처리할 수 있어 실내온도의 제어성을 높일 수 있음	• 배관을 건물에 매입하는 경우 단열을 완벽히 하여야 함
• 건물의 축열을 기대할 수 있음	• 방의 모양을 바꿀 때에 융통성이 적음
• 실내 바닥 위에 기기가 없으므로 공간의 유효이용을 꾀할 수 있음	• 공기식에 비하여 풍량이 적으므로 보통 이상의 환기량을 필요로 하는 건물에는 부적당함
• 평균온도가 낮기 때문에 동일 방열량에 대해 손실열량이 작음	• 하자 발견 및 보수가 어려움
• 높이에 따른 실내온도의 분포가 균일함	• 예열시간이 길므로, 간헐적 냉·난방을 하는 곳에는 적합하지 않음

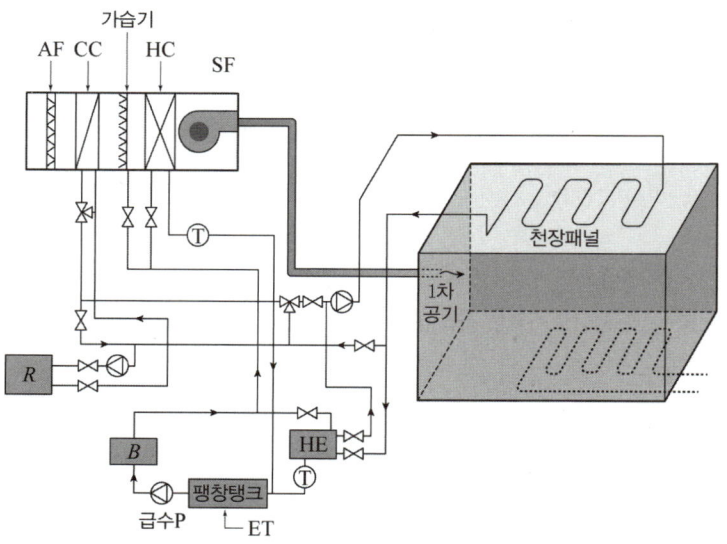

↑ 복사 냉·난방 방식

예제

공기조화 중 덕트 방식과 설명을 옳게 짝지은 것은? 2019년 서울시 9급

(가) 송풍량을 일정하게 하고 실내의 열 부하 변동에 따라 송풍온도를 변화시키는 방식으로 에너지 소비가 크다.
(나) 송풍온도를 일정하게 하고 실내 부하 변동에 따라 취출구 앞에서 송풍량을 변화시켜 제어하는 방식으로 에너지 절감 효과가 크다.
(다) 각 존의 부하 변동에 따라 냉·온풍을 공조기에서 혼합하여 각 실내로 송풍한다.
(라) 공조 계통을 세분화하여 각 층마다 공조기를 배치한다.

ㄱ. 정풍량 방식(CAV)
ㄴ. 변풍량 방식(VAV)
ㄷ. 멀티 존 유닛(Multi Zone Unit) 방식
ㄹ. 각층 유닛 방식

① (가) - ㄷ   ② (나) - ㄴ
③ (다) - ㄹ   ④ (라) - ㄱ

답 ②

3. 전수방식(All Water System)

(1) 정의

① 물만을 열매로 해서 실내 유닛으로 공기를 냉각·가열하는 방식으로서 대표적으로 팬코일 유닛(FCU, Fan Coil Unit) 방식이 있다.
② 냉온수 코일 및 필터가 구비된 소형 유닛을 각 실에 설치하고 중앙기계실에서 냉수 또는 온수를 공급받아 공기조화를 하는 방식이다.
③ 주로 건축물 외주부에 주로 적용하는 방식이다.

(2) 용도

여관, 주택, 경비실 등 극간풍에 의한 외기침입이 가능한 건물에 채택한다.

(3) 장단점

장점	단점
• 각 유닛마다의 조절, 운전이 가능하고, 개별 제어를 할 수 있음 • 덕트면적이 필요하지 않음 • 열운반동력이 적게 듦 • 나중에 부하가 증가해도 유닛을 증설하여 대처할 수 있음 • 1차 공기를 사용하는 경우에는 페리미터 방식이 가능함	• 공급 외기량이 적으므로 실내공기가 오염되기 쉬움 • 필터를 매월 1회 정도 세정, 교체해야 함 • 외기냉방이 곤란하고, 실내 수배관이 필요함 • 실내배관에 의한 누수의 염려가 있음 • 실내 유닛의 방음이나 방진에 유의해야 함

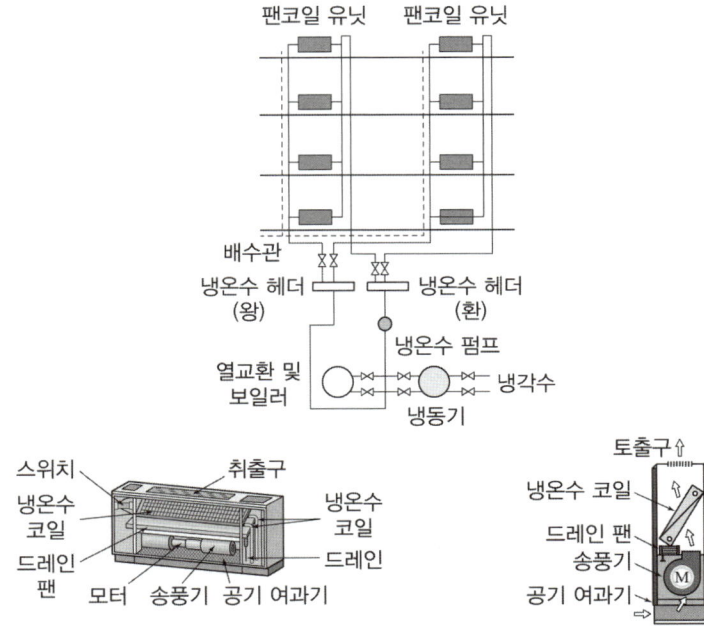

○ 팬코일 유닛 방식

예제

1. 팬코일 유닛(fan coil unit) 공조방식의 장점이 아닌 것은? 2007년 국가직 9급

   ① 각 유닛마다 조절할 수 있으므로 각 실 조절에 적합하다.
   ② 전공기식(all air system)에 비해 덕트 면적이 작다.
   ③ 장래의 부하 증가에 대하여 팬코일 유닛의 증설만으로 용이하게 계획할 수 있다.
   ④ 일반적으로 외기 공급을 위한 별도의 설비를 병용할 필요가 없다.

   답 ④

핵심 OX

팬코일 유닛 방식은 전수방식으로서 주로 건축물의 페리미터존(외주부)에 적용되어 외피로부터 유입 또는 유출되는 부하를 처리하는 역할을 한다. (○, ×)

○

> **2. 공기조화방식에 대한 설명으로 옳은 것은?** 2011년 지방직 9급 고졸경채
>
> ① 전공기방식은 실내에 설치되는 기기가 없으므로 실의 유효 스페이스가 증대되며, 사무소 건물이나 병원의 외부존에 적합하다.
> ② 공기-수방식은 유닛 제어에 의해 개별제어가 가능하며 사무소, 병원, 호텔 등의 내부존에 사용한다.
> ③ 수방식은 여관, 주택 등 주거인원이 적고 틈새 바람에 의한 외기 도입이 가능한 건물에 사용한다.
> ④ 냉매방식은 고장 시 다른 것에 영향이 없고 융통성(flexibility)이 풍부한 개별 공조방식으로 많은 풍량과 높은 정압이 요구되는 공장이나 극장과 같은 대형건물에서 많이 사용된다.
>
> 답 ③

4. 냉매방식 - 패키지 유닛 방식

(1) 정의

① 패키지 유닛 방식이란 압축기, 응축기, 증발기 등의 냉동 사이클계의 기기, 송풍기, 필터, 자동제어 및 케이싱 등으로 구성된 공장 생산품을 이용하는 방식이다.
② 패키지 유닛의 압축기 출력 용량은 0.75~120kW 정도이며, 냉방전용 패키지 유닛(난방에는 온수코일, 증기코일, 전열기 등을 내장)과 열펌프식 패키지 유닛으로 대별된다.
③ 냉방전용 유닛은 수랭식과 공랭식으로 구분하며, 열펌프 유닛도 수열원식과 공기 열원식으로 구분한다.

(2) 용도

① 주택·레스토랑·다방·상점 등 소규모 건물에 주로 사용한다.
② 대규모 건물에서도 24시간 운전하는 수위실 등의 관리실과 시간 외 운전이 필요한 회의실 혹은 특수한 온도도 조건을 필요로 하는 전산실 등에 사용한다.

(3) 장단점

장점	단점
• 공장에서 대량생산하므로 가격이 저렴하고 품질이 보증됨 • 설치와 조립이 간편하고 공사기간이 짧음 • 비교적 취급이 간편할 뿐만 아니라 증축, 개축, 유닛의 증설에 따른 유연이 있음 • 유닛별 단독운전과 제어가 가능함	• 동시부하율 등을 고려한 저감처리가 가능하지 않으므로 열원 전체 용량은 중앙 열원보다 커지게 되는 경향이 있음 • 중앙식에 비해 냉동기, 보일러의 내용연수가 짧음 • 압축기, 팬, 필터 등의 부품 수가 많아 보수비용이 증대됨 • 온습도 제어성이 떨어짐 • 외기냉방이 불가능함

📌 **핵심 OX**

공기조화방식 중 패키지 유닛 방식은 일반적으로 진동과 소음이 적다.

(O, ×)

× 패키지 유닛 방식은 대표적인 개별식의 공기조화방식으로서 개별 사용처에 각각 설치되므로 사용처에서는 설비 가동에 따른 진동, 소음을 직접적으로 느끼게 된다.

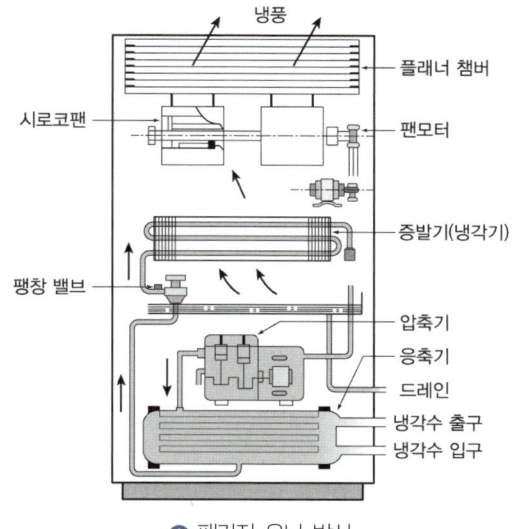

● 패키지 유닛 방식

2 공기조화 부하계산

1 공기조화 부하계산

1. 의의

(1) 공기조화 부하란, 실내의 온도와 습도를 유지하기 위하여 냉·난방설비를 통해 실내로 공급되는 열량을 말한다.

(2) 여름철, 실내의 냉방부하를 줄이기 위해 냉각(현열량 감소)·감습(잠열량 감소)을 한다.

(3) 겨울철, 실내의 난방부하를 줄이기 위해 가열(현열량 증가)·가습(잠열량 증가)을 한다.

2. 설계조건

(1) TAC 위험률

① TAC 위험률이란 ASHRAE의 기술자문위원회(Technical Advisory Committee)가 규정한 위험률을 고려한 온도를 말하는 것으로 공조기간의 총시간 중 몇 %는 설계단계에서 설정한 외기온도보다 더 높아질 수 있거나, 낮아질 수 있음을 가정하는 외기설정온도이다.

② 예를 들어 일년 중 냉방시간이 총 3,000시간이라 할 때 TAC 온도 2.5%로 설계한다고 하면 3,000시간의 2.5%인 75시간은 실제의 외기온도가 냉방설계 시 적용한 외기온도보다 더 높아질 가능성이 있음을 의미한다.

③ TAC 위험률 값이 낮을수록 장치용량이 커지게 된다.
④ 외기온도의 피크값을 기준으로 냉·난방설비의 용량을 산정한 것보다 일년 중 며칠간은 약간 덥거나 추울 수 있으나, 설비 용량을 줄이고 에너지를 절약할 수 있다.

(2) 실내 설계조건
① 냉·난방설비의 용량계산을 위한 설계기준 실내온도는 에너지절약계획서 제출대상 건축물의 경우 건축물의 에너지절약설계기준을 선택적으로 채택할 수 있다.
② 난방의 경우 20℃, 냉방의 경우 28℃를 설계기준 실내온도로 한다(목욕장 및 수영장 제외).
③ 각 건축물 용도 및 개별 실의 특성에 따라 설비의 용량이 과다해지지 않도록 한다.

3. 냉방부하

(1) 개요
① 여름철에 실내의 온·습도를 일정하게 유지하기 위하여, 실내의 획득열량을 제거하는 데 필요한 열량을 말한다(냉방부하 = 실내의 획득열량 = 실내에서 제거해야 할 열량).
② 실내에서 제거해야 할 열량 중 현열은 냉각을 통해, 잠열은 감습을 통해 제거한다.

(2) 종류

부하의 종류		내용	열 종류
실부하	외피부하	• 전열부하(온도 차에 의하여 외벽, 천장, 유리, 바닥 등을 통한 관류열량) • 일사에 의한 부하	현열
		틈새 바람에 의한 부하	현열, 잠열
	내부부하	조명기구 발생열	현열
		인체발생열	현열, 잠열
환기부하		환기부하(신선외기에 의한 부하)	현열, 잠열
장치부하		송풍 시 부하	현열
		덕트의 열손실	현열
		재열부하	현열
		혼합손실(이중덕트의 냉온풍 혼합손실)	현열
열원부하		배관열손실	현열
		펌프에서의 열취득	현열

4. 난방부하

(1) 개요

① 겨울철에 실내의 온·습도를 일정하게 유지하기 위하여, 실내의 손실열량을 보충하는 데 필요한 열량을 말한다(난방부하=실내의 손실열량=실내에 보충해야 할 열량).

② 냉방부하의 종류에서 외부부하 중 유리를 통한 열획득과 내부부하, 동력부하는 난방부하를 저감시키는 요인이 되어 난방부하 계산에 포함시키지 않는다.

③ 실내에 보충해야 할 열량 중 현열은 가열을 통해, 잠열은 가습을 통해 보충한다.

(2) 종류

구분	난방부하	열 종류
외부부하	구조체 관류에 의한 손실열량	현열
	틈새바람에 의한 손실열량	현열·잠열
장치부하	덕트 등에서 손실되는 열량	현열
환기부하(외기부하)	환기로 인한 손실열량	현열·잠열

예제

냉난방부하에 관한 설명으로 옳지 않은 것은?   2010년 국가직 9급

① 난방부하의 요인으로 실내외 온도차에 의한 관류열손실, 틈새바람에 의한 열손실 등이 있다.
② 난방부하란 실내에서 실외로 빼앗기는 열손실량을 공급해야 하는 단위시간당 열량을 말한다.
③ 냉방부하의 요인으로 실내발생 열량취득, 장치로부터의 열량취득 등이 있다.
④ 인체발생열량은 냉방부하의 발생요인에 속하지 않는다.

답 ④

2 습공기선도

1. 개념
(1) 습공기의 상태를 표시한 그래프를 습공기선도라고 한다.
(2) 습공기선도는 일정한 습공기의 상태를 나타내는 여러 가지 특성치의 관계를 나타낸다.
(3) 습공기선도는 공조설계 시 주로 사용되며, 냉난방 시 실내와 공기조화기 내에서 일어나는 습공기의 상태변화를 파악할 수 있다.

2. 구성

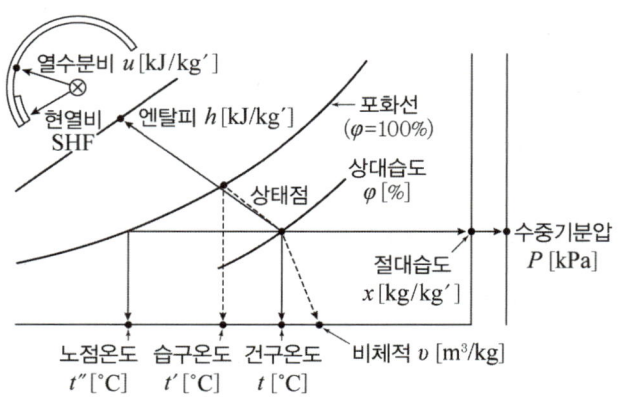

↑ 대기압상태(0.1MPa)에서의 습공기선도

> **예제**
>
> 습공기선도(Psychrometric Chart)의 요소가 아닌 것은? 2014년 국가직 9급
> ① 수증기분압
> ② 엔탈피
> ③ 절대습도
> ④ 유효온도
>
> 답 ④

3. 습공기선도와 공기조화과정

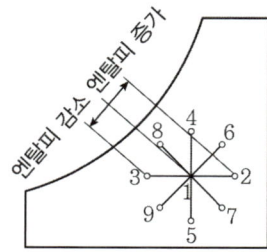

1→2: 현열 가열(Sensible Heating)
1→3: 현열 가열(Sensible Cooling)
1→4: 가습(Humidification)
1→5: 감습(Dehumidification)
1→6: 가열 가습(Heating and Humidifying)
1→7: 가열 감습(Heating and Dehumidifying)
1→8: 냉각 가습(Cooling and Humidifying)
1→9: 냉각 감습(Cooling and Dehumidifying)

핵심 OX

01 절대습도는 습공기의 수증기 분압과 그 온도 상태 포화공기의 수증기 분압과의 비를 백분율로 나타낸 것이다. (○, ×)

02 습공기의 기류, 즉 공기의 유속은 습공기의 상태를 나타내는 습공기선도에는 표현되지 않는다. (○, ×)

01 × 상대습도에 대한 설명이며, 절대습도는 건조공기 1kg 중에 포함되어 있는 수증기의 양을 의미한다.
02 ○

3 공기조화기

1 공기조화기(Air Handling Uint) 구성요소

1. 공기여과기(Air Filter)

공기여과기는 공기 중의 분진(粉塵), 유해가스 등의 제거를 목적으로 하는 공기 정화장치이다.

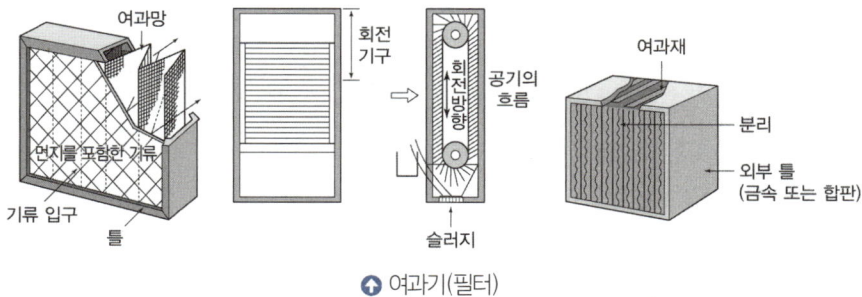

↑ 여과기(필터)

2. 공기 냉각 및 가열코일

냉각코일 관 속의 열매를 외부공기와 통하게 하여 직·간접적으로 열교환이 일어나게 하는 코일이다.

3. 제습기(감습기, Dehumidifier)

하절기 냉방 시 공기를 냉각함으로써 상대습도가 증가되어 실내 상대습도를 40~70%로 유지하기 위하여 제습을 행한다.

4. 가습기(Air Washer, Humidifier)

동절기 난방 시 공기를 가열함으로써 상대습도가 저하되어 실내 상대습도를 40~70%로 유지하기 위하여 가습을 행함으로써 쾌적한 실내환경을 유지하는 것이다.

2 공기 반송장치

1. 송풍기

송풍기란 공기를 수송하기 위한 기계장치로, 공기의 흐름을 일으키는 날개(Impeller, 임펠러)와 공기를 안내하는 케이싱(Casing)으로 구성된다.

2. 덕트(Duct)

(1) 덕트란 송풍기와 연결하여 공기를 흐르게 하는 풍도를 말한다.
(2) 일반적으로 아연철판이 많이 이용되며, 외면은 보온재로 단열한다.

3. 댐퍼

(1) 풍량 조절용 댐퍼(Volume Damper)
풍량을 조절하기 위한 댐퍼이다.

(2) 풍량 분배용 댐퍼(Split Damper, 스플릿 댐퍼)
① 덕트 분기부에서 풍량조절에 사용된다.
② 개수에 따라 싱글형과 더블형으로 구분된다.

(3) 역류 방지용 댐퍼(Relief Damper, 릴리프 댐퍼)
① 실내의 정압을 일정하게 유지하고 실내외 또는 인접실과의 공기 차압을 제어하는 기기이다.
② 공기의 역류를 방지하여 클린 룸 오염을 방지한다.

(4) 방화 댐퍼(Fire Damper)
① 화재 발생 시 다른 실로 연소되는 것을 방지하기 위한 댐퍼이다.
② 건축물의 방화구역에 설치한다.
③ 댐퍼 내 퓨즈를 부착하여 일정 이상의 온도 상승 시 퓨즈가 녹아 댐퍼가 닫힌다.

(5) 방연 댐퍼(Smoke Damper)
① 화재 발생 시 폐쇄하여 덕트 내에 연기가 전해지는 것을 방지하는 댐퍼이다.
② 실내에 둔 연기 감지기와 연동하여 화재의 초기에 댐퍼를 폐쇄한다.

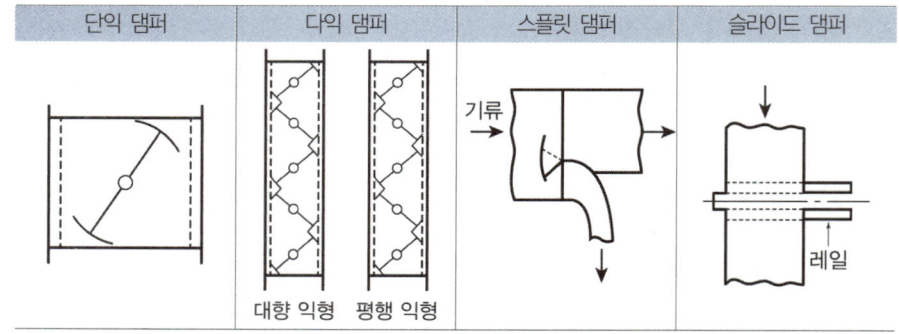

🔼 각종 댐퍼

4. 공기 취출구(Diffuser, 토출구)

(1) 공조기에서 조화공기를 덕트에서 실내에 반출하기 위한 개구부를 말한다.
(2) 인체가 드래프트를 느끼지 않도록 설계한다.
(3) 공기가 유입되는 흡입구와는 구별된다.

3 환기설비

1. 오염물질의 종류

(1) 부유분진
① 분진은 대기 중에 부유하거나 하강하는 미세한 고체상의 입자성 물질이다.
② 부유분진이 인체로 유입되면 각종 질병이 유발될 수 있다.

(2) 이산화탄소(CO_2)
① 우리나라 실내 CO_2 허용농도는 1,000ppm 이하이다.
② 일반적으로 CO_2의 농도변화는 다른 오염물질의 농도변화와 유사한 패턴을 가지고 있어, 환기량 등의 산출 시 오염물질들을 대표하여 적용된다.

(3) 일산화탄소(CO)
① 무색, 무취의 기체로 각종 유류나 석탄과 같이 탄소를 포함한 물질의 불완전 연소과정에서 발생한다.
② 실내에서는 취사, 난방, 연소과정에서 주로 발생한다.

(4) 포름알데히드(HCHO)
① 무색의 수용성 기체로서 건축자재, 단열재, 가구 등에서 발생한다.
② 새집 증후군 등과 밀접한 관계가 있다.

(5) 석면(Asbestos)
① 과거에 단열재나 흡음재 또는 내부 마감재료로 많이 사용되었다.
② 현재는 법적으로 적용이 금지되어 있다(발암 물질 지정).

(6) 라돈(Radon)
방사능 물질로서, 건축자재에서 방출된다.

2. 환기의 종류

(1) 자연환기
① 풍력환기는 풍압차에 의한 환기이다.
② 중력환기는 공기의 온도차 – 밀도차에 의한 환기이다.

(2) 기계환기

구분	개념도	내용
1종 환기	(외기 → 송풍기 → 실내 → 배풍기)	• 송풍기와 배풍기를 사용하여 환기(일반공조, 보일러실, 변전실 등) • 실내압을 정압(+) 또는 부압(-)으로 유지
2종 환기	(외기 → 송풍기 → 실내 → 배기구)	• 송풍기만 설치하고 배기구 설치(수술실, 클린룸 등 유해물질의 유입이 방지되어야 하는 곳) • 실내압을 정압(+)으로 유지

핵심 OX

01 환기량은 환기 인자에 대한 실내의 허용 농도에 따라 다르다. (○, ×)

02 환기는 자연환기와 기계환기로 대별되는데 자연환기가 보다 더 강력하다. (○, ×)

03 송풍기에 의한 급기와 자연적인 배기를 통해 실내압력을 정압(+)으로 유지시켜 주어, 외부 공기 유입을 최소화하는 방식은 2종 환기 방식이다. (○, ×)

01 ○
02 × 환기는 자연환기와 기계환기로 대별되는데, 기계환기가 보다 더 강력하다.
03 ○

3종 환기	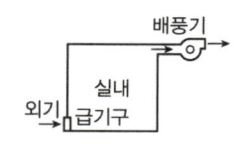	• 배풍기만 설치하고 급기구 설치(화장실, 조리장, 자동차 공장의 도장공장, 주차장 등 오염물질 배출이 되지 말아야 하는 곳) • 실내압을 부압(-)으로 유지

환기횟수의 산출방식
환기횟수 = 환기량(환기필요량) / 실체적

예제

1. 환기방식과 그에 적절한 실의 용도에 대한 설명으로 옳은 것은? 2011년 국가직 9급

① 반도체공장의 클린 룸 - 2종 환기방식: 외부의 오염된 먼지유입을 줄일 수 있다.
② 화장실 - 1종 환기방식: 급기와 배기량을 일정하게 함으로써 악취를 빨리 배출할 수 있다.
③ 자동차 공장의 도장공장 - 3종 환기방식: 실내를 항상 정압으로 유지한다.
④ 주방 - 1종 환기방식: 급기와 배기를 충분히 할 필요가 있다.

답 ①

2. 다음은 기계환기설비에 대한 설명이다. 이에 해당하는 ㉠ 환기방법, ㉡ 많이 사용되는 공간, ㉢ 실내압 상태를 바르게 연결한 것은? 2017년 지방직 9급 추가채용

> 배풍기만을 사용하여 실내의 공기를 배기하는 방식으로, 공기가 나가는 위치에 배풍기를 설치한다.

	㉠	㉡	㉢
①	제2종 환기법	수술실	부압
②	제2종 환기법	주방	정압
③	제3종 환기법	정밀공장	정압
④	제3종 환기법	주차장	부압

답 ④

3. 기계환기방식 중 송풍기에 의한 급기와 자연적인 배기로 클린룸과 수술실 등에 적용하는 환기방식은? 2019년 국가직 9급

① 제1종 환기　　② 제2종 환기
③ 제3종 환기　　④ 제4종 환기

답 ②

4 난방설비

1. 난방방식의 분류

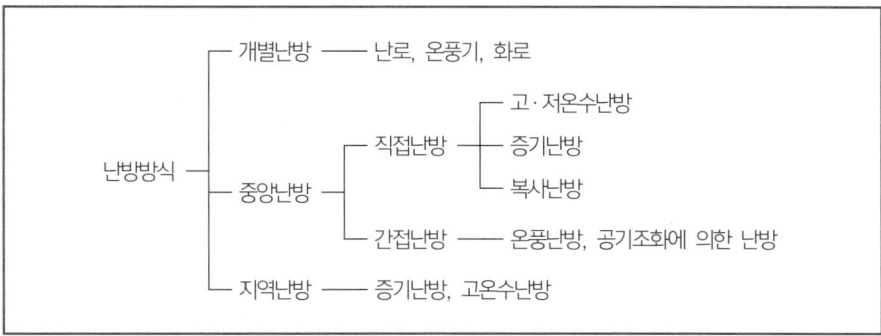

(1) 개별난방
  ① 열원기기를 각각의 부하 발생장소(실내)에 설치하여 난방하는 방식이다.
  ② 난방시설의 초기 투자비용이 적게 들며, 조작성이 편리한 특성을 가진다.
  ③ 주택 등 소규모 건물의 난방에 적합하다.

(2) 중앙난방
  ① 중앙기계실의 보일러를 통해 열원을 각 실로 공급하여 난방하는 방식이다.
  ② 이용이 편리하고 열효율이 높다.
  ③ 대규모 건물에서 주로 채용하며, 열원의 반송과정에서 열손실이 높다.

(3) 지역난방
  ① 지역의 대규모 플랜트에서 열원을 각 단지로 공급하여 난방하는 방식이다.
  ② 배관의 길이가 길어져, 반송과정에서 열손실이 큰 단점이 있다.
  ③ 플랜트의 열원 생산방식이 열병합 형태로 이루어지므로, 에너지 절약적이다.

> **예제**
>
> 다음 중 간접난방방식에 해당하는 것은?   2017년 서울시 9급(1회)
> ① 온풍난방
> ② 온수난방
> ③ 증기난방
> ④ 복사난방
>
> 답 ①

2. 증기난방(Steam Heating System)

증기난방은 증기보일러에서 발생한 증기를 배관을 통해 각 실에 설치된 난방기기로 보내어 증기의 잠열로 난방한다.

장점	단점
• 예열시간이 짧음 • 열의 운반능력이 큼 • 방열면적과 환수관경이 작음 • 설비비와 유지비가 적음 • 동파의 우려가 없음	• 부하변동에 따른 방열량 조절이 곤란 • 방열기 표면온도가 높아 쾌감도가 좋지 않음 • 환수관의 부식이 비교적 심하여 수명이 짧음 • 시스템 가동 초기 스팀해머(Steam Hammer)에 의한 소음 발생 • 보일러 취급이 난해

예제

1. 건축 난방설비 방식에 대한 설명으로 옳지 않은 것은? 2017년 지방직 9급 고졸경채

① 증기난방 - 실이 개방된 상태에서도 난방효과가 있으며, 평균온도가 낮기 때문에 동일 방열량에 비하여 손실 열량이 비교적 적다.
② 간접난방 - 열원장치에서 가열된 열매가 공기조화기, 배관, 덕트 등을 지나 공급되는 난방방식이다.
③ 온수난방 - 난방부하의 변동에 따라 온수 온도와 순환 수량을 쉽게 조절할 수 있으며, 현열을 이용하므로 증기난방보다 쾌감도가 높다.
④ 복사난방 - 실내온도 분포가 균등하고 쾌감도가 높으며, 방열기가 필요하지 않고 바닥면의 이용도가 높다.

답 ①

2. 난방방식에 대한 설명으로 옳지 않은 것은? 2023년 국가직 9급

① 온수난방은 난방 휴지기간이 길면 동결의 우려가 있으나 증기난방에 비하여 쾌감도는 높다.
② 증기난방은 현열을 이용하므로 배관 관경이 크고 열의 운반능력 또한 커서 연속난방에 적합하다.
③ 온풍난방은 예열시간이 짧아 손쉽게 이용할 수 있으나 소음이 크고 쾌감도가 낮다.
④ 복사난방은 방이 개방된 상태에서도 난방효과가 있으며 방열기가 필요 없어 바닥면의 이용도가 높다.

답 ②

3. 온수난방

온수난방은 열매인 온수를 난방기기에 공급하여 실내를 난방하는 방식으로 현열을 이용한 난방방식이다.

장점	단점
• 열용량이 큼 • 부하변동에 따른 방열량의 조절 용이 • 관의 부식이 적음 • 실내 수직적 온도차가 적으며 쾌감도가 높음 • 소음이 적으며, 보일러 취급 용이	• 예열시간이 김 • 방열면적 및 배관경이 큼 • 증기난방에 비하여 열수송 능력이 적음 • 한랭, 난방 정지 시 동파 우려 • 설비비가 상대적으로 비쌈

예제

1. 온수(보통온수)난방 및 증기난방의 특징으로 옳지 않은 것은? 2015년 국가직 9급

① 온수난방은 열용량이 크므로 난방부하의 변동에 따른 온수온도 조절이 곤란하다.
② 온수난방은 온수의 현열을 이용한 난방이므로 증기난방에 비해 난방 쾌감도가 높다.
③ 온수난방은 증기난방에 비하여 방열면적과 배관의 관경이 커야 한다.
④ 온수난방은 연속난방, 증기난방은 간헐난방에 더 적합하다.

답 ①

2. 온수난방에 대한 설명으로 옳은 것은? 2021년 지방직 9급

① 난방부하의 변동에 따라 온수 온도와 온수의 순환수량을 쉽게 조절할 수 있다.
② 온수순환방식에 따라 단관식, 복관식으로 분류한다.
③ 증기난방에 비해 방열 면적과 배관의 관경이 작아 설비비를 줄일 수 있다.
④ 예열시간이 짧고 동결 우려가 없다.

답 ①

온수난방의 분류
1. **온수순환방식**
   직접순환방식, 역순환방식이 있다.
2. **배관방식**
   단관식, 복관식이 있다.

핵심 OX

01 증기난방은 방열면적이 온수난방보다 작으면 안되고, 배관관경이 커야 한다. (O, X)

02 증기난방 중 진공환수식의 경우에는 보일러와 방열기의 높이차를 충분히 유지할 수 있어야 한다. (O, X)

01 X 증기난방은 방열면적과 배관관경이 온수난방보다 작아도 된다.
02 X 진공환수식의 경우 진공펌프를 활용하여 강제로 응축수를 환수하기 때문에 보일러와 방열기의 높이차에 대한 고려가 필요하지 않다. 보일러와 방열기의 높이차를 필수적으로 고려해야 하는 것은 자연환수(중력환수)방식의 경우이다.

4. 복사난방(Panel Heating)

건축물 구조체(천장, 바닥, 벽 등)에 코일(Coil)을 매설하고, 코일에 열매를 공급하여 가열면의 온도를 높여서 복사열에 의해 난방하는 방식이다.

장점	단점
• 방열기가 필요하지 않아 바닥의 이용도가 높음 • 실내의 수직적 온도분포가 균등하여 쾌감도가 양호함 • 동일 방열량에 대하여 손실열량이 적음 • 방을 개방 상태로 놓아도 난방열의 손실이 적음 • 대류가 적으므로 바닥의 먼지가 상승하지 않는 특성이 있음 • 열용량이 크므로 난방부하의 변동에 따른 온수 온도 조절 용이	• 배관 매설에 따른 시공 시 주의 요망 • 열손실을 막기 위한 단열층 필요 • 유지·보수 불편 • 설비비가 고가 • 간헐적 난방에 부적합

난방방식에 따른 쾌적성 양호도
복사난방 > 온수난방 > 증기난방

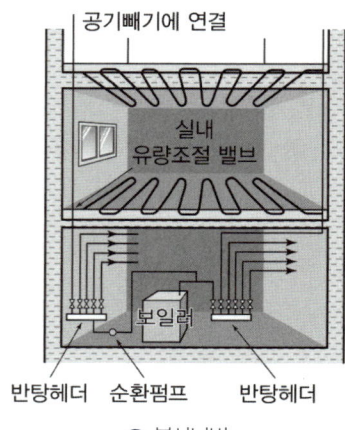

↑ 복사난방

예제

일반적인 온수온돌 복사난방에 대한 설명으로 옳지 않은 것은? 2011년 국가직 9급

① 실내의 온도분포가 균등하고 쾌감도가 높다.
② 평균온도가 낮기 때문에 동일 방열량에 대해 손실열량이 크다.
③ 구조체를 덥히게 되므로 예열시간이 길어져 일시적으로 쓰는 방에는 부적당하다.
④ 하자 발견 및 보수가 어렵다.

답 ②

핵심 OX

01 복사난방방식은 매입 배관 시공으로 설비비가 비싸나 유지관리는 용이하다. (O, X)
02 복사난방은 대류가 많아 바닥면의 먼지가 상승한다. (O, X)
03 복사난방은 바닥면의 이용도가 낮다. (O, X)

01 X 복사난방방식은 매입 배관 시공으로 설비비가 비싸고 고장 부위 등을 찾기 어려워 유지관리가 난해하다.
02 X 복사난방의 특성상 대류가 최소화 되어 바닥면의 먼지가 상승하는 것이 줄어든다.
03 X 복사난방은 방열기 등의 설치가 없으므로 바닥면의 이용도가 높다.

5. 온풍난방(Hot Air Heating)

(1) 온풍로를 이용하여 가열된 공기를 실내로 공급하여 난방하는 방식이다.

(2) 온풍난방은 증기코일이나 온수코일을 거친 바람에 의해 난방하는 것으로서, 1차 열매인 증기나 온수로 직접난방을 하는 것이 아닌, 2차 열매인 바람에 의해 난방하는 간접난방에 해당한다.

장점	단점
• 예열시간이 짧고 누수, 동결 우려가 적음 • 설비비가 저렴함 • 온습도 조정이 쉬움	• 쾌감도가 나쁨 • 소음이 많음

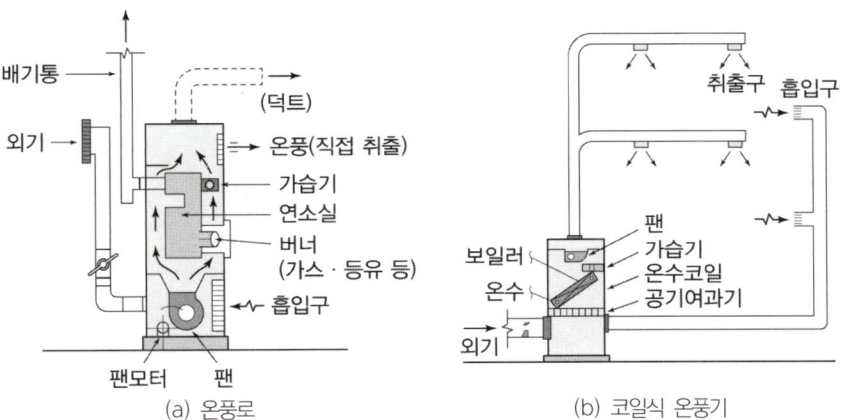

🔼 온풍난방

예제

난방방식에 대한 설명으로 옳지 않은 것은?　　　2019년 국가직 9급

① 증기난방은 증발잠열을 이용하고, 열의 운반 능력이 크다.
② 온수난방은 온수의 현열을 이용하고, 온수 온도를 조절할 수 있다.
③ 복사난방은 방열면의 복사열을 이용하고, 바닥면의 이용도가 높은 편이다.
④ 온풍난방은 복사난방에 비하여 설비비가 많이 드나 쾌감도가 좋다.

답 ④

6. 지역난방

(1) 일정지역 내에 대규모 중앙열원플랜트에서 생산된 열매(증기, 고온수)를 배관을 통해 지역 내의 여러 건물에 공급하여 난방하는 방식이다.

(2) 효율적인 에너지 사용 및 대기오염 방지, 인적자원의 절약 등에도 크게 이바지할 수 있도록 한 집단에너지 공급방식으로 중앙난방방식의 일종이다.

(3) 지역난방은 집중에 의한 능률화와 관리의 합리화라고 볼 수 있다.

핵심 OX

01 복사난방은 열 손실을 막기 위한 단열층이 필요하지 않다.
(O, X)

02 온풍난방은 증기코일이나 온수코일을 거친 바람에 의해 난방하는 것으로서, 1차 열매인 증기나 온수로 직접난방을 하는 것이 아닌, 2차 열매인 바람에 의해 난방하는 간접난방에 해당한다.
(O, X)

01 X 복사난방은 열 손실을 막기 위한 슬라브와 배관 사이에 단열층이 필요하다.
02 O

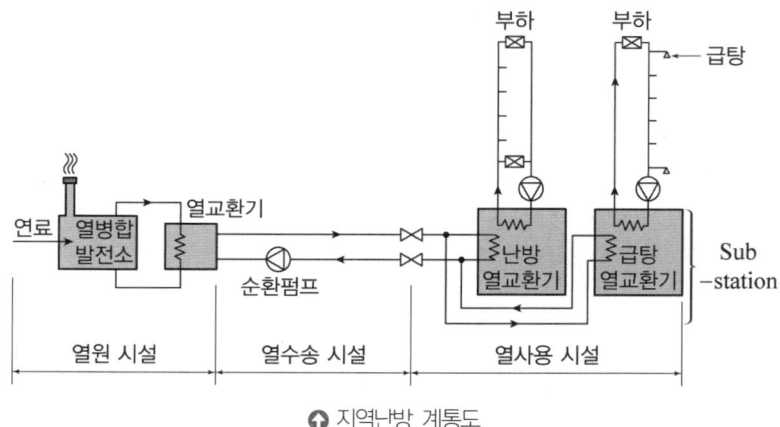

↑ 지역난방 계통도

7. 방열기

(1) 증기나 온수의 공급을 받아 대류 등에 의해 열을 발산시키는 난방장치를 말한다.

(2) 방열기는 방열면으로부터의 복사에 의한 방열도 다소 있기는 하나 주로 대류에 의한 난방방식이다.

(3) 바닥에 설치하는 경우는 주철제의 일반용으로 주형(柱形) 방열기, 공장이나 온실용으로는 길드 방열기, 강판제의 케이싱 안에 핀이 있는 관을 넣은 대류 방열기, 베이스 보드형 방열기, 천장이나 벽면용으로는 송풍기를 내장하는 유닛 히터 등이 있다.

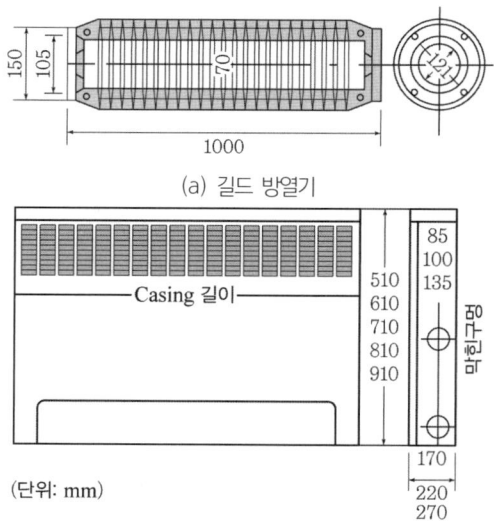

(a) 길드 방열기

(b) 대류 방열기(convector)

(단위: mm)

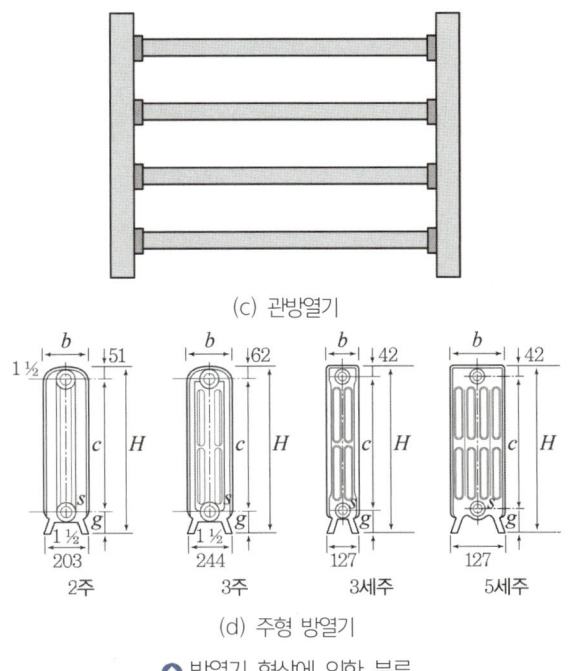

(c) 관방열기

(d) 주형 방열기

↑ 방열기 형상에 의한 분류

5 냉방설비

1. 냉동기(Refrigerator)

(1) 냉매에 의하여 저온을 얻어 액체를 냉각 또는 냉동시키는 기계이다.

(2) 공기조화설비에서는 공기조화기 내 냉각코일(Cooling Coil)에 연결되어 냉각수를 공급하는 냉열원설비, 냉방설비를 말한다.

2. 히트펌프(Heat pump, 열펌프)

(1) 펌프가 물을 낮은 위치에서 높은 위치로 퍼 올리는 기계라는 의미와 마찬가지로, 열을 온도가 낮은 곳에서 높은 곳으로 이동시킬 수 있는 장치라는 의미이다.

(2) 구성 및 사이클은 압축식 냉동기와 마찬가지로 압축기, 응축기, 팽창밸브, 증발기로 구성되고 냉동사이클을 따른다.

(3) 냉동기는 저온측으로부터 열을 흡열하는 것(증발기의 냉각효과)을 이용해 냉방에 쓰이고, 히트펌프는 고온측에 방열하는 것(응축기의 방열)을 동시에 이용해 냉난방이 가능하다.

(4) 보일러에서와 같은 연소를 수반하지 않으므로, 대기오염물질의 배출이 없고 화재의 위험성도 적어 친환경적이다.

3. 축열 시스템

(1) 냉방부하는 하루 종일 일정한 것이 아니라 오후 2~4시경에 최대 피크를 이루며, 난방은 아침에 운전을 시작할 때가 최대를 이룬다.

(2) 이 부하에 맞추어 열원기기를 선택하게 되면 용량이 커지는데, 최대부하 외의 시간대에는 저부하운전이 되기 때문에 비효율적인 운전을 하게 된다.

(3) 축열 시스템은 열원설비와 공기조화기 사이에 축열조를 둔 열원방식으로, 값이 저렴한 심야 전력을 이용하여 축열조에 에너지를 축열하고 최대부하 때 활용하기 때문에 설비 용량을 작게 하며 에너지 절약적이다.

(4) 축열매체가 물일 경우에는 수축열 시스템, 얼음일 경우에는 빙축열 시스템이라 한다.

4. 냉각탑

냉각탑은 응축기용의 냉각수를 재사용하기 위하여 대기와 접속시켜 물을 냉각하는 장치이다.

6 자동 제어

1. 개요

(1) 실내의 온도, 습도, 환기 등을 목적에 맞게 자동으로 조절하는 것을 말한다.

(2) 검출부, 조절부, 조작부 등으로 구성되어 있고, 조절부의 제어방식에 따라 피드백 제어와 시퀀스 제어로 구분된다.

2. 구성

(1) 검출부

실내의 온도, 습도, CO_2 농도 등을 검출하고, 검출된 데이터는 조절부로 보낸다.

(2) 조절부

검출부에서 데이터를 목표치와 비교하여 조절한 후 조작부로 보내며, 종류에는 온도조절기, 습도조절기 등이 있다.

(3) 조작부

조절부에서 조절된 신호에 의하여 밸브, 댐퍼 등을 조작하여 실내 온·습도를 제어하며, 주로 전동식 밸브, 전동식 댐퍼 등을 사용한다.

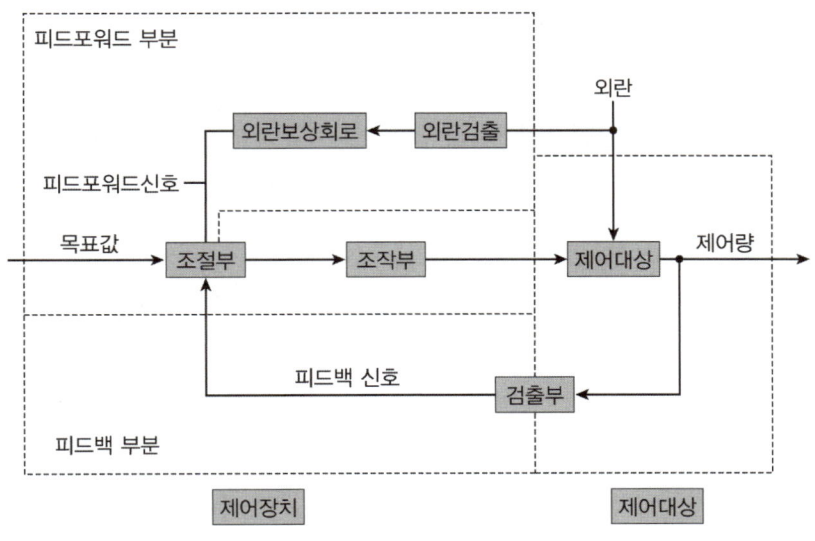
↑ 자동 제어계의 구성

3. 조절부의 제어방식

(1) 시퀀스 제어(Sequential Control)
① 미리 정해진 순서에 의하여 순차적으로 밸브, 댐퍼 등을 기동 정지시킨다.
② 신호는 한 방향으로만 전달되는 개방회로 방식이다.
③ 정성적 제어로 디지털 신호(DI; Digital In, DO; Digital Out)로써 제어한다.

(2) 피드백 제어(Feed Back Control)
① 검출부의 신호를 목표치와 비교한 후 수정동작을 하여 조작부에 신호를 보내 제어하고, 자동제어에서 주로 사용한다.
② 폐회로로 구성된 폐회로 방식이다.
③ 제어 결과를 끊기지 않고 검출하면서 정정 동작을 행한다.
④ 정량적 제어로 아날로그 신호(AI; Analogue In, AO; Analogue Out)로써 제어한다.
⑤ 전압, 보일러 내 압력, 실내온도 등과 같이 목표치를 일정하게 정해 놓은 제어에 사용한다.

4 신재생 및 기타 설비

1 신재생에너지 일반사항

1. 신에너지

(1) 개념

기존의 화석연료를 변환시켜 이용하거나 수소·산소 등의 화학 반응을 통하여 전기 또는 열을 이용하는 에너지를 말한다.

(2) 종류

① 수소에너지
② 연료전지
③ 석탄을 액화·가스화한 에너지 및 중질잔사유(重質殘渣油)를 가스화한 에너지

2. 재생에너지

(1) 개념

햇빛·물·지열(地熱)·강수(降水)·생물유기체 등을 포함하는 재생가능한 에너지를 변환시켜 이용하는 에너지를 말한다.

(2) 종류

① 태양에너지　　② 풍력
③ 수력　　　　　④ 해양에너지
⑤ 지열에너지　　⑥ 바이오에너지
⑦ 폐기물에너지　⑧ 수열에너지

> **예제**
>
> 신·재생에너지에 대한 설명으로 옳지 않은 것은?　　2021년 국가직 9급
>
> ① 재생에너지는 햇빛이나 물과 같은 자연요소가 아닌 재생가능한 에너지를 변환시켜 이용하는 것이다.
> ② 수소에너지와 연료전지는 신에너지에 속한다.
> ③ 연료전지는 수소, 메탄 및 메탄올 등의 연료를 산화시켜서 생기는 화학에너지를 전기에너지로 변환시킨 것이다.
> ④ 신에너지 및 재생에너지 개발·이용·보급 촉진법에서 신·재생에너지 이용의무화 등을 규정하고 있다.
>
> 답 ①

2 태양광발전시스템(Photovoltaics System, PV System)

1. 개념

(1) 설비형 태양광 시스템을 의미하며 태양에너지를 전기에너지로 변환시키는 시스템을 말한다.

(2) 태양에너지를 셀(Solar Cell), 모듈(Module, 셀의 집합), 어레이(Array, 모듈의 집합)로 구성된 발전장치를 이용하여 직류전기로 만들고, 인버터로 교류전기로 변환하여 사용한다.

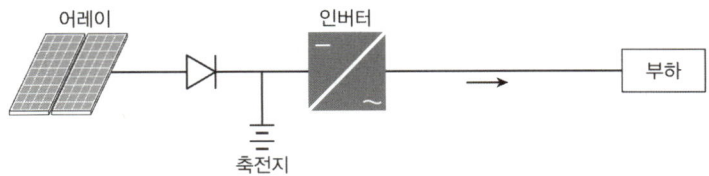

(3) 적절한 유지·관리로 초기 시스템 발전효율을 유지시키는 것이 중요하다.

2. 장단점

장점	단점
• 에너지원 청정, 환경부하 저감, 저소음 • 필요한 장소에서 필요량 발전 가능, 입지상의 제약이 적음 • 짧은 건설기간으로 수요 증가에 신속 대응 가능 • 모듈화로 발전용량의 신축성, 발전시설의 유동성 • 유지보수가 용이, 무인 자동화 운전 가능 • 운전비용 저감 • 긴 수명(20~25년 이상)	• 전력 생산량이 지역별 일사량에 의존 • 일사량 변동에 따른 출력이 불안정 • 에너지 밀도가 낮아 큰 설치면적 필요 • 야간, 우천 시에는 발전 불가능 • 공급 가능 출력에 한계가 있음 • 초기투자비와 발전단가 높음 • 시스템 비용 고가

3. BIPV시스템(Building Intergrated Photo voltaic System)

(1) BIPV(건물일체형 태양광 발전시스템)란, 건물의 외벽 마감재 대신에 태양광 모듈로 외피마감 재료를 대체하는 시스템이다.

(2) 건축 면에서는 외장재, 에너지 면에서는 전력 생산, 디자인 면에서는 디자인 도구로, 시스템적으로 결합되어 활용 가능성이 높다.

> **예제**
>
> 태양광발전시스템에 대한 설명으로 옳지 않은 것은?   2017년 지방직 9급
> ① 태양전지로 구성된 모듈과 축전지 및 전력변환장치로 구성된다.
> ② 건물일체형 태양광 발전(BIPV)은 건물지붕이나 외벽, 유리창 등에 태양광발전 모듈을 설치하는 시스템이다.
> ③ 에너지밀도가 높아 설치면적을 많이 필요로 하지 않는다.
> ④ 유지보수가 용이하고 무인화가 가능하다.
>
> 답 ③

3 자연형 태양열시스템

1. 개념

자연형 태양열시스템이란 동력 없이 태양열을 이용하여 냉난방을 보조하는 것으로 주로 난방에 이용한다.

2. 구성

집열부	건물 남측면에 태양열 집열용 남향창을 설치하는데 일반적으로 투명한 유리, 플라스틱 또는 섬유유리가 사용됨
축열부	건물 내부의 구조체를 이용하여 태양열을 저장하며 물 또는 기타 액체 등과 함께 조적 구조도 사용됨
이용부	난방효과는 집열부 혹은 축열부로부터의 자연적인 열전달 방법에 의하여 이루어지며 필요에 따라 열조절을 위하여 통기구, 댐퍼, 가동 단열 및 차양장치 등이 사용됨

3. 종류

직접획득형	투명외피 등을 통해 직접적으로 일사를 실내로 유입하는 형태
간접획득형	축열벽, 축열지붕 등을 통해 벽체의 높은 열용량을 이용하여 실내로 일사를 간접적으로 유입하는 형태
분리획득형 (부착온실방식)	집열 및 축열부와 이용부(실내)를 격리시킨 형태
자연대류형	축열공간과 실내공간 사이에 벤트창을 두어 축열된 공기를 순환시키는 형태

예제

1. 태양열 시스템에 대한 설명으로 가장 옳은 것은? 2016년 서울시 9급(1회)

① Active형은 환경계획적 측면이 큰 것을 의미하며, Passive형은 기계설비적 측면이 큰 것을 의미한다.
② 직접획득형으로는 축열벽형과 축열지붕형 시스템 등이 있다.
③ 분리획득형은 집열 및 축열부와 이용부(실내난방공간)를 격리시킨 형태를 말한다.
④ 자연대류형은 별도의 집열면적이 축소되는 반면 열손실이 적으며 기존건물에 응용이 용이하다.

답 ③

2. 자연형 태양열시스템 중 부착온실방식에 대한 설명으로 옳지 않은 것은? 2021년 국가직 9급

① 집열창과 축열체는 주거공간과 분리된다.
② 온실(green house)로 사용할 수 있다.
③ 직접획득방식에 비하여 경제적이다.
④ 주거공간과 분리된 보조생활공간으로 사용할 수 있다.

답 ③

4 태양광을 이용한 자연형 채광시스템

1. 개념

자연채광시스템은 덕트형, 블라인드형, 광섬유형 등으로 실내 깊숙이까지 자연광을 유입하여 조명 절약에 따른 에너지 절약과 자연광에 의한 생리작용으로 인체의 건강과 생활환경의 쾌적함을 도모할 수 있다.

2. 구성

구분	내용
채광부 (집광부)	• 태양추적장치 등을 통한 채광(집광) • 태양광의 채광을 효율적으로 하기 위해 자동추적 구동부를 갖추고 있는 경우도 있음 • 채광부의 구성방식에는 반사경방식, 더블반사경방식, 프리즘반사경 병용방식 등이 있음
전송부	전송부는 채집된 태양광을 실내까지 전송하는 역할을 하며, 대표적으로 광섬유방식, 광덕트방식 등이 활용됨
조사부	태양빛이 방사되어 특정 공간의 외관, 건강, 미적 측면에 맞춰 실내에 산광되는 것을 의미함

핵심 OX

덕트 채광방식은 고반사율의 박판경을 사용한 도광 덕트에 의해 주로 천공산란광을 효율적으로 실내에 삽입하며 야간 우천 시에도 자연채광을 적극 활용한다. (O, ×)

× 덕트 채광 방식 적용 시 주간의 우천 시에는 자연채광이 가능하나, 야간 우천 시에는 집광할 수 있는 천공산란광이 없거나 매우 적으므로 활용이 어렵다.

> **예제**
>
> 태양광설비에 대한 설명으로 옳지 않은 것은?   2012년 지방직 9급
> ① 태양광 채광시스템은 채광부와 태양추적장치, 전송부, 조사부로 이루어져 있다.
> ② 태양광을 채광하기 위하여 자동추적하는 구동부를 갖추고 있다.
> ③ 전송부의 구성방식에는 반사경방식, 더블반사경방식, 프리즘반사경 병용 방식 등이 있다.
> ④ 태양추적장치는 태양의 범위, 고도를 포착하여 태양의 위치에 관계없이 채광한다.
>
> 답 ③

5 발전실 및 변전실

1. 발전기실의 위치 및 구조

(1) 기기의 반출입이나 운전, 보수가 용이한 곳이 좋다.
(2) 발전기실은 진동 시 문제가 발생하므로 기초와 배치되는 기기 사이에 방진 스프링, 패드 등을 중간에 설치하여 진동이 전달되지 않도록 분리시키는 것이 바람직하다.
(3) 배기 배출기에 가깝고 연료보급이 용이한 곳이 좋다.
(4) 부하 중심 가까운 곳에 둔다.

2. 변전실의 위치 및 구조

(1) 부하의 중심에 가깝고 배전에 편리한 곳이 좋다.
(2) 보일러실, 펌프실, 예비발전실, 엘리베이터 기계실과 관련성을 고려한다.
(3) 전원 인입과 기기의 반출입이 용이한 곳이 좋다.
(4) 천정 높이는 높을수록 좋으며, 고압인 경우 3m 이상(보 아래), 특별 고압인 경우 4.5m 이상으로 해야 한다.
(5) 습기가 적고 채광 통풍(변압기 열의 해소를 위함)이 양호해야 한다.
(6) 출입구는 방화문으로, 격벽은 내화 구조로 해야 한다.
(7) 바닥은 배관, 케이블 등을 고려하여 20 ~ 30cm 정도로 해야 한다.
(8) 바닥 하중의 설계는 중량에 견디도록 해야 한다.

수변전설비의 용량 관련 산식
1. 수용률(%) = (최대수용전력(kW) / 부하설비용량(kW)) × 100(%)
2. 부등률(%) = (각 부하의 최대수용전력의 합(kW) / 합계 부하의 최대수용전력(kW)) × 100(%)
3. 부하율(%) = (평균수용전력(kW) / 최대수용전력(kW)) × 100(%)
4. 부하설비용량(VA) = 부하밀도(VA/m²) × 연면적(m²)

분전반 설치 시 유의사항
1. 가능한 한 매 층마다 설치하고 제3종 접지를 한다.
2. 통신용 단자함이나 옥내소화전함과 조화롭게 설치한다.
3. 조작상 안전하고 보수·점검을 하기 쉬운 곳에 설치한다.
4. 분전반은 가능한 한 부하(사용처)의 중심에서 가깝게 설치되어야 한다.

핵심 OX
태양광을 반사 루버나 광선반을 활용하여 실내에 사입시키기 위해서는 실내에 되도록 반사율이 낮은 재료로 마감하는 것이 좋다. (O, X)

× 태양광을 반사 루버나 광선반을 활용하여 실내에 사입시키기 위해서는 실내에 되도록 반사율이 높은 재료를 적용하는 것이 좋다.

예제

변전실의 위치에 대한 설명으로 옳지 않은 것은?   2018년 국가직 9급

① 기기의 반출입이 용이할 것
② 습기와 먼지가 적은 곳일 것
③ 가능한 한 부하의 중심에서 먼 장소일 것
④ 외부로부터 전원의 인입이 쉬운 곳일 것

답 ③

CHAPTER 3 건축환경계획

> **학습 POINT**
>
> 건축환경계획 단원은 열환경, 빛환경·공기환경·음환경으로 구성되어 있으며, 7급 및 9급에서 1~3문제 정도가 출제되고 있다. 열환경에서는 결로 및 열교 관련 문제, 빛환경·공기환경·음환경에서는 자연채광방식(정측광창 등), 실내공기질, 잔향시간 등의 문제가 주로 출제되고 있다.

1 열환경

1. 열환경의 요소

(1) 물리적 온열요소(4대 요소)
   기온, 습도, 기류, 복사열(주위 벽의 열 방사)이다.

(2) 주관적 온열요소
   착의량(Clothing Quantity, clo), 활동량(Activity, met), 성별, 나이 등 주관적이고, 개인적인 온열요소를 의미한다.

> **예제**
>
> **1. 실내에서 인체의 온열 감각에 영향을 미치는 4가지 요소로 옳은 것은?**
> 2009년 국가직 9급
>
> ① 기온, 습도, 기압, 복사열
> ② 기온, 습도, 기류, 복사열
> ③ 열관류, 열전도, 복사열, 대류열
> ④ 기온, 습도, 기류, 압력
>
> 답 ②
>
> **2. 인체의 온열 감각에 영향을 주는 요소에서 주관적인 변수로 옳지 않은 것은?**
> 2018년 지방직 9급
>
> ① 착의 상태(Clothing value)
> ② 기온(Air temperature)
> ③ 활동 수준(Activity level)
> ④ 연령(Age)
>
> 답 ②

2. 온열환경지수

(1) 실감온도(유효온도, 감각온도, ET; Effective Temperature)
① 기온(온도), 습도, 기류의 3요소로 환경 공기의 쾌적 조건을 표시한 것이다.
② 실내의 쾌적대는 겨울철과 여름철이 다르다.
③ 일반적인 실내의 쾌적한 상대습도는 40 ~ 60%이다.

(2) 불쾌지수
① 온습지수의 하나로 생활상 불쾌감을 느끼는 수치를 표시한 것이다.
② 불쾌지수(DI) = (건구온도 + 습구온도) × 0.72 + 40.6

(3) 작용온도(operative temperature, 효과온도)
기온·기류 및 주위벽 복사열 등의 종합적 효과를 나타낸 것으로 쾌적정도 등 체감도를 나타내는 척도이다. 습도는 고려하지 않는다.

(4) 등온지수
동가온감, 등가온도라고도 하며, 기온·습도·기류에 더하여 복사열의 영향을 포함하여, 이 4개의 인자를 조합하여 온감각(溫感覺)과의 관계를 나타내는 지수이다.

> **수정유효온도**
> 온도, 기류(0m/s), 습도(100%), 복사열을 고려한다.
>
> **신유효온도**
> 온도, 기류(0m/s), 습도(50%), 복사열을 고려한다.

3. 인체의 열손실

(1) 손실률은 복사(45%) > 대류(30%) > 증발(25%) 순이다.
(2) 잠열 및 현열에 의해 인체의 열손실이 발생한다.

잠열	물체의 증발, 융해 등 상태변화
현열	온도의 오르내림에 의해 인체의 열손실 발생

4. 열전달

(1) 전열
열이 높은 온도에서 낮은 온도로 흐르는 현상이다.

(2) 전열의 종류

전도	고체 간 열의 이동
대류	유체 간 열의 이동
복사	빛과 같이 매개체가 없이 열이 이동

(3) 전열의 표현

열전도율 (Kcal/mh℃, W/mK)	• 물체의 고유성질 • 전도(벽체 내)에 의한 열의 이동 정도 표시
열전달율 (Kcal/m²h℃, W/m²K)	고체 벽과 이에 접하는 공기층과의 전열현상
열관류율 (Kcal/m²h℃, W/m²K)	열관류는 열전도와 열전달의 복합 형식의 전열 현상

> **핵심 OX**
>
> **01** 증발 조절에는 절대습도(Absolute humidity)가 가장 큰 영향을 미친다. (○, ×)
>
> **02** 단열재의 열전도율은 재료의 종류와는 무관하며 물리적 성질인 밀도에 반비례한다. (○, ×)
>
> **01** × 증발 조절은 온도를 고려하는 실내 재실자가 실제로 느끼는 습도인 상대습도를 고려하여 조절하게 된다.
>
> **02** × 단열재의 열전도율은 재료가 가지고 있는 고유특성이다.

> **예제**

1. 건축에서 열의 이동에 대한 설명으로 옳지 않은 것은? _{2018년 지방직 9급 고졸경채}
   ① 벽체와 같은 고체 내부에서 주된 열 이동 형태는 복사이다.
   ② 열은 온도가 높은 곳에서 낮은 곳으로 이동한다.
   ③ 벽체와 같은 고체를 통하여 유체에서 유체로 열이 전해지는 현상을 열관류라 한다.
   ④ 단열은 구조체를 통한 열손실 방지와 보온 역할을 한다.

   답 ①

2. 재료의 열전도 특성을 파악할 수 있는 열전도율의 단위는? _{2019년 지방직 9급}
   ① kcal/m·h·°C
   ② kcal/m³·°C
   ③ kcal/m²·h·°C
   ④ kcal/m²·h

   답 ①

3. 건축 열환경과 관련된 용어의 설명으로 옳지 않은 것은? _{2019년 국가직 9급}
   ① '현열'이란 물체의 상태변화 없이 물체 온도의 오르내림에 수반하여 출입하는 열이다.
   ② '잠열'이란 물체의 증발, 응결, 융해 등의 상태 변화에 따라서 출입하는 열이다.
   ③ '열관류율'이란 열관류에 의한 관류열량의 계수로서 전열의 정도를 나타내는 데 사용되며 단위는 kcal/mh°C이다.
   ④ '열교'란 벽이나 바닥, 지붕 등의 건물부위에 단열이 연속되지 않은 열적 취약부위를 통한 열의 이동을 말한다.

   답 ③

5. 일조(태양이 직접 비치는 직사광) 조건 및 조절

(1) 조건
① 건물의 일조계획 시 가장 우선 고려할 사항은 일조권의 확보이다.
② 건물배치의 경우 정남향보다 동남향이 좋다.
③ 최소 일조시간은 동지 기준 4시간 이상으로 한다(연속일사 2시간 이상).

(2) 조절
① 겨울에 일조를 충분히 받아들여야 한다.
② 여름에 차폐를 충분히 할 수 있어야 한다.
③ 각종 차양 및 로이(저방사)유리 등을 활용할 수 있다.

📖 **핵심 OX**

01 대류란 고체와 고체 사이의 접촉에 의한 열전달을 의미하고 전도란 고체 표면과 유체 사이에 열이 전달되는 형태이다. (○, ×)

02 복사열은 대류와 마찬가지로 중력의 영향을 받으므로 아래로는 복사가 가능하나 위로는 복사가 불가능하다. (○, ×)

01 × 전도에 대한 설명이다.
02 × 복사열은 매질 없이 흐르는 열로서 열의 흐름방향이 특정되지 않고 자유롭다.

6. 열교(Heat Bridge)

(1) 개념 및 발생원리
① 건축물을 구성하는 부위 중에서 단면의 열관류 저항이 국부적으로 작은 부분에 발생하는 현상을 말한다.
② 열의 손실이라는 측면에서 냉교라고도 한다.
③ 중공벽 내의 연결 철물이 통과하는 구조체에서 발생하기 쉽다.
④ 내단열 공법 시 슬래브가 외벽과 만나는 곳에서 발생하기 쉽다.

(2) 문제점
표면결로 등이 발생한다.

(3) 방지방안
열교 발생부위에 외단열 보강을 하여 단열 성능을 높인다.

예제

열교에 대한 설명으로 옳지 않은 것은?   2022년 지방직 9급

① 열의 손실이라는 측면에서 냉교라고도 한다.
② 난방을 통해 실내온도를 노점온도 이하로 유지하면 열교를 방지할 수 있다.
③ 중공벽 내의 연결 철물이 통과하는 구조체에서 발생하기 쉽다.
④ 내단열 공법 시 슬래브가 외벽과 만나는 곳에서 발생하기 쉽다.

답 ②

---

7. 결로

(1) 발생원리
(벽체 등의) 표면온도가 노점온도보다 낮을 때 발생한다.

(2) 원인
① 환기의 부족 및 습기의 과다 발생이 원인이 된다.
② 실내외 온도차가 심한 경우 발생한다.
③ 습기처리 시설이 빈약한 곳에서 주로 발생한다.
④ 춥고 상대습도가 높은 북향의 벽에서 발생한다.
⑤ 목조 주택 대비 콘크리트 주택이 결로현상에 취약하다.
⑥ 고온 다습한 여름철과 겨울철 난방 시에 발생하기 쉽다.

(3) 종류 및 방지법
① 표면결로(벽체 / 창, 유리 등의 표면상 결로)
   ㉠ 실내기온을 노점온도 이상으로 올려야 한다.
   ㉡ 단열을 강화하고 환기에 의해 절대습도를 저하시킨다.
   ㉢ 실내에 가능한 저온 부분을 만들지 않는다.
   ㉣ 장시간 낮은 온도로 난방한다.
   ㉤ 외단열 공법을 적용한다.

핵심 OX

01 고온의 난방을 단시간 제공하는 것은 실내의 결로를 방지하기 위한 효과적인 방법이다. (○, ×)

02 내부 결로 예방과 관련하여 방습층은 단열재의 고온고습층을 피하여 실외측에 위치시킨다. (○, ×)

01 × 저온의 난방을 지속적으로 제공하는 것이 결로예방에 효과적이다.
02 × 방습층은 단열재의 고온고습층인 실내측에 위치시킨다.

② 내부결로(벽체 내부에서 발생하는 결로)
  ㉠ 실내 발생 수증기 억제한다.
  ㉡ 단열재 시공한 벽의 고온 측에 방습층 설치한다.
  ㉢ 환기에 의해 절대 습도를 저하시킨다.
  ㉣ 외단열 공법을 적용한다.

예제

1. 결로를 방지하기 위한 방법으로 옳지 않은 것은? 2017년 지방직 9급
① 냉방을 통하여 벽체의 표면온도를 낮춘다.
② 단열재를 설치하여 열의 이동을 줄인다.
③ 환기를 시켜 습한 공기를 제거한다.
④ 벽체의 열관류율을 낮춘다.

답 ①

2. 결로에 대한 설명으로 옳지 않은 것은? 2019년 지방직 9급
① 결로는 실내외의 온도차, 실내습기의 과다발생, 생활습관에 의한 환기 부족, 구조재의 열적 특성, 시공불량 등의 다양한 원인으로 발생할 수 있다.
② 난방을 통해 결로를 방지할 때에는 장시간 낮은 온도로 난방하는 것보다 단시간 높은 온도로 난방하는 것이 유리하다.
③ 외단열은 벽체 내의 온도를 상대적으로 높게 유지하므로 내단열에 비해 결로발생 가능성을 현저히 줄일 수 있다.
④ 표면결로는 건물의 표면온도가 접촉하고 있는 공기의 포화온도보다 낮을 때 그 표면에 발생한다.

답 ②

3. 내부결로 방지대책으로 옳지 않은 것은? 2019년 국가직 9급
① 단열공법은 외단열로 하는 것이 효과적이다.
② 단열성능을 높이기 위해 벽체 내부 온도가 노점온도 이상이 되도록 열관류율을 크게 한다.
③ 중공벽 내부의 실내측에 단열재를 시공한 벽은 방습층을 단열재의 고온측에 위치하도록 한다.
④ 벽체 내부로 수증기의 침입을 억제한다.

답 ②

8. 단열공법

(1) 내단열
① 구조체를 중심으로 실내측에 단열재를 설치하는 공법이다.
② 열교가 발생할 수 있는 부위가 생길 수 있어 결로에 취약하다.
③ 구조체의 열용량이 작아, 난방 및 냉방 시 온도 변화가 크다.
④ 간헐난방에 적합하다.

핵심 OX
01 내단열 설계에서 방습층은 실외 저온 측면에 설치하여야 한다. (O, X)
02 내단열은 외단열에 비해 일시적 난방에 적합하다. (O, X)
03 내단열은 외단열에 비해 열교 부분의 단열 처리가 유리하다. (O, X)

01 X 내단열 설계에서 방습층은 실내 고온 측면에 설치하여야 한다.
02 O
03 X 내단열은 외단열에 비해 열교 부분의 단열 처리가 불리하다.

(2) 외단열

① 구조체를 중심으로 실외측에 단열재를 설치하는 공법이다.
② 열교가 차단되어 결로 예방에 효과적이다.
③ 구조체의 열용량이 커서, 난방 및 냉방 시 온도 변화가 작다.
④ 지속난방에 적합하다.

> **예제**
>
> 단열재를 건축물의 외부에 설치하는 외단열에 관한 설명으로 옳은 것은?
>
> 2010년 국가직 9급
>
> ① 난방을 정지했을 때 온도의 하락 폭이 크다.
> ② 간헐난방은 표면결로의 관점에서는 유리한 방법이 된다.
> ③ 구조체의 축열냉각효과를 기대할 수 없다.
> ④ 열용량이 큰 건물은 재빠른 냉난방이 어렵다는 정성적인 특징이 있다.
>
> 답 ④

(3) 단열 메커니즘

저항형 단열	• 열전도율이 낮은 다공질 또는 섬유질의 단열재를 이용하는 것으로 건축물 단열재로 보편적으로 이용됨 • 현재 사용되고 있는 대부분의 단열재가 저항형 단열에 해당되며, 열전달을 억제하는 성질이 뛰어남 • 종류로는 유리섬유(Glass Wool), 스티로폼(Polystyrene Foam Board), 폴리우레탄(Polyurethane Foam), 암면(Rock Wool) 등이며 이중 스티로폼(압출법, 비드법 보온판)이 가장 일반적으로 사용됨
반사형 단열	• 방사율과 흡수율이 낮은 광택성 금속박판을 이용하여 복사의 형태로 열 이동이 이루어지는 공기층에서 열전달을 억제함 • 알루미늄 박판처리 석고보드, 열반사코팅, 시트(Sheet) 등이 사용됨
용량형 단열	• 주로 중량 구조체의 큰 열용량을 이용하는 단열방식으로 벽체를 통과하는 열을 구조체가 흡수하여 열전달을 지연시키는 것으로 비열이 크고 중량이 클수록 단열효과가 큼 • 두꺼운 흙벽, 콘크리트 벽 등이 사용됨

📖 핵심 OX

내단열은 내부측의 열관성(thermal inertia)이 높아 연속난방에 유리하다.
(○, ×)

× 내단열은 내부측의 열관성(thermal inertia)이 낮아 간헐난방에 유리하다.
※ 여기서 열관성은 열이 가해졌을 때 온도가 변하는 저항을 의미하는 것으로서, 열용량과 연관이 수치이다. 내단열은 열용량이 작아서 쉽게 더워지고 쉽게 차가워진다. 즉, 내단열은 열이 가해졌을 때 온도가 급변하는 특성을 가지고 있어서 저항을 의미하는 열관성이 작은 시공방법이다.

> **예제**
>
> **1. 건물외피 계획에서 단열에 대한 설명으로 옳지 않은 것은?** 2012년 지방직 9급
> ① 저항형 단열은 열전도율이 작은 재료를 선택하여 단열성능을 높이는 단열방식을 말한다.
> ② 결로 발생에 대한 대책으로는 환기, 난방, 단열에 의한 방법이 있다.
> ③ 내단열은 외단열에 비해 내부결로현상의 발생 가능성이 낮다.
> ④ 반사형 단열은 방사율(emissivity)이 낮은 재료를 사용하여 복사열 에너지를 반사시키는 단열방식이다.
>
> 답 ③
>
> **2. 단열에 대한 설명으로 옳지 않은 것은?** 2022년 서울시 9급(1회)
> ① 벽체의 축열성능을 이용하여 단열을 유도하는 방법을 용량형 단열이라고 한다.
> ② 열교는 단열된 벽체가 바닥·지붕 또는 창문 등에 의해 단절되는 부분에서 생기기 쉽다.
> ③ 내단열의 경우 외단열보다 실온변동이 작으며 표면 결로 발생의 위험이 적다.
> ④ 기포성 단열재를 통해 공기층을 형성하여 단열을 유도하는 방법을 저항형 단열이라고 한다.
>
> 답 ③

9. 건축계획을 통한 에너지절약방안

(1) 정남향, 남동향이 에너지 절약적으로 유리하다.
(2) 건물의 외표면적비(외피면적비)가 작을수록 에너지 절약에 유리하다.
(3) 건물의 평면 형태가 복잡한 형태로 될 경우 건물의 외표면적비가 크게 되어 에너지 절약에 불리하다.
(4) 건물의 코어 공간을 건물 외벽 쪽에 배치하면 열부하를 작게 할 수 있다.
(5) 구조체를 기밀화하고 단열을 강화한다.
(6) 자연형 태양열 설계기법을 적극 활용한다.
(7) 벽체의 열관류율을 작게 한다.
(8) 건물 주출입구의 기밀성을 높이기 위해서 방풍실, 회전문, 에어커튼을 설치한다.
(9) 창문높이와 위도(태양고도)를 기초로 지붕이나 발코니 등의 돌출부를 최적화한다.
(10) 창문에 광선반을 통합시킨다.
(11) 천장의 조명시스템과 자연채광을 통합한다.

핵심 OX

01 건축물의 에너지 절약하기 위해 벽체의 열관류율을 크게 한다. (O, ×)

02 고온건조 기후에서는 얇은 벽을 통해 야간 기후 조절을 하는 것이 효과적이다. (O, ×)

01 × 벽체의 열관류율을 크게 할 경우 에너지손실이 가중되며, 에너지 절약을 위해서는 벽체의 열관류율을 작게 한다.
02 × 고온건조 기후의 경우에는 벽의 두께를 두껍게 하여 열용량에 의한 시간지연효과를 이용하여 온열환경을 조절한다. 시간지연효과는 낮에 뜨거운 태양열을 흡수한 후 큰 열용량을 이용해 낮에는 벽에 저장하고 그 열을 시간차를 두고 밤에 실내로 배출하는 효과를 말한다.

예제

건축물의 에너지 절약 설계에 대한 설명으로 옳은 것은? 2016년 지방직 9급
① 동일한 형상의 건물이라면 방위에 따른 열 부하는 동일하다.
② 건물의 외표면적비(외피면적비)가 작을수록 에너지 절약에 불리하다.
③ 건물의 평면 형태는 복잡한 형태가 에너지 절약에 유리하다.
④ 건물의 코어 공간을 건물 외벽 쪽에 배치하면 열부하를 작게 할 수 있다.

답 ④

10. 기타 에너지절약 관련 공법 및 용어

(1) 각 기후 조건에서의 건물계획

한랭기후	외피면적의 최소화
온난기후	여름에 차양 설치
고온건조	두꺼운 벽체를 통한 온열환경 조절
고온다습	개구부에 의한 주야간 통풍

(2) 생태건축기술
① 태양에너지, 지열 등을 활용하여 건물에서 필요한 에너지를 생산 및 이용한다.
② 건물 외부의 생태적 순환기능 확보를 통해 건물의 에너지 부하를 절감한다.
③ 토양에 대한 포장을 최소화하여 대지 주변 동식물의 서식환경을 최대화한다.
④ 천창 등 자연채광 이용 및 자연채광 장치를 도입한다.

(3) 굴뚝효과(연돌효과, stack effect)
① 굴뚝효과는 실내와 실외의 온도차에 의한 밀도차에 의해 발생하는 일종의 자연환기 현상이다.
② 환기경로의 수직높이가 클 경우 더 잘 발생한다.
③ 부엌, 욕실 및 화장실 등의 수직 파이프나 덕트에 의해 환기가 이루어지는 곳에서는 환기경로의 유효높이가 몇 개 층을 관통하여 길어지므로 온도차에 의한 자연환기가 발생한다.

핵심 OX
01 굴뚝효과는 실내와 실외의 온도차에 의한 밀도차에 의해 발생하는 것으로 바람이 불지 않을 경우에도 발생하게 된다. (○, ×)
02 난방도일이 클수록 난방에 소비되는 에너지량이 커진다. (○, ×)

01 ○
02 ○

> **예제**
>
> 다음과 같은 현상을 무엇이라고 하는가? 2016년 지방직 9급
>
> 부엌, 욕실 및 화장실 등의 수직 파이프나 덕트에 의해 환기가 이루어지는 곳에서는 환기경로의 유효높이가 몇 개 층을 관통하여 길어지므로 온도차에 의한 자연환기가 발생한다.
>
> ① 윈드스쿠프(windscoop)
> ② 굴뚝효과(stack effect)
> ③ 맞통풍(cross ventilation)
> ④ 전반환기(general ventilation)
>
> 답 ②

(4) 이중외피(double skin)
① 외피를 이중으로 형성한 것으로 외피와 외피 사이의 공간(중공층)을 이용한 에너지 절약적 공법이다.
② 이중외피는 중공층 내부 공기의 부력을 이용하여 자연환기에 의한 통풍을 극대화하며, 특히 냉방부하를 감소시키는 데 장점이 있다.
③ 중공층 내부에 루버와 같은 차양장치를 두어 태양복사의 양을 조절할 수 있다.
④ 여름철의 경우, 중공층 내에서 열 정체 현상이 발생해서 중공층의 기온이 외기온도보다 높아질 수 있다.

(5) 난방도일(heating degree day)
① 주거용 건물과 같이 외피부하 위주의 한 가지 조건만 단순히 계산하여, 연간 난방부하를 계산하는 방식이다.
② 일별 옥외기온과 기준온도의 차를 종합한 연간 적산치이다.
③ 부하계산의 척도이다.
④ 건물의 난방부하 추정한다(연료비 추산).
⑤ 주거용 건물에 주로 적용한다.
⑥ 외피부하가 큰 건물의 난방부하 예측한다.
⑦ 기준온도는 18℃(18.3℃)이며, 기준온도 이하 시 적용한다.

핵심 OX

01 난방도일은 지역별로 다르지만 매년 일정한 값을 갖는다. (O, X)

02 친환경 건물의 에너지 절약을 위한 빛의 분산 전략으로서 천장면은 경사지거나 구부러지지 않게 계획한다. (O, X)

01 X 난방도일은 지역별로 다르고, 단일 지역에서도 매년 기후의 변화에 따라 다른 값을 가지게 된다.
02 X 천장면은 경사지거나 구부러지하여 직사광을 최소화하여 채광의 분산을 통한 균등성을 확보할 수 있다.

> **예제**
>
> 열환경에 관한 설명으로 옳지 않은 것은?   2010년 국가직 9급
>
> ① 질량 m[kg], 비열 c[kcal/kg℃]의 물체의 온도를 1℃ 높이는 데에는 mc [kcal/℃]의 열량이 필요하며, 이 열량을 그 물체의 열용량이라고 한다.
> ② 난방도일(heating degree day)은 1년 중 난방을 하는 일수이다.
> ③ 상대습도는 그 상태 수증기의 분압과 그 온도에 있어서 포화수증기압과의 비이다.
> ④ 물체는 상태가 변화할 때 온도의 변화 없이 일정한 양의 열을 흡수하는데 이때의 열량을 잠열량이라 한다.
>
> 답 ②

2 빛환경·공기환경·음환경

1 빛환경

1. 파장에 따른 빛의 요소

자외선(살균작용), 가시광선(눈에 보이는 빛), 적외선(열선) 등이 있다.

2. 자연채광

(1) 자연광원의 구성

태양광에서 방사되는 광원으로서 주광을 의미하며 연색성이 우수하다.

직사광 (Direct Sunlight)	태양광이 대기권에서 일부 산란 또는 확산되고, 대기권을 투과하여 지표면에 도달하는 대부분의 빛
천공광 (Skylight)	• 태양광이 대기층에 산란 또는 흡수되거나, 구름에 확산 또는 투과되어 지표면에 도달하는 빛 • 주광광원은 일반적으로 주광 중 천공광을 의미함
반사광 (Reflected Light)	지상에 도달한 직사광, 천공광이 지표면이나 물체에 반사되는 빛

(2) 주광률(Daylight Factor)

천공의 밝기는 계절이나 날씨, 시각에 따라 달라지므로 이와 함께 실내의 밝기도 변화한다. 이렇게 주광에 의해 생기는 실내의 밝기는 천공상태의 변화에 따라 변하므로 조도(단위: lux) 등 밝기의 절대량을 나타내는 단위를 채광의 설계목표나 평가지표로 사용할 수는 없다. 따라서 실내에서의 채광량은 천공광의 이용률에 해당하는 주광률(畫光率)로 나타낸다.

$$주광률(DF) = \frac{실내(작업면)의 수평면조도}{실외(전천공)의 수평면조도} \times 100(\%)$$

3. 자연채광방식

(1) 측창 채광(Side Lighting)

실의 측벽면(수직면)에 설치된 창에 의한 채광방식이다.*

* 같은 면적이라도 1개의 큰 창보다 여러 개로 분할하는 것이 주광 분포상 효과적이다.

장점	단점
• 시공이 용이하고, 비를 막는 데 유리함 • 개폐, 청소, 수리, 관리가 용이함 • 조망, 개방감이 좋음 • 통풍, 단열, 일조 조정이 쉬움 • 같은 면적일 경우 수직형 창이 수평형 창보다 깊이 채광이 되므로 채광량이 많음	• 조도가 불균일하여 실 깊이에 제한을 받음 • 주변 조건에 따라 채광이 방해받을 수 있음

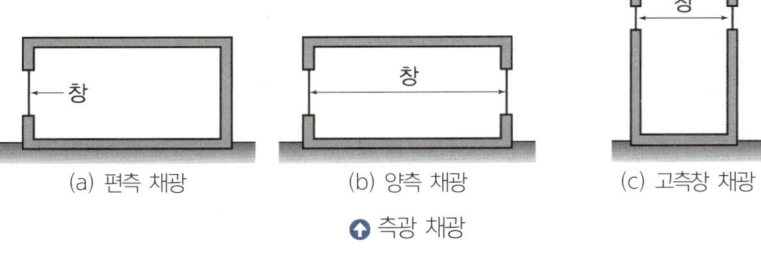

↑ 측광 채광

(2) 천창 채광(Top Lighting, 天窓採光)

채광창 아래 독립물체를 놓아 볼륨감을 유도하는 조각품 전시에 특히 적합하며 전시실 중앙부를 가장 밝게 하며, 채광 위치와 방향을 조정함으로써 벽면조도를 균등하게 하는 방법도 있다. 그러나 유리케이스를 조성하는 전시일 경우에는 가장 불리한 채광 형태이다.

장점	단점
• 채광량(採光量) 면에서 매우 유리(측창의 3배 효과) • 조도 분포가 균일 • 실의 넓이와는 관계없이 실이 어느 정도 넓어도 채광이 크게 불리하지 않음	• 구조와 시공이 불리하고, 특히 빗물 처리에 불리함 • 조작 및 유지에 불리함 • 폐쇄된 느낌을 줌 • 통풍과 단열에 불리함 • 천장이 낮을 경우 현휘가 발생함

 핵심 OX

고측창 채광은 천장에 채광창을 뚫고 직사광선을 막기 위해 루버 등을 설치하는 방식이다. (○, ×)

× 천장에 채광창을 뚫고 직사광선을 막기 위해 루버 등을 설치하는 방식은 정측광창에 대한 설명이다.

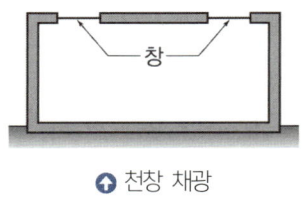

↑ 천창 채광

예제

편측(광)창(Unilateral light window)과 비교할 때 천창(Top light)의 특징으로 옳지 않은 것은? 2016년 국가직 9급

① 더 많은 채광량을 확보할 수 있다.
② 조망 및 통풍·차열의 측면에서 우수하다.
③ 방수에 대한 계획 및 시공이 비교적 어렵다.
④ 실내의 조도를 균일하게 할 수 있다.

답 ②

(3) 정측창 채광(Top Side Lighting, 頂側窓採光)

지붕면에 있는 수직 또는 수직에 가까운 창에 의한 채광방식으로, 측창을 이용하기가 곤란한 공장이나 미술관 등 수평면보다 연직면의 조도를 높이고자 할 때 사용한다.

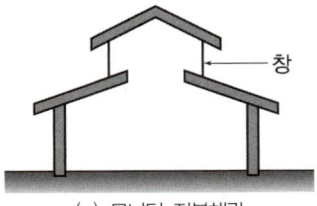
(a) 모니터 지붕채광

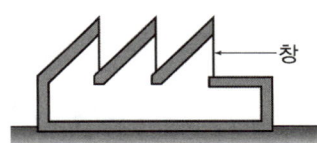
(b) 톱날형 지붕 채광

🔼 정측창 채광

예제

일반적인 건축물의 자연 채광방식에 대한 설명으로 옳은 것은? 2014년 지방직 9급

① 천창 채광방식은 통풍에 불리하고 인접건물에 의한 채광 효과의 감소가 별로 없다.
② 천창 채광방식은 실 외부의 조망을 중요시할 경우에 사용한다.
③ 편측창 채광방식이 천창 채광방식보다 실내 조도분포를 균일하게 하는 데 유리하다.
④ 정측창 채광방식은 연직면보다 수평면의 조도를 높이기 위한 방식이며 열람실 등에서 사용한다.

답 ①

4. 조명용어

광속 (luminous flux)	• 복사에너지를 눈으로 보아 빛으로 느끼는 크기로 나타낸 것으로 광원으로부터 발산되는 빛의 양 • 기호 F, 단위 lm(루멘)	
광도 (luminous intensity)	• 광원에서 어떤 방향에 대한 단위입체각당 발산되는 광속으로서 광원의 능력(빛의 세기라고도 함) • 기호 I, 단위 cd(칸델라)	
조도 (luminous)	• 어떤 면의 단위면적당의 입사 광속으로서 피조면의 밝기 • 일반적인 실의 밝기를 나타냄 • 기호 E, 단위 lx(럭스)	
휘도 (brightness)	• 광원의 임의의 방향에서 본 단위투영면적당의 광도로서 광원의 빛나는 정도를 나타냄(눈부심의 정도) • 기호 B, 단위 nt(니트), sb(스틸브)	
광속발산도 (luminous radiance)	• 광원의 단위면적으로부터 발산하는 광속으로서 광원 혹은 물체의 밝기를 나타냄 • 기호 R, 단위 rlx(레들럭스)	

예제

1. 빛에 대한 설명으로 옳지 않은 것은?   2012년 국가직 9급

① 광속은 단위시간에 여러 면을 통과하는 방사에너지의 양을 말하며 단위로는 와트(w)를 사용한다.
② 광도(Luminous intensity)는 광원에서 발산하는 광의 세기를 말한다.
③ 조도는 면에 투사되는 광속의 밀도를 말하며, 단위로는 룩스(lx)를 사용한다.
④ 휘도는 광원면, 투과면 또는 반사면의 어느 방향에서 보았을 때의 밝기를 말하며, 단위로는 스틸브(sb)와 니트(nt)가 사용된다.

답 ①

2. 빛의 단위로 옳은 것은?   2021년 지방직 9급

① 광도 - 칸델라(cd)   ② 휘도 - 켈빈(K)
③ 광속 - 라드럭스(rlx)   ④ 광속발산도 - 루멘(lm)

답 ①

5. 옥내조명설계의 순서

소요 조도의 결정 → 조명방식의 결정 → 광원의 선정 → 조명기구 필요수의 산출 → 조명기구 배치의 결정

6. 건축화 조명

(1) 건축물과 일체화된 조명을 말한다.

(2) 특별한 조명기구를 사용하지 않는다.

(3) 천장, 벽, 기둥 등의 건축 부분에 광원을 만들어 실내계획을 하는 조명방식이다.

(4) 종류

① 천장건축화 조명의 종류

종류	특징
다운라이트조명	• 천장에 작은 구멍을 뚫어 그 속에 기구를 매입한 것으로 직접조명방식 • 배열방법은 규칙적인 배열방식이 선호됨
루버천장조명	• 천장면에 루버를 설치하고 그 속에 광원을 배치하는 방법 • 루버의 재질로는 금속, 플라스틱, 목재 등이 있음
코브조명	• 광원을 천장에 매입하여 벽에 빛을 반사시켜 간접 조명으로 조명하는 방식 • 천장을 골고루 밝게 하고 반사율을 높임 • 천장과 벽의 마감형태에 따라 여러 가지 조명효과를 얻을 수 있음
라인라이트조명	• 천장에 매입하는 조명의 하나로서, 광원을 선형으로 배치하는 방법 • 형광등조명으로 가장 높은 조도를 얻을 수 있음
광천장조명	• 확산투과성 플라스틱판이나 루버로 천장을 마감한 후 그 속에 전등을 넣는 방법 • 그림자 없는 쾌적한 빛을 얻을 수 있음 • 마감재료와 설치방법에 따라 변화 있는 인테리어 분위기를 연출할 수 있음 • 조도가 낮은 편임

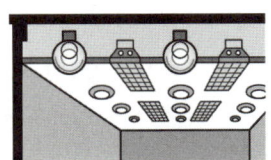
다운라이트조명(핀홀 라인트)

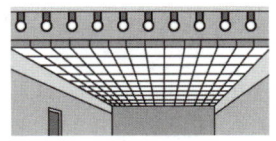
루버천장조명

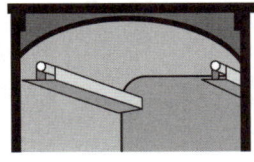
코브조명(간접조명)

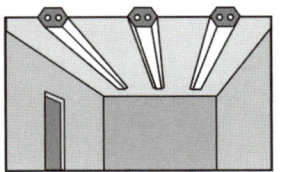
라인라이트조명

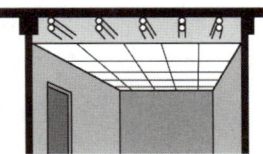
광천장조명

핵심 OX

건축화 조명은 눈부심이 적고 명랑한 느낌을 주며, 필요한 곳에 적절하게 조명을 설치하여 직접조명보다 조명효율이 좋다. (O, ×)

× 건축화 조명방식은 건축물 자체에 광원을 장착한 조명방식으로서 주로 간접조명의 형태로서 직접조명방식에 비해서 조명효율이 좋지는 않다.

② 벽면건축화 조명의 종류

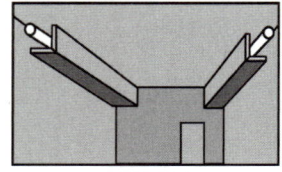
코니스조명

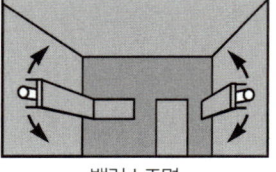
밸런스조명

종류	특징
코니스조명	• 천장과 벽면의 경계구역에 건축적으로 턱을 만든 후 그 내부에 조명기구를 설치하여 아래 방향의 벽면을 조명하는 방식 • 광원으로는 형광등을 많이 사용함
밸런스조명	• 벽면에 투과율이 낮은 나무나 금속판 등을 시설하고 그 내부에 램프를 설치하여 광원의 직접광이 위쪽의 천장이나 아래쪽의 벽, 커튼 등을 이용하는 조명방식 • 분위기 조명에 효과적인 방식이며 광원으로는 형광등을 많이 사용함

빌딩증후군
건축물의 기밀성 강화로 인한 환기부족으로, 실내에 체류하는 각종 오염물질에 의해 발생하는 것으로서, 건축자재에서 방출되는 오염물질로는 휘발성유기화합물, 톨루엔, 벤젠, 포름알데히드 등이 있다.

예제

1. 건축화 조명에 관한 설명으로 옳지 않은 것은? 2010년 지방직 9급

① 가급적 조명기구를 노출시키지 않고 벽, 천정, 기둥 등의 구조물을 이용한 조명이 되도록 한다.
② 직접조명보다는 조명 효율이 높은 편이다.
③ 발광하는 면적이 넓어져 확산되는 빛으로 인하여 실내가 부드럽다.
④ 주간과 야간에 따라 실내 분위기를 전혀 다르게 할 수 있다.

답 ②

2. 건축화 조명에 대한 설명으로 옳은 것만을 모두 고르면? 2021년 국가직 9급

ㄱ. 조명이 건축물과 일체가 되는 조명방식으로 건축물의 일부가 광원의 역할을 한다.
ㄴ. 다운라이트 조명은 광원을 천장 또는 벽면 뒤쪽에 설치 후 천장 또는 벽면에 반사된 반사광을 이용하는 간접조명 방식이다.
ㄷ. 광천장 조명은 천장면에 확산투과성 패널을 붙이고 그 안쪽에 광원을 설치하는 방법이다.
ㄹ. 코브라이트 조명은 천장면에 루버를 설치하고 그 속에 광원을 설치하는 방법이다.

① ㄱ, ㄴ
② ㄱ, ㄷ
③ ㄴ, ㄹ
④ ㄷ, ㄹ

답 ②

2 공기환경

1. 실내공기의 오염 및 환기

(1) 실내공기질의 오염원인
① 호흡작용(재실자), 신체활동(냄새, 거동)이 원인이 된다.
② 연소, 건축재료(석면, 라돈, 포름알데히드 등)가 원인이 된다.
③ 포름알데히드 등 휘발성유기화합물은 새집증후군 및 빌딩증후군을 일으킨다.

(2) 실내공기의 오염척도
① 실내공기의 오염의 척도는 이산화탄소의 농도로 판단한다.
② 허용치는 이산화탄소 기준 농도 1,000ppm 이하이다.

> **예제**
>
> 빌딩증후군(Sick Building Syndrome)을 초래하는 화학물질 중 건축자재에 의해 방출되는 오염 물질은? 　　　　　　　　　2010년 지방직 9급
>
> ① 휘발성 유기 화합 물질(VOCs)
> ② 피토케미컬(phytochemical)
> ③ 중탄산나트륨(sodium hydrogen carbonate)
> ④ 클로로마이세틴(Chloromycetin)
>
> 답 ①

2. 환기방식

(1) 자연환기
풍력환기 및 중력환기가 대표적이다.

풍력환기	외기의 바람(풍력)에 의한 환기
중력환기	실내외 공기의 온도차에 의한 환기

(2) 기계환기(강제환기)
1종 환기, 2종 환기, 3종 환기가 있다.

1종 환기 (급기팬과 배기팬 조합)	급기와 배기 모두 기계식으로 제어
2종 환기 (급기팬만 있고, 배기는 자연배기)	• 급기는 기계식, 배기는 자연적으로 배출 • 오염공기 침투되면 안 되는 곳에 적용(클린 룸 등)
3종 환기 (환기팬만 있고, 급기는 자연급기)	• 급기는 자연식, 배기는 기계식으로 배출 • 실내 오염 공기를 다른 쪽으로 나가지 않게 하는 곳에 적용(화장실 등)

실내공기질 관리법 시행규칙상 PM-10 미세먼지에 대한 실내공기질 유지기준

업무시설	200㎍/㎥ 이하
학원, 지하역사, 도서관	100㎍/㎥ 이하

빌딩증후군
건축물의 기밀성 강화로 인한 환기부족으로, 실내에 체류하는 각종 오염물질에 의해 발생하는 것으로서, 건축자재에서 방출되는 오염물질로는 휘발성유기화합물, 톨루엔, 벤젠, 포름알데히드 등이 있다.

(3) 전체환기와 국소환기

전체환기	유해물질을 오염원에서 완전히 배출하는 것이 아니라 신선한 공기를 공급하여 유해물질의 농도를 낮추는 방법
국소환기	오염도가 심한 구역 또는 청정도를 유지해야 하는 곳을 집중적으로 환기하는 방식

3 음환경

1. 음의 기초

(1) 음의 3요소
음의 고조(높이), 음의 세기(강도), 음색이다.

(2) 음의 특징
① 음의 대소를 나타낼 경우 손(Sone)단위를 사용한다.
② 음의 고저(높이)는 주파수에 따라 결정된다.
③ **음의 세기(강도)**: 소리(음파)가 단위 시간당(1sec) 단위 면적(1m²)을 통과하는 소리에너지의 양이며, I(sound Intensity)로 표시하고 단위는 W/m²이다.
④ 음의 속도에 가장 크게 영향을 주는 것은 온도 변화이다.
⑤ 음의 크기의 경우 감각적인 크기를 표현할 때는 폰(Phon) 단위를 사용한다.

(3) 음압 세기 레벨(Sound Intensity Level: IL)
음압 세기 레벨은 기준음의 세기에 대비하여 음의 세기가 몇 배의 세기를 나타내는가를 대수로서 표시한 것이다.

$$IL = 10\log\frac{I}{I_0} = 10\log\frac{10^{-9}}{10^{-12}} = 10\log 10^3 = 30 dB$$

- I: 음의 세기(W/m²)
- I_0: 기준음의 세기(W/m²)

2. 주요 용어

(1) 반향(Echo)
음원에서 나온 음파가 물체 등에 부딪혀 반사된 후 다시 관찰자에게 들리는 현상으로 잔향이라고도 한다.

(2) 잔향이론

① **잔향**: 음원을 정지시킨 후 일정시간 동안 실내에 소리가 남는 현상이다.

② **잔향시간**

　㉠ 실내음의 발생을 중지시킨 후 60dB까지 감소하는 데 소요되는 시간이다.

　㉡ 실의 형태와 무관하며, 실의 용적이 크면 클수록 길다.

　㉢ 천장과 벽의 흡음력을 크게 하면 잔향시간을 짧게 할 수 있다.

③ 강연장 등 청취가 중요한 곳은 잔향시간을 짧게 하여 음성의 명료도를 높이고, 오케스트라 등이 펼쳐지는 음악공연장의 경우 잔향시간을 길게 하여 음질을 높이는 것이 좋다.

예제

1. 실내 음환경에서 잔향시간에 대한 설명 중 옳은 것은?   2009년 국가직 9급

① 잔향시간은 음성전달을 목적으로 하는 공간이 음향청취를 목적으로 하는 공간보다 짧아야 한다.

② 잔향시간을 길게 하기 위해서는 실내공간의 용적이 작아야 한다.

③ 실의 흡음력이 클수록 잔향시간은 길어진다.

④ 잔향시간은 흡음재료의 사용 위치에 따라 달라진다.

답 ①

2. 잔향시간에 관한 설명으로 옳은 것은?   2010년 지방직 9급

① 잔향시간이란 정상상태에서 80dB의 음이 감소하는 데 소요되는 시간을 말한다.

② 잔향시간은 실의 체적에 비례한다.

③ 잔향시간은 재료의 평균 흡음율에 비례한다.

④ 음악을 연주하는 홀은 강연을 위한 실보다 짧은 잔향시간이 요구된다.

답 ②

3. 음환경에 대한 설명으로 옳지 않은 것은?   2022년 지방직 9급

① 다공성 흡음재는 중·고주파 흡음에 유리하고 판(막)진동 흡음재는 저주파 흡음에 유리하다.

② 잔향시간이란 실내에 일정 세기의 음을 발생시킨 후 그 음이 중지된 때로부터 실내의 평균에너지 밀도가 최초값보다 60dB 감쇠하는 데 소요되는 시간을 말한다.

③ 동일 면적의 공간에서 층고를 낮추면 잔향시간은 늘어난다.

④ 공기의 점성저항에 의한 음의 감쇠는 잔향시간에 영향을 준다.

답 ③

샤빈의 잔향식

$$잔향시간(T) = 0.163 \frac{V}{A}$$

- V: 실의 체적
- A: 실의 흡음 면적

소음 조절 관련 사항

1. 실내에서 소음 레벨의 증가는 실표면으로부터 반복적인 음의 반사에 기인한다.
2. 강당 무대 뒷부분 등 음의 집중 현상 및 반향이 예견되는 표면에서는 음의 반사를 막고 흡음이 돼야 하므로 흡음재를 사용한다.
3. 모터, 비행기 소음과 같은 점음원의 경우, 거리가 2배가 될 때 소리는 6데시벨(dB) 감소한다.
4. 평면이 길고 좁거나 천장고가 높은 소규모 실에서는 흡음재를 벽체에 사용하고, 천장이 낮고 큰 평면을 가진 대규모 실에서는 흡음재를 천장에 사용하는 것이 효과적이다.

핵심 OX

잔향시간이란 정상상태에서 30dB 음이 감쇠하는 데 소요되는 시간을 말한다. (O, ×)

× 잔향시간이란 정상상태에서 60dB 음이 감쇠하는 데 소요되는 시간을 말한다.

(3) 간섭
서로 다른 음원 사이에서 중첩·합성되어 음의 쌍방의 조건에 따라 강해지고 약해지는 현상을 말한다.

(4) 회절
① 음의 진행을 가로막고 있는 것을 타고 넘어가 후면으로 전달되는 현상이다.
② 음의 회절은 주파수가 낮을수록 쉽게 발생한다.

(5) 음의 확산
① 음의 효과적인 확산을 위해서는 각기 다른 흡음처리를 불규칙하게 분포시킨다.
② 볼록하게 나온 면(凸)은 음을 확산시키고 오목하게 들어간 면(凹)은 반사에 의해 음을 집중시키는 경향이 있다.

(6) 음과 거리 간의 관계
이상적인 선음원일 경우는 거리가 2배가 되면 음의 세기는 1/2배가 되고, 음압레벨은 3dB 감소한다.

예제

음환경에 대한 설명으로 옳지 않은 것은?   2011년 국가직 9급

① 담장 뒤에 숨어 있어도 음이 들리는 것은 음이 담장을 돌아 나오기 때문이고, 이를 회절현상이라 하며 주파수가 높은 음일수록 회절현상을 일으키기 쉽다.
② 사람이 음을 지각할 수 있는 것은 음의 크기, 높이, 음색의 미묘한 조합의 차이를 판단하기 때문이고, 이 3가지 조건을 음의 3요소라 한다.
③ 진동수가 같다면 음의 크기는 진폭이 클수록 큰 음으로 지각된다.
④ 이상적인 선음원일 경우는 거리가 2배가 되면 음의 세기는 1/2배가 되고, 음압레벨은 3dB 감소한다.

답 ①

---

3. 실내음향계획 시 주의사항

(1) 실내 전체에 음압이 고르게 분포되도록 한다.
(2) 실내외의 유해한 소음 및 진동이 없도록 한다.
(3) 반향(Echo), 음의 집중, 공명 등의 음향장애가 없도록 한다.
(4) 주파수에 따라 실내 마감재를 조정한다.
(5) 실내의 음을 보강하는 설비를 설치한다.*

---

*소음원 조사, 소음 경로 조사, 소음 레벨 측정, 소음 방지 설계를 통해 실내 소음도를 조절하여야 한다.

4. 흡음과 차음

(1) 흡음의 개념과 흡음재료의 종류

① 흡음의 개념
- ㉠ 재료표면에 입사하는 음에너지가 마찰저항, 진동 등에 의하여 열에너지로 변하는 현상을 말한다.
- ㉡ 음의 입사에너지와 재료표면에 흡수된 에너지와의 비율인 흡음율로서 흡음의 정도가 계산되며, 흡음이 잘 되는 건축재료를 쓸 경우 잔향 등이 최소화되어 실내 음환경 개선에 도움이 된다.

② 흡음률 수치의 의미
- ㉠ 흡음률이 1이 되는 경우에는 벽면에 있는 창과 문 등의 개구부를 완전히 열어놓았을 때이다.
- ㉡ 흡음률이 0.4 이상이면 고도의 흡음재로 분류한다.
- ㉢ 흡음률 측정을 위한 잔향실은 부정형이고 반사성이 큰 벽과 경사진 천장면으로 둘러싸인 양호한 확산음장의 조건을 갖춘 실이다.

③ 흡음재료의 종류 및 원리

다공성 흡음재료	• 암면, 석면, 글라스울 등 • 소리가 작은 구멍 속에서 마찰, 진동 등에 의해 소멸됨 • 주파수가 높을수록(중고음역) 흡음률이 높아지는 특성을 가짐 • 다공질 재료의 표면이 다른 재료에 의해 피복되어 통기성이 저하되면 중고음역(중고주파수)에서의 흡음률이 저하됨
판진동 흡음재료	• 합판, 하드보드, 플렉시블 보드 등이 있음 • 소리에너지가 판의 운동에너지로 바뀌면서 흡음됨 • 판진동형 흡음구조의 흡음판은 기밀하게 접착하는 것보다 못 등으로 고정하는 것이 흡음률을 높일 수 있음 • 저주파 흡음에 유리함
공명성 흡음재료	• 합판, 금속판 등에 구멍을 뚫어 구멍 부분에서 진동과 마찰 등에 의해 소리가 소멸됨 • 특정 주파수 음만을 효과적으로 흡음하는 특징을 가짐

단일 공동공명기
공명(구멍)에 의해 특정 주파수 음만을 효과적으로 흡음하는 중공형 흡음재

> **예제**
>
> 건축 흡음구조 및 재료에 대한 설명으로 옳은 것은?　　2019년 지방직 9급
>
> ① 다공질 흡음재는 저·중주파수에서의 흡음률은 높지만 고주파수에서는 흡음률이 급격히 저하된다.
> ② 다공질 재료의 표면이 다른 재료에 의해 피복되어 통기성이 저하되면 저·중주파수에서의 흡음률이 저하된다.
> ③ 단일 공동공명기는 전 주파수 영역 범위에서 흡음률이 동일하다.
> ④ 판진동형 흡음구조의 흡음판은 기밀하게 접착하는 것보다 못 등으로 고정하는 것이 흡음률을 높일 수 있다.
>
> 답 ④

(2) 차음

① 차음은 중량의 구조체 등을 사용하여 음을 반사·차단하는 것으로서, 이중벽, 두께가 두꺼운 중량벽, 밀도가 높은 벽 등을 사용한다.
② 2중벽에서 중공층의 두께는 최소한 100mm 이상이 되어야 공기층에 의한 결함을 차단하고 공명주파수가 가청주파수 이하로 될 수 있다.
③ 차음을 위해 바닥구조는 충격성 소음을 줄이기 위해 중간에 완충재를 삽입하고, 바닥표면 마무리는 카펫, 고무타일, 고무패드 등 유연한 탄성재를 사용하면 효과적이다.
④ 차음을 위해 문은 가능한 무거운 재료(solid-core panel)를 사용하여 만들고, 개스킷(gasket) 처리 등으로 기밀화하는 방법이 있다.
⑤ 차음을 위해 2중창의 유리는 가능한 두꺼운 것을 쓰며, 양쪽 유리의 두께를 달리 하여 주파수를 변화시키는 방법이 있다.

> **예제**
>
> 건축물계획에서 효과적인 차음을 위한 설명으로 옳지 않은 것은?　　2013년 지방직 9급
>
> ① 2중벽에서 중공층의 두께는 최소한 100mm 이상이 되어야 공기층에 의한 결함을 차단하고 공명주파수가 가청주파수 이하로 될 수 있다.
> ② 2중창의 유리는 가능한 무거운 것을 쓰며, 양쪽 유리의 두께를 같게 하여 일치효과의 주파수를 변화시키는 방법이 있다.
> ③ 바닥구조는 충격성 소음을 줄이기 위해 중간에 완충재를 삽입하고, 바닥 표면 마무리는 카펫, 고무타일, 고무패드 등 유연한 탄성재를 사용하면 효과적이다.
> ④ 문은 가능한 무거운 재료(solid-core panel)를 사용하여 만들고, 개스킷(gasket) 처리 등으로 기밀화하는 방법이 있다.
>
> 답 ②

5. 소음 및 진동 방지

(1) 소음 방지방안

소음원에 대한 대책	소음원의 제거 또는 소음방지 장치를 설치
실외에서의 소음 대책	소음원과의 거리 이격, 장벽을 사용하여 조절
건축계획에 의한 소음 대책	• 건물 배치 시 소음원과 이격, 벽, 바닥, 천장, 개구부 등에 적절한 흡음 및 차음 설계를 실시함 • 소음이 공기 중으로 직접 전달되는 경우에는 흡음재 등을 부착함 • 주택의 경우 침실과 서재는 소음원에서 멀리 배치함 • 고체의 진동에 의해 전달되는 소음의 경우에는 별도의 방진 설계를 검토함 • 건물 내에서 소음이 발생되는 공간은 가능한 집중 배치하고 소음저감설비 등을 활용함

(2) 진동 방지방안

① 발생원 감소 및 방진재 처리를 통해 발생부위에서 조절한다.
② 적절한 배치계획을 통해 진동발생원을 이격 또는 격리시킨다.
③ 각종 진동 발생원(송풍기, 공조기, 덕트, 펌프 등)과 구조체 간에 절연조치(방진스프링, 방진고무, 캔버스 이음, 플렉시블 커넥터 등)를 한다.
④ 건축물 바닥 슬라브의 설계 시 뜬바닥 구조 및 슬래브의 중량화를 통해 방진한다[공조실 등은 잭업(JACK-UP) 방진을 활용해 뜬바닥 구조로 설계].

> **예제**
>
> 건물 내의 소음 방지대책에 대한 설명으로 옳지 않은 것은? 2014년 지방직 9급
> ① 고체의 진동에 의해 전달되는 소음의 경우에는 별도의 방진 설계를 검토한다.
> ② 소음이 공기 중으로 직접 전달되는 경우에는 흡음재 등을 부착한다.
> ③ 주택의 경우 침실과 서재는 소음원에서 멀리 배치하도록 한다.
> ④ 건물 내에서 소음이 발생되는 공간은 가능한 분산 배치한다.
>
> 답 ④

바닥충격음 저감공법

1. 2중 천장공법은 슬래브와 하부층 천장의 공기층을 충분히 확보하고 동시에 천장재료의 면밀도를 높여 상부층에서 충격 진동으로 발생하는 방사소음을 차단하는 저감방법이다.
2. 중량·고강성 바닥공법은 바닥 슬래브의 중량을 증가시켜 충격 시에 바닥이 같이 진동하게 하여 충격에 의한 발생음을 저하시키는 방법으로, 저감효과는 바닥의 구조조건에 따라 고려하여야 한다.
3. 표면완충공법은 충격원의 특성을 변화시키는 방법으로 카펫, 발포비닐계 바닥재 등 유연한 바닥 마감재를 사용함으로써 충격시간을 길게 하여 피크충격력을 작게 하는 방법이다.
4. 뜬바닥공법은 질량이 있는 구조체를 탄성재로 지지하여 구성된 공진계의 특성을 이용하여 진동전달을 줄이는 방진의 기본적인 방법이다.

해커스공무원 학원·인강
gosi.Hackers.com

PART 3
건축 관련 법규

CHAPTER 1 건축법
CHAPTER 2 주차장법
CHAPTER 3 국토의 계획 및 이용에 관한 법률
CHAPTER 4 노인복지법 등 기타 법령

CHAPTER 1 건축법

> **학습 POINT**
> 건축법 단원은 건축법의 전반적 사항을 다루는 총칙과 그 외의 법규사항으로 구분될 수 있으며, 7급 및 9급에서 2 ~ 3문제 정도가 출제되고 있다. 총칙 부분에서는 각종 면적 및 높이 산출방법, 용어의 정의 등의 문제, 그 외의 법규사항은 공개공지, 피난계단 등의 문제가 주로 출제되고 있다.

1 총칙

1 목적

건축물의 대지·구조·설비 기준 및 용도 등을 정하여 건축물의 안전·기능·환경 및 미관을 향상시킴으로써 공공복리의 증진에 이바지하는 것을 목적으로 한다.

2 정의

1. 대지

(1) 공간정보의 구축 및 관리 등에 관한 법률에 따라 각 필지(筆地)로 나눈 토지
(2) 다만, 대통령령으로 정하는 토지는 둘 이상의 필지를 하나의 대지로 하거나 하나 이상 필지의 일부를 하나의 대지로 할 수 있다.

필지
구분되는 경계를 가지는 토지의 등록단위이다.

2. 도로

(1) 보행과 자동차 통행이 가능한 너비 4m 이상의 도로
(2) **지형적 조건 등에 따른 도로의 구조와 너비**

특별자치시장·특별자치도지사 또는 시장·군수·구청장이 지형적 조건으로 인하여 차량 통행을 위한 도로의 설치가 곤란하다고 인정하여 그 위치를 지정·공고하는 구간의 너비 3m 이상 도로(길이가 10m 미만인 막다른 도로의 경우에는 너비 2m 이상)

(3) (2)에 해당하지 아니하는 막다른 도로로서 그 도로의 너비가 그 길이에 따라 각각 다음 표에 정하는 기준 이상인 도로

막다른 도로의 길이	도로의 너비 확보
10m 미만	2m 이상
10m 이상 35m 미만	3m 이상
35m 이상	6m 이상(도시지역이 아닌 읍·면 지역은 4m 이상)

3. 건축물

(1) 토지에 정착하는 공작물 중 지붕과 기둥 또는 벽이 있는 것
(2) (1)에 딸린 시설물(대문, 담장 등)
(3) 지하나 고가(高架)의 공작물에 설치하는 사무소, 공연장, 점포, 차고, 창고 등
(4) 일정 규모 이상의 다음 공작물 – 건축법을 준용하는 공작물

높이	2m 넘는	옹벽 또는 담장
	4m 넘는	기념탑, 장식탑, 광고탑, 광고판 그 밖에 이와 비슷한 것
	5m 넘는	태양에너지를 이용하는 발전설비와 그 밖에 이와 비슷한 것
	6m 넘는	• 굴뚝, 골프연습장의 철탑 • 주거 및 상업지역 안에 설치하는 통신용 철탑 • 그 밖에 이와 비슷한 것
	8m 넘는	고가수조, 그 밖에 이와 비슷한 것
	8m 이하의	• 기계식 주차장 • 철골조립식 주차장으로서 외벽이 없는 것
바닥면적 30m²를 넘는		지하대피호
건축조례로 정하는		• 제조시설, 저장시설(시멘트사일로 포함), 유희시설 • 건축구조물에 심대한 영향을 줄 수 있는 중량물

4. (초)고층 건축물

고층 건축물	층수가 30층 이상이거나 높이가 120m 이상인 건축물
초고층 건축물	층수가 50층 이상이거나 높이가 200m 이상인 건축물
준초고층 건축물	고층 건축물 중 초고층 건축물이 아닌 것

5. 부속용도

건축물의 주된 용도의 기능에 필수적인 다음의 용도를 부속용도라 말한다.

(1) 건축물의 설비·대피 및 위생 기타 이와 유사한 시설의 용도

(2) 사무·작업·집회·물품저장·주차 기타 이와 유사한 시설의 용도

(3) 구내식당·직장보육시설·구내운동시설 등 종업원후생복리시설 및 구내소각시설 기타 이와 유사한 시설의 용도

(4) 관계 법령에서 주된 용도의 부수시설로 설치할 수 있도록 규정하고 있는 시설의 용도

6. 지하층

건축물의 바닥이 지표면 아래에 있는 층으로서 바닥에서 지표면까지의 평균높이가 당해 층높이의 1/2 이상인 것을 말한다.

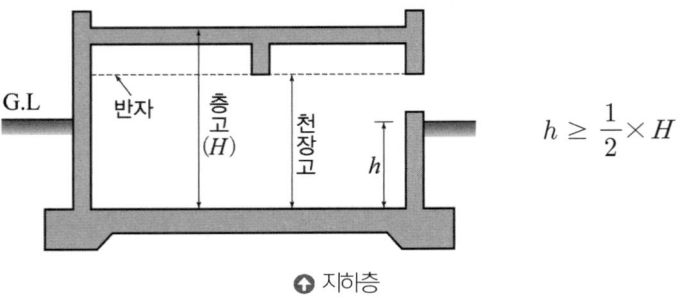

◐ 지하층

7. 거실

건축물 안에서 거주·집무·작업·집회·오락 기타 이와 유사한 목적을 위하여 사용되는 방이다.

8. 발코니

(1) 건축물의 내부와 외부를 연결하는 완충공간이다.

(2) 전망·휴식 등의 목적으로 건축물 외벽에 접하여 부가적으로 설치되는 공간이다.

(3) 필요에 따라 거실·침실·창고 등 다양한 용도로 사용된다.

9. 건축

건축물을 신축·증축·개축·재축(再築)하거나 건축물을 이전하는 것이다.

신축	건축물이 없는 대지에 새로 건축물을 축조하는 행위 [건축물이 없는 대지] → [새로 건축물 축조]	개축(改築) 또는 재축(再築)하는 것은 제외
	기존 건축물이 철거 또는 멸실된 대지에 새로 건축물을 축조하는 행위 [기존 건축물이 철거 또는 멸실된 대지] → [새로 건축물 축조]	
	부속 건축물만 있는 대지에 새로 주된 건축물을 축조하는 행위 [부속 건축물만 있는 대지] → [새로 주된 건축물 축조 / 주된 건축물]	
증축	기존 건축물이 있는 대지에서 건축물의 건축면적·연면적·층수 또는 높이를 증가시키는 것 [기존 건축물이 있는 대지] → [규모 증가]	
	기존 건축물의 일부를 철거(멸실) 후 종전 규모보다 크게 건축물을 축조하는 행위 [기존 건축물 일부 철거(멸실)] → [종전보다 규모 증가]	
	주된 건축물이 있는 대지에 새로 부속 건축물을 축조하는 행위 [주된 건축물만 있는 대지 / 주된 건축물] → [새로 부속 건축물 축조 / 주된 건축물]	
개축	기존 건축물의 전부 또는 일부(내력벽·기둥·보·지붕틀 중 3가지 이상 포함)를 철거하고 그 대지 안에 종전과 동일한 규모의 범위 안에서 건축물을 다시 축조하는 것 [기존 건축물 전부(일부) 철거] → [종전과 동일한 규모 축조]	

* 결합건축이란 용적률을 개별 대지마다 적용하지 아니하고 2개 이상의 대지를 대상으로 통합적용하여 건축물을 건축하는 것을 말한다.

재축	건축물이 천재지변이나 그 밖의 재해(災害)로 멸실된 경우 그 대지에 종전과 같은 규모의 범위에서 다시 축조하는 것 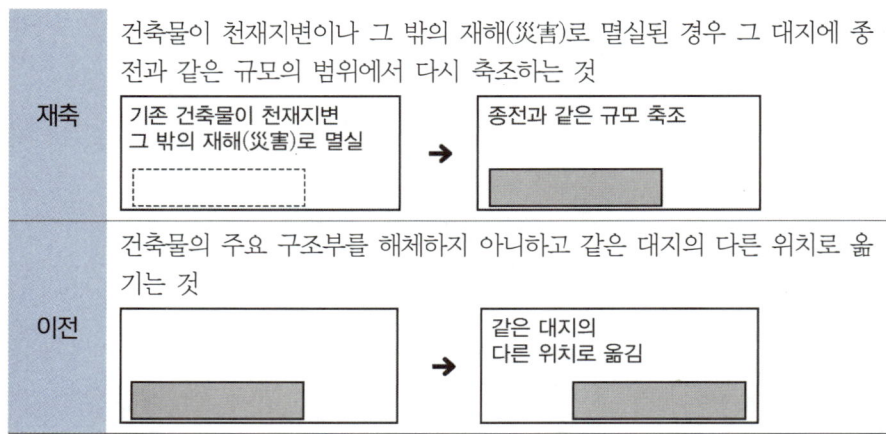
이전	건축물의 주요 구조부를 해체하지 아니하고 같은 대지의 다른 위치로 옮기는 것

주요 구조부 예외

사이기둥, 최하층 바닥, 작은 보, 차양, 옥외계단 기타 이와 유사한 것

10. 주요 구조부

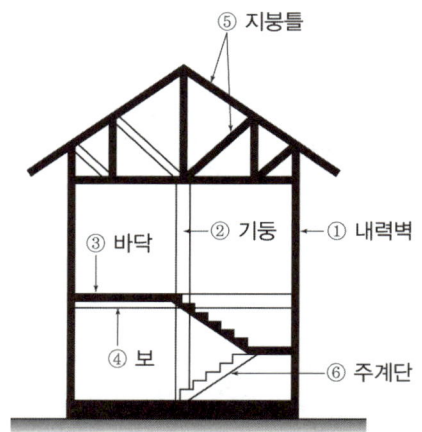

① 내력벽 ② 기둥 ③ 바닥 ④ 보 ⑤ 지붕틀 ⑥ 주계단

11. 대수선

건축물의 기둥, 보, 내력벽, 주계단 등의 구조나 외부 형태를 수선·변경하거나 증설하는 것으로 증축·개축 또는 재축에 해당하지 않는 것을 말한다.

내력벽	증설·해체하거나 벽면적 30m² 이상 수선·변경하는 것
기둥, 보, 지붕틀 (한옥은 지붕틀 범위에서 서까래 제외)	증설·해체하거나 각각 3개 이상 수선·변경하는 것
방화벽, 방화구획을 위한 바닥 또는 벽	증설·해체하거나 수선·변경하는 것
주계단, 피난계단, 특별피난계단	
다가구주택의 가구 간 경계벽, 다세대주택의 세대 간 경계벽	
건축물 외벽에 사용하는 마감재료	증설 또는 해체하거나 벽면적 30m² 이상 수선 또는 변경하는 것

12. 리모델링

건축물의 노후화 억제 또는 기능 향상 등을 위하여 대수선 또는 일부를 증축 또는 개축하는 행위이다.

13. 내화구조 및 방화구조

(1) 내화구조

화재에 견딜 수 있는 성능을 가진 구조를 말한다.

구조부분		내화구조의 기준		기준두께
벽	벽 *( ) 안은 외벽 중 비내력벽	철근·철골철근콘크리트조		10cm(7cm) 이상
		벽돌조		19cm 이상
		철골조의 골구 양면 (단, 바름 바탕을 불 연재료로 하지 않는 것은 제외)	철망모르타르로 덮을 때	4cm(3cm) 이상
			콘크리트블록·벽돌· 석재로 덮을 때	5cm(4cm) 이상
		철재로 보강된 콘크리트블록조·벽돌조·석조		5cm(4cm) 이상
		고온·고압증기 양생된 경량기포콘크리트패널 또는 경량기포콘크리트블록조		10cm 이상
	외벽 중 비내력벽	무근콘크리트조·콘크리트블럭조·벽돌조·석조		7cm 이상
기둥 (작은 지름이 25cm 이상인 것)		철근·철골철근콘크리트조		두께 무관
		철골 *( ) 안은 경량골재를 사용한 경우	철망모르타르를 덮은 것	6cm(5cm) 이상
			콘크리트블록·벽돌· 석재로 덮을 때	7cm 이상
			콘크리트로 덮은 것	5cm 이상
바닥		철근·철골철근콘크리트조		10cm 이상
		철재로 보강된 콘크리트블록조·벽돌조 또는 석조로서 철재에 덮은 콘크리트블록 등의 두께		5cm 이상
		철재의 양면에 철망모르타르 또는 콘크리트 로 덮은 것		5cm 이상
보 (지붕틀 포함)		철근·철골철근콘크리트조		두께 무관
		철골 *( ) 안은 경량골재를 사용한 경우	철망모르타르를 덮은 것	6cm(5cm) 이상
			콘크리트로 덮은 것	5cm 이상
		철골조의 지붕틀로서 바로 아래에 반자가 없거나 불연재료로 된 반자가 있는 것(바닥으로부터 지붕틀 아랫부분까지의 높이 가 4m 이상인 것에 한함)		

리모델링이 쉬운 구조 요건
1. 각 세대는 인접한 세대와 수직 또는 수평 방향으로 통합하거나 분할할 수 있어야 한다.
2. 구조체에서 건축설비, 내부 마감재료 및 외부 마감재료를 분리할 수 있어야 한다.
3. 개별 세대 안에서 구획된 실(室)의 크기, 개수 또는 위치 등을 변경할 수 있어야 한다.

지붕	철근·철골철근콘크리트조	두께 무관
	철재로 보강된 콘크리트블록조·벽돌조·석조	
	유리블록·망입유리로 된 것	
계단	철근·철골철근콘크리트조	두께 무관
	무근콘크리트조·콘크리트블록조·벽돌조·석조	
	철재로 보강된 콘크리트블록조·벽돌조·석조	
	철골조	
기타	국토교통부장관이 정하는 것으로서 국토교통부장관이 적합하다고 인정한 것 또는 한국건설기술연구원장이 실시하는 품질시험에서 그 성능이 확인된 것	

(2) 방화구조

화염의 확산을 막을 수 있는 성능을 가진 구조이다.

구조 부분	구조 기준
철망모르타르	바름두께가 2cm 이상
• 석고판 위에 시멘트모르타르 또는 회반죽을 바른 것 • 시멘트모르타르 위에 타일을 붙인 것	두께의 합계가 2.5cm 이상
심벽에 흙으로 맞벽치기 한 것	
산업표준화법에 따른 한국산업표준이 정하는 바에 따라 시험한 결과 방화 2급 이상	

14. 건축재료

내수재료(耐水材料)	벽돌·자연석·인조석·콘크리트·아스팔트·도기기질재료·유리 기타 이와 유사한 내수성 건축재료
불연재료(不燃材料)	불에 타지 아니하는 성질을 가진 재료
준불연재료	불연재료에 준하는 성질을 가진 재료
난연재료(難燃材料)	불에 잘 타지 아니하는 성능을 가진 재료

15. 특수구조 건축물

(1) 한쪽 끝은 고정되고 다른 끝은 지지(支持)되지 아니한 구조로 된 보·차양 등이 외벽(외벽이 없는 경우에는 외곽 기둥)의 중심선으로부터 3m 이상 돌출된 건축물

(2) 기둥과 기둥 사이의 거리(기둥의 중심선 사이의 거리, 기둥이 없는 경우에는 내력벽과 내력벽의 중심선 사이의 거리, 이하 같음)가 20m 이상인 건축물

(3) 특수한 설계·시공·공법 등이 필요한 건축물

16. 기타 용어

(1) 관계전문기술자
건축물의 구조·설비 등 건축물과 관련된 전문기술자격을 보유하고 설계 및 공사감리에 참여하여 설계자 및 공사감리자와 협력하는 사람이다.

(2) 특별건축구역
조화롭고 창의적인 건축물의 건축을 통하여 도시경관의 창출, 건설기술수준 향상 및 건축 관련 제도 개선을 도모하기 위하여 이 법 또는 관계법령에 따라 일부 규정을 적용하지 아니 하거나 완화 또는 통합하여 적용할 수 있도록 특별히 지정하는 구역이다.

(3) 환기시설물 등 대통령령으로 정하는 구조물
급기(給氣) 및 배기(排氣)를 위한 건축 구조물의 개구부(開口部)인 환기구를 말한다.

3 건축물의 용도 분류

1. 건축물의 용도
건축물의 종류를 유사한 구조, 이용 목적 및 형태별로 묶어 분류한 것을 말한다.

2. 건축물의 대분류

(1) 단독주택
(2) 공동주택
(3) 제1종 근린생활시설
(4) 제2종 근린생활시설
(5) 문화 및 집회시설
(6) 종교시설
(7) 판매시설
(8) 운수시설
(9) 의료시설
(10) 교육연구시설
(11) 노유자시설
(12) 수련시설
(13) 운동시설
(14) 업무시설
(15) 숙박시설
(16) 위락시설
(17) 공장
(18) 창고시설
(19) 위험물 저장 및 처리시설
(20) 자동차 관련시설
(21) 동물 및 식물 관련시설
(22) 자원순환 관련시설
(23) 교정 및 군사시설
(24) 방송통신시설
(25) 발전시설
(26) 묘지 관련시설
(27) 관광휴게시설
(28) 장례식장
(29) 야영장 시설

3. 용도별 건축물의 종류

(1) 단독주택

단독주택의 형태를 갖춘 가정어린이집·공동생활가정·지역아동센터 및 노인복지시설을 포함한다(노인복지주택은 제외).

종류	요건
단독주택	-
다중주택	• 학생 또는 직장인 등 여러 사람이 장기간 거주할 수 있는 구조로 되어 있는 것 • 독립된 주거의 형태를 갖추지 아니한 것(각 실별로 욕실은 설치할 수 있으나, 취사시설은 설치하지 아니한 것) • 연면적 660㎡ 이하이고 층수가 3층 이하인 것
다가구주택 (공동주택에 해당하지 않는 것)	• 주택으로 쓰는 층수가 3개 층 이하일 것(지하층 제외) • 1개 동의 주택으로 쓰이는 바닥면적의 합계가 660㎡ 이하인 것(부설주차장 면적은 제외) • 19세대 이하가 거주할 수 있을 것
공관	-

다가구주택의 필로티 층수 산정방법
1층 바닥면적 1/2 이상을 필로티 구조로 하여 주차장으로 사용하고 나머지 부분을 주택 외의 용도로 쓰는 경우에는 해당 층을 주택의 층수에서 제외

(2) 공동주택

공동주택의 형태를 갖춘 가정어린이집·공동생활가정·지역아동센터·노인복지시설 및 원룸형 주택을 포함한다(노인복지주택은 제외).

종류	요건
아파트	주택으로 쓰는 층수가 5개 층 이상인 주택
연립주택	주택으로 쓰는 1개 동의 바닥면적 합계가 660㎡를 초과하고, 층수가 4개 층 이하인 주택(2개 이상의 동을 지하주차장으로 연결하는 경우에는 각각의 동으로 봄)
다세대주택	주택으로 쓰는 1개 동의 바닥면적 합계가 660㎡ 이하이고, 층수가 4개 층 이하인 주택(2개 이상의 동을 지하주차장으로 연결하는 경우에는 각각의 동으로 봄)
기숙사 (일반)	학교 또는 공장 등의 학생 또는 종업원 등을 위하여 사용하는 것으로서 해당 기숙사의 공동취사시설 이용 세대 수가 전체 세대 수(건축물의 일부를 기숙사로 사용하는 경우에는 기숙사로 사용하는 세대 수로 함)의 50퍼센트 이상인 것(학생복지주택 포함)

공동주택 층수 산정방법

아파트, 연립주택	1층 전부를 필로티 구조로 하여 주차장으로 사용하는 경우에는 필로티 부분을 층수에서 제외
다세대주택	1층의 바닥면적 1/2 이상을 필로티 구조로 하여 주차장으로 사용하고 나머지 부분을 주택 외의 용도로 쓰는 경우에는 해당 층을 주택의 층수에서 제외
지하층	주택의 층수에서 제외

(3) 제1종 근린생활시설

제1종 근린생활시설	해당 용도 바닥면적 합계
식품·잡화·의류·완구·서적·건축자재·의약품·의료기기 등 일용품을 판매하는 소매점(하나의 대지에 두 동 이상의 건축물이 있는 경우에는 이를 같은 건축물로 봄)	1천㎡ 미만
휴게음식점, 제과점 등 음료·차(茶)·음식·빵·떡·과자 등을 조리하거나 제조하여 판매하는 시설	300㎡ 미만
이용원, 미용원, 목욕장, 세탁소 등 사람의 위생관리나 의류 등을 세탁·수선하는 시설(세탁소의 경우 공장에 부설되는 것과 대기환경보전법, 수질 및 수생태계 보전에 관한 법률 또는 소음·진동관리법에 따른 배출시설의 설치 허가 또는 신고 대상은 제외)	-
의원, 치과의원, 한의원, 침술원, 접골원(接骨院), 조산원, 안마원, 산후조리원 등 주민의 진료·치료 등을 위한 시설	-
탁구장, 체육도장	500㎡ 미만
지역자치센터, 파출소, 지구대, 소방서, 우체국, 방송국, 보건소, 공공도서관, 건강보험공단 사무소 등 공공업무시설	1천㎡ 미만
마을회관, 마을공동작업소, 마을공동구판장, 공중화장실, 대피소, 지역아동센터(단독주택과 공동주택에 해당하는 것은 제외) 등 주민이 공동으로 이용하는 시설	-
변전소, 도시가스배관시설, 통신용 시설(해당 용도로 쓰는 바닥면적의 합계가 1천㎡ 미만인 것에 한정), 정수장, 양수장 등 주민생활에 필요한 에너지공급이나 급수·배수 관련 시설	-
전기자동차 충전소	1천㎡ 미만

(4) 제2종 근린생활시설

제2종 근린생활시설	해당 용도 바닥면적 합계
공연장(극장, 영화관, 연예장, 음악당, 서커스장, 비디오물감상실, 비디오물소극장, 그 밖에 이와 비슷한 것)	500㎡ 미만
종교집회장[교회, 성당, 사찰, 기도원, 수도원, 수녀원, 제실(祭室), 사당, 그 밖에 이와 비슷한 것]	
자동차영업소	1천㎡ 미만
서점(제1종 근린생활시설에 해당하지 않는 것)	
총포판매소	-
사진관, 표구점	
청소년게임제공업소, 복합유통게임제공업소, 인터넷컴퓨터게임시설제공업소, 가상현실체험 제공업소, 그 밖에 이와 비슷한 게임관련시설	500㎡ 미만
휴게음식점, 제과점 등 음료·차(茶)·음식·빵·떡·과자 등을 조리하거나 제조하여 판매하는 시설	300㎡ 이상

종류	요건
일반음식점	-
장의사, 동물병원, 동물미용실, 그 밖에 이와 유사한 것(제2종 근린생활시설에 해당하는 것은 제외)	-
학원(자동차학원 및 무도학원 및 정보통신기술을 활용하여 원격으로 교습하는 것은 제외), 교습소(자동차 교습 및 무도 교습을 위한 시설은 제외), 직업훈련소(운전·정비 관련 직업훈련소는 제외)	500m² 미만
독서실, 기원	-
테니스장, 체력단련장, 에어로빅장, 볼링장, 당구장, 실내낚시터, 골프연습장, 놀이형 시설(관광진흥법에 따른 기타유원시설업의 시설) 등 주민 체육활동을 위한 시설	
금융업소, 사무소, 부동산중개사무소, 결혼상담소 등 소개업소, 출판사 등 일반업무시설	
다중생활시설(다중이용업소의 안전관리에 관한 특별법에 따른 다중이용업 중 고시원업의 시설로서 국토교통부장관이 고시하는 기준과 그 기준에 위배되지 않는 범위에서 적정한 주거환경을 조성하기 위하여 건축조례로 정하는 실별 최소 면적, 창문의 설치 및 크기 등의 기준에 적합한 것을 말함. 이하 같음)	500m² 미만
제조업소, 수리점 등 물품의 제조·가공·수리 등을 위한 시설로서 다음 요건 중 어느 하나에 해당하는 것 • 대기환경보전법, 수질 및 수생태계 보전에 관한 법률 또는 소음·진동관리법에 따른 배출시설의 설치 허가 또는 신고의 대상이 아닌 것 • 대기환경보전법, 수질 및 수생태계 보전에 관한 법률 또는 소음·진동관리법에 따른 배출시설의 설치 허가 또는 신고의 대상 시설이나 귀금속·장신구 및 관련 제품 제조시설로서 발생되는 폐수를 전량 위탁처리하는 것	
단란주점	150m² 미만
안마시술소, 노래연습장	-

(5) 문화 및 집회시설

종류	요건
공연장	제2종 근린생활시설에 해당하지 않는 것
집회장[예식장, 공회당, 회의장, 마권(馬券) 장외 발매소, 마권 전화투표소]	
관람장(경마장, 경륜장, 경정장, 자동차경기장, 체육관 및 운동장)	관람석 바닥면적 합계 1천m² 이상
전시장(박물관, 미술관, 과학관, 문화관, 체험관, 기념관, 산업전시장, 박람회장)	-
동·식물원(동물원, 식물원, 수족관)	-

(6) 종교시설
종교집회장, 종교집회장에 설치하는 봉안당 등

(7) 판매시설
도매시장, 소매시장, 상점 등

(8) 운수시설
여객자동차터미널, 철도시설, 공항시설, 항만시설 등

(9) 의료시설

의료시설	종류
병원	종합병원, 병원, 치과병원, 한방병원, 정신병원, 요양병원
격리병원	전염병원, 마약진료소

(10) 교육연구시설

교육연구시설	종류
학교	유치원, 초등학교, 중학교, 고등학교, 전문대학, 대학, 대학교, 그 밖에 이에 준하는 각종 학교
교육원	연수원, 그 밖에 이와 비슷한 것을 포함
직업훈련소	운전 및 정비 관련 직업훈련소는 제외
학원	자동차학원 및 무도학원 및 정보통신기술을 활용하여 원격으로 교습하는 것은 제외
연구소	연구소에 준하는 시험소와 계측계량소를 포함
도서관	-

(11) 노유자시설(노유자: 노인 및 어린이)

노유자시설	종류
아동 관련 시설	어린이집, 아동복지시설, 그 밖에 이와 비슷한 것으로서 단독주택, 공동주택 및 제1종 근린생활시설에 해당하지 아니한 것
노인복지시설	단독주택과 공동주택에 해당하지 아니한 것
사회복지시설	그 밖에 다른 용도로 분류되지 아니한 것
근로복지시설	

(12) 수련시설

수련시설	종류
생활권 수련시설	청소년수련관, 청소년문화의집, 청소년특화시설
자연권 수련시설	청소년수련원, 청소년야영장
유스호스텔	-
야영장시설	제29호에 해당하지 않는 시설

(13) 운동시설

종류	요건
탁구장, 체육도장, 테니스장, 체력단련장, 에어로빅장, 볼링장, 당구장, 실내낚시터, 골프연습장, 놀이형 시설, 그 밖에 이와 비슷한 것	제1종 근린생활시설 및 제2종 근린생활시설에 해당하지 않는 것
체육관	
운동장(육상장, 구기장, 볼링장, 수영장, 스케이트장, 롤러스케이트장, 승마장, 사격장, 궁도장, 골프장 등과 이에 딸린 건축물)	관람석이 없거나 관람석의 바닥면적이 1천㎡ 미만인 것

(14) 업무시설

업무시설	종류
공공업무시설	국가 또는 지방자치단체의 청사와 외국공관의 건축물로서 제1종 근린생활시설에 해당하지 아니하는 것
일반업무시설	다음 요건을 갖춘 업무시설 • 금융업소, 사무소, 결혼상담소 등 소개업소, 출판사, 신문사, 그 밖에 이와 비슷한 것으로서 제2종 근린생활시설에 해당하지 않는 것 • 오피스텔(업무를 주로 하며, 분양하거나 임대하는 구획 중 일부 구획에서 숙식을 할 수 있도록 한 건축물로서 국토교통부장관이 고시하는 기준에 적합한 것)

(15) 숙박시설

숙박시설	종류
일반숙박시설 및 생활숙박시설	–
관광숙박시설	관광호텔, 수상관광호텔, 한국전통호텔, 가족호텔 및 휴양 콘도미니엄
다중생활시설	제2종 근린생활시설에 해당하지 아니하는 것

그 밖에 위의 시설과 비슷한 것

(16) 위락시설

단란주점, 유흥주점, 유원시설업의 시설, 무도장, 무도학원, 카지노 영업소 등

(17) 공장

종류	요건
물품의 제조·가공[염색·도장(塗裝)·표백·재봉·건조·인쇄 등을 포함] 또는 수리에 계속적으로 이용되는 건축물	제1종 근린생활시설, 제2종 근린생활시설, 위험물 저장 및 처리시설, 자동차 관련 시설, 자원순환 관련 시설 등으로 따로 분류되지 아니한 것

(18) **창고시설**(위험물 저장 및 처리 시설 또는 그 부속용도에 해당하는 것은 제외)
   ① 창고(일반창고와 냉장 및 냉동창고를 포함)
   ② 하역장
   ③ 물류터미널
   ④ 집배송 시설

(19) **위험물 저장 및 처리시설**
   ① 주유소(기계식 세차설비를 포함) 및 석유 판매소
   ② 액화석유가스 충전소·판매소·저장소(기계식 세차설비를 포함)
   ③ 위험물 제조소·저장소·취급소
   ④ 액화가스 취급소·판매소
   ⑤ 유독물 보관·저장·판매시설
   ⑥ 고압가스 충전소·판매소·저장소
   ⑦ 도료류 판매소
   ⑧ 도시가스 제조시설
   ⑨ 화약류 저장소
   ⑩ 그 밖에 ①부터 ⑨까지의 시설과 비슷한 것

(20) **자동차 관련 시설**(건설기계 관련 시설을 포함)
   ① 주차장
   ② 세차장
   ③ 폐차장
   ④ 검사장
   ⑤ 매매장
   ⑥ 정비공장
   ⑦ 운전학원 및 정비학원(운전 및 정비 관련 직업훈련시설을 포함)
   ⑧ 여객자동차 운수사업법, 화물자동차 운수사업법 및 건설기계관리법에 따른 차고 및 주기장
   ⑨ 전기자동차 충전소로서 제1종 근린생활시설에 해당하지 않는 것

(21) **동물 및 식물 관련 시설**
   축사, 가축시설, 도축장, 도계장, 작물 재배사, 종묘배양시설, 화초 및 분재 등의 온실, 식물과 관련된 작물 재배사, 종묘배양시설, 화초 및 분재 등의 온실의 시설과 비슷한 것을 말한다(동·식물원은 제외).

(22) **자원순환 관련 시설**
   하수 등 처리시설, 고물상, 폐기물 재활용시설, 폐기물 처분시설, 폐기물 감량화시설을 말한다.

(23) 교정 및 군사시설
① 교정시설(보호감호소, 구치소 및 교도소)
② 갱생보호시설, 그 밖에 범죄자의 갱생·보육·교육·보건 등의 용도로 쓰는 시설
③ 소년원 및 소년분류심사원
④ 국방·군사시설

(24) 방송통신시설
방송국(방송프로그램 제작시설 및 송신·수신·중계시설을 포함), 전신전화국, 촬영소, 통신용 시설, 데이터센터 등, 그 밖에 이와 비슷한 시설을 말한다.

(25) 발전시설
발전소(집단에너지 공급시설을 포함)로 사용되는 건축물로서 제1종 근린생활시설에 해당하지 아니하는 것을 말한다.

(26) 묘지 관련 시설
① 화장시설
② 봉안당(종교시설에 해당하는 것은 제외)
③ 묘지와 자연장지에 부수되는 건축물
④ 동물화장시설, 동물건조장시설 및 동물 전용의 납골시설

(27) 관광휴게시설
① 야외음악당
② 야외극장
③ 어린이회관
④ 관망탑
⑤ 휴게소
⑥ 공원·유원지 또는 관광지에 부수되는 시설

(28) 장례식장
장례식장(의료시설의 부수시설에 해당하는 것은 제외)

(29) 야영장시설
야영장시설로서 관리동, 화장실, 샤워실, 대피소, 취사시설 등의 용도로 쓰는 바닥면적의 합계가 300m² 미만인 것

4 건축선(建築線)의 지정

1. 건축선
도로와 접한 부분에 건축물을 건축할 수 있는 선으로 대지와 도로의 경계선이다.

2. 소요 너비에 못 미치는 너비의 도로의 건축선
(1) 소요 너비에 못 미치는 너비의 도로 중심선으로부터 각각 양쪽으로 그 소요 너비의 1/2 수평거리만큼 물러난 선이다.
(2) 도로의 반대쪽에 경사지, 하천, 철도, 선로부지, 그 밖에 이와 유사한 것이 있는 경우에는 경사지 등이 있는 쪽의 도로경계선에서 소요 너비에 해당하는 수평거리의 선이다.
(3) 너비 8m 미만인 도로의 모퉁이 부분 건축선(가각전제)
그 대지에 접한 도로경계선의 교차점으로부터 도로경계선에 따라 다음의 표에 따른 거리를 각각 후퇴한 두 점을 연결한 선이다(이 경우 도로 모퉁이의 가각전제된 부분의 대지는 대지 면적과 건폐율 산정 및 용적률 산정에서는 제외).

도로의 교차각	당해 도로의 너비		교차되는 도로의 너비
	4m 이상 6m 미만	6m 이상 8m 미만	
90° 미만	3m	4m	6m 이상 8m 미만
	2m	3m	4m 이상 6m 미만
90° 이상 120° 미만	2m	3m	6m 이상 8m 미만
	2m	2m	4m 이상 6m 미만

↑ 도로 모퉁이의 건축선

3. 특별자치시장·특별자치도지사 또는 시장·군수·구청장이 건축선 지정
시가지 안에서 건축물의 위치나 환경을 정비하기 위하여 필요하다고 인정하면 도시지역에는 4m 이하의 범위에서 건축선을 따로 지정할 수 있다.

5 건축물의 면적산정

1. 대지면적

(1) 원칙

대지의 수평투영면적으로 한다.

(2) 대지 면적 제외 부분

① 예정도로의 부분

② 대지에 건축선이 정하여진 경우 그 건축선과 도로 사이의 대지 면적

③ 대지에 도시·군계획시설인 도로·공원 등이 있는 경우: 도시·군계획시설에 포함되는 대지 면적

2. 건축 면적

(1) 원칙

① 건축물 외벽의 중심선으로 둘러싸인 부분의 수평투영면적을 말한다.

② 외벽이 없는 경우에는 외곽 부분의 기둥을 기준으로 한다.

(2) 태양열 주택, 외단열공법 건축물의 건축 면적 산정방법

① 태양열을 주된 에너지원으로 이용하는 주택, ② 창고 중 물품을 입출고하는 부위의 상부에 한쪽 끝은 고정되고 다른 쪽 끝은 지지되지 아니한 구조로 설치된 돌출차양, ③ 단열재를 구조체의 외기 측에 설치하는 단열공법으로 건축된 건축물을 건축물의 외벽 중 내측 내력벽의 중심선을 기준으로 한다.

(3) 돌출부 건축 면적 산정방법

① 처마, 차양, 부연 그 밖에 이와 비슷한 것으로서 그 외벽의 중심선으로부터 수평거리 1m 이상 돌출된 부분의 경우 그 돌출된 끝 부분으로부터 다음의 구분에 따른 수평거리를 후퇴한 선으로 둘러싸인 부분의 수평투영면적으로 한다.

돌출부 건축 면적 산정 방법	후퇴한 수평거리
전통사찰	4m 이하
축사[가축에게 사료 등을 투여하는 부위의 상부에 한쪽 끝은 고정되고 다른 쪽 끝은 지지되지 아니한 구조(처마, 차양, 부연)로 된 돌출차양 설치 시)]	3m 이하
한옥	2m 이하
그 밖의 건축물	1m 이하

② 창고 또는 공장 중 물품을 입출고하는 부위 상부의 돌출차양: 창고 상부 돌출차양(한쪽 끝은 고정되고 다른 쪽 끝은 지지되지 않는 구조로 설치된 것)의 건축면적은 ㉠ 해당 돌출차양을 제외한 창고 건축 면적의 10%를 초과하는 면적, ㉡ 해당 돌출차양의 끝부분으로부터 수평거리 6m를 후퇴한 선으로 둘러싸인 부분의 수평투영면적 중 작은 값으로 한다.

핵심 OX

대지에 도시·군계획시설인 도로·공원 등이 있는 경우 그 도시·군계획시설에 포함되는 대지 면적은 대지 면적 산정 시 포함한다. (O, X)

× 대지에 도시·군계획시설인 도로·공원 등이 있는 경우 그 도시·군계획시설에 포함되는 대지 면적은 대지 면적 산정 시 포함시키지 않는다.

(4) 건축 면적 제외 부분

① 지표면으로부터 1m 이하에 있는 부분(창고 중 물품을 입출고하기 위하여 차량을 접안시키는 부분의 경우에는 지표면으로부터 1.5m 이하에 있는 부분)
② 기존 다중이용업소의 비상구에 연결하여 설치하는 폭 2m 이하의 옥외피난계단(2004년 5월 29일 이전의 것만 해당, 기존 건축물에 옥외피난계단을 설치함으로써 건폐율의 기준에 적합하지 아니하게 된 경우)
③ 건축물 지상층에 일반인이나 차량이 통행할 수 있도록 설치한 보행통로나 차량통로
④ 지하주차장의 경사로
⑤ 건축물 지하층의 출입구 상부(출입구 너비에 상당하는 규모의 부분)
⑥ 생활폐기물 보관시설(음식물쓰레기, 의류 등의 수거시설)
⑦ 어린이집(2005년 1월 29일 이전에 설치된 것만 해당)의 비상구에 연결하여 설치하는 폭 2m 이하의 영유아 대피용 미끄럼대 또는 비상계단(기존 건축물에 영유아용 대피용 미끄럼대 또는 비상계단을 설치함으로써 건폐율 기준에 적합하지 아니하게 된 경우만 해당)
⑧ 장애인·노인·임산부 등의 편의증진 보장에 관한 법률에 따른 장애인용 승강기, 장애인용 에스컬레이터, 휠체어리프트, 경사로 또는 승강장
⑨ 가축전염병 예방법에 따른 소독설비를 갖추기 위하여 같은 호에 따른 가축사육시설(2015년 4월 27일 전에 건축되거나 설치된 가축사육시설로 한정)에서 설치하는 시설
⑩ 매장문화재 보호 및 조사에 관한 법률 시행령에 따른 현지보존 및 이전보존을 위하여 매장문화재 보호 및 전시에 전용되는 부분
⑪ 가축분뇨의 관리 및 이용에 관한 법률에 따른 처리시설(법률 제12516호 가축분뇨의 관리 및 이용에 관한 법률 일부개정법률 부칙 제9조에 해당하는 배출시설의 처리시설로 한정)
⑫ 어린이집 설치기준에 따라 직통계단 1개소를 갈음하여 건축물의 외부에 설치하는 비상계단(2011년 4월 6일 이전에 설치된 경우로서 기존 건축물에 비상계단을 설치함으로써 건폐율 기준에 적합하지 않게 된 경우만 해당)

📖 **핵심 OX**

지하주차장의 경사로는 건축 면적에 산입하지 아니한다. (O, ×)

O

3. 바닥면적

(1) 원칙

① 건축물의 각 층 또는 그 일부로서 벽, 기둥 등의 구획의 중심선으로 둘러싸인 부분의 수평투영면적이다.

② 단열재를 구조체의 외기 측에 설치하는 단열공법으로 건축된 건축물의 경우 단열재가 설치된 외벽 중 내측 내력벽의 중심선을 기준으로 산정한 면적을 말한다.

③ **벽·기둥의 구획이 없는 건축물**: 지붕 끝 부분으로부터 수평거리 1m를 후퇴한 선으로 둘러싸인 수평투영면적이다.

④ **주택의 발코니 등 건축물의 노대 기타 이와 유사한 것의 바닥**: 난간 등의 설치 여부에 관계없이 노대 등의 면적에서 노대 등이 접한 가장 긴 외벽에 접한 길이에 1.5m를 곱한 값을 뺀 면적이다.

(2) 바닥면적 제외 부분

① 필로티, 기타 이와 유사한 구조의 부분이 다음과 같은 용도로 쓰이는 경우
  ㉠ 공중의 통행 또는 차량의 통행
  ㉡ 주차 전용 용도
  ㉢ 공동주택

② 승강기탑·계단탑·장식탑·다락

③ 건축물의 외부 또는 내부에 설치하는 굴뚝·더스트슈트·설비덕트 등

④ 옥상·옥외 또는 지하에 설치하는 물탱크·기름탱크·냉각탑·정화조·도시가스정압기 그 밖에 이와 비슷한 것을 설치하기 위한 구조물

⑤ 공동주택으로서 지상층에 설치한 기계실·전기실·어린이놀이터·조경시설 및 생활폐기물 보관시설

⑥ 기존의 다중이용업소의 비상구에 연결하여 설치하는 폭 1.5m 이하의 옥외 피난계단(2004년 5월 29일 이전의 것만 해당, 기존 건축물에 옥외 피난계단을 설치함으로써 용적률에 적합하지 아니하게 된 경우만 해당)

⑦ 건축물을 리모델링하는 경우로서 미관 향상, 열의 손실 방지 등을 위하여 외벽에 부가하여 마감재 등을 설치하는 부분

⑧ 어린이집의 비상구에 연결하여 설치하는 폭 2m 이하의 영유아용 대피용 미끄럼대 또는 비상계단의 면적(2005년 1월 29일 이전에 설치된 것만 해당, 기존 건축물에 영유아용 대피용 미끄럼대 또는 비상계단을 설치함으로써 용적률 기준에 적합하지 아니하게 된 경우만 해당)

⑨ 장애인·노인·임산부 등의 편의증진 보장에 관한 법률 시행령에 따른 장애인용 승강기, 장애인용 에스컬레이터, 휠체어리프트, 경사로 또는 승강장

노대 등의 면적
외벽의 중심선으로부터 노대 등의 끝부분까지의 면적

필로티
벽면적의 1/2 이상이 당해 층의 바닥면에서 위층 바닥 아랫면까지 공간으로 된 것에 한한다.

다락
층고(層高)가 1.5m, 경사진 형태의 지붕인 경우에는 1.8m 이하로 한다.

* 지하주차장 경사로는 바닥면적에 산입하지 않는다.

⑩ 가축전염병 예방법에 따른 소독설비를 갖추기 위하여 같은 호에 따른 가축사육시설(2015년 4월 27일 전에 건축되거나 설치된 가축사육시설로 한정)에서 설치하는 시설
⑪ 매장문화재 보호 및 조사에 관한 법률 시행령에 따른 현지보존 및 이전보존을 위하여 매장문화재 보호 및 전시에 전용되는 부분

4. 연면적
(1) 하나의 건축물 각 층 바닥면적의 합계
(2) 동일 대지 안에 2동 이상의 건축물이 있는 경우에는 그 연면적의 합계
(3) 용적률 산정 시 연면적
　① 용적률

$$용적률 = \frac{연면적}{대지면적} \times 100(\%)$$

　② 용적률 산정 시 제외
　　㉠ 지하층의 면적
　　㉡ 지상층의 주차장으로 사용되는 면적(해당 건축물의 부속용도)
　　㉢ 초고층 건축물과 준초고층 건축물에 설치하는 피난안전구역의 면적
　　㉣ 건축물의 경사지붕 아래에 설치하는 대피공간의 면적

6 건축물의 높이 및 층수의 산정

1. 건축물의 높이 산정
(1) 원칙
지표면으로부터 건축물 상단까지의 높이를 산정한다.
(2) 지표면
　① 건축물의 면적·높이·층수 산정 시 기준이다.
　② 지하층의 지표면과 층의 주위가 접하는 각 지표면 부분의 높이를 그 지표면 부분의 수평거리에 따라 가중평균한 높이의 수평면을 지표면으로 산정한다.
　③ 건축물의 면적·높이 및 층수 등을 산정할 때 지표면에 고저차가 있는 경우에는 건축물의 주위가 접하는 각 지표면 부분의 높이를 그 지표면 부분의 수평거리에 따라 가중평균한 높이의 수평면을 지표면으로 본다. 이 경우 그 고저차가 3m를 넘는 경우에는 그 고저차 3m 이내의 부분마다 그 지표면을 정한다.

(3) 전면도로에 의한 건축물의 높이 산정 시 지표면
① 전면도로 중심선에서 건축물 상단까지의 높이이다.
② 전면도로 노면에 고저차가 있는 경우의 전면도로면: 건축물이 접하는 범위의 전면도로 부분의 수평거리에 따라 가중평균한 높이의 수평면이다.
③ 건축물 대지의 지표면이 전면도로면보다 높은 경우 전면도로면: 도로면에서 고저차의 1/2 높이만큼 올라온 위치이다.

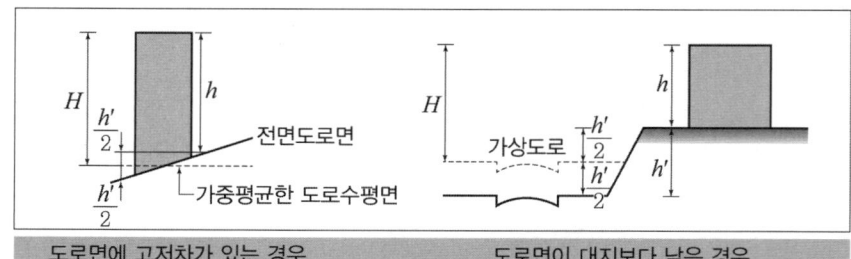

○ 전면도로에 의한 건축물의 높이 산정 시 지표면

(4) 일조 확보를 위한 건축물의 높이 제한의 경우 지표면 산정
① 당해 건축물 대지의 지표면과 인접대지의 지표면 간에 고저차가 있는 경우 그 지표면의 평균 수평면을 지표면으로 본다.
② 공동주택의 채광방향 일조 확보를 위한 높이 제한 적용 시 해당 대지가 인접대지보다 낮은 경우 그 대지의 지표면으로 한다.
③ 전용주거지역, 일반주거지역이 아닌 지역에서 공동주택을 다른 용도와 복합하며 건축하는 경우는 공동주택의 가장 낮은 부분을 지표면으로 본다.

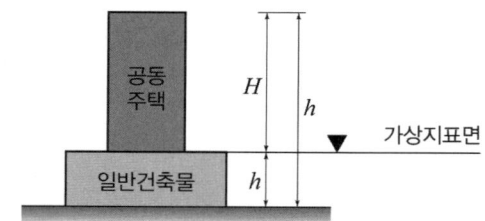

○ 일조 확보를 위한 지표면 산정

(5) 건축물 옥상 부분의 높이 산정
① 건축물의 높이에 산입: 건축물의 옥상에 설치되는 승강기탑·계단탑·망루·장식탑·옥탑 등으로서 그 수평투영면적의 합계가 당해 건축물의 건축면적의 1/8(공동주택 중 세대별 전용면적이 85m² 이하인 경우에는 1/6) 이하인 경우로서 그 부분의 높이가 12m를 넘는 경우에는 그 넘는 부분

② **건축물의 높이에 산입 제외**: 지붕마루장식·굴뚝·방화벽의 옥상돌출부 기타 이와 유사한 옥상돌출물과 난간벽(그 벽면적의 1/2 이상이 공간으로 되어 있는 것)

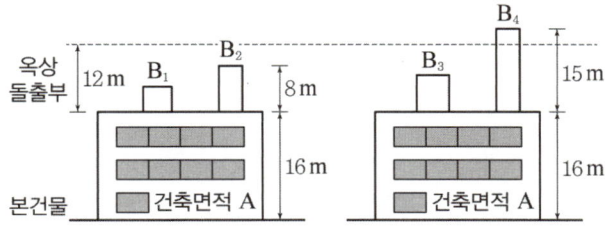

◐ 건축물 옥상 부분의 높이 산정

(6) 필로티 완화
① 가로구역별 최고높이 제한, 전면도로에 의한 높이 제한, 공동주택의 채광방향 및 하나의 대지에 두 동 이상 건축물의 높이 제한 적용 시
② 건축물 1층 전체에 필로티(경비실, 계단실, 승강기실 등 포함)를 설치한 경우 필로티 층고 제외

(7) 처마높이
지표면으로부터 건축물의 지붕틀 또는 이와 비슷한 수평재를 지지하는 벽·깔도리 또는 기둥의 상단까지의 높이

(8) 반자높이
① 방의 바닥면으로부터 반자까지의 높이
② 한 방에서 반자높이가 다를 경우 각 부분 반자면적으로 가중평균한 높이

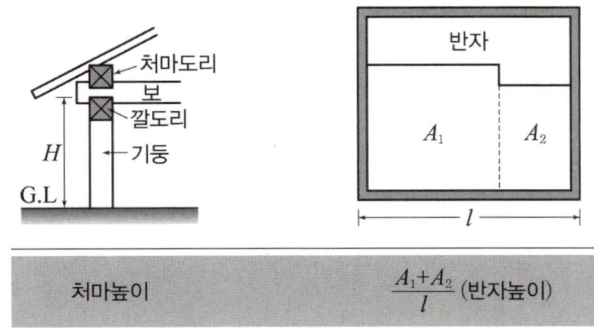

| 처마높이 | $\dfrac{A_1+A_2}{l}$ (반자높이) |

◐ 반자높이 산정

> **핵심 OX**
>
> **01** 건축물의 옥상에 설치되는 승강기탑·계단탑·옥탑 등으로서 그 수평투영면적의 합계가 해당 건축물 건축면적의 1/8 이하인 경우에는 15m까지 건축물의 높이 산정에서 제외한다. (○, ×)
>
> **02** 벽면적의 1/2 이상이 공간으로 되어 있는 난간벽의 경우에만 건축물의 높이에 산입되지 않는다. (○, ×)
>
> **01** × 건축물의 옥상에 설치되는 승강기탑·계단탑·옥탑 등으로서 그 수평투영면적의 합계가 해당 건축물 건축면적의 1/8 이하인 경우에는 12m까지 건축물의 높이 산정에서 제외한다.
> **02** ○

2. 건축물의 층고 및 층수 산정

(1) 층고
① 바닥 구조체 윗면으로부터 위층 바닥 구조체 윗면까지의 높이
② 한 방에서 층 높이가 다를 경우 각 부분 높이에 따른 면적으로 가중평균한 높이

(2) 층수 산정
① 층수 산정 원칙
  ㉠ 층의 구분이 명확하지 아니한 건축물: 높이 4m마다 하나의 층으로 산정한다.
  ㉡ 건축물이 부분에 따라 그 층수가 다른 경우: 가장 많은 층수가 그 건축물의 층수이다.
② 층수 산정 제외
  ㉠ 지하층
  ㉡ 승강기탑, 계단탑, 망루, 장식탑, 옥탑, 그 밖에 이와 비슷한 건축물의 옥상 부분으로서 그 수평투영면적의 합계가 해당 건축물 건축면적의 1/8 이하(사업계획승인 대상인 공동주택 중 세대별 전용면적이 85m² 이하인 경우에는 1/6 이하)

7 일조 등의 확보를 위한 건축물의 높이 제한

1. 전용주거지역이나 일반주거지역에서 건축물을 건축하는 경우에는 건축물의 각 부분을 정북(正北) 방향으로의 인접 대지경계선으로부터 다음의 범위에서 건축조례로 정하는 거리 이상을 띄어 건축하여야 한다.

높이 10m 이하인 부분	인접 대지경계선으로부터 1.5m 이상
높이 10m를 초과하는 부분	인접 대지경계선으로부터 해당 건축물 각 부분 높이의 1/2 이상

2. 공동주택 적용 기준

(1) 건축물(기숙사는 제외)의 각 부분의 높이는 그 부분으로부터 채광을 위한 창문 등이 있는 벽면에서 직각 방향으로 인접 대지 경계선까지의 수평거리의 2배(근린상업지역 또는 준주거지역의 건축물은 4배) 이하로 해야 한다.

(2) 같은 대지에서 두 동(棟) 이상의 건축물이 서로 마주보고 있는 경우에는 일정 거리 이상 띄어 건축한다. 다만, 그 대지의 모든 세대가 동지(冬至)를 기준으로 9시에서 15시 사이에 2시간 이상을 계속하여 일조(日照)를 확보할 수 있는 거리 이상으로 할 수 있다.

핵심 OX

01 승강기탑, 계단탑, 망루, 장식탑, 옥탑 그 밖에 이와 비슷한 건축물의 옥상 부분으로서 그 수평투영면적의 합계가 해당 건축물 건축면적의 1/4 이하인 것은 건축물의 층수에 산입하지 아니한다. (O, X)

02 일반상업지역에서 대지분석을 통한 건축물의 규모를 검토할 때 일조권 제한에 따른 이격거리는 필수적 고려사항이다. (O, X)

01 X 승강기탑, 계단탑, 망루, 장식탑, 옥탑 그 밖에 이와 비슷한 건축물의 옥상 부분으로서 그 수평투영면적의 합계가 해당 건축물 건축면적의 1/8 이하인 것은 건축물의 층수에 산입하지 아니한다.
02 X 일조권 제한에 따른 이격거리는 주거지역에 해당하는 사항이다.

8 공개 공지의 확보

1. 공개 공지의 확보 대상

(1) 문화 및 집회시설, 종교시설, 판매시설(농수산물유통시설은 제외), 운수시설(여객용 시설만 해당), 업무시설 및 숙박시설로서 해당 용도로 쓰는 바닥면적의 합계가 5천m² 이상인 건축물

(2) 그 밖에 다중이 이용하는 시설로서 건축조례로 정하는 건축물

2. 공개 공지의 면적

공개 공지 등의 면적은 대지면적의 10/100 이하의 범위에서 건축조례로 정한다.

3. 공개 공지 설치에 따른 인센티브(완화 적용)

(1) 용적률은 해당 지역에 적용하는 용적률의 1.2배 이하로 한다.

(2) 높이제한은 해당 건축물에 적용하는 높이기준의 1.2배 이하로 한다.

4. 공개 공지 내에서 제한되는 행위

(1) 공개 공지 등의 일정 공간을 점유하여 영업을 하는 행위

(2) 공개 공지 등의 이용에 방해가 되는 행위로서 다음의 행위
  ① 공개 공지 등에 허용된 시설 외의 시설물을 설치하는 행위
  ② 공개 공지 등에 물건을 쌓아 놓는 행위

(3) 울타리나 담장 등의 시설을 설치하거나 출입구를 폐쇄하는 등 공개 공지 등의 출입을 차단하는 행위

(4) 공개 공지 등과 그에 설치된 편의시설을 훼손하는 행위

> **공개 공지**
> 쾌적한 지역 환경을 위해 사적인 대지 내에 조성토록 하는 공적공간이다(일반인들 이용가능).
>
> **공개 공지 관련 사항**
> 1. 공개 공지 등을 설치하는 경우 건축물의 용적률, 건폐율, 높이 제한 등을 완화하여 적용할 수 있다.
> 2. 공개 공지는 필로티의 구조로 할 수 있으며, 울타리를 설치하는 등 공개공지 등의 활용을 저해하는 행위를 해서는 아니 된다.
> 3. 공개 공지 등의 면적은 대지 면적의 10/100 이하의 범위에서 건축조례로 정하며, 이 경우 조경 면적을 공개공지 등의 면적으로 할 수 있다.
> 4. 공개 공지 등에는 일정 기간(연간 60일 이내) 동안 건축조례로 정하는 바에 따라 주민들을 위한 문화행사를 열거나 판촉활동을 할 수 있다.

9 건축물의 범죄예방(범죄예방 건축기준 고시)

1. 주요 용어

자연적 감시	도로 등 공공 공간에 대하여 시각적인 접근과 노출이 최대화되도록 건축물의 배치, 조경, 조명 등을 통하여 감시를 강화하는 것
접근통제	출입문, 담장, 울타리, 조경, 안내판, 방범시설 등(접근통제시설)을 설치하여 외부인의 진·출입을 통제하는 것
영역성 확보	공간배치와 시설물 설치를 통해 공적공간과 사적공간의 소유권 및 관리와 책임 범위를 명확히 하는 것
활동의 활성화	일정한 지역에 대한 자연적 감시를 강화하기 위하여 대상 공간 이용을 활성화시킬 수 있는 시설물 및 공간계획을 하는 것

2. 건축물의 범죄예방을 위한 기준 충족이 필요한 건축물 대상

(1) 공동주택 중 다세대 주택, 연립주택, 아파트
(2) 제1종 근린생활시설 중 일용품 판매점
(3) 제2종 근린생활시설 중 다중생활시설
(4) 문화 및 집회시설(동·식물원은 제외)
(5) 교육연구시설(연구소 및 도서관은 제외)
(6) 노유자시설
(7) 수련시설
(8) 업무시설 중 오피스텔
(9) 숙박시설 중 다중생활시설
(10) 단독주택 중 다가구주택

10 건축법 적용 제외

1. 건축법을 적용하지 않는 건축물

(1) 문화유산의 보존 및 활용에 관한 법률에 따른 지정문화유산이나 임시지정문화유산 또는 자연유산의 보존 및 활용에 관한 법률에 따라 지정된 천연기념물등이나 임시지정천연기념물, 임시지정명승, 임시지정 시·도자연유산, 임시자연유산자료
(2) 철도 또는 궤도의 선로부지 안에 있는 다음 시설
  ① 운전보안시설
  ② 철도 선로의 위나 아래를 가로지르는 보행시설
  ③ 플랫폼
  ④ 해당 철도 또는 궤도사업용 급수(給水)·급탄(給炭) 및 급유(給油) 시설
(3) 고속도로 통행료 징수시설
(4) 컨테이너를 이용한 간이창고(공장의 용도로만 사용되는 건축물의 대지에 설치하는 것으로서 이동이 쉬운 것)
(5) 하천법에 따른 하천구역 내의 수문조작실

2. 건축법의 일부 미적용

건축법의 일부 비적용 대상	적용에서 제외되는 조항
도시지역 외의 지역(=관리지역, 농림지역, 자연환경보전지역) 및 지구단위계획구역 외의 지역으로 • 동·읍이 아닌 지역 • 동·읍에 속하는 섬으로 인구 500명 미만인 지역	• 대지와 도로의 관계 • 도로의 폐지 또는 변경 • 건축선의 지정 • 건축선에 따른 건축제한 • 방화지구 안의 건축물 • 대지의 분할제한
건축물이나 공작물을 도시·군계획시설로 결정된 도로(지방자치단체가 매수하지 아니하는 토지)의 예정지에 건축하는 경우	• 도로의 폐지 또는 변경 • 건축선의 지정 • 건축선에 의한 건축제한

11 건축위원회

구분	중앙건축위원회	지방건축위원회
구성의무자	국토교통부장관	• 특별시장·광역시장·특별자치시장·도지사·특별자치도지사 • 시장·군수·구청장
설치부서	국토교통부	특별시·광역시·도·특별자치도 및 시·군·구
위원	위원장 및 본위원장 각 1명 포함 70명 이내(관계 공무원과 건축에 관한 학식 또는 경험이 풍부한 사람 중에서 국토교통부장관이 임명하거나 위촉)	위원장 및 부위원장 각 1명 포함 25명 이상 150명 이하(시·도지사 및 시장·군수·구청장이 임명하거나 위촉하는 도시계획 및 건축 관계 공무원, 도시계획 및 건축 등에서 학식과 경험이 풍부한 사람)
임기	2년(공무원을 제외하고 연임 가능)	공무원이 아닌 위원 임기는 3년 이내
심의사항	• 표준설계도서의 인정에 관한 사항 • 건축물의 건축·대수선·용도변경, 건축설비의 설치 또는 공작물의 축조(이하 '건축물의 건축' 등)와 관련된 분쟁의 조정 또는 재정에 관한 사항 • 법 및 이 영의 시행에 관한 사항 • 다른 법령에서 중앙건축위원회의 심의를 받도록 한 경우 해당 법령에서 규정한 심의사항 • 그 밖에 국토교통부장관이 중앙건축위원회의 심의가 필요하다고 인정하여 부의하는 사항	• 건축선의 지정에 관한 사항 • 법 또는 이 영에 따른 조례의 제정·개정 • 다중이용건축물 및 특수구조 건축물의 구조안전에 관한 사항 • 분양을 목적으로 하는 건축물로서 건축조례로 정하는 용도 및 규모에 해당하는 건축물의 건축에 관한 사항 • 다른 법령에 따라 건축위원회의 심의를 하는 경우 해당 법령에서 규정한 심의사항 • 지방건축위원회의 심의가 필요하다고 인정한 사항

12 다중이용건축물

아래의 (1) 또는 (2)의 조건 중 하나 이상에 해당하면 다중이용건축물로 간주한다.
(1) 16층 이상 건축물
(2) 아래 용도로 쓰이며 바닥면적의 합계가 5,000m² 이상인 건축물
　　① 문화 및 집회시설(동·식물원 제외)·종교시설
　　② 판매시설·운수시설 중 여객용 시설
　　③ 의료시설 중 종합병원·숙박시설 중 관광숙박시설

13 기존 건축물의 특례

허가권자는 기존 건축물 및 대지가 법령의 제정·개정이나 기타 사유로 법령 등에 부적합하더라도 다음의 어느 하나에 해당하는 경우에는 건축을 허가할 수 있다.
(1) 기존 건축물을 재축하는 경우
(2) 증축하거나 개축하려는 부분이 법령 등에 적합한 경우
(3) 기존 건축물의 대지가 도시·군계획시설의 설치 또는 도로법에 따른 도로의 설치로 법 제57조에 따라 해당 지방자치단체가 정하는 면적에 미달되는 경우로서 그 기존 건축물을 연면적 합계의 범위에서 증축하거나 개축하는 경우
(4) 기존 건축물이 도시·군계획시설 또는 도로법에 따른 도로의 설치로 법 제55조 또는 법 제56조에 부적합하게 된 경우로서 화장실·계단·승강기의 설치 등 그 건축물의 기능을 유지하기 위하여 그 기존 건축물의 연면적 합계의 범위에서 증축하는 경우
(5) 법률 제7696호 건축법 일부개정법률 제50조의 개정규정에 따라 최초로 개정한 해당 지방자치단체의 조례 시행일 이전에 건축된 기존 건축물의 건축선 및 인접 대지경계선으로부터의 거리가 그 조례로 정하는 거리에 미달되는 경우로서 그 기존 건축물을 건축 당시의 법령에 위반하지 아니하는 범위에서 수직으로 증축하는 경우
(6) 기존 한옥을 개축하는 경우
(7) 건축물 대지의 전부 또는 일부가 자연재해위험개선지구에 포함되고 사용승인 후 20년이 지난 기존 건축물을 재해로 인한 피해 예방을 위하여 연면적의 합계 범위에서 개축하는 경우

2 건축물의 건축

1. 건축허가

(1) 허가권자
   ① 특별자치시장·특별자치도지사 또는 시장·군수·구청장
   ② 허가 대상: 건축 또는 대수선

(2) 특별시장 또는 광역시장의 허가를 받아야 하는 대상
   ① 21층 이상이거나 연면적의 합계가 10만㎡ 이상인 건축물의 건축(연면적의 3/10 이상을 증축하여 층수가 21층 이상으로 되거나 연면적의 합계가 10만㎡ 이상으로 되는 경우 포함)
   ② 예외
      ㉠ 공장
      ㉡ 창고
      ㉢ 지방건축위원회의 심의를 거친 건축물(단, 초고층 건축물은 제외)*

*초고층 건축물은 특별시장 또는 광역시장의 허가 대상이다.

(3) 건축허가 신청 시 제출서류(전자문서로 제출하는 것을 포함)
   ① 건축·대수선·용도변경허가신청서
   ② 건축할 대지의 범위에 관한 서류
   ③ 대지의 소유 또는 그 사용에 관한 권리를 증명하는 서류
   ④ 사전결정서(사전결정서를 받은 경우)
   ⑤ 설계도서
      ㉠ 건축계획서
      ㉡ 배치도
      ㉢ 평면도
      ㉣ 입면도
      ㉤ 단면도
      ㉥ 구조도(구조안전 확인 또는 내진설계 대상 건축물)
      ㉦ 구조계산서(구조안전 확인 또는 내진설계 대상 건축물)
      ㉧ 소방설비도

표준설계도서에 따라 건축하는 경우 건축계획서 및 배치도만 해당한다.

(4) 건축허가 취소 및 제한
   ① 건축허가 취소
      ㉠ 다음 기간 내에 공사에 착수하지 아니한 경우
         ⓐ 허가를 받은 날부터 1년 이내
         ⓑ 공장의 신설·증설 또는 업종변경의 승인을 받은 공장: 3년 이내
         ⓒ 농지전용허가 또는 신고가 의제된 공장: 2년
            → 허가권자가 정당한 이유가 있다고 인정하는 경우에는 1년의 범위 안에서 공사의 착수기간을 연장할 수 있다.

　　　　ⓒ 공사에 착수하였으나 공사의 완료가 불가능하다고 인정되는 경우
　　　　ⓒ 건축위원회 심의 효력 상실: 심의 결과를 통지받은 날부터 2년 이내에 건축허가를 신청하지 않은 경우
　　② 건축허가의 제한
　　　ⓐ 건축허가나 허가받은 건축물의 착공 제한

제한권자	제한사유	피제한권자
국토교통부장관	• 국토관리를 위하여 특히 필요하다고 인정 • 주무부장관이 국방, 문화재 보존, 환경 보전 또는 국민경제를 위하여 특히 필요하다고 인정하여 요청	허가권자
특별시장, 광역시장, 도지사	지역계획이나 도시·군계획에 특히 필요하다고 인정	시장, 군수, 구청장

　　　ⓑ 건축허가 또는 착공 제한

제한권자	제한기간	연장
국토교통부장관, 시·도지사	2년 이내	1회(1년 이내)

2. 건축신고 대상

(1) 증축·개축 또는 재축
　바닥면적 합계 85m² 이내. 다만, 3층 이상 건축물인 경우에는 증축·개축 또는 재축하려는 부분의 바닥면적의 합계가 건축물 연면적의 1/10 이내인 경우로 한정

(2) 관리지역, 농림지역 또는 자연환경보전지역에서 건축
　연면적 200m² 미만이고 3층 미만인 건축물(지구단위계획구역, 방재지구 등 재해취약지역으로서 대통령령으로 정하는 구역은 제외)

(3) 연면적이 200m² 미만이고 3층 미만인 건축물의 대수선

(4) 주요 구조부의 해체가 없는 다음의 대수선
　① 내력벽의 면적을 30m² 이상 수선
　② 기둥을 세 개 이상 수선
　③ 보를 세 개 이상 수선
　④ 지붕틀을 세 개 이상 수선
　⑤ 방화벽 또는 방화구획을 위한 바닥 또는 벽을 수선
　⑥ 주계단·피난계단 또는 특별피난계단을 수선

(5) 소규모 건축물의 건축
　① 연면적의 합계가 100m² 이하인 건축물
　② 건축물의 높이를 3m 이하의 범위에서 증축하는 건축물

③ **표준설계도서에 따라 건축하는 건축물**: 용도 및 규모가 주위환경이나 미관에 지장이 없다고 인정하여 건축조례로 정하는 건축물
④ 공업지역, 지구단위계획구역(산업·유통형) 및 산업단지에서 건축하는 2층 이하이고 연면적 합계 500m² 이하의 공장
⑤ 농업이나 수산업을 경영하기 위한 읍·면지역
   ㉠ 연면적 200m² 이하의 창고
   ㉡ 연면적 400m² 이하의 축사·작물재배사(특별자치도지사·시장·군수가 지역계획 또는 도시·군계획에 지장이 있다고 지정·공고한 구역은 제외)

> **건축신고의 효력상실**
> 신고를 한 자가 신고일부터 1년 이내에 공사에 착수하지 아니하면 그 신고의 효력은 없어진다.

3. 용도변경

(1) 용도변경 행위 구분
① **허가대상**: 상위군(오름차순)에 해당하는 용도로 변경하는 경우
② **신고대상**: 하위군(내림차순)에 해당하는 용도로 변경하는 경우
③ **건축물대장 기재내용 변경신청**: 같은 시설군 내에서 용도를 변경하는 경우
④ **기재사항 변경신청 없이 용도변경**
   ㉠ 용도별 건축물의 분류의 같은 호에 속하는 건축물 상호 간의 용도변경
   ㉡ 국토의 계획 및 이용에 관한 법률이나 그 밖의 관계 법령에서 정하는 용도제한에 적합한 범위에서 제1종 근린생활시설과 제2종 근린생활시설 상호 간의 용도변경

(2) 시설군별 건축물 용도

시설군	건축물 용도	행위 구분
자동차 관련시설군	자동차 관련시설	신고 ↑
산업 등의 시설군	운수시설, 창고시설, 공장, 위험물저장 및 처리시설, 자원순환 관련 시설, 묘지관련시설, 장례식장	
전기통신시설군	방송통신시설, 발전시설	
문화집회시설군	문화 및 집회시설, 종교시설, 위락시설, 관광휴게시설	
영업시설군	판매시설, 운동시설, 숙박시설, 제2종 근린생활시설 중 다중생활시설	
교육 및 복지시설군	의료시설, 교육연구시설, 노유자시설, 수련시설, 야영장시설	
근린생활시설군	제1종 근린생활시설, 제2종 근린생활시설(다중생활시설 제외)	
주거업무시설군	단독주택, 공동주택, 업무시설, 교정 및 군사시설	↓
그 밖의 시설군	동물 및 식물 관련시설	허가

4. 가설건축물

(1) 허가대상 가설건축물(특별자치도지사·시장·군수·구청장이 허가)

지역	허가대상 가설건축물
도시·군 계획시설 및 도시·군 계획시설 예정지	• 3층 이하로서 철근콘크리트조 또는 철골철근콘크리트조가 아닐 것 • 존치기간은 3년 이내일 것(도시·군계획사업이 시행될 때까지 연장 가능) • 전기·수도·가스 등 새로운 간선 공급설비의 설치를 필요로 하지 아니할 것 • 공동주택·판매시설·운수시설 등으로서 분양을 목적으로 건축하는 건축물이 아닐 것

(2) 신고대상 가설건축물

다음의 재해복구, 흥행, 전람회, 공사용 가설 건축물 등

① 재해가 발생한 구역 또는 그 인접구역으로서 특별자치도지사 또는 시장·군수·구청장이 지정하는 구역에서 일시 사용을 위하여 건축하는 것
② 특별자치도지사 또는 시장·군수·구청장이 도시미관이나 교통소통에 지장이 없다고 인정하는 가설흥행장, 가설전람회장, 농·수·축산물 직거래용 가설점포, 그 밖에 이와 비슷한 것
③ 공사에 필요한 규모의 공사용 가설건축물 및 공작물
④ 전시를 위한 견본주택이나 그 밖에 이와 비슷한 것
⑤ 특별자치도지사 또는 시장·군수·구청장이 도로변 등의 미관정비를 위하여 지정·공고하는 구역에서 축조하는 가설점포로서 안전·방화 및 위생에 지장이 없는 것(물건 등의 판매를 목적으로 하는 것)
⑥ 조립식 구조로 된 경비용으로 쓰는 가설건축물로서 연면적이 10㎡ 이하인 것
⑦ 조립식 경량구조로 된 외벽이 없는 임시 자동차 차고
⑧ 컨테이너 또는 이와 비슷한 것으로 된 가설건축물로서 임시사무실·임시창고 또는 임시숙소로 사용되는 것(건축물의 옥상에 축조하는 것은 제외, 다만, 2009년 7월 1일부터 2015년 6월 30일까지 공장의 옥상에 축조하는 것은 포함)
⑨ 도시지역 중 주거지역·상업지역 또는 공업지역에 설치하는 농업·어업용 비닐하우스로서 연면적이 100㎡ 이상인 것
⑩ 연면적이 100㎡ 이상인 간이축사용, 가축분뇨처리용, 가축운동용, 가축의 비가림용 비닐하우스 또는 천막(벽 또는 지붕이 합성수지 재질로 된 것을 포함)구조 건축물
⑪ 농업·어업용 고정식 온실, 가축양육실

⑫ 물품저장용, 간이포장용, 간이수선작업용 등으로 쓰기 위하여 공장 또는 창고시설에 설치하는 천막(벽 또는 지붕이 합성수지 재질로 된 것을 포함), 그 밖에 이와 비슷한 것
⑬ 유원지, 종합휴양업 사업지역 등에서 한시적인 관광·문화행사 등을 목적으로 천막 또는 경량구조로 설치하는 것
⑭ 야외전시시설 및 촬영시설
⑮ 야외흡연실 용도로 쓰는 가설건축물로서 연면적이 50m² 이하인 것
⑯ 그 밖에 ①부터 ⑭까지의 규정에 해당하는 것과 비슷한 것으로서 건축조례로 정하는 건축물

(3) 가설건축물 존치기간 및 연장

① **존치기간**: 3년 이내(공사용 가설건축물 및 공작물의 경우 해당 공사의 완료일까지)
② 존치기간을 연장하려는 가설건축물의 건축주는 허가를 신청하거나 신고하여야 함

허가 대상 가설건축물	존치기간 만료일 14일 전까지 허가 신청
신고 대상 가설건축물	존치기간 만료일 7일 전까지 신고

5. 착공신고

(1) 대상
① 건축허가·건축신고 또는 가설건축물의 건축허가를 한 건축물의 공사를 착수하려는 건축주는 허가권자에게 그 공사계획을 신고하여야 함
② 건축물의 철거를 신고할 때 착공 예정일을 기재한 경우는 제외

(2) 제출서류
① 착공신고서(전자문서로 된 신고서 포함)
② 건축 관계자 상호 간의 계약서 사본(해당 사항이 있는 경우)
③ 시방서, 실내마감도, 건축설비도, 토지굴착 및 옹벽도(공장인 경우)
④ 토지굴착 및 옹벽도 중 흙막이 구조도면 등(신고를 하여야 하는 건축물로서 지하 2층 이상의 지하층을 설치하는 경우만)

6. 허용오차

(1) 목적
대지의 측량(공간정보의 구축 및 관리 등에 관한 법률에 따른 지적측량은 제외)이나 건축물의 건축 과정에서 부득이하게 발생하는 오차는 이 법을 적용할 때 국토교통부령으로 정하는 범위에서 허용한다.

(2) 대지 및 건축물 관련 건축기준의 허용오차(시행규칙 제20조 관련)

구분		허용되는 오차 범위
대지	건축선 후퇴 거리	3% 이내
	인접대지 경계선과의 거리	
	인접 건축물과의 거리	
	건폐율	0.5% 이내 (건축면적 5m^{2}를 초과할 수 없음)
	용적률	1% 이내 (연면적 30m^{2}를 초과할 수 없음)
건축물	건축물의 높이	2% 이내(1m를 초과할 수 없음)
	평면길이	2% 이내(건축물 전체 길이는 1m를 초과할 수 없고, 벽으로 구획된 각 실의 경우는 10cm를 초과할 수 없음)
	출구너비, 반자높이	2% 이내
	벽체 두께, 바닥판 두께	3% 이내

3 건축물의 유지·관리

1. 건축지도원

법 또는 이 법에 따른 명령이나 처분에 위반되는 건축물의 발생을 예방하고 건축물을 적법하게 유지·관리하도록 지도하기 위하여 대통령령으로 정하는 바에 따라 건축지도원을 지정할 수 있다.

(1) 건축지도원의 자격
① 특별자치시장·특별자치도지사 또는 시장·군수·구청장이 특별자치시·특별자치도 또는 시·군·구에 근무하는 건축 직렬의 공무원
② 건축에 관한 학식이 풍부한 자로서 건축조례로 정하는 자격을 갖춘 자

(2) 건축지도원의 업무
① 건축신고를 하고 건축 중에 있는 건축물의 시공 지도와 위법 시공 여부의 확인·지도 및 단속
② 건축물의 대지, 높이 및 형태, 구조 안전 및 화재 안전, 건축설비 등이 법령 등에 적합하게 유지·관리되고 있는지의 확인·지도 및 단속
③ 허가를 받지 아니하거나 신고를 하지 아니하고 건축하거나 용도변경한 건축물의 단속

2. 건축물대장

특별자치시장·특별자치도지사 또는 시장·군수·구청장은 건축물의 소유·이용 및 유지·관리 상태를 확인하거나 건축정책의 기초 자료로 활용하기 위하여 건축물대장에 건축물과 그 대지의 현황 및 국토교통부령으로 정하는 건축물의 구조내력에 관한 정보를 적어서 보관하고 이를 지속적으로 정비하여야 한다.

(1) 건축물대장의 신규 등록 및 변경등록의 신청이 있는 경우
(2) 법 시행일 전에 법령 등에 적합하게 건축되고 유지·관리된 건축물의 소유자가 그 건축물의 건축물관리대장이나 그 밖에 이와 비슷한 공부(公簿)를 법 제38조에 따른 건축물대장에 옮겨 적을 것을 신청한 경우
(3) 그 밖에 기재내용의 변경 등이 필요한 경우로서 국토교통부령으로 정하는 경우

4 건축물의 구조 및 재료

1. 구조내력

(1) 구조안전의 확인
① 건축물은 고정하중, 적재하중(積載荷重), 적설하중(積雪荷重), 풍압(風壓), 지진, 그 밖의 진동 및 충격 등에 대하여 안전한 구조를 가져야 한다.
② 내진능력 공개 대상 건축물을 건축하거나 대수선하는 경우 건축물의 설계자는 구조기준 등에 따라 구조의 안전을 확인하여야 한다.

(2) 내진능력 공개 대상 건축물(건축물의 설계자 구조안전 확인이 필요한 건축물)
① 층수가 2층(주요 구조부인 기둥과 보를 설치하는 건축물로서 그 기둥과 보가 목재인 목구조 건축물의 경우에는 3층) 이상인 건축물
② 연면적이 200m²(목구조 건축물의 경우에는 500m²) 이상인 건축물
③ 높이가 13m 이상인 건축물
④ 처마높이가 9m 이상인 건축물
⑤ 기둥과 기둥 사이의 거리가 10m 이상인 건축물
⑥ 건축물의 용도 및 규모를 고려한 중요도가 높은 건축물로서 국토교통부령으로 정하는 건축물
⑦ 국가적 문화유산으로 보존할 가치가 있는 건축물로서 국토교통부령으로 정하는 것
⑧ 특수구조 건축물
  ㉠ 한쪽 끝은 고정되고 다른 끝은 지지(支持)되지 아니한 구조로 된 보·차양 등이 외벽(외벽이 없는 경우에는 외곽 기둥)의 중심선으로부터 3m 이상 돌출된 건축물
  ㉡ 기둥과 기둥 사이의 거리(기둥의 중심선 사이의 거리, 기둥이 없는 경우에는 내력벽과 내력벽의 중심선 사이의 거리)가 20m 이상인 건축물
  ㉢ 특수한 설계·시공·공법 등이 필요한 건축물로서 국토교통부장관이 정하여 고시하는 구조로 된 건축물
⑨ 단독주택 및 공동주택

*다만, 표준설계도서에 따라 건축하는 건축물은 제외한다.

2. 건축물의 피난시설 및 용도제한

(1) 피난규정

대통령령으로 정하는 용도 및 규모의 건축물과 그 대지에는 국토교통부령으로 정하는 바에 따라 복도, 계단, 출입구, 그 밖의 피난시설과 소화전, 저수조, 그 밖의 소화설비 및 대지 안의 피난과 소화에 필요한 통로를 설치하여야 한다.

(2) 피난층

① 직접 지상으로 통하는 출입구가 있는 층
② 초고층 건축물의 피난안전구역

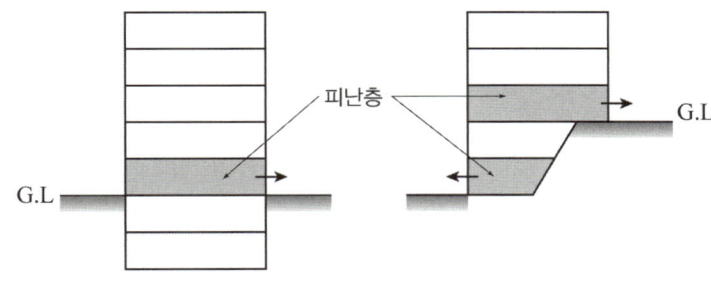

🔼 직접 지상으로 통하는 출입구가 있는 층

3. 직통계단의 설치

건축물의 피난층 외의 층에서는 피난층 또는 지상으로 통하는 직통계단(경사로를 포함)을 거실의 각 부분으로부터 계단(거실로부터 가장 가까운 거리에 있는 계단)에 이르는 보행거리가 30m 이하가 되도록 설치하여야 한다.

(1) 보행거리에 의한 직통계단 설치

구분	거실 각 부분으로부터 계단에 이르는 보행거리
원칙	30m 이하
주요 구조부가 내화구조나 불연재료인 경우(지하층에 설치한 바닥면적 합계가 300m² 이상인 공연장·집회장·관람장 및 전시장 제외)	50m 이하 (16층 이상 공동주택: 40m)
자동화 생산시설에 스프링클러 등 자동식 소화설비를 설치한 반도체 및 디스플레이 패널을 제조하는 공장	75m 이하 (무인화 공장: 100m 이하)

(2) 직통계단을 2개소 이상 설치하여야 하는 건축물(피난층 이외 층)

건축물의 용도	해당 부분	바닥면적
• 문화 및 집회시설(전시장 및 동·식물원 제외) • 장례식장 • 위락시설 중 주점영업 • 종교시설	그 층의 관람석 또는 집회실의 바닥면적 합계	
• 다중주택·다가구주택 • 정신과의원(입원실 있는 경우) • 인터넷컴퓨터게임시설제공업소(바닥면적의 합계 300m² 이상)·학원·독서실, 판매시설, 운수시설(여객용 시설), 의료시설(입원실 없는 치과병원 제외) • 아동관련시설·노인복지시설·장애인거주시설(장애인거주시설 중 국토교통부령으로 정하는 시설) 및 장애인 의료재활시설 • 유스호스텔 또는 숙박시설	3층 이상의 층으로서 그 층의 당해 용도로 쓰이는 거실 바닥면적 합계	200m² 이상
지하층	그 층의 거실 바닥면적의 합계	
• 공동주택(층당 4세대 이하는 제외) • 업무시설 중 오피스텔 • 공연장, 종교집회장	그 층의 당해 용도에 쓰이는 거실 바닥면적의 합계	300m² 이상
위의 규정된 용도에 해당하지 않는 용도	3층 이상의 층으로 그 층의 거실 바닥면적의 합계	400m² 이상

4. 고층 건축물의 피난 및 안전관리

(1) 고층 건축물에는 대통령령으로 정하는 바에 따라 피난안전구역을 설치하거나 대피공간을 확보한 계단을 설치하여야 한다.

(2) 피난안전구역

건축물의 피난·안전을 위하여 건축물 중간층에 설치하는 대피공간으로 피난층 또는 지상으로 통하는 직통계단과 직접 연결되는 것

초고층 건축물	최대 30개층마다 1개소 이상 설치
준초고층 건축물	해당 건축물 전체 층수의 1/2에 해당하는 층으로부터 상하 5개층 이내에 1개소 이상 설치

* 준고층의 건축물: 고층 건축물 중 초고층 건축물이 아닌 것(층수 30층 이상 50층 미만이거나, 높이 120m 이상 200m 미만인 건축물)

피난안전구역의 구조 및 설비기준

1. 피난안전구역의 바로 아래층 및 위층은 건축물의 설비기준 등에 관한 규칙에 적합한 단열재를 설치한다. 이 경우 아래층은 최상층에 있는 거실이 반자 또는 지붕 기준을 준용하고, 위층은 최하층에 있는 거실의 바닥 기준을 준용한다.
2. 피난안전구역의 내부마감재료는 불연재료로 설치한다.
3. 건축물의 내부에서 피난안전구역으로 통하는 계단은 특별피난계단의 구조로 설치한다.
4. 비상용 승강기는 피난안전구역에서 승하차할 수 있는 구조로 설치한다.
5. 피난안전구역에는 식수공급을 위한 급수전을 1개소 이상 설치하고 예비전원에 의한 조명설비를 설치한다.
6. 관리사무소 또는 방재센터 등과 긴급연락이 가능한 경보 및 통신시설을 설치한다.
7. 피난안전구역의 면적 산정기준에서 정하는 기준에 따라 산정한 면적 이상으로 한다.
   → (피난안전구역 위층의 재실자 수 × 0.5) × 0.28m²
8. 피난안전구역의 높이는 2.1m 이상이어야 한다.
9. 건축물의 설비기준 등에 관한 규칙에 따른 배연설비를 설치해야 한다.
10. 그 밖에 소방방재청장이 정하는 소방 등 재난관리를 위한 설비를 갖추어야 한다.

5. 피난계단의 설치

(1) 피난계단 및 특별피난계단 설치 대상

구분	대상	예외
피난계단 또는 특별피난계단	5층 이상의 층으로부터 피난층 또는 지상으로 통하는 직통계단(지하 1층인 건축물의 경우에는 5층 이상의 층으로부터 피난층 또는 지상으로 통하는 직통계단과 직접 연결된 지하 1층의 계단을 포함)	건축물의 주요 구조부가 내화구조 또는 불연재료로 되어 있고 아래 중 하나에 해당하는 경우 • 5층 이상의 바닥면적 합계가 200m² 이하인 경우 • 5층 이상의 바닥면적 200m² 이내마다 방화구획이 되어 있는 경우
	지하 2층 이하의 층으로부터 피난층 또는 지상으로 통하는 직통계단	
	판매시설의 용도에 쓰이는 층으로부터의 직통계단은 1개소 이상을 특별피난계단으로 설치하여야 함	
	5층 이상인 층으로서 문화 및 집회시설 중 전시장 또는 동·식물원, 판매시설, 운수시설(여객용 시설만 해당), 운동시설, 위락시설, 관광휴게시설(다중이 이용하는 시설만 해당) 또는 수련시설 중 생활권 수련시설의 용도로 쓰는 층에는 직통계단 외에 그 층의 해당 용도로 쓰는 바닥면적의 합계가 2천m²를 넘는 경우에는 그 넘는 2천m² 이내마다 1개소 설치(4층 이하의 층에는 쓰지 아니하는 피난계단 또는 특별피난계단만 해당)	
특별피난계단	11층(공동주택은 16층) 이상의 층으로부터 피난층 또는 지상으로 통하는 직통계단	• 갓복도식 공동주택 • 해당 층의 바닥면적이 400m² 미만인 층
	지하 3층 이하인 층으로부터 피난층 또는 지상으로 통하는 직통계단	

(2) 옥외피난계단 설치

건축물의 3층 이상인 층(피난층 제외)으로서 다음의 어느 하나에 해당하는 용도로 쓰는 층에는 직통계단 외에 그 층으로부터 지상으로 통하는 옥외피난계단을 따로 설치하여야 한다.

① 제2종 근린생활시설 중 공연장(해당 용도로 쓰는 바닥면적의 합계가 300m² 이상), 문화 및 집회시설 중 공연장, 위락시설 중 주점영업의 용도로 쓰는 층으로서 그 층 거실 바닥면적의 합계가 300m² 이상인 것
② 문화 및 집회시설 중 집회장의 용도로 쓰는 층으로서 그 층 거실의 바닥면적의 합계가 1천m² 이상인 것

(3) 피난계단의 구조(피난방화규칙 제9조)

① 건축물의 내부에 설치하는 피난계단의 구조

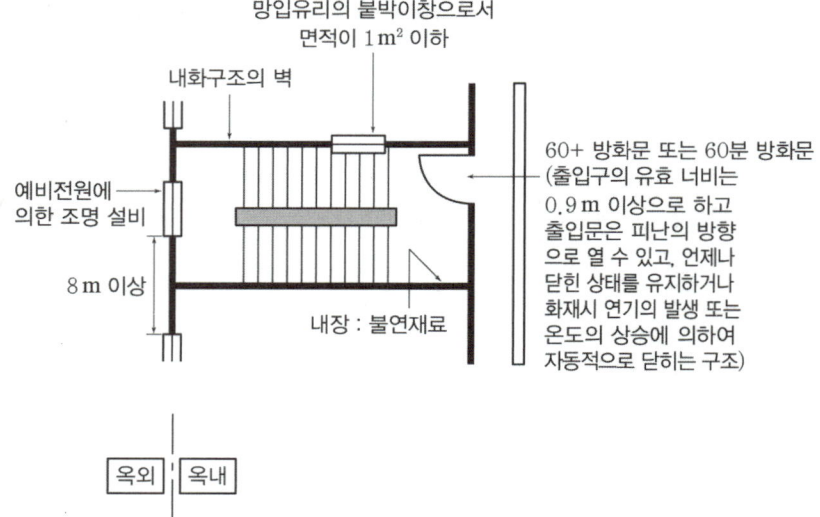

↑ 옥내피난계단

구분	구조기준
계단실 벽	당해 건축물의 다른 부분과 내화구조의 벽으로 구획할 것(창문 등 제외)
계단실 마감	바닥 및 반자 등 실내에 면한 모든 부분은 불연재료로 할 것 (마감을 위한 바탕 포함)
조명설비	예비전원에 의한 조명설비를 할 것
외부와 접하는 창문	당해 건축물의 다른 부분에 설치하는 창문으로부터 2m 이상의 거리를 두고 설치할 것(망이 들어 있는 유리의 붙박이창으로서 그 면적이 각각 1m² 이하인 것 제외)
내부와 접하는 창문	망이 들어 있는 유리의 붙박이창으로서 그 면적이 각각 1m² 이하로 할 것(출입구 제외)
내부에서 계단실로 통하는 출입구	• 유효너비 0.9m 이상 • 그 출입구에는 피난의 방향으로 열 수 있는 것으로서 언제나 닫힌 상태를 유지하거나 화재로 인한 연기 또는 불꽃을 감지하여 자동적으로 닫히는 구조로 된 60+ 방화문 또는 60분 방화문을 설치할 것. 다만, 연기 또는 불꽃을 감지하여 자동적으로 닫히는 구조로 할 수 없는 경우에는 온도를 감지하여 자동적으로 닫히는 구조로 할 수 있음
구조	내화구조
동선	피난층 또는 지상까지 직접 연결되도록 할 것

② 건축물의 바깥쪽에 설치하는 피난계단의 구조

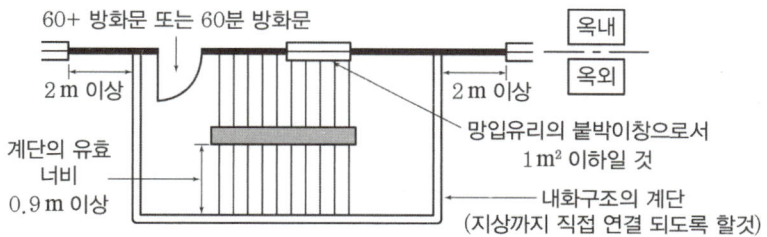

↑ 옥외피난계단

구분	구조기준
계단실 위치	계단은 그 계단으로 통하는 출입구 외의 창문 등으로부터 2m 이상의 거리를 두고 설치할 것(망이 들어 있는 유리의 붙박이창으로서 그 면적이 각각 1m² 이하인 것 제외)
출입문	건축물의 내부에서 계단으로 통하는 출입구에는 60+·60분 방화문을 설치할 것
계단 유효너비	0.9m 이상
구조	내화구조
동선	지상까지 직접 연결되도록 할 것

(4) 특별피난계단의 구조(피난방화규칙 제9조)

① 창문과 부속실이 설치된 경우(면적 1m² 이상으로서 외부로 향해 열 수 있는 창문 포함)

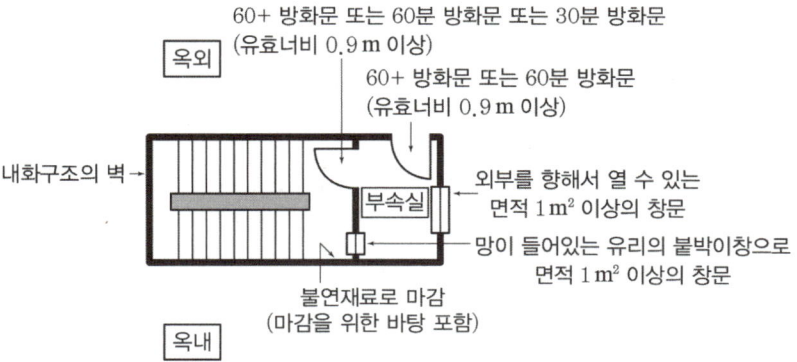

② 노대가 설치된 경우

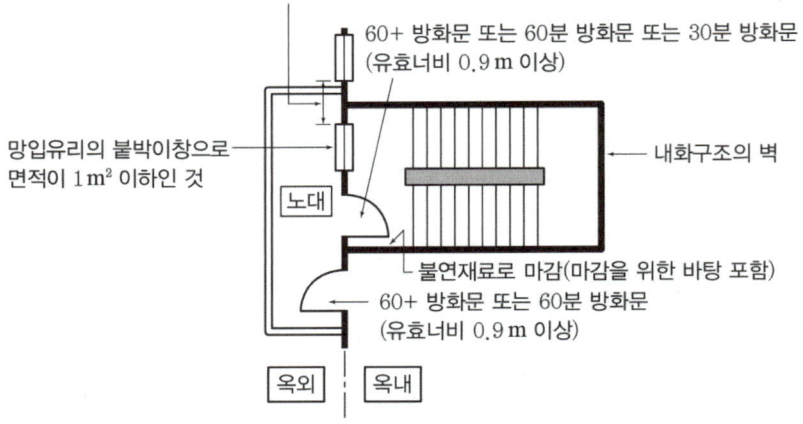

구분	구조기준
노대 또는 부속실	건축물의 내부와 계단실 연결 • 노대를 통하여 연결(바닥으로부터 1m 이상의 높이에 설치한 것) • 면적 3m² 이상인 부속실을 통하여 연결(외부를 향해 열 수 있는 면적 1m² 이상인 창문 또는 배연설비가 있는 것)
계단실·노대· 부속실의 벽	창문 등을 제외하고는 내화구조의 벽으로 각각 구획할 것(비상용 승강기의 승강장을 겸용하는 부속실을 포함)
계단실·부속실의 마감	바닥 및 반자 등 실내에 면한 모든 부분의 마감은 불연재료로 할 것(마감을 위한 바탕을 포함)
계단실 조명	예비전원에 의한 조명설비를 할 것
외부와 접하는 창문	계단실·노대 또는 부속실에 설치하는 건축물의 바깥쪽에 접하는 창문 등은 계단실·노대 또는 부속실 외의 당해 건축물의 다른 부분에 설치하는 창문 등으로부터 2m 이상의 거리를 두고 설치할 것(망이 들어 있는 유리의 붙박이창으로서 그 면적이 각각 1m² 이하인 것은 제외)
내부와 접하는 창문 설치 금지	노대 또는 부속실에 접하는 부분 외에는 건축물의 내부와 접하는 창문 등을 설치하지 아니할 것
노대·부속실에 접하는 창문	• 계단실의 노대 또는 부속실에 접하는 창문 등은 망이 들어 있는 유리의 붙박이창으로서 그 면적을 각각 1m² 이하로 할 것(출입구 제외) • 노대 및 부속실에는 계단실 외의 건축물의 내부와 접하는 창문 등을 설치하지 아니할 것(출입구 제외)

핵심 OX

01 특별피난계단 설치 시 계단실에는 노대 또는 부속실에 접하는 부분 외에는 건축물의 내부와 접하는 창문 등을 설치하여서는 아니 된다. (○, ×)

02 특별피난계단 설치 시 계단실 및 부속실의 실내에 접하는 부분의 마감은 난연재료로 하여야 한다. (○, ×)

01 ○
02 × 계단실 및 부속실의 실내에 접하는 부분의 마감은 불연재료로 하여야 한다.

건축물의 내부에서 노대 또는 부속실로 통하는 출입구		60+ 방화문 또는 60분 방화문을 설치할 것
노대 또는 부속실로부터 계단실로 통하는 출입구		60+ 방화문 또는 60분 방화문 또는 30분 방화문을 설치할 것(60+ 방화문 또는 60분 방화문 또는 30분 방화문은 언제나 닫힌 상태를 유지하거나 화재로 인한 연기 또는 불꽃을 감지하여 자동적으로 닫히는 구조로 된 60+ 방화문 또는 60분 방화문을 설치할 것. 다만, 연기 또는 불꽃을 감지하여 자동적으로 닫히는 구조로 할 수 없는 경우에는 온도를 감지하여 자동적으로 닫히는 구조로 할 수 있음
출입구 유효너비		0.9m 이상(피난의 방향으로 열 수 있을 것)
계단의 구조		내화구조(피난층 또는 지상까지 직접 연결되도록 할 것)

(5) 피난계단 또는 특별피난계단의 공통사항

① 피난계단 또는 특별피난계단은 돌음계단으로 하여서는 아니 되며, 옥상광장을 설치하여야 하는 건축물의 피난계단 또는 특별피난계단은 해당 건축물의 옥상으로 통하도록 설치하여야 한다. 이 경우 옥상으로 통하는 출입문은 피난방향으로 열리는 구조로서 피난 시 이용에 장애가 없어야 한다.

② 갓복도식 공동주택은 각 층의 계단실 및 승강기에서 각 세대로 통하는 복도의 한쪽 면이 외기(外氣)에 개방된 구조의 공동주택을 말한다.

특별피난계단에 설치하는 배연설비
1. 배연구가 외기에 접하지 아니하는 경우에는 배연기를 설치해야 한다.
2. 배연구는 평상시 닫힌 상태를 유지하고, 열린 경우에는 배연에 의한 기류로 인해 닫히지 않도록 해야 한다.
3. 배연구에 설치하는 자동개방장치는 열 혹은 연기감지기에 의해서 작동되는 것으로, 수동으로는 열고 닫을 수 있도록 해야 한다.
4. 배연기에는 예비전원을 설치해야 한다.

6. 계단·복도 및 출입구의 설치

(1) 연면적 200㎡를 초과하는 건축물에 설치하는 계단 및 복도는 국토교통부령(계단의 설치기준, 피난방화기준 제15호)으로 정하는 기준에 적합하여야 한다.

(2) 국토교통부령으로 정하는 기준에 따라 그 건축물로부터 바깥쪽으로 나가는 출구를 설치하여야 하는 건축물의 출입구는 기준에 적합하여야 한다.

(3) 계단의 설치기준(피난방화기준 제15조)

계단요소		설치기준
계단참	계단높이 3m 이상	계단높이 3m 이내마다 너비 1.2m 이상의 계단참 설치
난간	계단높이 1m 이상	양옆에 난간 설치(벽 또는 이에 대치되는 것 포함)
중간난간	계단너비 3m 이상	계단 중간에 너비 3m 이내마다 난간 설치 (단높이가 15cm 이하이고, 단너비가 30cm 이상인 경우 제외)
계단의 유효높이		2.1m 이상(계단바닥 마감면부터 상부 구조체 하부 마감면까지 연직방향 높이)

돌음계단의 단너비
돌음계단의 단너비는 좁은 폭 끝부분으로부터 30cm 위치에서 측정한다.

(4) 용도별 계단치수

용도구분		계단 및 계단참 너비 (옥내계단에 한함)	단너비	단높이
초등학교		150cm 이상	26cm 이상	16cm 이하
중·고등학교		150cm 이상	26cm 이상	18cm 이하
• 문화 및 집회시설: 공연장, 집회장, 관람장 • 판매시설: 도·소매시장, 상점 • 바로 위층의 바닥면적 합계가 200m² 이상 거실바닥면적 합계가 100m² 이상인 지하층		120cm 이상	-	-
준초고층건축물	공동주택	120cm 이상	-	-
	공동주택 외	150cm 이상	-	-
기타 계단		60cm 이상	-	-

(5) 공동주택 등의 난간, 바닥마감 등

① 공동주택(기숙사는 제외)·제1종 근린생활시설·제2종 근린생활시설·문화 및 집회시설·종교시설·판매시설·운수시설·의료시설·노유자시설·업무시설·숙박시설·위락시설 또는 관광휴게시설의 용도에 쓰이는 건축물의 주계단·피난계단 또는 특별피난계단에 설치하는 난간 및 바닥은 아동의 이용에 안전하고 노약자 및 신체장애인의 이용에 편리한 구조로 하여야 하며, 양쪽에 벽 등이 있어 난간이 없는 경우에는 손잡이를 설치하여야 한다.

② 난간·벽 등의 손잡이와 바닥마감 기준
　㉠ 손잡이는 최대지름이 3.2cm 이상 3.8cm 이하인 원형 또는 타원형의 단면으로 하여야 한다.
　㉡ 손잡이는 벽 등으로부터 5cm 이상 떨어지도록 하고, 계단으로부터의 높이는 85cm가 되도록 한다.
　㉢ 계단이 끝나는 수평부분에서의 손잡이는 바깥쪽으로 30cm 이상 나오도록 설치하여야 한다.

③ 경사로 기준
　㉠ 경사도는 1 : 8을 넘지 아니하여야 한다.
　㉡ 표면을 거친 면으로 하거나 미끄러지지 아니하는 재료로 마감하여야 한다.
　㉢ 경사로의 직선 및 굴절 부분의 유효너비는 장애인·노인·임산부 등의 편의증진보장에 관한 법률이 정하는 기준에 적합해야 한다.
　㉣ 난간, 참, 유효높이는 계단 기준을 준용한다.

④ 피난층 또는 지상으로 통하는 직통계단을 설치하는 경우 계단 및 계단참의 너비

공동주택	120cm 이상
공동주택이 아닌 건축물	150cm 이상

⑤ 계단 기준 적용 예외: 승강기 기계실용 계단, 망루용 계단 등 특수한 용도에만 쓰이는 계단

(6) 복도의 너비 및 설치기준(피난방화기준 제15조의2)
① 복도의 유효너비

용도구분	양옆에 거실이 있는 복도	기타의 복도
유치원, 초등학교, 중·고등학교	2.4m 이상	1.8m 이상
공동주택·오피스텔	1.8m 이상	1.2m 이상
당해 층 거실의 바닥면적의 합계가 200m² 이상인 경우	1.5m 이상 (의료시설의 복도는 1.8m 이상)	1.2m 이상

용도구분	당해 층 바닥면적의 합계	복도의 유효너비
공연장·집회장·관람장·전시장, 종교집회장, 아동 관련 시설·노인복지시설, 생활권 수련시설, 유흥주점, 장례식장의 관람실 또는 집회실과 접하는 복도	500m² 미만	1.5m 이상
	500m² 이상 1,000m² 미만	1.8m 이상
	1,000m² 이상	2.4m 이상

② 문화 및 집회시설 중 공연장에 설치하는 복도의 설치기준

관람석	바닥면적	설치위치
공연장 개별 관람실	300m² 이상	양측 및 뒤쪽에 각각 복도 설치
하나의 층에 관람실을 2개소 이상 연속하여 설치하는 경우	300m² 미만	전·후방에 복도 설치

7. 관람실 등으로부터의 출구설치

건축물의 관람실 또는 집회실로부터 바깥쪽으로의 출구로 쓰이는 문은 안여닫이로 하여서는 아니 된다.

(1) 설치대상
① 제2종 근린생활시설 중 공연장·종교집회장(해당 용도로 쓰는 바닥면적의 합계가 각각 300m² 이상)
② 문화 및 집회시설(전시장 및 동·식물원은 제외)
③ 종교시설, 위락시설, 장례식장

(2) 공연장 개별 관람실의 출구 설치기준(바닥면적 300m² 이상인 것에 한함)
① 관람실별로 2개소 이상 설치할 것
② 각 출구의 유효너비는 1.5m 이상일 것
③ 개별 관람실 출구의 유효너비의 합계

> 개별 관람실의 면적(m²)/100m²] × 0.6m (이상)

개별 관람실의 규모	출구 설치 기준	
바닥면적 300m² 이상	개수	2개소 이상
	유효너비	최소 1.5m 이상
	유효너비의 합계	$\dfrac{관람실의\ 바닥면적(m^2)}{100m^2} \times 0.6m$ 이상

8. 건축물의 바깥쪽으로의 출구 설치

(1) 출구 설치대상

① 제2종 근린생활시설 중 공연장·종교집회장·인터넷컴퓨터게임시설제공업소(해당 용도로 쓰는 바닥면적의 합계가 각각 300m² 이상)
② 문화 및 집회시설(전시장 및 동·식물원은 제외)
③ 종교시설
④ 판매시설
⑤ 업무시설 중 국가 또는 지방자치단체의 청사
⑥ 위락시설
⑦ 연면적이 5천m² 이상인 창고시설
⑧ 교육연구시설 중 학교
⑨ 장례식장
⑩ 승강기를 설치하여야 하는 건축물

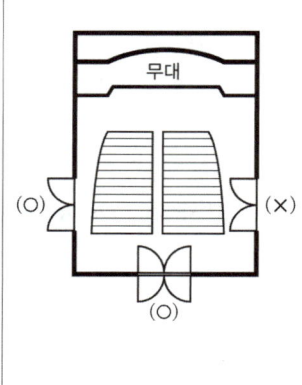

(2) 출구에 이르는 보행거리

① 건축물의 바깥쪽으로 나가는 출구를 설치하는 경우 피난층의 계단으로부터 건축물의 바깥쪽으로의 출구에 이르는 보행거리(가장 가까운 출구와의 보행거리)는 직통계단의 규정에 의한 거리 이하로 한다.
② 거실(피난에 지장이 없는 출입구가 있는 것을 제외)의 각 부분으로부터 건축물의 바깥쪽으로의 출구에 이르는 보행거리는 직통계단의 규정에 의한 거리의 2배 이하로 하여야 한다.

📕 **핵심 OX**

관람실과 집회실로부터 출구 문을 안여닫이로 하는 것은 재난 시 관객과 이용자의 대피가 용이하도록 한 것이다. (○, ×)

✕ 관람실과 집회실로부터 출구 문을 바깥여닫이로 하는 것은 재난 시 관객과 이용자의 대피가 용이하도록 한 것이다.

(3) 출구문의 방향
건축물의 바깥쪽으로 나가는 출구를 설치하는 건축물 중 문화 및 집회시설(전시장 및 동·식물원을 제외), 종교시설, 장례식장 또는 위락시설의 용도에 쓰이는 건축물의 바깥쪽으로의 출구로 쓰이는 문은 안여닫이로 하여서는 아니 된다.

(4) 보조출구와 비상구의 설치
건축물의 바깥쪽으로 나가는 출구를 설치하는 경우 관람실의 바닥면적의 합계가 300m² 이상인 집회장 및 공연장은 주된 출구 외에 보조출구 또는 비상구를 2개 이상 설치하여야 한다.

(5) 판매시설(도매시장·소매시장 및 상점)의 피난층에 설치하는 출구 유효폭
피난층에 설치하는 건축물 바깥쪽으로의 출구는 당해 용도에 쓰이는 바닥면적 100m²마다 0.6m의 비율로 산정한 너비 이상으로 한다.

> 출구 유효폭 = [당해 용도 최대층의 바닥면적(m²)/100m²] × 0.6m (이상)

(6) 경사로 설치
① 다음의 어느 하나에 해당하는 건축물의 피난층 또는 피난층의 승강장으로부터 건축물의 바깥쪽에 이르는 통로에는 경사로를 설치하여야 한다.
  ㉠ 제1종 근린생활시설 중 지역자치센터·파출소·지구대·소방서·우체국·방송국·보건소·공공도서관·지역건강보험조합 기타 이와 유사한 것으로서 동일한 건축물 안에서 당해 용도에 쓰이는 바닥면적의 합계가 1천m² 미만인 것
  ㉡ 제1종 근린생활시설 중 마을회관·마을공동작업소·마을공동구판장·변전소·양수장·정수장·대피소·공중화장실 기타 이와 유사한 것
  ㉢ 연면적이 5천m² 이상인 판매시설, 운수시설
  ㉣ 교육연구시설 중 학교
  ㉤ 업무시설 중 국가 또는 지방자치단체의 청사와 외국공관의 건축물로서 제1종 근린생활시설에 해당하지 아니하는 것
  ㉥ 승강기를 설치하여야 하는 건축물
② 경사로는 1 : 8을 넘지 아니하며 표면을 거친 면으로 하거나, 미끄러지지 아니하는 재료로 마감하여야 한다.

(7) 안전유리
건축물의 바깥쪽으로 나가는 출입문에 유리를 사용하는 경우에는 안전유리를 사용하여야 한다.

(8) 회전문 설치기준
　① 계단이나 에스컬레이터로부터 2m 이상의 거리를 두어야 한다.
　② 회전문과 문틀 사이 및 바닥 사이는 다음에서 정하는 간격을 확보하고 틈 사이를 고무와 고무펠트의 조합체 등을 사용하여 신체나 물건 등에 손상이 없도록 할 것
　　㉠ 회전문과 문틀 사이는 5cm 이상
　　㉡ 회전문과 바닥 사이는 3cm 이하
　③ 출입에 지장이 없도록 일정한 방향으로 회전하는 구조로 하여야 한다.
　④ 회전문의 중심축에서 회전문과 문틀 사이의 간격을 포함한 회전문 날개 끝부분까지의 길이는 140cm 이상이 되도록 하여야 한다.
　⑤ 회전문의 회전속도는 분당 회전수가 8회를 넘지 아니하도록 하여야 한다.
　⑥ 자동회전문은 충격이 가하여지거나 사용자가 위험한 위치에 있는 경우에는 전자감지장치 등을 사용하여 정지하는 구조로 하여야 한다.

9. 옥상광장 등의 설치

(1) 난간
　① **설치 위치**: 옥상광장, 2층 이상인 층에 있는 노대(露臺), 그 밖에 이와 비슷한 것의 주위
　② **높이**: 1.2m 이상(노대 등에 출입할 수 없는 구조인 경우 제외)

(2) 옥상광장 설치대상
　5층 이상의 층이 다음 용도의 시설에는 피난 용도로 쓸 수 있는 광장을 옥상에 설치하여야 한다.
　① 제2종 근린생활시설 중 공연장·종교집회장·인터넷컴퓨터게임시설제공업소(해당 용도로 쓰는 바닥면적의 합계가 각각 300m² 이상)
　② 문화 및 집회시설(전시장 및 동·식물원은 제외)
　③ 종교시설
　④ 판매시설
　⑤ 위락시설 중 주점영업
　⑥ 장례식장

(3) 헬리포트 설치기준
　① **기준**: 11층 이상 건축물로서 11층 이상 층의 바닥면적 합계가 1만m² 이상인 옥상을 평지붕으로 하는 경우 헬리포트를 설치하거나 헬리콥터를 통하여 인명 등을 구조할 수 있는 공간을 설치한다.
　② **크기**: 22m × 22m(15m × 15m까지 축소 가능)
　③ 중심반경 12m 이내 장애물 설치금지(건축물, 공작물, 조경시설 또는 난간 등)

④ 헬리포트 주위한계선: 너비 38cm의 백색 선
⑤ 헬리포트 중앙부분 "Ⓗ" 표지
  ㉠ 지름 8m 백색 선
  ㉡ 'H' 표지의 선의 너비: 38cm
  ㉢ 'O' 표지의 선의 너비: 60cm
⑥ 헬리콥터를 통하여 인명 등을 구조할 수 있는 공간을 설치하는 경우에는 직경 10m 이상의 구조공간을 확보한다.

* 헬리포트로 통하는 출입문에는 비상문자동개폐장치를 설치해야 한다.

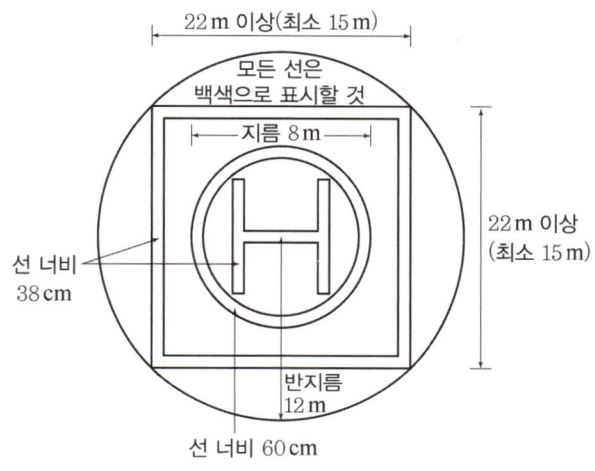

↑ 헬리포트 평면 기준

(4) 경사지붕의 대피공간 설치기준
① 기준: 11층 이상 건축물로서 11층 이상 층의 바닥면적 합계가 1만m² 이상의 경사지붕 아래에는 대피공간을 설치한다.
② 대피공간의 면적은 지붕 수평투영면적의 1/10 이상
③ 특별피난계단 또는 피난계단과 연결되도록 할 것
④ 출입구·창문을 제외한 부분은 해당 건축물의 다른 부분과 내화구조의 바닥 및 벽으로 구획할 것
⑤ 출입구는 유효너비 0.9m 이상으로 하고, 그 출입구에는 60+·60분 방화문을 설치할 것
⑥ 내부마감재료는 불연재료로 할 것
⑦ 예비전원으로 작동하는 조명설비를 설치할 것
⑧ 관리사무소 등과 긴급 연락이 가능한 통신시설을 설치할 것

10. 거실에 관한 규정

(1) 건축물 거실의 반자 높이(반자가 없는 경우에는 보 또는 바로 위층의 바닥판의 밑면)

원칙	-	2.1m 이상
문화 및 집회시설(전시장 및 동·식물원 제외), 장례식장, 유흥주점 *단, 기계적인 환기장치가 되어 있는 경우 제외	바닥면적의 합계가 200m² 이상인 관람석 또는 집회실	4m 이상
	노대 아랫부분의 높이	2.7m 이상
공장, 창고시설, 위험물 저장 및 처리시설	• 동·식물 관련 시설 • 자원순환 관련 시설 • 묘지 관련 시설	제외

(2) 거실의 채광 및 환기

① 거실의 채광 및 환기 기준(피난·방화규칙 제17조)

채광 및 환기 시설의 적용대상	창문 등의 면적	제외
• 주택(단독, 공동)의 거실 • 학교의 교실 • 의료시설의 병실 • 숙박시설의 객실	채광시설: 거실 바닥면적의 1/10 이상	기준 조도 이상의 조명장치 설치 시
	환기시설: 거실 바닥면적의 1/20 이상	기계환기장치 및 중앙관리방식의 공기조화설비 설치 시

② 거실 용도에 따른 조도기준(피난·방화규칙 별표1의3)

거실의 용도구분	조도 구분	바닥에서 85cm의 높이에 있는 수평면의 조도(럭스)
거주	독서·식사·조리	150
	기타	70
집무	설계·제도·계산	700
	일반사무	300
	기타	150
작업	검사·시험·정밀검사·수술	700
	일반작업·제조·판매	300
	포장·세척	150
	기타	70
집회	회의	300
	집회	150
	공연·관람	70
오락	오락일반	150
	기타	30

기타	거실, 집무, 작업, 집회, 오락 중 가장 유사한 용도에 관한 기준을 적용

③ 오피스텔에 거실 바닥으로부터 높이 1.2m 이하 부분에 여닫을 수 있는 창문을 설치하는 경우에는 국토교통부령으로 정하는 기준에 따라 추락 방지를 위한 안전시설을 설치하여야 한다.

④ 11층 이하의 건축물에는 국토교통부령으로 정하는 기준에 따라 소방관이 진입할 수 있는 곳을 정하여 외부에서 주·야간 식별할 수 있는 표시를 하여야 한다.

(3) 거실의 방습

① 방습조치 대상
  ㉠ 건축물의 최하층에 있는 거실(바닥이 목조인 경우만 해당)
  ㉡ 제1종 근린생활시설 중 목욕장의 욕실과 휴게음식점 및 제과점의 조리장
  ㉢ 제2종 근린생활시설 중 일반음식점, 휴게음식점 및 제과점의 조리장과 숙박시설의 욕실

② **최하층에 있는 거실바닥의 높이**: 건축물의 최하층에 있는 거실바닥의 높이는 지표면으로부터 45cm 이상으로 하여야 한다. 다만, 지표면을 콘크리트바닥으로 설치하는 등 방습을 위한 조치를 하는 경우에는 그러하지 아니한다.

③ **바닥과 그 바닥으로부터 높이 1m까지의 안벽의 마감 – 내수재료**
  ㉠ 제1종 근린생활시설 중 목욕장의 욕실과 휴게음식점의 조리장
  ㉡ 제2종 근린생활시설 중 일반음식점 및 휴게음식점의 조리장과 숙박시설의 욕실

11. 방화구획

(1) 방화구획 방법

① 주요 구조부가 내화구조 또는 불연재료로 된 건축물로 연면적이 1,000m²가 넘는 것은 다음과 같이 내화구조의 바닥, 벽 및 60+·60분 방화문(자동셔터 포함)으로 구획하여야 한다.

규모	구획기준	
기본적용 (모든 층)	층마다 구획(지하 1층에서 지상으로 직접 연결하는 경사로 부위는 제외)	
10층 이하	바닥면적 1,000m² 이내마다 구획(3,000m²)	
11층 이상	실내마감이 불연재료 ○ : 바닥면적 500m²마다 구획(1,500m²)	
	실내마감이 불연재료 × : 바닥면적 200m²마다 구획(600m²)	

단, 스프링클러 등 자동식 소화설비가 되어 있는 경우 3배까지 함["( )" 괄호 부분]

② 필로티 그 밖에 이와 비슷한 구조의 부분을 주차장으로 사용하는 경우 그 부분은 건축물의 다른 부분과 구획하여야 한다.

(2) 방화구획의 완화

다음의 어느 하나에 해당하는 건축물의 부분에는 방화구획을 설치하지 아니하거나 그 사용에 지장이 없는 범위에서 완화하여 적용할 수 있다.

① 문화 및 집회시설(동·식물원은 제외), 종교시설, 운동시설 또는 장례식장의 용도로 쓰는 거실로서 시선 및 활동공간의 확보를 위하여 불가피한 부분
② 물품의 제조·가공·보관 및 운반 등에 필요한 고정식 대형기기 설비의 설치를 위하여 불가피한 부분. 다만, 지하층인 경우에는 지하층의 외벽 한쪽 면(지하층의 바닥면에서 지상층 바닥 아래면까지의 외벽면적 중 4분의 1 이상이 되는 면) 전체가 건물 밖으로 개방되어 보행과 자동차의 진입·출입이 가능한 경우에 한정함
③ 계단실부분·복도 또는 승강기의 승강로 부분(해당 승강기의 승강을 위한 승강로비 부분을 포함)으로서 그 건축물의 다른 부분과 방화구획으로 구획된 부분
④ 건축물의 최상층 또는 피난층으로서 대규모 회의장·강당·스카이라운지·로비 또는 피난안전구역 등의 용도로 쓰는 부분으로서 그 용도로 사용하기 위하여 불가피한 부분
⑤ 복층형 공동주택의 세대별 층간 바닥 부분
⑥ 주요 구조부가 내화구조 또는 불연재료로 된 주차장
⑦ 단독주택, 동물 및 식물 관련 시설 또는 교정 및 군사시설 중 군사시설(집회, 체육, 창고 등의 용도로 사용되는 시설만 해당)로 쓰는 건축물

(3) 방화문*

① 60분 방화문은 비차열 1시간 이상, 60+ 방화문의 경우 비차열 1시간 이상과 더불어 차열 30분 이상 성능도 확보 필요
② 30분 방화문(비차열 30분 이상 확보)

(4) 방화구획의 설치기준

① 방화구획으로 사용하는 60+방화문 또는 60분 방화문은 언제나 닫힌 상태를 유지하거나 화재로 인한 연기 또는 불꽃을 감지하여 자동적으로 닫히는 구조로 할 것. 다만, 연기 또는 불꽃을 감지하여 자동적으로 닫히는 구조로 할 수 없는 경우에는 온도를 감지하여 자동적으로 닫히는 구조로 할 수 있음
② 외벽과 바닥 사이에 틈이 생긴 때나 급수관·배전관 그 밖의 관이 방화구획으로 되어 있는 부분을 관통하는 경우 그로 인하여 방화구획에 틈이 생긴 때에는 그 틈을 한국건설기술연구원장이 국토교통부장관이 정하여 고시하는 기준에 따라 내화채움성능을 인정한 구조로 메울 것

*세대 내 대피공간은 차열 30분 이상 성능이 추가로 요구된다.

③ 환기·난방 또는 냉방시설의 풍도가 방화구획을 관통하는 경우에는 그 관통부분 또는 이에 근접한 부분에 다음의 기준에 적합한 댐퍼를 설치할 것. 다만, 반도체공장건축물로서 방화구획을 관통하는 풍도의 주위에 스프링클러헤드를 설치하는 경우에는 그렇지 않음
  ㉠ 화재로 인한 연기 또는 불꽃을 감지하여 자동적으로 닫히는 구조로 할 것. 다만, 주방 등 연기가 항상 발생하는 부분에는 온도를 감지하여 자동적으로 닫히는 구조로 할 수 있음
  ㉡ 국토교통부장관이 정하여 고시하는 비차열(非遮熱) 성능(1시간 이상의 내화성능) 및 방연성능 등의 기준에 적합할 것
④ 자동방화셔터는 피난이 가능한 60+방화문 또는 60분 방화문으로부터 3m 이내에 별도로 설치할 것

(5) 하향식 피난구의 설치기준((덮개, 사다리, 경보시스템 등)
① 피난구의 덮개는 품질시험을 실시한 결과 비차열 1시간 이상의 내화성능을 가져야 하며, 피난구의 유효 개구부 규격은 직경 60cm 이상일 것
② 상층·하층 간 피난구의 수평거리는 15cm 이상 떨어서 설치할 것
③ 아래층에서는 바로 위층의 피난구를 열 수 없는 구조일 것
④ 사다리는 바로 아래층의 바닥면으로부터 50cm 이하까지 내려오는 길이로 할 것
⑤ 덮개가 개방될 경우에는 건축물관리시스템 등을 통하여 경보음이 울리는 구조일 것
⑥ 피난구가 있는 곳에는 예비전원에 의한 조명설비를 설치할 것

(6) 대피공간
공동주택 중 아파트로서 4층 이상인 층의 각 세대가 2개 이상의 직통계단을 사용할 수 없는 경우에는 발코니에 인접세대와 공동으로 또는 각 세대별로 다음의 요건을 모두 갖춘 대피공간을 하나 이상 설치하여야 한다.
① 인접세대와 공동으로 설치하는 대피공간의 우선설치
  ㉠ 대피공간은 바깥의 공기와 접할 것
  ㉡ 대피공간은 실내의 다른 부분과 방화구획으로 구획될 것
  ㉢ 대피공간의 바닥면적은 인접세대와 공동으로 설치하는 경우에는 3m² 이상, 각 세대별로 설치하는 경우에는 2m² 이상일 것
  ㉣ 국토교통부장관이 정하는 기준에 적합할 것
② 대피공간을 설치하지 아니할 수 있는 경우
  ㉠ 인접세대와의 경계벽이 파괴하기 쉬운 경량 구조 등인 경우
  ㉡ 경계벽에 피난구를 설치한 경우
  ㉢ 발코니의 바닥에 국토교통부령으로 정하는 하향식 피난구를 설치한 경우

㉣ 국토교통부장관이 중앙건축위원회의 심의를 거쳐 대피공간과 동일하거나 그 이상의 성능이 있다고 인정하고 고시하는 구조 또는 시설을 설치한 경우

(7) 요양병원, 정신병원, 노인요양시설, 장애인 거주시설 및 장애인 의료재활시설

요양병원, 정신병원, 노인요양시설, 장애인 거주시설 및 장애인 의료재활시설의 피난층 외의 층에는 다음의 어느 하나에 해당하는 시설을 설치하여야 한다.

① 각 층마다 별도로 방화구획된 대피 공간
② 거실에 직접 접속하여 바깥 공기에 개방된 피난용 발코니
③ 계단을 이용하지 아니하고 건물 외부 지표면 또는 인접 건물로 수평으로 피난할 수 있도록 설치하는 구름다리 형태의 구조물

12. 건축물의 내화구조와 방화벽

(1) 건축물의 내화구조

① 문화 및 집회시설, 의료시설, 공동주택 등 다음의 어느 하나에 해당하는 건축물의 주요 구조부는 내화구조로 하여야 한다.

번호	주요 구조부를 내화구조로 해야 하는 건축물		해당 용도 바닥면적 합계
㉠	• 문화 및 집회시설(전시장 및 동·식물원은 제외) • 종교시설 • 위락시설 중 주점영업 • 장례식장	관람석 또는 집회실	200m² 이상 (옥외관람석: 1천m²)
	제2종 근린생활시설 중 공연장·종교집회장		300m² 이상
㉡	• 문화 및 집회시설 중 전시장 • 동·식물원, 판매시설, 운수시설 • 교육연구시설에 설치하는 체육관·강당, 수련시설 • 운동시설 중 체육관·운동장 • 위락시설(주점영업의 용도로 쓰는 것은 제외) • 창고시설 • 위험물저장 및 처리시설 • 자동차 관련 시설 • 방송통신시설 중 방송국·전신전화국·촬영소 • 묘지 관련 시설 중 화장장 • 관광휴게시설		500m² 이상
㉢	공장(화재의 위험이 적은 공장으로서 주요 구조부가 불연재료로 되어 있는 2층 이하의 공장은 제외)		2천m² 이상

📌 **핵심 OX**

인명구조기구는 7층 이상인 관광호텔과 5층 이상인 병원에 설치해야 한다. (O, ×)

O

	건축물의 2층이 • 단독주택 중 다중주택 및 다가구주택 • 공동주택 • 제1종 근린생활시설(의료의 용도로 쓰는 시설만 해당) • 제2종 근린생활시설 중 다중생활시설, 의료시설 • 노유자시설 중 아동 관련 시설 및 노인복지시설 • 수련시설 중 유스호스텔, 업무시설 중 오피스텔 • 숙박시설 • 장례식장	400㎡ 이상
㉤	3층 이상인 건축물 및 지하층이 있는 건축물(2층 이하인 건축물은 지하층 부분만 해당) *제외: 단독주택(다중주택 및 다가구주택은 제외), 동물 및 식물 관련 시설, 발전시설(발전소의 부속용도로 쓰는 시설은 제외), 교도소·감화원 또는 묘지 관련 시설(화장장은 제외), 철강 관련 업종의 공장 중 제어실로 사용하기 위하여 연면적 50m2 이하로 증축하는 부분	

② 예외
  ㉠ 위 표에서 ㉠ 및 ㉡에 해당하는 용도로 쓰지 아니하는 건축물로서 그 지붕틀을 불연재료로 한 경우에는 그 지붕틀을 내화구조로 아니할 수 있다.
  ㉡ 연면적이 50㎡ 이하인 단층의 부속건축물로서 외벽 및 처마 밑면이 방화구조인 경우
  ㉢ 무대 바닥

(2) 대규모 건축물의 방화벽
① 연면적 1천㎡ 이상인 건축물은 방화벽으로 구획하되, 각 구획된 바닥면적의 합계는 1천㎡ 미만이어야 한다.
② 예외
  ㉠ 주요 구조부가 내화구조이거나 불연재료인 건축물
  ㉡ 단독주택(다중주택 및 다가구주택은 제외), 동물 및 식물 관련 시설, 발전시설(발전소의 부속용도로 쓰는 시설은 제외), 교도소·감화원, 묘지 관련 시설(화장장은 제외)의 용도로 쓰는 건축물, 철강 관련 업종의 공장 중 제어실로 사용하기 위하여 연면적 50㎡ 이하로 증축하는 부분
  ㉢ 내부설비의 구조상 방화벽으로 구획할 수 없는 창고시설

③ 방화벽의 구조기준(피난방화구조 제21조)

방화벽의 구조	• 내화구조로서 홀로 설 수 있는 구조 • 방화벽의 양쪽 끝과 위쪽 끝을 위쪽 벽면 및 지붕면으로부터 0.5m 이상 튀어나오게 할 것
방화벽에 설치하는 출입문	• 60+ 방화문 또는 60분 방화문 • 너비 및 높이: 각 2.5m 이하 • 언제나 닫힌 상태를 유지 • 연기, 온도, 불꽃 등을 가장 신속하게 감지하여 자동적으로 닫히는 구조
배관 관통 등으로 외벽과 바닥 사이에 틈이 생긴 때	틈을 다음 어느 하나에 해당하는 것으로 메울 것 • 한국산업규격에서 내화충전성능을 인정한 구조 • 한국건설기술연구원장이 국토교통부장관이 정하여 고시하는 기준에 따라 내화충전성능을 인정한 구조로 된 것
환기·난방·냉방시설의 풍도가 방화구획을 관통 시	관통부분 또는 이에 근접한 부분에 다음 기준에 적합한 댐퍼를 설치할 것 • 화재로 인한 연기 또는 불꽃을 감지하여 자동적으로 닫히는 구조로 할 것. 다만, 주방 등 연기가 항상 발생하는 부분에는 온도를 감지하여 자동적으로 닫히는 구조로 할 수 있음 • 국토교통부장관이 정하여 고시하는 비차열(非遮熱)성능(1시간 이상의 내화성능) 및 방연성능 등의 기준에 적합할 것 * 다만, 반도체공장건축물로서 방화구획을 관통하는 풍도의 주위에 스프링클러헤드를 설치하는 경우에는 예외

(3) 대규모 목조건축물의 외벽(연면적 1,000m² 이상의 목조건축물의 방화구획, 피난방화구조 제22조)

외벽 및 처마 밑의 연소할 우려가 있는 부분	방화구조
지붕	불연재료

구조부분	기준		제외
• 인접대지경계선과 외벽 중심선에서 • 도로 중심선과 외벽 중심선에서 • 동일 대지 내 2동 이상의 건축물 외벽 상호 간의 중심선	1층	3m 이내 부분	공원·광장·하천의 공지나 수면 또는 내화구조의 벽 등에 접하는 부분
	2층 이상 층	5m 이내 부분	

○ 연소할 우려가 있는 부분

13. 방화지구 안의 건축물

(1) 방화지구 내 건축물의 주요 구조부와 외벽 – 내화구조

방화지구 안에서는 건축물의 주요 구조부와 외벽을 내화구조로 하여야 한다. 다만, 대통령령으로 정하는 경우에는 그러하지 아니하다[주요 구조부 및 외벽을 내화구조로 하지 아니할 수 있는 건축물(시행령 제58조)].

① 연면적 30m² 미만인 단층 부속건축물로서 외벽 및 처마면이 내화구조 또는 불연재료로 된 것
② 도매시장의 용도로 쓰는 건축물로서 그 주요 구조부가 불연재료로 된 것

(2) 방화지구 안의 공작물 – 불연재료

방화지구 안의 공작물로서 간판, 광고탑, 그 밖에 대통령령으로 정하는 공작물 중 건축물의 지붕 위에 설치하는 공작물이나 높이 3m 이상의 공작물은 주요부를 불연(不燃)재료로 하여야 한다.

(3) 방화지구 안의 지붕·방화문 및 외벽 – 불연재료

① 방화지구 내 건축물의 지붕으로서 내화구조가 아닌 것은 불연재료로 하여야 한다.
② 방화지구 내 건축물의 인접대지경계선에 접하는 외벽에 설치하는 창문 등으로서 연소할 우려가 있는 부분에는 다음의 방화문 기타 방화설비를 하여야 한다.
  ㉠ 60+ 방화문 또는 60분 방화문
  ㉡ 소방법령이 정하는 기준에 적합하게 창문 등에 설치하는 드렌처
  ㉢ 당해 창문 등과 연소할 우려가 있는 다른 건축물의 부분을 차단하는 내화구조나 불연재료로 된 벽·담장 기타 이와 유사한 방화설비
  ㉣ 환기구멍에 설치하는 불연재료로 된 방화커버 또는 그물눈이 2mm 이하인 금속망

14. 건축물의 마감재료

(1) 내부마감재료 – 방화에 지장이 없는 재료

① 대통령령으로 정하는 용도 및 규모의 건축물의 벽·반자·지붕(반자가 없는 경우) 등 내부의 마감재료는 방화에 지장이 없는 재료로 하되, 다중이용시설 등의 실내공기질 관리법에 따른 실내공기질 유지기준 및 권고기준을 고려하고 관계 중앙행정기관의 장과 협의하여 국토교통부령으로 정하는 기준에 따른 것이어야 한다.
  ㉠ 단독주택 중 다중주택·다가구주택
  ㉡ 공동주택
  ㉢ 제2종 근린생활시설 중 공연장·종교집회장·인터넷컴퓨터게임시설제공업소·학원·독서실·당구장·다중생활시설의 용도로 쓰는 건축물

ⓔ 위험물저장 및 처리시설(자가난방과 자가발전 등의 용도로 쓰는 시설을 포함), 자동차 관련 시설, 방송통신시설 중 방송국·촬영소 또는 발전시설의 용도로 쓰는 건축물

ⓜ 공장의 용도로 쓰는 건축물. 다만, 건축물이 1층 이하이고, 연면적 1천㎡ 미만으로서 다음의 요건을 모두 갖춘 경우는 제외한다.
  ⓐ 국토교통부령으로 정하는 화재위험이 적은 공장용도로 쓸 것
  ⓑ 화재시 대피가 가능한 국토교통부령으로 정하는 출구를 갖출 것
  ⓒ 복합자재[불연성인 재료와 불연성이 아닌 재료가 복합된 자재로서 외부의 양면(철판, 알루미늄, 콘크리트박판, 그 밖에 이와 유사한 재료로 이루어진 것)과 심재(心材)로 구성된 것]를 내부 마감 재료로 사용하는 경우에는 국토교통부령으로 정하는 품질기준에 적합할 것

ⓑ 5층 이상인 층 거실의 바닥면적의 합계가 500㎡ 이상인 건축물

ⓢ 문화 및 집회시설, 종교시설, 판매시설, 운수시설, 의료시설, 교육연구시설 중 학교(초등학교만 해당), 학원, 노유자시설, 수련시설, 업무시설 중 오피스텔, 숙박시설, 위락시설(단란주점 및 유흥주점은 제외), 장례식장, 다중이용업소의 안전관리에 관한 특별법 시행령 제2조에 따른 다중이용업(단란주점영업 및 유흥주점영업은 제외)의 용도로 쓰는 건축물

ⓞ 창고로 쓰이는 바닥면적 600㎡(스프링클러나 그 밖에 이와 비슷한 자동식 소화설비를 설치한 경우에는 1천200㎡) 이상인 건축물. 다만, 벽 및 지붕을 국토교통부장관이 정하여 고시하는 화재 확산 방지구조 기준에 적합하게 설치한 건축물은 제외한다.

② **방화에 지장이 없는 내부마감재료 설치 제외**: 주요 구조부가 내화구조 또는 불연재료로 되어 있고, 그 거실의 바닥면적 200㎡ 이내마다 방화구획이 되어 있는 건축물(스프링클러나 그 밖에 이와 비슷한 자동식 소화설비를 설치한 바닥면적을 뺀 면적)

③ **내부마감재료**: 건축물 내부의 천장·반자·벽(간막이벽 포함)·기둥 등에 부착되는 마감재료(다중이용업소의 안전관리에 관한 특별법 시행령에 따른 실내장식물 제외)

(2) 외벽에 사용하는 마감재료 – 방화에 지장이 없는 재료

다음의 건축물의 외벽에 사용하는 마감재료는 방화에 지장이 없는 재료로 하여야 한다(방화에 지장이 없는 외벽 마감재료를 사용하는 건축물).

① 상업지역(근린상업지역은 제외)의 건축물로서 다음의 어느 하나에 해당하는 것
  ㉠ 제1종 근린생활시설, 제2종 근린생활시설, 문화 및 집회시설, 종교시설, 판매시설, 의료시설, 교육연구시설, 노유자시설, 운동시설 및 위락시설의 용도로 쓰는 건축물로서 그 용도로 쓰는 바닥면적의 합계가 2천㎡ 이상인 건축물
  ㉡ 공장(국토교통부령으로 정하는 화재위험이 적은 공장은 제외)의 용도로 쓰는 건축물로부터 6m 이내에 위치한 건축물
② 의료시설, 교육연구시설, 노유자시설 및 수련시설의 용도로 쓰는 건축물
③ 3층 이상 또는 높이 9m 이상인 건축물
④ 1층의 전부 또는 일부를 필로티 구조로 설치하여 주차장으로 쓰는 건축물
⑤ 공장, 창고시설, 위험물 저장 및 처리 시, 자동차 관련 시설의 용도로 쓰는 건축물

(3) 욕실, 화장실, 목욕장 등의 바닥 마감재료 – 미끄럼 방지기준에 적합한 것

욕실, 화장실, 목욕장 등의 바닥 마감재료는 미끄럼을 방지할 수 있도록 국토교통부령으로 정하는 기준에 적합하여야 한다.

15. 지하층

(1) 지하층 구조 기준(피난·방화규칙 제25조)

구조 기준	바닥면적 규모
직통계단 외에 피난층 또는 지상으로 통하는 비상탈출구 및 환기통 설치 * 예외: 직통계단 2개소 이상 설치 시	거실 바닥면적 50㎡ 이상인 층
직통계단 2개소 이상 설치	• 제2종 근린생활시설 중 공연장·단란주점·당구장·노래연습장 • 문화 및 집회시설 중 예식장·공연장 • 수련시설 중 생활권수련시설·자연권수련시설 • 숙박시설 중 여관·여인숙 • 위락시설 중 단란주점·유흥주점
	다중이용업의 용도에 쓰이는 층의 거실 바닥면적의 합계가 50㎡ 이상

피난층 또는 지상으로 통하는 직통계단이 방화구획으로 구획되는 각 부분마다 1개소 이상의 피난계단 또는 특별피난계단 설치	바닥면적 1,000m² 이상인 층
환기설비 설치	
급수전 1개소 이상 설치	바닥면적 300m² 이상인 층

(2) 비상탈출구의 구조

크기	• 유효너비: 0.75m 이상 • 유효높이: 1.5m 이상
열리는 방향 등	문은 피난방향으로 열리도록 하고, 실내에서 항상 열 수 있는 구조, 내부 및 외부에는 비상탈출구 표시
출입구로부터	3m 이상 떨어진 곳에 설치
지하층의 바닥으로부터 비상탈출구의 아랫부분까지의 높이가 1.2m 이상 시	벽체에 발판의 너비가 20cm 이상인 사다리 설치
피난통로의 유효너비	0.75m 이상
피난통로의 실내에 접하는 부분의 마감과 그 바탕	불연재료

5 건축설비

1. 건축설비의 원칙

(1) 건축설비 설치
① 건축설비는 건축물의 안전·방화, 위생, 에너지 및 정보통신의 합리적 이용에 지장이 없도록 설치한다.
② 배관피트 및 덕트의 단면적과 수선구의 크기를 해당 설비의 수선에 지장이 없도록 하는 등 설비의 유지·관리가 쉽게 설치한다.

(2) 설치기준 제정
① 건축물에 설치하는 급수·배수·냉방·난방·환기·피뢰 등 건축설비의 설치에 관한 기술적 기준은 국토교통부령으로 정하되,
② 에너지 이용 합리화와 관련한 건축설비의 기술적 기준에 관하여는 산업통상자원부장관과 협의해야 한다.

(3) 장애인 관련 시설 및 설비

장애인·노인·임산부 등의 편의증진보장에 관한 법률에 따라 작성하여 보급하는 편의시설 상세표준도에 따른다.

(4) 방송수신설비

① 건축물에는 방송수신에 지장이 없도록 공동시청 안테나, 유선방송 수신시설, 위성방송 수신설비, 에프엠(FM)라디오방송 수신설비 또는 방송 공동수신설비를 설치할 수 있다.

② 방송 공동수신설비 설치 건축물
  ㉠ 공동주택
  ㉡ 바닥면적의 합계가 5천m^2 이상으로서 업무시설이나 숙박시설의 용도로 쓰는 건축물

③ 방송 수신설비의 설치기준은 과학기술정보통신부장관이 정하여 고시한다.

(5) 전기설비 설치 공간

연면적이 500m^2 이상인 건축물의 대지에는 전기사업자가 전기를 배전(配電)하는 데 필요한 전기설비를 설치할 수 있는 공간을 확보해야 한다.

(6) 해풍·염분피해 방지(지방자치단체의 조례로 결정)

해풍이나 염분 등으로 인하여 건축물의 재료 및 기계설비 등에 조기 부식과 같은 피해 발생이 우려되는 지역의 지방자치단체는 이를 방지하기 위하여 다음의 사항을 조례로 정할 수 있다.

① 해풍이나 염분 등에 대한 내구성 설계기준
② 해풍이나 염분 등에 대한 내구성 허용기준
③ 그 밖에 해풍이나 염분 등에 따른 피해를 막기 위하여 필요한 사항

(7) 우편수취함

건축물에 설치하여야 하는 우편수취함은 3층 이상의 고층 건물로서 그 전부 또는 일부를 주택·사무소 또는 사업소로 사용하는 건축물에는 대통령령으로 정하는 바에 따라 우편수취함을 설치하여야 한다.

2. 승강기설비

(1) 승용승강기 설치

① 설치대상
  ㉠ 6층 이상으로서 연면적 2,000m^2 이상인 건축물
  ㉡ 제외: 층수가 6층으로서 각 층 거실 바닥면적 300m^2 이내마다 1개소 이상의 직통계단을 설치한 건축물

② 승용승강기 설치기준

건축물의 용도	6층 이상 거실 바닥면적의 합계(A)	
	3,000m² 이하	3,000m² 초과
• 문화 및 집회시설(공연·집회·관람장) • 판매시설 • 의료시설(병원·격리병원)	2대	2대에 3,000m²를 초과하는 2,000m²마다 1대를 더한 대수 $2 + \dfrac{A - 3{,}000m^2}{2{,}000m^2}$
• 문화 및 집회시설(전시장 및 동·식물원) • 위락시설 • 숙박시설 • 업무시설	1대	1대에 3,000m²를 초과하는 2,000m²마다 1대를 더한 대수 $1 + \dfrac{A - 3{,}000m^2}{2{,}000m^2}$
• 공동주택 • 교육연구시설 • 노유자시설 • 그 밖의 시설	1대	1대에 3,000m²를 초과하는 3,000m²마다 1대를 더한 대수 $1 + \dfrac{A - 3{,}000m^2}{3{,}000m^2}$

* 비고: 8인승 이상 15인승 이하는 1대의 승강기로 보고, 16인승 이상은 2대의 승강기로 본다.

(2) 비상용승강기 설치

① **설치대상**: 높이 31m가 넘는 건축물(비상용 승강기의 승강장 및 승강로 포함)

② 비상용 승강기 설치기준

높이 31m를 넘는 각 층의 바닥면적 중 최대면적(A)	설치대수
500m² 초과 1,500m² 이하	1대 이상
1,500m² 초과	1대에 1,500m²를 넘는 3,000m² 이내마다 1대씩 더한 대수 이상 $1 + \dfrac{A - 1{,}500m^2}{3{,}000m^2}$

③ 비상용 승강기를 설치하지 않아도 되는 건축물

높이 31m 넘는	㉠ 각 층을 거실 외의 용도로 쓰는 건축물 ㉡ 각 층의 바닥면적의 합계가 500m² 이하인 건축물 ㉢ 층수가 4개층 이하로서 당해 각 층 바닥면적의 합계 200m² 이내마다 방화구획으로 구획한 건축물 (벽 및 반자가 실내에 접하는 부분의 마감을 불연재료로 한 경우에는 500m²) ㉣ 승강기를 비상용 승강기의 구조로 하는 경우

④ 비상용 승강기의 구조
  ㉠ 비상용 승강기 승강장의 구조
    ⓐ 승강장의 창문·출입구 기타 개구부를 제외한 부분은 당해 건축물의 다른 부분과 내화구조의 바닥 및 벽으로 구획한다. 다만, 공동주택의 경우에는 승강장과 특별피난계단의 부속실과의 겸용부분을 특별피난계단의 계단실과 별도로 구획하는 때에는 승강장을 특별피난계단의 부속실과 겸용할 수 있다.
    ⓑ 승강장은 각 층의 내부와 연결될 수 있도록 하되, 그 출입구(승강로의 출입구를 제외)에는 60+·60분 방화문을 설치한다. 다만, 피난층에는 60+·60분 방화문을 설치하지 아니할 수 있다.
    ⓒ 노대 또는 외부를 향하여 열 수 있는 창문이나 배연설비를 설치해야 한다.
    ⓓ 벽 및 반자가 실내에 접하는 부분의 마감재료는 불연재료로 한다(마감을 위한 바탕 포함).
    ⓔ 채광이 되는 창문이 있거나 예비전원에 의한 조명설비를 한다.
    ⓕ 승강장의 바닥면적은 비상용승강기 1대에 대하여 $6m^2$ 이상으로 할 것. 다만, 옥외에 승강장을 설치하는 경우에는 그러하지 아니하다.
    ⓖ 피난층이 있는 승강장의 출입구(승강장이 없는 경우에는 승강로의 출입구)로부터 도로 또는 공지에 이르는 거리가 30m 이하로 한다.
    ⓗ 승강장 출입구 부근의 잘 보이는 곳에 당해 승강기가 비상용 승강기임을 알 수 있는 표지를 한다.
  ㉡ 비상용 승강기의 승강로의 구조
    ⓐ 승강로는 당해 건축물의 다른 부분과 내화구조로 구획한다.
    ⓑ 각 층으로부터 피난층까지 이르는 승강로를 단일구조로 연결하여 설치한다.

(3) 피난용 승강기의 설치
① 고층 건축물에는 건축물에 설치하는 승용승강기 중 1대 이상을 피난용 승강기의 설치기준에 적합하게 설치하여야 한다. 다만, 준초고층 건축물 중 공동주택은 제외한다.
② 피난용 승강기 승강장 및 승강로의 구조
  ㉠ 피난용 승강기 승강장의 구조
    ⓐ 승강장의 출입구를 제외한 부분은 해당 건축물의 다른 부분과 내화구조의 바닥 및 벽으로 구획한다.

공지
공원·광장 기타 이와 유사한 것으로서 피난 및 소화를 위한 당해 대지에의 출입에 지장이 없는 것을 말한다.

ⓑ 승강장은 각 층의 내부와 연결될 수 있도록 하되, 그 출입구에는 60+·60분 방화문을 설치한다. 이 경우 방화문은 언제나 닫힌 상태를 유지할 수 있는 구조이어야 한다.
　　　ⓒ 실내에 접하는 부분(바닥 및 반자 등 실내에 면한 모든 부분)의 마감(마감을 위한 바탕을 포함)은 불연재료로 한다.
　　　ⓓ 배연설비를 설치한다. 다만, 제연설비를 설치한 경우에는 배연설비를 설치하지 아니할 수 있다.
　　ⓒ 피난용 승강기 승강로의 구조
　　　ⓐ 승강로는 해당 건축물의 다른 부분과 내화구조로 구획한다.
　　　ⓑ 승강로 상부에 배연설비 또는 제연설비를 설치한다.
　　ⓒ 피난용 승강기 기계실의 구조
　　　ⓐ 출입구를 제외한 부분은 해당 건축물의 다른 부분과 내화구조의 바닥 및 벽으로 구획한다.
　　　ⓑ 출입구에는 60+·60분 방화문을 설치한다.
　　② 피난용 승강기 전용 예비전원
　　　ⓐ 정전시 피난용 승강기, 기계실, 승강장 및 폐쇄회로 텔레비전 등의 설비를 작동할 수 있는 별도의 예비전원 설비를 설치한다.
　　　ⓑ ⓐ에 따른 예비전원은 초고층 건축물의 경우에는 2시간 이상, 준초고층 건축물의 경우에는 1시간 이상 작동이 가능한 용량으로 한다.
　　　ⓒ 상용전원과 예비전원의 공급을 자동 또는 수동으로 전환이 가능한 설비를 갖춘다.
　　　ⓓ 전선관 및 배선은 고온에 견딜 수 있는 내열성 자재를 사용하고, 방수조치를 한다.

3. 온돌의 설치기준

(1) 온수온돌
　① 온수온돌이란 보일러 또는 그 밖의 열원으로부터 생성된 온수를 바닥에 설치된 배관을 통하여 흐르게 하여 난방을 하는 방식을 말한다.
　② 온수온돌은 바탕층, 단열층, 채움층, 배관층(방열관을 포함) 및 마감층 등으로 구성된다.

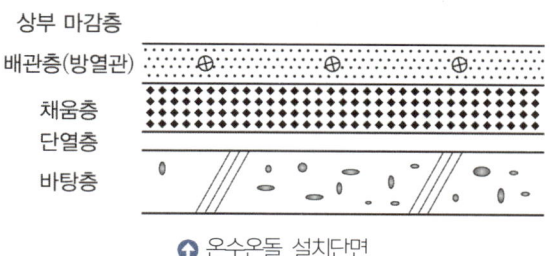

↑ 온수온돌 설치단면

(2) 구들온돌

① 구들온돌이란 연탄 또는 그 밖의 가연물질이 연소할 때 발생하는 연기와 연소열에 의하여 가열된 공기를 바닥 하부로 통과시켜 난방을 하는 방식을 말한다.
② 구들온돌은 아궁이, 환기구, 공기흡입구, 고래, 굴뚝 및 굴뚝목 등으로 구성된다.

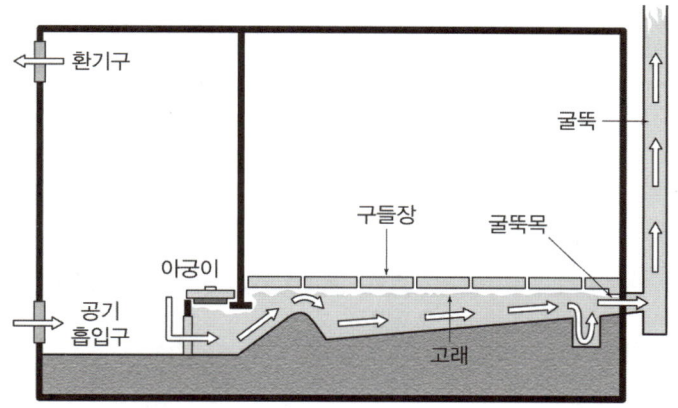

↑ 구들온돌 설치단면

4. 개별난방설비 – 공동주택, 오피스텔의 개별난방기준

보일러실의 위치	• 거실 이외의 곳에 설치 • 보일러실과 거실 사이 경계벽은 내화구조의 벽으로 구획(출입구 제외)
보일러실의 환기	• 윗부분에 0.5m² 이상의 환기창 설치 • 보일러실의 윗부분과 아랫부분에는 각각 지름 10cm 이상의 공기흡입구 및 배기구를 항상 열려 있는 상태로 바깥공기에 접하도록 설치할 것(전기보일러는 예외)
보일러실과 거실 사이의 출입구	출입구가 닫힌 경우 가스가 거실 등에 들어갈 수 없는 구조로 할 것
기름 저장소	보일러실 외의 곳에 설치할 것
오피스텔 난방구획	난방구획을 방화구획으로 할 것
보일러실 연도	내화구조로서 공동연도를 설치할 것
CO 검지기	보일러실에는 CO 검지기를 설치할 수 있음(권고사항)

가스보일러에 의한 난방설비를 설치하고 가스를 중앙집중공급방식으로 공급하는 경우에는 가스 관계 법령이 정하는 기준에 의하되, 오피스텔의 경우에는 난방구획마다 내화구조로 된 벽·바닥과 갑종방화문(60+ 방화문 또는 60분 방화문)으로 된 출입문으로 구획하여야 함

5. 건축물의 냉방설비

(1) 상업지역 및 주거지역에서 건축물에 설치하는 냉방시설 및 환기시설의 배기구와 배기장치의 설치기준

① 배기구는 도로면으로부터 2m 이상의 높이에 설치한다.
② 배기장치에서 나오는 열기가 인근 건축물의 거주자나 보행자에게 직접 닿지 아니하도록 한다.
③ 건축물의 외벽에 배기구 또는 배기장치를 설치할 때에는 외벽 또는 다음 기준에 적합한 지지대 등 보호장치와 분리되지 아니하도록 견고하게 연결하여 배기구 또는 배기장치가 떨어지는 것을 방지할 수 있도록 한다.
    ㉠ 배기구 또는 배기장치를 지탱할 수 있는 구조일 것
    ㉡ 부식을 방지할 수 있는 자재를 사용하거나 도장(塗裝)할 것

(2) 냉방설비의 설치대상 및 설비규모

용도분류	해당 용도 바닥면적의 합계	건축행위
• 제1종 근린생활시설 중 목욕장 • 물놀이형 시설 및 수영장(실내에 설치되는 것)	5백m² 이상	신축, 개축, 재축, 별동으로 증축
• 공동주택 중 기숙사 • 의료시설 • 수련시설 중 유스호스텔 • 숙박시설	2천m² 이상	
• 판매시설 • 교육연구시설 중 연구소 • 업무시설	3천m² 이상	
• 문화 및 집회시설(동·식물원은 제외) • 종교시설 • 교육연구시설(연구소는 제외) • 장례식장	1만m² 이상	

6. 공동주택 및 다중이용시설의 환기설비기준

(1) 자연환기설비 또는 기계환기설비 설치대상

신축 또는 리모델링하는 다음 어느 하나에 해당하는 주택 또는 건축물은 시간당 0.5회 이상의 환기가 이루어질 수 있도록 자연환기설비 또는 기계환기설비를 설치하여야 한다.

① 30세대 이상의 공동주택
② 주택을 주택 외의 시설과 동일 건축물로 건축하는 경우로서 주택이 30세대 이상인 건축물

(2) 기계환기설비의 구조 및 설치 준수사항

① 다중이용시설의 기계환기설비 용량기준은 시설이용 인원당 환기량을 원칙으로 산정한다.
② 기계환기설비는 다중이용시설로 공급되는 공기의 분포를 최대한 균등하게 하여 실내 기류의 편차가 최소화될 수 있도록 한다.
③ 공기공급체계·공기배출체계 또는 공기흡입구·배기구 등에 설치되는 송풍기는 외부의 기류로 인하여 송풍능력이 떨어지는 구조가 아니어야 한다.
④ 바깥공기를 공급하는 공기공급체계 또는 바깥공기가 도입되는 공기흡입구는 다음의 요건을 모두 갖춘 공기여과기 또는 집진기(集塵機) 등을 갖출 것
　㉠ 입자형·가스형 오염물질을 제거 또는 여과하는 성능이 일정 수준 이상이어야 한다.
　㉡ 여과장치 등의 청소 및 교환 등 유지관리가 쉬운 구조이어야 한다.
　㉢ 공기여과기의 경우 한국산업표준(KS B 6141)에 따른 입자 포집률을 계수법으로 측정하였을 때 60% 이상이도록 한다.
⑤ 공기배출체계 및 배기구는 배출되는 공기가 공기공급체계 및 공기흡입구로 직접 들어가지 아니하는 위치에 설치한다.
⑥ 기계환기설비를 구성하는 설비·기기·장치 및 제품 등의 효율과 성능 등을 판정하는 데 있어 이 규칙에서 정하지 아니한 사항에 대하여는 해당 항목에 대한 한국산업표준에 적합해야 한다.

(3) 환기구의 안전기준

환기구[건축물의 환기설비에 부속된 급기(給氣) 및 배기(排氣)를 위한 건축구조물의 개구부]는 보행자 및 건축물 이용자의 안전이 확보되도록 바닥으로부터 2m 이상의 높이에 설치하여야 한다.

7. 피뢰설비의 설치대상

(1) 낙뢰의 우려가 있는 건축물
(2) 높이 20m 이상의 건축물 및 공작물
(3) 건축물에 공작물을 설치하여 그 전체 높이가 20m 이상인 것 포함

8. 수도계량기보호함의 설치 기준(난방공간 내 설치하는 것은 제외)

(1) 수도계량기와 지수전 및 역지밸브를 지중 혹은 공동주택의 벽면 내부에 설치하는 경우에는 콘크리트 또는 합성수지제 등의 보호함에 넣어 보호한다.
(2) 보호함 내 옆면 및 뒷면과 전면판에 각각 단열재를 부착한다(단열재는 밀도가 높고 열전도율이 낮은 것으로 한국산업표준제품을 사용할 것).
(3) 보호함의 배관입출구는 단열재 등으로 밀폐하여 냉기의 침입이 없도록 한다.
(4) 보온용 단열재와 계량기 사이 공간을 유리섬유 등 보온재로 채운다.
(5) 보호통과 벽체 사이 틈을 밀봉재 등으로 채워 냉기의 침투를 방지한다.

피뢰설비 설치 시 고려사항

1. 돌침은 건축물의 맨 윗부분으로부터 25cm 이상 돌출시켜 설치하되, 건축물의 구조기준 등에 관한 규칙에 따른 설계하중에 견딜 수 있는 구조이어야 한다.
2. 피뢰설비는 한국산업표준이 정하는 피뢰레벨 등급[시스템 효율에 따라 Ⅰ(높음) ~ Ⅲ(낮음) 등급으로 분류]에 적합해야 한다.
3. 피뢰설비의 재료는 최소 단면적이 피복이 없는 동선을 기준으로 수뢰부, 인하도선 및 접지극은 50mm² 이상이거나 이와 동등 이상의 성능을 갖추어야 한다.

CHAPTER 2 주차장법

> **학습 POINT**
> 주차장법 단원은 노상주차장, 노외주차장, 부설주차장 등의 주차장의 종류별 설치기준 문제와 주정차 금지구역에 대한 사항이 주로 출제되고 있으며, 7급 및 9급에서 1문제 정도가 출제되고 있다.

1. 목적 및 정의

(1) 목적

이 법은 주차장의 설치·정비 및 관리에 필요한 사항을 규정함으로써 자동차교통을 원활하게 하여 공중(公衆)의 편의를 도모함을 목적으로 한다.

(2) 정의

이 법에서 사용하는 용어의 뜻은 다음과 같다.

① **주차장**: 자동차의 주차를 위한 시설로서 다음의 어느 하나에 해당하는 종류의 것을 말한다.

노상주차장(路上駐車場)	도로의 노면 또는 교통광장(교차점광장만 해당, 이하 같음)의 일정한 구역에 설치된 주차장으로서 일반(一般)의 이용에 제공되는 것
노외주차장(路外駐車場)	도로의 노면 및 교통광장 외의 장소에 설치된 주차장으로서 일반의 이용에 제공되는 것
부설주차장	제19조에 따라 건축물, 골프연습장, 그 밖에 주차수요를 유발하는 시설에 부대(附帶)하여 설치된 주차장으로서 해당 건축물·시설의 이용자 또는 일반의 이용에 제공되는 것

② **기계식 주차장치**: 노외주차장 및 부설주차장에 설치하는 주차설비로서 기계장치에 의하여 자동차를 주차할 장소로 이동시키는 설비를 말한다.

③ **기계식 주차장**: 기계식 주차장치를 설치한 노외주차장 및 부설주차장을 말한다.

2. 주차장의 설치기준

(1) 주차장설비기준 등

① 주차장의 구조·설비기준 등에 관하여 필요한 사항은 국토교통부령으로 정한다. 이 경우 배기량 1천cc 미만의 자동차(경형자동차) 및 환경친화적 자동차에 대하여는 전용주차구획(환경친화적 자동차의 경우에는 충전 시설을 포함)을 일정 비율 이상 정할 수 있다.

② 특별시·광역시·특별자치도·시·군 또는 자치구는 해당 지역의 주차장 실태 등을 고려하여 필요하다고 인정하는 경우에는 주차장의 구조·설비기준 등에 관하여 필요한 사항을 해당 지방자치단체의 조례로 달리 정할 수 있다.

③ 특별시장·광역시장, 시장·군수 또는 구청장은 노상주차장 또는 노외주차장을 설치하는 경우에는 도시·군관리계획과 도시교통정비 촉진법에 따른 도시교통정비 기본계획에 따라야 하며, 노상주차장을 설치하는 경우에는 미리 관할 경찰서장의 의견을 들어야 한다.

(2) 주차장의 주차구획

① 주차장의 주차단위구획

㉠ 평행주차형식의 경우

구분	너비	길이
경형	1.7m 이상	4.5m 이상
일반형	2.0m 이상	6.0m 이상
보도와 차도의 구분이 없는 주거지역의 도로	2.0m 이상	5.0m 이상
이륜자동차 전용	1.0m 이상	2.3m 이상

㉡ 평행주차형식 외의 경우

구분	너비	길이
경형	2.0m 이상	3.6m 이상
일반형	2.5m 이상	5.0m 이상
확장형	2.6m 이상	5.2m 이상
장애인 전용	3.3m 이상	5.0m 이상
이륜자동차 전용	1.0m 이상	2.3m 이상

② 주차단위구획은 흰색 실선(경형자동차 전용주차구획의 주차단위구획은 파란색 실선)으로 표시하여야 한다.

③ 둘 이상의 연속된 주차단위구획의 총 너비 또는 총 길이는 주차단위구획의 너비 또는 길이에 주차단위구획의 개수를 곱한 것 이상이 되어야 한다.

(3) 노상주차장의 구조·설비기준

① 노상주차장을 설치하려는 지역에서의 주차수요와 노외주차장 또는 그 밖에 자동차의 주차에 사용되는 시설 또는 장소와의 연관성을 고려하여 유기적으로 대응할 수 있도록 적정하게 분포되어야 한다.

② 주간선도로에 설치하여서는 안 된다. 다만, 분리대나 그 밖에 도로의 부분으로서 도로교통에 크게 지장을 주지 아니하는 부분은 제외한다.

③ 너비 6m 미만의 도로에 설치하여서는 안 된다. 다만, 보행자의 통행이나 연도(沿道, 옆길)의 이용에 지장이 없는 경우로서 해당 지방자치단체의 조례로 따로 정하는 경우는 제외한다.

④ 종단경사도(자동차 진행방향의 기울기, 이하 같음)가 4%를 초과하는 도로에 설치하여서는 안 된다. 다만, 다음의 경우는 예외로 한다.
  ㉠ 종단경사도가 6% 이하인 도로로서 보도와 차도가 구별되어 있고, 그 차도의 너비가 13m 이상인 도로에 설치하는 경우
  ㉡ 종단경사도가 6% 이하인 도로로서 해당 시장·군수 또는 구청장이 안전에 지장이 없다고 인정하는 도로에 제6조의2 제1항 제1호에 해당하는 노상주차장을 설치하는 경우

⑤ 고속도로, 자동차전용도로 또는 고가도로에 설치하여서는 안 된다.

⑥ 도로교통법 제32조 각 호의 어느 하나에 해당하는 도로의 부분 및 같은 법 제33조 각 호의 어느 하나에 해당하는 도로의 부분에 설치하면 안 된다.

⑦ 도로의 너비 또는 교통 상황 등을 고려하여 그 도로를 이용하는 자동차의 통행에 지장이 없도록 설치하여야 한다.

⑧ 노상주차장에는 다음의 구분에 따라 장애인전용주차구획을 설치하여야 한다.

주차대수 규모가 20대 이상 50대 미만인 경우	한 면 이상
주차대수 규모가 50대 이상인 경우	주차대수의 2%부터 4%까지의 범위에서 장애인의 주차수요를 고려하여 해당 지방자치단체의 조례로 정하는 비율 이상

(4) 노외주차장의 구조·설비기준(주차장법 시행규칙 제6조)

① 노외주차장의 출구와 입구에서 자동차의 회전을 쉽게 하기 위하여 필요한 경우에는 차로와 도로가 접하는 부분을 곡선형으로 하여야 한다.

② 노외주차장의 출구 부근의 구조는 해당 출구로부터 2m(이륜자동차전용 출구의 경우에는 1.3m)를 후퇴한 노외주차장의 차로의 중심선상 1.4m의 높이에서 도로의 중심선에 직각으로 향한 왼쪽·오른쪽 각각 60°의 범위에서 해당 도로를 통행하는 자를 확인할 수 있도록 하여야 한다.

③ 노외주차장에는 자동차의 안전하고 원활한 통행을 확보하기 위하여 다음에서 정하는 바에 따라 차로를 설치하여야 한다.

  ㉠ 주차구획선의 긴 변과 짧은 변 중 한 변 이상이 차로에 접하여야 한다.

  ㉡ 차로의 너비는 주차형식 및 출입구(지하식 또는 건축물식 주차장의 출입구를 포함, ④에서도 동일)의 개수에 따라 다음 구분에 따른 기준 이상으로 하여야 한다.

  ⓐ 이륜자동차전용 노외주차장

주차형식	차로의 너비	
	출입구가 2개 이상인 경우	출입구가 1개인 경우
평행주차	2.25m	3.5m
직각주차	4.0m	4.0m
45° 대향(對向)주차	2.3m	3.5m

  ⓑ ⓐ 외의 노외주차장

주차형식	차로의 너비	
	출입구가 2개 이상인 경우	출입구가 1개인 경우
평행주차	3.3m	5.0m
직각주차	6.0m	6.0m
60° 대향(對向)주차	4.5m	5.5m
45° 대향(對向)주차	3.5m	5.0m
교차주차	3.5m	5.0m

④ 노외주차장의 출입구 너비는 3.5m 이상으로 하여야 하며, 주차대수 규모가 50대 이상인 경우에는 출구와 입구를 분리하거나 너비 5.5m 이상의 출입구를 설치하여 소통이 원활하도록 하여야 한다.

⑤ 지하식 또는 건축물식 노외주차장의 차로는 ③의 기준에 따르는 외에 다음에서 정하는 바에 따른다.

  ㉠ 높이는 주차바닥면으로부터 2.3m 이상으로 하여야 한다.

  ㉡ 곡선 부분은 자동차가 6m(같은 경사로를 이용하는 주차장의 총주차대수가 50대 이하인 경우에는 5m, 이륜자동차 전용 노외주차장의 경우에는 3m) 이상의 내변 반경으로 회전할 수 있도록 하여야 한다.

ⓒ 경사로의 차로 너비는 직선형인 경우에는 3.3m 이상(2차로의 경우에는 6m 이상)으로 하고, 곡선형인 경우에는 3.6m 이상(2차로의 경우에는 6.5m 이상)으로 하며, 경사로의 양쪽 벽면으로부터 30cm 이상의 지점에 높이 10cm 이상 15cm 미만의 연석(沿石, 경계석)을 설치하여야 한다. 이 경우 연석 부분은 차로의 너비에 포함되는 것으로 본다.
ⓔ 경사로의 종단경사도는 직선 부분에서는 17%를 초과하여서는 안 되며, 곡선 부분에서는 14%를 초과하여서는 안 된다.
ⓜ 경사로의 노면은 거친 면으로 하여야 한다.
ⓗ 주차대수 규모가 50대 이상인 경우의 경사로는 너비 6m 이상인 2차로를 확보하거나 진입차로와 진출차로를 분리하여야 한다.

⑥ 자동차용 승강기로 운반된 자동차가 주차구획까지 자주식으로 들어가는 노외주차장의 경우에는 주차대수 30대마다 1대의 자동차용 승강기를 설치하여야 한다. 이 경우 제16조의2 제1호 및 제3호를 준용하되, 자동차용 승강기의 출구와 입구가 따로 설치되어 있거나 주차장의 내부에서 자동차가 방향전환을 할 수 있을 때에는 제16조의2 제3호에 따른 진입로를 설치하고 제16조의2 제1호에 따른 전면공지 또는 방향전환장치를 설치하지 않을 수 있다.

⑦ 노외주차장에서 주차에 사용되는 부분의 높이는 주차바닥면으로부터 2.1m 이상으로 하여야 한다.

⑧ 노외주차장 내부 공간의 일산화탄소 농도는 주차장을 이용하는 차량이 가장 빈번한 시각의 앞뒤 8시간의 평균치가 50ppm 이하(다중이용시설 등의 실내공기질관리법 제3조 제1항 제9호에 따른 실내주차장은 25ppm 이하)로 유지되어야 한다.

⑨ 자주식 주차장으로서 지하식 또는 건축물식 노외주차장에는 벽면에서부터 50cm 이내를 제외한 바닥면의 최소 조도(照度)와 최대 조도를 다음과 같이 한다.

구분	최소 조도	최대 조도
주차구획 및 차로	10lux 이상	최소 조도의 10배 이내
주차장 출구 및 입구	300lux 이상	없음
사람이 출입하는 통로	50lux 이상	없음

⑩ 노외주차장에는 다음에서 정하는 바에 따라 경보장치를 설치해야 한다.
ⓐ 주차장의 출입구로부터 3미터 이내의 장소로서 보행자가 경보장치의 작동을 식별할 수 있는 곳에 위치해야 한다.
ⓑ 경보장치는 자동차의 출입 시 경광(警光)과 50데시벨 이상의 경보음이 발생하도록 해야 한다.

핵심 OX

지하식 또는 건축물식 노외주차장의 차로 높이는 주차바닥면으로부터 2.0m 이상으로 하여야 한다. (O, X)

× 지하식 또는 건축물식 노외주차장의 차로 높이는 주차바닥면으로부터 2.3m 이상으로 하여야 한다.

⑪ 주차대수 30대를 초과하는 규모의 자주식 주차장으로서 지하식 또는 건축물식 노외주차장에는 관리사무소에서 주차장 내부 전체를 볼 수 있는 폐쇄회로 텔레비전 및 녹화장치를 포함하는 방범설비를 설치·관리하여야 하되, 다음의 사항을 준수하여야 한다.
  ㉠ 방범설비는 주차장의 바닥면으로부터 170cm의 높이에 있는 사물을 알아볼 수 있도록 설치하여야 한다.
  ㉡ 폐쇄회로 텔레비전과 녹화장치의 화면 수가 같아야 한다.
  ㉢ 선명한 화질이 유지될 수 있도록 관리하여야 한다.
  ㉣ 촬영된 자료는 컴퓨터보안시스템을 설치하여 1개월 이상 보관하여야 한다.
⑫ 2층 이상의 건축물식 주차장 및 특별시장·광역시장·특별자치도지사·시장·군수가 정하여 고시하는 주차장에는 다음의 어느 하나에 해당하는 추락방지 안전시설을 설치하여야 한다.
  ㉠ 2t 차량이 시속 20km의 주행속도로 정면충돌하는 경우에 견딜 수 있는 강도의 구조물로서 구조계산에 의하여 안전하다고 확인된 구조물
  ㉡ 도로법 제2조 제1항 제4호 나목에 따른 방호(防護) 울타리
  ㉢ 2t 차량이 시속 20km의 주행속도로 정면충돌하는 경우에 견딜 수 있는 강도의 구조물로서 한국도로공사, 교통안전공단, 그 밖에 국토교통부장관이 정하여 고시하는 전문연구기관에서 인정하는 제품
  ㉣ 그 밖에 국토교통부장관이 정하여 고시하는 추락방지 안전시설
⑬ 노외주차장의 주차단위구획은 평평한 장소에 설치하여야 한다. 다만, 경사도가 7% 이하인 경우로서 시장·군수 또는 구청장이 안전에 지장이 없다고 인정하는 경우는 제외한다.
⑭ 노외주차장에는 제3조 제1항 제2호에 따른 확장형 주차단위구획을 주차단위구획 총수(평행주차형식의 주차단위구획 수는 제외)의 30% 이상 설치하여야 한다.
⑮ 환경친화적 자동차의 전용주차구획을 총주차대수의 5/100 이상 설치하여야 한다. 다만, 시장·군수 또는 구청장이 지역별 주차환경을 고려하여 필요하다고 인정하는 경우에는 시·군 또는 자치구의 조례로 환경친화적 자동차의 전용주차구획의 의무 설치 비율을 100분의 5보다 상향하여 정할 수 있다.
⑯ 주차대수 400대를 초과하는 규모의 노외주차장의 경우 과속방지턱, 차량의 일시 정지선 등 보행안전을 위한 시설을 설치하여야 한다.

(5) 노외주차장의 출구 및 입구의 설치 금지 구역

① 교차로·횡단보도·건널목이나 보도와 차도가 구분된 도로의 보도(「주차장법」에 따라 차도와 보도에 걸쳐서 설치된 노상주차장은 제외)

② 교차로의 가장자리나 도로의 모퉁이로부터 5m 이내인 곳

③ 안전지대가 설치된 도로에서는 그 안전지대의 사방으로부터 각각 10m 이내인 곳

④ 버스여객자동차의 정류지(停留地)임을 표시하는 기둥이나 표지판 또는 선이 설치된 곳으로부터 10m 이내인 곳. 다만, 버스여객자동차의 운전자가 그 버스여객자동차의 운행시간 중에 운행노선에 따르는 정류장에서 승객을 태우거나 내리기 위하여 차를 정차하거나 주차하는 경우에는 그러하지 아니함

⑤ 건널목의 가장자리로부터 10m 이내인 곳

⑥ 터널 안 및 다리 위

⑦ 다음 각 목의 곳으로부터 5m 이내인 곳
  ㉠ 도로공사를 하고 있는 경우에는 그 공사 구역의 양쪽 가장자리
  ㉡ 「다중이용업소의 안전관리에 관한 특별법」에 따른 다중이용업소의 영업장이 속한 건축물로 소방본부장의 요청에 의하여 시·도 경찰청장이 지정한 곳

⑧ 시·도 경찰청장이 도로에서의 위험을 방지하고 교통의 안전과 원활한 소통을 확보하기 위하여 필요하다고 인정하여 지정한 곳

⑨ 횡단보도(육교 및 지하횡단보도를 포함)로부터 5m 이내에 있는 도로의 부분

⑩ 너비 4m 미만의 도로(주차대수 200대 이상인 경우에는 너비 6m 미만의 도로)와 종단 기울기가 10%를 초과하는 도로

⑪ 유아원, 유치원, 초등학교, 특수학교, 노인복지시설, 장애인복지시설 및 아동전용시설 등의 출입구로부터 20m 이내에 있는 도로의 부분

핵심 OX

노외주차장의 출입구는 육교나 횡단보도에서 10m 이내의 도로 부분에 설치하여서는 안 된다.　(○, ×)

× 노외주차장의 출입구는 육교나 횡단보도에서 5m 이내의 도로 부분에 설치하여서는 안 된다.

(6) 노외주차장에 설치할 수 있는 부대시설(주차장 총 면적의 20% 이하 설치 가능, 단, 면적 산정 시 전기차 충전시설은 부대시설 면적에서 제외)
① 관리사무소, 휴게소 및 공중화장실
② 간이매점, 자동차 장식품 판매점 및 전기자동차 충전시설, 태양광 발전시설, 집배송시설
③ 주유소
④ 노외주차장의 관리·운영상 필요한 편의시설
⑤ 특별자치도·시·군 또는 자치구의 조례로 정하는 이용자 편의시설

(7) 주차전용건축물
① 주차전용건축물은 건축물의 연면적 중 주차장으로 사용되는 부분의 비율이 95% 이상인 것을 말한다. 다만, 주차장 외의 용도로 사용되는 부분이 단독주택, 공동주택, 제1종 근린생활시설, 제2종 근린생활시설, 문화 및 집회시설, 종교시설, 판매시설, 운수시설, 운동시설, 업무시설, 창고시설 또는 자동차 관련 시설인 경우에는 주차장으로 사용되는 부분의 비율이 70% 이상인 것을 말한다.
② 건축 제한 기준
  ㉠ 건축물의 연면적 중 주차장으로 사용되는 부분의 비율이 95% 이상
  ㉡ **건폐율**: 90% 이하
  ㉢ **용적률**: 1,500% 이하
  ㉣ **대지면적 최소한도**: 45m² 이상
  ㉤ **대지가 너비 12m 미만의 도로에 접하는 경우 높이 제한**: 건축물의 각 부분의 높이는 그 부분으로부터 대지에 접한 도로의 반대쪽 경계선까지의 수평거리의 3배 이하
  ㉥ **대지가 너비 12미터 이상의 도로에 접하는 경우 높이 제한**: 건축물의 각 부분의 높이는 그 부분으로부터 대지에 접한 도로의 반대쪽 경계선까지의 수평거리의 36/도로의 너비(m를 단위로 함)배. 다만, 배율이 1.8배 미만인 경우에는 1.8배

(8) 부설주차장의 설치기준
국토의 계획 및 이용에 관한 법률에 따른 도시지역, 같은 법 제51조 제3항에 따른 지구단위계획구역 및 지방자치단체의 조례로 정하는 관리지역에서 건축물, 골프연습장, 그 밖에 주차수요를 유발하는 시설을 건축하거나 설치하려는 자는 그 시설물의 내부 또는 그 부지에 부설주차장(화물의 하역과 그 밖의 사업 수행을 위한 주차장을 포함)을 설치하여야 한다.
① **부설주차장의 구조·설비기준**: 부설주차장의 총 주차대수 규모가 8대 이하인 자주식 주차장(지평식 및 건축물식 중 필로티 구조만 해당)의 구조 및 설비기준은 다음과 같다.

㉠ 차로의 너비는 2.5m 이상으로 한다. 다만, 주차단위구획과 접하여 있는 차로의 너비는 주차형식에 따라 다음 표에 따른 기준 이상으로 하여야 한다.

주차형식	차로의 너비
평행주차	3.0m
직각주차	6.0m
60° 대향주차	4.0m
45° 대향주차	3.5m
교차주차	3.5m

㉡ 보도와 차도의 구분이 없는 너비 12m 미만의 도로에 접하여 있는 부설주차장은 그 도로를 차로로 하여 주차단위구획을 배치할 수 있다. 이 경우 차로의 너비는 도로를 포함하여 6m 이상(평행주차형식인 경우에는 도로를 포함하여 4m 이상)으로 하며, 도로의 포함 범위는 중앙선까지로 하되, 중앙선이 없는 경우에는 도로 반대쪽 경계선까지로 한다.

㉢ 보도와 차도의 구분이 있는 12m 이상의 도로에 접하여 있고 주차대수가 5대 이하인 부설주차장은 그 주차장의 이용에 지장이 없는 경우만 그 도로를 차로로 하여 직각주차형식으로 주차단위구획을 배치할 수 있다.

㉣ 주차대수 5대 이하의 주차단위구획은 차로를 기준으로 하여 세로로 2대까지 접하여 배치할 수 있다.

㉤ 출입구의 너비는 3m 이상으로 한다. 다만, 막다른 도로에 접하여 있는 부설주차장으로서 시장·군수 또는 구청장이 차량의 소통에 지장이 없다고 인정하는 경우에는 2.5m 이상으로 할 수 있다.

㉥ 보행인의 통행로가 필요한 경우에는 시설물과 주차단위구획 사이에 0.5m 이상의 거리를 두어야 한다.

② 부설주차장의 시설물 부지 인근 설치(주차장법 시행령 제7조)
㉠ 주차대수 300대 규모 이하 시 시설물의 부지 인근에 단독 또는 공동으로 부설주차장을 설치할 수 있다.
㉡ 시설물의 부지 인근의 범위는 다음의 어느 하나의 범위에서 특별자치도·시·군 또는 자치구(이하 '시·군 또는 구')의 조례로 정한다.
ⓐ 해당 부지의 경계선으로부터 부설주차장의 경계선까지의 직선거리 300m 이내 또는 도보거리 600m 이내
ⓑ 해당 시설물이 있는 동·리(행정동·리, 이하 같음) 및 그 시설물과의 통행여건이 편리하다고 인정되는 인접 동·리

③ 부설주차장의 설치기준

시설물	설치기준
위락시설	시설면적 100m²당 1대(시설면적/100m²)
문화 및 집회시설(관람장은 제외), 종교시설, 판매시설, 운수시설, 의료시설(정신병원·요양병원 및 격리병원은 제외), 운동시설(골프장·골프연습장 및 옥외수영장은 제외), 업무시설(외국공관 및 오피스텔은 제외), 방송통신시설 중 방송국, 장례식장	시설면적 150m²당 1대(시설면적/150m²)
제1종 근린생활시설[건축법 시행령 별표1 제3호 바목 및 사목(공중화장실, 대피소, 지역아동센터는 제외)은 제외], 제2종 근린생활시설, 숙박시설	시설면적 200m²당 1대(시설면적/200m²)
단독주택(다가구주택은 제외)	• 시설면적 50m² 초과 150m² 이하: 1대 • 시설면적 150m² 초과: 1대에 150m²를 초과하는 100m²당 1대를 더한 대수 [1+{(시설면적−150m²)/100m²}]
다가구주택, 공동주택(기숙사는 제외), 업무시설 중 오피스텔	• 주택건설기준 등에 관한 규정 제27조 제1항에 따라 산정된 주차대수 • 이 경우 다가구주택 및 오피스텔의 전용면적은 공동주택의 전용면적 산정방법을 따름
골프장, 골프연습장, 옥외수영장, 관람장	• 골프장: 1홀당 10대(홀의 수×10) • 골프연습장: 1타석당 1대(타석의 수×1) • 옥외수영장: 정원 15명당 1대(정원/15명) • 관람장: 정원 100명당 1대(정원/100명)
수련시설, 공장(아파트형은 제외), 발전시설	시설면적 350m²당 1대(시설면적/350m²)
창고시설	시설면적 400m²당 1대(시설면적/400m²)
학생용 기숙사, 방송통신시설 중 데이터센터	시설면적 400m²당 1대(시설면적/400m²)
그 밖의 건축물	시설면적 300m²당 1대(시설면적/300m²)

(9) 기계식 주차장의 설치기준(주차장법 시행규칙 제16조의2)
① 기계식 주차장 설치기준
  ㉠ 기계식 주차장치 출입구의 앞면에는 다음에 따라 자동차의 회전을 위한 공지(空地)(이하 전면 공지) 또는 자동차의 방향을 전환하기 위한 기계장치(이하 방향전환장치)를 설치하여야 한다.
    ⓐ **중형 기계식 주차장**(길이 5.05m 이하, 너비 1.85m 이하, 높이 1.55m 이하, 무게 1,850kg 이하인 자동차를 주차할 수 있는 기계식 주차장, 이하 같음): 너비 8.1m 이상, 길이 9.5m 이상의 전면 공지 또는 지름 4m 이상의 방향전환장치와 그 방향전환장치에 접한 너비 1m 이상의 여유 공지
    ⓑ **대형 기계식 주차장**(길이 5.75m 이하, 너비 2.15m 이하, 높이 1.85m 이하, 무게 2,200kg 이하인 자동차를 주차할 수 있는 기계식 주차장, 이하 같음): 너비 10m 이상, 길이 11m 이상의 전면 공지 또는 지름 4.5m 이상의 방향전환장치와 그 방향전환장치에 접한 너비 1m 이상의 여유 공지
  ㉡ 기계식 주차장치의 내부에 방향전환장치를 설치한 경우와 2층 이상으로 주차구획이 배치되어 있고 출입구가 있는 층의 모든 주차구획을 기계식 주차장치 출입구로 사용할 수 있는 기계식 주차장의 경우에는 ㉠에도 불구하고 제6조 제1항 제3호 또는 제11조 제5항 제2호를 준용한다.
  ㉢ 기계식 주차장에는 도로에서 기계식 주차장치 출입구까지의 차로(이하 진입로) 또는 전면공지와 접하는 장소에 자동차가 대기할 수 있는 장소(이하 정류장)를 설치하여야 한다. 이 경우 주차대수 20대를 초과하는 20대마다 한 대분의 정류장을 확보하여야 하며, 정류장의 규모는 다음과 같다. 다만, 주차장의 출구와 입구가 따로 설치되어 있거나 진입로의 너비가 6m 이상인 경우에는 종단경사도가 6% 이하인 진입로의 길이가 6m마다 한 대분의 정류장을 확보한 것으로 본다.

중형 기계식 주차장	길이 5.05m 이상, 너비 1.9m 이상
대형 기계식 주차장	길이 5.3m 이상, 너비 2.15m 이상

② **기계식 주차장의 안전기준**: 기계식 주차장 안에서 자동차를 입출고하는 사람이 출입하는 통로의 크기는 너비 50cm 이상, 높이 1.8m 이상이어야 한다.

기계식 주차장 최소조도기준(벽면으로부터 50cm 이내를 제외한 바닥면의 최소조도)
1. 주차구획의 최소조도는 50럭스 이상이어야 한다.
2. 출입구의 최소조도는 150럭스 이상이어야 한다.

CHAPTER 3 국토의 계획 및 이용에 관한 법률

> **학습 POINT**
> 국토의 계획 및 이용에 관한 법률 단원은 지구단위계획의 성격 관련 문제, 용도지역·용도지구·용도구역 등에 대한 세부적인 구분에 관련 사항들이 주로 출제되고 있으며, 7급 및 9급에서 1문제 정도가 출제되고 있다.

1. 공간계획의 체계순서

국토계획 → 지역계획 → 도시계획 → 단지계획

2. 도시계획 체계

(1) 국토계획(국토종합계획 – 국토종합개발계획)

① 국토개발과 보전에 관하여 종합적·장기적인 정책방향을 설정하는 국가의 최상위 국토계획으로서 20년 단위로 수립한다.
② 1963년에 제정된 국토건설종합계획법에 따라 1972년부터 3차에 걸쳐 진행하였다.
③ 제3차까지는 '국토종합개발계획', 제4차부터 '국토종합계획'으로 명칭이 변경되었다.
④ 제4차 계획은 2003년에 확정하여 2000~2020년까지 추진하였으며, '21세기 통합국토'라는 대원칙 아래 균형국토, 녹색국토, 개방국토, 통일국토를 목표로 하였다.
⑤ 2006년에는 제4차 국토종합계획 수정안을 발표하였다. '약동하는 통합국토의 실현'을 기조로 이미 발표한 4대 목표에 '복지국토'를 추가하여 5대 목표를 설정하였다.
⑥ 현재는 제5차 국토종합계획(2020~2040)이 진행 중에 있다.

제5차 국토종합계획(2020~2040)
1. 비전
   모두를 위한 국토, 함께 누리는 삶터
2. 목표
   ① 어디에서나 살기좋은 균형국토
   ② 안전하고 지속가능한 스마트국토
   ③ 건강하고 활력있는 혁신국토

> **참고 | 국토종합개발계획**
>
> 1. **제1차 국토종합개발계획(1972 ~ 1981)**
>   ① 국토 이용의 효율화, 사회간접자본의 확충, 자원 개발과 자연 보전, 생활환경 개선을 목표로 하여 전국을 한강·금강·영산강·낙동강의 4대강 유역권으로 구분하여 개발하였다.
>   ② 경제의 능률성을 중시하는 성장거점개발방식을 채택하여 개발한 결과, 남동임해지역에 공업단지를 조성하고 4대강 유역의 종합 개발로 농공업 용수 확보 및 고속도로 건설로 전국을 일일 생활권으로 만들었다.
>   ③ 수도권 집중현상 등 대도시의 과밀화, 경부축 중심의 인구와 산업의 집중 등 지역격차가 심화되는 문제점이 발생하였다.
> 2. **제2차 국토종합개발계획(1982~1992)**
>   ① 국토의 균형적인 발전과 국민복지 향상을 목표로 하였다.
>   ② 초기에는 지역생활권 중심으로 개발하였으나, 나중에는 수도권·중부권·서남권·동남권 4대 지역 경제권과 다도해·태백산 특정지역을 설정하여 광역종합개발방식을 적용하였다.
>   ③ 주요 개발 내용: 인구의 지방 정착 유도, 공업단지 조성, 교통망 확충, 관광자원 개발
>   ④ 경과
>   • 수도권과 남동임해공업지역으로 양극화가 촉진되어 지역격차가 심화되었다.
>   • 공업 입지의 확산에 따른 환경 파괴와 오염 문제가 심화되어 국민의 생활환경이 낙후되었다.
> 3. **제3차 국토종합개발계획(1992 ~ 2001)**
>   ① 세계화, 지방화를 목표로 하였다.
>   ② 남북 통일 여건 성숙 및 남북 통일에 대비한 국토 기반을 마련하고자 하였다.
>   ③ 국민 생활환경 개선에 효과적인 대처를 위하여 지방 분산형 국토 골격을 형성하였다.
>   ④ 생산적·자원 절약적인 국토이용체계를 구축하였다.
>   ⑤ 국민복지를 향상시키고 국토환경을 보전하고자 하였다.
> 4. **제4차 국토종합개발계획(2000 ~ 2020)**
>   ① 상생하는 균형 국토, 경쟁력 있는 개방 국토, 살기 좋은 복지 국토, 지속 가능한 녹색 국토, 번영하는 통일 국토를 목표로 하였다.
>   ② 개방형 통합 국토, 지역별 경쟁력 고도화, 건강하고 쾌적한 국토 환경 조성, 고속 교통·정보망 구축, 남북한 교류 협력 기반 조성을 위한 전략을 추진하였다.
>   ③ 다른 나라와 교류하는 기틀을 만들고, 지역별로 경쟁력을 높이며, 건강하고 쾌적한 국토를 건설하며, 고속화 된 교통·정보망을 이루며, 남북한 교류·협력의 기초를 다지는 것을 기본 방향으로 하였다.
>   ④ 계획의 수립 과정에서 국가, 지방자치단체, 지역 주민이 함께 참여하였고, 국토의 환경 보전을 중시하였다.

(2) 광역도시계획

① **광역도시계획의 수립권자**: 국토교통부장관, 시·도지사, 시장 또는 군수

② **광역도시계획의 내용(국토의 계획 및 이용에 관한 법률 제12조)**

㉠ 광역계획권의 공간 구조와 기능 분담에 관한 사항

㉡ 광역계획권의 녹지관리체계와 환경 보전에 관한 사항

㉢ 광역시설의 배치·규모·설치에 관한 사항

㉣ 경관계획에 관한 사항

㉤ 그 밖에 광역계획권에 속하는 특별시·광역시·특별자치시·특별자치도·시 또는 군 상호 간의 기능 연계에 관한 사항으로서 대통령령으로 정하는 사항

대통령령으로 정하는 사항
1. 광역계획권의 교통 및 물류유통체계에 관한 사항
2. 광역계획권의 문화·여가공간 및 방재에 관한 사항

(3) 도시·군 기본계획

① **도시·군 기본계획**: 특별시·광역시·특별자치시·특별자치도·시 또는 군의 관할구역에 대하여 기본적인 공간구조와 장기발전방향을 제시하는 종합계획으로서 도시·군 관리계획 수립의 지침이 되는 계획을 말한다.

② 도시 기본계획의 목표연도는 계획수립시점으로부터 20년으로 한다.

③ **수립권자**: 특별시장·광역시장·특별자치시장·특별자치도지사·시장 또는 군수

④ 수립 대상 예외지역(국토의 계획 및 이용에 관한 법률 시행령 제14조): 수도권에 속하지 아니하고 광역시와 경계를 같이하지 아니한 시 또는 군으로서 인구 10만명 이하인 시 또는 군

⑤ 도시·군 기본계획의 정비(국토의 계획 및 이용에 관한 법률 제23조): 특별시장·광역시장·특별자치시장·특별자치도지사·시장 또는 군수는 5년마다 관할구역의 도시·군 기본계획에 대하여 그 타당성 여부를 전반적으로 재검토하여 정비하여야 한다.

⑥ **도시·군 기본계획의 내용**
  ㉠ 지역적 특성 및 계획의 방향·목표에 관한 사항
  ㉡ 공간구조, 생활권의 설정 및 인구의 배분에 관한 사항
  ㉢ 토지의 이용 및 개발에 관한 사항
  ㉣ 토지의 용도별 수요 및 공급에 관한 사항
  ㉤ 환경의 보전 및 관리에 관한 사항
  ㉥ 기반시설에 관한 사항
  ㉦ 공원·녹지에 관한 사항
  ㉧ 경관에 관한 사항
  ㉨ 기후변화 대응 및 에너지절약에 관한 사항
  ㉩ 방재 및 안전에 관한 사항
  ㉪ ㉡부터 ㉧까지, ㉨ 및 ㉩에 규정된 사항의 단계별 추진에 관한 사항
  ㉫ 그 밖에 대통령령으로 정하는 사항

⑦ **도시·군 기본계획의 승인**: 시장 또는 군수는 도시·군 기본계획을 수립하거나 변경하려면 대통령령으로 정하는 바에 따라 도지사의 승인을 받아야 한다.

(4) 도시·군 관리계획

① 특별시·광역시·특별자치시·특별자치도·시 또는 군의 개발·정비 및 보전을 위하여 수립하는 토지 이용, 교통, 환경, 경관, 안전, 산업, 정보통신, 보건, 복지, 안보, 문화 등에 관한 계획을 말한다.

② 도시·군 관리계획의 입안에 관하여 주민의 의견을 청취하고자 하는 때에는 도시·군 관리계획안을 최소 14일 이상 일반이 열람할 수 있도록 하여야 한다.

③ 도시·군 관리계획의 범위
  ㉠ 용도지역의 지정, 용도지구의 지정, 개발제한구역의 지정
  ㉡ 도시자연공원구역의 지정, 시가화조정구역의 지정
  ㉢ 수산자원보호구역의 지정, 입지규제 최소 구역의 지정
  ㉣ 도시·군 계획시설의 설치·관리, 공동구의 설치·관리·운영
  ㉤ 지구단위계획의 지정·내용·건축, 공동구의 설치·관리·운영
④ 타당성 여부 재검토 기간: 5년 주기

(5) 지구단위계획*

① 도시·군 계획수립 대상지역의 일부에 대하여 토지이용을 합리화하고 그 기능을 증진시키며 미관을 개선하고 양호한 환경을 확보하며, 그 지역을 체계적·계획적으로 관리하기 위하여 수립하는 도시·군관리계획을 말한다.

② 지구단위계획구역 및 지구단위계획은 도시·군 관리계획으로 결정하며, 국토교통부장관, 시·도지사, 시장 또는 군수는 지구단위계획구역을 지정할 수 있다.

③ 시·도 도시계획위원회와 시·도 건축위원회가 공동으로 심의하여 결정해야 하는 사항
  ㉠ 건축물 높이의 최고한도 또는 최저한도에 대한 사항
  ㉡ 건축물의 배치, 형태, 색채 또는 건축선에 대한 계획
  ㉢ 경관계획에 대한 사항

④ 지구단위계획의 수립 시 고려사항
  ㉠ 도시의 정비·관리·보전·개발 등 지구단위계획구역의 지정 목적
  ㉡ 주거·산업·유통·관광휴양·복합 등 지구단위계획구역의 중심기능
  ㉢ 해당 용도지역의 특성
  ㉣ 그 밖에 대통령령으로 정하는 사항

⑤ 지구단위계획구역의 지정에 관한 도시·군 관리계획 결정의 실효 등: 지구단위계획구역의 지정에 관한 도시·군 관리계획 결정의 고시일부터 3년 이내에 그 지구단위계획구역에 관한 지구단위계획이 결정·고시되지 아니하면 그 3년이 되는 날의 다음 날에 그 지구단위계획구역의 지정에 관한 도시·군 관리계획 결정은 효력을 잃는다.

⑥ **지구단위계획의 내용**: 지구단위계획구역의 지정목적을 이루기 위하여 지구단위계획에는 다음의 사항 중 ㉢와 ㉤의 사항을 포함한 둘 이상의 사항이 포함되어야 한다. 다만, ㉡을 내용으로 하는 지구단위계획의 경우에는 해당하지 않는다.
  ㉠ 용도지역이나 용도지구를 대통령령으로 정하는 범위에서 세분하거나 변경하는 사항

핵심 OX

보전관리지역이란 자연환경·농지 및 산림의 보호, 보건위생, 보안과 도시의 무질서한 확산을 방지하기 위하여 녹지의 보전이 필요한 지역을 말한다. (○, ×)

× 본 설명은 도시지역 중 보전녹지지역에 대한 설명이다. 보전관리지역은 자연환경 보호, 산림 보호, 수질오염 방지, 녹지 공간 확보 및 생태계 보전 등을 위하여 보전이 필요하나, 주변 용도지역과의 관계 등을 고려할 때 자연환경보전지역으로 지정하여 관리하기가 곤란한 지역을 말한다.

ⓒ 기존의 용도지구를 폐지하고 그 용도지구에서의 건축물이나 그 밖의 시설의 용도·종류 및 규모 등의 제한을 대체하는 사항
ⓒ 대통령령으로 정하는 기반시설의 배치와 규모
ⓔ 도로로 둘러싸인 일단의 지역 또는 계획적인 개발·정비를 위하여 구획된 일단의 토지의 규모와 조성계획
ⓜ 건축물의 용도제한, 건축물의 건폐율 또는 용적률, 건축물 높이의 최고한도 또는 최저한도
ⓗ 건축물의 배치·형태·색채 또는 건축선에 관한 계획
ⓢ 환경관리계획 또는 경관계획
ⓞ 보험 안전 등을 고려한 교통처리계획
ⓩ 그 밖에 토지이용의 합리화, 도시나 농·산·어촌의 기능 증진 등에 필요한 사항으로서 대통령령으로 정하는 사항

(6) 용도지역

① 토지의 이용 및 건축물의 용도, 건폐율, 용적률, 높이 등을 제한함으로써 토지를 경제적·효율적으로 이용하고 공공복리의 증진을 도모하기 위하여 서로 중복되지 아니하게 도시·군 관리계획으로 결정하는 지역을 말한다.

② 용도지역의 종류

㉠ 도시지역

ⓐ 인구와 산업이 밀집되어 있거나 밀집이 예상되어 체계적인 개발·정비·관리·보전 등이 필요한 지역이다.

ⓑ 분류

- 주거지역

전용주거지역	제1종 전용주거지역	단독주택 중심의 양호한 주거환경을 보호하기 위하여 필요한 지역
	제2종 전용주거지역	공동주택 중심의 양호한 주거환경을 보호하기 위하여 필요한 지역
일반주거지역	제1종 일반주거지역	저층 주택을 중심으로 편리한 주거환경을 조성하기 위하여 필요한 지역
	제2종 일반주거지역	중층 주택을 중심으로 편리한 주거환경을 조성하기 위하여 필요한 지역

핵심 OX

지구단위계획구역 안에서 대지의 일부를 공공시설 부지로 제공하고 건축할 경우, 용적률은 완화받을 수 있으나 건폐율은 완화받을 수 없다.
(O, ×)

× 지구단위계획구역 안에서 대지의 일부를 공공시설 부지로 제공하고 건축할 경우, 건폐율·용적률 및 높이제한을 완화하여 적용 받을 수 있다.

	제3종 일반주거지역	중고층 주택을 중심으로 편리한 주거환경을 조성하기 위하여 필요한 지역
	준주거지역	주거기능을 위주로 이를 지원하는 일부 상업기능 및 업무기능을 보완하기 위하여 필요한 지역

• 상업지역

중심상업지역	도심·부도심의 상업기능 및 업무기능의 확충을 위하여 필요한 지역
일반상업지역	일반적인 상업기능 및 업무기능을 담당하게 하기 위하여 필요한 지역
근린상업지역	근린지역에서의 일용품 및 서비스의 공급을 위하여 필요한 지역
유통상업지역	도시 내 및 지역 간 유통기능의 증진을 위하여 필요한 지역

• 공업지역

전용공업지역	주로 중화학공업, 공해성 공업 등을 수용하기 위하여 필요한 지역
일반공업지역	환경을 저해하지 아니하는 공업의 배치를 위하여 필요한 지역
준공업지역	경공업 그 밖의 공업을 수용하되, 주거기능·상업기능 및 업무기능의 보완이 필요한 지역

• 녹지지역

보전녹지지역	도시의 자연환경·경관·산림 및 녹지공간을 보전할 필요가 있는 지역
생산녹지지역	주로 농업적 생산을 위하여 개발을 유보할 필요가 있는 지역
자연녹지지역	도시의 녹지공간의 확보, 도시확산의 방지, 장래 도시용지의 공급 등을 위하여 보전할 필요가 있는 지역으로서 불가피한 경우에 한하여 제한적인 개발이 허용되는 지역

ⓒ 관리지역

ⓐ 도시지역의 인구와 산업을 수용하기 위하여 도시지역에 준하여 체계적으로 관리할 필요가 있는 지역이다.

ⓑ 농림업의 진흥, 자연환경 또는 산림의 보전을 위하여 농림지역 또는 자연환경보전지역에 준하여 관리할 필요가 있는 지역이다.

ⓒ 분류

보전관리지역	자연환경 보호, 산림 보호, 수질오염 방지, 녹지공간 확보 및 생태계 보전 등을 위하여 보전이 필요하나, 주변 용도지역과의 관계 등을 고려할 때 자연환경보전지역으로 지정하여 관리하기가 곤란한 지역
생산관리지역	농업·임업·어업 생산 등을 위하여 관리가 필요하나, 주변 용도지역과의 관계 등을 고려할 때 농림지역으로 지정하여 관리하기가 곤란한 지역
계획관리지역	도시지역으로의 편입이 예상되는 지역이나 자연환경을 고려하여 제한적인 이용·개발을 하려는 지역으로서 계획적·체계적인 관리가 필요한 지역

ⓒ **농림지역**: 도시지역에 속하지 않는 지역으로서 농림업을 진흥하고 산림을 보전하기 위하여 필요한 지역이다(농지법에 따른 농업진행지역, 산지관리법에 따른 보전산지 등에 적용).

ⓔ **자연환경보전지역**: 자연 생태계 및 문화재의 보전과 수산자원의 보호·육성 등을 위하여 필요한 지역이다.

(7) 용도구역

① 토지의 이용 및 건축물의 용도, 건폐율, 용적률, 높이 등에 대한 용도지역 및 용도지구의 제한을 강화하거나 완화하여 따로 정함으로써, 시가지의 무질서한 확산방지, 계획적이고 단계적인 토지이용의 도모, 토지이용의 종합적 조정·관리 등을 위하여 도시·군 관리계획으로 결정하는 지역을 말한다.

② **종류**

ⓐ **개발제한구역**

  ⓐ 도시의 무질서한 확산을 방지하고 도시주변의 자연환경을 보전하여 도시민의 건전한 생활환경을 확보하기 위하여 도시의 개발을 제한할 필요가 있거나 보안상 도시의 개발을 제한할 필요가 있는 경우에 지정하는 용도구역을 말한다.
  ⓑ 개발제한구역에서는 법이 정한 건축활동을 할 수 있다.

ⓒ **시가화조정구역**: 도시지역과 그 주변지역의 무질서한 시가화를 방지하고, 계획적·단계적 개발을 도모할 필요가 있다고 인정되어 도시·군관리계획으로 결정하는 구역을 말한다.

ⓒ **도시자연공원구역**: 도시의 자연환경 및 경관을 보호하고, 도시지역 안에서 식생(植生)이 양호한 산지(山地)의 개발을 제한할 필요가 있다고 인정되는 구역을 말한다.

ⓔ **수산자원보호구역**: 수산자원을 보호·육성하기 위하여 수산자원보호구역의 지정 또는 변경이 필요한 구역을 말한다.

(8) 용도지구

① 토지의 이용 및 건축물의 용도·건폐율·용적률·높이 등에 대한 용도지역의 제한을 강화 또는 완화하여 적용함으로써 용도지역의 기능을 증진시키고 미관·경관·안전 등을 도모하기 위하여 도시관리계획으로 결정하는 지역을 말한다.

② 종류

㉠ **경관지구**: 경관의 보전·관리 및 형성을 위하여 필요한 지구이다.
  ⓐ **자연경관지구**: 산지·구릉지 등 자연경관을 보호하거나 유지하기 위하여 필요한 지구이다.
  ⓑ **시가지경관지구**: 지역 내 주거지, 중심지 등 시가지의 경관을 보호 또는 유지하거나 형성하기 위하여 필요한 지구이다.
  ⓒ **특화경관지구**: 지역 내 주요 수계의 수변 또는 문화적 보존가치가 큰 건축물 주변의 경관 등 특별한 경관을 보호 또는 유지하거나 형성하기 위하여 필요한 지구이다.

㉡ **고도지구**: 쾌적한 환경 조성 및 토지의 효율적 이용을 위하여 건축물 높이의 최고한도를 규제할 필요가 있는 지구이다.

㉢ **방화지구**: 화재의 위험을 예방하기 위하여 필요한 지구이다.

㉣ **방재지구**: 풍수해, 산사태, 지반의 붕괴, 그 밖의 재해를 예방하기 위하여 필요한 지구이다.
  ⓐ **시가지방재지구**: 건축물·인구가 밀집되어 있는 지역으로서 시설 개선 등을 통하여 재해 예방이 필요한 지구이다.
  ⓑ **자연방재지구**: 토지의 이용도가 낮은 해안변, 하천변, 급경사지 주변 등의 지역으로서 건축 제한 등을 통하여 재해 예방이 필요한 지구이다.

㉤ **보호지구**: 문화재, 중요 시설물(항만, 공항 등) 및 문화적·생태적으로 보존가치가 큰 지역의 보호와 보존을 위하여 필요한 지구이다.
  ⓐ **역사문화환경보호지구**: 문화재·전통사찰 등 역사·문화적으로 보존가치가 큰 시설 및 지역의 보호와 보존을 위하여 필요한 지구이다.
  ⓑ **중요시설물보호지구**: 중요시설물의 보호와 기능의 유지 및 증진 등을 위하여 필요한 지구이다.
  ⓒ **생태계보호지구**: 야생동식물서식처 등 생태적으로 보존가치가 큰 지역의 보호와 보존을 위하여 필요한 지구이다.

ⓑ **취락지구**: 녹지지역·관리지역·농림지역·자연환경보전지역·개발제한구역 또는 도시자연공원구역의 취락을 정비하기 위한 지구이다.
  ⓐ **자연취락지구**: 녹지지역·관리지역·농림지역 또는 자연환경보전지역 안의 취락을 정비하기 위하여 필요한 지구이다.
  ⓑ **집단취락지구**: 개발제한구역 안의 취락을 정비하기 위하여 필요한 지구이다.
ⓢ **개발진흥지구**: 주거기능·상업기능·공업기능·유통물류기능·관광기능·휴양기능 등을 집중적으로 개발·정비할 필요가 있는 지구이다.
  ⓐ **주거개발진흥지구**: 주거기능을 중심으로 개발·정비할 필요가 있는 지구이다.
  ⓑ **산업·유통개발진흥지구**: 공업기능 및 유통·물류기능을 중심으로 개발·정비할 필요가 있는 지구이다.
  ⓒ **관광·휴양개발진흥지구**: 관광·휴양기능을 중심으로 개발·정비할 필요가 있는 지구이다.
  ⓓ **복합개발진흥지구**: 주거기능, 공업기능, 유통·물류기능 및 관광·휴양기능 중 2가지 이상의 기능을 중심으로 개발·정비할 필요가 있는 지구이다.
  ⓔ **특정개발진흥지구**: 주거기능, 공업기능, 유통·물류기능 및 관광·휴양기능 외의 기능을 중심으로 특정한 목적을 위하여 개발·정비할 필요가 있는 지구이다.
ⓞ **특정용도제한지구**: 주거 및 교육 환경 보호나 청소년 보호 등의 목적으로 오염물질 배출시설, 청소년 유해시설 등 특정시설의 입지를 제한할 필요가 있는 지구이다.
ⓩ **복합용도지구**: 지역의 토지이용 상황, 개발 수요 및 주변 여건 등을 고려하여 효율적이고 복합적인 토지이용을 도모하기 위하여 특정시설의 입지를 완화할 필요가 있는 지구이다.

CHAPTER 4 노인복지법 등 기타 법령

> **학습 POINT**
> 노인복지법 등 기타 법령 단원은 건축 관련하여 주택건설기준 등 다양한 법령 및 기준 등이 출제되고 있으며, 7급 및 9급에서 1문제 정도가 출제되고 있다.

1. 노인복지법상의 노인복지시설의 분류

노인주거복지시설	양로시설, 노인공동생활가정, 노인복지주택
노인의료복지시설	노인요양시설, 노인요양공동생활가정
노인여가복지시설	노인복지관, 경로당, 노인교실
재가노인복지시설	방문요양서비스, 주·야간보호서비스, 단기보호서비스, 방문목욕서비스

2. 주택건설기준 등에 관한 규정

(1) 바닥구조
공동주택의 세대 내 층 간 바닥의 콘크리트 슬래브 두께는 210mm(라멘구조의 공동주택은 150mm) 이상으로 한다.

(2) 바닥충격음 차단성능 기준
경량충격음, 중량충격음 각각 49dB 이하의 차단성능이 필요하다.

3. 건축기본법상

(1) 목적
건축에 관한 국가 및 지방자치단체와 국민의 책무를 정하고 건축정책의 수립·시행 등을 규정하여 건축문화를 진흥함으로써 국민의 건전한 삶의 영위와 복리향상에 이바지함을 목적으로 한다.

(2) 기본이념
① 국민의 안전·건강 및 복지에 직접 관련된 생활공간의 조성
② 사회의 다양한 요구를 조정하고 수용하며 경제활동의 토대가 되는 공간환경의 조성
③ 지역의 고유한 생활양식과 역사를 반영하고 미래세대에 계승될 문화공간의 창조 및 조성

(3) 건축정책기본계획 및 지역건축기본계획 수립

① 건축정책기본계획에는 건축분야 전문인력의 육성·지원 및 관리에 관한 사항이 포함된다.
② 건축정책기본계획의 수립권자는 국토교통부장관이다(5년 마다 수립 시행).
③ 지역건축기본계획의 수립
　㉠ 광역건축기본계획: 시·도지사는 지역의 현황 및 사회·경제·문화적 실정에 부합하는 건축정책을 위하여 건축정책기본계획에 따라 특별시·광역시·도 또는 특별자치도의 건축정책에 관한 기본계획(광역건축기본계획)을 5년마다 수립·시행하여야 한다.
　㉡ 기초건축기본계획: 시장·군수·구청장은 필요한 경우 건축정책기본계획 및 광역건축기본계획에 따라 시·군·구의 건축정책에 관한 기본계획(기초건축기본계획)을 5년마다 수립·시행할 수 있다.

4. 주택법

(1) 도시형 생활주택

① 정의: 300세대 미만의 국민주택 규모에 해당하는 주택으로서 대통령령으로 정하는 주택을 말한다.
② 건설규모

소형주택	다음의 요건을 모두 갖춘 공동주택 • 세대별 주거전용면적은 60m² 이하일 것 • 세대별로 독립된 주거가 가능하도록 욕실 및 부엌을 설치할 것 • 지하층에는 세대를 설치하지 아니할 것
단지형 연립주택	• 소형 주택이 아닌 연립주택 • 다만, 건축위원회의 심의를 받은 경우에는 주택으로 쓰는 층수를 5개 층까지 건축할 수 있음
단지형 다세대 주택	• 소형 주택이 아닌 다세대주택 • 다만, 건축위원회의 심의를 받은 경우에는 주택으로 쓰는 층수를 5개 층까지 건축할 수 있음

(2) 주택법령상 주택의 분류

단독주택	단독주택, 다중주택, 다가구주택
공동주택	아파트, 연립주택, 다세대주택
준주택	기숙사, 다중생활시설, 노인복지주택, 오피스텔

주택법 시행령 제10조
② 하나의 건축물에는 도시형 생활주택과 그 밖의 주택을 함께 건축할 수 없다. 다만, 다음 각 호의 어느 하나에 해당하는 경우는 예외로 한다.
　1. 소형 주택과 주거전용면적이 85제곱미터를 초과하는 주택 1세대를 함께 건축하는 경우
　2. 준주거지역 또는 상업지역에서 소형 주택과 도시형 생활주택 외의 주택을 함께 건축하는 경우
③ 하나의 건축물에는 단지형 연립주택 또는 단지형 다세대주택과 소형 주택을 함께 건축할 수 없다.

5. 녹색건축물조성지원법상의 녹색건축물 관련 인증

(1) 녹색건축물의 정의
「기후위기 대응을 위한 탄소중립·녹색성장 기본법」 제31조에 따른 건축물과 환경에 미치는 영향을 최소화하고 동시에 쾌적하고 건강한 거주환경을 제공하는 건축물을 말한다.

(2) 녹색건축물 관련 인증

① 건축물에너지효율등급인증
  ㉠ 건축물에서 소비되는 에너지를 1차 에너지 소요량으로 평가한다.
  ㉡ 인증유효기간은 10년이며, 1+++ ~ 7등급까지 총 10개 등급으로 구분한다.

② 녹색건축인증
  ㉠ 건축물의 에너지 소비뿐만 아니라 주변 환경, 실내환경 등 전반적인 사항을 평가한다.
  ㉡ 인증유효기간은 5년이며, 최우수(그린1등급), 우수(그린2등급), 우량(그린3등급), 일반(그린4등급)으로 총 4개 등급으로 구분한다.

③ 제로에너지건축물인증
  ㉠ 건축물에서 소비되는 에너지를 신재생에너지를 생산하여 활용하는 정도를 평가한다.
  ㉡ 건축물에너지효율등급 1++ 이상이고, 소비되는 에너지의 20%이상을 신재생에너지로 생산하여야 하며, 에너지 소비 및 생산을 확인하기 위한 BEMS 또는 전자식 미터링 시스템을 구비해야 인증을 받을 수 있다.
  ㉢ 인증 유효기간은 1++ 등급을 획득한 건축물에너지효율등급 인증 만료 시 까지이며, 인증등급은 1~5개 등급으로 총 5등급으로 구분한다.

6. 건축물의 에너지절약설계기준

(1) 건축부문 의무사항

① 단열조치 일반사항
  ㉠ 외기에 직접 또는 간접 면하는 거실의 각 부위에는 건축물의 열손실 방지 조치를 하여야 한다. 다만, 다음 부위에 대해서는 그러하지 아니할 수 있다.
    ⓐ 지표면 아래 2m를 초과하여 위치한 지하 부위(공동주택의 거실 부위는 제외)로서 이중벽의 설치 등 하계 표면결로 방지 조치를 한 경우
    ⓑ 지면 및 토양에 접한 바닥 부위로서 난방공간의 외벽 내표면까지의 모든 수평거리가 10m를 초과하는 바닥부위

ⓒ 외기에 간접 면하는 부위로서 당해 부위가 면한 비난방공간의 외피를 별표1에 준하여 단열조치하는 경우

ⓓ 공동주택의 층간바닥(최하층 제외) 중 바닥난방을 하지 않는 현관 및 욕실의 바닥부위

ⓔ 방풍구조(외벽제외) 또는 바닥면적 150㎡ 이하의 개별 점포의 출입문

ⓛ 단열조치를 하여야 하는 부위의 열관류율이 위치 또는 구조상의 특성에 의하여 일정하지 않는 경우에는 해당 부위의 평균 열관류율 값을 면적가중 계산에 의하여 구한다.

ⓒ 단열조치를 하여야 하는 부위에 대하여는 지역별·부위별·단열재 등급별 허용 두께 이상으로 설치하는 경우 적합한 것으로 본다.

ⓔ 건축물부위의 열관류율 산정을 위한 단열재의 열전도율 값은 KS L 9016 및 KS L 8301(또는 KS L 8302) 측정방법에 따른 한국산업규격 품질 값 또는 시험성적서에 의한 값을 사용하되 열전도율 시험을 위한 시료의 평균온도는 20±5℃로 한다.

ⓜ 수평면과 이루는 각이 70°를 초과하는 경사지붕은 별표1에 따른 외벽의 열관류율을 적용할 수 있다.

ⓗ 바닥난방을 하는 공간의 하부가 바닥난방을 하지 않는 공간일 경우에는 당해 바닥난방을 하는 바닥부위는 최하층에 있는 거실의 바닥으로 보며 외기에 간접 면하는 경우의 열관류율 기준을 만족하여야 한다.

② 에너지절약계획서 및 설계 검토서 제출대상 건축물은 에너지절약계획 설계 검토서 중 에너지성능지표(에너지성능지표) 건축부문 1번 항목 배점을 0.6점 이상 획득하여야 한다.

③ **바닥난방에서 단열재의 설치**

㉠ 바닥난방 부위에 설치되는 단열재는 바닥난방의 열이 슬래브 하부 및 측벽으로 손실되는 것을 막을 수 있도록 온수배관(전기난방인 경우는 발열선) 하부와 슬래브 사이에 설치하고, 온수배관(전기난방인 경우는 발열선)하부와 슬래브 사이에 설치되는 구성 재료의 열저항의 합계는 층간 바닥인 경우에는 해당 바닥에 요구되는 총열관류저항의 60% 이상, 최하층 바닥인 경우에는 70%(단, 중부1지역은 60%, 중부2지역은 65%) 이상이 되어야 한다.

㉡ 다만, 바닥난방을 하는 욕실 및 현관부위와 슬래브의 축열을 직접 이용하는 심야전기이용 온돌 등의 경우에는 단열재의 위치가 그러하지 않을 수 있다.

④ 기밀 및 결로방지 등을 위한 조치
  ㉠ 벽체 내표면 및 내부에서의 결로를 방지하고 단열재의 성능 저하를 방지하기 위하여 단열조치를 하여야 하는 부위(창 및 문과 난방공간 사이의 층간 바닥 제외)에는 방습층을 단열재의 실내측에 설치하여야 한다.
  ㉡ 방습층 및 단열재가 이어지는 부위 및 단부는 이음 및 단부를 통한 투습을 방지할 수 있도록 다음과 같이 조치하여야 한다.
    ⓐ 단열재의 이음부는 최대한 밀착하여 시공하거나, 2장을 엇갈리게 시공하여 이음부를 통한 단열성능 저하가 최소화될 수 있도록 조치한다.
    ⓑ 방습층으로 알루미늄박 또는 플라스틱계 필름 등을 사용할 경우의 이음부는 100mm 이상 중첩하고 내습성 테이프, 접착제 등으로 기밀하게 마감한다.
    ⓒ 단열부위가 만나는 모서리 부위는 방습층 및 단열재가 이어짐이 없이 시공하거나 이어질 경우 이음부를 통한 단열성능 저하가 최소화되도록 하며, 알루미늄박 또는 플라스틱계 필름 등을 사용할 경우의 모서리 이음부는 150mm 이상 중첩되게 시공하고 내습성 테이프, 접착제 등으로 기밀하게 마감한다.
    ⓓ 방습층의 단부는 단부를 통한 투습이 발생하지 않도록 내습성 테이프, 접착제 등으로 기밀하게 마감한다.
  ㉢ 건축물 외피 단열부위의 접합부, 틈 등은 밀폐될 수 있도록 코킹과 가스켓 등을 사용하여 기밀하게 처리하여야 한다.
  ㉣ 외기에 직접 면하고 1층 또는 지상으로 연결된 출입문은 방풍구조로 하여야 한다. 다만, 다음에 해당하는 경우에는 그러하지 않을 수 있다.
    ⓐ 바닥면적 300m² 이하의 개별 점포의 출입문
    ⓑ 주택의 출입문(단, 기숙사는 제외)
    ⓒ 사람의 통행을 주목적으로 하지 않는 출입문
    ⓓ 너비 1.2m 이하의 출입문
  ㉤ 방풍구조를 설치하여야 하는 출입문에서 회전문과 일반문이 같이 설치되어진 경우, 일반문 부위는 방풍실 구조의 이중문을 설치하여야 한다.
  ㉥ 건축물의 거실의 창이 외기에 직접 면하는 부위인 경우에는 제5조 제10호 자목에 따른 기밀성 창을 설치하여야 한다.
⑤ 공공건축물을 건축 또는 리모델링하는 경우 에너지성능지표 건축부문 7번 항목 배점을 0.6점 이상 획득하여야 한다. 다만, 건축물 에너지효율 1++등급 또는 제로에너지건축물 인증을 취득한 경우 또는 제21조 제2항에 따라 단위면적당 1차 에너지소요량의 합계가 적합할 경우에는 그러하지 아니할 수 있다.

(2) 건축부문 권장사항

① **배치계획**
  ㉠ 건축물은 대지의 향, 일조 및 주풍향 등을 고려하여 배치하며, 남향 또는 남동향 배치를 한다.
  ㉡ 공동주택은 인동간격을 넓게 하여 저층부의 태양열 취득을 최대한 증대시킨다.

② **평면계획**
  ㉠ 거실의 층고 및 반자 높이는 실의 용도와 기능에 지장을 주지 않는 범위 내에서 가능한 낮게 한다.
  ㉡ 건축물의 체적에 대한 외피면적의 비 또는 연면적에 대한 외피면적의 비는 가능한 작게 한다.
  ㉢ 실의 냉난방 설정온도, 사용스케줄 등을 고려하여 에너지절약적 조닝계획을 한다.

③ **단열계획**
  ㉠ 건축물 용도 및 규모를 고려하여 건축물 외벽, 천장 및 바닥으로의 열손실이 최소화되도록 설계한다.
  ㉡ 외벽 부위는 외단열로 시공한다.
  ㉢ 외피의 모서리 부분은 열교가 발생하지 않도록 단열재를 연속적으로 설치하고, 기타 열교부위는 외피 열교부위별 선형 열관류율 기준에 따라 충분히 단열되도록 한다.
  ㉣ 건물의 창 및 문은 가능한 작게 설계하고, 특히 열손실이 많은 북측 거실의 창 및 문의 면적은 최소화한다.
  ㉤ 발코니 확장을 하는 공동주택이나 창 및 문의 면적이 큰 건물에는 단열성이 우수한 로이(Low-E) 복층창이나 삼중창 이상의 단열성능을 갖는 창을 설치한다.
  ㉥ 태양열 유입에 의한 냉·난방부하를 저감할 수 있도록 일사조절장치, 태양열취득률(SHGC), 창 및 문의 면적비 등을 고려한 설계를 한다. 건축물 외부에 일사조절장치를 설치하는 경우에는 비, 바람, 눈, 고드름 등의 낙하 및 화재 등의 사고에 대비하여 안전성을 검토하고 주변 건축물에 빛반사에 의한 피해 영향을 고려하여야 한다.
  ㉦ 건물 옥상에는 조경을 하여 최상층 지붕의 열저항을 높이고, 옥상면에 직접 도달하는 일사를 차단하여 냉방부하를 감소시킨다.

④ **기밀계획**
  ㉠ 틈새바람에 의한 열손실을 방지하기 위하여 외기에 직접 또는 간접으로 면하는 거실 부위에는 기밀성 창 및 문을 사용한다.

ⓒ 공동주택의 외기에 접하는 주동의 출입구와 각 세대의 현관은 방풍 구조로 한다.
　　ⓒ 기밀성을 높이기 위하여 외기에 직접 면한 거실의 창 및 문 등 개구부 둘레를 기밀테이프 등을 활용하여 외기가 침입하지 못하도록 기밀하게 처리한다.
　⑤ **자연채광계획**: 자연채광을 적극적으로 이용할 수 있도록 계획한다. 특히 학교의 교실, 문화 및 집회시설의 공용부분(복도, 화장실, 휴게실, 로비 등)은 1면 이상 자연채광이 가능하도록 한다.

(3) 에너지절약계획서 제출 예외대상
① 변전소, 도시가스배관시설, 통신용시설, 정수장, 양수장 등 주민의 필요한 에너지공급·통신서비스제공이나 급수·배수와 관련된 시설 중 에너지중 냉·난방설비를 설치하지 아니하는 건축물
② 운동시설 중 냉·난방설비를 설치하지 아니하는 건축물
③ 위락시설 중 냉·난방설비를 설치하지 아니하는 건축물
④ 관광 휴게시설 중 냉·난방설비를 설치하지 아니하는 건축물
⑤ 주택건설기준 등에 관한 규정에 따라 에너지절약형 친환경주택의 건설기준에 적합한 건축물

(4) 에너지성능지표의 판정
에너지성능지표는 평점합계가 65점 이상일 경우 적합한 것으로 본다. 다만, 공공기관이 신축하는 건축물(별동으로 증축하는 건축물을 포함)은 74점 이상일 경우 적합한 것으로 본다.

7. 도시재생 활성화 및 지원에 관한 특별법

(1) 목적
도시의 경제적·사회적·문화적 활력 회복을 위하여 공공의 역할과 지원을 강화함으로써 도시의 자생적 성장기반을 확충하고 도시의 경쟁력을 제고하며 지역 공동체를 회복하는 등 국민의 삶의 질 향상에 이바지함을 목적으로 한다.

(2) 도시재생활성화 계획
① 개념
　도시재생전략계획에 부합하도록 도시재생활성화지역에 대하여 국가, 지방자치단체, 공공기관 및 지역주민 등이 지역발전과 도시재생을 위하여 추진하는 다양한 도시재생사업을 연계하여 종합적으로 수립하는 실행계획을 말한다.

② 분류

도시경제 기반형 활성화 계획	산업단지, 항만, 공항, 철도, 일반국도, 하천 등 국가의 핵심적인 기능을 담당하는 도시·군계획시설의 정비 및 개발과 연계하여 도시에 새로운 기능을 부여하고 고용기반을 창출하기 위한 도시재생활성화계획
근린재생형 활성화 계획	생활권 단위의 생활환경 개선, 기초생활인프라 확충, 공동체 활성화, 골목경제 살리기 등을 위한 도시재생활성화계획

8. 도시 및 주거환경정비법

(1) 목적
이 법은 도시기능의 회복이 필요하거나 주거환경이 불량한 지역을 계획적으로 정비하고 노후·불량건축물을 효율적으로 개량하기 위하여 필요한 사항을 규정함으로써 도시환경을 개선하고 주거생활의 질을 높이는 데 이바지함을 목적으로 한다.

(2) 정비구역
정비구역이란 정비사업을 계획적으로 시행하기 위하여 지정·고시된 구역을 말한다.

(3) 정비사업
정비사업이란 도시기능을 회복하기 위하여 정비구역에서 정비기반시설을 정비하거나 주택 등 건축물을 개량 또는 건설하는 주거환경개선사업, 재개발사업, 재건축사업을 말한다.

2026 대비 최신개정판

해커스공무원 건축계획 기본서

개정 7판 1쇄 발행 2025년 7월 4일

지은이	이석훈, 최승윤 공편저
펴낸곳	해커스패스
펴낸이	해커스공무원 출판팀
주소	서울특별시 강남구 강남대로 428 해커스공무원
고객센터	1588-4055
교재 관련 문의	gosi@hackerspass.com
	해커스공무원 사이트(gosi.Hackers.com) 교재 Q&A 게시판
	카카오톡 플러스 친구 [해커스공무원 노량진캠퍼스]
학원 강의 및 동영상강의	gosi.Hackers.com
ISBN	979-11-7404-260-6 (13540)
Serial Number	07-01-01

저작권자 ⓒ 2025, 이석훈, 최승윤

이 책의 모든 내용, 이미지, 디자인, 편집 형태는 저작권법에 의해 보호받고 있습니다.
서면에 의한 저자와 출판사의 허락 없이 내용의 일부 혹은 전부를 인용, 발췌하거나 복제, 배포할 수 없습니다.

공무원 교육 1위,
해커스공무원 gosi.Hackers.com

🏛 해커스공무원

· **해커스공무원 학원 및 인강**(교재 내 인강 할인쿠폰 수록)
· 해커스 스타강사의 **공무원 건축계획 무료 특강**
· 정확한 성적 분석으로 약점 극복이 가능한 **합격예측 온라인 모의고사**(교재 내 응시권 및 해설강의 수강권 수록)

한경비즈니스 2024 한국품질만족도 교육(온·오프라인 공무원학원) 1위